괴짜의사 Dr. Araw의
쉽고 바르게 읽는 요한계시록 장편(掌篇) 강의, 개정판

예수 그리스도 복음의 계시라

D. M. Lloyd Jones를 꿈꾸는 괴짜의사 Dr. Araw의
쉽고 바르게 읽는 장편(掌篇) 강해서 2 – 요한계시록

예수 그리스도 복음의 계시라

이선일 이성진 지음

산지

추천사

쉽고 명료하며 강력한 메시지가 있는 책

김진석 목사/거제 섬김의 교회

일회인 직선 인생을 살아가며 가까이에 하나님의 사람이 있다는 것은 참으로 복된 일이다. 늘 하나님이 원하는 곳에서 열정을 가지고 복음과 다음 세대를 사랑하며 성경을 사랑하는 분이 있다. 내게는 그런 분이 바로 이선일 원장님이시다.

이선일 원장님은 다른 것은 다 양보하고 욕심을 내는 법이 없지만 말씀을 사랑하고 연구하고 먼저 준행하고 가르치는 일만큼은 두 번째 되기를 거부하는 분이시다.

원장님을 만난 지 20여 년이 지났다. 근처의 교회에서 시무할 때 가끔 병원에 가면 환자들을 진료하는 테이블 위에 항상 성경이 있고 잠깐의 자투리 시간에도 말씀을 읽고 연구하며 묵상하는 것을 보았다. 진료실 사방 벽에는 전 세계를 다니며 강의한 강사료(?)로 땡큐 카드가 빼곡하다.

또한 그곳에 근무하던 간호팀장인 교회 자매로부터 매번 전해 들었던 말 중에 잊을 수 없는 것이 있다.

"목사님, 우리 원장님은 오로지 말씀 밖에 몰라요. 잠시 쉬는 시간에도 말씀만 보고 계셔요."

한 번은 원장님 병원에 입원한 적이 있었다. 그가 진료하는 병원은 환자가 많기로 유명하다. 그만큼 바쁘고 전쟁터를 방불케하는, 환자들에게 인기가 좋은 병원이다. 독특한 것은 그 바쁜 와중에도 매일 아침 직원들과 찬양으로 시작하여 말씀을 나눈 후에야 진료를 시작한다는 것이다. 그 소식을 듣고 나도 참석하여 은혜를 누리며 행복한 시간을 가졌던 적이 있다.

얼마 전에는 우리 교회에 와서 말씀을 전해주었다. 목사인 저를 비롯해 온 성도가 은혜를 받았고 큰 각성과 함께 도전의 시간을 가졌으며 그로 인한 다짐들이 있었다.

이 박사님은 허리가 좋지 않아 서 있기조차 힘든 상황이었음에도 불구하고 한 사람이라도 더 깨닫게 하기 위해, 한 사람에게라도 더 도전하기 위해 긴 시간동안 말씀을 전했다. 순교를 각오하듯 말씀을 전하는 열정을 보았다. 그때 나는 엄청난 도전을 받았다.

그는 영혼을 사랑할 뿐만 아니라 복음과 십자가로 살아가고 복음과 십자가만 자랑하는 참 그리스도인이다. 진료 중에도 환자들에게 복음을 전한다. 간혹 큰소리로 외치며 전하기도 한다. 자신이 만난 예수그리스도, 십자가 복음을 자랑하지 않고는 좀이 쑤셔서 견디지 못하는 독특한 분이다.

학자 에스라처럼 하나님의 말씀을 사랑하고 말씀이 몸에 배여 살아가는 뜨거운 열정을 가진 저자 이선일 박사가 이번에 겸손한 마음으로 묵상한 후 발간하게 된 개정판 요한계시록 장편(掌篇) 주석 〈예수 그리스도 복음의 계시라〉는 책은 먼저 내게 큰 울림과 감동을 주었다. 동시에 이 책을 읽는 독자들 또한 그러리라 확신한다.

  계시록 전체의 문맥을 잡아 한 절 한 절 풀어나간 이 개정판 요한계시록 장편(掌篇) 주석은 흐름이 매끄럽고 전체가 잘 어우러져서 쉽고 명료할 뿐만 아니라 마음에 와 닿는 강력한 메시지도 있다. 철저하게 성경 중심이며 개혁주의적 관점과 교리에 기초하여 마치 강의하듯 쉽게 잘 풀었다고 생각된다.

  독자들이 개정판, 요한계시록 장편(掌篇) 주석 〈예수 그리스도 복음의 계시라〉는 책을 통해 분명히 영적으로 깨어나는 시간을 갖게 될 것이라 믿는다. 더 나아가 고난과 혼돈의 세상에서 흔들림 없이 믿음을 지켜내고 이겨낼 힘을 얻게 될 것이라 확신한다. 그렇기에 독자들에게 자신있게 이 책을 권하고 싶다.

  이 책 개정판, 요한계시록 장편(掌篇) 주석 〈예수 그리스도 복음의 계시라〉를 마주하는 독자들마다 현 시대를 성경적으로 해석하고 어떻게 살아낼 것인가에 대한 도전을 받아 진짜 예수쟁이가 되기를 간절히 기대한다. 어떤 환난과 어려움 속에서도 영광의 소망 가운데 인내하며 마침내 승리할 것을 간절히 기도한다. 이선일 박사님을 통해 영광 받으실 하나님을 찬양한다.

진정한 믿음을 찾는 예수쟁이들의 마중물이 되어 줄 것

하상선 목사/GEM 세계교육선교회 대표, 마성침례교회

21세기로 접어든 오늘날에는 특별히 여러 시대적 환난들이 복잡다단해 보인다. 그러한 가운데 교회 안밖에서는 '종말'에 대한 너무나 다양한 소리들이 넘쳐나고 있다.

개중에는 진리의 말씀을 벗어난 다양한 예언적 해석자들의 수(數)만큼이나 복잡하고 혼잡한 사상들이 화려한 가장(假裝)의 옷을 입고 성도들을 미혹하고 있다. 바로 이때에 이선일 박사님을 통해 개정판, 요한계시록 장편(掌篇) 주석 〈예수그리스도 복음의 계시라〉를 만날 수 있게 되었다.

쉬운 것을 어렵게 가르치는 교수보다는 어려운 것을 쉽게 가르치는 교수가 실력있고 능력있는 교수라는 말이 있다. 이 말이 맞다면 저자 이선일 박사는 참으로 실력 있고 신령한 능력을 겸비한 이 시대 최고의 성경교사임이 분명하다.

본서의 저자 이선일 박사는 사람들이 어려워하는 성경의 진리들을 쉽게 풀어내는 지혜의 은사를 가지신 분임을 이미 출간된 여러 성경주석에서 증명해 보이셨다. 그래서 나는 독자의 한사람으로 그를 존경하며 그에게 늘 감사한 마음이 있다.

종말(교회) 시대를 살아가는 사람들에게 복음을 드러내고 있는 정경 요한계시록은 초대교회서부터 지금까지, 특정한 집단이 자신의 주장과 이득을 정당화하는 책이 되어 그 중요성과 가치가 왜곡되어 왔다.

지난 역사를 보면 16세기 초 개혁주의 신학의 초기 선봉자들인 루터

(Martin Luther)나 칼빈(Calvin, Jean) 등은 요한계시록을 주석하지도 않았다. 심지어는 AD 363년 라오디게아 종교회의에서는 신약 26권이 정경으로 인정받는 바람에 요한계시록은 정경에서 제외되는 수모를 겪기도 했다. 그러다가 AD 397년 카르타고에서의 제 3차 회의를 통해 비로소 가장 늦게 정경으로 인정받기까지 정경으로서의 아픈 특성을 지니고 있다.

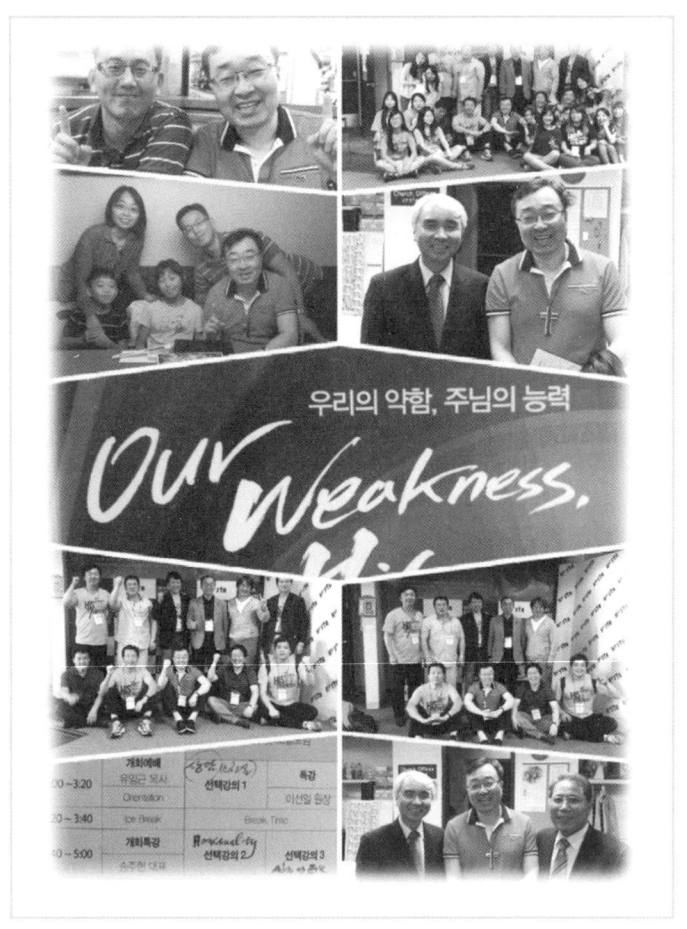

지금까지의 요한계시록에 대한 많은 해석들은 믿는 이들로 하여금 큰 혼란을 가중시켰다. 신학적 배경이나 성경해석의 원리에 대한 바른 이해와 분별력이 없이, 심지어는 특정인의 주장에 현혹되어 잘못 알고 가르쳐왔던 목회자들 또한 많았다. 그런 현실에 목사인 나 또한 마음이 시리다 못해 아프기만 하다.

요한계시록에 대한 동서양의 신학자들이 해석했던 원리는 크게 4가지 정도로 요약될 수 있다.

첫째는 과거주의적 해석으로 요한의 시대에 일어난 일을 다룬 것이라는 주장이다. 둘째는 역사주의적 해석으로 예수님의 재림이 있기 전까지 인류의 역사 전체에 대한 관심을 가지고 다룬 것이라는 주장이다. 셋째는 미래주의적 해석으로 종말 직전에 짧은 기간을 다룬 것으로 특히 해석자가 살아있는 시대에 집중한 것이라는 주장이다. 이는 초대교회부터 오늘날까지 이단 사이비교주들의 주된 해석방법 중 하나로 사용되었다. 마지막 넷째는 계시록의 내용은 역사적으로나 시간 순서대로 일어나는 것이 아니라 영적인 원리를 다루는 관념적 해석, 점진적 병행원리라고 주장하는 정통주의 신학자들이나 미국 보수교단 그리고 한국의 개혁 신학자들이 따르는 해석방법이다. 본서의 저자 또한 집필을 위한 참고도서나 주석들이 여기에 속한다고 볼 수 있다.

저자 이선일 박사의 책에 사족을 달자면 요한계시록의 특징은 무엇이라고 생각하는가? 이는 예수님을 향한 경배와 찬양으로서 죽임 당하신 어린 양 예수 그리스도가 경배와 찬양의 대상이며 이러한 상황을 장엄하고 본질적으로 많은 지면을 활용해서 그리고 있다. 그렇기에 신약성경에 유일하게 등장하는 단어인 '하나님을 찬양하라'는 뜻의 "할렐루야"가 요한계시록에만 4번이나 기록되어 있다(19:1, 3, 4, 6).

헨델은 1741년 빚더미에 눌려 절망과 낙담 상태에 있을 때, 그리하여 호전될 기미가 희박해지자 차일스 제네즈(Charles Jenners)라는 시인이 성경을 발췌하여 엮어 놓은 종교적 오라토리오(oratorio)라는 책을 가져왔다. 여기서 영감을 받아서 [메시야]가 만들어졌고 그중 2악장 할렐루야(모든 청중들을 일으켜 세우는 합창)를 계시록의 내용을 바탕으로 작곡했다고 한다.

또한 계시록을 주제로 한 그림들 윌리엄 블레이크(William Blake)의 '왕좌에 앉으신 하나님께 경배하는 24명의 장로와 네 생물'은 계시록의 절정인 예배의 장엄한 광경을 나타내고 있으며 알브레이트 뒤러(Dürer, Albrecht)의 '어린 양에 대한 경배와 찬양' 또한 요한게시록의 주제나 목적을 잘 보여주고 있다

오늘날 우리에게 전해주는 계시록의 가장 크고 중요한 주제는 주님을 향한 찬양과 경배에의 회복. 예배에의 회복. 삶으로 드리는 예배에의 회복이라고 생각된다.

이와 같은 계시록의 목적과 주제를 이선일 박사는 너무나 잘 간파하고 있다. 그리하여 개정판, 요한계시록 장편(掌篇) 주석을 통해 2-3장에서는 이 땅의 교회들을 상징하는 소아시아 7교회들을 향한 하나님의 마음 곧 칭찬과 책망을 다루었다. 4-5장에서는 완벽하고도 완전한 천상의 교회(미래형 하나님나라)의 예배 모습을 보여주고 있다. 4장이 창조주 하나님을 찬양하고 있다면 5장은 구속주 하나님을 찬양하는 모습을 그려내고 있다.

마지막으로 요한계시록의 해석은 상징적 해설과 상징의 해석이 구분

되어야 한다.

먼저 상징적 해석(symbolic interpretation)이란 각 단어의 문자적 배후에 암시되어 있는 다른 뜻을 찾으려는 시도로써 우화적 해석 혹은 영해라고 한다. 이런 해석이 지나치게 되면 참된 말씀의 진리와 핵심을 놓칠수 있는 오류를 범할 수 있다.

둘째, 상징의 해석(interpretation of symbols)은 계시록에 기록된 여러 가지 환상과 상징을 해석할 때 그 상징이 지니고 있는 의미를 찾는 방법이라고 할 수 있겠다. 그러므로 계시록은 상징적 해석이 아니라 장차 될 일을 그대로 해석하는 상징의 해석이 되어야 한다.

본서의 저자 이선일 박사는 이를 잘 활용하고 있다. 그는 성경을 성경으로 해석하고 원어적으로 접근하면서 문자를 본다. 그리고는 상징과 의미를 연결시키고 더 나아가 전후 맥락을 이어가며 역사적 배경과 문화적 배경을 담고 해석하고 있다.

그리하여 창조주 하나님, 역사의 주관자 하나님이신 삼위하나님만을 찬양하고 경배하는 아름다운 교회의 예배 모습과 신앙의 회복을 촉구하고 있다.

지난 만 2년여간의 코로나 팬데믹으로 인해 신앙생활이 위협당하고 찬양과 경배가 자유롭지 못한 시절을 보내면서 오늘 가장 시급하게 회복되어야 할 것이 있다면 말씀을 기준으로 경배와 찬양을 통한 하나님과의 교통함이라 여겨진다.

이때에 맞추어서 출간되는 이선일 박사와 이성진 전도사의 요한계시록 〈예수그리스도 복음의 계시라〉의 개정판은 영적으로 갈급한 고통받는 자들에게 생수가 될 것이다. 더 나아가 진정한 믿음(피스티스, 피스튜오, 피스토스)을 찾는 예수쟁이들의 마중물이 되어 줄 것이라 확신한다.

잘못된 성경지식과 다른 복음, 왜곡된 복음으로 인해 혼동과 혼란의 물길 속으로 빠져들어가고 있는 모든 이들에게 개정판, 요한계시록 장편(掌篇) 주석 〈예수 그리스도 복음의 계시라〉는 책이 넓고 큰 디딤돌이 되어 줄 것이라 확신하며 기쁨으로 본서를 추천하는 바이다.

할렐루야! 모든 청중들을 일으켜 세울 수밖에 없었던 할렐루야의 외침이 본서를 읽는 이 땅의 모든 신앙들을 영적 잠에서 깨워 일어서게 하는 큰 울림이 되기를 소망한다.

장차 누리게 될 확고한 소망을 확인시켜주는 책

이홍남 목사/벨국제학교장

나의 나 된 것은 오직 하나님의 은혜!

나는 지난 코로나의 긴 시간들을 보내면서 교회 된 성도들이 많이 지쳐 가는 것을 보았다.

왜 그럴까?

그것은 각 교회마다 말씀의 고갈로 인한 하나님나라에 대한 확신이 없었던 때문이다. 교회들에게 소망이 없다면 이 땅의 삶이 허무하고 육신적 죽음이 끝이라는 마귀의 속임수에 우리는 매번 함몰될 수밖에 없다.

이번에 이선일 박사는 2년여 만에 다시 개정판, 요한계시록 장편(掌篇) 주석 〈예수 그리스도 복음의 계시라〉는 책을 출간하게 되었다. 일반적으로 요한계시록은 접근하기가 약간 조심스럽다. 또한 계시의 말씀이기에 목회자들도 쉽게 접근하는 것을 꺼려한다. 그러나 이선일 박사를 통해 펼쳐진 이 책은 명료한 기독론, 교회론, 종말론을 드러내면서 복음, 삼위하나님, 종말 시대, 일곱 재앙, 백보좌 심판과 하나님나라, 소망에 대해 쉽게 설명하고 있다. 더 나아가 교회인 성도가 미래형 하나님나라에서 누리게 될 영원한 삶에 대한 선명함과 확신을 주기까지 한다.

'육신적 죽음 이후에 나는 어떻게 될까.'

이선일 박사는 죽음 이후에 누리게 될 영광스러움을 확신시켜 주면서 동시에 육신적 죽음은 끝이 아니라 '이동(옮김)'이기에 현재형 하나님나라에서 미래형 하나님나라에로 들어가 성 삼위하나님과 '함께 더불어' 영생을 누리게 될 것을 선명하게 제시하고 있다. 그렇기에 다시 오실 재림의 예수를 더욱더 사모하게 하며 유한된 일회 인생을 하나님의 뜻을 따라 하나님의 기쁨으로 살아가도록 격려하고 있기도 하다.

내일에 대한 소망을 갖고 오늘 '나의 나 된 모습'으로 살아가기를 원하는가? 그렇다면 이 책 개정판, 요한계시록 장편(掌篇) 주석 〈예수 그리스도 복음의 계시라〉는 책을 정독해보라. 그러면 지치고 힘든 삶을 살아가는 독자들이 새 힘을 얻게 될 것이다. 특히 오늘날과 같은 혼돈과 혼란, 어두움의 시대에서는 이 책이야말로 장차 누리게 될 확고한 소망을 확인시켜주기에 그날까지 흔들리지 않고 나아가는데 도움을 주리라 확신한다.

그렇기에 나는 그의 친구로서 이선일 박사와 그의 아들 이성진 전도사가 공저한 이 책 개정판, 요한계시록 장편(掌篇) 주석 〈예수 그리스도 복음의 계시라〉는 책을 강력하게 추천하는 바이다. 두 분의 합력과 아름다운 동행의 결실이 이 땅 위의 많은 교회들과 교회공동체에게 기쁨이 될 것을 확신한다. 두 사람을 축복하며 그들이 이 땅에서도 해 같이 빛나기를 기대하며 기도한다.

성경적 세계관의 4기둥(창조, 타락, 구속, 완성)을 알게 될 것

이종삼 목사/꿈의학교 명예교장, 티엔미션대표, 성경통독 인도자

　COVID-19의 장기화에 따라 교회와 교회공동체의 무기력한 상태가 계속 이어지고 있다. 지난날 어렵고 힘들 때에는 모두가 다 교회에 나와 마음껏 찬양하고 기도하며 그 어려움들을 이겨냈었다. 그러나 작금의 사태는 그런 열심도 열정도 없이 마냥 축 늘어진 모습이다. 나는 힘을 잃어 가는 많은 교회들의 모습을 볼 때마다 속상하고 안타깝고 마음이 아프다.

　사도 요한 또한 도미티아누스 황제의 지독한 박해로 인해 당시 채석장으로 유명했던 밧모섬에 유배되었기에 힘들었을 것이다. 더 나아가 무기력하게 자포자기 상태였을 것이다.

　나는 이번에 이선일 박사와 이성진 전도사가 공저한 개정판, 요한계시록 장편(掌篇) 주석 〈예수 그리스도 복음의 계시라〉는 책을 읽으며 이전의 저서였던 〈예수 그리스도의 새 언약의 성취와 완성〉을 한층 더 정교하게

정리했음을 확인할 수 있었다.

흔히들 요한계시록은 어렵고 무서운 책으로 알고 있다. 이단들은 그것을 교묘하게 이용하여 더욱 과대 포장함으로 연약한 그리스도인들에게 공포심을 주고 자기들만의 해석을 따르도록 성도들을 미혹하고 있다. 그러나 요한계시록은 '예수 그리스도' 곧 '복음'을 드러낸 정경이기에 아주 간결하고 선명한 책이다. 그렇기에 하나님은 밧모섬의 사도 요한에게 환상을 통해 종말 시대와 미래형 하나님나라를 보여주시면서 계시록을 기록하도록 하셨던 것이다.

저자 이선일 박사는 계시록 1장부터 22장까지에 대한 큰 그림을 통해 흐름을 알려주고 전체적인 이해를 넓혀 주었을 뿐만 아니라 각 장과 각 절마다 그것이 의미하는 바를 선명하게 잘 설명해 주고 있다. 또한 그는 구약의 에스겔, 다니엘, 예레미야 애가 등등의 말씀과 더불어 TNK(히브리정경)전반의 흐름 또한 놓치지 않았다.

마찬가지로 하나님은 당시 구약성경(TNK)을 잘 알고 있던 밧모섬의 사도 요한에게 종말에 일어날 일들과 함께 미래형 하나님나라를 계시로 보여준 후 기록하게 했다.

특별히 종말 시대 동안에 일어날 일곱 재앙의 경우를 구약에서는 사자에게 죽임을 당하고 불에 타서 화형을 당하며 길거리에서 죽음을 당하는 성도들을 통해 예표적으로 보여주셨다. 이들 교회들의 죽음은 마치 구약에서 희생제사를 드릴 때(레 4:25, 30, 34) 그 짐승의 피를 번제단 뿔에 바르고 나머지 피를 그 제단 밑에 쏟듯이 종말 시대 동안에 교회들이 핍박을 받고 순교하는 모습(계 6:9-10)을 선명하게 해석해 준 것이기도 하다.

결국 하나님은 박해를 받고 비참하게 죽어가는 교회들의 죽음을 희생 제물로 받아들여 교회들을 핍박하던 로마를 먼저 복음화하고 마침내 복음이 땅끝까지 전파되도록 계획하셨던 것이다.

나는 무엇보다도 요한계시록이 무섭고도 두려운 책이라는 선입견을 없애는 것이 시급하다고 생각한다. 또한 미래형 하나님나라에의 입성과 영생이라는 소망을 붙들도록 격려하는 일이 중요하다고 생각한다.

특히 이선일 박사가 강조했듯이 일곱 인 재앙, 일곱 나팔 재앙, 일곱 대접 재앙은 각각을 구분하여 장황하게 설명할 것이 아니며 더 나아가 그것이 시간적 순서대로 일어나는 것이 아닌 동일한 재앙임을 아는 것이 필요하다고 생각한다. 결국 일곱 재앙은 전 지구적으로 일어나되 각 지역적으로는 그 강도와 크기, 범위만 다를 뿐임을 이해하는 것이 계시록을 바르게 이해하는 핵심 중의 핵심인 것이다.

창세기부터 계시록의 앞부분인 유다서까지를 찬찬히 읽어오며 하나님의 신실한 사랑을 이해한 사람이라면 요한계시록이 얼마나 귀한 복음의 책인지를 잘 알게 될 것이다.

팍스 로마나 하에서 특히 도미티안 황제의 끔찍한 박해는 최악이었을 것이다. 모든 교회들은 그 박해가 언제 끝날지 몰라 전전긍긍했을 것이다. 이른바 일곱 재앙 중 그 강도나 세기가 나팔 재앙 이상이었을 것이다.

이러한 때 하나님은 밧모섬의 사도 요한을 통해 초림과 재림 사이의 '종말 시대' 동안에 겪게 될 일곱 재앙을 허락하신 당신의 마음을 알려주셨던 것이다. 불신자를 향하여는 유황 불못 심판의 경고였다면 교회들을 향하여는 거룩함에의 훈련 과정이며 소망(미래형 하나님나라에의 입성과 영생)을 붙들고 인내로 견디어 나가라는 것이고 그러다가 너무 힘들면 '마라나타'를 외치라는 것이었다.

또한 일곱 재앙의 사이에 막간장인 삽입장(7, 10~11, 15장)을 주셔서 교회들로 하여금 구원에 대한 확신과 용기를 갖게 하고 위로와 격려를 해 주시면서 흔들리지 말고 끝까지 소망을 붙들고 이겨 나가라고 말씀해 주셨다.

좋으신 하나님께서 힘들고 어려운 가운데 살아가는 밧모섬의 사도 요한에게 지금 있는 일과 장차 일어날 일을 보여주셔서 계시록을 쓰게 하셨다. 비슷한 맥락으로 코로나 시대에 질병과 재정적 어려움으로 인해 낙심하고 고통 당하는 교회들에게 이번에 이선일 박사와 이성진 전도사가 공저한 개정판, 요한계시록 장편(掌篇) 주석 〈예수 그리스도 복음의 계시라〉는 책을 허락하셨다. 이 책을 통해 삼위하나님을 더 깊이 이해하고 바른 관계와 친밀한 교제로 이어갈 수 있기를 소망한다.

이 책을 찬찬히 묵상 하노라면 성경 전체에 대한 구조와 결말 곧 성경적 세계관의 4기둥(창조, 타락, 구속, 완성)을 알게 될 것이다. 아울러 새 하늘과 새 땅을 준비하시고 마지막 때를 만드신 하나님과 예수 그리스도, 그리고 진리의 영이신 성령님을 간절히 사모하게 될 것이다.

그런 의미에서 나는 이선일 박사와 이성진 전도사가 공저한 개정판, 요한계시록 장편(掌篇) 주석 〈예수 그리스도 복음의 계시라〉는 책을 독자들에게 강력하게 추천하고 싶다.

기독론, 교회론, 종말론에 대한 개념 정립을 도울 것

김철민 대표/CMF Ministries, USA

저자 이선일 선교사(PHD & MD)는 의학박사이자 성경교사, 청년사역자, 교수, 작가 등등 많은 일들을 감당하고 있는 진실되고 충성된 하나님의 사람이다. 나는 지금까지 그와 호형호제로 사귀어 오며 그를 가까이에서 그리고 멀리서 지켜보았다. 그는 끝까지 초지일관된 사람이다. 그는 한결같이 복음과 십자가로 살아가고 복음과 십자가만을 자랑하는 사람이다.

그런 그의 꿈은 청년지도자들의 양성과 함께 다음 세대를 위한 뛰어난 영성과 탁월한 전문성을 배양하는 교육과 훈련이었다. 그렇기에 지난 30여 년을 그들이 부르는 곳이면 어디든 마다하지 않고 다녔다. 거의 대부분의 곳에 자비량으로 갔으며 땀과 눈물로 번 돈으로 그들을 후원했다. 이곳 미국에도 와서 CMF에서 복음의 뜨거운 열정으로 선교사들과 청년들에게 성경말씀을 전했다.

저자는 정형외과 의사로서 수많은 환자들을 진료하고 수술하는 틈틈이 자투리 시간을 아껴가며 글을 써왔다. 그의 출간된 저서 중 최근의 주석만 요한계시록 〈예수 그리스도 새 언약의 성취와 완성〉, 갈라디아서 〈오직 의인은 믿음으로 말미암아 살리라〉, 히브리서 〈오직 믿음, 믿음, 그리고 믿음〉, 로마서 〈살아도 주를 위하여 죽어도 주를 위하여〉, 요한복음 〈은혜 위에 은혜러라〉가 있다. 이번에는 이선일 박사와 이성진 전도사가 공저한 개정판, 요한계시록 장편(掌篇) 주석 〈예수 그리스도 복음의 계시라〉는 책을 출간하게 되었다.

이 책은 만왕의 왕이신 심판주 예수님의 다시 오실 재림을 준비하면서 소망을 붙들도록 격려하고 있다. 또한 계시록의 말씀 전체 흐름을 요약하여 개괄적으로 이해하기 쉽게 도표를 만들어 제시하고 있다.

이선일 박사는 계시록을 '개혁주의적 관점'에서 '무천년설'에 근거하여 통전적으로 해석하고 있다. 그러다 보니 예수 그리스도의 계시 곧 복음의 계시로 묵상하게 됨으로 기독론에 대한 바른 이해와 확고한 정립을 하게 한다. 더 나아가 교회론과 종말론에 대한 분명한 개념정립도 할 수 있다.

이 주석은 단순히 지식적으로만 연구하여 쓰여진 학술지는 아니다. 오히려 성령님의 강권적인 인도하심에 붙들려 저자의 열정과 신학적 지식을 기반으로 기록된 한 권의 주석이다. 그리하여 그는 마지막으로 종말시대에 우리가 끝까지 붙들어야 할 것은 '오직 믿음, 믿음, 그리고 믿음' 뿐이라는 것을 강조하였다.

저자의 소원 곧 "내가 책을 쓰는 이유는 단 한 가지"라고 밝힌 것이 특이하다. 그는 "어느 누구든지 단 한 명이라도 이 책을 통해 도전을 받았으면 하는 갈망 때문"이라고 했다. 그 말이 내게 깊숙이 와 닿았다. 나는 그를 닮고 싶다. 그런 그를 존중한다.

나는 이선일 박사와 이성진 전도사가 공저한 개정판, 요한계시록 장편(掌篇) 주석 〈예수 그리스도 복음의 계시라〉는 책을 통해 삼위하나님께서 영광을 받으시고 많은 영혼들이 뜨겁게 주님을 다시 만나는 놀라운 역사가 일어나기를 간절히 소망하며 말세지말에 성경말씀을 사모하는 모든 청년 및 성도들에게 강추하는 바이다.

내용에 있어 더욱 간결하고 선명한 요한계시록 개정판

정성철 목사/하늘문교회

지난날 저자 이선일 박사는 "요한계시록은 어렵지 않으며 오히려 가장 쉬울 뿐만 아니라 선명하기까지 하다"라고 자주 말했었다. 너무 감사한 것은 이제 나도 그의 말에 깊이 공감하고 동의한다라는 사실이다.

나는 종종 상상해본다. 2,000년 전 사도 요한이 요한계시록의 말씀을 기록한 후 초대교회 성도들에게 직접 들려주었을 때 그들이 가졌을 위로와 소망의 크기와 감동이란…….

감사한 것은 이번에 이선일 박사와 이성진 전도사가 공저한 개정판, 요한계시록 장편(掌篇) 주석 〈예수 그리스도 복음의 계시라〉는 책을 통해 우리 또한 그때의 그 감동에 참여할 수 있게 되었다는 점이다.

저자와 공저자의 이번 개정판, 요한계시록 장편(掌篇) 주석 〈예수 그리스도 복음의 계시라〉는 책은 이전의 〈예수 그리스도 새 언약의 성취와 완성〉이라는 책보다 확실히 그 내용에 있어 간결하고 선명하다.

특히 많은 구절들을 주석한 이후 말미에 "참고로"라고 기록한 내용은 놀랍기만 하다. 이 부분은 그동안 내가 알고 싶었던 것을 알려주고 궁금했던 것들을 잘 풀어주고 있다. 그 자체는 한 편의 축약된 설교이기도 하고 간증이기도 하다. 시간을 두고 정독을 하면서 곱씹어야 할 귀중한 부분이다.

계시록의 방대한 분량을 이처럼 선명하게 풀어 쓴 것은 그와 공저자가 그동안 얼마나 많은 고민과 의문과 싸우고 싸웠는지를 짐작케 한다.

나는 확신한다. 이선일 박사와 이성진 전도사가 공저한 개정판, 요한계시록 장편(掌篇) 주석 〈예수 그리스도 복음의 계시라〉는 책을 통하게 된다면 이제 요한계시록은 더 이상 어려운 책이 아니라 위로와 감동의 메시지가 될 것을…….

지난날부터 저자가 책을 쓰는 이유는 "어느 누구든지 단 한 명이라도 도전을 받았으면 하는 갈망 때문"이라고 초지일관 되게 말해왔다.

그 한 사람이 바로 나다.

이제 후로는 독자들이 되기를 바라는 마음으로 개정판, 요한계시록 장편(掌篇) 주석 〈예수 그리스도 복음의 계시라〉는 책을 강력히 추천한다.

이 책을 통해 소망을 재충전한 후 종말 시대를 살아가자

이현희 목사/유엔NGO 사)세계가나안운동본부(WCM)총재, 재)가나안농군학교(영남) 설립자 샤론교회(양산)

작금의 세계는 한치 앞을 내다볼 수 없을 정도로 혼란스러운 시대이다. 인간들 사이에서는 물질주의와 개인주의가 판을 치고 있고, 정치는 수단과 방법을 가리지 않고 자기나라의 이익을 쫓아 행동하고 있다.

COVID-19에 더하여 또 다른 희한한 바이러스의 위협과 지구의 온난화, 그로 인한 극지방의 빙하가 녹아 해수면이 상승됨으로 기후변화가 초래되고 있다.

전 세계적으로 지진이 다발하고 상상할 수 없을 정도의 위력을 가진 태풍과 함께 집중호우, 폭설과 한파, 폭염, 가뭄 등등으로 온 세계가 몸살을 겪고 있다. 이른 바 일곱 재앙 중 자연계의 대격변현상이다.

인간들의 분노와 탐욕으로 인한 전쟁 중 작금의 러시아와 우크라이나 간의 전쟁은 점점 더 세계경제를 수렁으로 몰아가고 있다. 한치 앞을 내다볼 수 없는 위기의 시대다.

영적으로 보면 과연 말세지말(末世之末)인 듯 보인다. 그 틈을 비집고 이단 사이비들이 창궐해감으로 정통 교회는 쇠락하다 못해 설 자리마저 위협당하고 있다.

이러한 때에 이선일 박사와 이성진 전도사가 공저한 개정판, 요한계시록 장편(掌篇) 주석 〈예수 그리스도 복음의 계시라〉는 책이 출간하게 되었다.

저자와 나는 오랜 지기로서 호형호제(呼兄呼弟) 하며 지금까지 지내왔다. 그렇기에 나는 그의 상황을 비교적 상세히 아는 편이다. 그는 몸도 마음도 제법 힘든 상황이다. 그럼에도 불구하고 꾸준히 책을 쓰고 출간하는 것을 보면 그의 사명감에 놀라지 않을 수 없다.

그러나 돌이켜보면 그는 늘 힘들 때마다 무릎을 꿇고 하나님께 기도하며 성령님의 이끄심에 민감하게 반응했다. 그렇기에 기실 놀라운 것도 아니다.

그는 언제나 성령님께 온전한 주권을 드리려고 몸부림친다. 그리하여 성령님의 질서와 지배, 통치하심을 따라 지금까지 살아왔다. 그 결과물이 그가 쓴 저작물들과 청년 리더들이다. 그런 그의 열정과 헌신은 볼 때마다 감동적이다. 나는 그런 그를 가리켜 성령의 사람이라고 부르는 것을 조금도 주저하지 않는다.

요한계시록은 예수 그리스도의 계시로서 "그러므로 네가 본 것과 지금 있는 일과 장차 될 일을 기록하라(계1:19)"고 하신 것이다. 그렇기에 계시록은 복음을 드러내는 책으로 교회가 반드시 승리할 것을 보여준 것이다. 그런 '승리의 함성'을 요한계시록은 전 우주적 교회들이 잘 들을 수 있게 해준다. 그러므로 일곱 재앙과 더불어 제한적이고도 한시적인 권세를 허용 받은 악한 영적 세력들에게 비록 종말 시대 동안에 핍박을 당한다 할지라도 "예수 믿음과 하나님의 계명"을 붙들고 인내로 싸워 나갈 것을 말씀하고 있다.

저자인 이선일 박사는 개혁주의자로서 바른 성경적 관점으로 해석하기 위해 수십 권의 책들을 섭렵했다. 또한 계시록이라는 정경을 문자적으로 접근한 후 그 단어가 의미하는 바나 상징하는 바를 파악하려고 원어를 파헤쳤다. 전후 문맥을 살핀 후 문화적, 역사적 배경까지도 연구했다. 종국적으로는 성경의 원 저자이신 성령님의 음성에 귀를 기울였다. 그렇기에 이선일 박사와 이성진 전도사가 공저한 개정판, 요한계시록 장편(掌篇) 주석 〈예수 그리스도 복음의 계시라〉는 책은 다른 책들과는 약간 다를 뿐만 아니라 독특하기까지 하다.

일반적으로 대부분의 목사들은 요한계시록을 강해하는 것에 주저한다. 나도 마찬가지였다. 그랬던 내가 이 책을 읽은 후 강해를 결심했다. 말씀을 전하면서 바로 지금 한국교회에 가장 적절한 말씀임을 절절이 느끼게 되었다.

지난날 한국교회는 일제 치하에서, 그리고 광복 후 가난과 어지러운 정세 속에서, 뒤 이은 6.25동란으로 인해 소망을 잃어버렸을 때 계시록을 통해 '천국 소망'과 '천국 복음'으로 버틸 수 있었다. 지금도 코로나의 긴 터널을 지나며 영적인 피폐함은 지난날보다 못하지 않은 듯 여겨진다. 이때 이선일 박사와 이성진 전도사가 공저한 개정판, 요한계시록 장편(掌篇) 주석 〈예수 그리스도 복음의 계시라〉는 책이 적절한 타이밍으로 주어졌다.

우리는 이 책을 통해 소망을 재충전한 후 '예수 믿음과 하나님의 계명'

을 붙들고 전신갑주를 입고 종말 시대 동안에 맞닥뜨리게 될 일곱 재앙과 악한 영적 세력들의 핍박에 맞서야만 할 것이다. '지피지기면 백전 불패'라고 했다. 그러므로 나는 기쁜 마음으로 이선일 박사와 이성진 전도사가 공저한 개정판, 요한계시록 장편(掌篇) 주석 〈예수 그리스도 복음의 계시라〉는 책을 강력히 추천하는 바이다.

요한계시록을 폭 넓게 그리고 깊이 알기를 원하는가?

김범석 목사/시드니 순복음교회

되돌아보니 저자인 이선일 선교사를 만난 지 어언 10년이 지났다. 우리는 처음부터 호형호제(呼兄呼弟)로 관계를 가졌다. 그리하여 누구보다도 친밀한 교제를 가질 수 있었다. 그렇기에 나는 그를 개인적으로 좀 아는 편이다. 이렇게 장황하게 설명하는 이유는 그는 매번 만날 때마다 언제나 동일한 모습이라는 것을 드러내려는 나의 의도이다. 그는 정말 초지일관(初志一貫)된 사람이다. 그를 개인적으로 아는 모든 사람은 나처럼 그렇게 말할 것이다.

그런 저자 이선일 박사의 정체성은 분명하다. 성경교사, 의료선교사, 청년사역자이다. 그렇기에 그는 정경 66권의 말씀에 목숨을 건다. 복음과 십자가를 자랑하는 그 일에 세상의 마중물이 되기를 원하며 청년 리더들을 키우는 일에 온 전력을 다해왔다. 그가 외치는 말과 행동은 'Soli

Deo Gloria'이다.

그는 성령님을 주인으로 모시고 그분의 통치와 질서, 지배 하에 들어가 순복하기를 즐긴다. 진리의 영이신 성령님의 음성에 민감하며 그 가르침에 올인한다. 그런 그를 곁에서 지켜보다 보면 나도 어느새 그에게 동화되어 있다. 그의 뜨거움에 나도 뜨거워졌던 적이 한 두 번이 아니다.

그는 이번에 그의 큰 아들인 이성진 전도사와 공저한 개정판, 요한계시록 장편(掌篇) 주석 〈예수 그리스도 복음의 계시라〉는 책을 출간했다. 세대주의적 관점도 터부시하지 않는 개혁주의자인 그의 해석은 독특하고 선명하다.

그는 66권 정경을 항상 먼저 문자적으로 접근한다. 그러면서 히브리어, 헬라어 원어를 살핀다. 그런 후에는 그 단어가 의미하는 바나 상징하는 바를 연구한다. 전후 문맥을 연결하면서 왜 그 말씀을 지금 여기에 썼는지를 고민한다. 더 나아가 유기 영감에 의거한 문화적 배경과 역사적 배경까지도 파헤친다. 그런 후에 성경의 원 저자이신 성령님의 음성과 그 가르침에 집중한다.

이런 맥락 하에 이성진 전도사와 함께 공저한 개정판, 요한계시록 장편(掌篇) 주석 〈예수 그리스도 복음의 계시라〉는 책이 주어졌다. 간혹 간단하게 보이는 문장 속에 저자만이 이해하고 있는 '깊은 이해'가 독자들에게 잘 전달되지 않을까 염려될 때도 있다. 그러나 향후 공저자인 이성진 전도사가 업그레이드를 할 것이다.

2년여 이상을 코로나로 전 세계가 발칵 뒤집어졌다. 이제 세상은 더 이상 예전의 세상은 아닌 듯하다. 그러다 보니 여기 저기서 많은 사람들이 저마다 마지막 때가 가까이왔다라고 외친다. 그런 와중에 정통이 아닌 이단 사이비들이 온갖 말들을 지어내어 사람들을 미혹시킨다. 이를 저자와 공저자는 계시록을 통해 고발하며 실상을 알려주고 있다.

어차피 종말 시대 동안에 일곱 재앙과 악한 영적 세력들의 일시적이고 한시적인 핍박은 피할 수가 없다. 하나님께서 허용하셨기 때문이다. 그렇다면 교회가 할 일은 분명하다. "예수 믿음과 하나님의 계명"을 붙들고 소망을 바라보며 인내하며 나아가는 것이다.

인내할 수 있는 그 힘은 말씀과 기도에서 나온다. 그렇기에 나는 이선일 박사와 이성진 전도사가 공저한 개정판, 요한계시록 장편(掌篇) 주석 〈예수 그리스도 복음의 계시라〉는 책을 소개한다.

요한계시록을 폭 넓게 그리고 깊이 알기를 원하는가? 그렇다면 이 책을 강력하게 권하는 바이다.

주요 항목들을 비교, 정리해 독자의 마음을 시원하게 해준다

이은호 목사/감림산기도원 부원장, 오병이어캠프 사역원 대표

나는 지나온 어느 시대보다도 지금 요한계시록에 대한 바른 이해가 필요하다고 생각한다. 여기서 '바른 이해'라는 것은 성경의 원 저자이신 하나님께서 드러내시고자 하는 본래의 뜻을 아는 것과 더불어 그 말씀이 독자가 살아가고 있는 "지금, 여기"에 합당하게 적용되는 것이다.

요한계시록에 대한 수많은 주석들이 시대마다 저술되어 왔지만 정작 이 시대의 독자들에게 요한계시록으로 안내할 적당한 주석은 찾아보기 어려운 것이 사실이다. 어떤 것은 너무 어렵다. 어떤 것은 너무 유치해서 식상하다. 어떤 것은 지나친 황당함과 알 듯 모를 듯한 두려움이 깔려 있다.

이러한 때 탁월한 성경교사요, 학자요, 현장 의사인 저자 이선일 박사는 성경에 대한 풍부한 지식과 원어에 대한 면밀한 접근으로 독자들을 요한계시록의 풍부함 속으로 안내해주는 개정판, 요한계시록 장편(掌篇) 주석 〈예수 그리스도 복음의 계시라〉는 책을 그의 큰 아들인 이성진 전도사와 공저하여 출간했다.

나는 이 책의 탁월함을 세 가지로 꼽는다.

첫째, 저자는 단어와 문장을 이해함에 있어서 전후 문맥을 부단히 살피면서 파악했다. 성경을 바르게 이해하는 일에는 모든 성경에서 문맥을 반드시 살펴야 한다. 특별히 계시록은 예언서라는 문학적 특성상 더욱 그렇다. 문맥 안에서의 단어와 문장을 살펴야만 계시록의 말씀을 곡해하지 않고 대할 수 있다. 더 나아가 저자는 문장과 문맥을 살펴 감에 있어 문자적 해석과 상징적 해석을 매우 적절하게 보여주고 있다. 이는 단순히 개인의 의견을 주장하는 것이 아니라 성경 안에서의 비교 분석과 원어적 고찰을 함께함으로 그 내용을 명쾌하게 증명하고 있는 것이다.

둘째, 저자가 본서의 내용을 진행함에 있어서 주요 항목들을 비교, 정리해 놓았는데 이는 독자들로 하여금 그 마음을 시원하게 해 주고 있다. 요한계시록은 각 장의 내용이 상호 연결되어 있을 뿐만 아니라 성경 전체의 내용과도 연결되어 있다. 그렇다고 하여 이를 계속하여 이어지는 문장으로만 설명하면 독자들은 간혹 복잡함 때문에 맥을 놓칠 수 있다. 그런데 본서는 주요 항목들마다 내용의 흐름, 원어의 표현, 기록된 위치 등을 자세히 비교 분석하여 정리해 놓아 각 문장, 혹은 단어의 뜻을 쉽게 이해할 수 있게 해 주고 있다.

마지막으로, 저자는 요한계시록의 핵심 주제가 결국 예수 그리스도임을 놓치지 않고 있다. 요한계시록은 신랑이신 예수 그리스도께서 "교회(성도)"라는 신부에게 주시는 사랑의 편지이다. 본서는 신부인 교회를 향하여 그 사랑의 메시지를 외치시는 예수 그리스도를 시종일관 드러내고, 또한 가장 중요한 핵심으로 설명하고 있어 명쾌함을 더해주고 있다.

이선일 박사와 이성진 전도사가 공저한 개정판, 요한계시록 장편(掌篇) 주석 〈예수 그리스도 복음의 계시라〉는 책에 대하여 더 많은 탁월함을 설명할 수 있지만 이 세 가지만으로도 본서가 좋은 안내자 역할을 한다는 것을 설명할 수 있다.

사실 이 모든 일을 진행하기에 알게 모르게 참으로 어려운 작업이었을 것이다. 그동안의 수고와 노고에 큰 박수를 보내며 본서가 한국 교회의 성도들과 목회자들에게 좋은 안내서가 될 것을 확신하기에 기쁜 마음으로 추천하는 바이다.

⋯ 일러두기

_ 본문에 사용한 성경은 개역한글판으로 현재의 맞춤법을 무시하고 성경의 본문 그대로 인용했습니다.
_ '하나님나라', '하나님언약', '하나님심판', '아버지하나님', '사단나라'는 저자의 의도에 의해 일반적인 띄어쓰기 규칙을 적용하지 않은 하나의 명사로 취급했습니다.
_ '어린 양'과 '어린양' 둘 다 맞는 표현이므로 예수님을 예표할 때 '어린양' 혹은 '어린 양'으로 혼용해서 사용했습니다.
_ 성경이나 학자들의 의견에서 인용한 단어 및 문장은 큰따옴표로 처리하였습니다. 저자가 강조할 때에는 작은따옴표를 사용했습니다.

프·롤·로·그

드디어 2022년 8월이다.

요즘 들어 시간이 너무 빨리 가는 듯하다. 앞서 갔던 어른들의 말이 새삼스럽다. 마치 엊그제 그들의 말을 귓등으로 들었던 것 같은데…….

오는 세월 막을 수 없어서 당황스럽다. 가는 세월 잡을 수 없어 더욱 당황스럽다. 그저 그렇게 세월이 흘러가는 것이 아쉽기만 하다.

점점 더 죽음이 손짓하는 것이 내 눈에 선명해지고 있다. 가끔씩은 손에 잡힐 듯 가까이에 있음을 느끼게 된다.

2019년 11월, 중국 후베이성 우한시에서 처음으로 발생했던 COVID-19(Coronavirus disesae)는 변종에 변종을 거듭하면서 오늘(오미크론, 헬라어 알파벳 15번째)에 이르렀다. 어느덧 만 3년이 지나버렸다. 되돌아보면 감사의 시간이지만 육신적으로 보면 추웠고 암울했으며 아팠던 기간이었다. 내적으로는 아내와 내게 고난이 있었다. 외적으로는 이상한 사람들로 구성된 야릇한 정부의 횡포가 있었다. 거기에다가 악한 영적 세력들과 그 추종 세력들의 준동(蠢動, be active, stir, show wriggling)마저 있었다. 유독 한국교회를 무너뜨리려 하는 이단 사이비의 기승을 보며 끓어오르는 분노를 느껴야만 했다.

온 세상이 왁자지껄 너무너무 시끄러워졌다. 예의도 염치도 없다. '사(四) 가지'는 아예 없다. 부끄러움이 아예 사라져 버린 듯하다. 이사야 말씀이 생각난다.

"여호와께서 또 말씀하시되 시온의 딸들이 교만하여 늘인 목, 정을 통하는 눈으로 다니며 아기작거려 걸으며 발로는 쟁쟁한 소리를 낸다 하시도다"_사 3:16

이런 와중에 기도하며 간구하며 조용히 하나님의 뜻을 헤아리려는 "아직도 무릎을 바알에게 꿇지 아니하고 그 입을 바알에게 맞추지 아니한 자 칠천인(7,000인, 왕상 19:18)"이 보이기 시작했다. 그 반열에 얼른 올라탔다. 그리고는 다시 요한계시록 장편(掌篇) 주석 〈예수 그리스도 복음의 계시라, 개정판〉을 쓰고 있다. 그리하여 그들과 나에게 주신 말씀, 그리고 주실 말씀을 영적으로 교감하며 나누며 서로를 세워가고 싶은 갈망에 아프고 지친 몸을 이끌고 글을 써 나간다.

나는 지난날, 한때 세대주의적 관점에서 계시록을 보았던 적이 있다. 물론 지금은 개혁주의적 관점으로 완전히 돌아섰다. 이렇게 말한다고 하여 세대주의적 해석이 무조건 틀렸다라는 생각에는 동의하지 않는다. 다만 성경 말씀과 충돌이 많다라는 것과 그렇게 해석하는 것이 본질이 아니라는 것, 그리고 종말 시대 동안에 붙들어야 할 것이 있다면 '오직 믿음, 믿음, 그리고 믿음(저자의 히브리서 장편(掌篇) 주석의 제목)'뿐이라는 것!

나는 개혁주의자로서 요한계시록을 묵시 혹은 계시적 관점으로 해석하지만 예언적 관점을 깡그리 배제하지도 않는다. 그런 나는 개혁주의를 지향하기에 무(無)천년설을 지지한다. 그렇다고 전(前)천년설을 폄하하거나 세대주의자를 이단시하는 것까지는 반대한다.

어떻게든지 바르게 주석을 해보려고 계시록에 관한 십수 권의 책을 사서 읽고 또 읽었다. 저자들을 이해할 즈음에 성령님은 내게 말씀을 더해 주셨다. 그리하여 내 나름대로 계시록 22장, 404구절을 순서대로 청년들에게 강의를 하듯 주석을 단 책을 출간 〈예수 그리스도 새 언약의 성취와 완성〉했다. 그리고 지금 다시 개정판 〈예수 그리스도 복음의 계시라〉는 책을 쓰고 있다. 이 글 또한 크리스천 청년들을 대상으로 하는 장편(掌篇) 주석이다. 장(長)은 당연히 아니요 장(壯)도 아니며 그저 장(掌)일 뿐임을 수줍게 밝힌다. 손바닥 만한 지식의 '얕고 넓은 강의'라는 의미이다. 마치 장풍(掌風)의 허풍(虛風)처럼······.

미주에 있는 참고도서는 아주 귀한 목록이다. 또한 앞서 책에서도 밝혔지만 〈그랜드 종합주석〉 16권, 〈두란노 HOW 주석〉 50권, 리챠드 보쿰의 〈요한계시록 신학〉, 이필찬의 〈요한계시록 어떻게 읽을 것인가〉와 〈신천지 요한계시록 해석 무엇이 문제인가〉, 양형주의 〈평신도를 위한 쉬운 요한계시록〉, 〈게제니우스 히브리어 아람어 사전〉, 〈스트롱코드 헬라어 사전〉, 〈로고스 스트롱코드 히브리어 헬라어 사전(개역개정 4판)〉과 기타 도서 등등을 집중적으로 참고했다.

계시록을 해석함에 있어 먼저는 문자를 살폈다. 동시에 말씀이 상징(symbolic)하고 의미하는 바나 예표(typological)하는 바를 추구했으며 전후 맥락을 함께 읽었다. 그리고 왜 지금 이 사건을 그 부분에 기록했는지를 고민했다. 역사적 배경이나 문화적 배경, 계시록의 문학적 특징(계시, 예언, 서신), 인용하고 있는 구약의 성경들(사, 렘, 겔, 단, 12 소선지서)을 살폈다. 종국적으로는 성경의 원저자이신 성령님께 무릎 꿇고 아버지 하나님의 마음을 알게 해 달라고 간구하고 또 간구했다.

내가 생각하는 요한계시록 22장 404구절의 구성 및 흐름은 다음과 같다. 한 구절씩 주석을 해 나가되 너무 깊게 들어가는 것은 피했다. 그리스도인으로서 '복음과 십자가'로 살아가고 '복음과 십자가만' 자랑하는 그 일에 초점을 맞추어 '예수 그리스도 복음의 계시'를 제시하려는 것이다. 때때로 내용이 반복될 때가 있다. 이는 한 구절씩 주석을 해 나가다 보니 어쩔 수가 없는 듯하다. 이런 약점이 책의 내용과 격을 떨어뜨릴 수 있으나 나는 상관없다. '오직 말씀'만이 잘 전해지면 그만이다.

특별히 이번 개정판 〈예수 그리스도 복음의 계시라〉에서는 성경의 장과 절 순서와는 달리 일곱 부분(Seven Part)으로 나누어 1장 -〉 2~5장 -〉 6, 8~9, 16장, 17~18장 -〉 7, 10~11, 15장 -〉 12~14장 -〉 19~20장 -〉 21~22장의 순서로 주석하려 한다.

1장에서는 '다른' 하나님, '한 분' 하나님이신 '삼위일체 하나님'을 자랑스럽게 소개할 것이다. 이때 '삼위일체론'의 개념 정립(conceptualization)이 필요한데 이를 위해 기능론적 종속성(functional subordination, '다른')과 존재론적 동질성(essential equality, '한 분')으로 기술할 것이다.

2-5장에서는 예수 그리스도의 계시를 밧모섬에서 환상을 통해 보았던 사도 요한의 서신을 통해, 불완전한 지상의 교회(2-3장, 전 우주적 교회, 현재형 하나님나라)를 향한 아버지 하나님의 마음 즉 칭찬과 책망을 소개할 것이다. 그런 다음 교회가 오매불망(寤寐不忘) 그리는 완벽한 천상의 교회(4-5장, 미래형 하나님나라)를 대조하며 그에게 보여주셨던 것을 필자의 관점에서 해석할 것이다.

특히 2-3장에는 지상의 교회를 상징하는 소아시아 일곱 교회를 들어 쓰셔서 그들을 향한 아버지 하나님의 칭찬과 책망(징계)을 보여주셨다. 칭찬은 우리를 향한 아버지 하나님의 기대치이므로 종말(교회) 시대 동안 계속 그렇게 살아가라는 것이다. 반면에 책망(징계)은 '회복을 전제한 체벌'이기에 회개한 후에 얼른 다시 돌아오기만 하면 된다. 이는 마치 부모가 자식을 양육하기 위해 드는 매질과도 같다.

4-5장에는 미래형 하나님나라인 완벽하고도 완전한 천상의 교회(예배당)에 먼저 가 있는 아름다운 교회들(성도들)의 예배 모습을 보여주고 있다. 4장이 창조주 하나님을 찬양하고 있는 것에 방점이 있다면 5장은 구속주 하나님을 찬양함에 방점이 있다.

한편 이 책을 읽는 내내 유의해야 할 것은 '교회'라는 단어이다. '교회'를 말할 때에는 하드웨어 개념인 '예배당 혹은 교회 공동체(현재형 하나님나라, 미래형 하나님나라)'와 소프트웨어 개념인 '성전 된 교회(성도, 그리스도인)' 둘 다를 의미하고 있다. 그래서 특별히 그때마다 구분하여 기술하겠으나 때때로 구분이 누락될 수도 있음을 밝힌다. 이때는 독자들이 깊이 묵상하여 무엇을 의미하는지 분별하기 바란다. 더하여 에베소서 2장 20-22절의 말씀과 함께 교회론(ecclesiology)에 대해 바른 정립을 꼭 했으면 한다. 그리하여 이 책을 읽는 내내 '교회'라는 단어를 접할 때마다 교회의 본질과 사명, 그리고 교회의 이중적 의미를 잘 해석하기를 기대한다.

6장에는 '일곱 재앙' 중 인 재앙을(첫째~여섯째), 8-9장에는 나팔 재앙을(첫째~여섯째), 16장에는 대접 재앙을 소개하고 있다. '일곱 재앙'은 종말 시대 동안에 전 지구적으로 일어나되 각 지역별로는 그 크기나 강도, 세기, 범위가 다르며 다양하게 섞여서 복합적이고도 반복적으로 일어날 것들이다. 그러므로 인 재앙-〉나팔 재앙-〉대접 재앙은 시간적 순서를 의미하는 것이 아니라는 점을 명심해야 한다. 다시 부연하지만 나는 인, 나팔, 대접 재앙을 동일한 '일곱 재앙'으로 보며 종말 시대 동안에 전 지구적으로 있되 각 지역별로는 그 크기나 세기, 강도, 범위만 다르게 일어날 뿐이라고 생각한다.

계시록의 일곱 재앙은 밧모섬의 사도 요한에게 여러 장면의 전환을 통해 다양하게 보여주신 반복 재현(progressive recapitulation)으로 간혹 순서대로 진행되는 듯한 것도 사실이나 이는 시간적 순서라기보다는 묵시문학의 기법으로 수사학적 표현으로의 진행으로 본다.

교회 시대 혹은 종말 시대에 있게 될 '일곱 재앙'의 내용들은 구약의 '토라(Torah)', '네비임(Nebiim) 중 예언서인 후선지서', 그리고 '참고 도서'들을 통해 나의 표현으로 재해석했다. 문자적으로 해석하거나 역사적 인물을 대입하거나 역사적 사건을 시간 순서대로 해석하는 것은 가능한 한

지양(止揚)했다. 특별히 나는 성경을 해석할 때 문자를 먼저 면밀하게 살피기는 하나 그 속에 담긴 아버지 하나님의 마음을 분별하는 것에 방점을 둔다. 그러므로 문자가 표현하는 것을 상상하거나 애써 그림으로 그려내려는 시도는 극히 절제한다. 또한 '일곱 재앙'에 관하여는 그것이 구체적으로 '무엇이며, 언제, 어디에서, 어떤 식으로 일어나느냐'라는 것보다 역사의 주관자이신 하나님께서 '왜 일곱 재앙을 허락하셨느냐'에 방점을 둔다.

하나님께서 일곱 재앙을 허락하신 것은 불신자에 대하여는 백보좌 심판에 대한 경고의 알림종(alarm)이요, 교회를 향하여는 거룩함에의 훈련과 힘들고 어려울 때 마라나타를 외칠 수 있게 하신 것, 그리고 소망(엘피스) 즉 '미래형 하나님나라에로의 입성과 영생'을 갖게 하기 위함이다.

그리스도인이든 불신자든 간에 모든 사람은 예외없이 교회(종말) 시대 동안에 다 '일곱 재앙'을 겪게 된다. 이때 그리스도인들에게는 소망(엘피스)을 통해 용기와 위로를 주시려고 '일곱 재앙(6, 8-9, 16장)' 사이사이에 삽입장 혹은 막간장을 주셨다. 곧 7장, 10-11장, 15장이다. 더하여 교회(종말) 시대 동안 일곱 재앙을 겪으며 14장 12절, 13장 10절, 20장 4절을 붙잡고 인내할 것을 말씀해 주시기도 하셨다.

"성도들의 인내가 여기 있나니 저희는 하나님의 계명과 예수 믿음을 지키는 자니라"_계 14:12

"사로잡는 자는 사로잡힐 것이요 칼로 죽이는 자는 자기도 마땅히 칼에 죽으리니 성도들의 인내와 믿음이 여기 있느니라"_계 13:10

"또 내가 보좌들을 보니 거기 앉은 자들이 있어 심판하는 권세를 받았더라 또 내가 보니 예수의 증거와 하나님의 말씀을 인하여 목 베임을 받은 자의 영혼들과 또 짐승과 그의 우상에게 경배하지도 아니하고 이마와 손에 그의 표를 받지도 아니한 자들이 살아서 그리스도로 더불어 천년 동안 왕 노릇하니라"_계 20:4

특별히 7장에서는 인 맞은 자(4), 아무라도 능히 셀 수 없는 흰 옷 입은 큰 무리(9), 종려나무 가지를 들고 보좌 앞과 어린 양 앞에 서서 큰 소리로 외칠 자(9-10), 어린 양의 피에 옷을 씻어 희게 한 자(14)들은 '진노의 큰 날에 능히 설 수 있는 자들'이라고 말씀해 주시며 위로와 격려를 해 주시고 있다. 연약한 교회들을 향한 아버지 하나님의 지극한 배려이다. 성부하나님은 반드시 당면하게 될 '일곱 재앙' 가운데 소망(미래형 하나님나라에로의 입성과 영생)을 붙들고 인내할 것을 반복하여 말씀하고 있다.

10장에는 사도 요한과 교회가 먼저 복음(겔 2:9-3:3)이 적힌, '천사의 손에 펴 놓인 작은 책'을 받아먹을 것을 말씀하셨다. 이는 복음을 정확히 알고 복음의 맛을 먼저 느낀 후 그 감동을 전하라는 아버지 하나님의 마음이다. 이어지는 11장에서는 그 복음을 두 증인, 두 감람나무, 두 촛대, 두 선지자로 상징된 '진실된 교회들'과 함께 동역함으로 전하라고 하셨다. 곧 복음과 십자가로 살아가고 복음과 십자가를 자랑할 것을 말씀하셨다. 더하여 종말 시대 동안에 지켜야 할 교회의 4대 역할 혹은 속성(두 증인, 두 감람나무, 두 촛대, 두 선지자)에 대해 말씀해 주시며 교회는 마지막 그날까지 '오직 복음'을 전하며 살아가야 한다라고 말씀하셨다.

교회의 4대 역할 중 첫째, "두 증인"이 상징하는 바는 예수 그리스도의 증인으로 살라는 것이다. 둘째, "두 감람나무"란 풍성한 열매 맺는 삶을 살라는 것이고 셋째, "두 촛대"란 진리의 등대로 세상 속에서 빛으로 살아가라는 것이다. 마지막 넷째, "두 선지자"란 오직 말씀만을 대언하라는 것이다.

더하여 복음을 전함에 있어 수반되는 크고 작은 모든 종류의 내우외환은 종말 시대 동안에만 한시적이며 제한적으로 주어지게 될 것이고, 이 모든 것들 또한 전적으로 하나님의 허용 범위 안에 있다라고 말씀해주셨다. 그러므로 종말 시대를 지나는 동안 아무리 힘들고 어렵더라도 "말씀(하나님의 계명)과 예수 믿음"을 붙잡고 '소망(엘피스)'을 바라보며 인내하라고 말씀하고 있다.

15장에는 16장의 대접 재앙을 말씀하시기 전에 "유리바다 가"에 서서 "하나님의 거문고"를 가지고('유리바다 가'와 '거문고'는 '승리'의 상징) "모세의 노래", "어린 양의 노래"를 부르며 삼위하나님을 찬양하는 미래형 하나님 나라에 먼저 간 교회인 성도들의 모습과 하늘의 증거 장막 성전을 보여주시며 소망을 견고히 붙들 수 있도록 해 주셨다.

계시록 12-14장은 성경전체의 요약이자 계시록의 요약이며 '핵심장'이기도 하다. 이곳에서는 예수의 초림(성육신), 십자가 죽음과 부활, 승천, 재림 등등 그리스도의 승귀(Ascension of Christ)에 대해 말씀해 주시고 있다. 동시에 종말 시대 동안에 있을 일곱 재앙과 더불어 삼위일체 하나님을 모방한 사단적 삼위일체가 교회들을 한시적, 제한적으로 핍박하지만 종국적으로 그들은 유황 불못 심판을 받게 될 것을 말씀하고 있다.

한편 악한 영적 세력들은 편가르기를 통해 사단나라에 속한 사람들에게는 "666"이라는 표(이름/사단나라 소속, 소유의 의미/카라그마)를 준다. 물론 '그 표'는 문자적이라거나 가시적인 어떤 구체적인 것(베리칩, 마이크로칩 등)이 아니라 상징적인 것으로 '사단나라에 속했다(소속, 소유)'라는 의미이다. 반면에 교회들은 모든 불이익을 감수하면서까지 "그 이마에 하나님과 어린 양의 이름" 즉 표(스프라기스, 하나님나라 소속, 소유)를 받는다. 그럼으로써 교회들은 종국적으로 미래형 하나님나라에서 "새 노래"를 부르게 될 것이다.

석 장으로 구성된 핵심장(12-14장)을 통하여는 삼위일체 하나님이신 성부하나님의 인간을 향한 구속 계획, 성자하나님의 십자가 보혈과 부활을 통해 아버지 하나님의 구속 계획에 대한 예수님의 구속 성취, 성령하나님의 인치심과 주인 되심, 그리고 미래형 하나님나라에로의 이끄심을 깊이 묵상할 수가 있다.

13장에서는 교회가 예수 그리스도를 증거하려 할 때 두 짐승(바다에서 나오는 짐승, 땅에서 올라오는 짐승)으로 상징되는 악한 영적 세력으로부터 특히 '정치적, 종교적(큰 음녀)', '경제적, 물질적(큰 성 바벨론)'인 부분에서 전방위적으로 핍박을 받게 될 것을 말씀하고 있다.

13장 전반부의 '바다에서 나오는 짐승'은 예수님을 흉내 내고 있으며 13장 후반부의 '땅에서 올라오는 짐승'은 성령님을 흉내 내고 있다. 이 악한 영적 세력들은 세상에서 살아가는 사람들을 '갈라치기' 함으로 하나님과 사단, 어느 나라에 속할 것인지(소속, 소유) 결정하게 하여 편가르기

(계 13:16-18)를 해버린다. 그리하여 세상(사단나라)에 속하여 표(카라그마, χάραγμα)를 받으면 자신들에게 허용된 일시적이고 제한적인 권세를 통해 매매 등등 유익을 준다. 반면에 하늘나라에 속하게 되면 핍박과 더불어 불이익을 준다.

14장 1절에는 '하늘에 속한 자'를 보여주고 있다. 그들의 이마에는 "어린 양의 이름과 아버지 하나님의 이름"이 새겨져 있다. '이름'이란 소유 혹은 소속을 의미하며 하늘에 속한 자에게만 진정한 이름 즉 인(표, 스프라기스, σφραγίς)이 새겨지게 된다. '하늘에 속한 자들'은 종국적으로는 반드시 승리하게 되는데 15장에서는 그들이 바로 "유리바다 가에 서서 하나님의 거문고를 가지고 모세가 불렀던 노래, 어린 양을 찬양하는 노래"를 부르게 될 것이라고 말씀하고 있다.

16장에는 대접 재앙이 소개되어 있다. 6장의 인 재앙, 8-9장의 나팔 재앙, 16장의 대접 재앙 즉 각 재앙의 여섯 번째 재앙 후 일곱 번째 재앙이 끝남과 동시에 19장의 예수님의 재림이 있게 된다. 그리고 20장에는 승리주, 심판주, 만왕의 왕, 만주의 주이신 재림의 예수께서 백보좌 심판을 행하실 것을 사도 요한에게 보여주셨다. 그 심판의 대상은 17-18장, 19장 17-21절, 20장 10-15절에 나오는 사단, 마귀, 귀신을 포함한 악한 영적 세력들임은 물론이요 짐승과 거짓 선지자, 그리고 생명책에 기록되지 못한 자들(20:15) 등등 모든 악한 영적 세력의 추종자들임을 선명하게 말씀하고 있다. 이는(19:17-21) 에스겔 39장 17-20절까지에 보다 더 자세하게 기록되어 있다.

17-18장은 대접 재앙 심판으로 특히 "큰 음녀" 즉 "큰 성 바벨론"을

처절하게 심판하실 것을 본보기로 보여주시고 있다. 이 두 장은 특히 종교적, 정치적 세력과 경제적, 물질적 세력에 대한 철저한 심판을 예고하고 있다. 이들은 모두 다 종말 시대 동안에 특별히 교회를 핍박했던 악한 세력들이다. 정치적, 종교적 악한 세력이란 17장의 큰 음녀를 가리키며 경제적, 물질적 악한 세력이란 18장의 큰 성 바벨론을 가리킨다.

20장에는 장차 재림하실 심판주이신 예수께서 "백보좌 심판"을 행하시는 것을 사도 요한에게 묵시로 보여주셨다. 이때 먼저 간 교회들도 보좌에 앉아 심판하는 권세를 가지고 있는 것을 사도 요한이 보았는데 바로 우리들의 미래 모습이다. 그저 할렐루야이다.

21-22장에서는 미래형 하나님나라인 "거룩한 성 '새' 예루살렘"에서 12가지 보석처럼 아름답게 살아가는 "거룩한 성 예루살렘" 곧 '교회'가 최고로 아름답게 영생을 누리며 살아가게 될 것을 보여주셨다.

특히 21장 2절에는 반드시 존재하는, '장소 개념'으로서의 미래형 하나님나라인 거룩한 성 '새' 예루살렘을 언급하며 이는 마치 신부가 남편을 위해 단장한 것 같이 최고로 아름다운 곳(장소)임을 살짝 암시해주시고 있다.

한편 21장 9절 이하에는 미래형 하나님나라인 천국에서 살아갈 '교회(성도)'인 "거룩한 성 예루살렘"에 대해 말씀하고 있다. '교회(성도)'는 하나님의 영광의 광채를 받아 귀한 보석처럼 빛나고 벽옥과 수정같이 밝으며 (계 21:11) 정금 같고(21:18) 12보석 같은(계 21:21-22, 겔 28:13-14) 존재로 살아갈 것이라고 말씀하고 있다. '12보석'에서 '12(3x4, 하늘의 수x땅의 수=완전수)'는 약속의 수, 언약의 수, 맹세의 수, 완전수인데 이는 12가지 보석처럼 다양하게 살아 갈 지체(교회)들의 눈부시게 아름답고 지극히 조화로운 모습을 상징하고 있다.

이런 요한계시록 〈예수 그리스도 새 언약의 성취와 완성〉의 전체적인 흐름을 다시 개정판인 〈예수 그리스도 복음의 계시라〉는 책으로 갈아타서 요약하면 다음과 같다.

Part 1(1장)에서는 '요한계시록'이야말로 수수께끼 같은 책이 아니라 '예수 그리스도 복음의 계시'임을 당당히 드러내며 시작하는 책으로 '예수 그리스도 새 언약의 성취와 완성'을 이끌어 가시는 삼위하나님의 공동 사역과 삼위하나님의 정체를 말씀하고 있는데 이에 대해 기술하려 한다.

Part 2(2-5장)에서는 불완전한 지상 교회(성도, 그리스도인, 현재형 하나님나라)에게 완전한 교회(미래형 하나님나라)를 보여주셔서 완벽한 교회(영원한 천국 곧 미래형 하나님나라)로 만들어 가시는 과정을 기술하고자 한다. 신실하신 하나님은 지상의 교회를 향해 당신의 마음을 드러내시며 '진실된 교회(계 11장, 두 증인, 두 감람나무, 두 촛대, 두 선지자)'가 되기를 바라고 있다. 하나님은 교회를 향한 당신의 칭찬과 책망을 통해 불완전한 지상교회를 훈련하신다. 동시에 장차 살아갈 완벽한 천상의 교회를 보여주시며 소망을 품게 하셨다.

Part 3(6, 8-9, 16, 17-18장)에서는 종말 시대 동안에 악한 영적 세력들과 그 추종 세력들로부터의 한시적이고도 제한적인 핍박과 고난, 이와 더불어 모든 인간이 반드시 겪게 될 일곱 재앙을 소개하며 이에 대한 세세한 내용보다는 왜 하나님께서 이러한 것들을 허용하셨는가에 집중하며 기술할 것이다.

Part 4(7, 10-11, 15장)에서는 종말 시대 동안에 핍박과 고난, 일곱 재앙을 겪으며 위축될 수도 있는 교회들을 향해 자비하신 하나님은 격려와 위로, 용기를 주시기 위해 각 재앙 사이사이에 삽입장(막간장)을 주셨는데 이에 대해 기술하고자 한다.

Part 5(12-14장)에서는 계시록의 전체 요약이자 성경의 전체 요약인 이 부분을 '그리스도의 승귀'와 '예수님의 재림을 통한 백보좌 심판'을 중심으로 기술할 것이다. 동시에 각 장을 전반부와 후반부의 두 부분으로 나누어 주석할 것이다.

Part 6(19-20장)에서는 예수님의 재림과 더불어 최후 심판인 백보좌 심판을 통해 심판과 신원을 이루어 가시는 손길에 대해 기술할 것이다.

Part 7(21-22장)에서는 백보좌 심판과 더불어 신원을 얻게 된 교회들이 거룩한 성 새 예루살렘에서 12가지 보석처럼 아름답고도 다양하게 거룩한 성 예루살렘으로 살아가는 모습과 그에 대한 비교적 상세한 묘사를 기술할 것이다.

요한계시록(예수 그리스도 복음의 계시) 전체의 흐름을 요약하여 개괄적으로 표를 그리면 다음과 같다(표 참고). 이렇게 계시록을 개혁주의적 관점에서 무 천년설에 근거하여 통전적으로 보며 "예수 그리스도의 계시 곧 복음의 계시'로 묵상하게 되면 기독론(Christology)에 대한 바른 이해와 정립을 할 수 있게 된다. 더 나아가 교회론(Ecclesiology)과 종말론(Eschatology)에 대한 분명한 개념정립도 할 수 있게 된다.

참고로 조직 신학은 7개의 기둥으로 되어 있으며 총론(Introduction)과 함께 신론(Theology), 인간론(Anthropology), 기독론(Christology), 구원론(Soteriology), 교회론(Ecclesiology), 종말론(Eschatology)으로 분류한다.

지난 책 〈예수 그리스도 새 언약의 성취와 완성〉에서 밝혔듯이 2019년과 2020년 그리고 2021년을 보내면서 아내의 암 진단과 수술, 그리고 항암 치료, 방사선 치료, 호르몬 치료와 면역 치료 등등을 겪으며 잠시 무력증에 빠졌었다. 이와 동시에 괴로움을 더욱 가중시킨 것이 있었으니 코로나 바이러스의 정치 도구화, 신천지 사이비 및 기타 이단 사이비들의 기승(氣勝)과 발호(跋扈, dominate, pervail), 이상 야릇한 나라와 더 이상한 정치지도자라는 사람들, 나라를 망가뜨리지 못해 안달하며 급기야는 아예 파괴하려는 기괴한 정책들, 특히 한국교회와 교계 지도자라는 사람들의 가치관과 세계관 등등…….

정신이 혼란해질 지경에 이르자 주인 되신 성령님은 나를 부르셔서 깨우셨다. 그리고는 나의 등 뒤에서 나를 도우시겠다라고 하시며 밀고 가셨다(할라크, 동행하시는 하나님, 창 12:4).

이후 나는 더 이상의 자기 연민(self-pity)을 버렸다. 자기 안주(mannerism)에 빠져 허우적거리지 않으려고 다시 핵심 가치(Core Value)를 정하고 그에 따른 우선순위(Priority)와 함께 내 삶을 둘러싼 모든 것에 과감한 가지치기(Trimming)를 단행했다. 전화번호와 카톡을 깨끗이 정리했다.

Part 1 (1장)	Part 2 (2-5장)	Part 3 (6,8-9,16,17-18장) 일곱 재앙(왜? 주셨나?)			Part 4 (7,10-11,15장)			Part 5 (12-14장)	Part 6 (19-20장)		Part 7 (21-22장)
삼위 하나님	교회	C: 훈련, 마라나타, 소망 NC: 백보좌 심판 경고			삽입장 막간장			핵심요약장	재림 예수 백보좌 심판		미래형 하나님 나라
1장	2-5장	6장	8-9장	16장	17-18장	7장	10-11장	15장	12-14장	19장	20장	21-22장
다른 하나님 기능론적 종속성 한 분 하나님 존재론적 동질성	2-3 지상 교회 소아시아 일곱 교회 4-5 천상 교회 4장: 창조주 하나님 5장: 구속주 하나님	인 재앙 1/4 흰 붉 검 청황 C인 천체 자연계	나팔 재앙 1/3 우박 피 쑥 흑암	대접 재앙 최고조의 재앙 독종 피 회개X 개구리	대접 재앙 17장: 큰 음녀 (정, 종) 18장: 큰 성 바벨론 (경, 물)	인 맞은 자	복음 펴놓인 작은 책 교회의 사명과 역할	모세의 노래 어린양을 찬양하는 노래	그리스도의 승귀 사단적 삼위일체 최후 승리 백보좌 심판	창조주 역사의 주관자 심판주 충신과 진실 자신만 아는 이름 하나님의 말씀 만왕의 왕 만주의 주	심판하는 권세 영원한 죽음 둘째 사망 유황 불못 심판	거룩한 성 새 예루살렘 미래형 하나님 나라 장소적 개념 거룩한 성 예루살렘 교회 12가지 보석 (다양함) (균형) (조화)

그리고는 영성과 전문성을 위한 공부를 위해 자투리 시간까지 할애했고 잠을 과감하게 대폭 줄여버렸다. 사람 만나 식사하는 일을 최대한 절제했다. 그리하여 지금까지 〈복음은 삶을 단순하게 한다〉, 〈복음은 삶을 선명하게 한다〉, 요한계시록 장편(掌篇) 주석 〈예수 그리스도 새 언약의 성취와 완성1, 2, 그리고 합본판〉과 아울러 〈자칫하면 대충 살 뻔했다(1권, 개정증보판)〉, 〈자칫하면 어영부영 살 뻔했다〉, 〈유방암, 아내는 아프고 남편은 두렵다〉, 갈라디아서 장편(掌篇) 주석 〈오직 의인은 믿음으로 말미암아 살리라〉, 갈라디아서 장편(掌篇) 주석 〈예수 믿음과 하나님의 계명을 붙들라, 개정판〉, 요한복음 장편(掌篇) 주석 〈은혜 위에 은혜러라〉, 히브리서 장편(掌篇) 주석 〈오직 믿음, 믿음, 그리고 믿음〉, 로마서 장편(掌篇) 주석 〈살아도 주를 위하여 죽어도 주를 위하여〉를 출간했다.

더하여 사도행전 주석(〈오직 성령이 너희에게 임하시면〉, 집필 중), 창세기 주석(〈태초에 하나님이 천지를 창조하시니라〉, 1권 창세기의 파도타기, 2권 창세기의 디테일 누리기, 집필 중), 〈성경을 관통하는 핵심 대들보 4 기둥(집필 중)〉, 기독교의 3대 보물〈사, 주, 십(집필 중)〉, 〈통증, 의사도 아픈 것은 싫다(집필 중)〉, 〈Dr. Araw가 그리는 하나님 나라(집필 중)〉등을 향후 1-2년 이내에 출간할 예정이다. 물론 성령님이 허락하시면…….

"사람이 마음으로 자기의 길을 계획할지라도 그 걸음을 인도하는 분은 여호와시니라"_잠 16:9

나는 상기의 말씀을 '꼭' 붙들고 살아간다. 그래서 성령님께 더욱 예민하려고 근신하며 살아가고 있다. 세상의 사람들과는 다른 방향으로 살려고 일부러 노력한다.

내가 책을 쓰는 이유는 단 하나이다. 어느 누구든지 단 한명이라도 나로부터 도전을 받았으면 하는 갈망 때문이다. 그래서 최소한의 안전장치로 공저자를 두었다. 나의 소중한 자녀들과 특별히 아끼는 멘티들이 나의 공저자이다. 내가 하늘나라에 가고 나면 그들이 이 땅에 남아 각자의 몫에 맡겨진 책들을 업그레이드하고 업데이트할 것이다.

그러므로 나는,
언제 어디서나
그저 디딤돌, 마중물의 역할이기를…….
나의 외침은 단 한 마디이다.
오직 말씀!
다시 말씀으로 돌아가자!

오늘에 이르기까지 암 투병 속에서도 끝까지 의연하게 대처해 주었고 지금은 나를 격려해주며 작가(대한민국 현대조형미술대전, 2021, 서양화, 장려상, 대한민국 현대여성미술대전, 2022년, 서양화, 장려상)로서의 자신의 길을 묵묵히 걷고 있는 소중한 아내 김정미 선교사에게 감사와 사랑, 그리고 존중을 전한다. 아울러 외동딸 성혜(LIVIM대표, 국제기독영화제 위원장)와 사위 의현(이롬 글로벌 사장, 갈라디아서 공저자, 전도사)에게, 공저자인 큰아들 성진(카페 팔레트 대표, 전도사, 요한계시록, 요한복음 공저자, 침신대 M.Div), 막내 성준에게 감사와 사랑을 전한다. 특히 이번 개정판에서 큰 아들 이성진 전도사가 첨삭을 하느라 고생을 무척 많이 했다.

　지금까지의 집필에 도움을 준 특별한 사람이 있다. 내게 글을 가르쳐 준 나의 친구 조창인 작가(《가시고기》, 〈가시고기 우리 아빠〉의 저자)이다. 이 친구 덕분에 나는 노년에 하루에 5시간씩 글을 쓰는 즐거움을 누리고 있다. 더하여 매번 출판에 혼신을 다해왔던 도서 출판 산지의 김진미 대표(빅픽처가족연구 소장)에게도 감사를 전한다.

　추천사와 함께 따끔한 충고도 아끼지 않은 동역자들에게 감사를 전한다. 특히 김진석 목사(거제 섬김의 교회), 김범석 목사(시드니 순복음교회), 김철민 대표(CMF Ministries, LA), 이종삼 목사(꿈의 학교 명예교장, 꿈이 있는 교회), 이은호 목사(감림산 기도원 부원장), 이홍남 목사(벧 국제학교 교장), 이현희 목사(WCM(가나안운동본부)총재, 영남 가나안농군학교, 샤론교회), 정성철 목사(안양 중부감리교회), 하상선 목사(GEM(세계교육선교회)대표, 마성 침례교회) 등에게 감사를 전한다.

　동시에 매번 책을 출간할 때마다 도움을 주었던 멘티들인 이선호 원장, 정준호 교수, 양하준 변호사, 이영석 차장(현대중공업), 고정석 팀장(동구재활센터장), 박경대 & 나윤미 부부(에이레네 대표), 이한솔 & 김세진 원장 부부(한솔연합내과), 박경란 교수, 이진욱 교수, 최영일 교수, 김창주 교수, 박재춘 교수, 문형환 교수, 목원 카리스팀(팀장 최용민 전도사), 침신 레마팀(팀장 이상욱 전도사), 그리고 성경연구모임 그룹들(목회자 그룹, 전문인 그룹, 고신대의대 교수 그룹) 등등에게도 감사를 전한다. 음으로 양으로 도움을 준 모두에게도 동일하게 감사를 전한다.

샬롬!

오직 하나님께만 영광!

울산의 소망정형외과 진료실에서
Dr Araw 이선일
hopedraraw@hanmail.net

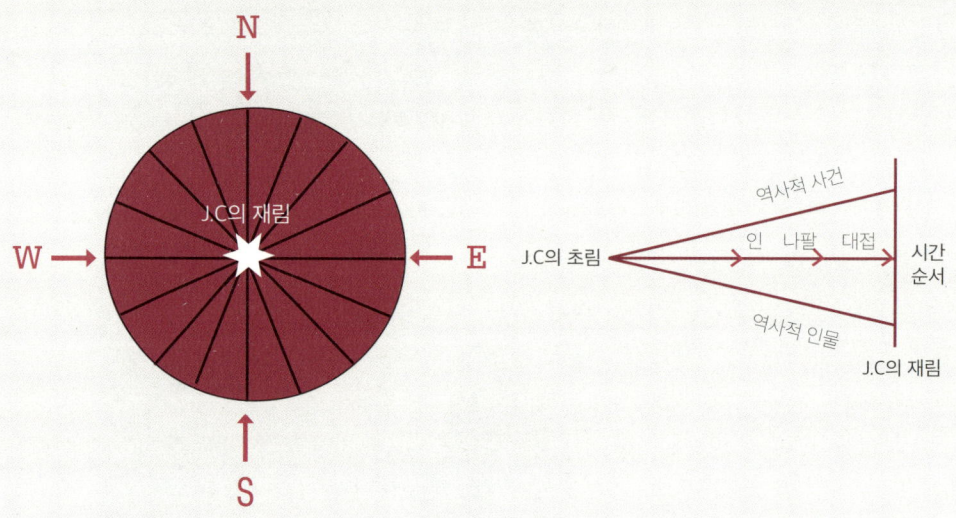

목차 ....

Part 1 ...56

레마이야기 1 ...71
구름 타고 오시리라(ὁ ἐρχόμενος)
삼위일체 하나님: 다른 하나님, 한 분 하나님

Part 2 ...98

레마이야기 2 ...109
귀 있는 자는 (지상의 교회, 2:1-29)

레마이야기 3 ...145
이기는 그에게는 (지상의 교회)

레마이야기 4 ...173
다른 하나님, 한 분 하나님
창조주 하나님 찬양 (천상의 교회)

레마이야기 5 ...185
다른 하나님, 한 분 하나님
구속주 예수님 찬양 (천상의 교회)

Part 3 ...196

레마이야기 6 ...219
일곱 재앙(ἑπτά πληγή)-인(σφραγίς) 1/4 재앙

레마이야기 8 ...239
일곱 재앙(ἑπτά πληγή)-나팔(σάλπιγξ) 1/3 재앙

레마이야기 9 ...253
일곱 재앙(ἑπτά πληγή)-나팔(σάλπιγξ) 1/3 재앙
회개치 아니하고 오히려 우상에게 절하고 회개치 아니하더라

레마이야기 16 ...273
일곱 재앙(ἑπτά πληγή)-대접(φιάλη) 최고조의 재앙

레마이야기 17 ...297
큰 음녀 심판-정치적, 종교적 악한 영의 세력

레마이야기 18 ...313
큰 성 바벨론-경제적, 물질적 악한 영의 세력

Part 4 ...330

레마이야기 7 ...345
진노의 큰 날에 누가 능히 서리요 -인 맞은 자 144,000

레마이야기 10 ...359
아, 펴 놓인 작은 책, 복음 -입에는 다나 배에는 쓰다

레마이야기 11 ...373
진실된 교회 - 두 증인, 두 감람나무, 두 촛대, 두 선지자

레마이야기 15 ...395
모세의 노래, 어린 양의 노래

Part 5 ...404

레마이야기 12 ...417
그리스도의 승귀(Ascension of Christ)
예수님의 초림(성육신), 죽음과 부활, 승천, 재림

레마이야기 13 ...441
두 짐승 - 바다에서 나오는, 땅에서 올라오는
그리고 Satnic Trinity

레마이야기 14 ...463
하나님과 어린 양의 인(σφραγίς)과 짐승의 표(χάραγμα)
그리고 14:12

Part 6 ...488

레마이야기 19 ...501
삼위하나님 찬양, 그리고 재림 예수의 4가지 이름과 속성

레마이야기 20 ...523
백보좌 심판(θρόνον μέγαν λευκὸν)

Part 7 ...548

레마이야기 21 ...559
거룩한 성 새 예루살렘; 미래형 하나님나라(장소)
(τὴν πόλιν τὴν ἁγίαν, Ἰερουσαλὴμ καινὴν)
거룩한 성 예루살렘; 신부인 교회
(τὴν πόλιν τὴν ἁγίαν Ἰερουσαλὴμ)

레마이야기 22 ...591
마라나타(μαρὰν ἀθά)   아멘 주 예수여 오시옵소서

괴짜의사 Dr. Araw의 쉽고 바르게 읽는 요한계시록 장편(掌篇) 강의, 개정판
예수 그리스도 복음의 계시라

Part 1

예수 그리스도 복음의 계시라

레마 이야기 1, 구름타고 오시리라(ὁ ἐρχόμενος)
삼위일체 하나님 - 다른 하나님, 한 분 하나님

"예수 그리스도의 계시라 이는 하나님이 그에게 주사 반드시 속히 될 일을 그 종들에게 보이시려고 그 천사를 그 종 요한에게 보내어 지시하신 것이라"_계 1:1

"볼찌어다 그가 구름을 타고 오시리라 각 사람의 눈이 그를 보겠고 그를 찌른 자들도 볼 것이요 땅에 있는 모든 족속이 그로 말미암아 애곡하리니 그러하리라 아멘"_계1:7

Part 1

    요한계시록은 우리가 그동안 막연하게 생각했던 수수께끼 같은 어려운 책이 아니라 "예수 그리스도의 계시(계 1:1, Ἀποκάλυψις Ἰησοῦ Χριστοῦ)"로서 복음을 명료하게 드러내고 있는 정경 66권 중 하나이다. 여기서 "예수 그리스도의 계시"란 '구원자이신 예수님'만이 '성부하나님의 유일한 기름부음 받은 자'라는 의미로서 요한계시록은 '예수, 그리스도, 생명(요 20:31)'이라는 복음의 핵심(구원자이신 예수를 통하여야만 생명(영생)을 얻는다)을 가장 명쾌하게 드러내고 있다.

    그렇기에 22장 404구절로 이루어진 요한계시록은 읽고 묵상하는 이로 하여금 복음의 진수(眞髓, essence)를 알게 한다. 이 책은 결코 어렵지 않다. 오히려 가장 쉬울 뿐만 아니라 선명하기까지 하다. 왜냐하면 예수 그리스도의 복음(τὸ εὐαγγέλιον τοῦ Ἰησοῦ Χριστοῦ), 곧 하나님의 은혜의 복음(τὸ εὐαγγέλιον τῆς χάριτος τοῦ Θεοῦ)에 관한 한 가장 직설적으로 말씀해주고 있는 정경 가운데 하나가 바로 '요한계시록'이기 때문이다. 그런 계시록은 조직신학의 7기둥[1] 중 종말론(Eschatology), 기독론(Christology), 교회론(Ecclesiology)의 기둥을 떠받치고 있다.

---

[1] 조직신학의 7기둥이란 총론(Introduction), 신론(Theology), 인간론(Anthropology), 기독론(Christology), 구원론(Soteriology), 교회론(Ecclesiology), 종말론(Eschatology)을 말한다.

종말론(Eschatology)의 개략(an outline, a summary)은 다음과 같다. 2,000여 년 전 완전한 하나님이신 신인양성의 예수님(존재론적 동질성, Essential Equality)께서 인간으로 이 땅에 성육신(Incarnation)하셔서 공생애 전까지 메시야닉 비밀(Messianic Scret)을 통해 일체 순종하시고 공생애 동안에 메시야닉 사인(Messianic Sign 곧 Healing ministry)을 보여주시며 당신의 메시야이심을 드러내셨다. 이후 갈보리(아더 핑크는 모리아산이라고 함) 언덕 위에서 우리를 대신하여(휘페르) 십자가에서 속량제물(속량, ἐξαγοράζω, 댓가지불, 대속물, λύτρον, 구속, ἀπολύτρωσις)이 되셨다. 이로써 모든 것 곧 성부하나님의 구속계획을 다 이루셨던 것이다(테텔레스타이, 예수 그리스도 새 언약의 성취). 죽음을 이기시고 3일 만에 부활하신 예수님은 이 땅에 40일간 계시다가 미래형 하나님나라의 하나님 보좌 우편(승리주 하나님)으로 승천하셨다. 그렇게 종말 시대(혹은 교회 시대, 예수님의 초림~재림 전까지의 기간)는 시작되었다. 마지막 그날(개인적 종말 즉 역사적 종말) 곧 성부하나님의 정하신 때와 기한이 되면(행 1:7) 승리주이신 예수님(성자하나님)은 반드시 다시 오신다라는 것이다.

'종말론'을 언급할 때에 교회가 반드시 기억해야 할, 종말 시대(교회 시대) 동안에 교회가 지녀야 할, 올바른 3가지 '성경적 종말관'은 다음과 같다. 첫째, 예수님은 반드시 오신다. 둘째, 언제 오실지는 아무도 모른다(때와 기한은 아버지께서 자기의 권한에 두셨으니 너희의 알 바 아니요, 행 1:7). 셋째, 언제 오시더라도 상관없이, 마치 내일이라도 오실 듯이, 오늘을 '알차게(fulfill, ἐξαγοραζόμενοι τὸν καιρόν, redeeming the time)' 살아간다라는 것이다.

결국 계시록은 초림하신 구속주이신 예수님께서 우리의 수치와 저주를 대신하여(휘페르) 십자가에 달려 죽으심으로 '예수 그리스도의 새 언약'

이 '성취'되었고 다시 오실 재림의 예수님으로 인해 '예수 그리스도의 새 언약'이 '완성'될 것을 말씀하고 있는 것이다. 여기서 '완성'이란 '에덴의 회복' 곧 '새 창조(새 하늘과 새 땅)'를 의미한다.

기독론(Christology)의 개략(an outline, a summary)은 다음과 같다. 이는 '예수쟁이들' 곧 '교회들'이 '누구(who)를, 왜(why)' 믿어야 하는가라는 근원적인 질문에 대한 답을 제시해주는 명제이다. 그런 '기독론'은 교회들이 반드시 붙들어야 할 명제이기도 하다. 그렇기에 기독론을 통해 다음의 3가지를 질문해야 하고 그에 대해 명확한 답을 얻은 후 그날까지 이를 붙들어야 한다. 첫째, '예수님은 누구신가', 둘째, '왜 예수를 믿어야 하는가', 셋째, '예수를 믿고 나면 어떻게 되는가' 하는 것이다.

유월절 어린 양으로 오신 예수님은 진실로 하나님'의' 아들(하나님 '곧' 아들, 막 15:39)이시다. 그 예수님만이 구원자(Savior)이시다. 하나님은 우리에게 '천하 인간에 구원을 얻을 만한 다른 이름을 주신 적이 없다(행 4:12)'. 그 예수님만이 그리스도, 메시야이시다(요 1:41, 4:25). 그 예수님만이 우리를 대신하여 대속제물(마 20:28, 막 10:45), 화목제물(롬 3:25, 요일 2:2, 4:10)이 되셨다. 그 예수님만이 역사상 유일한 의인으로 이 땅에 그리스도, 메시야로 성육신 하셔서 우리를 위해 죽으시고 3일 만에 부활하시고 40일 후에 하나님 보좌 우편으로 승천하셔서(행 1:3-11) 우리에게 참 소망(엘피스, 미래형 하나님나라에의 입성과 영생)이 되셨으며 장차 재림하셔서 우리를 미래형 하나님나라에 들어가게 하신다. 그 예수님만이 길이요 진리요 생명이시다(요 14:6). 그 예수를 나의 구주 나의 하나님으로 입으로 시인하여 구원에 이르고 마음으로 믿어 의에 이른(롬 10:10) 사람을 '교회' 곧 '거룩한 성 예루살렘(계 21:10)'이라고 하며 그들 만이 '미래형 하나님나라' 곧 '거룩한 성 새 예루살렘(계 21:2)'으로 들어가 삼위하나님을 찬양하며 삼위하나님과 '더불어, 함께' 영생을 누릴 수 있게 된다.

교회론(Ecclesiology)의 개략(an outline, a summary)은 다음과 같다. 곧 예수 그리스도를 머리로 하는 성자하나님이 주인이 되신 '교회(각 그리스도인들과 그들이 모인 교회 공동체)'가 바로 십자가 사건이 이 땅에 낳은 결과물이라는 것이다.

예수님의 십자가 보혈 위에 세워진 '초대 교회'는 주인 되신 성령님의 인도하심을 따라 예수님의 12사도(제자)들을 통해 구원공동체로 거듭났다. 참고로 AD 1C 예수님의 십자가 보혈 위에 세워진 교회는 AD 11C 삼위일체 논쟁으로 동방교회(삼위를 강조)와 서방교회(일체를 강조)로 나누어지기 전까지는 굳건하게 잘 뻗어 나갔다. 그 이후 500년간 서방교회는 말씀 위에 굳게 서서 면면히 내려가다가 16 C에 종교개혁 후 Protestant(개신교)와 RCC(Roman Catholic Church)로 나누어졌다. 그에 반하여 동방교회는 Coptic church(콥틱교회)와 Orthodox(정교회)로 나누어졌다. 결국 '예수를 믿는 종교'인 '기독교(基督敎)'는 4가지뿐이다.

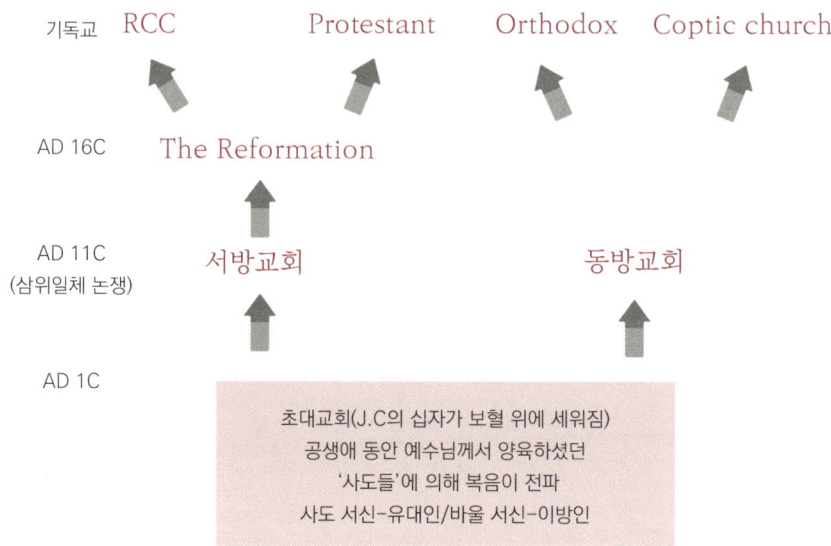

한편 계시록은 '교회'로 시작하여 '교회'로 끝을 맺는다. 그런 '교회'에는 무형교회(그리스도인, 성도)와 유형교회(교회 공동체)가 있으며 모든 교회는 하나님께만 온전한 주권을 드리며 그분의 통치와 질서, 지배 하에 살아가야만 한다. 그런 교회를 가리켜 현재형 하나님나라(주권, 통치, 질서, 지배 개념)라고 한다. 한편 모든 교회는 육신적 죽음(아날뤼오, 이동 혹은 옮김, 히 9:27)을 통과한 후 미래형 하나님나라(지금은 비가시적이나 반드시 존재하는 장소적 개념)에로 들어가게 된다.

나는 예수님을 입으로 시인하여 구원에 이르고 마음으로 믿어 의에 이른(롬 10:10), 그리하여 내주하시는 성령님(내주 성령)을 주인으로 모신 그리스도인을 가리켜 무형교회(현재형 하나님나라)라고 칭하며 그런 무형교회들의 모임인 교회공동체를 가리켜 유형교회라고 칭한다. 이후 교회들이 육신적 죽음 후에 가게 될 천국을 가리켜 미래형 하나님나라라고 칭한다.

요한계시록은 당시 로마의 11대 황제였던 도미티아누스[2](Domitianus, Titus Flavius)의 명에 따라 밧모섬으로 유배되어 고통 중에 고생하고 있던 사도 요한에게 하나님은 환상을 통해 종말(초림~재림 전) 시대 동안에 일어날 일들을 묵시 혹은 계시(ἀποκάλυψις, nf, an unveiling, uncovering, revealing, revelation)로 선명하게 보여주신 것이다. 시간 순서가 아닌 다각도로, 전체적으로, 반복적으로 보여주셨다. 그렇기에 '계시(혹은 묵시)'가 '실체'라면 '역사'는 그 '그림자'인 것이다. 성경의 원 저자이신 성령님은 고된 육체노동에 시달리고 있던, 채석장(採石場, quarry)으로 유명한 에게해와 지중해가 만나는 곳 외딴 섬인, 밧모섬(Patmos Island)으로 찾아가 사도 요한에게 종말 시대 동안에 일어날 일들을 환상을 통해 보여주시면서 낱낱이 기록[3] 하라고 명하셨던 것이다.

다시 강조하지만 요한계시록은 수수께끼 같은 비밀스러운 책도 아니요 역사의 시간 순서를 예언한 책도 아니다. 계시록은 '복음의 계시' 곧 "예수 그리스도의 계시"로서 '반드시 속히' 될 일들이다. '속히'라는 말은 '반드시'라는 의미로 '반드시, 속히'라고 반복하여 기록한 것은 강조를 위함이다.

---

[2] 도미티아누스(Domitianus, Titus Flavius, AD 81-96 재위)는 11대 황제로 10대 황제가 그의 형인 티투스(Titus, 79-81 재위)이고 그 아버지는 베스파시아누스(9대 황제)이다.

[3] 3대 영감(완전 영감, 유기 영감, 축자 영감)과 6대 속성(무오류성, 완전성, 충분성, 권위성, 명료성, 최종성)을 말한다.

종말 시대 동안에만큼은 '일곱 재앙'과 더불어 한시적이고 제한적인 권세를 허락받은 악한 영적 세력으로부터 모든 사람들은 고통을 받게 될 것이다. 즉 지금 사도 요한의 밧모섬의 고통처럼 초대교회의 성도뿐만 아니라 오고 오는 모든 교회들에게도 동일하게 종말 시대 동안에는 일곱 재앙과 그들로부터의 핍박이 있을 것을 알려주신 것이다. 동시에 종국적으로는 '예수, 그리스도, 생명' 곧 '복음'을 통해 반드시 승리할 것을 계시 혹은 묵시'로 들려주시고 보여주신 것이다.

기록 시기에 관하여는 여러 가지 설들이 많다. 사도 요한이 밧모섬으로 유배되기 전, 밧모섬에서, 혹은 유배되었다가 풀려나 에베소에서 본 서를[4] 기록했다는 것 등등이다. 나는 황제숭배사상이 시작되어 꽃을 피웠던 도미티안 황제(11대 로마황제) 근간에 기록(AD 95년경)한 것으로 생각하고 있다.

그리스도인들 중 세대주의자들은 신약 정경 27권 중 하나인 요한계시록이 말세지말(末世之末)에 일어날 무시무시하고 엄청난 재앙들을 역사와 사람, 사건을 통해 보여주시면서 시간순서로(순차적으로) 기록한 책이라고 목소리를 내어왔고 지금도 내고 있다. 그러다 보니 사역자들도 그리스도인들도 정경 66권 중 계시록만큼은 복잡하기도 하고 수수께끼 같아서 알게 모르게 의도적으로 회피해왔다. 모처럼 큰 마음먹고 성경을 처음부터 읽어 나가려는 그리스도인들에게 구약의 '레위기'가 '암초' 라면 신약의 '요한계시록'은 '두려움'이다. 그러나 레위기(1-16장 제사, 17-27장 성결)이

---

[4] 양형주의 <평신도를 위한 쉬운 요한계시록>, p20과 How 주석 <요한계시록 어떻게 설교할 것인가>, p68 참고

든 계시록(7 part)이든 간에 그 말씀의 실상을 알고 나면 너무나 쉽고 명료할 뿐 아니라 엄청난 금맥까지도 얻을 수 있다.

참고로 구약의 레위기는 1-16장까지는 '제사' 곧 '예배'에 관한 말씀이고 17-27장까지는 '성결' 즉 '거룩과 거룩함'에 대해 말씀하고 있다. 처음부터 복잡한 제사나 규례, 제사 방법 등등이 언급되다 보니 제법 복잡하게 느껴질 수도 있다. 그러나 레위기의 전반부를 '다섯 기둥'으로 분류하여 읽어 나가면 쉽기도 하지만 너무 재미있기도 하다. 그 다섯 기둥이란 '7대 성막 기구', '7대 절기', '5대 제사', '5대 제물', '4대 제사방법'을 말한다.

'7대 성막 기구'란 모두 다 '예수 그리스도'를 예표한 것으로 '성막 문', '번제단', '물두멍', '향단 위의 향로', '떡상 위의 전병', '금 촛대', '지성소 안의 법궤'를 말한다. 이는 순서대로 구원의 문이신 예수 그리스도, 희생제물되신 예수 그리스도이시자 동시에 대제사장이신 예수 그리스도, 생수이신 예수 그리스도, 중보자되신 예수 그리스도, 생명의 떡이신 예수 그리스도, 세상의 빛, 생명의 빛이신 예수 그리스도, 말씀이신 예수 그리스도를 상징한다.

'7대 절기'란 '유월절(Passover)', '초실절(Feast of Firstfruits)', '무교절(the Feast of the Passover)', '오순절(Pentecost, Pentecostes, 맥추절(Feast of Harvest), 칠칠절(Feast of Weeks))', '나팔절(Feast of Trumpets)', '대 속죄일(욤 키푸르, Yom Kippur, 속죄의 날)', '장막절(Feast of Booths, 초막절)'을 말한다.

레위기(1-16장 제사, 17-27장 성결)				
7대 성막 기구 예수 그리스도를 예표	7대 절기	5대 제사	5대 제물	4대 제사방법
1)성막 문; 구원의 문이신 2)번제단; 희생제물 되신 대제사장이신 3)물두멍; 생수이신 4)향단 위의 향로; 중보자 되신 5)떡상 위의 전병; 생명의 떡이신 6)금 촛대; 세상의 빛, 생명의 빛이신 7)지성소 안의 법궤; 말씀이신	1)유월절 (Passover) 2)초실절(Feast of Firstfruits) 3)무교절(the feast of the Passover) 4)오순절 (Pentecost, Pentecostes, 맥추절(Feast of Harvest) 칠칠절(Feast of Weeks)) 5)나팔절(Feast of Trumpets) 6)대 속죄일 (욤 키푸르, Yom Kippur, 속죄의 날) 7)장막절(Feast of Booths, 초막절)'	1)번제(burnt offering) 2)소제(meal offering) 3)화목제(peace offering or fellowship offering) 4)속죄제(sin offering or purification offering) 5)속건죄(quiet offering or trespass offering)'	1)소 2)양 3)염소 (제물과 아사셀) 4)비둘기 5)곡식	1)요제(a wave offering) 2)거제 (a heave offering) 3)번제(a burnt offering) 4)전제(혹은 관제) (drink offering)

'5대 제사'란 '번제(burnt offering)', '소제(meal offering)', '화목제(peace or fellowship offering)', '속죄제(sin or purification offering)', '속건죄(quiet or trespass offering)'를 말하며 '곡식'을 태우는(레 2:9, 화제) 소제를 제외하곤 모두 다 '희생제물'을 번제단 불에 태워드리는 제사(화제, offering by fire, 레 1:9, 여호와께 향기로운 냄새)이다. 당시 번제의 제물은 소, 양, 염소로 흠 없는 수컷이었다 (레 1:3, 10).

'5대 제물'이란 '소', '양', '염소(제물과 아사셀)', '비둘기', '곡식'을 가리킨다. 특별히 속죄일에 아론과 권속을 위한 속죄 제물로는 수송아지를, 번제물로는 숫양을 드렸다(레 16:3). 반면에 이스라엘 자손들은 속죄 제물로는 수염소 둘을, 번제물로는 숫양 하나를 드렸다(레 16:5). 곡식으로 드렸던 소제의 경우 고운가루에 기름을 섞어 만든 무교병이나 기름을 바른 무교 전병을 드렸다(레 2:4). 비둘기는 어린 양조차 바칠 힘이 없는 여인의 경우 산비둘기 둘이나 집비둘기 새끼 둘을 가져다가 하나는 번제물로, 하나는 속죄 제물로 바쳤다(레 12:8).

'4대 제사방법'이란 '요제(a wave offering)', '거제(a heave offering)', '번제(a burnt offering)', '전제(a drink offering, 혹은 관제)'를 말한다.

결국 요한계시록은 1장 1절부터 예수님만이 성부하나님의 유일한 기름 부음 받은 자 곧 그리스도(크리스토스), 메시야(마쉬아흐)이시다라는 '예수 그리스도의 계시" 곧 '복음에 관한 말씀'이라고 선포하며 시작함으로 계시록이야말로 간결하고 분명하며 아주 쉬운 정경 중 하나임을 드러내고 있다.

'복된 소식', '기쁜 소식'인 '복음'이란 예수, 그리스도, 생명'이라는 의미로 그 예수님은 초림의 구속주로 오셔서 십자가로 모든 것을 다 이루신(테텔레스타이, 요 19:30, 다 지불되었다) 후 부활 승천하셨다라는 것이다. 이후 재림의 예수님은 심판주, 승리주, 만주의 주, 만왕의 왕으로 다시 오셔서 우리를 미래형 하나님나라 즉 "거룩한 성 새 예루살렘"으로 데려가실 터인데 교회는 그곳에서 삼위하나님과 '더불어, 함께' 영생을 누릴 것이라는 복된 소식을 말한다.

한편 필자는 요한계시록을 주석함에 있어서 작금의 이슈가 되고 있는 일곱 재앙(6, 8-9, 16, 17-18장)이나 삽입장(7, 10-11, 15장)에 관하여는 세세하게 하나씩, 그것도 시간 순서로 억지로 해석하려는 것은 지양할 것이다. 오히려 그러한 것들을 허락하신 하나님의 마음을 아는 것에 초점을 맞출 것이다. 향후 교회는 초림과 재림 사이의 '종말 시대' 동안에 모든 사람이 다 겪게 될 '일곱 재앙(6, 8-9, 16, 17-18장)'을 통과할 때 "예수 믿음과 하나님의 계명(계 14:12)"을 붙들고 인내로 이겨나가길 원하시는 아버지의 마음을 읽어야 한다. 또한 일곱 재앙 사이사이에 '삽입장(7, 10-11, 15장)'을 통해 교회들로 하여금 구원에 대한 확신을 심어 주시고 용기를 갖게 하고 위로와 격려를 해 주시면서 흔들리지 말고 소망을 붙들고 이겨 나가길 원하시는 아버지의 마음을 읽어야 한다.

하나님은 '종말 시대'를 지나는 동안 모든 인간이 겪게 될 "일곱 재앙"에 대해 그것에 너무 얽매이거나 집착하지 말고 그 내용을 궁금해하거나 추측하지 말며 일곱 재앙을 통한 환난과 고통에 대해 너무 놀라거나 두려워하지 말라고 밧모섬의 사도 요한을 통해 묵시로 보여주시며 기록하게 하셨던 것이다. 일곱 재앙에 더하여 종말 시대 동안에 한시적이고 제한적인 권세를 부여받은, 악한 영적 세력인 사마귀(사단, 마귀, 귀신)의 흔듦(미혹)에 대하여는 예수 믿음과 하나님의 계명을 붙들고 인내하며 잘 극복해 나가라고 하셨다. 아울러 이 모든 과정을 허락하심에는 분명한 이유가 있다라고 말씀하셨다.

먼저 교회들을 향한 이유로는 첫째, 이 모든 과정은 정금 같은 '진실된 교회'를 만들기 위한 하나님의 거룩함에의 훈련(Training process)이며 둘째, 소망 곧 미래형 하나님나라에의 입성과 영생에 대한 확신을 더하기 위함이고 마지막 셋째는 종말 시대를 지나는 동안 힘들고 어려울 때마다 재림 예수에 대한 갈망 곧 마라나타를 계속하여 외치라는 것이다. 반면에 불신자들을 향하여는 종말 시대 동안의 일곱 재앙을 겪으며 장차 그들이 받게 될 백보좌 심판을 통한 유황 불못 심판(둘째 사망, 영원한 죽음, 세세토록 밤낮 괴로움을 당하는 것, 계 20:10)을 경고한 것이다.

결국 교회든 불신자든 간에 종말 시대(교회 시대, 초림~재림 전까지의 기간)를 지나는 동안 일곱 재앙은 누구나 다 맞닥뜨리게 된다 라는 것이다. 어떤 인간도 일곱 재앙은 피할 수가 없다. 그렇기에 교회는 종말 시대를 통과하며 '거룩함에의 훈련(Training process)'과 소망(엘피스, 미래형 하나님나라에의 입성과 영생)을 확신하며 "예수 믿음과 하나님의 계명(14:12)"을 붙들고 인내함으로 극복하며 돌파해 나가야 한다. 그러다가 그 환난이 정 힘들어지면 '마라나타'를 외치며 재림의 예수님을 오매불망(寤寐不忘, bear in mind all the time) 기다리면 된다. 그리하여 마지막 그날에 '반드시 오실' 재림의 예수를 통해 '예수 그리스도 새 언약'의 완성을 통한 미래형 하나님나라의 입성과 영생에의 기쁨을 누리게 되길…….

결국 이곳 1장에서는 특별히 "예수 그리스도의 계시" 곧 '복음의 계시'를 허락하신 삼위일체 하나님의 완벽한 공동사역에 대해 말씀하고 있다. 삼위일체 하나님이란 '다른 하나님(Functional subordination), 한 분 하나님(Essential Equality)'을 말한다.

성부하나님은 인간의 구속을 계획하셨고 성자하나님은 인간의 그 구속계획을 성취하시기 위해 성육신(Incarnation)하셔서 십자가 보혈(공의를 만족하시기 위한 댓가지불)로 인간의 구속을 성취하신 하나님이시다. 곧 초림의 예수님을 말한다. 성령하나님은 그 예수님만이 그리스도, 메시야이심을 가르쳐주시고 우리에게 믿음(피스티스)을 허락하셔서 우리로 믿게(피스튜오) 하셨다. 그런 우리를 하나님의 자녀로 인(印, 소속, 소유) 쳐주시고 그 예수님이 다시 오시기까지 우리 안에 주인 되셔서 우리를 다스리시고 거룩함으로 훈련해 가신다. 종국적으로는 미래형 하나님나라에로의 입성과 영생을 보증하시는 하나님이시다.

이 모든 사실을 "예수의 환난과 나라와 참음에 동참(계 1:9)"했던 곧 "하나님의 말씀과 예수의 증거(계 1:9)"를 인하여 밧모섬에 유배되어 있었던 사도요한에게 알려주시고 보여주셔서 기록하게 하셨던 것이다.

레마이야기 1

구름 타고 오시리라(ὁ ἐρχόμενος) 삼위일체 하나님: 다른 하나님, 한 분 하나님

1-1 예수 그리스도의 계시(고전 2:9-13, 히 1:1)**라 이는 하나님이 그에게 주사 반드시 속히 될 일을 그 종들에게 보이시려고 그 천사를 그 종 요한에게 보내어 지시하신 것이라**

요한계시록이라는 정경은 그 시작인 1장 1절에서부터 "예수 그리스도의 계시(Ἀποκάλυψις Ἰησοῦ Χριστοῦ)" 곧 복음(예수, 그리스도, 생명)을 드러내는 책임을 분명히 밝히며 사도 요한은 환상을 통해 주신 말씀을 기록하고 있다.

'예수 그리스도의 계시'란 구원자(이에수스)이신 예수님만이 성부 하나님의 유일한 기름부음 받은 자(크리스토스, 마쉬아흐)라는 의미로 '복음의 계시'라는 의미이다. 그러므로 '요한계시록'은 결코 무섭고 두려운 책이 아니며 수수께끼 같은 비밀의 책도 아니다. 오히려 계시록을 통하여는 분명한 기독론(Christology)을 정립할 수 있다. 곧 '예수님은 누구신가', '왜 예수를 믿어야 하는가', '예수를 믿으면 어떻게 되는가'에 대한 명확한 답을 얻을 수 있다. 동시에 교회론(Ecclesiology), 종말론(Eschatology)에 대한 바른 이해를 가질 수 있다.

밧모섬에 유배되어 있던 사도 요한은 종말 시대(교회 시대, 초림~재림 전까지) 동안에 있게 될 것들을 "하나님의 말씀"을 통하여 들었고 "예수 그리스도의 증거" 곧 "반드시 속히 될 일"을 환상을 통하여 보았다(묵시 혹은 계시). 요한계시록은 바로 '그' 보여주시고 들려주신 '계시'를 영감(유기 영감, 완전 영감, 축자 영감)에 의해 사도 요한이 기록한 것이다.

'계시 혹은 묵시(아포칼립시스, ἀποκάλυψις, nf)'라는 것은 종말 시대 동안에 일어날 일들을 하나님이 "자기를 사랑하는 자들"에게 다양한 관점에서 여러 복합적인 장면을 반복하여 드러내 주신 것을 말한다. 고린도전서 2장 9-13절이나 히브리서 1장 1절에서도 이런 계시(묵시)에 대해 상세히 말씀하고 있다.

히브리서는 묵시(혹은 계시)에 대해 '선지자들'에게 "여러 부분과 여러 모양으로 보이셨다"라고 말씀하고 있다. 고린도전서는 묵시(혹은 계시)란 '하나님의 깊은 것'이기에 아무나 다 자신들의 '눈으로' 볼 수 있는 것이 아니라고 했다. 더 나아가 '귀'로도 듣지 못하고 '마음'으로도 생각지 못한다(고전 2:9)"라고 하셨다. 결국 묵시(혹은 계시)는 "하나님의 영(성령님)"만이 완벽하게 아신다(고전 2:11)라고 하셨다. 그러므로 진리의 영이신 내주하시는 성령님께서 우리에게 묵시(혹은 계시)를 가르치셔서 우리로 하여금 그 신령한 묵시(혹은 계시)를 분별하게 하셔야만 알 수 있는 것이다.

한편 "예언"의 헬라어는 프로페테이아(Προφητεία, nf, prophecy, prophesying; the gift of communicating and enforcing revealed truth)이다. 곧 '예언적' 관점으로 본다라는 것은 문자 그대로 해석하면서 역사의 인물이나 사건을 징조화(徵兆化)하여 순차적으로(시간 순서로) 보는 것을 말한다.

"반드시 속히 될 일"이란 "일곱 별(일곱 교회 곧 우주적 교회의 사자(천사))의 비밀(계 1:20)"과 "하나님의 비밀(계 10:7)"을 가리키는데 이는 고린도전서 2장 6-12절, 에베소서 3장 6-13절, 로마서 1장 24-32절의 내용들을 말한다. 결국 구원의 수가 차기까지 많은 백성과 나라와 방언과 임금에게(계 10:11) 복음이 전해져야 할 것과 때가 되면 예수의 재림을 통한 역사적 종말, 세계적 종말이 있을 것인데 그 '때와 시기'에 대한 비밀을 함의하고 있다. 여기서 "반드시, 속히"라는 말은 때와 시기에 관한 것이라기 보다는 하나님 말씀의 신실함, 정확함을 의미하는 것이다.

참고로 유한되고 제한된 일회의 인생을 살아가는 인간적 관점에서의 시간(때와 시기)과 무한하신 하나님의 관점에서의 시간(때와 시기)은 질적으로 전혀 다름을 알아야 한다. 그렇기에 베드로후서(3:8)에서는 "주께는 하루가 천년 같고 천년이 하루 같다"라고 했던 것이다.

그러므로 "속히 될 일"이라고 말씀하신 것은 인간적 관점에서의 단순한 '빠른 시간(크로노스)'을 의미하지 않는다. 오히려 역사의 주관자 하나님의 관점에서 "당신의 때(카이로스)'를 말하는 것이다.

"그 종들에게 보이시려고"라는 말씀에서는 하나님의 종 아브라함에게 숫양을 통해(창 22:8,13, 요 8:56) 유월절 어린 양(אַיִל, 아일, 하나님이(אֱלֹהִים, 엘로힘) 자기를 위하여(לוֹ, 로) 친히 준비하시리라(יִרְאֶה־, 여호와 이레))이신 예수님을 보여주셨듯이 사도 요한에게도 계시를 통해 종말(초림~재림 전)과 종말의 끝날(최후 심판의 날, 그날, 마지막 날, 예수 재림의 날)에 일어날 일들을 계시(묵시)로 보여주시겠다라는 말씀이다.

2 요한은 하나님의 말씀과 예수 그리스도의 증거 곧 자기의 본 것을 다 증거하였느니라

"하나님의 말씀"과 "예수 그리스도의 증거"라는 것을 계시록 14장 12절에서는 "하나님의 계명과 예수 믿음(τὴν πίστιν Ἰησοῦ, the faith of Jesus)"이라고 달리 말씀하셨다. 여기서 '증거(μαρτυρία, nf, witness, evidence, testimony, reputation)'는 드러내는 것으로 묵시 혹은 계시라고 한다.

'예수 믿음'이란 예수를 믿는 믿음(예수 그리스도를 통한 구원에의 확신) 즉 복음(예수, 그리스도, 생명, 요 20:31)을 말하며 '예수에 관한 믿음', '예수의 믿음'으로 해석하기도 한다. 계시록 1장 9절과 20장 4절에는 "예수의 증거와 하나님의 말씀"이라고 묘사되어 있다.

3 이 예언의 말씀을 읽는 자와 듣는 자들과 그 가운데 기록한 것을 지키는 자들이 복이 있나니 때가 가까움이라

한 치 오차가 없으신 하나님의 말씀인 계시록을 "읽는 자, 듣는 자, 지키는 자는 복이 있다"라고 말씀하고 있다. 왜냐하면, 종말의 끝날(예수 재림의 날)은 가까워졌고 예수님은 반드시 재림하시기 때문이다. 물론 그날이 언제일지는 아무도 모른다. '그 때와 기한'은 성부하나님만 아신다(행 1:7). 교회는 그날이 언제인지, 재림의 예수님은 어디로 오시는지에 관심을 둘 것이 아니다. 전 우주적 재림(가견적 재림)이기 때문이다.

그러므로 우리는 '반드시 오실' 예수님을 맞이하기 위해 매사 매 순간 근신하고 깨어 있음으로 지혜로운 다섯 처녀처럼 잘 '준비'하는 것이 필요할 뿐이다. 언제 오시더라도 상관없이 '지금, 그리고 여기에서(now and here)' 하나님의 뜻(델레마 데우)을 정확하게 분별하여 부르심과 보내심을 따라(고전 7:17, 20, 24) 주어진 곳 어디에서든지 충성(고전 4:2)되게 하나님께만 영광(Soli Deo Gloria)을 돌리며 살아가면 된다.

한편 당시 회당에서 읽는 '자'는 한 명(ὁ ἀναγινώσκων, The one reading)이었기에 단수로 쓰였다. 반면에 듣는 '자들'과 지키는 '자들'은 여러 명이었기에 복수로 기술하였다. 또한 당연히 읽는 자, 듣는 자보다는 지키는(실행하는) 자가(약 1:22-25, 요 14:21) 더 복이 있는 것이다.

참고로 기독교에서 말하는 "복"을 보다 더 정확하게 이해하려면 '복'을 나타내는 히브리어 두 단어(바라크, 에쉐르)와 헬라어 한 단어(마카리오스)를 묵상하면 큰 도움이 된다.

'바라크(בָּרַךְ, v, to kneel, bless)'는 '하나님께 무릎을 꿇고 기도하다', '하나님을 찬양하고 경배하다'라는 의미로 '기도하는 그 사람은 이미 복받은 사람', '찬양하고 경배하는 그 사람은 이미 복받은 사람'이라는 것이다. '에쉐르(אֶשֶׁר, nm, happiness, blessedness)'는 '똑바른 길을 걸어가다'라는 의미의 아솨르(אָשַׁר, v, to go straight, go on, advance)에서 파생한 단어인데 '길'이요 진리요 생명이신 예수 그리스도를 믿은 사람은 이미 복받은 사람'이라는 의미이다. 마카리오스(μακάριος, adj, blessed, happy)는 '예수를 믿은 자는 이미 복받은 자'라는 의미이다.

4 요한은 아시아에 있는 일곱 교회에 편지하노니 이제도 계시고 전에도 계시고 장차 오실 이와 그 보좌 앞에 일곱 영과

"일곱 교회에 편지하노니"라는 것은 사도 요한이 묵시(계시) 속에서 보았던 소아시아에 있는 일곱 교회를 향한 아버지 하나님의 칭찬과 책망의 마음을 편지에 써서 알린다라는 것으로 '7'이라는 언약(약속, 맹세, 완전수)의 숫자를 사용하여 지상의 모든 불완전한(미완성의, already~not yet) 교회들에게 아버지의 마음을 전했던 것이다.

참고로 '일곱(7, seven)'은 히브리어로 쉐바(שֶׁבַע)라고 하는데 이는 솨바(שָׁבַע, v, to swear)에서 파생된 말로 '언약의 수, 맹세의 수, 약속의 수, 완전수'이다. 결국 '지상에 있는 모든 교회들'을 상징하는 '소 아시아 일곱 교회들'에게 사도 요한이 썼던 편지의 내용은 각 교회들을 향하신 성부하나님의 칭찬과 책망의 마음이었다.

"이제도 계시고 전에도 계시고 장차 오실 이"는 '성부하나님'을 말한다. 이는 헬라어로 아포 호 온 카이 호 엔 카이 호 에르코메노스(ἀπὸ ὁ ὢν καὶ ὁ ἦν καὶ ὁ ἐρχόμενος, from Him being and who was and who is coming/from Him who is, and who was, and who is to come)이다. 출애굽기 3장 14절의 "나는 스스로 있는 자(I am who I am)"라는 의미인데 이사야 41장 4절에는 "이 일을 누가 행하였느냐 누가 이루었느냐 누가 태초부터 만대를 명정하였느냐 나 여호와라 태초에도 나요 나중 있을 자에게도 내가 곧 그니라"고 하시며 기능론적 종속성 상 당신은 성부하나님이심을 스스로 밝히셨다. 이사야 44장 1절에는 "나는 처음이요 나는 마지막이라"고 말씀하시기도 했다.

한편 "보좌 앞의 일곱 영"은 '성령 하나님'을 말하는데 그분은 '다른 하나님, 한 분 하나님'으로서 삼위일체 하나님이시다. 계시록 5장 6절에는 "일곱 눈은 온 땅에 보내심을 입은 하나님의 일곱 영" 곧 '성령님'이라고 보다 직설적으로 말씀하고 있다. 그 성령님께서는 밧모섬의 사도 요한을 통해 일곱 교회에 편지를 써서 아버지 하나님의 마음을 알렸던 것이다.

교회는 진리의 영이신 내주하시는 주인 되신 '성령님' 안에서만 든든히 서 가게 됨을 알아야 한다. 에베소서 2장 20-22절에서는 친히 '모퉁이 돌이 되신 예수(보혜사)'로 말미암아 '예수(보혜사) 안에서' 건물마다 연결되어 '성전이 되어간다'라고 말씀하셨다. 그러므로 교회인 우리는 "성령(또 다른 보혜사, 요 14:16, 26) 안에서" 하나님의 거하실 처소 즉 성전인 것이다.

5 또 충성된 증인으로 죽은 자들 가운데서 먼저 나시고 땅의 임금들의 머리가 되신 예수 그리스도로 말미암아 은혜와 평강이 너희에게 있기를 원하노라 우리를 사랑하사 그의 피로 우리 죄에서 우리를 해방하시고

4-5절에서 사도 요한은 계시록을 통해 교회(그리스도인, 성도들)들을 향한

삼위하나님의 마음을 잘 전해주고 있다. 특별히 소아시아에 있는 일곱(완전수, 언약의 수) 교회를 들어 쓰셔서 그들을 향한 편지 형식의 말씀을 주시면서 지상의 모든 교회들에게 당신의 마음을 진솔하게 밝히고 있다.

그 편지의 발신자는 "이제도 계시고 전에도 계시고 장차 오실" 성부하나님과 "그 보좌 앞에 일곱 영"이신 성령님과 또 "충성된 증인으로 죽은 자들 가운데 먼저 나시고 땅의 임금들의 머리"가 되신 예수 그리스도 즉 삼위일체 하나님이시다. 기능론적 종속성과 존재론적 동질성으로 '다른 하나님, 한 분 하나님'이신 삼위하나님께서 발신자이시다라는 의미이다.

그렇다면 수신자는 누구일까? 말할 것도 없이 소아시아 일곱 교회로 상징된, 하나님의 자녀인 모든 교회(성도)들이다.

특히 5절은 '예수 그리스도의 삼중직' 즉 '왕', '선지자', '제사장'에 대해 말씀하고 있다. "충성된 증인으로"라는 것은 '선지자(신 18:18)'를 상징하고 있고 "죽은 자들 가운데서 '먼저 나시고' 곧 '맏아들'이 되게 하심(롬 8:29, 히 1:6)"이라는 것은 '제사장'을 상징하고 있다. 그리고 "땅의 임금들의 머리가 되신(계 19:16)"이라는 것은 '왕'을 상징하고 있다. 그 예수님은 교회들이 매사 매 순간을 풍성한 은혜와 평강 속에 살아가길 원하신다. 여기서 평강(平康)이란 단순히 평화로움만을 의미하는 것이 아니라 하나님과의 '바른 관계와 친밀한 교제'를 가리킨다.

참고로 '평강'의 히브리어는 살롬(שָׁלוֹם, nm, completeness, soundness, welfare, peace)이며 헬라어는 에이레네(εἰρήνη, nf)인데 이 단어에는 주요한 4가지 의미가 있다. 첫째는 하나님과의 하나(Union with Christ) 됨 즉 하나님과의 바른 관계와 친밀한 교제라는 의미이다. 둘째는 하나님 안에서만 안식을 누리며 하나님 안에서만 견고함을 누릴 수 있다라는 의미이다. 셋째는 가시적인 복으로서의 번영(prosperity, 겔 36:37)이며 넷째는 평화, 화목, 평안함을 가리킨다.

하나님은 샬롬(שׁלוֹם)을 통해 모든 교회들에게 풍성한 은혜(카리스, χάρις)를 허락하신다. 그 은혜로 인해 우리의 삶에는 넘치는 기쁨(카라, χαρά)과 그리 아니하실지라도의 절대 감사(유카리스테오, εὐχαριστ-έω)가 있게 된다. 여기서 은혜의 헬라어는 '카리스(χάρις, nf)'인데 여기에서 파생된 두 단어가 놀랍게도 카라(기쁨, χαρά, nf)와 유카리스테오(εὐχαριστέω, v, to be thankful/εὐχαριστία, nf, thankfulness/εὐχάριστος, adj, thankful)이다. 이는 시사하는 바가 크다. 즉 샬롬을 통해 풍성한 은혜를 받으면 우리의 삶에서는 그 은혜로 인해 기쁨과 감사가 넘쳐나게 된다라는 것이다.

이롬㈜ 회장 황성주 박사가 강조하는 '절대 감사'의 삶의 태도는 하나님과의 바른 관계(샬롬) 속에서 은혜(카리스, χάρις)를 누리며 살아가는 사람만이 할 수 있는, 진정한 예수쟁이의 표징(sign) 중 하나이다.

성경에는 우리를 향한 '하나님의 뜻(델레마 데우, θέλημα Θεοῦ)'에 대해 직설적으로 말씀(살전 4:3, 5:16-18)하신 부분이 있다. 곧 "하나님의 뜻은 이것이니 너희의 거룩함이라 곧 음란을 버리고(살전 4:3)"라는 말씀과 "항상 기뻐하라, 쉬지 말고 기도하라, 범사에 감사하라 이는 그리스도 예수 안에서 너희를 향하신 하나님의 뜻이니라(살전 5:16-18)"이다.

그렇다면 제한되고 유한된 인간이 어떻게 하나님의 뜻을 따라 '그렇게' 살아갈 수 있을까? 하나님의 뜻을 따라 살고 싶은 마음은 그리스도인이라면 누구에게나 다 있지만…….

이런 영적 신비(mystery, 뮤스테리온)를 풀려면 몇 가지 헬라어 원어들을 찾아보면 그 흐름이 자연스럽게 이어지게 된다. 먼저 삼위하나님과 바른 관계(하나됨=영접+연합, 샬롬)를 가지게 되면 하나님은 우리에게 풍성한 은혜(카리스)를 부어주신다. 그 은혜(카리스)는 우리로 하여금 넘치는 기쁨(카라)과 절대 감사(유카리스테오)로 이끌어간다. 결국 샬롬으로 은혜를 누리게 되면 기쁨과 감사는 저절로 주어지게 된다는 것이다. 그러면 우리를 향한 하나님의 뜻, 곧 항상 기뻐하고 범사에 감사하는 것은 저절로 되는 것이다. 즉 우리가 전혀 애쓰지 않아도 된다는 말이다.

그러면 "쉬지말고 기도하라"는 하나님의 뜻은 어떻게 가능할 수 있을까? 이 부분에 대한 하나님의 뜻은 더없이 쉽다. 왜냐하면 기도는 의무가 아니라 교회 된 우리의 '최고 특권'이자 '절대 특권'이기 때문이다. 인간은 본능적으로 특권 누리기를 좋아한다. 그렇기에 그야말로 쉬지 말고 기도할 수 있으며 지속적으로 기도할 수가 있는 것이다.

결국 우리를 향하신 하나님의 뜻(델레마 데우)은 어려운 것이 아님을 알 수 있다. 아니 하나님의 뜻은 너무나 쉽고 가능한 것이며 우리가 애쓰지 않아도 되는, 또 하나의 선물임을 알아야 한다.

바른 관계와 친밀한 교제인 샬롬 가운데 은혜와 평강을 허락하신 예수님은 우리를 지극히 사랑하셔서 당신의 피로 우리를 죄에서 해방시키셨다. 할렐루야! 그렇기에 로마서(8:1-2)는 "생명의 성령의 법이 죄와 사망의 법에서 우리를 해방시켰다"라고 했다. 갈라디아서(5:1)는 "우리로 자유케 하려고 자유를 주셨다"라고 했다.

"죽은 자들 가운데서 먼저 나시고(골 1:18)"라는 것은 '잠자는 자들의 첫 열매(고전 15:20)' 즉 '부활의 첫 열매(רֵאשִׁית, 레쉬트, 레 23:10)'가 되셨다는 것을 가리키며 "땅의 임금들의 머리가 되신"이라는 것은 "만물의 으뜸이 되려 하심(πρωτεύω, v)이요 근본(ἀρχή, nf)이며 교회의 머리(κεφαλή, nf, 골 1:15-18)" 라는 의미로써 '만왕의 왕, 만주의 주' 라는 것을 가리킨다.

6 그 아버지 하나님을 위하여 우리를 나라와 제사장으로 삼으신 그에게 영광과 능력이 세세토록 있기를 원하노라 아멘

"그 아버지 하나님을 위하여"라는 것은 '성부하나님의 인간에 대한 구속 계획에 따라'라는 의미로서 예수님은 '아버지의 구속 계획'을 '성취' 하기 위해 이 땅에 오셨다라는 의미이다. 그렇게 성육신 하신 신인양성의 예수님은 우리의 '수치와 저주'를 몽땅 안고 십자가에 높이 달리셨다. 다 이루신(테텔레스타이, Τετέλεσται, It has been finished, 요 19:30) 후 부활하시고 승천하셨다. 그 예수를 입으로 시인하여 구원에 이르고 마음으로 믿어 의에 이르게 되었고(롬 10:9-13) 그런 우리는 성령님을 주인으로 모신 성전, 즉 하나님나라(현재형)가 되었다.

부활하신 후 승천하시면서 예수님은 우리에게 '지상 대명령(great commandment, 마 28:19-20)'을 주셨다. 이 땅에서 우리를 "하나님나라" 되게 하셔서 '복음 전파'를 위한 그 사역에 "왕 같은 제사장(벧전 2:9)"으로 삼으셨다. 고린도후서 5장 18-21절에는 이런 제사장을 가리켜 "그리스도를 대신한 사신(ambassador)", "세상을 하나님과 화목하게 하는 직책을 맡은 자"로 묘사하고 있다.

구원자이신 예수님(Ἰησοῦς, the Saviour of mankind)은 '성부하나님의 유일한 기름 부음 받은 자(요 1:41, 4:25)'로서 그리스도(Χριστός, nm, 크리스토스)이시자 메시야(מָשִׁיחַ, nm, 마쉬아흐)이시다.

신인양성의 예수님은 이 땅에 역사상 유일한 의인으로 오셔서 공생애 전(前)까지 인성으로서의 모든 것을 일절 순종함으로 배우셨던 지극히 겸손하신 하나님이시다. 하나님이심에도 불구하고 예수님은 그렇게 온전히 '수동적 입장'을 취하셨던 것이다(히 5:5-10). 이를 가리켜 메시야닉 신비(Messianic secret)라고 한다.

사실 완전한 하나님 곧 '한 분 하나님(존재론적 동질성)'이시자 하나님의 본체이신(빌 2:6) 예수님은 전혀 그럴 필요가 없었다.

종국적으로 예수님은 AD 30년 중반에 성부하나님의 구속 계획을 성취하기 위해 우리의 수치와 저주를 몽땅 안고 십자가에 달리셨다. 다 이루셨던(테텔레스타이, 요 19:30) 것이다. 이후 예수를 믿은 우리는 나라(현재형 하나님나라)와 제사장(벧전 2:9)이 되었다. 여기서 '나라'란 '현재형 하나님나라(주권, 통치, 질서, 지배 개념)'를 말하며 '제사장'이란 '왕 같은 제사장'을 말한다.

참고로 '하나님나라'는 현재형 하나님나라와 미래형 하나님나라로 나눈다. '현재형 하나님나라'란 장소 개념이 아니다. '주권, 통치, 질서, 지배 개념'으로 성령님을 주인으로 모신 곳은 그 어디나 하나님나라(눅

17:20-21)이다. "주 예수와 동행하니 그 어디나 하늘나라" 이다. 즉 예수를 믿은 우리는 '몸 된 성전'으로서 우리 안에는 성령님이 주인으로 계시는데(고전 3:16-17) 그런 우리가 바로 '현재형 하나님나라'라는 것이다. 더 나아가 예수를 믿는 그 가정이 현재형 하나님나라이며 예수를 믿는 사람들이 모인 교회 공동체가 현재형 하나님나라이다.

반면에 '미래형 하나님나라'란 지금은 비가시적이기는 하지만 반드시 존재하는 장소 개념이다. 비록 지금은 우리가 제한된 육신을 갖고 있기에 볼 수 없어 아쉽기는 하다. 그러나 미래형 하나님나라는 반드시 존재하는 장소이며 예수님의 재림 후 변화된 몸, 곧 부활체로서의 우리가 반드시 가게 될(요 14:2-4) 확실한 장소 개념인 천국이다. 기억할 것은 변화될 몸, 부활체(고전 15:42-44)로 미래형 하나님나라에 갈 것이기에 그 천국을 지금 제한된 육신을 가진 우리가 느끼고 있는 장소처럼 상상하는 것은 곤란하다. 육신적 죽음(히 9:27) 이후에는 시간과 공간의 개념(벧후 3:9)이 지금과는 확연히 다를 것이기 때문이다.

간혹 이러한 사실을 침소봉대(針小棒大, exaggeration, overstatement)하여 미래형 하나님나라가 장소 개념임을 애써 무시하는(시간적 이원론, 존재적 이원론, 공간적 이원론 등등) 학자들이 있는데 그 또한 너무 나간 것 같아 안타깝다. 그저 하나님 앞에서는 잘 모르는 것은 모른다고 대답하는 겸손함이 필요할 뿐이다.

예수님은 우리를 "나라와 제사장으로" 삼으셨다. 베드로전서 2장 9절에는 그런 우리를 가리켜 제사장과 왕의 권세를 동시에 가진 "왕 같은 제사장"이요 "거룩한 나라"라고 했다. 아멘 아멘 또 아멘이다. 그저 할렐루야이다.

영광과 능력의 예수님께만 영광!

오직 삼위하나님께만 세세토록 영광(Soli Deo Gloria)!이다.

7 볼찌어다 구름을 타고 오시리라 각인의 눈이 그를 보겠고 그를 찌른 자들도 볼 터이요 땅에 있는 모든 족속이 그를 인하여 애곡하리니 그러하리라 아멘

이곳 1장 7절은 계시록 22장 20절과 더불어 요한계시록이 강조하는 두 핵심 사상 중의 하나로서 재림의 예수님은 반드시 오신다(ὁ ἐρχόμενος, 호 에르코메노스)라는 것이다. 그것도 구름을 타고 오시겠다[5]라고 하셨다. 원래 '구름'이란 '영광'을 의미한다(출 16:10, 대하 5:13-14, 마 17:5, 단 7:13-14).

한편 "구름을 타고" 라는 것은 '구름과 함께(with, עִם, clouds, עֲנָנַיָּ)'라는 의미이다. 이것은 비록 문예적 표현이기는 하나 그날에 구름을 타고 오시든 구름과 함께 오시든 무슨 상관이랴. 우리는 그날에 오실 재림의 예수님을 기다리며 오늘을 알차게 하나님의 뜻(델레마 데우, θέλημα Θεοῦ, 살전 4:3, 5:16-18)을 따라 '기쁨과 감사함으로, 쉬지 말고 기도함으로, 거룩함으로' 살아가면 되는 것이다.

사도행전 1장 11절에는 감람산에서 초림의 예수님이 부활 후 승천하시는 장면을 이렇게 묘사하고 있다. "갈릴리 사람들아 어찌하여 서서 하

---

5 마 24:30,26:64, 막 13:26, 눅 21:27을 참고하라.

늘을 쳐다보느냐 너희 가운데서 하늘로 올리우신 이 예수는 하늘로 가심을 본 그대로 오시리라'고 말씀하셨다. 이 구절에서는 구체적으로 '구름 타고 가셨다'라는 말이 없기에 반드시 구름을 타고 다시 오실지는 알 수 없다. 500여 형제들이 보는 데서 올리어 가시는데 '구름이 저를 가리웠다'라고만 되어있을 뿐이다. 즉 그 예수님이 어떻게 올라가셨는지에 관하여는 구체적으로 말씀하지 않고 있는 것이다. 중요한 것은 승천하시는 예수님을 확실히 보았다라는 것이다.

그러므로 교회가 가져야 할 관심사는 '예수님은 왜 승천하셨을까', 예수님은 어디로 승천하셨나', 그 예수님은 왜 재림하시나'에 대한 명확한 답에 있어야 한다.

참고로 장차 '구름을 타고 오시겠다'라고 명확하게 말씀하신 곳도 있다. 마태복음(24:30, 26:64)과 마가복음(13:26), 누가복음(21:27)이다. 구약에도 '구름을 타고 오시겠다'라는 문자적 표현이 다니엘서 7장 13절에 슬쩍 언급되어 있다.

"내가 또 밤 이상 중에 보았는데 인자 같은 이가 하늘 구름을 타고 와서"_단 7:13

"그때에 인자의 징조가 하늘에서 보이겠고 그때에 땅의 모든 족속들이 통곡하며 그들이 인자가 구름을 타고 능력과 큰 영광으로 오는 것을 보리라"_마 24:30

"~이후에 인자가 권능의 우편에 앉은 것과 하늘 구름을 타고 오는 것을 너희가 보리라 하시니"_마 26:64

"그때에 인자가 구름을 타고 큰 권능과 영광으로 오는 것을 사람들이 보리라"_막 13:26

다시 말하지만 구름을 타고 오시든 아니든 간에 그것이 무슨 대수이겠는가!⁶ 교회에게는 '반드시 오실(ὁ ἐρχόμενος, 호 에르코메노스) 예수님'이 중요할 뿐이다. 데살로니가전서 4장 16절에는 "주께서 호령과 천사장의 소리와 하나님의 나팔로 친히 하늘로 좇아 강림"하실 것을 말씀하셨다. 그 예수님은 6대 재림 곧 '전 우주적(가견적) 재림', '승리적 재림', '완성적 재림', '신체적 재림', '인격적 재림', '돌발적 재림'으로 이 땅에 오실 것이다.

마지막 그날에…….

반드시 오실 예수님을 재림 때에는 그 예수를 찌른 자들도 보게 될 것이다. 그때에 교회는 기뻐서 눈물을 흘릴 것이요 예수를 믿지 않은 불신자들은 '유황 불못이라는 재앙(영원한 죽음, 둘째 사망)' 속에서 후회하며 애곡하고 애가를 부르게 될 것이다.

8 주 하나님이 가라사대 나는 알파와 오메가라 이제도 있고 전에도 있었고 장차 올 자요 전능한 자라 하시더라

---

6 [다니엘 7:13] επι των νεφελων του ουρανου 하늘의 구름들 곁에, [마태 24:30] ἐρχόμενον ἐπι τῶν νεφελῶν τοῦ οὐρανοῦ μετὰ δυνάμεως καὶ δόξης πολλῆς 큰 영광과 권능과 함께 하늘의 구름들 곁에 오는 것, [마가 13:26] ἐρχόμενον ἐν νεφέλαις μετὰ δυναμεως πολλῆς καὶ δόξης 영광과 큰 권능과 함께 구름들 안에 오는 것, [누가 21:27] ἐρχόμενον ἐν νεφελη μετὰ δυνάμεως καὶ δόξης πολλῆς 큰 영광과 권능과 함께 구름 안에 오는 것, [요한 계1:7] ἔρχεται ματὰ τῶν νεφελων 그가 구름과 함께 오시리라

8절에서는 하나님께서 당신을 가리켜 "나는 알파요 오메가"라고 말씀하고 있다. 계시록 1장 17절에는 "처음과 나중"이라고 되어있고 21장 6절에는 "나는 알파와 오메가요 처음과 나중이라"고 하셨으며 22장 13절에는 "알파와 오메가요 처음과 나중이요 시작과 끝"이라고 하셨다. 이는 시작과 과정, 완성을 주관하시겠다(빌 1:6)라는 의지의 천명으로 '반드시 이룰 것'임을 말씀하신 것이다.

출애굽기 3장 14절은 당신을 가리켜 "스스로 있는 자[7](I am who(that) I am, 에헤예흐 아쉐르 에헤예흐)"라고 말씀하셨다. 에헤예흐의 동사는 하아흐이며 아쉐르의 동사는 아솨르이고 그 명사는 '복'이라는 의미의 에세르이다. 즉 야훼 하나님은 스스로 있는 자로서 길이요 진리요 생명이시고 '바른 그 길'을 걸어가는 자(아쉬레이 하이쉬, 시 1:1)에게 복(구원과 영생)을 주시는 분이라는 의미이다. 이 일에 알파와 오메가가 되셔서 시작과 완성을 반드시 이룰 것임을 천명하셨던 것이다. 그런 하나님을 출애굽기 34장 6절에는 "자비롭고 은혜롭고 노하기를 더디하고 인자와 진실이 많은 분"이라고 기술하고 있다.

"이제도 있고 전에도 있었고 장차 올 자요 전능한 자"라는 것은 삼위 하나님의 '영원성', '불변성', '절대성'을 의미하는 것이다. "전에도"라는 것은 '태초'를 가리키는 것인 바 우리가 알지 못하는 만세 전의 태초(아르

---

[7] 출애굽기 3장 14절은 당신을 가리켜 "스스로 있는 자(I am who(that) I am, 에헤예흐 아쉐르 에헤예흐)"라고 하셨다. 에헤예흐(הָיָה, I am)의 동사는 하아흐(הָיָה, be)이며 아쉐르(אֲשֶׁר, who, that)의 동사는 아솨르(אָשַׁר, to go straight, go on, advance, 바른길을 걸어가다.)이고 명사는 에세르(אֶשֶׁר, happiness, blessedness, 복)이다.

케, 올람)가 있는가 하면 역사의 시작점인 태초(창세, 베레쉬트, 게네시스)가 있다. 참고로 "전능한 자(ὁ Παντοκράτωρ, the Almighty)'라는 단어는 신약에서 10회(고후 6:18, 계 9회) 나오는데 이곳 계시록에만 9회 (1:8, 4:8, 11:17, 15:3, 16:7, 16:14, 19:6, 19:15, 21:22)가 나온다.

요한계시록은 1장 1절에서 8절인 이곳까지가 서론에 해당한다. 결론은 22장 6-21절까지이다. 결국 계시록을 크게 나누면 서론, 본론, 결론으로 나눌 수 있다.

9 나 요한은 너희 형제요 예수의 환난과 나라와 참음에 동참하는 자라 하나님의 말씀과 예수의 증거를 인하여 밧모[8]라 하는 섬에 있었더니

9절에는 예수님 안에서 한 피 받아 한 몸 이룬 형제 된 사도 요한은 "예수의 환난(θλῖψις, nf, tribulation)과 나라(βασιλεία, nf, kingdom, sovereignty, royal power)와 인내(ὑπομονή, nf, endurance, steadfastness, pa-tient waiting for)에 함께 동참"하는 자임을 밝히고 있다. 참고로 '환난(Tribulation)'은 탈곡기라는 트리불룸(라틴어, Tribulum)에서 파생된 단어로 추수하는 기계 속에서 탈곡이 되듯 몹시 아프고 힘든 상태를 말하는 것이며 '인내'란 신앙의 정절을 위해 끝까지 버티고 굳게 서는 것을 말한다.

교회가 세상 속에서 살되 세상과 구별되게 거룩하게 살아가려면 '소

---

8   신약을 잘 알려면 지중해의 4 섬을 잘 알아야 한다. 구브로섬, 그레데섬, 멜리데섬, 밧모섬이다. <복음은 삶을 단순하게 한다(2018)>, <복음은 삶을 선명하게 한다(2019)>, 이선일 지음, 더 메이커를 참고하라.

망'을 붙들고 환난과 핍박을 통과해야만 한다(행 14:22, 롬 8:17, 계 7:14). 그렇기에 야고보서 1장 2-4절에서는 "내 형제들아 너희가 여러 가지 시험(test, training, temptation)을 만나거든 온전히 기쁘게 여기라 이는 너희 믿음의 시련이 인내를 만들어 내는 줄 앎이라 인내를 온전히 이루라 이는 너희로 온전하고 구비하여 조금도 부족함이 없게 하려 함이라"고 말씀하셨다.

로마서 5장 3-4절에도 "우리가 환난 중에도 즐거워하나니 이는 환난은 인내를, 인내는 연단을, 연단은 소망을" 이루게 될 줄 앎이라고 말씀하고 있다. 로마서 8장 17-18절에도 "자녀이면 또한 후사 곧 하나님의 후사요 그리스도와 함께한 후사니 우리가 그와 함께 영광을 받기 위하여 고난도 함께 받아야 될 것"이라고 하시며 "현재의 고난은 장차 우리에게 나타날 영광과 족히 비교할 수 없다"라고 말씀하셨다.

"나라"란 앞서 언급했던 하나님나라를 의미한다. 그리스도인이 된 교회인 우리는 지금 현재형 하나님나라를 살아가며 주님 다시 오실 때까지 복음과 십자가를 자랑함으로 현재형 하나님나라를 확장시켜 나가야 한다. 동시에 미래형 하나님나라에로의 입성과 영생이라는 '소망'을 갈망하며 살아가야 한다.

이후 주님 오시면 우리는 미래형 하나님나라에서 부활체, 곧 영광스러운 몸, 신령한 몸, 강한 몸, 썩지 아니할 몸(고전 15:42-44)으로 삼위하나님과 '더불어 함께' 영원히 살아가게 될 것이다.

"참음"이란 인내[9](휘포모네, ὑπομονή, nf)라는 의미로 우리를 위한 예수님의 그 고난에 동참할 것과 함께 이후 종말 시대 동안에 악한 영의 세력들과 그 추종 세력들의 제한적이고도 한시적인 권세를 이겨내며 '일곱 재앙'을 통과하고 어떤 고난이든지 "예수 믿음과 하나님의 계명"을 붙들고 인내함으로 이겨나가라는 말씀이다.

그리하여 사도 요한은 하나님의 말씀과 예수의 증거를 가지고 밧모섬에 유배되어서도 고난을 기꺼이 감당하였던 것이다. 교회 된 우리 또한 지금 다가온 그리고 앞으로 다가올 고난을 하나님의 계명과 예수 믿음으로 인내(계 14:12)하며 승리함으로 나아가야 할 것이다.

10 주의 날에 내가 성령에 감동하여 내 뒤에서 나는 나팔 소리 같은 큰 음성을 들으니 11 가로되 너 보는 것을 책에 써서 에베소, 서머나, 버가모, 두아디라, 사데, 빌라델비아, 라오디게아 일곱 교회에 보내라 하시기로

계시록 1장 10절부터 3장 22절까지에서는 사도 요한이 첫 번째 환상으로 소아시아 일곱 교회를 향하신 아버지 하나님의 마음을 보게 된다. 그런 후 4장 1절에서는 "이 일 후에 내가 보니"라는 말씀으로 다시 장면의 전환을 통한 두 번째 환상인 천상의 교회를 계시록 4-5장에서 보게 된다.

이곳 10절에서 사도 요한은 "주의 날" 곧 '주일(主日)'에 성령에 감동되

---

9   인내라는 휘포모네는 endurance, steadfastness, patient waiting for라는 의미이다.

어 "나팔 소리 같은" 하나님의 큰 음성을 듣게 된다. 그 음성을 들음으로 사도 요한의 믿음은 더욱 굳건하게 된다. "믿음은 들음에서 나며 들음은 그리스도의 말씀으로" 말미암기 때문(롬 10:17)이다.

11절에서는 듣고 본 바를 기록하여 "일곱 교회에 보내라"는 명령을 받는다. 그것은 전(全) 우주적 교회들을 상징하는 지상의 '일곱' 교회에 서신을 보내라는 것이었다. 그 서신에는 교회들을 향한 칭찬과 책망으로써 아버지 하나님의 마음이 담겨있다. 여기서 '책망'이란 '징계(파이데이아, παιδεία, nf, training and education of children)'를 말하는 것으로 이는 '회복을 전제한 체벌'을 가리킨다. 동사는 파이듀오(παιδεύω, to train children)인데 '징계하다 혹은 책망하다'라는 말로 '부모가 아이를 양육(훈련)하다'라는 의미이다. 동사 파이듀오는 파이스(παῖς, nf, a child, boy, youth)라는 단어에서 파생되었다.

이를 연결하면 결국 교회를 향한 하나님의 '징계'는 교회를 향한 하나님의 책망(히 12:5-13)인 것은 사실이나 그 책망을 통해 교회가 회복되기를 바라는 아버지 하나님의 마음이 담겨있는 것이다. 그러므로 우리가 혹시라도 하나님의 '징계 혹은 책망'을 받게 되면 얼른 회개하고 그 길에서 돌이키면 된다. 이와는 달리 하나님의 칭찬이 있으면 감사하되 모든 영광을 하나님께 돌려 드림이 마땅하다. 또한 당연히 칭찬의 조건은 계속 그대로 실행하며 살아가면 되는 것이다.

'일곱 교회에 보내라 하시기로'에서의 일곱 교회는 '에베소, 서머나, 버가모, 두아디라, 사데, 빌라델비아, 라오디게아 교회 등 소아시아 지역의 일곱 교회(예배당, hard ware)'로 하나님은 사도 요한 더러 "너 보는 것을 책에 써서' 일곱 교회에 보내라고 하셨다. 그 내용은 앞서 언급했듯이 아버지 하나님의 칭찬과 책망(징계)의 마음이었다. 하나님은 당신의 그런 마음을 전하기 위해 '소아시아 지역의 일곱 교회(예배당, hard ware)'를 택하셨다. 그리하여 교회(성도, software)로 살아가는 오늘의 우리들에게, 동시에 오고 오는 모든 교회들에게 당신의 마음을 전하려고 하셨던 것이다.

12 몸을 돌이켜 나더러 말한 음성을 알아보려고 하여 돌이킬 때에 일곱 금 촛대를 보았는데 13 촛대 사이에 인자 같은 이가 발에 끌리는 옷을 입고 가슴에 금 띠를 띠고 14 그 머리와 털의 희기가 흰 양털 같고 눈 같으며 그의 눈은 불꽃 같고 15 그의 발은 풀무에 단련한 빛난 주석 같고 그의 음성은 많은 물소리와 같으며 16 그 오른손에 일곱 별이 있고 그 입에서 좌우에 날 선 검이 나오고 그 얼굴은 해가 힘있게 비취는 것 같더라

12-16절에는 사도 요한이 '말씀하시는 하나님의 음성'을 알아보려고 몸을 돌이켰다가 보았던 일곱 "금 촛대(교회)"에 대한 장면을 묘사하고 있다.

사도 요한은 촛대(교회) 사이에서 인자 같은 이(예수)를 보았다. 그분은 발에 끌리는 옷을 입고 가슴에 금 띠를 띠고(대제사장, 통치, 교회의 머리는 예수님) 그 머리와 털의 희기가 흰 양털 같고 눈(영광, 순결) 같으며 그의 눈은 불꽃(통찰력) 같고 그의 발은 풀무에 단련(심판의 엄위성, 엄중성)한 주석(견고함, 든든함) 같고 그의 음성은 많은 물소리(불가항력적인 예수님의 권능과 위엄을 나타내는 것으로 그날에 있게 될 최후심판을 알리는 거대한 음성을 말한다)와 같으며 그 오른손(절대적인 힘)에 일곱(성도, 교회) 별(하늘의 천사들)이 있고 그 입에서 좌우에 날 선 검(말씀; 심판-죽이다,

신원-살리다)이 나오고 그 얼굴은 해가 힘있게 비취는 것(삿 5:31) 같았다라고 증언하고 있다. 여기서 우리는 '예수님의 모습'에 대한 묘사를 통해 그분(예수님)의 속성을 보다 더 잘 알게 된다(기독론, Christology). 이를 표로 요약하면 다음과 같다.

일곱 '금 촛대(교회)' 사이에 계신 인자 같은 이(예수님)의 모습	상징적 의미
발에 끌리는 옷을 입음(단 10:5-6) 가슴에 금 띠를 띰(출 28:4, 8, 레 16:4)	존귀와 위엄 큰 대제사장이신 예수님(히 3:1, 4:14)
그 머리와 털의 희기가 흰 양털 같고 눈 같으며(단 7:9)	영광의 예수님 죄 없으신 순결하신 예수님
그의 눈은 불꽃 같고(단 10:6)	지혜로우신 예수님(냉엄한 공의, 렘 17:10) 완벽한 신적 통찰력을 지니신 예수님
그의 발은 풀무에 단련한 주석 같고(단 10:6)	심판주 예수님의 엄위성, 엄중성 완벽한 백보좌 심판(신원, 심판)
그의 음성은 많은 물소리와 같으며(겔 43:2)	예수님의 권능과 위엄 그 날에 있게 될 최후 심판의 격렬함
그 오른손에(출 15:6, 시 45:4, 겔 21:22) 일곱 '별'이 있고	예수님의 절대적인 능력과 힘에 붙들린, 모든 교회들을 지키는 '하늘의 천사들'
그 입에서 좌우에 날 선 검이 나오고(사 11:4, 49:2, 시 45:3, 57:7, 64:3, 149:6, 잠 12:18, 눅 2:35, 엡 6:17, 살후 2:8, 히 4:12)	심판의 엄정함과 정확성, 예리함, 이중성 (영생-영원한 삶, 영벌-둘째 사망, 영원한 죽음) 검(말씀)-(믿음)살리기도, (불신)죽이기도 함
그 얼굴은 해가 힘있게 비취는 것(삿 5:31, 요일 1:5) 같더라	예수님의 영광, 사랑, 지혜, 진실, 성결(거룩)

"그 얼굴은 해가 힘있게 비취는 것 같더라"는 말씀은 사사기 5장 31절에 있는 드보라의 이야기에서 인용한 말이다.

"여호와여 주의 대적은 다 이와 같이 망하게 하시고 주를 사랑하는 자는 해가 힘있게 돋음 같게 하시옵소서 하니라 그 땅이 사십년 동안 태평하였더라" 삿 5:31

17 내가 볼 때에 그 발 앞에 엎드러져 죽은 자 같이 되매 그가 오른손을 내게 얹고 가라사대 두려워 말라 나는 처음이요 나중이니

17절에 이르자 사도 요한은 그런 예수님(계 1:12-16)의 발 앞에 엎드러져 죽은 자처럼 고꾸라지게 된다. 그러자 좋으신 예수님은 당신의 전능하신 "오른손"을 사도 요한에게 살포시 얹는다. 따스한 위로와 함께 한결같이 보호해주실 것을 확신시켜 주고 있는 것이다. 가만히 보면 요한은 정말 행복한 사람이다. 공생애 동안에도 그는 예수님 곁에서 특별히 사랑을 받은 제자였다. 지금 계시록을 기록하는 순간도 그런 듯하다.

예수님은 따스하고 부드러운 음성으로 "요한아, 두려워 말라 나는 처음이요 나중(계 1:8, 21:6, 22:13)이라"고 말씀하시며 끝까지 너와 함께(에트의 하나님)할 것이고 너를 인도(나하흐의 하나님)해 갈 것은 물론이요 너와 동행(할라크의 하나님)할 것이라고 말씀하고 있다.

"오른손"이란 이사야 41장 10절, 시편 18편 35절, 요한복음 10장 28절에서 동일하게 말씀하시는 '우리를 붙드시는 하나님의 강한 손, 절대적인 힘'을 말한다.

18 곧 산 자라 내가 전에 죽었었노라 볼찌어다 이제 세세토록 살아 있어 사망과 음부의 열쇠를 가졌노니 19 그러므로 네 본 것과 이제 있는 일과 장차 될 일을 기록하라 20 네 본 것은 내 오른손에 일곱 별의 비밀과 일곱 금 촛대라 일곱 별은 일곱 교회의 사자요 일곱 촛대는 일곱 교회니라

18-20절에서는 예수님은 당신이 부활의 주님임을 다시 요한에게 확신시켜 주고 있다. "내가 전에(AD 30년 중반에 죽으시고 부활하심, AD 90-95년에 계시록 기록하고 있음) 십자가 상에서 죽었었으나 3일 만에 부활 후 지금 살아있다. 앞으로도 세세토록 살아있어 사망과 음부의 열쇠를 가지고 영원히 다스릴 것이다"라고 말씀하고 있다. 장차 오실 예수 그리스도는 승리주, 심판주로서 만왕의 왕이요 만주의 주이시다.

네가 지금 보고 있는 내 오른손의 일곱 '별'은 일곱 교회의 '사자(교회를 지키는 하늘의 천사)'이며 일곱 '촛대'는 일곱 '교회'라고 하셨다. 동시에 사도 요한은 "네 본 것과 이제 있는 일과 장차 될 일을 기록하라"는 명을 받게 된다. 행복한 명령이다.

지난 어린 시절, 국민학교(초등학교) 다닐 적에 선생님께서 나를 지명하여 심부름을 시키면 '그 선택되어진' 기분에 그렇게나 가슴 벅차고 기뻤던 기억이 새롭다. 하물며 하나님께서…….

'얼마나 행복했을까'

참고로 일곱(7, seven)은 완전수이다. '일곱 별'에서의 '일곱'과 '일곱 촛대'에서의 '일곱'은 소아시아 일곱 교회(전 우주적 교회)를 상징하며 '별'은 사자(하늘나라의 천사)를 상징하고 있다. 즉 일곱 별은 '일곱 교회의 사자'로서 전 우주적 교회를 지키는 하늘의 천사를 가리킨다. 그리고 나는 '일곱 촛대'에서의 '일곱 교회'를 현재형 하나님나라로도 해석한다. 그렇기에 사자는 일곱 교회 곧 현재형 하나님나라를 지키는 하늘의 천사로 해석한다. 결국, '일곱 교회의 사자'인 "일곱 별"은 현재형 하나님나라를 지키라고 명을 받은 하늘의 천사를 의미한다(필자의 초판 해석을 수정함)라는 것이다. 여기서 일부 학자는 '사자'를 예수를 예표하는 미가엘(단 12:1-4, 계 12:7) 천사로 해석하기도 하지만 나는 특정 천사를 지칭하기 보다는 '하늘의 천사'로 해석한다.

돌이켜보면 사도 요한을 향하신 하나님의 사랑은 부럽다 못해 질투가 날 지경이다. 나지막하게 동시에 따스하게 부드럽게 조곤조곤 말씀하시는 전지전능하신 예수님이 1장 전체를 통해 강력하게 느껴진다.

또한 '다른 하나님, 한 분 하나님'이신 삼위일체 하나님의 세미한 인도하심에 슬쩍 사도 요한의 자리에 자꾸만 나를 밀어 넣게 된다. 어느새 내가 사도 요한의 자리에 앉아있다. 그리고는 즐겁게 이 책을 쓰고 있다.

기록하라! 그리고 전하라!
하나님의 뜻(델레마 데우, θέλημα Θεοῦ)을……

'복음과 십자가'로 살아가라!

- 증인의 삶으로!

'복음과 십자가'만 자랑하라!
- 선포의 삶으로!

괴짜의사 Dr. Araw의 쉽고 바르게 읽는 요한계시록 장편(掌篇) 강의, 개정판
예수 그리스도 복음의 계시라

Part 2

지상 교회와 천상 교회

레마 이야기 2-3, 귀 있는 자는~이기는 자는(지상의 교회)

"귀 있는 자는 성령이 교회들에게 하시는 말씀을 들을찌어다 이기는 그에게는 내가 하나님의 낙원에 있는 생명나무의 과실을 주어 먹게 하리라"_계 2:7

"귀 있는 자는 성령이 교회들에게 하시는 말씀을 들을찌어다 이기는 자는 둘째 사망의 해를 받지 아니하리라"_계 2:11

"귀 있는 자는 성령이 교회들에게 하시는 말씀을 들을찌어다 이기는 그에게는 내가 감추었던 만나를 주고 또 흰 돌을 줄터인데 그 돌 위에 새 이름을 기록한 것이 있나니 받는 자 밖에는 그 이름을 알 사람이 없느니라"_계 2:17

"귀 있는 자는 성령이 교회들에게 하시는 말씀을 들을찌어다"_계 2:29, 3:6, 3:13, 3:22

*'귀 있는 자는 자'에서의 '귀'란 성령님의 세미한 음성을 잘 듣는 신령하고도 예민한 큰 귀(마음의 할례, 행 7:51)를 가리킨다. 한편 '지혜(wisdom, sight)'란 히브리어로 '레브 쇼메아'인데 이는 하나님의 말씀을 잘 깨닫고 분별하는 머리(Hindsight, Insight, Foresight), 하나님의 음성을 잘 듣는 큰 귀(시 40:6), 열린 눈(영안), 하나님의 말씀에 민감하게 반응하는 지혜로운 마음(왕상 3:9)을 가리킨다.

레마 이야기 4-5, 다른 하나님, 한 분 하나님(천상의 교회)
4장 창조주 하나님 찬양
5장 구속주 하나님 찬양

"이십 사 장로들이 보좌에 앉으신 이 앞에 엎드려 세세토록 사시는 이에게 경배하고 자기의 면류관을 보좌 앞에 던지며 가로되 우리 주 하나님이여 영광과 존귀와 능력을 받으시는 것이 합당하오니 주께서 만물을 지으신지라 만물이 주의 뜻대로 있었고 또 지으심을 받았나이다 하더라"_계 4:10-11

"큰 음성으로 가로되 죽임을 당하신 어린 양이 능력과 부와 지혜와 힘과 존귀와 영광과 찬송을 받으시기에 합당하도다 하더라"_계 5:12

Part 2

　계시록 2-5장은 '교회' 특히 지상의 교회(2-3장)와 천상의 교회(4-5장)에 관한 말씀이다. 특히 2-3장에서는 소아시아에 있던 대표적인 일곱 교회를 들어 쓰셔서 '불완전한 지상의 교회'를 향한 아버지 하나님의 마음 곧 '칭찬'과 '책망'의 마음을 사도 요한을 통해 "예수 그리스도의 계시"로 잘 보여주셨다. 그리고 4-5장은 장차 우리에게 주어질 '완성된, 완벽한 천상의 교회' 즉 미래형 하나님나라(교회 공동체)에서의 교회(성도)가 삼위하나님을 찬양하며 경배하는 모습과 그 나라에서의 영생을 누리는 모습을 보여주고 있다.

　2장에서는 지중해의 거센 바람과 채석장(採石場, quarry, stone pit)으로 유명한 밧모섬에 유배되어 있던 사도 요한에게 소아시아 일곱 교회 중 에베소, 서머나, 버가모, 두아디라 교회의 모습을 보여주시며 당신의 적나라한 마음을 드러내고 있다. 때로는 칭찬하시며 기뻐하시고 때로는 책망(징계)하시면서 당신께서 더 아파하시는 것을 볼 수 있다. 그들을 향한 아버지 하나님의 칭찬은 더욱더 힘써 그렇게 살아가라는 격려이자 응원이며 우리를 바라보시는 아버지의 기쁨이고 우리를 향하신 아버지 하나님의 사랑스러운 눈길이다. 반면에 책망(징계)은 다시 바른 길로 돌아오기를 바라며 애타게 기다리시는 아비로서의 안타까운 심정이다.

3장에서는 소아시아 일곱 교회 중 사데, 빌라델비아, 라오디게아 교회의 모습을 보여주시며 동일하게 칭찬과 책망(징계)을 하고 있다.

참고로 '책망'이란 '징계'를 가리키며 '징계[10]($παιδεία$, nf)'란 '회복을 전제한 채찍'이라는 의미로 부모가 자식을 훈계하며 그 자녀가 다시 바른 길로 돌아오기를 바라는 아비의 심정이 담겨있는 독특한 단어이다.

특별히 2-3장 소아시아 각 교회를 향하신 칭찬과 책망의 말씀의 끝부분에는 계속하여 반복된 문장이 있다. 바로 "귀 있는 자는 성령이 교회들에게 하시는 말씀을 들을찌어다"라는 말씀이다. 이는 "교훈과 책망과 바르게 함과 의로 교육하기에 유익하니(딤후 3:16)"라는 말씀과 상통한다. 즉 성령님은 때마다 시마다 우리에게 중요한(principle of concentration) 말씀을 반복(principle of repetition)해 주심으로 교훈과 책망과 바르게 함과 의를 통한 교육으로 차곡차곡 훈련을 시켜 주시는 것이다. 그렇기에 성령님을 주인으로 모신 교회는 그분의 반복된 말씀에 귀를 기울여야 할 뿐만 아니라 그분의 통치와 질서, 지배 하에서만 살아가야 한다. 그분의 말씀만이 앞서가게 해야 한다. 성령님보다 말씀보다 앞서가지 않도록 매사에 근신하고 정신차려야 하며 항상 말씀이 중심이 되어야 한다. '믿음은 들

---

10 파이데이아($παιδεία$, nf)는 discipline: training and education of children, hence: instruction; chastisement, correction/**paideí**a (from 3811 /paideúō, see there) - properly, instruction that trains someone to reach full development (maturity)/ $παιδεύω$, v, (a) I discipline, educate, train, (b) more severely: I chastise/(from 3816 /**país**, "a child under development with strict training") - properly, to train up a child (3816 /**país**, so they mature and realize their full potential (development). This requires necessary discipline (training), which includes administering chastisement (punishment), $παῖς, παιδός, ὁ, ἡ$, nf, nm, (a) a male child, boy, (b) a male slave, servant; thus: a servant of God, especially as a title of the Messiah, (c) a female child, girl/**país** - a child under training (strict oversight), emphasizing their ongoing development necessary to reach their highest (eternal) destiny. See 3813 (paidon)이다.

음에서 난다(롬 10:17)'라고 하셨으니 하나님의 말씀에 귀 기울이고 말씀만을 붙들고 견고한 믿음으로 살아가야 할 것이다.

"그러므로 믿음은 들음에서 나며 들음은 그리스도의 말씀으로 말미암았느니라"_롬 10:17

참고로 세대주의자들은 계시록 2-3장의 소아시아 일곱 교회를 시대별로 나누어 해석하고 있다. 개중 에베소 교회는 사도 시대(부활 승천후~1C 말)로 해석하며 서머나 교회는 속사도 시대(AD 100-313)로 해석했다. 서머나 교회는 순교 시대로, 버가모 교회는 로마 국교 시대로, 두아디라 교회는 중세 암흑 시대(AD 500-1,500 혹은 교황권이 확립된 그레고리 1세(AD 590)~루터의 종교개혁(1517))로, 사데교회는 종교개혁 시대, 빌라델비아 교회는 선교 시대로, 마지막 라오디게아 교회는 마지막 그날이라는 의미의 종말 시대로 해석하고 있다. 나는 이러한 해석에는 그다지 관심이 없을 뿐만 아니라 역사적 흐름을 이해하는데 있어 약간의 참고 정도로만 여긴다.

한편 소아시아 일곱 교회 중 유독 두 교회는 책망은 하나도 없이 칭찬만 받았다. 곧 서머나 교회와 빌라델비아 교회이다. 그런데 이 두 교회를 가만히 살펴보면 미묘한 차이점을 발견할 수가 있다. 서머나 교회의 경우 환난을 피하려 하지 말고 장면돌파하면서 "죽도록 충성하라(2:10)"고 하셨다. 반면에 빌라델비아 교회의 경우에는 "내가 또한 너를 지키어 시험의 때를 면하게 하리니(3:10)"라고 하시며 환난을 면케 해 주셨다는 것이다.

필자의 경우 이 부분에 대한 아버지 하나님의 마음을 이해하느라 한참

이 걸렸다. 개정판을 쓰는 지금도 정확한 아버지의 마음은 알 수 없으나 그래도 짚이는 부분이 있기는 하다. 당연히 성경에서 가타부타 말씀하지 않았으므로 나 또한 침묵하려고 한다. 대신에 필자가 경험했던 지난날을 통해 이해한 부분만큼만 설명하고자 한다.

나는 지금까지 주변의 그리스도인(교회)들을 정말 많이 보아왔다. 특별히 목사의 아들로서 교회 공동체 안에서 성도들과 늘 부대끼며 살아왔다. 그리고 장성하여서는 청년사역자로서 공동체를 만들어 역시 많은 사람들 속에서 지내왔다. 흥미로운 사실은 길지 않은 한 번의 인생을 살아가는 동안 어떤 청년(교회)은 지독한 환난을 겪는 것을 보았다면 어떤 청년(교회)은 환난은 고사하고 정말 부럽게도 비단 꽃 길 만을 걸어가는 것을 보았다. 어떤 이의 경우는 상식적으로 이해가 되었으나 대부분의 경우 정말 이해가 되지 않았다. 간혹 공의로우신 하나님이 어쩜 그럴 수가 있을까라는 생각 때문에 고민하며 괴로워하며 아파하기도 했다. 그러다가 내린 결론은 '하나님의 주권 영역'이었다. 결국 이해를 하려고 하기보다는 하나님의 통치하심에 따라 순응하기로 한 것이다.

2장의 서머나 교회와 3장의 빌라델비아 교회에 대한 하나님의 칭찬과 함께 고난의 가부(可否, yes or no, pro & con)에 대해 나는 그저 '하나님의 주권 영역'이라고 받아들였으나 그럼에도 불구하고 두 교회의 배경(Background)을 살펴보면 조금 더 상식적으로 이해할 수가 있다.

빌라델비아 교회는 소아시아 일곱 교회 중 가장 가난했다. 그래서 고난을 면케해 주신 것에 대해 '공정과 공평'의 면에서 고개가 끄덕여진다

(3:8). 그들의 경우 이미 가난이라는 고난을 받은 터라 아버지께서 환난의 때를 면케 해 준 것이리라. 반면에 서머나 교회는 에게 해를 끼고 있는 항구도시로 당대 최고의 도시 중 하나였다. 그러므로 이미 부유한 가운데 흠뻑 누리고 살았으니 돌발상황이 닥치거나 지속적으로 환난이 다가오더라도 이제는 그런 상황을 훈련의 과정(Training process)으로 알고 잘 극복하고 이겨 나가라고 하신 것이라 생각된다. 정확한 것은 미래형 하나님나라에 가서 자초지종(自初至終, the whole story)을 물어보면 될 것이다. 명심할 것은 하나님의 생각과 길은 우리와 다르다(시 55:8-9)는 것과 하나님이 하시는 일은 우리의 이해와 상관없이 언제나 다 옳다라는 것이다.

종합해보면 2-3장에서는 "예수 그리스도의 계시"를 통해 지상에 있는 모든 불완전한 교회들을 상징하는 소아시아 일곱 교회 공동체와 교회(그리스도인)들의 삶, 그리고 삶으로 드리는 예배에 대해 밧모섬의 사도 요한을 통해 아버지 하나님의 칭찬과 책망의 마음을 보여주셨다. 그 예배 중에는 하나님이 기뻐하시는 열납의 예배(롬 12:1)가 있었는가 하면 "너희 중에 성전 문을 닫을 자가 있었으면 좋겠도다(말 1:10)"라고 말할 정도의 책망의 말씀도 있었다. 여기서 '칭찬'이란 계속 그렇게 살아가라는 격려이자 응원이었다면 '책망(징계)'은 다시 돌아오기를 바라는 아버지의 마음을 드러낸 것으로 '회복을 전제한 체벌'을 가리킨다.

4-5장에서는 향후 천상(미래형 하나님나라)에 있게 될 완전하고도 완벽한

교회[11](장소 개념, 거룩한 성 새 예루살렘)와 먼저 간 교회(거룩한 성 예루살렘인 성도, 그리스도인)들의 이상적인 예배 장면을 밧모섬에 있는 사도 요한을 통해 환상으로 보여주시고 있다.

독특한 것은 4장의 경우 '창조주 하나님'을 찬양하는 것에 방점을 두었다면 5장은 '구속주이신 예수님'을 찬양하는 것에 방점을 두었으며 동시에 4-5장의 행간(4:2, 5, 5:6)에는 계속하여 성령하나님이 '역사하고 계심'을 보여주고 있다라는 것이다. 결국 계시록 4장과 5장은 '다른 하나님, 한 분 하나님'이신 기능론적 종속성(Functional Subordination)과 존재론적 동질성(Essential Equality)의 삼위일체 하나님을 행간을 통해 드러내시면서 그 삼위하나님을 찬양하는 완벽한 천상의 교회(미래형 하나님나라, 거룩한 성 새 예루살렘)에서의 교회(거룩한 성 예루살렘)가 드리는 '천상의 예배 모습'을 보여주시고 있는 것이다.

이렇게 밧모섬에 있던 사도 요한에게 장차 하나님과 그 하늘 보좌에 함께 앉게 될 그날(계 20:4)에 '완성된, 완벽한' 천상의 교회 공동체와 교회를 보여줌으로써 아직은 not yet인 교회(하나님의 백성들)들이 육신의 장막을 벗기 전까지의 환난과 핍박 가운데에서도 실족하지 않도록 사도 요한의 계시록을 통해 소망을 주시고 있는 것이다.

참고로 지상의 불완전한 모든 교회는 already~not yet으로서 제한적인 육체를 가지고 살아가기에 이 세상에 있는 동안에는 불완전한 지상교

---

11 이는 장소 개념으로 미래형 하나님나라를 말한다. 계시록 21장에는 거룩한 성 새 예루살렘(2) 혹은 하나님의 장막(3)으로 기술하고 있다. 이와는 달리 성도 곧 어린 양의 신부, 아내를 의미(9)하는 교회를 거룩한 성 예루살렘(10)으로 기술하고 있다. 미묘한 차이를 보라.

회로 살아가야만 하는 교회(하나님의 백성들)들은 일곱 재앙(인, 나팔, 대접)과 더불어 사마귀(사단, 마귀, 귀신등 악한 영적 세력)의 한시적인 권세와 싸워야 하며 그로 인한 고통은 감내(계 7:14)해야 한다.

한편 교회든 불신자든 간에 '종말 시대' 동안에 모두에게 닥치게 되는 일곱 재앙(인, 나팔, 대접 재앙)은 제한된 육신을 가진 인간이 통과하기에는 힘들고 어려운 것이 사실이다. 그러나 모든 재앙은 끝(종말의 끝, 마지막 그날)이 있음을 알아야 한다. 더 나아가 교회는 앞서가시는 나하흐의 하나님, 함께 하시는 에트의 하나님, 뒤에서 밀어주시고 방향을 지도하시는 할라크의 하나님을 주인으로 모시고 살아가기에 흔들리지 말고 두려움과 근심 속에 매몰되지 말고 삼위하나님만을 의지하면서 위만 바라보고 나아가야 한다. 이때 교회가 해야 할 일은 "예수 믿음과 하나님의 계명(14:12)"을 붙드는 일이다. '오직 말씀', '오직 믿음'으로 시시때때로 다가오는 큰 환난을 극복하며 이기고 나아가야(계 7:14) 한다. 하나 더 첨가할 것은 반드시 '소망(엘피스)'을 놓치 말아야 한다라는 것이다.

성경에서 '소망(엘피스)'이란 예수 그리스도를 통한 '미래형 하나님나라에로의 입성'과 '영생'을 가리킨다. "소망(所望, 엘피스)이 없으면 그것은 사망(四亡)"일 뿐이다. '사망(四亡)'이란 실망(失望), 절망(絶望), 낙망(落望), 사망(死亡)을 말한다. 곧 소망을 잃어버리게 되면 소망이 꺾여 절망이 되고 그 절망은 땅으로 곤두박질하여 낙망함으로 사망에 이르게 된다. 그렇기에 로마서 15장 13절에는 "소망의 하나님"을 붙들라고 말씀하고 있다. 왜냐하면 소망을 공급해주시는 분은 '소망의 하나님'이시기 때문이다.

"소망의 하나님이 모든 기쁨과 평강을 믿음 안에서 너희에게 충만케 하사 성령의 능력으로 소망이 넘치게 하시기를 원하노라"_롬 15:13

마지막으로 언급할 것은 논란의 여지가 있기는 하나 계시록 4-5장을 통해 미래형 하나님나라에서의 삼위하나님, 교회들(24장로), 천사장(4생물), 그리고 천군 천사들의 예배 장면이다. 이는 전적으로 '지금' 제한된 육신을 가진 인간인 필자의 눈으로 묘사한 것임을 밝힌다. 전제할 것은 미래형 하나님나라에는 부활체로서 신과 방불한 자로 살아가기에 시공(時空)의 의미가 없다라는 것이다. 그럼에도 불구하고 천상의 교회(미래형 하나님나라)에서의 교회(그리스도인, 성도들)가 드리게 될, 장차 삼위하나님께 드리는 예배에 있어 '공간과 거리'를 통한 교회(그리스도인, 성도들)와 삼위하나님과의 관계와 교제를 살피고자 하는 것이다.

나는 종종 계시록 4-5장을 통해 미래형 하나님나라에서의 교회가 삼위하나님께 드리는 예배 장면을 다음과 같이 동심원으로 나타내곤 했다.

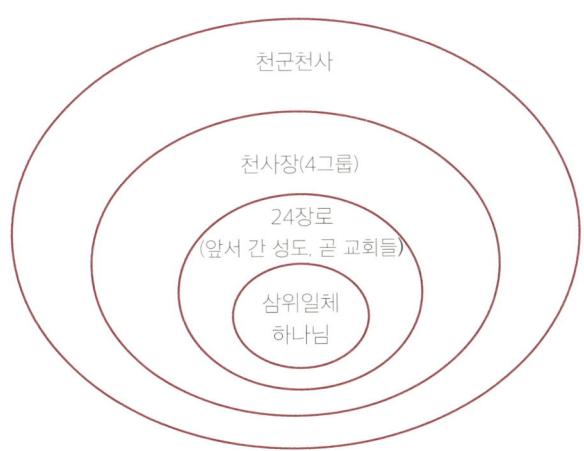

가장 중심에는 삼위일체 하나님이 계신다. 그 다음 가장 가까운 동심원에는 교회를 상징하는 24장로가 있다. 그 주위를 천사장을 상징하는 네 생물이 있고 천사장 주위로 수많은 천군 천사가 있다. 필자가 말하고자 하는 요점은 이것이다. 삼위하나님의 가장 지근거리에 '교회(그리스도인, 성도들)'가 있다라는 것이다.

사족을 달자면 천사도 우리도 동일한 하나님의 피조물이다. 차이(차별이 아닌 구별됨)가 있다면 우리 교회(그리스도인, 성도들)는 하나님의 형상(창 1:26-27, 쩨렘, 데무트)을 입은, 생기 곧 성령을 가진(창 2:7, 아담 네페쉬) 하나님의 자녀들이라는 것이다. 그러나 천사는 "부리는 영으로서 구원 얻을 후사들을 위하여 섬기라고 보낸(히 1:14)" 하나님의 피조물이다. 그렇기에 '천사도 흠모하겠네'라는 찬송가가 있는 것이다.

레마이야기 2

귀 있는 자는
(지상의 교회, 2:1-29)

2-1 에베소 교회의 사자에게 편지하기를 오른손에 일곱 별을 붙잡고 일곱 금 촛대 사이에 다니시는 이가 가라사대

  2장 1절에서 "오른손에 일곱 별을 붙잡고 일곱 금 촛대 사이를 다니시는" 이라는 말씀에서의 '일곱 별'은 소아시아 일곱 교회를 지키는 '천사'를 상징하며 '일곱 금 촛대'란 소아시아 일곱 '교회'를 상징한다. '붙잡고(κρατέω, v, rule), 다니시는(περιπατέω, v, lead)' 이라는 말은 계시록 3장 1절의 '가지다(ἔχω, v, reign, to have, hold)'라는 말과 동일한 의미로 '다스리다(통치하다, 지배하다, 인도하다)'라는 의미이다.

  결국 예수님께서는 편지 형식으로 사도 요한을 통해 에베소 교회의 '사자(使者, 성도 혹은 교회)'에게 말씀하시고 있다. 여기서 '사자(使者)'는 계시록 1장 20절의 사자(교회를 지키는 천사)가 아니라 '에베소 교회(성도)와 교회 공동체'를 상징하는 것으로 곧 에베소 교회 성도들을 향한 칭찬과 책망을 통해 동일하게 교회 된 오늘의 우리들에게 하신 말씀이다. 이를 밧모섬에 유배되어 가 있는 사도 요한에게 환상 가운데 들려주시고 보여 주시며 이를 잘 듣고 보고 기록하여 소아시아 '일곱 교회'에 알리라고 하셨던 것이다.

참고로 에베소 교회는 사도 요한 본인이 직접 목회했던 곳이기도 하다. 에베소(Ἔφεσος, nf)라는 말은 '바람직한'이라는 의미로 이곳은 최대의 상업 지역이었고 교통 중심지이자 항구도시였다. 에베소에는 그 유명한 아데미(Artemis) 신전과 두란노 서원(Hall of Tyrannus)이 있었다. 한편 에베소는 사상과 종교, 문화와 예술, 철학이 성행했던 곳이며 예수의 모친 마리아가 살다가 죽은 곳이기도 하다.

두란노 서원은 강연장으로 지어진 멋진 건축물로서 두란노 출신의 유명한 학자인 두란노(Tyrannus)의 소유였다. 사도 바울의 4차 선교여행(PACER; Paul, Antioch of Syria, Corinth, Ephesus, Rome) 중 3차 선교여행의 메인 도시(main city)가 바로 에베소였으며 이곳에 머무는 동안 3개월은 회당에서, 2년은 두란노에서 복음을 설파하며 제자들을 양육했다. 그리하여 이곳 두란노 서원에서 배출된 걸출한 인물들이 훗날 바울의 귀한 동역자가 되었다. 그들 중 내게 깊은 인상을 주었던 인물 중 하나가 '두기고(Tychicus, 골 4:7, 딛 3:12)'이다.

필자가 특별히 두란노 서원 출신 중 두기고를 꼽는 것은 그가 바울이 필요할 때에 항상 곁에 있었기 때문이다. 더 나아가 그는 바울의 가려운 데를 정확하게 알고 마음에 쏙 들게 일을 깔끔하게 처리했던 동역자였다. 그는 바울이 디도를 로마로 부를 때 디도가 사역하던 그레데(Crete) 섬으로 파송되어 사역을 감당했고(딛 3:12) 디모데를 로마로 부를 때는 당시 디모데가 사역하던 에베소(Ἔφεσος, nf)로 파송되었다(딤후 4:12). 로마 감옥에 1차 투옥 시 만났던 빌레몬(Philemon) 집의 도망자 노예였던 오네시모(Onesimus)가 잘 훈련됨으로 사람이 변하자 그와 함께 골로새(Colosse)에 있던 빌레몬의 집으로 가서 골로새 교회의 설립에 귀한 역할을 하기도 했다.

2 내가 네 행위와 수고와 네 인내를 알고 또 악한 자들을 용납지 아니한 것과 자칭 사도라 하되 아닌 자들을 시험하여 그 거짓된 것을 네가 드러낸 것과 3 또 네가 참고 내 이름을 위하여 견디고 게으르지 아니한 것을 아노라

2-3절에서 예수님은 에베소 교회의 "행위(삶의 태도)", 곧 "수고"와 "인내" 뿐만 아니라 "악한 자들을 용납지 아니한 것"과 자칭 순회전도자 행세를 하며(행 15:1, 갈 1:7, 2:12) 거짓된 것들을 전하고 다니던 '가짜들'을 드러낸 것, 그리고 참고 또 참으며 예수님의 이름을 위해 핍박을 받은 것, 부지런하여 게으르지 않고 열심을 품고 주를 섬긴 것(롬 12:11) 등등에 대해 구체적으로 칭찬하셨다.

"악한 자들을 용납지 아니한 것과"에서의 '악한 자'란 '거짓 복음', '다른 복음'을 전하는 자를 가리키는 것으로 사도행전 20장 28-30절에는 단적으로 "흉악한 이리"라고 묘사하면서 그들은 하나같이 '제자들을 끌어 자기를 좇게 하려고 어그러진 말을 했던 무리들'이라고 직격(直擊, a diredt hit)했다. 참고로 "어그러진 말"이란 디모데후서 2장 16-17절에서는 "망령되고 헛된 말", "독한 창질의 썩어져 감과 같은 말"이라며 질타(叱咤, rebuke, reproof)하셨다.

이런 복잡한 상황 속에서도 초반의 에베소 교회는 예수의 이름을 위해 모든 역경을 잘 참고 견뎌냈다. 그들은 게으르지 않았음은 물론이요 신실함과 부지런함으로 많은 칭찬을 받았다.

4 그러나 너를 책망할 것이 있나니 너의 처음 사랑을 버렸느니라

4절에서는 에베소 교회가 '처음 사랑', '처음 행위'를 버림으로 예수님의 책망을 받는 장면을 보여주고 있다.

에베소 교회의 처음 사랑과 처음 행위는 모범적이어서 예수님의 칭찬을 받았다. 그러나 오래가지 못했던 것이 흠이었다. 처음에는 말씀으로 진리를 사수하며 거짓 것들에 대해 공격과 방어에 모범적이었다. 그러다가 이내 곧 본질(本質, essence, essentials)을 잃어버렸다. 그러다 보니 사랑을 내포하지 않고 아무 때나 어느 곳에서나 상대에 대해 지적질하기 시작한 것이다.

교회가 반드시 알아야 할 것은 진리의 검인 말씀은 본질이자 삶의 기준과 원칙이며 사람을 살리는 것이라는 점이다. 하나님의 말씀이 좌우에 날 선 검이라고 하여 그 검(진리의 말씀)으로 사람을 마구 재단하며 죽이는 것은 '첫 사랑을 잃어버린 것'일 뿐이다. 이는 율법적 의를 통한 자기 의를 드러내는 일이다.

참고로 "은혜 위에 은혜러라(요 1:16)"고 하신 말씀대로 하나님은 인간에게 은혜로 율법을 주셨다. 그리고는 그 율법을 통해 영 죽을 죄인임을 자각하고 구원자 예수님의 절대 필요성을 인식하게 하셨다. 그리하여 초림하신 예수 그리스도는 십자가 보혈로 하나님의 공의를 만족하신 후 사랑으로 모든 것을 성취하셨다.

이런 일련의 과정을 찬찬히 묵상해보면 아버지 하나님의 마음을 보다 더 정확히 읽을 수 있게 한다. 결국 진리의 검인 말씀이 삶의 기준과 원칙인 것은 틀림없으나 그렇다고 하여 상대방을 난도질하는 것은 곤란하며 상대방에게 잣대로 들이댈 때에는 반드시 '사랑'이 내재(內在, immanence)되어 있어야 한다라는 것이다.

'율법'은 하나님께서 은혜로 모세를 통해 신탁(모세 언약)하셨던 당신의 말씀이다. 반면에 '사랑'은 하나님께서 예수 그리스도를 통해 은혜와 진리(요 1:14, 17)로 허락하셔서 구약의 율법을 완성하신 것이다. 그렇기에 요한복음 1장 16-17절은 "율법은 모세로 말미암아 주신 것이요 은혜와 진리는 예수 그리스도로 말미암아 온 것이라"고 하셨던 것이다.

한편 교회(그리스도인들)와 교회 공동체는 대화 시 언어(단어) 사용에 있어서 특별히 신경을 써야 한다. 공자가언 육본편에는 다음과 같은 격언이 있다. "양약은 고구이나 이어병(良藥苦口而利於病)이요 충언은 역이이나 이어행(忠言逆耳利於行)이라." 이 말을 오해하여 옳은 말이라면 언제 어느 때고 마구 지껄여도(twitter) 좋다라고 생각하면 안 된다. 오히려 아무리 바른 말이라도 잘 가려서 시기적절(時期適切)하게 하라는 것이다.

그런 의미에서 나는 오래 전부터 'Dr Araw 언어 4원칙'을 천명해왔다. 첫째는 3사(思) 1언(言)이다. 곧 '3번 생각하고 한 번 말하라'이다. 둘째는 2청(聽) 1언(言)이다. 곧 '2번 듣고 한 번 말하라'이다. 셋째는 1정(正) 1언(言)이다. 곧 '한 번 말하더라도 바른 말을 하라'이다. 마지막 넷째는 1적(適) 1언(言)이다. 곧 아무리 '바른 말이라도 시기가 적절하지 않으면 말하지 말라'이다.

5 그러므로 어디서 떨어진 것을 생각하고 회개하여 처음 행위를 가지라 만일 그리하지 아니하고 회개치 아니하면 내가 네게 임하여 네 촛대를 그 자리에서 옮기리라

그러므로 순수했던 첫 사랑, 처음 행위를 언제 어디에서 잃어버렸는지 잘 점검해보고 회개함으로 돌이키라고 말씀하고 있다.

여기서 "처음 행위"란 4절의 "처음 사랑"을 가리키는 것으로 그 내용은 에베소서 1장(3-14절)의 말씀이다. 에베소 교회는 사도 요한이 밧모섬에 귀향 오기 전 목회했던 곳이다. 교회와 교회 공동체는 마땅히 "그의 은혜의 영광(엡 1:6)"을 찬미하고 "그의 영광"을 찬미(엡 1:14)"해야 한다. 동시에 "그의 은혜의 풍성함을 따라 그의 피로 말미암아 구속 곧 죄사함을 받은 것(엡 1:7)"에 대해 감사해야 하고 교회는 마땅히 "그의 영광의 찬송(엡 1:12)"이 되어야 한다.

한편 모든 것을 판단함에 있어서 '진리(말씀의 검)'를 기준과 원칙으로 하는 것은 맞지만 거기에는 반드시 '사랑'이 전제되어야 함을 강조하고 있다. '사랑 없는 진리'는 그 진리를 명분 삼아 상대를 재단(裁斷, judge, cut out)하는 데로 빠질 수 있음에 유의해야 한다. 그러므로 예수님은 '사랑 없는' 행위, 동시에 '날 선' 그 행위를 회개치 않으면 "촛대를 옮겨 버리겠다"라고까지 말씀하고 있다. 그렇다고 하여 이 말이 '구원의 취소' 라는 의미는 아니다. 에베소 교회를 향한 하나님의 책망(징계)인 것이다.

참고로 책망(징계)은 '회개하고 돌이키라'에 방점이 있으며 '책망(징계)'은 회복을 전제한 체벌임을 알아야 한다. 히브리서(12:5-13)는 그 책망(징계)에 대해 자세하게 당신의 마음을 드러내고 계신다.

"네 촛대를 그 자리에서 옮기리라"는 말씀은 에베소 항구를 배경으로 두고 한 말이다. 당시 그 항구는 카이스테르 강(Cayster River)을 끼고 있었는데 매년 반복되었던 강의 범람으로 인해 자주 침전물이 쌓이곤 했다. 그러다 보니 퇴적물이 쌓여 삼각주(三角洲, Delta)가 되면 배가 정박할 수가 없어 그럴 때마다 항구를 옮겨야만 했다. 그런 당시의 에베소 상황을 빗대면서 만약 너의 행위를 회개치 않을 경우 에베소 항구를 옮기듯 촛대를 옮겨버리겠다라고 경고하셨던 것이다. 에베소 교회는 이런 환경에 자주 직면했기 때문에 '옮기겠다' 라는 말에 정신이 번쩍 들었을 것이다.

다시 말하지만 이 구절의 "옮기리라"와 계시록 3장 16절의 "내치리라"는 말씀은 앞서 언급했듯이 구원의 취소에 관한 말씀이 아니라 '책망'과 '경고'를 통한 신앙의 역동성을 권고한 말씀이다.

6 오직 네게 이것이 있으니 네가 니골라 당의 행위를 미워하는도다 나도 이것을 미워하노라

이 구절에서는 계시록 2장 15절에서의 버가모 교회와 마찬가지로 에베소 교회의 "니골라 당의 행위"에 대해 미워하는 것을 예수님도 미워한다라는 말씀이다. 그렇기에 "오직 네게 이것이 있으니"라는 말씀은 네가 니골라 당의 행위를 미워하는 것만큼은 칭찬받을 만하다라는 의미이다.

'니골라 당의 행위'란 '백성을 이기는 자(victorious over the people)', '백성을 집어 삼키는 자'라는 의미를 가진 헬라어 니콜라오스(Νικόλαος, nm/Νικολαῖτη, nm, a Nicolaitan, a follower of Nicolaus)라는 말에서 나온 것으로 '종교를 자기 이익의 재료로 삼는 자'를 가리킨다. 이는 니코스(νῖκος, nn, victory)와 라오스(λαός, nm, a people, characteristically of God's chosen people, first the Jews, then the Christians)의 합성어이다.

7 귀 있는 자는 성령이 교회들에게 하시는 말씀을 들을지어다 이기는 그에게는 내가 하나님의 낙원에 있는 생명나무의 과실을 주어 먹게 하리라

7절에는 "성령이 교회들에게 하시는 말씀"을 잘 들으라고 기술하고 있다. 그렇다. 믿음은 들음에서, 들음은 그리스도의 말씀으로부터 난다(롬 10:17). "이기는 그에게는" 하나님의 낙원에 있는 생명나무의 과실을 먹게 해주시마 약속하고 있다. 실제로 계시록 22장 2, 14절에는 미래형 하나님나라에서 그렇게 하실 것을 보여주셨다.

원래 생명나무의 과실은 인간이 죄를 지은 후 에덴(기쁨)에서는 접근 금지였을 뿐만 아니라 "그룹들과 두루 도는 화염검(창 3:24)"으로 그 길을 막아버렸다. 더 나아가 에덴 동산으로부터 쫓겨나고 말았다. 이후 초림의 예수님이 오셔서 하나님의 언약을 성취하시고 재림의 예수님이 오셔서 하나님의 언약을 완성하시면 온전한 에덴의 회복이 주어질 뿐만 아니라 그 나라에서 사시사철 생명나무의 과실을 먹게 될 것이다.

실없는 이야기거리가 생각난다. 지난날 실소를 금치 못했던 에피소드(episode)이다. 하루는 한 청년이 다가와 계시록 2장 7절 하반절의 생명나무의 과실을 "주어 먹게"라는 부분을 읽다가 너무 짜증이 났다고 하면서 씩씩거렸다. 주시려면 그냥 곱게 주실 것이지 하필이면 땅에 떨어진 것을 '주워 먹게' 하느냐는 것이었다. 나는 처음에 그 청년의 심오한 깨달음(?)에 도달하지 못해 잠시 동안 가만히 있었다. 나중에 안 사실이지만 '주어 먹게'를 '주워 먹게'로 알았던 것이다. 당시 그 청년은 인격적(Omni-personal)이신 하나님이 어떻게 그럴 수 있느냐면서 흥분을 감추지 못했었다.

그 청년은 지난날 어려운 환경에서 자랐다. 감사하게도 예수를 알고 난 후 열심히 공부하여 '영성과 전문성' 면에서 제법 궤도에 올랐다. 그럼에도 불구하고 그는 유독 '없이 자란', '거지 같은', '빌어먹을', '주워 먹는' 유의 언어들에서 자유롭지 못했다. 자초지종을 잘 아는 나는 아무

때나 불쑥불쑥 튀어나오는 그 청년의 태도를 보며 오랫동안 아픈 가슴을 움켜쥐어야만 했다. 외국으로 멀리 가버린 그 청년이 지금도 종종 생각나는데 그때마다 제법 아프다.

"귀 있는 자는 성령이 교회들에게 하시는 말씀을 들을지어다" 라는 말씀은 계시록 2-3장에서만 일곱 번(2장 7, 11, 17, 29, 3장 6, 13, 22)이나 반복되어 나온다. 이 말씀에는 우리를 향한 아버지 하나님의 애정 섞인 마음이 담겨 있다.

"귀 있는 자는"에서의 '귀' 란 단순히 문자적인 '귀(ear)'를 가리키지 않고 사도행전 7장 51절에서 말씀하고 있는 '마음의 할례'를 상징한다. 이는 성령님의 세미한 음성을 잘 들을 수 있는 신령하고도 예민한 큰 귀를 가리킨다.

참고로 지혜'를 나타내는 히브리어는 '레브(לֵב) 쇼메아(שָׁמַע)'이다. 이는 바르게 잘 깨닫는 머리(분별력), 하나님의 뜻을 잘 분별하고 하나님을 향한 큰 눈을 가진 영안(靈眼), 하나님의 말씀을 잘 듣는(שָׁמַע, to hear) 큰 귀(시 40:6), 하나님의 음성에 민감하게 반응하고 즉시 순종하는 지혜로운 마음(왕상 3:9)을 말한다.

8 서머나 교회의 사자에게 편지하기를 처음이요 나중이요 죽었다가 살아나신 이가 가라사대

8절에서는 "처음이요 나중이요 죽었다가 살아나신 이", 곧 '예수'께서 서머나 교회의 사자(使者, 성도 혹은 교회)를 향해 말씀하시고 있다. 여기서 '사자(使者)'는 계시록 1장 20절의 사자(교회를 지키는 천사)가 아니라 '서머나 교회(성도)와 교회 공동체'를 상징하는 것으로 곧 서머나 교회 성도들을 향한 칭찬과 책망을 통해 동일하게 교회 된 오늘의 우리들에게 하신 말씀이다.

항구도시였던 서머나 지역은 과학, 의술, 건축술이 대단히 뛰어났다. '서머나(Σμύρνα)'란 '몰약(쓰다, 스뮈르나, Σμύρνα/σμύρνα, nf, myrrh)'이라는 의미로 동방박사가 예수님 탄생 시 가져갔던 예물 중 하나였다. 곧 황금, 유향, 몰약(沒藥, 마 2:11)이다. 또한 예수님께서 우리의 수치와 저주를 몽땅 안고 십자가에 달리시기 위해 골고다에 이르렀을 때 바로 그 몰약을 탄 포도주를 주었으나 받지 않으셨다(막 15:23). 예수께서 우리 위해 죽으신 후 니고데모가 그 몰약과 침향 섞은 것을 백 리트라(Litrai, 100 근(斤, pound), 로마의 무게 단위, 327g)쯤 가져오기도 했다(요 19:39).

버가모 지역이 황제숭배 사상의 꽃을 피운 도시라면 이 지역은 황제숭배 사상이 처음으로 시작된 곳으로 티베리우스(Tiberius) 신전이 있었다. 그만큼 신앙적 박해가 심했던 곳이다.

9 내가 네 환난과 궁핍을 아노니 실상은 네가 부요한 자니라 자칭 유대인이라 하는 자들의 훼방도 아노니 실상은 유대인이 아니요 사단의 회라

서머나 교회는 순수한 신앙을 지키기 위해 안으로는 곤고함(환난과 궁핍으로 인한 내면의 곤고함, 눌림, 영적 스트레스)과 싸웠고 밖으로는 로마 정부의 권력, 시스템의 불공정으로 인한 환난과 핍박, 재정적 궁핍 등등 온갖 불이익을 감당해야만 했다. 그야말로 삶 자체가 내우외환(內憂外患, internal & external troubles) 그 자체였다.

"자칭 유대인이라 하는 자들의 훼방도 아노니 실상은 유대인이 아니요"라는 말씀은 로마의 11대 황제 도미티아누스 때에 있었던 일들을 배경으로 하고 있다. 당시 유대인들은 카타콤(Catacomb)으로 숨어 들어간 그리스도인들을 색출하기 위해 개종한 척하며 카타콤에 들어갔다. 시간의 흐름과 더불어 정보를 입수한 후 로마군에게 알렸다. 그 결과는 피비린내나는 살육이었다.

"환난"의 헬라어는 들립시스(θλῖψις, nf, persecution, affliction, distress, tribulation)인데 이는 '압박을 받다'라는 들리보(Θλίβω, v, to press, afflict)에서 파생되었다. 라틴어 트리불룸(Tribulum)이라는 단어에서 환난(Tribulation)이 나왔는데 이는 '탈곡기'라는 의미로 무거운 판에 돌이나 철로 된 뾰족한 것이 튀어나와 있어 곡식의 껍데기와 알갱이를 분리할 수 있게 만든 기계이다. 결국 '환난'이란 마치 탈곡기에서 곡식이 껍데기와 알갱이가 분리되듯 그렇게 모진 아픔을 당했다라는 의미이다.

당시 서머나 교회가 위치한 지역은 황제숭배 사상이 처음으로 시작되었던 곳이라 신앙적으로 핍박이 심했다. 그러다 보니 서머나 교회와 교회 공동체의 상황은 최악이었고 그만큼 안팎으로 심하게 눌리고 있었다. 그들을 향한 압박은 사회생활 전반에 깔려 있었는데 곧 정치적 압박, 경제적 불평등, 사회 문화적 환경의 치우침, 환난, 역차별, 심지어는 재산 몰수(히 10:34)까지도 용인(容認, be admitted, be accepted)되곤 했었다. 그러나 그들은 "예수 믿음과 하나님의 계명"을 붙들고 그 어느 것에도 굴하지 않고 끝까지 견뎠다. 감옥에 더하여 심지어는 죽기까지…….

이는 지난 2020년부터 시작된 한국교회에 대한 은근한 정치적, 사회적인 박해 상황을 떠올리게 한다. 물론 서머나 교회와는 비교도 할 수 없지만…….

분명한 것은 이 모든 종류의 야릇한 상황들은 역사의 주관자 하나님께서 허락하셔서(섭리 하 경륜으로) 일어난 것들이다. 나는 이를 가리켜 하나님의 '분노적 허용' 혹은 '진노적 허용(호 13:10-11)'이라고 명명한다. 즉 이런 허용을 하신 배경에는 아버지 하나님의 아픈 마음이 있다라는 것이다. 그렇기에 우리가 한 번의 인생을 살아가며 때때로 생각지도 않던 돌발상황이 닥치면 약간만 당황한 후 얼른 그런 상황을 허락하신 아버지 하나님의 마음을 빨리 그리고 정확하게 읽어내는 데 주력해야 한다.

지난날 나는 한국교회에 닥친 돌발상황들을 보며 그에 대처하는 한국교회에 대해 처음에는 당황해하다가 약간 아파하기도 했다. 그러던 중 놀라운 사실을 발견했다. 그것은 한국교회가 서서히 두 물줄기로 나뉘어져 가는 것을 목도한 것이다. 나는 양과 염소, 참 믿음과 가짜 믿음, 알곡과 쭉정이를 가르시는 하나님의 분명한 손길을 보았다.

'환난'과 비슷하나 조금 다른 의미의 '궁핍'에 해당하는 헬라어는 프토케이아($\Pi\tau\omega\chi\epsilon\iota\alpha$, nf, beggary, poverty, des-titution)인데 이는 환난의 결과로 주어진 지독한 '가난'을 의미한다. 즉 올곧은 신앙을 지키려하다가 실직, 재산 압류 등등 경제적 제재를 당하여 일상 생활에조차 심한 어려움을 겪게 된 상태를 가리킨다. 히브리서 10장 34절에는 이를 가리켜 "산업을 빼앗긴다"라고 당시의 실제적 상황에 대해 말씀하고 있다. 그러나 이런 '환난이나 궁핍(종말 시대의 일곱 재앙+악한 영적 세력들의 권세로 인한)'은 이 세상에 있을(already~not yet) 잠시 동안일 뿐이다. 곧 종말 시대 혹은 교회 시대 동안에만 있는 제한적이고도 한시적인 것이라는 말이다.

종말 시대 동안에 "예수 믿음과 하나님의 계명"을 붙들고 살아가면 교회가 비록 물질적으로는 핍절(乏絶, lack)하게 될 수 있을지 몰라도 영적으로는 훨씬 더 부요하게 될 것이다. 그렇기에 히브리서에는 "더 낫고 영구한 산업(10:34)"과 함께 "약속을 받고(10:36)" "큰 상을 얻는 줄(10:35)"을 확신하며 인내함으로 담대하게 나아갔던 의인들(교회들)에 대해 칭찬하신 말씀이 있다.

참고로 길지 않은 유한되고 제한된 한 번의 인생을 살아가는 우리가 주의하고 긴장해야 할 것 중 하나는 피아(彼我) 구분이다. 소위 피아(彼我) 식별(識別)로써 적군이야 아군이냐를 구분해야 하는 것이다. 왜냐하면 우리 주변에는 친절을 가장한 적군들이 의외로 많기 때문이다. 그들의 정체는 실상은 "사단의 회(무리, 계 2:9)"이므로 우리는 적군들에 대해 경계를 소홀히 하거나 그들과 굳이 친근하기 위해 노력할 필요가 없다. 오히려 매사 매 순간 긴장하고 근신해야 한다.

"사람이 불을 품에 품고야 어찌 그 옷이 타지 않겠으며 사람이 숯불을 밟고야 어찌 그 발이 데지 아니하겠느냐" _잠 6:27-28

"소년이 곧 그를 따랐으니 소가 푸주로 가는 것 같고 미련한 자가 벌을 받으려고 쇠사슬에 매이러 가는 것과 일반이라 필경은 살이 그 간을 뚫기까지에 이를 것이라 새가 빨리 그물로 들어가되 그 생명을 잃어버릴 줄을 알지 못함과 일반이니라" _잠 7:22-23

10 네가 장차 받을 고난을 두려워 말라 볼찌어다 마귀가 장차 너희 가운데서 몇 사람을 옥에 던져 시험을 받게 하리니 너희가 십 일 동안 환난을 받으리라 네가 죽도록 충성하라 그리하면 내가 생명의 면류관을 네게 주리라

교회는 지난날도, 지금도, 그리고 앞으로도 예수님의 재림 전까지는 한시적, 제한적으로 안팎의 악한 영적 세력들과 그 추종 세력들에 의해 고난과 핍박, 일곱 재앙을 통한 환난 등등을 당하게 된다. 이는 전 지구적인 현상이며 각 지역별로는 그 강도나 크기, 세기, 범위의 차이만 있을 뿐이다. 그렇기에 성경은 인 재앙, 나팔 재앙, 대접 재앙에 대해 말씀해 주셨던 것이다. 그러다 보니 때로는 옥에도 갇히게 되며 심지어는 죽음에까지 이르게 될 것이다. 그러나 그 기간은 반드시 끝이 있다. 곧 그 기간은 일시적이고 한시적이며 그 강도는 제한적이라는 것이다. 계시록 2장 10절은 '짧은 기간' 곧 종말 시대 혹은 교회 시대 동안을 의미하는 "십 일 동안"이라고 말씀하고 있다.

"십 일 동안"이란 '하나님의 정하신 기간', '하나님께서 허용하신 짧은 기간', '교회가 반드시 거쳐야 하는 기간(단 1:12, 14)'을 상징하는 것으로 그 기간을 지나는 동안 하나님은 환난을 감당케 하시든지 혹은 피할 길을 여시든지 하실 것(고전 10:13)이다. 그러므로 교회는 종말 시대를 지나며 소망(엘피스)을 붙들고 하나님을 신뢰함으로 나아가야 할 것이다.

참고로 당시 서머나 감독이었던 폴리갑(Polycarpos, 69-155년)은 죽는 자리 그 순간에 이르기까지 충성됨으로 당당하게 신앙의 정절을 지킴으로 생명의 면류관을 얻었던 인물이다. 이처럼 순교의 자리에까지 나아갈 우리 모두에게도 하나님은 동일하게 "의의 면류관(딤후 4:8)" 즉 '생명의 면류관(계 2:10)"을 약속하고 있다. 그리하여 폴리갑도 우리도 '둘째 사망'의 해를 받지 않게 될 것이다.

한편 교회인 우리가 점점 더 순교조차도 기꺼이 수용할 수 있게 되는 것은 육신적 죽음(아날뤼시스, 이동 혹은 옮김) 후 우리는 곧장 변화된 몸, 부활체(고전 15:42-44)로 변하여 미래형 하나님나라에로의 입성이 주어짐을 확신하기 때문이다.

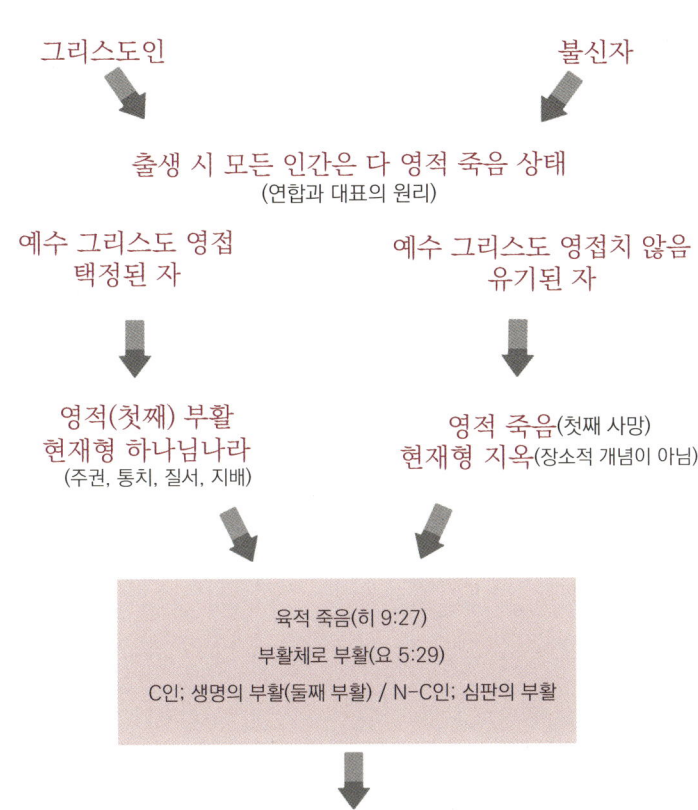

11 귀 있는 자는 성령이 교회들에게 하시는 말씀을 들을지어다 이기는 자는 둘째 사망의 해를 받지 아니하리라

11절에는 성령님께서 "이기는 자는 둘째 사망의 해를 받지 아니하리라"는 약속을 하고 계신다. 여기서 혼동하지 말아야 할 것은 '사망'이라는 단어와 '죽음'이라는 단어의 구분이다. '사망'에는 첫째 사망과 둘째 사망이 있다면 '죽음'에는 영적 죽음, 육적 죽음, 영원한 죽음이 있다.

'첫째 사망'이란 아담의 원죄 이래로 모든 사람은 출생 시 '영적 사망 혹은 영적 죽음' 상태로 태어나는 것을 말한다. 반면에 '둘째 사망'이란 죽지도 않고 유황 불못에서 죽음보다 더한 고통을 당하는 '영원한 죽음'을 말한다. 이를 가리켜 계시록 20장 10절에서는 "세세토록 밤낮 괴로움을 받으리라"고 하셨다.

다시 부연해서 설명하면 다음과 같다. 아담 이후로 모든 인간은 '연합과 대표의 원리'에 의거하여 '영적 사망, 영적 죽음, 첫째 사망' 상태로 이 세상에 출생한다. 이후 그리스도인은 예수를 믿어 '영적 부활(첫째 부활)'에 참여하게 되지만 불신자들은 여전히 '영적 사망, 첫째 사망, 영적 죽음' 상태이다. 그런 후 모든 육신에게 "한 번 죽는 것은 사람에게 정하신 것(히 9:27)"이라고 하신 말씀을 따라 예외없이 모든 사람은 '육적 죽음'을 맞게 된다. 이후 예수님이 재림하시면 교회든 불신자든 모두가 다 부활체로 부활한다. 즉 의인도 악인도 모두 부활(요 5:29, 행 24:15)하는 것이다. 차이가 있다면 "교회(의인)는 생명의 부활로, 불신자(악인)는 심판의 부활"이다(요 5:29).

이후 그리스도인은 예수님의 백보좌 심판을 거쳐 영생을 얻게 되지만 불신자들은 영벌 곧 유황 불못의 심판인 영원한 죽음, 둘째 사망을 받게 된다.

결국 불신자들은 이 땅에 '영적 죽음' 상태로 왔다가 '육적 죽음'을 맞은 후 예수님의 재림 시에 부활하여 예수님의 백보좌 심판을 거쳐 '영원한 죽음'으로 이어지는 세 번의 죽음을 맞게 되는 것이다. 결론적으로 그리스도인은 두 번의 죽음(영적 죽음과 육적 죽음)이지만 불신자들은 세 번의 죽음(영적 죽음, 육적 죽음, 영원한 죽음)이라는 것이다.

	그리스도인	불신자
죽음	1)영적 죽음 2)육적 죽음	1)영적 죽음 2)육적 죽음 3)영원한 죽음
사망(死亡)	1)영적 사망(첫째 사망)	1)영적 사망(첫째 사망) 2)둘째 사망(영원한 죽음)
생(生, 삶)	1)인생 2)중생 3)영생	1)인생
*사도 바울(딤후 4:6) 육적 죽음=이동(옮김, 아날뤼시스, ἀνάλυσις) 현재형 하나님나라에서 미래형 하나님나라에로의 이동(첫 관문)		

12 버가모 교회의 사자에게 편지하기를 좌우에 날 선 검을 가진 이가 가라사대

이 구절은 예수님께서 버가모 교회의 사자(使者, 성도 혹은 교회)를 향해 말씀하신 것으로 여기서 '사자(使者)'는 계시록 1장 20절의 사자(교회를 지키는 천사)가 아니라 '버가모 교회(성도)와 교회 공동체'를 상징하는 것으로 곧 버가모 교회 성도들을 향한 칭찬과 책망을 통해 동일하게 교회 된 오늘의 우리들에게 하신 말씀이다.

특별히 이 구절에서는 예수님을 '말씀'으로 심판하실 분 곧 '좌우'에 날 선 검(히 4:12)', '말씀의 검(계 19:13, 15)', '성령의 검 곧 하나님의 말씀(엡 6:17)'을 가진 이로 묘사하고 있다. 여기서 '좌우(左右)에 날 선 검'이란 말씀으로 '심판(유황 불못 심판)'과 '신원(삼위하나님과 더불어, 함께 영생)'을 하실 것을 가리킨다. '심판'이란 단어는 이중적 의미를 가지는데 긍정적 의미의 '신원(vindication, 구원과 영생)'이 있는가 하면 부정적 의미의 '심판(유황 불못 심판, 둘째 사망, 영원한 죽음)'이 있다.

버가모[12](Πέργαμος, nf)는 헬라어 퓌르고스(πύργος, nm)라는 단어에서 파생된 것으로 '요새화된' 혹은 '견고한 요새'라는 의미이다. 그런 의미를 가진 버가모 지역은 300m의 구릉(언덕) 지대에 세워진 성읍이었다. 이곳에 신전을 세우면 사방 어디에서나 그 신전을 볼 수 있었기에 특별히 이곳에는 신전들이 유난히 많았다. 황제숭배 사상이 시작된 곳이 서머나 지역이라면 황제숭배 사상의 꽃을 피운 도시가 바로 버가모 지역이다.

참고로 계시록을 기록한 시기는 대략 로마의 11대 황제 도미티아누스 시대(AD 51-96, 재위 81-96)로 추정하고 있다. 당시 이 지역에는 3개의 아우구스투스(Augustus, 1대), 트라야누스(Traianus, 13대), 칼리큘라(Caligula, 3대) 등의 황제 신전과 5개의 제우스(Zeus), 아데미(Artemis, '해'의 신 아폴론과 쌍둥이 남매, 로마인-Diana(디아나)), 디오니소스(Dionysos, 술의 신), 아스클레피오스

---

12 버가모(Πέργαμος, nf, Pergamum, a city of Mysia - 소아시아 북서 아나톨리아에 있던 고대 지방, an important city of the Roman province Asia)는 퓌르고스(πύργος, nm, a tower, fortified structure)에서 파생된 것으로 '요새화된' 혹은 '견고한 요새'라는 의미이다.

(Asclepius, 의술의 신), 데메테르(Demeter, 곡물 또는 대지의 여신) 신전 등의 우상 제단이 있었다. 계시록 2장 13절의 "사단의 위(권좌)"라는 말은 우상숭배 혹은 황제숭배를 위한 '제단'을 두고 한 말이다.

한편 버가모 지역은 로마 정부로부터 자치권 즉 생사여탈권(사형집행권), 심판권을 인정받았던 로마의 행정 자치도시이기도 했다. 그러다 보니 자체적으로 법을 집행할 수 있었고 당연히 이 지역의 트레이드 마크는 심판을 상징하는 '정의의 검'이었다. 지금도 이 지역에서는 '정의의 칼'을 관광 상품으로 팔고 있다고 한다.

13 네가 어디 사는 것을 내가 아노니 거기는 사단의 위가 있는 데라 네가 내 이름을 굳게 잡아서 내 충성된 증인 안디바가 너희 가운데 곧 사단의 거하는 곳에서 죽임을 당할 때에도 나를 믿는 믿음을 저버리지 아니하였도다

버가모 지역에는 "사단의 위"가 있었음에도 불구하고 예수 이름을 굳게 잡은, 죽음도 마다하지 않았던 충성된 증인 "안디바"라는 걸출한 인물이 있었다. 그는 죽기까지 예수 믿음을 저버리지 않았다.

'안디바'의 헬라어는 안티파스(Αντίπας, nm, a Christian martyr of Pergamum)인데 그 이름의 의미가 감동적이다. 왜냐하면 '안티파스'는 안티(ἀντί, over against, opposite)와 파테르(πατήρ, nm, (Heavenly) Father)의 합성어로 세상적(세속적)인 일에는 저항 즉 반대(ἀντί)하지만 하늘의 아버지(πατήρ)를 붙들고 그 뜻(델레마 데우)을 따라 살아가는 일에는 목숨을 건다라는 의미로 그 이름 값을 톡톡히 해냈던 멋진 순교자였기 때문이다.

14 그러나 네게 두어 가지 책망할 것이 있나니 거기 네게 발람의 교훈을 지키는 자들이 있도다 발람이 발락을 가르쳐 이스라엘 앞에 올무를 놓아 우상의 제물을 먹게 하였고 또 행음하게 하였느니라 15 이와 같이 네게도 니골라 당의 교훈을 지키는 자들이 있도다

14-15절에는 버가모 교회가 책망을 받는 장면과 그 이유에 대해 말씀하셨다. 버가모 교회를 향하여 두어 가지 책망을 하신 것은 "발람의 교훈(우상숭배, 행음)"과 "니골라 당의 교훈"을 받아들인 때문이다.

거짓 선지자요 점술가(수사)였던 발람(balaam, 백성을 멸망시키는(잡아먹는) 자, 벧후 2:15, 유 1:11) 선지자(민 22-25장)는 모압 왕이었던 발락을 가르쳐 이스라엘 앞에 올무를 놓아 이스라엘 백성들로 우상의 제물을 먹게 하였고 행음하게 했던 인물이다. 그런 발람 선지자는 결국 미디안의 다섯 왕이 죽을 그때 자신도 이스라엘 군대의 칼에 맞아 죽게 된다(민 31:8, 수 13:22).

발람 선지자가 죽임을 당한 이유는 민수기 31장 16절에 잘 나타나 있다. 그것은 발람의 잔꾀로 인해 이스라엘 자손이 브올의 사건(민 22:5)에 연루되었고 여호와의 진노로 이스라엘에 염병이 초래되었기 때문이다. 좀 더 부연하면, 브올은 발람의 아비이며 발람 선지자는 바알브올(בַּעַל פְּעוֹר, a Moabite god)에게 부속된(연합된, 복속된) 사건(25:3, 5)과 함께 미디안 족장(수르)의 딸 고스비('간교한 자'라는 의미)의 사건(민 25:18, 1-2)에 연루되어 여호와 앞에 죄를 범하였으므로 죽임을 당했다. 당시 여호와의 진노는 여호와의 회중에 염병이 생겨 24,000명(고전 10:8, 23,000명으로 되어 있으나 의미 없음)이 죽기에까지 이르렀다.

참고로 히브리어 "바알브올"은 바알(בַּעַל, a heathen god)과 브올(פְּעוֹר, a mountain in Moab, also a god worshiped there)의 합성어로서 '벧브올'에서 섬겨지던 '바알신'을 가리킨다. 이는 달리 말하면 이스라엘 남자들이 바알 제의에 참석 후 모압 여인과 음행함으로 바알의 노예가 되어버린 것을 가리킨다(신 4:3, 시 106:28, 호 4:14).

한편 헬라어 발람13(Βαλαάμ, 백성을 멸망시키는(잡아먹는) 자)의 카운터파트(counterpart)인 히브리어는 빌암(בִּלְעָם, a prophet)인데 이는 바르(בַּל, not, adv)와 암(עַם)의 합성어로서 '내 백성이 아니다(로(לֹא)암미(עַמִּי), 호 1:9)'라는 의미이다. 바르는 발라흐(בָּלָה)에서 파생되었다. 결국 발람은 백성을 타락시켜 하나님의 백성이 아니게 만들 뿐만 아니라 '백성을 삼키는(이기는, 먹는) 자', '종교를 자기 이익의 재료로 삼는 자', '하나님 보시기에 악한 자'라는 의미이다.

또한 니골라14는 헬라어 니콜라이테스(Νικολαΐτης)를 말하는 것으로 니콜라오스(Νικόλαος, nm)에서 파생되었으며 니코스(νῖκος, nn)와 라오스(λα

---

13 헬라어 발람(Βαλαάμ, an unrighteous prophet, son of Beor of Pethor on the Euphrates, a soothsayer in the Old Testament)은 이는 히브리어로 빌암(בִּלְעָם, a prophet)이며 바르(בַּל, not, adv)와 암(עַם, folk, men, nation, people)의 합성어이다. 바르는 발라흐(בָּלָה, to become old, wear out, consume, decaying, spend)에서 파생되었다. 결국 '발람'이란 백성을 타락시켜 '백성을 삼키는(이기는, 먹는) 자, 종교를 자기 이익의 재료로 삼는 자'라는 의미이다.

14 헬라어 니콜라이테스(Νικολαΐτης, a Nicolaitan, possibly a follower of Nicolaus (a heretic at Ephesus)인데 니콜라오스(Νικόλαος, nm, Nicolaus, a Christian, probably not connected with the sect bearing the same name)에서 파생되었다. 이는 니코스(νῖκος, nn, victory)와 라오스(λαός, nm, (a) a people, characteristically of God's chosen people, first the Jews, then the Christians, (b) sometimes, but rarely, the people, the crowd)의 합성어로 발람과 동일한 의미이다.

ός, η)의 합성어로서 이는 히브리어 '발람(Βαλαάμ)'과 동일한 의미를 가지고 있다.

결국, 버가모 교회의 잘못은 발람의 교훈과 니골라당의 교훈을 받아들인 것인데 이는 예수님께서 '양을 치라, 먹이라(요 21:16, 15, 17)'고 당부한 것과는 정반대로 양 무리인 백성을 '먹어버린' 것을 말하며 종교를 자기 이익의 재료로 삼은 것을 말한다.

16 그러므로 회개하라 그리하지 아니하면 내가 네게 속히 임하여 내 입의 검으로 그들과 싸우리라

이 구절에서 아버지 하나님은 버가모 교회와 교회 공동체를 향해 '철저한 회개'를 촉구하고 있다. 그러나 회개는 고사하고 발람의 교훈과 니골라당의 교훈으로 계속 일관한다면 예수님의 입에서 나오는 "내 입의 검" 곧 "살았고 운동력이 있는 좌우에 날 선 말씀의 검"으로 신속히 동시에 철저하게 심판을 하시겠다라고 경고하고 있다.

버가모 지역의 특산품 중 하나는 트레이드 마크인 '검'이라고 한다. 그 검은 '로마의 힘, 정의, 자긍심, 권력'을 상징한다. 그들은 자신들이 마치 정의의 사도인 양 정의의 검을 가지고 있다라고 자랑하면서 하나님 앞에서 시건방을 떨다가 진정한 정의의 검이신 예수님의 '말씀의 검'으로 심판받을 지경이 되어버린 것이다.

17 귀 있는 자는 성령이 교회들에게 하시는 말씀을 들을찌어다 이기는 그에게는 내가 감추었던 만나를 주고 또 흰 돌을 줄 터인데 그 돌 위에 새 이름을 기록한 것이 있나니 받는 자 밖에는 그 이름을 알 사람이 없느니라

17절은 "교회들에게 하시는" 성령님의 음성에 귀 기울일 것을 촉구하고 있는 말씀이다. 먼저 말씀에 귀 기울이고 믿음으로 결단한 후에 순복(順服)함으로 우리의 주인 되신 성령님께 온전한 주권을 드리고 그분의 통치와 질서, 지배 하에 들어가 산다면 생명의 떡(요 6:32-33, 35, 41, 48, 50-51)인 "감추었던 만나"를 주고 "새 이름을 새긴 흰 돌"을 주겠다고 하셨다.

여기서 "새 이름"이란 계시록 14장 1절에 의하면 그 이마에 새겨진 인(스프라기스)을 가리키는 것으로 "어린 양의 이름과 그 아버지의 이름"을 말한다. 한편 이름이란 '소속 혹은 소유'를 의미하는데 '이름이 새겨진 자'를 가리켜 '하나님께 속한 자' 즉 '교회 혹은 성도'라고 한다. 그들은 새 노래를 부를 자(14:3)로서 인 맞은 자(7:4)이며 흰 옷을 입은 아무라도 능히 셀 수 없는 큰 무리(7:9)이다.

또한 14장 4절에는 "여자로 더불어 더럽히지 아니하고 정절이 있으며 어린 양이 어디로 인도하든지 따라가는 자며 사람 가운데서 구속을 받아 처음 익은 열매로 하나님과 어린 양에게 속한 자들"이라고 말씀하고 있다. 14장 12절에는 "하나님의 계명과 예수 믿음을 붙잡고 인내한 성도들"이라고 말씀하고 있으며 17장 14절에는 "부르심을 입고 빼내심을 얻은 진실한 자들"이라고 말씀하고 있다. 여기서 '여자'란 '우상 혹은 세상'을 상징하고 있다.

참고로 고대 운동경기에서는 승리한 자들에게 '이름을 새긴 돌'을 주었다. 소위 "흰 돌"을 주었는데 이는 '승리'를 상징했다. 한편 사도행전 26장 10절에는 '가편투표(可便投票, 차돌을 던지다, 고대 헬라 법정에서 찬성 의사이면 흰 돌을, 반대 의사이면 검은 돌을 던짐)'라는 말이 나온다. 고대 헬라에서는 재판 시에 배심원들이 흰 돌과 검은 돌 즉 두개의 돌을 사용했다. 유죄인 경우 검은 돌을, 무죄인 경우 흰 돌을 던졌다.

결국 '흰 돌을 준다'라는 것은 무죄 곧 '죄 용서'를 의미함과 동시에 승리하였으므로 '심판하는 권세를 준다'라는 의미가 있다. 계시록 20장 4절에는 죄 용서를 받고 구원받아 미래형 하나나라에 가서 보좌에 앉게 된 교회들이 "심판하는 권세를 받았더라"고 말씀하고 있다. 이는 심판의 권세를 행하며 예수 그리스도와 더불어 세세토록 왕 노릇하게 될 것을 말씀하는 것이다.

"받는 자 밖에는 그 이름을 알 사람이 없느니라"는 것은 '구원의 주권 영역은 하나님께만 있다'라는 것을 가리킨다. 이는 계시록 19장 12절의 "자기 밖에 아는 자가 없고"라는 말씀에서의 예수님의 속성에서 보듯 그 '섭리와 경륜은 무궁무진하다'라는 것을 의미하기도 한다.

18 두아디라 교회의 사자에게 편지하기를 그 눈이 불꽃 같고 그 발이 빛난 주석과 같은 하나님의 아들이 가라사대

18절은 예수님께서 두아디라 교회의 사자(使者, 성도 혹은 교회)를 향해 말씀하시고 있다. 여기서 '사자(使者)'는 계시록 1장 20절의 사자(교회를 지키는 천사)가 아니라 '두아디라 교회(성도)와 교회 공동체'를 상징하는 것으로 곧 두아디라 교회 성도들을 향한 칭찬과 책망을 통해 동일하게 교회 된 오늘의 우리들에게 하신 말씀이다.

이 구절에서는 예수님을 "그 눈이 불꽃(계 1:14)" 같고 "그 발이 빛난 주석(계 1:15)"과 같은 하나님의 아들이라고 묘사하고 있다. 이는 계시록 1장에서 이미 언급했던 묘사이다.

두아디라(Θυάτειρα, Thyatira, a city of the old district Lydia, in the Roman province Asia)는 '성읍'이라는 뜻으로 이곳에서는 금속 세공술, 양모 방직, 피혁 가공, 염색산업이 발달했다. 이곳은 산업도시로서 길드(guild, 중세 유럽의 동업자 조합) 조합이 잘 조직되어 있었으며 교통의 요지였다. 또한 군사적 요충지이기도 했다.

버가모와 마찬가지로 이곳에도 여러 신전이 있었는데 특히 태양신을 모시는 아폴로 신전(sanctuary of Apollo)과 황제 신전, 미의 여신을 모시는 아데미(Artemis/로마인들은 Diana라고 부름) 신전 등등이 있었다. 특히 이곳 두아디라 지역은 '제우스의 아들'인 아폴로 신전이 있었기에 계시록 2장 18절에는 '하나님의 아들'이라는 표현이 기록되어 있다. 이는 하나님의 아들 예수를 제우스의 아들 아폴로와 대조하여 비교하고 있는 것이다.

참고로 최고급 옷감을 취급하던 자주 장사였던 루디아 댁(행 16:14)이 바로 이곳 두아디라 출신이다. '루디아'란 '리디아에서 온 여자'라는 뜻으로 이름이 아니라 '출신'을 말한다. 즉 '부산 댁, 마산 댁' 등등의 경우처럼 '루디아 댁'이라는 말이다.

19 내가 네 사업과 사랑과 믿음과 섬김과 인내를 아노니 네 나중 행위가 처음 것보다 많도다

    19절은 밧모섬에 있는 사도 요한을 통해 아버지 하나님의 두아디라 교회를 향한 칭찬의 마음을 보여주고 있다. 그들은 처음에는 부족했으나 나중에 결말은 아름다웠다. 즉 용두사미(龍頭蛇尾)의 에베소 교회와는 달리 두아디라 교회는 처음보다 나중 행위가 귀한, 소위 유종(有終)의 미(美)를 지닌 교회였던 것이다. 그런 두아디라 교회를 향해 아버지 하나님은 "사랑과 믿음과 섬김과 인내"를 칭찬하셨다.

    한편 이 구절의 "사업"과 2장의 "나중" 행위(계 2:2, 19)는 다른 단어 같은 의미로 그 헬라어는 에르곤[15](ἔργον, nn)이다. 이 구절에서는 구체적으로 "사랑과 믿음과 섬김과 인내"를 가리키고 있다.

20 그러나 네게 책망할 일이 있노라 자칭 선지자라 하는 여자 이세벨을 네가 용납함이니 그가 내 종들을 가르쳐 꾀어 행음하게 하고 우상의 제물을 먹게 하는도다

    19절에서는 두아디라 교회를 향한 칭찬을 하셨다면 20절에서는 책망을 하고 있다. 그 이유는 "자칭 선지자"라 하는 여자 '이세벨을 용납한

---

15 (ἔργον, nn)은 (from **ergō**, 'to work, accom-plish') - a work or worker who accomplishes something. 2041 /**érgon** ("work") is a deed (action) that carries out (completes) an inner desire (intension, purpose)이다.

것' 때문이다. '이세벨의 가르침'이란 행음(성적 범죄)과 함께 우상의 제물을 먹게 한 것이라고 지적하고 있다. 예루살렘 1차 종교회의 때 공의회가 금지한 것이 '음행'과 '우상의 더러운 것'과 '목매어 죽인 것'과 '피'를 멀리하라는 것(행 15:19-20)이었음에도 불구하고 이세벨은 자유를 가장한 방종을 부추겼던 것이다.

참고로 '우상'이란 하나님보다 가치(value)와 우선순위(priority)를 앞세우는, 가시적·비가시적인 모든 것을 말한다. 우리가 흔히 사용하는 단어 중에 '꽂히다'[16](φρονέω, 가치를 두다, 롬 8:5-7, 12:3)라는 말이 있다. 모든 생각이 온통 그쪽으로만 가 있는 것을 가리킨다. 나는 이것을 우상이라고 정의하고 있다. 참고로 우상(偶像, idol)이 대상의 문제라면 미신(迷信, superstition)은 방법의 문제이다.

한편 "이세벨"은 시돈(페니키아) 왕 엣바알(바알 제사장)의 딸로서 북 이스라엘의 7대 왕 아합의 아내이다. '엣바알'이란 Baal with us라는 의미이다. 이 구절에서의 거짓 여선지자 "이세벨"은 문자적인 의미가 아니라 그 행실이 아합왕의 아내 이세벨과 닮았다 라고하여 붙여진 상징적인 이름이다.

'이세벨의 가르침'이 어떠한 것인지를 좀 더 자세히 알려면 열왕기상 18장을 찬찬히 들여다보면 된다. 이는 오늘날의 교회 된 일부 그리스도인들의 모습과 흡사하여 화들짝 놀랄 말씀이기도 하다. 왜냐하면 우리는

---

16 로마서 장편 주석 <살아도 주를 위하여 죽어도 주를 위하여>, p388-389, 272-273참조.

그동안 알게 모르게 많은 부분에서 '이세벨의 가르침'을 따라 신앙생활을 해왔기 때문이다.

'이세벨의 가르침'이란 소위 예배(경배, 영광)를 올려 드릴 때 그 대상이 하나님이 아닌 다른 것들을 향하게 하는 것을 말한다. 즉 하나님을 찬양하고 경배하는 대신 '자신의 즐거움'이나 '욕구 해소', '감정의 카타르시스(κάθαρσις)', '자신의 욕망과 탐심, 탐욕'을 위해 예배드리고 기도하는 모든 것이 실상은 '이세벨의 가르침'이다. '기복 신앙'도 그 중의 하나이다. 열왕기상 18장에는 바알과 아세라 선지자들이 자기 욕망의 달성을 위해 고함을 지르며 피가 철철 흐르기까지 칼과 창으로 자해행위를 하며 신(神)을 협박하는 모습을 보여주고 있다. 오늘날 일부의 광적인 신앙생활이나 기독교를 기복 신앙화(化)하는 모습에서 쉽게 관찰되고 있다.

참고로 '이세벨의 가르침(왕상 18:25-29)'을 요약하여 조금 더 소상히 설명하면 다음과 같다.

첫째, "저희가 그 쌓은 단 주위에서 뛰놀더라"고 했는데 이는 바알 선지자들의 제무(祭舞, 제사 춤)를 말하는 것으로 '자기를 즐겁게 하는 행위'이다. 오늘날 예배당 안에서 아무 생각없이 찬양과 지나친 율동을 하는 행위 또한 상당히 조심스러운 눈으로 점검하는 것이 필요하다. 그렇다고 하여 다윗 왕이 여호와의 궤를 오벧에돔의 집에서 다윗성으로 옮겨 올 때에 너무 기뻐서 여호와 앞에서 뛰놀며 춤추는 것, 자기의 몸을 드러내는 것처럼 여호와 앞에서 뛰노는 것(삼하 6장)'을 두고 하는 말은 결코 아니다.

둘째로 "큰 소리로 부르고"라고 했는데 이는 자신이 만들어 섬겼던 '죽은 신을 큰 소리로 찾는 행위'로 당시 바알 선지자들은, 죽은 신(神)이 자기를 섬기는 자들(바알 제사장들)을 따라다닌다고 생각하여 큰 소리로 불렀던 것이다. 오늘날에도 이와 비슷한 모습들이 간간이 눈에 뜨인다. 목이 쉬어라 고함을 질러야만 하나님께서 더 잘 들으신다고 생각하는 것은 마치 바알 제사장들이 큰 소리를 질러 대는 것과 흡사해 보일 뿐이다.

셋째로 "그 규례를 따라 피가 흐르기까지 칼과 창으로 그 몸을 상하게 하더라"고 했는데 이는 습관적으로 자해행위를 하며 신을 협박하는 행위를 말한다. 그들은 처음에는 신을 향해 울부짖다가 머리를 풀어헤치고 광란의 춤을 춘다. 그러다가 팔을 물어뜯기도 하고 급기야는 칼로 자해행위를 한다.

최근 어느 유튜브에서 10,000여 명의 크리스천들이 모인 자리에서 '성령의 나타나심'이 있었다고 하며 'JR BG'[17]에 가까운 광란의 몸짓과 울부짖음이 있었다고 한다. 그리고는 성령의 역사하심이 있었다라고 주장했다고 한다. 나는 이런 그들을 보면서 자주 '성령의 내주하심'과 '성령 충만'에 대해 잘 모르고 있는 듯하다라는 느낌이 들 때가 많다.

그런 다음 마지막 넷째는 "진언" 곧 주술적 예언으로 미친 듯한 예언(frantic prophetic sign)을 하는 것이다. 한국교회의 방언 사역과 예언 사역에 대한 열심은 너무 귀하나 '지나친 것들'에서는 세심한 점검과 아울러 조심스러운 절제가 필요해 보인다.

---

17 'JR BG'란 '지랄 발광'이라는 의미로 책에 그대로 쓰기에는 너무 '쎈' 듯하여 암호화? 한 것이다.

나는 어제도 오늘도 그리고 앞으로도 '오직 말씀(Sola Scriptura)'만을 강조하고 싶고 '오직 말씀(Sola Scriptura)'만을 추구할 것이다. 이제는 우리 모두가 말씀으로 돌아가야 할 때이다.

21 또 내가 그에게 회개할 기회를 주었으되 그 음행을 회개하고자 아니하는도다 22 볼찌어다 내가 그를 침상에 던질 터이요 또 그로 더불어 간음하는 자들도 만일 그의 행위를 회개치 아니하면 큰 환난 가운데 던지고 23 또 내가 사망으로 그의 자녀를 죽이리니 모든 교회가 나는 사람의 뜻과 마음을 살피는 자인 줄 알지라 내가 너희 각 사람의 행위대로 갚아주리라

21-23절에서는 "회개할 기회"를 주었으나 그 음행에 대해 '회개하지 않음[18](하나님이 가장 싫어하시는 것)'으로 인해 그 결과 그를 "침상"에 던져버리겠다 라는 말씀을 하고 있다. 더 나아가 그 음행한 자와 더불어 간음하는 자들도 회개치 않으면 그를 "큰 환난 가운데" 던져버리겠다 라는 경고를 하시고 있다. 심지어는 그 뿐만 아니라 "사망"으로 '그의 자녀'를 죽이겠다 라는 말씀도 덧붙이고 있다. 여기서 '사망'이란 '영원한 죽음' 혹은 '둘째 사망(계 20:10)'을 가리키며 '침상'이란 고통의 침대(a bed of suffering)를 가리키고 '그의 자녀'란 영적으로 마귀에 속한 자, 마귀의 자녀(요일 3:8, 10) 즉 '이세벨에 속한 자'를 가리킨다. 이는 사람의 뜻과 마음을 살피시는, 각 사람의 행위대로 갚으시는 하나님의 말씀이라고 했다.

---

18 하나님은 죄를 짓는 것도 싫어하시지만 죄를 회개치 않는 것은 더욱더 싫어하신다.

참고로 James Moffatt[19]는 당시 소아시아에서 발견된 비문을 고찰한 결과 '침상'이란 '병상(病床)'을 의미한다 라고 했다. 결국 회개치 않으면 질병뿐만 아니라 최악의 경우 '자녀'를 죽일 것이라고 하신 것이다.

한편 모든 교회는 자기자신을 철저하게 점검함은 물론이요 자신의 내면의 뜻과 마음을 세미하게 살펴(요 14:26) 그 '행위'대로 갚으시는 하나님을 의식(면전의식, Coram Deo(라))하면서 깨어 근신해야 할 것이다. 여기서 '행위'란 윤리 도덕적인 행위가 아니라 지은 죄를 '회개치 않는 행위'를 말한다.

24 두아디라에 남아 있어 이 교훈을 받지 아니하고 소위 사단의 깊은 것을 알지 못하는 너희에게 말하노니 다른 짐으로 너희에게 지울 것이 없노라

24절은 두아디라에서 '영지주의나 이세벨의 교훈'을 받지 않고 신실하게 신앙생활을 하던 자들, 즉 '이러한 것들'을 알지 못하는 너희들에게 19절에서 말씀하셨던 "나중 행위(ἔργον, nn)" 즉 "사랑과 믿음과 섬김과 인내" 이외의 것들로 더 많은 짐은 지우지 않겠다고 말씀하고 있다.

당시 만연했던 발람의 교훈, 니골라당의 교훈, 이세벨의 교훈 등등은 모두 다 알게 모르게 영지주의의 영향을 받고 있었다. 원래 영지(靈智)란 '하나님에 대한 깊은 지식'을 가리키지만 이를 풍자적으로 표현하여 그

---

19 신학자 제임스 모팻(1870-1944)은 Scottish theologian & graduate of Glasgow Univ.였다. 그는 Free church training college, Edinburgh theological seminary에서 공부했다.

것은 하나님의 깊은 지식이 아니라 실은 '사단의 깊은 것 혹은 사단의 심오한 사상'이라고 지적한 것이다.

참고로 고린도전서 2장 10절에는 '사단의 깊은 것'의 댓구로 '하나님의 깊은 것'이라는 표현이 있다. 이를 가만히 묵상해 보면 창조주 하나님, 역사의 주관자 하나님, 심판주 하나님의 마음을 가깝게 느낄 수 있다.

25 다만 너희에게 있는 것을 내가 올 때까지 굳게 잡으라 26 이기는 자와 끝까지 내 일을 지키는 그에게 만국을 다스리는 권세를 주리니 27 그가 철장을 가지고 저희를 다스려 질그릇 깨뜨리는 것과 같이 하리라 나도 내 아버지께 받은 것이 그러하니라 28 내가 또 그에게 새벽 별을 주리라 29 귀 있는 자는 성령이 교회들에게 하시는 말씀을 들을지어다

25-29절에는 두아디라 교회에 남아있는 신실한 자들(교회)에게 예수님의 재림 때까지 주 안에서의 사랑과 섬김을 그치지 말고 인내하며 믿음을 굳게 붙잡고 이세벨의 교훈인 음행과 우상숭배를 멀리할 것을 말씀하고 있다. 그리하면 "만국을 다스리는 권세"를 주겠다고 하셨다. 또한, 최후 심판의 날에는 악한 세력들을 "철장으로" 심판할 권세도 주시마 약속(20:4)하고 계신다. 아울러 "새벽 별을 주리라"고 하셨다.

"새벽 별(계 2:28, 삼하 21:17, 민 24:17, 한 별, 샛별, 등불)"이란 계시록 22장 16절에 의하면 '예수님(메시야)'을 상징한다.

"나 예수는 교회들을 위하여 내 사자를 보내어 이것들을 너희에게 증거하게 하였노라 나는 다윗의 뿌리요 자손이니 곧 광명한 새벽별이라 하

시더라"_계 22:16

결국 "새벽 별을 주리라"고 하신 것은 에트(함께하심, אֵת)의 하나님, 나하흐(인도하심, ἐξάγω, נָחָה)의 하나님, 할라크(동행하심, הָלַךְ)의 하나님의 임재(臨在, presence)를 허락하시겠다 라는 약속이다. 그러므로 들을 귀 있는 자는 마음 문을 활짝 열고 그분의 세미한 음성에 귀를 기울여야 할 것이다. 왜냐하면 "믿음은 들음에서 나며 들음은 그리스도의 말씀으로 말미암았느니라(롬 10:17)"고 하셨기 때문이다.

	에베소 교회	서머나 교회	버가모 교회	두아디라 교회
그리스도의 이름	오른 손에 일곱 별(사자)을 가지신 분: 일곱 금 촛대 (교회)사이를 거니시는 분 (2:1)	처음과 나중이요 죽었다가 살아나신 분(2:8)	좌우에 날 선 검을 가지신 분(2:12)	눈은 불꽃, 발은 빛난 주석 같으신 하나님의 아들 (2:18)
배경	2:13, 2:20	2:17-18	2:16	2:14-15
칭찬 격려	처음 행위(2:2-3) 니골라 당 미워함(2:6)	실상은 부요한 자(2:9) 죽도록 충성(2:10)	사단의 위: 당당함 순교자 안디바 (2:13)	나중 행위(2:19)
책망 경고	처음 사랑, 처음 행위 상실 회개 않는 것 (2:4-5)		발람의 교훈, 니골라 당의 교훈 (2:14-15)	자칭 선지자 이세벨 용납 (2:20) 회개치 않는 것 (2:22)
이기는 자에게 약속 (2-3장)	낙원 생명나무의 과실 (2:7)	둘째 사망의 해를 받지 않음(2:11)	감취었던 만나 흰 돌 위에 새 이름 (2:17)	철장으로 만국을 다스리는 권세(2:26-27) 새벽 별(2:28)
약속의 성취 (21-22장)	22:2 22:14 22:19	20:6 21:4	22:4	19:16 12:5 22:16

이기는 자는 이와 같이 흰 옷을 입을 것이요 내가 그 이름을 생명책에서 반드시 흐리지 아니하고 그 이름을 내 아버지 앞과 그 천사들 앞에서 시인하리라 _요한계시록 3:5

레마이야기 3

이기는 그에게는
(지상의 교회)

3-1 사데 교회의 사자에게 편지하기를 하나님의 일곱 영과 일곱 별을 가진 이가 가라사대 내가 네 행위를 아노니 네가 살았다 하는 이름은 가졌으나 죽은 자로다

3장 1절에서 예수님은 사데 교회의 '사자(使者, 성도 혹은 교회)'를 향해 말씀하시고 있는데 여기서 '사자(使者)'는 계시록 1장 20절의 사자(교회를 지키는 천사)가 아니라 '사데 교회(성도)와 교회 공동체'를 상징하는 것으로 곧 사데 교회 성도들을 향한 칭찬과 책망을 통해 동일하게 교회 된 오늘의 우리들에게 하신 말씀이다.

"사데(Σάρδεις, nf, Sardis, an ancient city of Lydia in the province of Asia)"는 루디아 왕국의 수도로 '남은 물건'이라는 뜻이다. 사데의 헬라어는 사르데이

스(Σάρδεις)로서 복수(plural)로 쓰였는데 그 이유는 사데 지역 근처에 '위성 도시'가 많았기 때문이다. '사데(Σάρδεις)'는 난공불락(難攻不落)의 요새로 지리적으로는 헤르무스(Hermus)강과 트몰루스(Tmolus)산 사이의 계곡에 위치해 있었다. 이 지역에는 양털 가공업, 염색업, 보석공예가 발달했고 최초로 금은 주화가 주조되었던 곳이기도 하다. 문명이나 문화가 앞서서 발달했던 만큼 부로 인한 사치와 부도덕 또한 심했다.

참고로 트몰루스(Tmolus) 산은 디오니소스(Dionysos, 로마신화의 Bacchus에 해당, therianthrope)신이 아끼던 포도원이 있던 곳이다. 그는 반인반수(半人半獸)로서 술의 신, 다산과 풍요, 기쁨과 광란의 신이다. 그곳에는 디오니소스의 스승인 실레노스(Silenos)가 살고 있었는데 늘 술에 취해 허구한 날 마을을 헤집고 다니는 통에 농부들이 잡아서 당시 왕이었던 미다스(Midas)에게 데려갔다. 그러나 한때 디오니소스에 심취했던 미다스 왕은 단번에 디오니소스가 아끼는 그 실레노스를 알아보고는 오히려 디오니소스를 의식해 실레노스에게 10일간이나 밤낮 잔치를 베풀어 주었다.

어느 날 디오니소스가 그곳에 들렀다가 그런 사실을 알게 되었다. 디오니소스는 미다스 왕에게 후사하면서 소원을 말하라고 했더니 '손에 닿는 것을 황금으로' 바꾸어 달라고 했다. 여기에서 나온 말이 '미다스의 손(Midas touch)'이다. 그러나 이것이 '마이너스의 손(Minus touch)'이 될 것을 알기까지는 불과 얼마 걸리지 않았다. 한번 인생의 귀한 교훈으로써 우리에게 시사하는 바가 크다.

한편 "하나님의 일곱 영과 일곱 별을 가진 이"에서의 '하나님의 일곱 영'이란 성령님을, '일곱'이란 일곱 교회를, '별'이란 교회를 지키는 '천사'를 가리킨다. 그리고 이 구절에서의 '가지다(ἔχω, v, reign, to have, hold)'라는 것은 계시록 2장 1절의 '붙잡다(κρατέω, v, rule), 다니다(περιπατέω, v, lead)'라는 의미와 같은 것으로 '다스리다, 인도하다, 지배하다'라는 의미이다.

아무튼 예수님은 사데 교회를 향해 '살았다 하는 이름은 가졌으나 실상은 죽은 교회'라고 경고하셨다. 이 말의 배경은 '사데 근처에 있던 공동묘지'를 빗대어 말씀하신 것이다.

여기서 '죽다'라는 헬라어가 네크로스(Νεκρός, (a) adj: dead, lifeless, subject to death, mortal, (b) noun: a dead body, a corpse)인데 이는 '생명(영생)이 없다'라는 의미로 예수를 믿지 않은 사람 즉 불신자의 결국인 '영원한 죽음', '둘째 사망', 즉 '유황 불못에의 영벌'을 의미한다. 반면에 그리스도인의 죽음을 의미하는 헬라어 다나토스(θάνατος)는 육신적 죽음이 끝이 아니며 그 죽음은 '이동 혹은 옮김(아나뤼오, 딤후 4:6)'으로 영원 혹은 영생으로 들어가는 첫 관문(첫 발자국)이라는 것이다. 이런 '다나토스'의 뿌리는 헬라어 드네스코(θάνατος/θνήσκω, the root of thanatos, 요 11:26, 빌1:21-23)이다.

한편 빌립보서 1장 23절과 디모데후서 4장 6절에는 그리스도인의 죽음인 다나토스를 '떠난다(departure, 이동하다)'라고 말씀하고 있다. 헬라어로는 아날뤼오(ἀναλύω, v)라고 하는데 이는 '이동하다, 옮기다'라는 의미이다. 정확하게 표현하면 '그리스도인의 죽음'이란 현재형 하나님나라에서 미래형 하나님나라에로의 '옮김 혹은 이동(아날뤼시스, ἀνάλυσις)'이라는 것이다.

"내가 그 두 사이에 끼였으니 떠나서(ἀναλῦσαι, V-ANA) 그리스도와 함께 있을 욕망을 가진 이것이 더욱 좋으나"_빌 1:23

"관제와 같이 벌써 내가 부음이 되고 나의 떠날(τῆς ἀναλύσεώς) 기약(ὁ καιρὸς, 하나님의 때)이 가까웠도다"_딤후 4:6

2 너는 일깨워 그 남은 바 죽게 된 것을 굳게 하라 내 하나님 앞에 네 행위의 온전한 것을 찾지 못하였노니 3 그러므로 네가 어떻게 받았으며 어떻게 들었는지 생각하고 지키어 회개하라 만일 일깨지 아니하면 내가 도적 같이 이르리니 어느 시에 네게 임할는지 네가 알지 못하리라

2-3절에서는 남은 자(remnant) 즉 택정된 교회들을 향해 "죽게 된 것을 굳게 하라"고 하시며 각성을 촉구하고 있다. 주님 다시 오실 때까지 "근신하며 각성하여 깨어 있으라(벧전 5:8)"는 말씀이다. 그런 사데 교회는 행위의 온전한 것(온전한 믿음(피스티스)과 행함(피스튜오))이 없었기에 "살았다 하는 이름은 가졌으나 죽은 자로다(3:1)"라는 오명을 덮어쓰게 된 것이다. 즉 형태는 있으나 속 빈 강정 마냥 '빈 껍데기(딤후 3:5, 경건의 모양은 있으나 경건의 능력은 부인)'였다 라는 것이다. 외형만 있고 본질은 없었다는 질책이다. 자기 의를 드러내는 행위는 많으나 은혜에 대한 감사는 없었다는 것이다. 오늘날의 크기, 힘(권력과 명예), 숫자 등등 허세(虛勢)를 부리며 외형을 자랑하는 일부 교회의 모습과 오버랩(overlap)된다.

이런 모습을 가리켜 '믿음이 없는, 성도의 옳은 행실이 없는' 삶이라고 한다. 즉 "경건의 모양은 있으나 경건의 능력은 없는(딤후 3:5)" 삶을 가리킨다. 이를 가리켜 '행위 구원'을 말하는 것이다라고 오해를 해서는 안 된다. 믿음과 삶이 함께 가야 함(행함이 없는 믿음은 죽은 것, 행함으로 믿음을 보여야 함, 행함이 없는 믿음은 헛 것, 행함으로 의롭다 하심, 약 1:17-18, 20, 26, 21,24-25)을 말하는 것이다.

"네가 보거니와 믿음이 그의 행함과 함께 일하고 행함으로 믿음이 온전케 되었느니라"_약 1:22

결국 그런 사데 교회를 향해 '깨어 일어나서' 처음 받았던 바른 복음의 진리를 '회복'하고 잘못된 것에서 '회개하고 돌이키라'고 촉구하고 있는 것이다. 그렇지 않으면 도적같이 임하여 엄정하게 심판하실 것을 말씀하고 있다. 이는 '돌발적 재림'을 통한 심판의 '엄위성과 필연성'을 말씀하신 것인데 사데를 향한 그 역사적 배경을 알면 이 구절의 이해에 훨씬 도움이 된다.

난공불락(難攻不落)의 요새였던 사데는 지난날부터 '자신들은 결코 함락되지 않는다'라고 거들먹거리며 언제나 자신만만해 했다. 그러나 역사는 냉혹했다. 그들은 두 번이나 그것도 하루 만에 무참히 함락되었던 적이 있다. 바로 고레스 왕 때와 안티오쿠스 에피파네스 3세 때였다.

당시 적군의 특공대들은 야밤을 틈타 기습적으로 성벽을 기어올라 그 다음 날에 그토록 자신만만해 하던 사데 요새를 추풍낙엽(秋風落葉)처럼 무너뜨려 버렸던 것이다. 즉 "어느 시에 임할는지 네가 알지 못하리라"는 말씀 그대로 전혀 뜻밖에, 새벽에 도적같이 이르게 된 적의 특공대에 의해 무참히 무너졌던 역사를 두고 표현한 말이다.

4 그러나 사데에 그 옷을 더럽히지 아니한 자 몇 명이 네게 있어 흰 옷을 입고 나와 함께 다니리니 그들은 합당한 자인 연고라

4절에서는 하나님의 마음에 합당한 자 곧 남은 자를 가리켜 "흰 옷을 입은, 그 옷을 더럽히지 않은 자"라는 말씀을 하고 있다. 즉 그들은 그리스도인으로서의 명예 즉 '거룩함과 신앙의 정절'을 지킨 자들이라는 것이다.

하나님의 '거룩(nm, שָׁדֹק)'을 본받아 '거룩함(in the Sept. for שׁוּדֹק, ἅγιος, v, שָׁדֹק)'으로 살아간다는 것이란 구별됨(set apart), 순수하고 정직함(purity & honesty), 알차게 세월을 계수하며 하나님의 뜻을 따라 살아가는 삶(Fulfill), 향기와 광채를 발하며 진리의 등대로서 빛의 역할과 썩어져 가는 곳의 부패를 방지하는 소금의 역할을 감당하는 삶(perfume, shine, Light & Salt)을 말한다. 또한 거룩함이란 예수님의 성품(온유와 겸손), 경건함(바른 예배를 드리는 것), 선한 양심(성령님께 지배되어진 양심)으로 살아가는 것 등 상기 세 가지 모두를 아우르는 고상함(Loftiness)을 가리키며, 마지막으로 복음 선포와 더불어 복음과 십자가로 살아가고(증인의 삶) 복음과 십자가만 자랑하는 복음 전파의 삶을 '거룩함'으로 살아간다라고 일컫는다.

어린 양의 피에 그 옷을 씻어 희게 한(계 7:14) "흰 옷"이란 '정결'과 '승리'를 상징하기도 한다. 그들은 장차 미래형 하나님나라에서 하나님의 영광에 참예하며 그 영광의 빛을 받아 보석같이 빛날 것(계 21:11)이다. 더 나아가 삼위하나님과 더불어 바른 관계와 친밀한 교제 속에 그분 만을 경배하며 찬양하며 영생을 누리게 될 것이다. 21장 9절에는 "저희는 어린 양의 신부가 되고 어린 양은 저희의 신랑이 되실 것"이라고 말씀하셨다.

5 이기는 자는 이와 같이 흰 옷을 입을 것이요 내가 그 이름을 생명책에서 반드시 흐리지 아니하고 그 이름을 내 아버지 앞과 그 천사들 앞에서 시인하리라 6 귀 있는 자는 성령이 교회들에게 하시는 말씀을 들을찌어다

5-6절에서는 "이기는 자는" 첫째, 정결과 승리의 상징인 "흰 옷"을 입을 것이요 둘째, "그 이름을 생명책에서 흐리지 아니하고" 셋째, "그 이름을 내 아버지 앞과 그 천사들 앞에서 시인"하여 하나님과 천국의 공적인 자리에서 하나님나라에 합당한 자로 인정, 공표(마 10:32, 눅 12:8)할 것이라고 말씀하고 있다. 그러므로 교회 된 성도는 성령님의 음성에 민감하게 반응해야 할 것을 말씀하고 있다.

한편 정결과 승리의 상징인 "흰 옷"을 가리켜 '그리스도의 의의 옷'이요 '빛의 갑옷(롬 13:12-14)'이라고 했다. 갈라디아서(3:27)는 "누구든지 그리스도와 합하여 세례를 받은 자는 그리스도로 옷 입었느니라"고 말씀하셨다.

7 빌라델비아 교회의 사자에게 편지하기를 거룩하고 진실하사 다윗의 열쇠를 가지신 이 곧 열면 닫을 사람이 없고 닫으면 열 사람이 없는 그이가 가라사대

7절은 예수 그리스도의 계시를 통해 빌라델비아 교회 성도들을 칭찬하시면서 교회 된 오늘의 우리들에게 주신 "거룩하고 진실된, 다윗의 열쇠를 가지신 이, 열면 닫을 사람이 없고 닫으면 열 사람이 없는" 하나님의 말씀이다. 그런 예수님은 가난하나 신실하게 살아가는 빌라델비아 교회의 사자(使者, 성도 혹은 교회)를 향해 칭찬하셨다. 여기서 '사자(使者)'는 계시록 1장 20절의 사자(교회를 지키는 천사)가 아니라 '빌라델비아 교회(성도)와 교회 공동체'를 상징하는 것으로 곧 빌라델비아 교회 성도들을 향한 칭찬을 통해 그렇게 동일하게 살아가는 교회 된 오늘의 우리들에게 하신 말씀이다.

그 예수님은 "다윗의 열쇠"를 가졌는데 "열면 닫을 사람이 없고 닫으면 열 사람이 없는" 하나님이시다. "다윗"은 그리스도의 왕권을 예표하고 있다. 한편 다윗의 집이란 '그리스도의 왕국'을, 다윗의 열쇠란 '통치권 또는 주권'을 상징하며 그런 "다윗의 열쇠를 가지신 이"가 바로 예수님이시다.

결국 예수님은 창조주시요 역사의 주관자이시며 장차 심판주로 오실 승리주 하나님이시다. 그 예수님은 '다른 하나님, 한 분 하나님'이신 기능론적 종속성과 존재론적 동질성을 만족하는 삼위일체 하나님이다.

빌라델비아[20](Φιλαδέλφεια, nf)란 헬라어 필라델포스(Φιλάδελφος, adj)에서

---

20 빌라델비아(Φιλαδέλφεια, nf, brotherly love, love of Christian brethren)란 필라델포스 (Φιλάδελφος, adj, loving like a brother, loving one's brethren)에서 파생된 말로 필로스(φίλος, adj, beloved, dear, friendly)와 아델포스(ἀδελφός, nm, a brother, member of the same religious community, especially a fellow-Christian)의 합성어로 '형제 사랑'이라는 의미이다.

파생된 말로 필로스(φίλος, adj)와 아델포스(ἀδελφός, nm)의 합성어로서 '형제 사랑'이라는 의미이다.

이 지역은 소아시아 일곱 교회 중 가장 가난한(3:8) 지역이었다. 설상가상(雪上加霜)으로 이 지역은 AD 17년에 지진이 일어났고 뒤 이은 여진으로 인해 하루하루를 불안정하게 생활하며 살던 곳이었다. 이때 로마의 중앙정부는 재정을 지원하여 이 지역에 새로운 도시를 건설했다. 그리하여 훗날 이 도시는 교통, 통신, 전략의 요충지가 되었고 무역과 상업이 발달하게 되었다. 제2의 아테네라고 불릴 만큼 우상숭배, 황제숭배가 극심했다. 게다가 교회에 대한 유대인들의 박해도 심했다. 그러나 빌라델비아 교회는 전혀 굴복하지 않았을 뿐만 아니라 진리이신 예수 그리스도를 배반치 않고(3:8) 끝까지 충성했다.

참고로 빌라델비아는 로마 중앙정부의 재정 지원으로 재건된 도시였기에 한때 그 이름을 'New city of Caesar'라고 부르기도 했다.

8 볼찌어다 내가 네 앞에 열린 문을 두었으되 능히 닫을 사람이 없으리라 내가 네 행위를 아노니 네가 적은 능력을 가지고도 내 말을 지키며 내 이름을 배반치 아니하였도다

8절은 그런 빌라델비아 교회 앞에 "열린 문"을 두었다라고 말씀하고 있다. "열린 문"이란 요한복음 10장 7절에 의하면 '예수님' 혹은 '천국문(Moffatt, Zahn, Rist)'을 상징한다. 그 문은 예수님 외에는 "열면 닫을 사람이 없고 닫으면 열 사람이" 없다. 왜냐하면 예수님만이 "다윗의 열쇠를 가지신" 그리스도, 메시야이며 구원자이시기 때문이다.

한편 예수님은 소아시아 일곱 교회 중 가장 가난했던, "적은 능력"을 가지고도 내 말을 지키며 내 이름을 배반치 아니하였던 빌라델비아 교회를 많이 칭찬하셨다.

참고로 하나님의 섭리와 경륜은 너무 커서 유한된 인간으로서는 거의 다 알 수가 없다. 그러다 보니 지나온 역사는 물론이요 앞으로의 역사의 흐름 속에서도 '하나님의 하나님 되심을 인정'하고 그저 '하나님께 순복(順服)하는 것'만이 교회의 마땅한 도리임을 알아야 한다. 이런 말을 하는 이유는 소아시아 일곱 교회 중 칭찬만 들었던 두 교회가 처한 현실 모습 때문이다. 빌라델비아 교회의 경우에는 칭찬과 함께 고난을 면케 해주었다면 서머나 교회의 경우 칭찬과 더불어 고난을 감당함은 물론이요 그 고난을 극복하고 이겨내라고 하셨기 때문이다. 한번 인생을 살아가는 오늘의 교회 된 우리에게 주어질 '칭찬의 질(質)'이 어떨 것인지, 무엇을 기대해야 할 것인지를 고민케 되는 역사적 사실이다.

9 보라 사단의 회 곧 자칭 유대인이라 하나 그렇지 않고 거짓말하는 자들 중에서 몇을 네게 주어 저희로 와서 네 발 앞에 절하게 하고 내가 너를 사랑하는 줄을 알게 하리라 10 네가 나의 인내의 말씀을 지켰은즉 내가 또한 너를 지키어 시험의 때를 면하게 하리니 이는 장차 온 세상에 임하여 땅에 거하는 자들을 시험할 때라

9-10절은 "자칭 유대인"이라고 하나 실상은 "사단의 회"인 거짓말하

는 자들, 곧 땅에 거하는 자들(불신자들) 중 "몇"을 네게 주어 "저희"로 와서 네 발 앞에 절하게 함으로 예수님의 우리를 사랑하시는 증표를 보여주시마 말씀하고 있다.

그리고 "내가 또한 너를 지키어 시험의 때를 면하게 하리니"라고 말씀하시며 "네가 나의 인내의 말씀을 지켰은즉"이라고 칭찬하셨다. 그렇기에 빌라델비아 교회는 서머나 교회와는 다른 방식으로 당신의 섭리와 경륜을 인도하여 가셨던 것이다. 반면에 계시록 2장 10절의 서머나 교회에는 "네가 장차 받을 고난을 두려워 말라 볼찌어다 마귀가 장차 너희 가운데서 몇 사람을 옥에 던져 시험을 받게 하리니 너희가 십 일 동안 환난을 받으리라"고 하시며 환난을 거치게 하셨다.

앞서 언급하였지만 사실 우리가 한 번 인생을 살아가는 동안 이런 경우를 맞닥뜨리게 되면 대부분은 당황할 수밖에 없다. 왜냐하면 나 외에 다른 그리스도인들은 뭔가 하는 일마다 형통한 듯 보이는데 나만 유독 힘들게 되면 갈등과 괴로움이 배가 될 수밖에 없게 된다. 이러한 때 우리는 머뭇거리거나 좌고우면(左顧右眄) 하지 말고 하나님의 하시는 일 곧 역사의 주관자이신 "하나님의 생각과 길"은 우리보다 훨씬 크다(사 55:8-9)라는 사실을 인정해 버림과 동시에 그분께 매달리는 것만이 해결의 가장 지름길임을 알아야 한다.

기도한다고 하여 빌라델비아 교회처럼 악한 영의 세력들이나 그 추종 세력들로부터 무조건 핍박과 환난을 면케 해주는 것은 아니다. 그렇기에 모든 것을 하나님의 주권 영역에 맡기되 당당하게 맞닥뜨리게 해주시든지 피할 길을 주시라고 기도함이 마땅하다. 그렇다 하더라도 일곱 재앙 만큼은 모든 교회가 다 종말 시대 동안에는 피할 수 없음을 알아야 한다. 빌라델비아 교회조차도······.

"내가 또한 너를 지키어 시험의 때를 면하게 하리니"라고 말씀하셨는데 이는 종말 시대 동안에 '일곱 재앙' 마저도 면케 해주시겠다는 의미가 아니다. '그 재앙 가운데서도 끝까지 보호해 주시겠다', '시험은 거치되 끝까지 함께하셔서 그 과정을 잘 통과할 수 있도록 인도해 주시고 보호해 주시겠다'라는 것이며 더 나아가 최후 심판의 때까지 반드시 보호하시겠다라는 의미이다.[21]

이것은 비단 빌라델비아 교회에만 국한된 말씀이 아니라 지상의 모든 교회를 향한 말씀으로 종말 시대 동안에 일곱 재앙을 잘 통과하여 승리할 수 있도록 '반드시' 보호해 주시겠다는 아버지 하나님의 약속이다. 더 나아가 예수님의 재림 후 백보좌 심판대를 거치기는 하되 심판이 아니라 신원(vindication)하여 주시겠다라는 약속의 말씀이기도 하다.

참고로 '땅에 거하는 자들'이라는 말 속에는 이중적 의미가 있다. 만세 전에 택정되었으나 아직 복음을 듣지 못하여 땅에 거하고 있는 자(카데마이)가 있는가 하면 만세 전에 유기되어 '땅에 속한(카토이케오)' 곧 사단 나라에 속한 자가 있다. 전자의 경우 때가 되어 복음이 들려지면 반드시 돌아오게 될 자(카데마이)를 가리킨다면 이 구절에서의 '땅에 속한 자'란 13장 14절의 카토이케오(κατοικέω, τοὺς κατοικοῦντας ἐπὶ τῆς γῆς, 투스 카토이쿤타스 에

---

21 그랜드 종합주석 16권, p724

피 테스 게스)로서 유기된 자 곧 불신자를 가리킨다.

11 내가 속히 임하리니 네가 가진 것을 굳게 잡아 아무나 네 면류관을 빼앗지 못하게 하라

11절의 "속히 임하리니"라는 것은 '돌발적 재림'을 의미한다. 그렇기에 언제 오실지 모르나 '반드시 오실' 재림의 예수를 기다리되 "하나님의 계명과 예수 믿음(계 14:12)"을 굳게 붙잡고 의의 면류관, 생명의 면류관을 빼앗기지 않도록 인내하며 선한 싸움을 계속 싸우라(딤후 4:7-8)고 말씀하시고 있다.

참고로 예수님의 재림은 다음의 6가지로 나타나는데 가견적 혹은 전 우주적 재림, 돌발적 재림, 승리적 재림, 완성적 재림, 인격적 재림, 신체적 재림을 말한다.

12 이기는 자는 내 하나님 성전에 기둥이 되게 하리니 그가 결코 다시 나가지 아니하리라 내가 하나님의 이름과 하나님의 성 곧 하늘에서 내 하나님께로부터 내려오는 새 예루살렘의 이름과 나의 새 이름을 그이 위에 기록하리라

12절에서는 "이기는 자는 내 하나님 성전의 기둥이 될 것"이라고 말씀하고 있다. 한편 하나님 성전의 두 기둥이란 역대하 3장 15-17절, 왕상 7장 21절에 의하면 야긴과 보아스를 가리킨다.

우편 기둥　　　　　　　　좌편 기둥

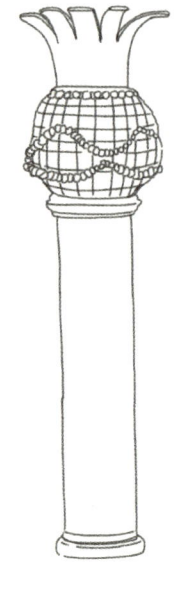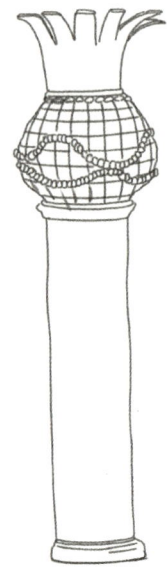

　　　　야긴　　　　　　　　　　　　　보아스
　　　　말씀　　　　　　　　　　　　**기도**
　　He will establish　　　　　　　quickness
　　성전의 영원성, 능력　　　　　이스라엘의의 영원성, 능력

　　우편 기둥인 '야긴'이란 '저가 세우리라(말씀, יָכִין, He will establish)'는 의미로 이는 히브리어 쿤(כּוּן, to be firm)에서 파생되었다. 반면에 좌편 기둥인 '보아스'는 '하나님의 능력이 여기에 있다(기도, בֹּעַז, quickness)'라는 의미이다. 이 좌우 두 기둥을 연결하면, 성도는 하나님의 말씀(우편 기둥, 야긴)으로 견고해지고 든든히 세워지며 하나님께 기도(좌편 기둥, 보아스)함으로 능력을

힘입어 흔들리지 않게 된다라는 의미이다.

결국, 교회인 우리가 종말(교회) 시대 동안 악한 영적 세력들과 그 추종 세력들로부터의 핍박과 더불어 '일곱 재앙'을 겪을지라도 흔들리지 않고 견고하려면 '말씀과 기도'를 붙들어야(딤전 4:5) 한다는 것이다.

한편 "성전 두 기둥"은 예수 그리스도의 십자가를 의미하기도 한다. 그러므로 "하나님 성전에 기둥이 되게 하리니"라는 것은 예수 그리스도와 함께 십자가(스타우로스)에 죽고 그 십자가로부터 다시 살아나는 것을 가리키기도 한다. 즉 예수님과의 연합, 곧 하나 됨(Union with Christ)이라는 의미가 내포되어 있다.

"그가 결코 다시 나가지 아니하리라"는 말씀에는 역사적 배경(Historical background)이 있는데 이를 알게 되면 이 구절은 더욱 쉽게 이해가 된다. 앞서 언급했듯이 빌라델비아 지역은 AD 17년에 엄청난 지진으로 도시가 완전히 파괴되었다. 게다가 지진 이후 잦은 여진으로 인해 고통을 받았는데 사람들은 땅이 흔들릴 때마다 당황하며 실내에 있다가 얼른 밖으로 뛰쳐나가곤 했다. 그런 상황에서 예수님은 네가 성전의 든든한 좌우 기둥이 되어 다시는 뛰쳐나가지 않아도 된다라는 말씀을 해 주셨으니 이 얼마나 감격이었을까······.

또한 "하나님의 이름과 새 예루살렘의 이름과 나의 새 이름을 기록(7:3-4, 9:4, 14:1)해주겠다"라고 하셨는데 이는 '하나님의 소유, 하나님의 소속'이 되게 해주시겠다는 것으로 장차 미래형 하나님나라의 주인 되신 예수님께 속하여 더불어, 함께' 영원토록 왕 노릇 할 것을 약속하시며 상징적으로 드러낸 것이다.

13 귀 있는 자는 성령이 교회들에게 하시는 말씀을 들을찌어다

13절에서는 "귀 있는 자는 성령이 교회들에게 하시는 말씀을 들을찌어다"라고 말씀하고 있다. 이는 2장 7, 11, 17, 29, 3장 6, 13, 22절에서도 동일하게 계속하여 반복되었던 구절이다.

여기서 "귀"는 사도행전 7장 51절에 의하면 '마음의 할례'로서 성령의 세미한 음성을 들을 수 있는 '신령한 큰 귀'를 의미한다. 그렇기에 큰 귀를 소유한 자를 가리켜 '지혜로운(레브 쇼메아) 자'라고 하는 것이다.

14 라오디게아 교회의 사자에게 편지하기를 아멘이시요 충성되고 참된 증인이시요 하나님의 창조의 근본이신 이가 가라사대

14절은 예수님께서 라오디게아 교회의 사자(使者, 성도 혹은 교회)를 향해 말씀하시고 있다. 여기서 '사자(使者)'는 계시록 1장 20절의 사자(교회를 지키는 천사)가 아니라 '라오디게아 교회(성도)와 교회 공동체'를 상징하는 것으로 곧 라오디게아 교회 성도들을 향한 책망을 통해 동일하게 교회 된 오늘의 우리들에게 하신 말씀이다.

예수님은 라오디게아 교회 성도들에게 당신 스스로를 가리켜 "아멘(사 65:16)이시요 충성되고 참된 증인이시요 창조의 근본이신 하나님"으로 묘사하고 있다. 여기서 "근본"[22]이란 헬라어로 아르케(ἀρχή, nf)인데 이는 '

---

[22] 근본의 헬라어 아르케(ἀρχή, nf, (a) rule (kingly or magisterial), (b) plur: in a quasi-personal sense, almost: rulers, magistrates, (c) beginning, origin)'는 '창시자(ἀρχηγός, nm, originator,

창시자'라는 의미이다. 그렇기에 "창조의 근본이신 하나님"이란 '예수님은 창조주 하나님'이라는 말이다. 이에 해당하는 히브리어가 '베레쉬트(בְּרֵאשִׁית)이다. 베이트(בּ)는 비분리 전치사[23](베이트, 카프, 라메드)로 쓰일 때에는 '~에 의하여(by)', '~와 함께(with)'라는 의미가 된다. 레쉬트(רֵאשִׁית)는 부활의 첫 열매이신 예수님을 의미한다. 연결하면 '예수님으로 말미암아' 하나님과 함께 천(הַשָּׁמַיִם, 天, 하솨마임, the Heavens)과 지(הָאָרֶץ:, 地, 하아레츠, the earth)를 창조하셨다라는 의미로 '예수님은 창조주 하나님'이라는 의미가 된다.

라오디게아[24](Λαοδικεία, nf)는 라오스(Λαός, nm)와 디케(Δίκη, nf)의 합성어로 '백성의 정의'라는 의미이다. 라오디게아는 수리아 왕(셀류쿠스 왕조) 안티오쿠스 2세(Antoochus II)의 부인 라오디케(Raodice)의 이름을 따서 건설되었다. 이 도시는 히에라볼리(Hierapolis) 남쪽 10Km, 골로새(Colosse) 서쪽 16Km지점에 위치해 있었다. 원래부터 물이 부족하다 보니 수로를 깔아 히에라볼리에서는 온천물을, 골로새에서는 냉수를 끌어와 사용했다. 특별히 이 지역은 로마 중앙정부의 지원이 없이도 수로(水路, waterway)를 깔 수 있을 정도로 재정이 풍부한 도시였다. 또한 이 도시는 교통, 무역, 금

---

author, founder, prince, lead-er)'라는 의미이다(행 3:15, 5:31, 히 2:10, 12:2).

23 <복음은 삶을 선명하게 한다>, 이선일, 2019, 더메이커, p49-50

24 라오디게아(Λαοδικεία, nf, Laodicea, a city in the Lycos valley in the Roman province Asia, near Colossae and Hierapolis)는 라오스(Λαός, nm, (a) a people, characteristically of God's chosen people, first the Jews, then the Christians, (b) sometimes, but rarely, the people, the crowd)와 디케(Δίκη, nf, (a) (originally: cus-tom, usage) right, justice, (b) process of law, judicial hearing, (c) execution of sentence, punishment, pen-alty, (d) justice, vengeance)의 합성어로 '백성의 정의'라는 뜻이다.

융의 중심지였으며 면직과 모직 산업이 발달했다.

한편 이 지역 또한 빌라델비아와 마찬가지로 AD 60년경에 지진이 일어나 도시가 완전히 파괴된 적이 있었다. AD 17년에 지진이 일어나 초토화가 되었던 빌라델비아가 로마 중앙정부의 지원으로 재건된 도시라면 라오디게아는 자력으로 재건된 도시이다. 그만큼 돈이 많았던 지역이다. 지금부터 2,000년 전에 안약 제조기술이 있었고 안약 제조 학교가 있을 정도였으며 돈이 얼마나 많았던지 식수를 위해 엄청난 공사비를 감당하면서까지 수로를 깔았을 정도였다.

15 내가 네 행위를 아노니 네가 차지도 아니하고 더웁지도 아니하도다 네가 차든지 더웁든지 하기를 원하노라

15절은 라오디게아 교회를 향해 '차지도 덥지도 않은', '미적지근한' 것에 대해 책망하고 있다. 그러므로 우리가 한 번 인생 동안에 능동적이거나 적극적인 열정의 신앙생활을 하지 않고 소극적인 신앙생활을 하는 자체는 책망의 조건임을 알아야 한다.

라오디게아 교회를 향하여는 당시의 시대적 배경을 끌어와 그들의 신앙 상태를 꼬집고 있다. 당시 마실 물을 얻기 위해 골로새에서 수로를 통해 차가운 물을 끌어왔다. 히에라볼리에서는 뜨거운 온천수를 끌어왔다. 그렇기에 '뜨겁든지 차든지 하라'고 하셨던 것이다. 여기서 '차다'라는 것은 진리의 복음을 머리로 지적으로 냉철하게 받아들이고 본질은 단단히 붙잡으라는 의미이다. '뜨겁다'라는 것은 신앙의 열정으로 가슴이 뜨거운 상태를 말한다. 이는 누가복음 24장 32절의 말씀과 상통한다.

문제는 뜨거운 온천물이 10Km의 수로를 통해 오는 동안에 식어버려 미지근해진다는 것과 차가웠던 골로새의 물이 16Km의 수로를 통해 오는 동안 그 차가움을 소실해버려 미지근해진다는 것이었다.

결국 '차지도 덥지도 않다'라는 것은 세상에 속하여 세상과 적당히 타협하며 하나님과 세상에 한 발씩 걸친 모습 곧 '양다리 걸친 상태'를 말한다. 좀 더 적나라하게 표현한다면 하나님에 대해 무관심('사랑'의 반의어, antonym)한 상태를 말하는 것으로 하나님을 사랑하지도 싫어하지도 않는 어정쩡한 상태를 의미한다. 심지어는 간혹 하나님을 대적하는 것까지도 포함한다.

그래서 나온 말이 라오디게아 사람을 가리키는 영어 'laodicean(레이아더시안, 냉담한 사람)'이라는 불명예스러운 단어이다. 이는 '신앙적으로나 하는 모든 일에 열정이 없는 사람, 매사에 미온적인 사람'을 가리키는 관용적 표현이다. 즉 라오디게아 교인들을 향해 세상적인 향락에의 누림 혹은 푹 빠짐과 더불어 미래형 하나님나라에의 입성 둘 다를 동시에 원하는 기복주의와 안일주의, 그리고 신앙적 기회주의를 책망하신 것이다. 이런 애매한 삶의 방식은 두 주인을 섬길 수 없다(마 6:24, 눅 16:13)라는 말씀으로 도전 받아야 할 것이다.

16 네가 이같이 미지근하여 더웁지도 아니하고 차지도 아니하니 내 입에서 너를 토하여 내치리라

16절에서는 "미지근하여~너를 토하여 내치리라"는 말씀을 하고 있다. 이는 석회가 다량 함유된 식어버린 온천물을 먹으면 오심(Nausea)과 구토(Vomiting)가 생기는 것을 두고 한 말이다.

앞서 언급했듯이 라오디게아에서 10Km나 떨어진 히에라볼리의 온천물을 수로를 이용해 끌어와 사용하다 보니 오는 도중에 식어버려 미지근하게 된 물을 마셔야만 하는데 이때 석회가 다량 함유된 미지근한 물로 인해 오심과 구토가 생기게 됨을 빗댄 것이다.

"내치리라"는 말씀과 계시록 2장 5절의 "옮기리라"는 말씀은 앞서 언급했듯이 구원의 취소에 대한 경고가 아니라 신앙의 역동성을 권고한 수사적이고 반어법 적인 말씀이다.

17 네가 말하기를 나는 부자라 부요하여 부족한 것이 없다 하나 네 곤고한 것과 가련한 것과 가난한 것과 눈 먼 것과 벌거벗은 것을 알지 못하도다

17절은 부유한 도시에서 스스로 부자라고 뻐기며 살아가는 라오디게아인들의 모습을 보여주고 있다. 그런 그들을 보며 너희는 실상 "곤고한 상태, 가련한 상태, 눈이 먼 상태, 벌거벗은 상태"라며 직설적이고도 충격적인 말씀으로 그들의 실상을 낱낱이 폭로하고 있다. 즉 물질적 부요함과 영적 부요함은 아주 다른 것임을 말씀하고 있는 것이다.

나는 부요함과 풍성함의 차이를 구분하면서 '풍성함'에 가치를 두며 살아왔다. '부요함'이란 자기만 챙기는 부자를 말하며 이를 가리켜 흔히

'졸부(猝富, parvenu, nouveau riche, 누보 리쉬)'라고 부른다. '풍성함'이란 내게 있는 것을 나누고 또 나누는 것을 말하며 이를 가리켜 '청부(淸富)'라고 한다. 가스펠 송 가사가 기억난다.

이상하다 동전 한 닢
움켜 잡으면 없어지고
쓰고 빌려주면 풍성해져
땅 위에 가득하네

18 내가 너를 권하노니 내게서 불로 연단한 금을 사서 부요하게 하고 흰 옷을 사서 입어 벌거벗은 수치를 보이지 않게 하고 안약을 사서 눈에 발라 보게 하라

18절에서는 "불로 연단한 금(말 3:2-3, 슥 13:9, 벧전 1:6-7)"을 사서 부요하게 하고 "흰 옷"을 사서 입어 벌거벗은 수치를 보이지 않게 하고 "안약"을 사서 눈에 발라 보게 하라고 말씀하고 있다. 즉 영적으로 부요하게 하고 죄로 인한 수치를 보이지 않게 하며 바른 것을 보는 영안을 소유하라는 것이다.

이것을 다시 요약하면 다음과 같다.

첫째, "불로 연단한 금"으로 부요하게 하듯 영적으로 부요한 사람이 되라는 것이다. 즉 시련(호 2:6, 담 혹은 가시)을 상징하는 '불'로 연단의 과정을 거쳐 정금이 되듯 하나님께만 집중하고 하나님의 훈련 과정을 소중히 여기라는 것이다.

둘째, "흰 옷을 사서 입으라"는 것은 모직물의 명산지였던 그 지역을 향해 '빛의 갑옷, 그리스도의 의의 옷'을 상징하는, 어린 양의 피에 그 옷을 씻어 희게 한(계 7:14) '흰 옷'을 입으라는 것이다. 이는 정결함과 거룩함을 유지하여 최종적인 승리를 얻으라는 말씀이다.

셋째, "안약을 사서 눈에 발라 보게 하라"는 것은 안약으로 유명한 그 지역을 향해 육신적 눈을 치료하듯 영안을 치료하여 영안이 열려져서 하나님의 뜻을 정확히 분별함으로 신령한 것을 구별하라(고전 2:10-16)고 하신 것이다.

19 무릇 내가 사랑하는 자를 책망하여 징계하노니 그러므로 네가 열심을 내라 회개하라

19절에서는 "무릇 내가 사랑하는 자를 책망하여 징계하노니"라고 말씀하고 있다. 이 구절은 얼핏 이해가 되지 않으며 약간은 당황스럽기도 하다. 그러나 징계는 체벌이 아니라 '회복을 전제한 책망'이라는 사실을 전제하면 금방 이해가 되기도 한다. 그러므로 교회를 사랑하시기 때문에 징계를 하실 수밖에 없는 아버지 하나님의 마음을 금방 알 수가 있다.

결국 교회는 하나님의 징계가 있게 될 때 머뭇거리거나 의기소침(意氣銷沈)해 하지말고 오히려 적극적으로 자신을 점검한 후 지은 죄에 대하여는 철저히 회개하는 것이 필요하다. 그런 후에 더욱더 열심을 내는 것이 필요하다.

참고로 "징계하다"의 헬라어는 파이듀오[25](παιδεύω, v)인데 이는 '부모가 아이를 바르게 양육하기 위해 책망하다'라는 의미의 헬라어 파이스(παῖς, nf, nm)라는 단어에서 파생되었다. 한편 "열심을 내라"는 헬라어는 젤로오[26] (Ζηλόω, v)인데 이는 '보다 더 뜨거워지다, 보다 더 열정을 내다' 라는 의미이다.

20 볼찌어다 내가 문밖에 서서 두드리노니 누구든지 내 음성을 듣고 문을 열면 내가 그에게로 들어가 그로 더불어 먹고 그는 나로 더불어 먹으리라

계시록 3장 20절은 모든 그리스도인들이 자주 인용하는 구절 중 하나이면서 동시에 가장 흔히 잘못 적용되는 구절이기도 하다.

먼저 이 구절은 라오디게아 교회같이 미적지근하게 살아가는 모든 교회를 향한 말씀이기도 하지만 무엇보다도 라오다게아 교회를 향해 즉각적으로 회개할 것을 촉구하신 말씀이다. 더 나아가 회개 후 교회와 하나님, 교회와 교회 간의 친밀한 영적 교제의 회복을 간절히 원하시는 말씀이다. 또한 예수님의 재림을 학수고대(鶴首苦待)하며 언제 오실까에 관계없이 언제 오시더라도 무관하게 예수님의 음성을 듣자마자 달려 나갈 '준

---

25 징계하다의 헬라어는 파이듀오(παιδεύω, v. to train children, to chasten, correct/(a) I discipline, educate, train, (b) more severely: I chastise)인데 이는 '부모가 아이를 양육하기 위해 징계하다'라는 파이스(παῖς, nf, nm, a child under training (strict oversight), emphasizing their ongoing development necessary to reach their highest (eternal) destiny)에서 파생되었다.

26 열심을 내다의 헬라어는 제로오(Ζηλόω, v. (a) intrans: I am jealous, (b) trans: I am jealous of, with acc. of a person; I am eager for, am eager to possess, with acc. Of a thing)인데 '보다 뜨거워지라 열정을 내라'는 의미이다.

비(지혜로운 다섯 처녀)'가 되어 있어야함을 말씀하고 있다. 그 결과 준비된 교회들은 종국적으로 예수님과 "더불어, 함께" 영원히 누리고 먹게 될 것(계 3:21)이다.

예수님은 오래 전부터 우리의 마음 문을 두드려왔고 현재도 두드리고 계신다. 이는 "서서"와 "두드리노니"의 헬라어 시제를 보면 잘 알 수 있다.

'서서'의 헬라어는 헤스테카(ἔστηκα, V-RIA-1S)인데 이는 현재완료형이고 '두드리노니'의 헬라어는 크루오(κρούω, V-PIA-1S)인데 이는 현재형이다. 예수님은 과거에서 현재까지 그리고 지금도 계속하여 두드리고 계신다라는 의미이다. 우리를 향한 주님의 극진한 사랑에 죄송스럽고 그저 감사할 뿐이다. 특별히 이 구절은 누가복음 12장 35-40절의 말씀과 함께 묵상하면 바른 이해에 도움이 된다. 먼저는 '집의 주인'이 누구인지, 그리고 "듣고 열면"이라는 해석을 두 단어로 볼 것이냐 한 단어로 볼 것이냐에 따라 해석은 판이(判異)해진다.

누가복음에는 명확하게 집 주인과 종을 구분하고 있다. 종이란 언제 올지 모르는 주인이 오기까지 깨어 있다가 그 "주인이 혼인 집에서 돌아와 문을 두드리면 곧 열어주려고 기다리는 사람(눅 12:36)"이라고 말씀하고 있다. 즉 집에 있는 사람은 주인이 아니라 집을 지키는 종이라는 것이다. 마찬가지로 이 구절에서도 문 밖에서 두드리고 계시는 예수님이 바로 주인이시다. 그 예수님은 구원자이시고 구원의 주권 영역은 전적으로 예수 그리스도 곧 성자하나님께 있다.

한편 이 구절에서 "듣고 열면"이라는 것은 '집 안에 있던 사람이 듣고

난 후에 그 사람이 열면'이라는 의미가 아니다. 오히려 주님의 음성을 '들으면' 열게 되어 있다라는 의미이다. 여기에 택정과 유기교리가 내재되어 있다. 택정된 자는 주님의 음성, 즉 복음이 들려지면 복음을 받아들이게 된다라는 것이다. 그러므로 복음의 주체인 예수님은 주권적으로 들어오시는 것이다.

혹자들의 말처럼 예수님께서 밖에 문고리가 없어서 못 들어오신다라든지 내가 문을 열어주지 않아서 못 들어오시는 것이라고 해석하면 안 된다. 내가 문을 열어 주어야만 들어오신다라고 하는 부류 중에는 '신인협동의 구원'을 슬쩍 끼워 넣는 이단이 있음에 주의해야 한다. 그것은 '바른 복음'이 아니라 '다른 복음(갈 1:6-9)'이다. "복음 외에 다른 복음을 전하면 저주를 받을찌어다"

문밖에 계시는 '예수 그리스도' 곧 '복음'을 듣고 그 복음이 들려져서 문을 열어 주님께로 나아오는 자 즉 주인이신 예수를 영접하는 '택정된 자'에게 예수님은 뚫고 들어오시는 것(Intrusion)이다.

21 이기는 그에게는 내가 내 보좌에 함께 앉게 하여 주기를 내가 이기고 아버지 보좌에 함께 앉은 것과 같이 하리라

21절은 "이기는 그에게는" 하나님 보좌 우편에 앉으신 '승리주 예수님(히 1:3)'과 함께 앉게(막 16:19, 계 20:4) 해주시마 약속하셨다. 3장 20절 말씀, "그로 더불어 먹고 그는 나로 더불어 먹으리라"는 말씀의 주석이다.

초림의 예수님은 십자가 죽음을 통해 모든 것을 다 이루신 후 부활 승천하셔서 하나님 보좌 우편(히 1:3)에 계신다. '하나님 보좌 우편'이란 예수님이 '승리주 하나님이 되셨다'라는 의미이다. 이는 역사적 배경을 보면 더욱 쉽게 이해할 수 있다.

과거 로마제국의 황제는 영토 확장에 열을 올렸다. 그러다 보니 시시때때로 장군들을 출정시켜 전쟁을 통해 땅을 넓혀 나갔다. 전쟁에서 승리하고 돌아온 장군을 향해 황제는 열렬히 응원해주곤 했다. 드디어 승전한 장군이 사두마차(四頭馬車, a carriage-and-four)를 탄 채 황궁으로 들어서면 황제는 홀(笏, 지팡이)을 들고 장군을 자기 보좌 앞으로 불렀다. 그리고는 보좌 우편에 앉게 했다. 곧 '승리한 장군'이라는 의미이다.

22 귀 있는 자는 성령이 교회들에게 하시는 말씀을 들을찌어다

22절에서는 성령이 교회들에게 하시는 말씀에 귀 기울이는 자는 "들을 귀 있는 자"로서 '지혜로운 자'라고 말씀하고 있다. 교회는 "믿음은 들음에서 난다(롬 10:17)"라는 사실을 늘 기억해야 한다. 교회는 하나님의 말씀을 잘 분별하고 깨닫는 머리, 영적인 부분을 잘 캐치하고 가려서 볼 줄 아는 영안, 그 분의 음성에 귀 기울이며 그 음성을 잘 듣는 큰 귀, 성령님의 음성에 민감하게 반응하고 예민하게 받아들이는 마음 곧 지혜(레브 쇼메아)가 필요하다.

	사데 교회	빌라델비아 교회	라오디게아 교회
그리스도의 이름	하나님의 일곱 영과 일곱 별을 가지신 분(3:1)	열면 닫을 사람이 없고 닫으면 열 사람이 없는 다윗의 열쇠를 가지신 분 (3:7)	아멘이시요 충성되고 참된 증인이시요 하나님의 창조의 근본이신 분 (3:14)
배경	1:4, 1:20	1:18	1:5, 1:17
칭찬 격려	나와 함께 다니는 흰 옷 입은 합당한 자(3:4)	적은 능력을 가지고도 내 말을 지키며 내 이름을 배반치 않는 자(3:8)	
책망 경고	살았으나 죽은 것 (3:1) 하나님 앞에서 행위의 온전한 것이 없음(3:2)		미적지근한 것 (3:15-16) 왕 착각(3:17) 게으름과 회개 않는 것(3:19)
이기는 자에게 약속 (2-3장)	흰 옷 생명책에 기록 (3:5)	하나님 성전의 기둥 (3:12a) 하나님의 이름 (스프라기스, 3:12b)	하나님의 보좌에 앉게 해 주심 (3:21)
약속의 성취 (21-22장)	22:14 22:27	21:22 22:4	22:3 22:5

우리 주 하나님이여 이 영광과 존귀와 권능을 받으시는 것이 합당하오니 주께서 만물을 지으신지라 만물이 주의 뜻대로 있었고 또 지으심을 받았나이다 _ 요한계시록 4:11

레마이야기 4

다른 하나님, 한 분 하나님
창조주 하나님 찬양
(천상의 교회)

4-1 이 일 후에 내가 보니 하늘에 열린 문이 있는데 내가 들은 바 처음에 내게 말하던 나팔 소리 같은 그 음성이 가로되 이리로 올라오라 이 후에 마땅히 될 일을 내가 네게 보이리라 하시더라

    4장 1절의 "이 일 후에"라는 것은 헬라어로는 메타 타우타(Μετὰ ταῦτα, after these things)라고 하는데 이는 시간의 순서를 의미하는 것이 아니라 '장면의 전환'을 나타내는 말로서 계시록에는 여러 번 반복되어 나타난다. 즉 요한계시록은 시간 순서로 쓰여진 것이 아니라 '종말'에 관한 다양한 장면들(특히 악한 영적 세력들과 그 추종 세력들로부터의 핍박과 일곱 재앙 등등)을 밧모

섬의 사도 요한이 환상을 통해 반복적으로 복합적으로 보게 된 것을 기록[27]한 것이라는 말이다.

결국 이 말은 종말 시대 동안에 일어날, 일시적 권세를 허용 받은 악한 영적 세력들과 그 추종 세력들로부터의 핍박과 고난, 그리고 일곱 재앙 등등에 관한 다양한 장면들이 각 지역마다 그 범위나 크기, 세기, 강도가 다를 것을 보여주신 것이다.

"하늘에 열린 문이 있는데"라는 것은 히브리적 사고를 바탕에 두고 해석해야 한다. 유대인들은 하늘의 어느 곳에 하나님(마 18:10, 사 66:1)과 천사들(마 24:36), 그리고 구원받은 성도들이 가는 곳(19:1)이 있으며 그 하늘을 3층 천으로 이해했다. 그런 그들은 2층 천에 창문이 있는데 그 창문이 열리면 3층 천이 보일 것으로 생각했다. 결국 그런 문화적 배경 하에 있던 사도 요한이기에 '하늘에 열린 문이 있다'라고 기록한 것이다.

"열린 문"이란 '양의 문이신 예수 그리스도'를 의미(요 10:7)하며 "하늘에 열린 문이 있다"라는 것은 미래형 하나님나라에 승리주 하나님이신 예수 그리스도가 계신다라는 말이다.

"이리로 올라오라"는 것은 세대주의자들의 주장대로 사도 요한이 실제로 하늘로 들리움(휴거)을 받은 것이 아니라 하나님께서 장차 될 일을 밧모섬의 사도 요한에게 하늘에 올라가서 직접 보듯 환상으로 보여주신

---

27 Progressive recapitulation(요점 되풀이, 요약, 개요), progressive repetition이라고 하며 반복적, 복합적으로 종말에 대해 다각도로 보여주신 것을 사도 요한이 기록한 것이다.

(암 3:7) 것(Rist)이라는 의미이다.

"이 후에 마땅히 될 일을 내가 네게 보이리라"는 것에서의 '마땅히'라는 말은 '반드시'라는 확실성과 당위성을 함의하는 말로서 '하나님이 하시는 일은 다 옳다'라는 것을 가리킨다.

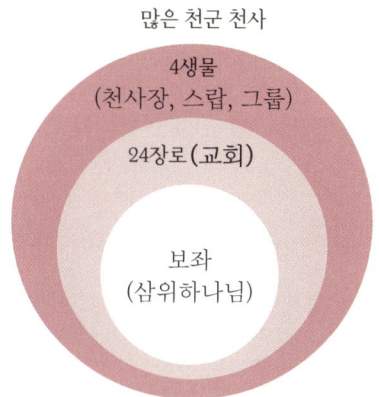

2 내가 곧 성령에 감동하였더니 보라 하늘에 보좌를 베풀었고 그 보좌 위에 앉으신 이가 있는데 3 앉으신 이의 모양이 벽옥과 홍보석 같고 또 무지개가 있어 보좌에 둘렸는데 그 모양이 녹보석 같더라 4 또 보좌에 둘려 이십사 보좌들이 있고 그 보좌들 위에 이십사 장로들이 흰 옷을 입고 머리에 금 면류관을 쓰고 앉았더라 5 보좌로부터 번개와 음성과 뇌성이 나고 보좌 앞에 일곱 등불 켠 것이 있으니 이는 하나님의 일곱 영이라 6 보좌 앞에 수정과 같은 유리 바다가 있고 보좌 가운데와 보좌 주위에 네 생물이 있는데 앞뒤에 눈이 가득하더라

2-6절에서는 성령에 감동된 사도 요한이 밧모섬에서 환상 중에 마치 "신부가 신랑을 위해 단장한 것같이(계 21:2)" 눈부시게 아름다운 '미래형 하나님나라'에 있는 완성된 '천상의 교회'와 '앞서 간 교회들(성도들)의 예배' 장면을 보고 있다.

하늘에는 보좌가 있는데 그 위에 앉으신 성부하나님의 모양은 벽옥(푸른 빛이 나는 고운 옥과 홍보석(홍옥) 같으며 그 보좌 주위를 둘러싸고 있는 무지개는 마치 녹보석(emerald) 같다라고 했다. 나는 이 부분에서는 문자적으로나 상징적으로나 어느 것으로 해석해도 무방하다고 생각한다. 그 하늘 보좌를 둘러싸고 또 다른 보좌에 앉은, 흰 옷을 입고 면류관을 쓴 24장로(하나님의 자녀 된 교회들, 성도들)가 있었다. 그리고 하늘 보좌와 24장로가 앉은 보좌 주위에 앞뒤로 눈이 가득한(예리한 통찰력) 네 생물(천사장)이 있었다. 하늘 보좌 앞에 성령님(일곱 등불, 하나님의 일곱 영)이 계시고 보좌로부터 "번개와 음성과 뇌성(하나님의 절대적 통치, 능력, 위엄)"이 났다. 그리고 계시록 5장 11절에 의하면 "보좌와 생물들과 장로들"을 둘러선 만만이요 천천인 '많은 천사'가 있다라고 했다.

결국 '하늘 보좌'와 '24장로가 앉은 보좌 주위'에 앞뒤로 눈이 가득한(예리한 통찰력) '네 생물(천사장)'이 있었으며 그 주위로 수많은 천군 천사가 있었다라는 것이다. 전제할 것은 미래형 하나님나라에서는 시공(時空)이 전혀 의미가 없음도 늘 염두에 두고 이해해야 한다.

한편 "무지개"는 하나님께서 허락하셨던 일방적 은혜 언약인 6대 언약 중 노아 언약(이중언약 즉 홍수 전 언약, 방주 언약과 홍수 후 언약, 무지개 언약)의 징표로 주신 것으로 하나님의 '신실하신 약속'을 상징하고 있다. 히브리어로는 케세트(קֶשֶׁת, nf, a bow, rainbow)라고 하는데 이는 '무지개, 활' 등을 의미하며 코쉬(קוֹשׁ, v, to lay bait or lure, en-snare)에서 파생되었다.

'무지개 언약'에서의 '무지개'란 활처럼 생긴 것으로 그 화살의 방향이 하늘의 하나님을 향하고 있음에 주목해야 한다. 그렇기에 하나님께서 '무지개 언약'을 주신 것은 '당신께서 목숨 걸고 당신의 약속을 지키겠다'라는 것을 상징한다. 이는 아브라함에게 목숨 걸고 일방적으로 약속하셨던 횃불 언약(창 15장)의 '그 약속'과도 같다.

롱맨(Tremper Longman)은 창세기의 무지개 언약은 '하나님께서 인류가 땅에서 살아갈 수 있도록 환경을 보존해 주시겠다'라는 약속이라고 했다. 그렇기에 창세기 9장 11절에는 "내가 너희와 언약을 세우리니 다시는 모든 생물을 홍수로 멸하지 아니할 것이라 땅을 침몰할 홍수가 다시 있지 아니하리라"고 하셨던 것이다. 또한 창세기 8장 22절에서는 "땅이 있을 동안에는 심음과 거둠과 추위와 더위와 여름과 겨울과 낮과 밤이 쉬지 아니하리라"고 하시며 계절을 통해 자연스러운 생활 주기를 허락하시겠다라는 말씀을 하셨다.

5절에는 "보좌로부터 번개와 음성과 뇌성이 나고"라는 말씀을 하셨는데 이는 성부하나님의 임재와 현현(출 19:16)을 통한 절대적인 통치와 능력, 영광의 광채, 위엄, 경영과 심판을 의미하고 있다. 또한 그 보좌 앞에는 "일곱 등불" 켠 것처럼 보이는 "일곱 영"이신 성령 하나님이 계심을 말씀하고 있다. 즉 보좌에 성부하나님과 성령하나님이 계셨고 어린 양이신 성자하나님께서(계 5:6, 13) 함께 있었다. 즉 미래형 하나님나라에는 삼위하나님과 앞서 간 교회들과 천사장, 그리고 수많은 천군 천사가 있다라는 말이다.

보좌 앞에는 '미래형 하나님나라'를 상징하는 "수정과 같은 유리 바다"가 있다라고 했다. 사도 요한은 하늘 보좌와 24장로가 앉은 보좌, 천사장, 수많은 천군 천사를 보았고 삼위하나님의 보좌를 중심으로 동심원처럼 보이는 완성된 '천상의 교회(예배당)' 즉 '미래형 하나님나라'에서의 교회들(24 장로)과 천사들이 자리하고 있는 것과 그들의 예배 모습을 보고 있다. 사도 요한의 묘사를 가만히 묵상해보면 제한적인 인간인 필자의 눈에는 시공을 초월한 미래형 하나님나라의 모습과 더불어 상기의 도식이 상상되기에 큰 은혜가 몰려와 또 다시 눈물을 훔치게 된다.

한편 계시록 4장 4-6절과 5장 6-7, 11절을 읽어 내려가다 보면 얼핏 그 위치한 자리가 서로 다르게 묘사된 듯하여 간혹 혼란스러울 때가 있다. 그러나 미래형 하나님나라에는 시공(時空)의 의미가 없기에 사실(fact) 여부에 관하여는 그다지 고민할 사항은 아니다. 단지 유한되고 제한된 인간의 관점에서 already~not yet인 지금의 상황으로 '미래형 하나님나라'를 한번쯤은 상상해도 좋을 듯하기에 필자가 그냥 상기의 도식을 한 번 그려본 것이다. 참고로 "24장로"는 천사도 흠모하는 하나님의 자녀인 우리 즉 교회들을 가리킨다. "4생물"은 천사장을 말하며 그 주위에 천군 천사가 위치하고 있다. 그러므로 일단 시공의 개념은 차치한 후 천상의 완성된 교회(미래형 하나님나라)와 교회들(24장로)의 배치에 대한 동심원을 단순히 개념화한 것임을 다시 밝힌다.

가장 중심에는 삼위하나님이 계시는 하늘 보좌가 있다. '하늘 보좌'는 통치와 위엄, 능력, 경영, 영광, 심판을 상징한다. 역사의 주관자 하나님은 시대를 막론하고 선민인 이스라엘 백성들이 위기를 맞았을 때나 절망 시에 '하늘 보좌'를 보여주시곤 했다. 이곳 계시록 4-5장에서 그렇게 하셨고 이사야 6장에서도 그렇게 하셨다. 계시록 19장에서도 동일하게 역사의 주관자이신 하나님의 심판(계 19:2)과 통치(계 19:6)를 보여주고 있다.

하늘 보좌 주위에는 24보좌[28]가 있는데 이는 구원받은 온 성도 즉 교회를 상징하는 24장로들이다. 그들은 흰 옷[29]을 입었고 그 머리에는 금 면류관을 쓰고 있었다. 그 주위에는 4생물이 있었는데 이들은 천사장으로서 그룹이나 스랍들이다. 천사장들 주위에는 많은 천군 천사들이 둘러서(계 5:11) 있었다(4:4-6, 5:6, 11).

필자인 내가 주목한 후 감동한 것은 천사장들보다 교회인 우리가 하나님의 보좌에 더 근접해 있었다라는 것이다. 내가 그렇게 해석[30]한 이유는 앞서 언급했듯이 우리는 하나님의 자녀이며 천사는 구원 얻을 후사, 즉 교회인 우리들을 섬기라고 창조한 피조물이기 때문이다.

노파심에서 다시 사족(蛇足)을 달자면, 미래형 하나님나라에서는 시공(時空)의 의미가 전혀 없다는 것이다. 그렇기에 지근거리 운운하며 지극히 관심을 가질 일은 아니다. 그러나 하나님의 자녀 된 우리가 삼위하나님과 '함께, 더불어', '영원히', '가장 지근거리에서' 바른 관계 속에 친밀한 교제를 하며 찬양과 경배를 드리고 그렇게 가까이에서 누리게 될 것을 생각하면 괜히 기분이 좋아지는 것 또한 어쩔 수가 없다. 그러다 보니 괜

---

28 24보좌와 그 위에 앉은 24장로는 구원받은 모든 성도인 교회를 가리킨다. 12지파인 유대인과 12사도인 헬라인을 의미한다.

29 흰 옷은 그리스도의 의의 옷(갈 3:27, 롬 13:14)으로 어린 양의 피에 그 옷을 씻어 희게 한 것(7:14)이다. 동시에 로마서 13장 12절은 빛의 갑옷이라고도 했다.

30 양형주의 <평신도를 위한 쉬운 요한계시록 1>. 나의 해석은 양형주의 p215와 순서가 다르다.

스레 뻐기고 싶은 유아틱한 저자의 갈망을 그렇게 표현한 것이다.

7 그 첫째 생물은 사자 같고 그 둘째 생물은 송아지 같고 그 세째 생물은 얼굴이 사람 같고 그 네째 생물은 날아가는 독수리 같은데 8 네 생물이 각각 여섯 날개가 있고 그 안과 주위에 눈이 가득하더라 그들이 밤낮 쉬지 않고 이르기를 거룩하다 거룩하다 거룩하다 주 하나님 곧 전능하신 이여 전에도 계셨고 이제도 계시고 장차 오실 자라 하고 9 그 생물들이 영광과 존귀와 감사를 보좌에 앉으사 세세토록 사시는 이에게 돌릴 때에

7-9절에서 사도 요한은 "사자 같고 송아지 같고 사람 같고 독수리 같은" 4생물들(단 7:3-6, 겔 1:10, 10:14)이 하늘 보좌에 앉으신 이를 향해 "거룩하다 거룩하다 거룩하다 주 하나님 곧 전능하신 이여 전에도 계셨고 이제도 계시고 장차 오실 자"라고 찬양하면서 "영광과 존귀와 감사"를 드리는 장면을 목도하고 있다. 즉 천사장들은 밤낮 하나님의 속성인 거룩성, 전능성, 영원성에 대해 쉬지 않고 최상급으로 찬양하고 있었다라는 것이다.

그들은 삼위하나님을 향해 영광과 존귀와 감사는(계 4:9) 물론이요 창조의 능력도(계 4:11) 찬미하고 있다. 9절이 지극히 높으신 성부하나님께 '감사'를 드린 것이라면 11절은 그런 성부하나님의 전능하심을 '찬미'한 것이다.

참고로 '4 생물'에 관하여는 성경의 3곳(단, 계, 겔)을 찾아보고 서로 비교해 보면 천사장을 이해하는데 약간은 도움이 된다. 그렇다고 이를 형상화하여 그림으로 그리거나 지나치게 이들이 무엇을 상징하며 언제 어떻게 나타날까에 대해 고민하는 것은 본질에서 벗어난다고 생각한다. 그냥 성경에 있으니 참고 정도로만 하면 좋을 듯하다.

구절	4 생물들
단 7:1-8	사자+독수리날개(바벨론) 곰(메데바사) 표범+날개 넷+머리 넷(헬라) 열뿔+작은 뿔+사람의 눈+입(큰말)(로마)
계 4:6-11	사자(힘), 독수리(초월, 탁월), 사람(지혜), 송아지(희생, 섬김)
겔 1:1-28	사자(힘), 독수리(초월, 탁월), 사람(지혜), 소(희생, 섬김)

10 이십사 장로들이 보좌에 앉으신 이 앞에 엎드려 세세토록 사시는 이에게 경배하고 자기의 면류관을 보좌 앞에 던지며 가로되 11 우리 주 하나님이여 영광과 존귀와 능력을 받으시는 것이 합당하오니 주께서 만물을 지으신지라 만물이 주의 뜻대로 있었고 또 지으심을 받았나이다 하더라

10-11절에서는 밧모섬의 사도 요한이 구원받은 모든 성도 즉 교회를 상징하는 "24장로들"이 미래형 하나님나라인 완성된 '천상의 교회'에서 경배와 찬양을 드리는 장면을 보고 있다. 그들은 하나같이 세상에서 한 번 인생을 치열하게 살며 "선한 싸움을 싸우고 달려갈 길을 마치고" 믿음을 지킨 후 "주 곧 의로우신 재판장" 되신 예수님이 주신 '생명의 면류관' 즉 "의의 면류관"을 쓰고 있었다(딤후 4:7-8).

그런 그들이 막상 천국에 와 보니 '의의 면류관'을 쓰게 된 공로에 대해 알게 되었다. 사실상 자신들이 한 것은 하나도 없었고 모든 것은 그분의 능력과 도움이었음을 알게 되었던 것이다. 얼굴이 화끈거려 더 이상 면류관을 쓰고 있을 수 없어 슬그머니 벗어서 하나님께 돌려드리는 (Walvoord[31]) 장면을 사도 요한은 보았던 것이다.

필자인 나는 이 말씀에서 큰 충격을 받았다. 내가 지금까지 사역하며 달려왔던, 이루었던, 그 모든 것들은 전적인 하나님의 은혜였음을 뼈저리게 느꼈기 때문이다. 아무리 보아도 나 스스로의 힘으로 한 것은 하나도 없었다.

'전적인 하나님의 은혜!'
'나의 나 된 것은 하나님의 은혜로 된 것이니(고전 15:10)"

우리는 한번 인생을 살며 지금까지 각자의 영역에서 현재형 하나님나라를 위해 깨어지고 부서지더라도 한 조각 심장만을 붙들고 제법 열심히 충성해왔다. '맡은 자에게 구할 것은 충성(고전 4:2)'이라는 말씀만을 붙들고 그렇게 너나없이 유한되고 제한된 직선 인생을 알차게 살아왔다. 육신의 장막을 벗는 그날까지는 충성하며 하늘의 상급을 쌓겠다고 발버둥을 쳐 왔다. 간혹 이만큼 이루었노라고 자랑질도 했다.

그러나……

물론 충성되게 알차게 살아가려는 노력은 누가 뭐라고 해도 참으

---

[31] John F. Walvoord(1910-2002)는 theologian, pastor, Dallas theological seminary의 총장(1952-1986)이다. 성경 지식 논평의 공동 편집자로 주로 종말론에 관한 30여 권의 저술이 있다.

로 귀한 일이다. 문제는 그 일의 결과에 대한 공치사(功致辭, flattery, empty compilments)를 하지 말아야 한다는 사실이다. 진실된 교회들이라면 모든 것이 내 힘과 노력이 아닌 '전적인 성령님의 능력'이었음을 인정해야만 한다. 이미 이룬 어떤 일들을 가리켜 나의 땀과 눈물의 결과라고 한다면 그것은 온전한 착각일 뿐이다.

어떤 일이든지 우리가 땀과 눈물을 쏟아야 하는 것은 맞다. 그렇게 우리를 들어 쓰신 것은 맞지만 모든 것은 하나님이 하셨을 뿐이다. 나의 열심으로 했다는 생각은 "자기 의"를 드러내는 것이다. 이제 후로는 그런 생각은 온전히 버려야 한다.

만약 자신의 힘으로 사역했다고 부득부득 우기는 사람이 있다면 그는 천국에 가서도 그 면류관을 놓기는커녕 아예 하나님께 돌려 드리려고도 하지 않을 것이다.

다시 강조하지만 영광 받으실 분은 오직 삼위하나님뿐이다. 창조주 하나님은 만물을 지으셨고 역사의 주관자 하나님은 당신의 섭리와 경륜을 따라 만물을 당신의 뜻대로 이끌어 가신다. 장차 오실 승리주, 만왕의 왕, 만주의 주이신 재림의 예수님은 백보좌 심판을 통하여 언약을 완성하실 것이며 새 창조를 통해 완전한 회복을 이루실 것이다.

"오직 하나님께만 영광!"
"Soli Deo Gloria!"

큰 음성으로 가로되 죽임을 당하신 어린 양이 능력과 부와 지혜와 힘과 존귀와 영광과 찬송을 받으시기에 합당하도다 하더라 _ 요한계시록 5:12

레마이야기 5

다른 하나님, 한 분 하나님
구속주 예수님 찬양
(천상의 교회)

5-1 내가 보매 보좌에 앉으신 이의 오른손에 책이 있으니 안팎으로 썼고 일곱 인으로 봉하였더라

　5장 1절에서는 밧모섬의 사도 요한이 "보좌에 앉으신" 성부하나님의 절대적인 힘을 상징하는 "오른손"에 책(두루마리)이 있음을 보고 있다. 그 책은 안팎으로 쓰여 있고 일곱 인(봉인)으로 봉해져 있었다. 봉인된 이 책은 구약적 배경으로 보면 출애굽기 32장 15-16절의 그 판의 양면 이편 저편에 쓰여진 '증거의 두 판'을 가리킨다. 동시에 에스겔 2장 9-10절의 "안팎에 글 곧 애가, 애곡, 재앙"이 쓰여 있는 두루마리 책을 가리키기도 한다.

계시록 5장 2-5절에서는 예수의 죽음과 부활로 인해 그 책의 봉인이 떼어지고 열리게 됨을 보여주셨고 계시록 10장에서는 그리하여 천사의 손에 펴 놓인 작은 책을 사도 요한에게 주면서 먼저 맛을 보고 먹어버리라고 하셨다. 그런 사도 요한에게 두루마리의 내용(하나님의 비밀 곧 복음의 비밀, 계 10:7)이 계시되는데 바로 '재앙과 심판'에 관한 것이었다. 즉 불신자에게는 진노와 심판을, 교회(그리스도인)에게는 신원(구원의 승리)으로 인한 하나님나라의 성취와 완성(예수 그리스도 새 언약의 성취와 완성)을 말씀하고 있다.

결국 그분의 오른손에 있는 책(계 5:1, 10:2, 8, 9, 10)은 그리스도인에게는 하나님나라의 도래(예수 그리스도 새 언약의 성취)와 완성(예수 그리스도 새 언약의 완성)을 알려주는 복된 소식 즉 복음이 적힌 책이다.

다니엘서 12장 4, 9절에서 다니엘은 "마지막 때까지 이 말을 간수하고 이 글을 봉함하라"는 명령을 받는다. 이는 말씀이 훼손되거나 왜곡되지 않게 '말씀을 잘 보존하라'는 의미이다. 즉 계시록 12장 15절의 경우처럼 악한 세력이 일어나 말씀을 곡해하며 미혹하려 할 때에 복음 곧 진리인 말씀을 봉함하여 잘 보존하라는 명령인 것이다.

2 또 보매 힘있는 천사가 큰 음성으로 외치기를 누가 책을 펴며 그 인을 떼기에 합당하냐 하니 3 하늘 위에나 땅 위에나 땅 아래에 능히 책을 펴거나 보거나 할 이가 없더라 4 이 책을 펴거나 보거나 하기에 합당한 자가 보이지 않기로 내가 크게 울었더니

2-4절에서 사도 요한은 힘 있는 천사가 "누가 책을 펴며 누가 그 인을 떼기에 합당하냐"라면서 큰 음성으로 외치는 모습을 보게 된다. 그 소리를 들었던 사도 요한이 처음에는 "하늘 위에나 땅 위에나 땅 아래에 능히 책을 펴거나 보거나 할 이"가 보이지 않자 크게 울어버린다.

일순간 요한의 낙담이 교회(성도)의 낙담으로 이어져 버린다. 그러나 이어 5절을 통해 인을 떼시는 예수 그리스도로 인하여 사도 요한도 교회도 위로와 보상을 얻게 되는 장면이 주어진다. 이를 통해 우리는 초림의 구속주 예수 그리스도를 다시 확인하게 된다. 더 나아가 그 예수님만이 역사의 주관자 하나님이시며 장차 다시 오셔서 온 세상을 심판하실 만왕의 왕, 만주의 주 곧 심판주 하나님이라는 것을 확신하게 된다.

5 장로 중에 하나가 내게 말하되 울지 말라 유대 지파의 사자 다윗의 뿌리가 이기었으니 이 책과 그 일곱 인을 떼시리라 하더라

5절에서는 크게 낙담하여 울고 있는 사도 요한을 보며 먼저 구원받아 하늘나라에 가 있던 성도인 '장로 중에 하나'가 "울지 말라"고 하면서 "유대 지파의 사자(창 49:9, 계 22:16) 다윗의 뿌리(사 11:1-10, 계 22:16)"인 예수 그리스도께서 "이 책과 그 일곱 인"을 떼시리라고 말씀해 주고 있다.

그 후 사도 요한은 "보좌와 4생물과 장로들 사이"에 '서 계신' "일찍 죽임을 당한 것 같은 어린 양"이신 예수님을 보았다. 그 예수님은 성령님과 성부하나님과 함께 계셨다.

계시록 5장 5절과 9절에서는 반복하여 승리하신 어린 양이 봉인(인봉,

일곱 인)을 떼실 것이라고 말씀하고 있다. 죽임을 당한 어린 양은 십자가를 통해 승리하셨기에 '그' 봉인을 뗄 수가 있다. 한편 세상적 관점에서는 지독한 역설인 수치와 저주를 상징하는 '십자가 죽음'이 곧 '승리'라는 이 명제를 받아들이기가 어려울 수도 있다. 이는 종말 시대를 살아가는 교회인 우리가 어떤 관점으로 살아가야 할지를 말씀해주고 있는 것이다.

결국 교회들의 승리적 삶이란, 세상적 관점과는 달리 '십자가로 낮아지는 것'이며 '십자가 죽음'으로 승리하는 것이다.

포이스레스[32](Vern S. Poythress)는 '영적 싸움의 승리는 정치적, 군사적 승리가 아니라 낮고 천한 십자가의 죽음으로 승리하는 것'이라고 했다. 격하게 고개가 끄덕여진다. 결국 '지는 것으로 이기는 삶을 살라(고전 1:18-24, 고후 12:5-10)'는 말씀이다. 이런 승리적 삶이야 말로 육신을 가진 우리의 기대와 상상을 훨씬 뛰어넘는 예수님의 승리 방정식이다.

"십자가의 도가 멸망하는 자들에게는 미련한 것이요 구원을 얻는 우리에게는 하나님의 능력이라" _고전 1:18

---

6 내가 또 보니 보좌와 네 생물과 장로들 사이에 어린 양이 섰는데 일찍 죽임을 당한 것 같더라 일곱 뿔과 일곱 눈이 있으니 이 눈은 온 땅에 보내심을 입은 하

---

32 수학자(캘리포니아 공대, 하버드 대)이자 신학자(웨스트민스터, 케임브리지, 남아공 스텔렌보스대)이다. 그는 1976년부터 웨스트민스터 신학교에서 신약학 교수로 가르치며 신학 저널의 편집자로 섬기고 있다.

나님의 일곱 영이더라

계시록 5장 6절은 5장 11절, 4장 4절과 동일하게 미래형 하나님나라를 상징하는 완성된 천상의 교회(삼위하나님, 4 생물, 천군천사)와 교회들(성도들, 그리스도인들, 24 장로)의 예배 모습을 보여주고 있다. 나는 이들의 모습을 4장에서 개념적으로 동심원을 그렸다. 가장 중심인 하늘 보좌에는 삼위하나님이 계시고 그 주위의 또 다른 보좌에는 교회들을 상징하는 24장로가, 그 다음은 천사장인 4생물이, 그리고는 천군 천사들이 둘러서 있다고 했다. 전제할 것은 미래형 하나님나라에는 시공의 구분이 없다라는 것이다. 그러다 보니 학자들의 다양한 견해가 있을 수 있는데 누가 맞고 누가 틀리다의 관점으로 접근하지 말고 미래형 하나님나라를 갈망하는 마음만 가졌으면 한다.

참고로 Hendriksen[33]의 견해는 가장 중심에 보좌 위에 계신 하나님이, 그 다음에 4생물이, 그리고 예수님이, 그 다음에 24장로들이 있다고 설명했다. 또한 양형주의 〈평신도를 위한 쉬운 요한계시록 1 (p215)〉의 순서와도 다르다.

다시 말하지만 나는 이런 해석의 상이점(相異點)을 두고 '맞다 틀리다'의 단순한 잣대로 들이대는 것을 경계한다. 우리는 아직 '그 나라'에 가보지 않았다. 그렇기에 어느 누구도 정확하게 알 수는 없다. 오히려 각 필자들의 다양한 해석을 통하여 독자들 개개인의 묵상에 풍성함을 더해줄 수도

---

33 William Hendriksen(1900-1982)은 기독교 개혁교회에서 사제 서품을 받았고 Professor, minister, writer이다. 그는 Calvin Theological Seminary의 신약학 교수(1942-1952)로 재직했다. 그는 신약성경 해설자 중 가장 선도적이고 가장 존경받는 사람들 중 하나로 알려져 있다.

있기에 유연성(柔軟性, flexibility)이 있었으면 한다. 물론 본질에서 어긋난 이단이나 사이비집단의 엉뚱한 해석까지도 두둔하는 것은 결코 아니다.

7 어린 양이 나아와서 보좌에 앉으신 이의 오른손에서 책을 취하시니라 8 책을 취하시매 네 생물과 이십사 장로들이 어린 양 앞에 엎드려 각각 거문고와 향이 가득한 금대접을 가졌으니 이 향은 성도의 기도들이라

7-8절에는 밧모섬의 사도 요한이 어린 양이신 예수님께서 "보좌에 앉으신" 성부하나님의 절대적 힘을 상징하는 "오른손"에서 "책(두루마리, 재앙과 심판, 5:1)"을 취하는 것을 보고 있다. 그러자 "4생물과 24장로들"이 중보자 되신 예수님(히 7:25, 롬 8:34) 앞에 엎드린다. 동시에 그들(4생물과 24장로들)은 거문고(하프)를 사용하여 찬양을 드렸고 "성도의 기도들"인 향(시 141:2)이 가득한 금대접(계 8:3-4)을 올려드린다. 이는 계시록 8장 3-4절에서도 동일하게 볼 수 있다.

"나의 기도가 주의 앞에 분향함과 같이 되며 나의 손 드는 것이 저녁 제사 같이 되게 하소서" _시 141:2_

9 새 노래를 노래하여 가로되 책을 가지시고 그 인봉을 떼기에 합당하시도다 일찍 죽임을 당하사 각 족속과 방언과 백성과 나라 가운데서 사람들을 피로 사서 하나님께 드리시고 10 저희로 우리 하나님 앞에서 나라와 제사장을 삼으셨으니 저희가 땅에서 왕 노릇하리로다 하더라

계시록 5장 9절에서는 14장 3절, 15장 3절과 마찬가지로 하나님의 구원의 은총과 자비를 찬양하는 "새 노래"를 부르는 장면을 보여주고 있다.

예수 그리스도의 영 단번(once for all, 영원성, 완전성, 지속성)의 완전한 구속 사역에 대한 찬양은 이전에는 볼 수 없었던 노래이기에 "새 노래"라고 칭하고 있다. 게다가 찬양 받기에 합당하신 초림의 예수님은 화목 사역(화목제물)과 구속 사역(대속제물)을 하심으로 "저희"로 '하나님나라' 되게 하셨고 '저희'가 '왕 같은 제사장'이 되게 하셨다. "각 족속과 방언과 백성과 나라 가운데서 사람들을 피로 사서"에서의 '사람들'이 바로 만세 전에 택정된 '저희들(교회들)'이다. 그리하여 교회는 예수 그리스도로 인해 태초부터 영원까지 예수님과 더불어 함께 왕 노릇(3:21, 20:4) 하게 된 것이다. 그렇기에 교회만이 당연히 "새 노래"를 부를 수 있는 것이다.

2,000년 전 초림 때에 예수님은 인간의 역사 속으로 들어오셨다. 역사상 유일한 의인으로서 완전한 인간이시자 완전한 신으로(신인 양성의 하나님으로) 직접 오셨다. 당시 메시야를 그토록 기다려 왔음에도 불구하고 영적으로 아둔하고 미련했던 세상은, 빛이신 예수를 알지 못했을 뿐만 아니라 심지어는 적대시하기까지 했다.

예수는 그들에게 공생애(AD 26)를 통해 천국복음(예수 그리스도를 통한 미래형 하나님나라에서의 영생, 요 20:31)을 가르치시며 천국복음을 전파하셨고 병자를 치유하시며 메시야닉 사인(Messianic sign)을 드러내셨다. 공생애를 마치시며 (AD 30년 중반) 예수님은 우리의 수치와 저주를 몽땅 안고 십자가에 달리셨다. 3일 후 부활하시고 이 땅에 40일간 계시다가 승천하기까지 예수님은 그리스도시요 메시야이심을 재차 확실하게 보여주셨다.

향후 재림의 그날, 우리는 '예수 그리스도 새 언약의 완성'을 통해 모든 것을 선명하게 알게 될 뿐만 아니라 두 눈으로 똑똑하게 보게 될 것이다. 지금은 거울로 보는 것같이 희미하나 그때에는 얼굴과 얼굴을 대하여 볼 것이요(고전 13:12)……

11 내가 또 보고 들으매 보좌와 생물들과 장로들을 둘러선 많은 천사의 음성이 있으니 그 수가 만만이요 천천이라 12 큰 음성으로 가로되 죽임을 당하신 어린 양이 능력과 부와 지혜와 힘과 존귀와 영광과 찬송을 받으시기에 합당하도다 하더라 13 내가 또 들으니 하늘 위에와 땅 위에와 땅 아래와 바다 위에와 또 그 가운데 모든 만물이 가로되 보좌에 앉으신 이와 어린 양에게 찬송과 존귀와 영광과 능력을 세세토록 돌릴찌어다 하니 14 네 생물이 가로되 아멘 하고 장로들은 엎드려 경배하더라

11-14절에는 수많은 천군 천사와 모든 만물이 예수님을 향해 "찬송과 존귀와 영광과 능력을" 돌리는 것을 밧모섬의 사도 요한이 보고 듣는 장면이 묘사되어 있다. 그들은 "능력과 부와 지혜와 힘과 존귀와 영광과 찬송"을 받으시기에 합당하다라는 '새 노래'를 천상의 교회 곧 미래형 하나님나라에서 큰 음성으로 올려드리고 있다.

'수많은 천군 천사와 모든 만물'이란 천사장을 상징하는 4생물들, 교회들을 상징하는 장로들, 만만이요 천천인 천군 천사들 심지어는 하늘 위에와 땅 위, 땅 아래, 그리고 바다 위에와 그 가운데 거하는 모든 피조물들인 '만물들'을 가리킨다.

그들은 예수님의 7가지 속성을 찬양하고 있는데 그 내용은 다음과 같다. 첫째는 '능력'인데 이는 헬라어로 뒤나미스[34](δύναμις, nf)라고 하며 그리스도의 신적 권능(고전 1:24)을 가리킨다. 둘째는 부(富)를 의미하는 헬라어 플루토스(πλοῦτος, nm, nn, riches, wealth, abundance, materially or spiritually)인데 이는 그리스도의 전인적 충만(막 10:29-30)을 가리킨다. 셋째는 지혜를 의미하는 헬라어 소피아[35](σοφία, nf)인데 이는 그리스도의 신적 통찰력(고전 1:24, 약 1:5)을 가리킨다. 넷째는 힘이라는 헬라어 이스퀴스[36](ἰσχύς, nf)인데 이는 예수 그리스도의 근본적이고도 본질적인 힘(눅 11:22)을 의미한다. 다섯째는 존귀라는 헬라어 티메(τιμή, nf, a valuing, a price, honor)인데 이는 '그리스도는 만왕의 왕이요 만주의 주(17:14, 19:16)이심'을 가리킨다. 여섯째는 영광이라는 헬라어 독사[37](δόξα, nf)인데 이는 창조주로서의 무한한 영광(요 1:14)을 가리키며 중의적인 의미[38]도 가지고 있다. 성부하나님의 영광은 예수 그리스도의 십자가 죽음과 부활로 나타났다. 그렇기에 예수님은 "하나님의 영광의 광채(히 1:3)"이시다. 마지막 일곱째는 찬송이라는 헬라어 율로기아(εὐλογία, nf, adulation, praise, blessing, gift)인데 이는 '예수 그리

---

34 (a) physical power, force, might, ability, efficacy, energy, meaning (b) plur: powerful deeds, deeds showing (physical) power, marvelous works)라는 의미를 가진다.

35 wisdom, insight, skill (human or divine), intelligence라는 의미이다.

36 strength (absolutely), power, might, force, ability라는 의미이다.

37 opinion (always good in NT), praise, honor, glory / honor, renown; glory, an especially divine quality, the unspoken manifestation of God, splendor라는 의미이다.

38 '영광'의 중의적인 의미란 '하나님께 찬양과 경배를 올려드린다'라는 의미와 '하나님의 능력과 속성, 성품을 이 땅에 드러내는 것' 곧 '하나님의 하나님 되심을 드러내는 것'을 가리킨다.

스도는 찬송받기에 합당하신 분'이라는 말이다.

예수님의 7가지 속성		
1)능력	뒤나미스 (δύναμις, nf)	그리스도의 신적 권능(고전 1:24)
2)부	플루토스(πλοῦτος, nm, nn)	그리스도의 전인적 충만(막 10:29-30)
3)지혜	소피아(σοφία, nf)	그리스도의 신적 통찰력(고전 1:24, 약 1:5)
4)힘	이스퀴스(ἰσχύς, nf)	예수 그리스도의 근본적이고도 본질적인 힘 (눅 11:22)
5)존귀	티메(τιμή, nf)	그리스도는 만왕의 왕이요 만주의 주(17:14, 19:16)
6)영광	독사(δόξα, nf)	창조주로서의 무한한 영광(요 1:14) 하나님의 영광의 광채(히 1:3)
7)찬송	율로기아(εὐλογία, nf)	예수 그리스도는 찬송 받기에 합당하신 분

한편 14절의 "4생물이 가로되 아멘하고 장로들은 엎드려 경배하더라" 는 것은 완성된 천상의 교회(미래형 하나님나라)에서의 교회들(성도, 그리스도인들) 의 예배 장면을 사도 요한이 보았다라는 것이다.

우리는 하나님께서 사도 요한에게 '일곱 재앙'의 환상 전에 4-5장을 통해 완전한 천상의 교회(미래형 하나님나라)와 교회들(성도, 그리스도인들)의 예배 모습을 보여주셨음에 주목할 필요가 있다. 즉 그리스도인이든 불신자든 간에 모두가 다 '일곱 재앙'은 피할 수가 없는 것이다. 그렇기에 특히 교 회들이 그 재앙을 통과할 때 완성된 천상의 교회(미래형 하나님나라)와 앞서 간 교회들(성도들)을 생각하며 "예수 믿음과 하나님의 계명"으로 인내하며 이겨나가라(계 14:12)고 소망(엘피스, 미래형 하나님나라에의 입성과 영생)을 주신 것임을 알아야 한다.

  교회가 삼위하나님을 찬양하고 경배하는 것은 그분만이 창조주시요 역사의 주관자시요 심판주이시기 때문이다. 그런 삼위하나님은 교회에게 한결같이 당신의 사랑과 공의를 베푸신다. 그분은 좋으신, 신실하신 하나님이시다.

괴짜의사 Dr. Araw의 쉽고 바르게 읽는 요한계시록 장편(掌篇) 강의, 개정판
예수 그리스도 복음의 계시라

Part 3

일곱 재앙

레마 이야기 6, 일곱재앙(ἑπτά πληγή) -인(σφραγις) 재앙(1/4)

레마 이야기 8-9, 일곱재앙(ἑπτά πληγή) -나팔(σἀλπιγξ) 재앙(1/3)
회개치 아니하고 오히려 우상에게 절하고 회개치 아니하더라

레마 이야기 16, 일곱재앙(ἑπτά πληγή) -대접(φιἀλη) 재앙(최고조)

레마 이야기 17, 큰 음녀 심판-정치적, 종교적 악한 영적 세력

레마 이야기 18, 큰 성 바벨론 심판-경제적, 물질적 악한 영적 세력

"그들의 진노의 큰 날이 이르렀으니 누가 능히 서리요 하더라"_계 6:17

"이 재앙에 죽지 않고 남은 사람들은 그 손으로 행하는 일을 회개치 아니하고 오히려 여러 귀신과 또는 보거나 듣거나 다니거나 하지 못하는 금, 은, 동과 목석의 우상에게 절하고 또 그 살인과 복술과 음행과 도적질을 회개치 아니하더라"_계 9:20-21

"~사람이 땅에 있어 옴으로 이같이 큰 지진이 없었더라~그 재앙이 심히 큼이러라"_계 16:18, 21

"또 일곱 대접을 가진 일곱 천사 중 하나가 와서 내게 말하여 가로되 이리 오라 많은 물위에 앉은 큰 음녀의 받을 심판을 네게 보이리라"_계 17:1

"그 고난을 무서워하여 멀리 서서 가로되 화 있도다 화 있도다 큰 성, 견고한 성 바벨론이여 일시간에 네 심판이 이르렀다 하리로다"_계 18:10

*교회와 불신자들에게 왜 일곱 재앙을 주셨나?
*종말 시대(교회 시대)란? 그리고 '종말의 끝날(마지막 그날)'이란?
*악한 영적 세력들과 그 추종 세력들에게 한시적, 일시적인 권세

Part 3

    계시록 전체의 요약장이자 핵심장인 12장, 13장, 14장의 석 장을 제외한다면 6장부터 18장까지에는 종말 시대에 있게 되는 일곱 재앙에 대해 기록되어 있고 각 재앙의 사이사이에 기록된 삽입장에는 교회들이 그에 대한 두려움에서 벗어나도록 용기와 격려, 소망을 주고 계시는 하나님의 말씀이 기록[39]되어 있다.

    특별히 6장이 인 재앙에 관한 것이라면 8-9장은 나팔 재앙을, 16장은 대접 재앙에 관한 것이다. 반복하여 첨언한 17-18장 역시 대접 재앙에 관한 기록이다. 물론 인 재앙, 나팔 재앙, 대접 재앙은 시간적 순서가 아니다. 일곱 재앙은 전 지구적으로 일어나나 각 지역적으로는 그 크기나 세기, 강도, 범위가 다른 재앙을 말한다. 삽입장은 인 재앙과 나팔 재앙 사이의 7장과 나팔 재앙 후 10-11장, 대접 재앙 전(前) 15장을 말한다.

    다시 강조하지만 인 재앙, 나팔 재앙, 대접 재앙이라는 '일곱 재앙'은 특별히 구분할 필요가 없는, 종말 시대 동안에 동시다발적으로 일어나는, 동일한 재앙으로서 전 지구적, 전 우주적으로 일어나지만 각 지역적으로는 그 범위나 크기, 강도, 세기에 있어서 복합적(complicated, complex)

---

39   일곱 재앙이란 6장의 인 재앙, 8-9장의 나팔, 16장의 대접 재앙, 16~18장의 대접 재앙, 특히 17장 큰 음녀 심판, 18장 큰 성 바벨론 심판을 말하며 삽입장이란 7장, 10-11장, 15장을 말한다.

으로 뒤섞이기도(mixed) 하며 반복적(repeatably)으로 일어나는 것일 뿐이다. 예를 들면 어느 시기의 어느 지역에서 인 재앙을 맞고 있을 때 그 시기의 다른 지역에서는 나팔 재앙의 상태일 수가 있으며 그 시기의 또 다른 지역은 대접 재앙의 상태일 수가 있다라는 것이다. 물론 동일 시기 동일 지역에서도 각 개개인에 따라 다르게 또는 복합적으로 나타날 수도 있다.

결국 '일곱 재앙'이란 전 지구적으로 일어나되 각 지역적으로는 다르게 반복적으로, 때로는 복합적으로 일어나는 것으로 범위, 크기, 강도, 세기만 다를 뿐이라는 것이다. 혹자가 말하듯 인 재앙 다음에 나팔 재앙이, 그 다음에는 대접 재앙이라는 시간적 순서는 아니라는 것이다. 그럼에도 불구하고 분명한 것이 있다면 '일곱 재앙'의 각 '일곱째' 재앙 후에는 예수님의 재림이 있다라는 것이다.

예수 재림의 '때와 시기'에 대한 권한은 전적으로 성부하나님께(행 1:7) 있다. 그러므로 일곱 재앙을 시간 순서대로 나열하여 그 '때와 시기'에 목을 매거나 역사적 사건이나 사람을 대입하여 너무 세세하게 때로는 억지로 해석하기보다는 역사의 주관자 하나님께서 '왜' 일곱 재앙을 허락하셨는가에 주목함이 바람직하다.

하나님은 불신자와 교회들(그리스도인, 성도, 교회공동체)에게 공히 일곱 재앙을 허락하셨다. 각각에게 주신 분명한 이유가 있기 때문이다. 불신자에게는 백보좌 심판 즉 유황 불못 심판을 받게 될 것에 대한 '경고'로 주셨다. 여기서 '유황 불못 심판'이란 '둘째 사망' 곧 '영원한 죽음(계 21:10-15)'을 가리킨다. 반면에 교회들에게는 종말 시대 동안에 일곱 재앙을 통과하며 '거룩함에의 훈련(Training process)'을 하라고 주셨다. 그러다가 힘들고 어려워지면 기도와 간구로 '마라나타'를 외치라고 주신 것이다. 더 나아가 '예수 믿음과 하나님의 계명'을 붙들고 인내하면서 거룩함에의 훈련과 아울러 예수님을 더욱더 의지함은 물론이요 '아멘, 주 예수여 어서 오시옵소서'라고 갈망하면서 '소망(엘피스)'을 견고히 붙들라고 허락하신 것이다. 참고로 교회가 가져야 할 '소망[40]($\dot{\epsilon}\lambda\pi\acute{\iota}\varsigma$, nf)'이란 '미래형 하나님나라에로의 입성과 영생'을 말한다.

요약하면 결국 교회들에게 '일곱 재앙'을 허락하신 것은 첫째, 우리를 향한 하나님의 뜻인 '거룩함에의 훈련 과정(Training process)'이요 하나님의 편에서는 우리를 향한 훈련의 도구라는 것이다. 둘째, 또한 그 과정을 지나며 힘들고 어려울 때마다 "내가 속히 오리라"고 말씀하셨으니 '마라나타' 곧 "아멘 주 예수여 오시옵소서"를 기도와 간구로 부르짖으라는 것이다. 마지막 셋째는 더 나아가 종말 시대를 지나는 동안에 교회들로 하여금 '소망($\dot{\epsilon}\lambda\pi\acute{\iota}\varsigma$, nf, 엘피스)'을 갖게 하기 위함이라는 것이다.

일곱 재앙(인 재앙, 나팔 재앙, 대접 재앙)	
: 전지구적으로 일어나되 각 지역적으로는 그 크기, 시기, 강도, 범위만 다르게 일어남	
교회들	1)거룩함에의 훈련 과정(Training process) & 훈련의 도구 2)기도와 간구로 마라나타(아멘 주 예수여 오시옵소서)를 외치라 3)종말 시대 동안에 교회들로 '소망($\dot{\epsilon}\lambda\pi\acute{\iota}\varsigma$, nf, 엘피스)'을 갖게 하기 위함이다.
불신자들	백보좌 심판 즉 유황 불못 심판을 받게 될 것에 대한 '경고' '유황 불못 심판'이란 '둘째 사망' 곧 '영원한 죽음(계 21:10-15)'을 가리킨다.

---

40 엘피스($\dot{\epsilon}\lambda\pi\acute{\iota}\varsigma$, nf)는 hope, expectation, trust, confidence/(from **elpō**, "to anticipate, welcome") - properly, expectation of what is sure (certain): hope이다.

교회가 붙들어야 할 '소망'은 예수 그리스도 새 언약의 성취로 인한 현재형 하나님나라가 이미 도래된(already~not yet) 것과 예수 그리스도 새 언약의 완성으로 인하여 주어지게 될 미래형 하나님나라에의 입성, 그리고 영생이다.

결론적으로 교회가 살아갈 종말 시대 동안에 일어나는 크고 작은 모든 돌발상황들과 더불어 일곱 재앙은 그 어느 것 하나 그 무엇 하나 하나님의 허락 없이는 결코 이루어지지 않는다라는 것이다. 곧 하나님의 섭리 하 경륜에 의해 일어난다라는 것을 명심해야 한다. 이를 가리켜 '섭리 의식(providence)'이라고 한다.

계시록 6장에는 일곱 재앙(επτά πληγή, 헵타 프레게)에 관해 환상, 그림, 숫자, 상징 등등 묵시문학의 형태를 빌어 비교적 상세하게 기록되어 있다. 반복하지만 계시록의 '일곱 재앙'이란 일곱 인 재앙, 일곱 나팔 재앙, 일곱 대접 재앙을 '통칭(通稱)'하여 말하는 것으로 이들은 모두 다 '동일한' 재앙이다. 차이가 있다면 전 지구적으로 일어나되 각 지역적으로 그 재앙의 범위와 강도, 세기, 크기가 다를 뿐이다. 그렇기에 인(σφραγίς) 재앙은 1/4 정도의 강도, 크기, 범위, 세기의 환난을, 나팔(σάλπιγξ) 재앙은 1/3 정도의 강도, 크기, 범위, 세기의 환난으로 국부적이기는 하나 보다 더 직접적인 환난을, 대접(φιάλη) 재앙은 전면적인 심판으로 강도나 크기, 범위, 세기에 있어서 최고조의 환난을 상징하고 있다.

일곱 재앙(동일한 재앙, 전 지구적이나 각 지역적으로 크기, 세기, 강도, 범위만 다름)	
인($\sigma\varphi\rho\alpha\gamma\iota\varsigma$) 재앙	1/4 정도의 강도, 크기, 범위, 세기의 환난을 상징
나팔($\sigma\acute{\alpha}\lambda\pi\iota\gamma\xi$) 재앙	1/3 정도의 강도, 크기, 범위, 세기의 환난으로 국부적이기는 하나 보다 더 직접적인 환난을 상징
대접($\varphi\iota\acute{\alpha}\lambda\eta$) 재앙	전면적인 심판으로 강도나 크기, 범위, 세기에 있어서 최고조의 환난을 상징

결국 모든 인간은 종말 시대(초림~재림 전까지의 기간) 동안에는 전 지구적[41] 인 '일곱 재앙'은 피할 수가 없다. 그렇기에 종말 시대에는 각 지역적으로 크기나 세기, 범위나 강도가 다른 복합적이고도 반복적인 일곱 재앙이 계속 있을 것임(6:12-17, 11:15-18, 14:14-20, 16:17-20, 19:11, 19:19-21)을 알아야 한다. 그렇다고 하여 일곱 재앙이 종말 시대 동안에 시간 순서대로 인-〉나팔-〉대접 재앙의 순으로 나타나다가 그 후에는 예수님의 재림이 온다라고 주장하는 그런 유에 대하여는 적게 관심을 두어도 될 듯하다.

물론 재앙의 강도가 세어질 때 그 두려움으로 인해 보다 더 긴장함으로 더욱더 예수님의 재림을 사모하게 되는 것은 긍정적이다. 더 나아가 긴박감으로 인한 신앙(피스티스)의 재무장(피스튜오)과 더불어 '소망(엘피스)'에 대한 확고부동(確固不動)함을 통해 예수님의 재림을 오매불망(寤寐不忘) 기다리는 것을 나쁘다고 할 수만은 없다. 그러나 만약 '예상하는' 얼마의 시간 후에 예수님의 재림이 있게 된다라고 한다면 거의 대부분의 교회들은

---

41 전 지구적일 뿐만 아니라 전 우주적이기도 하다. 그렇기에 자연계의 대 격변은 인간의 문명발달로 인해 지난날 전 지구적으로 일어났고 현재 일어나고 있으며 장차 일어날 것을 어느 정도 알게 되었다. 그러나 제한된 인간 문명으로 인해 천체의 대격변에 대하여는 부분적으로만 알 수 있을 뿐이다.

'오늘(현재와 미래까지도)'을 놓아버릴 수 있다. 그 결과 그런 주장을 따르는 크리스천 학생들은 공부를 놓게 될 것이고 크리스천 직장인들은 직장을 그만 두게 될 것이다. 각 분야의 그리스도인들은 하나님께서 '일반은총'으로 주신 모든 것들을 그만두게 될 수가 있다. 이는 그 '일반은총' 또한 하나님의 부르심(소명, Calling)이자 보내심(사명, Mission)임을 간과(看過, ignore, overlook)한 것이다.

성경은 말씀하시길, 모든 교회는 "그리스도의 일군이요 하나님의 비밀을 맡은 자(고전 4:1)"로서 "맡은 자에게 구할 것은 충성(고전 4:2)"이라고 하셨다. 그러므로 예수님께서 재림하시는 그날까지, 비록 그날이 언제가 되더라도 상관없이, 복음과 십자가의 증인(고후 5:18-21)으로 살아가고 그들이 듣든지 아니 듣든지(겔 2:5, 7, 3:11) 복음과 십자가를 선포(행 5:42)하며 살아가야 하는 것이다.

한편 특별은총을 받은, 곧 만세 전에 하나님의 은혜로 택정함을 입어 구원을 얻게 된 우리는 창조주이시고 역사의 주관자이자 심판주이신 삼위하나님을 확신하며 바라보며 갈망하고 살아가야 한다. '예수 재림(예수 그리스도 새 언약의 완성)'이라는 마지막 그날의 "때와 기한"은 아버지 하나님께서 당신의 권한에 두셨으니(행 1:7) '언제 어디로[42] 오시더라도 상관없이' 한 번의 인생 동안에 주어진 '소명'과 '사명'을 충성되게 감당하는 것에만 온통 관심이 있어야 할 것이다. 진실로 삼위하나님만을 신뢰하며 그

---

42 예수님의 6대 재림을 참고하라. '6재 재림'이란 전우주적(가견적) 재림, 돌발적 재림, 인격적 재림, 완성적 재림, 신체적 재림, 승리적 재림을 말한다. <복음은 삶을 단순하게 한다>, 이선일

분께만 온전히 주권을 드린 교회들이라면 우리 주변에서 무슨 일이 일어나든, 비록 그것이 인 재앙이든, 나팔 재앙이든, 대접 재앙이든, 도대체 그 재앙이 우리에게 무슨 대수(대단한 것)이랴…….

진실로 하나님의 주권을 인정하며 신실하신 하나님의 성품을 확신한다면 말이다.

참고로 교회의 '소명(Calling)'과 '사명(Mission)'이란 유한되고 제한된 한 번 인생의 '목표'를 말한다. 그렇다면 교회의 '목적'은 무엇일까? Soli Deo Gloria 곧 '오직 하나님께만 영광'이다. 그러므로 모든 교회는 '하나님께 영광'이라는 '목적' 때문에 한 번 인생 동안에 원대한 '목표'를 두고 충성되게 땀과 눈물로 살아가는 것이며 육신의 장막을 벗는 그날까지 '복음과 십자가'로[43] 살아가고(μάρτυς, 증인의 삶, 행 20:24) '복음과 십자가만' 자랑(κηρύσσω, 복음 선포의 삶, 행 5:42, 20:25)해야 하는 것이다.

한가지 더 첨언한다면 교회의 본질과 사명이다. 본질은 목숨을 걸고 지키는 것이라면 사명은 맡은 자 곧 소명과 사명을 받은 자가 마땅히 행하여야 할 것으로 '충성됨'이다. 그런 의미에서 교회의 본질은 '예배'라고 한다면 교회의 사명은 복음 전파(전도와 선교), 코이노니아(κοινωνία, nf), 디아코니아(διακονία, nf), social justice 등등 하나님께서 한 번 인생에서 각자를 향해 파송하신 바로 그곳에서의 충성됨이다.

---

[43] '복음과 십자가'로 살아가는 것을 증인의 삶(μάρτυς, a witness, 증인의 삶, διαμαρτύρασθαι τὸ εὐαγγέλιον τῆς χάριτος τοῦ Θεοῦ, 행 20:24)이라고 하며 '복음과 십자가만' 자랑하며 살아가는 삶을 복음 선포의 삶(διδάσκοντες καὶ εὐαγγελιζόμενοι τὸν Χριστὸν Ἰησοῦν, 행 5:42)이라고 한다. 전자가 순교자적 삶이라면 후자는 가르치기와 전도하기를 쉬지 않는 것이다.

한편 일부 주석은 '일곱 재앙'의 첫째~넷째 재앙의 경우 세상에 임하는 재앙의 시작을, '일곱 재앙'의 다섯째~여섯째는 조금 더 강화되어 견디기 힘들어지는 재앙을, '일곱 재앙'의 각 마지막 일곱째는 다음 장면(인 재앙-〉 나팔 재앙-〉 대접 재앙)을 향한 연결고리의 역할과 함께 최종적인 재앙을 나타낸다라고 했다. 필자의 경우 이런 해석에 일부 긍정적이나 여기에는 세대주의적 시각이 제법 배어있음을 알아야 한다. 그러다 보니 자칫하면 일곱 재앙이 시간 순서대로 인 재앙-〉 나팔 재앙-〉 대접 재앙이 올 수도 있겠구나라는 판단을 할 수가 있어 이런 유의 해석은 여전히 거북하다.

이를 필자의 관점으로 바꾸어 해석하면 일곱 재앙의 첫째에서 여섯째까지의 재앙은 현재형 하나님나라를 살아가는 교회들의 영적 성장과 거룩함의 훈련을 위해, 마라나타를 부르짖도록, 소망을 붙들도록 허락하신 것이며 일곱 재앙의 마지막 일곱째 재앙은 최종 목적지인 하나님나라의 완성, 즉 미래형 하나님나라에로의 입성을 위한 통관(입성과 더불어 영생) 절차인 것이다.

덧붙일 것은 종말 시대 동안에 있게 될 '일곱 재앙'의 전체적인 내용을 개괄적(general)으로라도 파악하려면 첫째에서 여섯째 인 재앙만 잘 살펴보면 된다. 나팔 재앙과 대접 재앙은 여섯째 인 재앙의 자연계의 대 격변과 전체의 대 격변, 그리고 하나님께서 이스라엘 백성을 위해 애굽의 바로를 징벌하고자 보여주셨던 출애굽 전 10가지 재앙을 떠올리면 된다. 그렇기에 나팔 재앙과 대접 재앙의 내용들은 굳이 세세하게 해석할 필요도 없다. 한편 에스겔서(38:22)에 따르면 종말 시대에 있을 계시록의 일곱 재앙(나팔 재앙)이 출애굽 때 있었던 재앙보다는 훨씬 더 심할 것이라고 했다.

감사하게도 사도 요한은 밧모섬에서 '일곱 인 재앙' 중 첫째 인에서 여섯째 인까지의 인이 떼어지는 것을 보고 계시록 6장에 비교적 상세히 기록을 통해 남겨두었다. 이를 잘 해석하면 종말 시대 동안에 일어날 일들의 개략(an outline)을 파악할 수가 있다.

첫째 인을 뗄 때에는 '흰 말'이 나타난다. 이는 '적 그리스도'를 상징하는 것으로 종말 시대 동안에는 말씀을 왜곡시키고 진리를 호도하거나 희미하게 만드는 시도가 다방면에서 일어난다라는 것이다. 그리하여 그릇된 풍조나 사조, 이단 사이비들이 나타남은 물론이요 말씀과 교리에 허술한 연약한 교인들이 많이 미혹될 것이다.

둘째 인을 뗄 때에는 '붉은 말'이 나타난다. 이는 피비린내 나는 '전쟁, 분쟁, 살육'을 상징하는 것으로 종말 시대 동안에는 전 지구적으로 혹은 각 지역적으로 끊임없이 이웃과 이웃, 나라와 나라, 민족과 민족 간의 다툼이 일어날 것이라는 말이다.

셋째 인을 뗄 때에는 '검은 말'이 나타난다. 이는 '기근과 흉년'을 상징하는 것으로 종말 시대 동안에는 전 지구적이거나 각 지역적으로 기근과 흉년이 있을 것을 말한다. 또한 지구 상의 한 쪽이 풍년이라면 다른 반대편 쪽은 지독한 흉년이 들 것까지도 함의하고 있다.

넷째 인을 뗄 때에는 '청황색 말'이 나타난다. 이는 바이러스, 박테리아, 기생충 등등 '전염병의 발호(跋扈, domination)'를 상징하는 것으로 종말 시대 동안에는 판데믹(pandemic)이나 엔데믹(endemic)으로 인한 전 지구적이거나 각 지역적으로 전염병의 확산이 있을 것을 말한다.

다섯째 인을 뗄 때에 사도 요한은 기독교 박해로 인한 순교자의 출현을 보게 된다. 그렇기에 종말 시대 동안에는 신앙을 지키려면 불이익을 감수해야 함은 물론이요 반복적으로 핍박과 박해를 받다가 심지어는 순교에까지 이르게 될 것이다.

여섯째 인을 뗄 때에 사도 요한은 천체의 대 격변과 함께 자연계의 대 격변이 일어나는 것을 보게 된다. 그러다 보니 폭우로 인한 홍수, 가뭄, 지나친 더위와 추위, 화산폭발, 지진, 쓰나미와 해일, 태풍을 지나 광풍 등등의 자연계 대 격변은 물론이요 우리가 알게 모르게 천체의 대 격변도 있게 될 것이다. 이 부분은 나팔 재앙과 대접 재앙의 내용과 많이 상통하고 있다.

8-9장에는 일곱 재앙(ἑπτά πληγή, 헵타 프레게) 중 '나팔 재앙'에 대해 환상, 그림, 숫자, 상징 등등 묵시문학의 형태를 빌어 비교적 상세하게 기록하고 있다. '나팔 재앙'은 전 지구적으로 일어나되 각 지역적으로는 다르게 반복되어 일어나며 때로는 복합적으로 일어나게 되고 나팔 재앙은 그 범위나 크기, 강도, 세기에 있어서 1/3 정도의 심판이 될 것이다. 문제는 이런 제법 '쎈' '나팔 재앙'에도 불구하고 계시록 9장 20-21절에는 그 재앙에서 살아남은 자들이 "회개치 아니하고 우상에게 절하는" 것을 보게 된다라는 것이다. 아버지 하나님의 아픔이 절절이 느껴지는 부분이다. 그러자 하나님은 계시록 10-11장의 삽입장을 주셨다.

'나팔 재앙'은 다섯째, 여섯째, 일곱째 나팔 재앙이 앞의 첫째 나팔 재앙에서 넷째 나팔 재앙까지보다 그 크기와 세기, 범위와 강도에 있어서 훨씬 더 극심할 것을 말해주고 있다. 왜냐하면 남은 세 나팔 재앙(다섯째, 여섯째, 일곱째 나팔 재앙)을 가리켜 "불 나팔"이라고 했기 때문이다. 그렇다고 하여 순서라고 생각해서는 안 된다. "불 나팔"이란 재앙의 '임박성'과 함께 재앙의 '강도와 세기, 크기, 범위'를 말하고 있는 것이다.

한편 계시록 8장 13절에는 "독수리"라는 단어가 나오는데 이 단어에는 이중적인 함의(含意)가 있다. 첫째는 하나님의 인도와 보호하심(출 12:13, 19:4, 신 32:11, 창 1:2)이며 둘째는 하나님의 심판(호 8:1, 신 28:49)이다. 이 말인즉 교회는 점점 더 극심해지는 나팔 재앙 속에서도 하나님의 인도와 보호하심을 받게 되지만 땅에 거하는 자 즉 사단나라에 속한 자인 불신자(κατοικέω, v, to inhabit, to settle, 계 11:10, 13:8, 14)들은 하나님의 심판을 면치 못할 것을 상징한 것이다. 그렇기에 불신자에게는 마치 '독수리가 먹이를 덮치듯 심판하겠다'라는 경고를 보내고 있는 것이다.

참고로 이중적인 의미를 가진 '독수리'라는 단어와 비슷하게 '복음과 십자가'에도 '구원'과 '심판'이라는 이중적인 함의(含意)가 들어있다. 왜냐하면 '복음과 십자가'를 받아들이게 될 땅에 거하는 자들(계 14:6, 카데마이)이나 이미 '복음과 십자가'를 받아들인 교회에게는 구원(미래형 하나님나라에의 입성과 영생)이지만 그를 거부한 불신자(계 11:10, 13:8, 14, 카토이케오)들에게는 심판이기 때문이다.

흥미로운 단어 하나를 소개하고자 한다. 바로 히브리어 라하프(רָחַף, hovers)이다. 이는 '날개로 너풀거리며 감싸다', '보호하다'라는 의미로 창세기 1장 2절과 신명기 32장 11절에도 동일하게 사용되었다. 흥미로운 것은 출애굽기 12장 13절의 '넘어가다(파사흐, חסֶפֶּ)'라는 단어와도 그 의미가 상통한다라는 것이다. 여기서 '넘어가다'라는 것은 인방(引枋, lintel)에 어린 양의 피가 발라져 있으면 그 피가 집안의 모든 사람들을 보호하고 그들을 감싸기에 죽음의 천사들은 그 집을 넘어가게(유월절, Passover)됨을 말한다. 이를 가리켜 '성령님의 운행하심(창 1:2)'이라고 한다. 결국 상기의 단어들을 연결하면 독수리를 상징하는 성령님의 운행하심은 마치 독수리가 큰 날개로 새끼 독수리들을 보호하듯 감싸준다라는 말이다.

  결론적으로 보다 더 강력한 재앙인 다섯째, 여섯째, 일곱째 나팔 재앙으로 인해 교회든 불신자든 간에 종말 시대를 살아가며 힘들다 할지라도 교회는 그 재앙들을 두려워할 필요가 없다는 것이다. 왜냐하면 '일곱 재앙'은 성도들의 거룩함을 위한 훈련(연단, training)의 과정(process, 도구)이기 때문이다. 게다가 교회는 그 과정 가운데에서도 성령님을 상징하는 '독수리'의 날개로 보호(넘어가다, 감싸다)해 주시겠다라고 말씀해 주셨기 때문이다. 그렇기에 종말 시대 동안 일곱 재앙을 겪게 되더라도 그것은 교회를 향한 거룩함에의 훈련이며 마라나타를 외치라는 것이고 소망(엘피스)을 더욱더 단단히 붙들라는 것이기에 교회는 세상이 두려워하는 것과는 달라야 할 것이다. 결국 교회(성도)인 우리가 할 것은 하나님의 뜻(델레마 데우)인 '복음 전파'를 통해 현재형 하나님나라를 확장해가면서 "예수 믿음과 하나님의 계명"을 붙잡고 현재의 고난을 견디어 나가되 미래형 하나님나라를 소망하며 살아가는 것이다.

  계시록 8장이 첫째 나팔 재앙에서 넷째 나팔 재앙까지를 보여주었다면 9장은 다섯째 나팔 재앙과 여섯째 나팔 재앙까지의 사도 요한이 본 것을 기록하고 있다. 그리고 15-16장의 '일곱째' 나팔 재앙에서는 '일곱 대접 재앙'을 소개하고 있다. 그렇다고 하여 인 재앙-〉 나팔 재앙-〉 대접 재앙이 시간적 순서라는 것은 아니다. '일곱 재앙' 중 그 재앙의 강도, 범위, 크기, 세기에 있어서 인 재앙보다는 나팔 재앙이, 나팔 재앙보다는 대접 재앙이 훨씬 크며 이런 '일곱 재앙'은 전 지구적으로 일어나되 각 지역마다 다르게 혼재되어 복합적으로 반복적으로 일어난다라는 것을 잊지 말아야 한다.

결국 종말 시대 동안에 나타날 '일곱 재앙'에 대해 밧모섬의 사도 요한은 계속적으로 '장면의 전환'을 통해 전체적인 그림을 하나하나 보고 있는 것이다. 이후 '일곱 재앙'의 각 일곱째 재앙 후에는 재림주, 심판주, 승리주, 만왕의 왕, 만주의 주이신 예수님의 재림이 있을 것을 말씀하고 있다. 그리하여 '마지막 그날'에는 더 이상 이 세상을 향한 하나님의 긍휼하심은 없게 되며 소위 "백보좌 심판"이라는 최후 심판만 있게 될 것이다.

문제는 나팔 재앙을 겪은 후 살아남은 자 중에도 앞서 언급했지만 계시록 9장 20-21절에 의하면 아직 복음을 듣지 못해 여전히 땅에 거하는 자(14:6, κάθημαι, to be seated)들이 있다는 것이다. 그런 그들의 모습은 여전히 "회개치 아니하고 오히려 우상에게 절하고 회개치" 않는 삶을 일관되게 살아가고 있음을 사도 요한에게 보여주셨다. 그런 그들을 경고함과 동시에 택정된 자 중에 아직도 복음을 듣지 못하여 죄 가운데 있는 자들에게 복음을 전하라고 하시며 계시록 10-11장을 주신 것이다. 그리고는 그 복음을 먼저 맛본 후 아무리 힘들고 어렵더라도 동역자 된 진실된 교회와 함께 그 복음을 힘써 전하라고 말씀하고 있다.

참고로 '세상(땅)에 거하는 자'에는 두 종류가 있다. 유기된 자이기에 세상에 거하며 세상과 벗하며 살고 세상 나라에 속하여 사는 사람(카토이케오, κατοικέω)이 있는 가하면 비록 택정함을 입기는 했으나 아직 복음을 듣지 못해 세상에 거하는 자(14:6, κάθημαι, to be seated)들이 있다.

이때 '거하다'라는 의미의 헬라어 두가지[44]를 잘 구분해서 묵상하면 성경 해석에 큰 도움이 된다. 첫째는 '카토이케오(κατοικέω, v, 계 13:14)'라는 헬라어인데 이는 '땅에 속한 자, 사단나라에 속한 자' 즉 '불신자'라는 의미이다. 둘째는 '카데마이(Κάθημαι, v, 계 14:6)'라는 헬라어인데 이는 '아직은 복음을 듣지 못하여 땅에 거하고 있으나 창세 전에 성부하나님의 은혜로 택정된 자'이기에 복음이 들려지게 되면 하나님께로 돌아올 자, 즉 '택한 자'라는 의미이다.

---

44 첫째는 '카토이케오(κατοικέω, v, I dwell in, settle in, am established in (permanently), inhabit, 계 13:14)'인데 이는 '땅에 속한 자, 사단나라에 속한 자 즉 불신자(τοὺς κατοικοῦντας ἐπὶ τῆς γῆς)'라는 의미이다. 둘째는 '카데마이(Κάθημαι, v, to be seated, 계 14:6)'인데 이는 '아직은 복음을 듣지 못하여 땅에 거하고 있으나 창세 전에 성부하나님의 은혜로 택정된 자'이기에 복음이 들려지게 되면 하나님께로 돌아올 자, 즉 택자 (ἐπὶ τοὺς καθημένους ἐπὶ τῆς γῆς)라는 의미이다.

땅에 거하는 자(아담, 아담 네페쉬)	
카토이케오, κατοικέω	카데마이 κάθημαι
τοὺς κατοικοῦντας ἐπὶ τῆς γῆς	ἐπὶ τοὺς καθημένους ἐπὶ τῆς γῆς
땅에 속한 자 사단나라에 속한 자 불신자	택정함을 입은 자 아직은 복음을 듣지 못하여 땅에 거하고 있으나 창세 전에 성부하나님의 은혜로 택정된 자 복음이 들려지게 되면 하나님께로 돌아올 자

그러므로 나는 불신자의 경우 '카토이케오'라고 간단하게 고유명사화(化) 해왔고 복음을 듣지 못해 세상에 거하다가 복음을 듣고 교회가 된 경우에는 '카데마이'라고 명명(命名)해왔다. 후자는 하나님의 은혜로 만세 전에 택정된 자들인데 그들을 부르라고 사도 요한은 복음이 적힌 작은 책을 받았던 것이다. 이는 베드로후서 3장 9절과 요한복음 6장 39절에 대한 약속의 말씀이기도 하다.

"주의 약속은 어떤 이의 더디다고 생각하는 것같이 더딘 것이 아니라 오직 너희를 대하여 오래 참으사 아무도 멸망치 않고 다 회개하기에 이르기를 원하시느니라"_벧후 3:9

"나를 보내신 이의 뜻을 행하려 함이니라 나를 보내신 이의 뜻은 내게 주신 자 중에 내가 하나도 잃어버리지 아니하고 마지막 날에 내가 이를 다시 살리리라 하시니라"_요 6:39

9장 1-11절에서는 밧모섬의 사도 요한에게 다섯째 나팔 재앙을 보여 주셨는데 1절에는 밧모섬의 사도 요한이 하늘에서 땅에 "떨어진" 별 하나가 무저갱의 열쇠를 "받는 것"을 보게 된다. 여기에서 '떨어지다'라는 헬라어는 핍토(Πίπτω, v. fall under (as under condemnation), fall prostrate)인데 이는 '타락하다'라는 뜻으로 부정적 의미가 내포되어 있다. 결국, "떨어진 별(사 14:12, 눅 10:18)"이란 종말 시대 동안에 한시적으로 하나님의 심판의 도구로 사용된 사단[45]을 가리킨다. 또한 그가 무저갱[46] 열쇠를 '받았다'라고 했는데 이는 사단이 지옥의 권세를 '가졌다'라는 의미가 아니다. 사단이 종말 시대 동안 한시적, 제한적으로 권세를 받아 가짜인 교회들을 속아내기 위해 가짜들을 핍박하고 미혹하여 결국 가짜들로 하여금 지옥에 가게 할 제한적인 권세를 받았다라는 말이다.

동시에 종말 시대를 살아가는 진짜 교회들을 향하여는 그들을 혼란케 하면서 그들을 흔들 권세를 제한적(범위)으로 그리고 한시적(기간)으로 '받았다'라는 의미이다.

결국 사단은 지옥에의 권세를 받은 것이 아니라는 것이다. 천국도 지옥도 하나님의 권세 아래에 있다. 이를 뒷받침하는 말씀이 계시록 9장 5절의 "다섯 달 동안 괴롭게만 하시는데"라는 말씀과 10절의 "다섯 달 동안 사람들을 해하는 권세가 있더라"는 말씀이다. '다섯 달'이란 '종말 시대'라는 상징적인 의미로서의 "5개월"을 말하는 것으로 한시적(기간)이고

---

[45] 타락한 천사를 말한다. 유대인들은 '7 천사장'의 개념을 가지고 있었는데 무저갱을 지배하는 천사를 우리엘(무저갱 지배, 에녹 1서 19:1, 20:2)로 생각했다. (그랜드 종합주석 16, 성서교재간행사, 1993의 p793)

[46] 무저갱의 헬라어는 아뷔소스(ἄβυσσος)인데 boundless, bottomless, the abyss, unfathomable depth, an especially Jewish conception, the home of the dead and of evil spirits라는 의미이다. 히브리어로는 테홈(תְּהוֹם, 창 1:2, 7:11, 시 105:9, 107:26) 혹은 스올(שְׁאוֹל, nf, underworld (place to which people descend at death), 욘 2:2, 롬 10:7)이다. 사단과 타락한 천사들의 잠정적인 거처(계 9:1-2, 11:7) 혹은 감옥(계 17:8, 20:1,3)을 의미한다.

제한된(범위) 가운데 사단에게 허락된 권세를 의미한다.

16장에는 일곱 재앙(ἑπτά πληγή, 헵타 프레게) 중 '대접 재앙'에 대해 환상, 그림, 숫자, 상징 등등 묵시문학의 형태를 빌어 비교적 상세하게 기록하고 있다. 이와 함께 17-18장의 대접 재앙은 특별히 정치적 종교적 악한 영의 세력을 상징하는 큰 음녀(harlot, 자기 파괴적인 모습)에 대한 심판과 떵떵거리며 사치하던 경제적, 물질적 세력들이 하루 동안에, 일시간에 무너져 망하는 것을 상징하고 있는 큰 성 바벨론에 대한 심판을 말씀하고 있다. 특히 17-18장에는 종말 시대를 살아가는 동안 이들과 타협함으로 사치, 치부를 위한 몸부림, 그들의 죄악에 동참, 손익에 따른 서로 간의 자중지란(自中之亂) 등등이 비교적 자세하게 묘사되어 있다. 그런 그들을 향해 장차 엄중한 백보좌 심판이 있을 것도 경고하고 있다. '일곱 재앙' 중 '대접 재앙' 역시 그 재앙의 시기나 내용들을 너무 세세히, 억지로 해석하기보다는 '왜' 대접 재앙을 허락하셨는가(불신자와 교회를 향한 메시지)에 주목해야 한다.

16장의 대접 재앙은 서론(무대)인 15장 다음에 곧장 본론(공연)으로 연결되어 있다. 15장에서는 교회들이 '모세가 불렀던 노래, 어린 양을 찬양하는 노래'를 하게 될 것을 보여주셨다. 그리하여 16장의 대접 재앙에 대해 두려움을 갖기보다는 '그날'에 있게 될 감격과 함께 승리한 교회가 부르게 될 '새 노래'의 찬양 모습을 그리며 현실에 덮친 최고조의 재앙에 담대하게 대처하라는 것을 말씀하고 있다. 이런 16장을 가만히 살펴보면 일곱 대접 재앙 중 처음 네 재앙은 자연계에 대한 것이고 나머지 세 재앙은 사단의 보좌에 대한 직접적인 심판임을 알 수 있다.

한편 일곱 나팔 재앙과 일곱 대접 재앙은 출애굽 전의 10가지 재앙과 많이 흡사하다. '애굽'은 악한 세력으로서 '재앙'을 상징한다. 하나님은 그런 애굽으로부터 당신의 백성을 구원하신 구속사를 그림으로 표현한 것이 출애굽 전에 보여준 10가지 재앙이며 이를 자세히 설명해 주는 것이 바로 요한계시록이다. '일곱 재앙'은 종말(교회) 시대 동안에 교회든 불신자든 상관없이 누구나 다 겪게 되는 것으로 불신자들에게는 최후 심판에 대한 경고를, 교회들에게는 거룩함에의 훈련, 마라나타를 허락하심, 소망을 주시기 위한 것임을 잊어서는 안 된다.

참고로 계시록에는 '같은' 단어 '다른' 의미를 가진 3명의 '여인'이 나오는데 이를 잘 구분할 수 있어야 한다. 12장의 "해를 입은 한 여자(12:1)"는 '교회 공동체'를, 17장의 "큰 음녀(17:1)"는 '악한 영의 세력' 특히 '정치적 세력, 종교적 악한 영의 세력'을, 21장의 "신부 곧 어린 양의 아내(21:9)"는 교회(거룩한 성 예루살렘)인 어린 양 예수 그리스도의 '신부'를 가리킨다.

같은 단어, 다른 의미	
해를 입은 한 여자(12:1)	교회 공동체
큰 음녀(17:1)	악한 영의 세력' 특히 '정치적 세력, 종교적 세력
신부 곧 어린 양의 아내(21:9)	교회(거룩한 성 예루살렘)인 '어린 양 예수 그리스도의 신부'

반면에 17장에서의 '큰 음녀'와 18장에서의 '큰 성 바벨론'은 '다른' 단어 '같은' 의미를 지닌 말(계 17:5)이다. 굳이 구분하자면 '큰 음녀'는 정

치적, 종교적 악한 영의 세력이고 '큰 성 바벨론'은 물질적, 경제적 악한 영의 세력을 가리킨다.

다른 단어, 같은 의미	
큰 음녀(17장)	정치적, 종교적 악한 영적 세력
큰 성 바벨론(18장)	물질적, 경제적 악한 영적 세력

분명한 것은 이들 세력들은 재림 예수님의 백보좌 심판에서 반드시 처절한 유황 불못 심판을 받게 될 것이라는 점이다. 이들 세력들은 종말 시대(초림~재림 전, 교회시대) 동안에는 하나님의 허용 하에서 한시적(기간), 제한적(범위)으로 권세를 부리며 안 그래도 일곱 재앙으로 힘든 시기를 지나는 교회와 교회공동체를 더욱더 힘들게 할 것이다. 그러나 "부르심을 입고 빼내심을 얻고 진실한 자들(17:14)"은 "예수 믿음과 하나님의 계명을 붙들고(14:12)" 종국적으로는 반드시 승리하게 될 것이다.

한편 19장 17-21절에서는 13장의 두 짐승 즉 예수를 흉내 낸 바다에서 나온 짐승과 성령님을 모방한 땅에서 올라온 짐승에 대한 처절한 심판을 '전쟁(계 19:19)'으로 상징된 '하나님의 큰 잔치(계 19:17)'에서 행할 것을 보여주고 있다. 뒤이어 20장 1-2절, 7-15절에는 백보좌 심판을 통해 사마귀(사단, 마귀, 귀신)와 더불어 사망과 음부(계 20:13-14), 그리고 모든 악한 영적 세력들을 유황 불못으로(계 20:10, 14-15) 던져 넣어 세세토록 밤낮 괴로움을 받게 하는(계 20:10) 최종 심판을 보여주셨다.

결국 계시록 17-18장은 대접 재앙이라는 최고조의 심판 가운데 특별히 17장에서는 종말 시대 동안에 불신자들을 더욱더 가증한 물건과 음행의 더러운 것들로 죄에 참여케 만들었던 '큰 음녀'를 향한 심판을 경고하고 있다면 18장에서는 종말 시대 동안에 불신자들을 치부케 하여 더욱더 음행과 사치로 달려가게 했던 '큰 성 바벨론'을 향한 심판을 경고하고 있다. 그리하여 18장에는 상기의 악한 영적 세력들에게 "무너졌도다 무너졌도다(계 18:2), 화 있도다 화 있도다(계 18:10, 16, 19)"라는 무시무시한 저주와 심판을 보여주셨다. 반면에 교회들, 곧 부르심을 입고 빼내심을 얻고 진실한 자들을 향하여는 마지막 그날에 신원(vindication)하시는 심판(계 18:20)을 통한 구원의 복음을 보여주고 있다.

"나 여호와가 말하노라 너희를 향한 나의 생각은 내가 아나니 재앙이 아니라 곧 평안이요 너희 장래에 소망을 주려 하는 생각이라"_렘 29:11

레마이야기 6

일곱 재앙(ἑπτά πληγή)
-인(σφραγίς) 1/4 재앙

6-1 내가 보매 어린 양이 일곱 인 중에 하나를 떼시는 그 때에 내가 들으니 네 생물 중에 하나가 우뢰소리 같이 말하되 오라 하기로

6장 1절에서는 밧모섬의 사도 요한이 "어린 양이 일곱 인 중의 하나" 즉 첫째(πρῶτος, first) 인을 떼는 장면을 보고 있다. 이는 어린 양이신 예수님만이 일곱 인(τῶν ἑπτά σφραγίδων, the seven seals)을 떼실 수 있다 라는 의미이다.

"네 생물 중에 하나가 우뢰소리 같이 말하되"라는 말씀에서는 '네 생물 중에 하나'의 정체가 무엇이냐는 것에 집중해서는 안 된다. 그저 하나님의 하실 일을 위임받고 대언하는 '네 생물 중의 하나'로서 그가 대언한 "우뢰소리"란 처절한 심판을 선언하시려는 하나님의 엄위하신 소리이다.

"오라 하기로"에서의 '오라'의 대상이 누구인가에 대하여는 해석이 아주 분분하다. 그러나 이어지는 계시록 6장의 그 다음 구절들과 연결하여 보면 '오라'의 대상은 '말 탄 자(계 6:2, 4, 5, 8)'로서 그들을 부르는 소리로 해석하는 것에 나는 줄을 섰다.

2 내가 이에 보니 흰 말이 있는데 그 탄 자가 활을 가졌고 면류관을 받고 나가서 이기고 또 이기려고 하더라

계시록 19장(19:11, 14, 백마)과 마찬가지로 이곳 계시록 6장 2절에도 '흰 말'이 나온다. 문제는 그 말을 탄 자의 정체이다. 이곳 6장의 말을 탄 자의 경우 그가 누구인지는 약간 모호하나 19장의 경우는 분명하게 '재림의 예수님'과 '하늘에 있는 군대들'이다.

아무튼 이곳 6장에서의 '말을 탄 자'는 선명하게 누구라고 말하기는 애매하지만 싸움에서 "이기고 또 이기려고 하는" 연전연승의 그 무엇(겔 14:21, 짐승? 혹은 거짓 선지자?)이라 추정된다. 그가 누구인지 알 수 있는 암시가 이곳 2절에 슬쩍 언급되어 있는데 바로 그가 싸울 때 사용하는 '무기(활)'와 그가 머리에 쓰고 있는 승리를 상징하는 '면류관'이다. 그러다 보니 일단의 학자들은 단순히 문자적으로만 접근하여 말을 탄 자는 '예수님'이라고 해석한다. 그러나 나는 동의하지 않는다.

왜냐하면 먼저 '활'을 무기로 사용한 것에 약간 걸리기 때문이다. 당시 '활'은 계시록 9장 11절에서는 무저갱의 사자(τὸν ἄγγελον τῆς ἀβύσσου)인 아바돈[47](Ἀβαδδών, אֲבַדּוֹן, Abaddon, Destroyer)의 무기(궁술(궁도, archery)을 관장하는 신)이기 때문이다. 또한 출애굽기 49장 23절에서도 적 그리스도의 무기로 '활'이 사용되었다. 물론 예외도 있다. 하박국 3장 9절, 창세기 49장 24절에서는 '활'이라는 무기가 하나님의 손을 힘입은 '굳셈'을 상징하기도 했다.

그리고 '면류관'이라는 단어가 마음에 걸린다. 계시록에 나오는 '면류관'에 해당하는 헬라어가 둘 있는데 스테파노스(στέφανος, nm)와 디아데마(διάδημα, nn)이다. 6장의 '말 탄 자'의 경우 분쟁, 전쟁, 살육 등등에서 피를 본 후 그 전쟁에서 승리한 사람이 쓰는 면류관[48]인 스테파노스(στέφανος, nm)를 쓰고 있는데 반하여 19장의 '말 탄 자'의 경우 만왕의 왕, 만주의 주이신, 진정한 '왕권'을 상징하는, 재림의 예수님이 디아데마(διάδημα, nn)인 면류관을 쓰고 있다.

상기의 두 사실로 보아 필자는 이렇게 해석한다. 6장의 흰 말을 탄 자는 마치 백마 타고 오시는 승리주, 심판주이신 재림의 예수님을 모방한 적 그리스도라는 것이다. 이는 6장 4절의 둘째 인에서 전쟁과 살육, 분쟁을 상징하는 '붉은 말'이 나오는 것을 보면 첫째 인의 백마 탄 자의 정체는 예수님이 아니라 예수를 흉내내는, 광명한 천사로 가장한 적그리스

---

47 아바돈(Ἀβαδδών, אֲבַדּוֹן, Abaddon, Destroyer (i.e. Destroying Angel) or place of destruction (personified), 아볼루온, Ἀπολλύων, 로마 신화 아폴로, 그리스 신화 아폴론)의 무기(궁술(궁도, archery)을 관장하는 신)는 활이었다.

48 면류관의 차이는 19장에서 재림의 예수님은 만왕의 왕 즉 왕권을 상징하는 면류관인 디아데마(διάδημα, nn,a royal crown, a narrow filet encircling the brow," a "kingly ornament for the head" (R. Trench, 78)인데 6장에서 흉내 낸 적그리스도는 전쟁이나 경기에서 승리 후 쓰는 면류관인 스테파노스(στέφανος, nm, properly, a wreath (garland), awarded to a victor in the ancient athletic games (like the Greek Olympics): the crown of victory))이다.

도임이 틀림없어 보인다. 그는 예수를 제대로 흉내 내려고 '활($τόξον$, nn)'이라는 무기를 가졌고 심지어 머리에는 '면류관($στέφανος$, nm)'도 쓰고 있는 것이다. 결국 이곳 6장에서 백마를 탄 자는 19장 12절에 언급된 '재림의 예수'를 비슷하게 흉내 내고 있는 '적그리스도'라고 생각된다.

필자는 '흰 말을 탄 자'를 표를 통해 다시 한번 더 조심스럽게 비교하면서 둘 사이의 소소한 차이점으로 인한 나의 해석으로 독자들을 설득하고자 한다.

먼저 계시록 19장에 나오는 승리주, 심판주이신 재림의 예수님이 가지고 있는 무기는 "검[49](칼, $ρομφαία$, nf)"인데 반해 6장에서 예수를 흉내 내고 있는 적그리스도의 무기는 "활($τόξον$, nn)"이다. 둘째, 쓰고 있는 면류관 또한 6장의 적그리스도는 전쟁에서 승리한 사람이 쓰는 면류관[50](스테파노스, $στέφανος$, nm)인데 반하여 19장의 만왕의 왕, 만주의 주이신 재림의 예수님이 쓰신 것은 진정한 '왕권'을 상징하는 면류관인 디아데마($διάδημα$, nn)이다. 또한 6장은 일곱 재앙 중 일곱인 재앙을 기록한 것이라면 19장은 재림 예수님의 속성을 통한 최후심판을 예고한 것이다.

---

[49] 무기의 차이는 19장에서 재림의 예수님은 검(칼, $ρομφαία$, nf, a long Thracian sword; "a sword, scimitar"인데 반하여 6장에서 흉내 낸 적그리스도는 활($τόξον$, nn, a bow)이다.

[50] 면류관의 차이는 19장에서 재림의 예수님은 만왕의 왕 즉 왕권을 상징하는 면류관인 디아데마($διάδημα$, nn, a royal crown, a narrow filet encircling the brow," a "kingly ornament for the head" (R. Trench, 78)인데 6장에서 흉내 낸 적그리스도는 전쟁이나 경기에서 승리 후 쓰는 면류관인 스테파노스($στέφανος$, nm, properly, a wreath (garland), awarded to a victor in the ancient athletic games (like the Greek Olympics): the crown of victory))이다.

백마를 탄 자	계시록 6장	계시록 19장
가진 무기	활(τόξον, nn)	검(칼, ῥομφαία, nf)
면류관	스테파노스(στέφανος, nm) 피 튀기는 싸움에서 이긴 후에 획득하는 승리의 관	디아데마(διάδημα, nn) 만왕의 왕. 만주의 주이신 예수님의 절대 왕권
전후 맥락	일곱 재앙 중 일곱인 재앙 가운데 언급됨	재림의 예수님의 이름(속성)을 통한 최후 심판

결국 6장에서 흰 말을 타고 있는 자는 정확하게 누구인지는 확실하지 않으나 적그리스도로서 광명한 천사로 가장한 그 무엇임이 틀림없어 보인다.

뒤이어 나오는 계시록 6장 2-8절까지의 '네 말'과 '그 말을 탄 자'의 정체 또한 정확하게 알 수는 없다. 그러나 스가랴 1장 8-11절과 6장 1-11절을 묵상하며 서로를 연결하면 어느 정도 궁금증은 풀리게 된다. 그럼에도 불구하고 필자의 경우 요한계시록에 나오는 인물이나 사건사건마다 '구체적으로 무엇'이며 그들이 '누구냐'라는 것보다 밧모섬의 사도 요한을 통해 보여주신 것들이 '무엇을 의미하느냐', 그리고 그러한 것들을 '왜 허락하셨는가'에 주목해야 할 것이라고 생각한다.

우리는 성경을 해석할 때 역사적 사건이나 사람을 대입하여 시간적 순서로 풀려는 시도나 징조를 통한 앞으로의 전개 과정을 수수께끼 풀듯 하기보다는 '하나님께서 하시고자 하는 말씀의 의도'에 초점을 두어야 한다. 적어도 나는 그렇게 생각한다.

어떠한 일들이 예견된 그 시점에 일어나든 아니든 간에 역사의 주관자 하나님의 섭리와 경륜에 순복하며 따르는 것이 교회들(그리스도인들)이 해야 할 일이다. 더 나아가 오늘, 지금, 그 자리에서 하나님께서 내게 원하시는 것이 무엇인지에 관심이 집중되어야 한다.

동시에 매사 매 순간마다 어떤 돌발상황이 닥쳐온다 할지라도 "예수 믿음과 하나님의 계명"을 붙들고 인내하며 나아가야 한다. 황당한 일이 안 일어나면 더 감사이며 당황스러운 일이 일어나더라도 돌파하면 되는 것이다. 교회는 그저 매사 매 순간 하나님의 뜻을 따라 하나님의 기쁨으로 살아가면 되는 것이다.

모든 교회들(그리스도인들)은 종말 시대의 한 자락을 살아간다. 그렇기에 유한되고 제한된 우리 인생은 '한 경점(更點)'일 뿐이며 '그림자'에 불과하다. 길어야 70이고 건강해도 80이다. 쏜살같이 지나간다. 그러므로 교회들의 한 번 인생 동안에 해야 할 일은 우리를 향하신 하나님의 뜻 곧 복음을 전파하는 것뿐이다. 결국 '복음과 십자가로' 살아가고 '복음과 십자가만' 자랑하며 살아가는 것이 중요할 뿐이다. 예수 그리스도의 증인으로서의 삶과 더불어 그들이 듣든지 아니 듣든지 때를 얻든지 못 얻든지 "예수는 그리스도라 가르치기와 전도하기(행 5:42)"를 쉬지 않으며 살아가야만 하는 것이다.

3 둘째 인을 떼실 때에 내가 들으니 둘째 생물이 말하되 오라 하더니 4 이에 붉은 다른 말이 나오더라 그 탄 자가 허락을 받아 땅에서 화평을 제하여 버리며 서로 죽이게 하고 또 큰 칼을 받았더라

계시록 6장 3-4절은 밧모섬의 사도 요한이 둘째(δεύτερος, 2nd) 인 떼는 것을 듣고 보는 장면이다. 둘째 인을 떼자 네 생물 중 둘째 생물이 붉은 말을 탄 자더러 "오라"고 하는 소리를 사도 요한이 듣게 된다. 첫째(πρῶτος, 1st) 인에서의 흰 말이 아닌 '붉은 다른 말'이 둘째 인을 떼자 나왔기 때문이다. 여기서 '붉은 말'이란 '전쟁'을 상징하는 것으로 그 "붉은 말을 탄 자"는 허락을 받아 땅에서 화평을 제하여 버리고 서로 서로를 죽이도록 교사(敎唆) 하고 있다. 더 나아가 '큰 칼'까지 받음을 보고 있다.

"큰 칼"이란 대단한 영향력, 대량 살육을 상징하며 "화평을 제하다"라는 것은 '분쟁을 촉발시키다'라는 의미이다. '서로 서로 죽이도록 하는 것'은 전쟁을 상징한다. 결국 나라와 나라, 민족과 민족 간의 살육과 분쟁, 전쟁을 상징하고 있는 것으로 종국적으로는 전면전이 일어나 어마어마한 영향을 끼칠 대량 살육이 있을 것을 계시해주고 있다.

5 세째 인을 떼실 때에 내가 들으니 세째 생물이 말하되 오라 하기로 내가 보니 검은 말이 나오는데 그 탄 자가 손에 저울을 가졌더라 6 내가 네 생물 사이로서 나는 듯하는 음성을 들으니 가로되 한 데나리온에 밀 한 되요 한 데나리온에 보리 석 되로다 또 감람유와 포도주는 해치 말라 하더라

계시록 6장 5-6절은 밧모섬의 사도 요한이 셋째(τρίτος, 3rd) 인 떼는 것을 듣고 보는 장면이다. 셋째 인을 떼자 네 생물 중 셋째 생물이 "오라"고 하는 소리를 사도 요한이 듣게 된다. 첫째 인에서는 흰 말이, 둘째 인에서는 '붉은 다른 말'이 나왔고 셋째 인에서는 검은 말이 나왔다. 여기서 검은 말이란 기근과 흉년을 상징하는데 '검은 말을 탄 자'는 그 손에 저울을 가지고 있었다. 이어 사도 요한은 네 생물 사이에서 나는 듯한 모호한 음성을 듣게 된다. 곧 "한 데나리온에 밀 한 되요 한 데나리온에 보리 석 되로다. 감람유와 포도주는 해치말라"는 음성이었다.

먼저 '저울'은 '기근, 흉년, 심판'을 상징한 것(겔 4:16-17)으로 당시 한 데나리온은 노동자 하루 품삯으로 밀은 12되, 보리는 그 세 배인 36-40되를 살 수 있었다. 결국 "한 데나리온에 밀 한 되요 보리 석 되"라는 것은 지독한 인플레이션(평상시 한 되 가격의 12배)을 가리키는 것으로 평시 가격 대비 12배가 폭등하게 될 것을 말씀하고 있다. 결국 기근으로 인해 식량이 부족하기에 곡식의 무게를 달아야만 하는(겔 4:9-11) 상황을 상징하고 있는 것이다. 기근이 얼마나 심했든지 "한 데나리온에 겨우 밀 한 되, 보리 석 되" 밖에 살 수가 없었다라는 것이다.

한편 유대인들의 주식(主食)은 밀과 보리, 포도주와 감람유였다. 당시 뜻하지 않게 흉년이 들면 감람나무와 포도나무를 뽑아 버리고는 대신 밀과 보리를 심기도 했었다고 한다. 그런데 이 구절에서는 "감람유와 포도주는 해치 말라"고 하셨는데 여기서 "해치 말라(ἀδικέω, to do wrong, act wickedly)"고 한 것은 아직은 최악의 기근은 아니라는 말이며 부족하나마 어느 정도의 식량이 남아있음을 내포하고 있는 것이다. 참고로 흉년은 어쩔 수 없는 상황인 경우도 있으나 그로 인한 기근의 경우는 인간의 탐욕에 기인한 것이다.

7 네째 인을 떼실 때에 내가 네째 생물의 음성을 들으니 가로되 오라 하기로 8 내가 보매 청황색 말이 나오는데 그 탄 자의 이름은 사망이니 음부가 그 뒤를 따르더라 저희가 땅 사분 일의 권세를 얻어 검과 흉년과 사망과 땅의 짐승으로서 죽이더라

계시록 6장 7-8절은 밧모섬의 사도 요한이 넷째(τέταρτος, 4th) 인 떼는 것을 듣고 보는 장면이다. 넷째 인을 떼자 네 생물 중 넷째 생물이 청황색 말을 탄 자에게 "오라"고 하는 소리를 사도 요한이 듣게 된다. 첫째(πρῶτος, first) 인에서는 흰 말이, 둘째(δεύτερος, 2nd) 인에서는 '붉은 다른 말'이, 셋째(τρίτος, 3rd) 인에서는 검은 말이 나왔고 넷째(τέταρτος, 4th) 인에서는 청황색 말이 나왔기 때문이다. 그 말을 탄 자의 이름은 사망이었는데 음부가 그 뒤를 따르고 있었다. 이는 그 탄 자가 '누구인가'라는 것보다는 그 '내용이 무엇인가'에 방점이 있는 것이다.

결국 첫째 인에서 넷째 인까지의 인 재앙은 흰 말, 붉은 말, 검은 말, 청황색 말을 탔던 자가 누구인가라는 것보다 각각 그들이 상징하고 있는 인 재앙의 내용이 무엇인가에 방점이 있음을 알아야 한다. 다시 말하면 종말 시대에 있을 인 재앙은 흰 말을 탄 자인 적 그리스도의 출현으로 진리를 호도(糊塗, mislead, cover up, gloss over)함과 더불어 진리를 물 타기 함으로 다른 복음에로의 미혹이 있을 것이라는 말이다. 또한 붉은 말을 탄 자가 상징하듯 전쟁과 분쟁, 살육 등등 피 바람이 불 것이며 검은 말을 탄 자가 상징하듯 흉년과 기근, 궁핍함으로 인해 부익부(富益富) 빈익빈(貧益貧)이 가속화될 것이고 청황색 말을 탄 자가 의미하듯 전염병이 창궐할 것임을 계시해주신 것이다.

"저희가 땅 사분 일의 권세를 얻어 검과 흉년과 사망과 땅의 짐승으로서 죽이더라"에서의 '저희'는 상기 네 말을 탄 자를 가리키며 '사분 일의 권세'란 악한 영적 세력들이 한시적으로 1/4의 제한적인 권세를 허락받았다라는 것이다. '검과 흉년과 사망과 땅의 짐승'이란 상기 각각의 말을 탄 자를 상징('검'은 붉은 색 말을, '흉년'은 검은 색 말을, 사망은 청황색 말을, 땅의 짐승은 흰 말을 가리킴, 눅 21:8-12, 겔 5:12, 14:21)하는 것이며 "죽이더라"는 것은 저들이 종말 시대 동안에 교회들을 핍박함은 물론이요 죽이기까지(순교의 제물)에 이르게 할 것이라는 의미이다.

참고로 "청황색(χλωρός, pale green, pale)"이란 '잿빛 혹은 암갈색'을 가리키는 것으로 죽은 시체의 색깔을 상징한다. 사망[51]이라는 다나토스(θάνατος, nm)는 전염병, 질병, 온역(겔 5:12, 14:21, 대상, 21:11-12, 눅 21:11)을 상징하고 있다. 한편 '온역'이란 작금의 바이러스(Virus, COVID 19), 박테리아(Bacteria), 기생충(Parasite) 등 온갖 전염병들을 말하며 향후 이름 모를 수많은 균들이 출현하게 될 것을 상징하고 있다.

그 '사망'의 뒤를 '음부(Ἅιδης, nm, Hades, the unseen world)'가 따랐는데 '사망과 음부'란 이중적인 의미로 단순히 '육적인 죽음'을 의미하기도 하나 동시에 죽은 후 '영벌의 저주 아래 놓이게 되는 상태'를 일컫기도 한다.

---

51 사망이란 다나토스(θάνατος, nm, physical or spiritual death: (figuratively) separation from the life (salva-tion) of God forever by dying without first experiencing death to self to receive His gift of salvation)로서 온역(전염병)을 뜻한다.

그렇기에 '음부가 사망의 뒤를 따르더라'는 것은 청황색 말을 탄 자가 상징하듯 사망 곧 육신적 죽음(히 9:27) 후 불신자는 영벌(음부)의 저주 아래 놓이게 되어 음부 곧 유황 불못(둘째 사망, 영원한 죽음)에 들어가게 될 것을 상징하고 있다. 반면에 교회는 사망 곧 육신적 죽음(히 9:27) 후 음부 대신에 거룩한 성 새 예루살렘(미래형 하나님나라)에서 영생을 누리게 될 것이다.

9 다섯째 인을 떼실 때에 내가 보니 하나님의 말씀과 저희의 가진 증거를 인하여 죽임을 당한 영혼들이 제단 아래 있어

9절에서는 다섯째(πέμπτος, 5th) 인을 떼니 "하나님의 말씀과 예수 증거"를 인해 죽임을 당한 영혼들이 "제단 아래"에 있는 것을 밧모섬의 사도 요한은 보게 되었다. 이는 복음으로 인해 핍박을 넘어 순교를 당하기까지 교회가 고통받게 될 것을 상징하고 있는 것이다.

결국 '종말 시대' 동안에는 그러한 환난과 핍박이 전 지구적으로 일어나되 각 지역적으로는 그 강도나 크기, 세기, 범위가 다르지만 계속 있을 것이며 그로 인해 많은 순교자가 생겨날 것이라는 말이다. 동시에 그 수가 차서 예수님의 재림이 있기까지 계속적인 환난과 핍박, 박해와 죽음이 있을 것을 말씀하고 있는 것이다.

"제단(θυσιαστήριον, nn, an altar) 아래 있어"라는 것은 구약시대의 희생제사에 있어 희생제물이 번제단 앞에서 죽어 번제단(מִזְבֵּחַ, 미쯔베아흐, nm, an altar/from זָבַח, v, to slaughter for sacrifice) 위에 제물로 바쳐지고 그 피는 번제단 밑에 쏟아지게 되는 것(레 4:7)을 배경으로 하고 있다(Ladd). 즉 하나님 앞에서 복음을 전하다가 희생제물이 된 순교자의 피가 마치 구약시대의 '희생제물의 피를 번제단 아래 쏟듯이' 하나님 앞에 바쳐진 희생제물로서의 순교자의 그 피가 제단 아래에 있는 것이라는 의미이다.

참고로 레위기 4장 7절에는 희생제물인 흠 없는 수송아지의 피를 향단 뿔에 바른 후 나머지는 번제단 아래에 쏟아버리는 장면을 보여주고 있다. 그 피는 2,000년 전 우리를 위해 희생제물이 되신 예수 그리스도를 상징한다. 동시에 예수의 피로 구원을 얻은 교회인 우리도 복음을 전하다가 피 흘리는 순교까지도 각오해야 함을 의미하고 있다.

10 큰 소리로 불러 가로되 거룩하고 참되신 대주재여 땅에 거하는 자들을 심판하여 우리 피를 신원하여 주지 아니하시기를 어느 때까지 하시려나이까 하니

10절은 사도 요한이 "큰 소리로 불러 가로되"라는 순교자들의 부르짖는 기도를 보고 듣는 말씀으로 시작하고 있다. 다섯째(πέμπτος, 5th) 인을 뗀 후의 일이다. 이 모습은 예레미야 29장 12-13절과 33장 2-3절을 연상시킨다.

"거룩하고 참된 대주재(Δεσπότης, nm, lord, master, 행 4:24)여" 라는 것은 부르짖는 대상에 대한 속성(거룩하고 참된, ὁ ἅγιος καὶ ἀληθινός)과 더불어 그 기도의 대상(대주재, Δεσπότης)이 누구인지를 보여주신 말씀이다. 참고로 기도의 대상은 성부하나님임을 알아야 한다. 그렇기에 우리가 기도할 때에는 성부하나님께, 성령님의 도움을 바라며, 예수님의 이름으로 기도해야 한다.

이 구절은 성부하나님께 신원(vindication)해달라며 외치고 있는 말씀이다. 심판과 달리 신원[52](vindication)이라는 헬라어는 에크디케오(ἐκδικέω, v)인데 이는 억울함(한(恨) 맺힌 것)을 풀어 달라는 '보복'의 개념이 함의(含意)되어 있다. 그렇기에 제단 아래에 있던 "죽임을 당한 영혼들(6:9)"인 순교자들은 하루빨리 땅에 거하는 자들(τῶν κατοικούντων ἐπὶ τῆς γῆς) 곧 땅에 속한 자들(3:10, 11:10, 13:12, 14:6, 17:8)인 악한 영적 세력들과 그 추종 세력들을 심판함으로 보복해달라고 외치고 있는 것이다.

한편 이 구절에서의 '보복'이라는 말은 문자적인 복수(앙갚음, revenge, vengeance, נְקָמָה, nf/נָקָם, nm 〈 - נָקַם, v)라기보다는 '하나님의 하나님 되심'을 드러내 주시고 이제 후로는 더 이상 '악한 영적 세력이 기승을 부리지 못하게 해 달라'는 의미이다.

11 각각 저희에게 흰 두루마기를 주시며 가라사대 아직 잠시 동안 쉬되 저희 동무 종들과 형제들도 자기처럼 죽임을 받아 그 수가 차기까지 하라 하시더라

11절에서는 사도 요한이 각각 그들(순교자들)에게 흰 옷(롬 13:12,14, 갈 3:27, 계 7:9, 14) 곧 "흰 두루마기(계 6:11, 22:14)"를 주시며 말씀하시는 것을 보고 듣고 있다. 여기서 '흰 옷'이란 어린 양의 피에 씻어 희게 한 옷(계 7:14)으

---

52 심판과 달리 신원(vindication)은 에크디케오(ἐκδικέω, v, to vindicate, to avenge/to dispense jus-tice, carrying a judgment completely through, i.e. with all that is appropriate to it)로서 교회를 위한 하나님의 보복이다.

로 주 예수 그리스도로 옷 입는 것(롬 13:14, 갈 3:27), 빛의 갑옷(롬 13:12), 맑고 빛난 세마포(계 15:6), 빛나고 깨끗한 세마포(계 19:8), 희고 깨끗한 세마포(계 19:14) 등등을 가리키는 것으로 '정결, 의로움, 승리'를 상징한다.

"아직 잠시 동안 쉬되"라는 것은 아버지 하나님의 때와 시기에 대한 권한(행 1:7)을 인정하라는 말씀이다. 그리하여 예수님의 재림을 통하여 하나님의 나라(미래형 하나님나라)가 완성될 때까지 잠시 기다리라고 하신 것이다.

참고로 그 기한에 대한 조건은 "그 수가 차기까지"이다. 이를 베드로후서(3:9)는 "아무도 멸망치 않고 다 회개함에 이르는 때"라고 했는데 곧 '구원의 수가 차기까지(요 6:39, 마 24:21-22)'인 것이다.

12 내가 보니 여섯째 인을 떼실 때에 큰 지진이 나며 해가 총담 같이 검어지고 온 달이 피 같이 되며 13 하늘의 별들이 무화과나무가 대풍에 흔들려 선 과실이 떨어지는 것 같이 땅에 떨어지며 14 하늘은 종이 축이 말리는 것 같이 떠나가고 각 산과 섬이 제 자리에서 옮기우매 15 땅의 임금들과 왕족들과 장군들과 부자들과 강한 자들과 각 종과 자주자가 굴과 산 바위틈에 숨어 16 산과 바위에게 이르되 우리 위에 떨어져 보좌에 앉으신 이의 낯에서와 어린 양의 진노에서 우리를 가리우라

12-16절에는 여섯째(ἕκτος, 6th) 인을 떼니 천재지변(天災地變, natural disaster, calamity)이 일어나게 되는 것을 밧모섬의 사도 요한이 두려움과 떨림으로 보고 있는 장면을 묘사하고 있다.

천재지변(天災地變, cataclysm)이란 하늘(cosmos)의 징조인 해와 달, 별 등 우주의 파괴 즉 천체의 대격변과 함께 하늘(sky)과 산과 섬 등의 대격변인 자연재해 즉 자연계의 대격변이 동시에 일어나는 것을 말한다. 이는 구약과 신약의 모든 심판들을 배경[53]으로 하고 있다. 특히 계시록 6장 12-13절은 마태복음 24장 29절의 말씀과 상통하고 있다.

"그 날 환난 후에 즉시 해가 어두워지며 달이 빛을 내지 아니하며 별들이 하늘에서 떨어지며 하늘의 권능들이 흔들리리라"_마 24:29

한편 여섯째(ἕκτος, 6th) 인 재앙은 일곱(ἑπτά, seven) 나팔 재앙과 일곱(ἑπτά, seven) 대접 재앙, 그리고 출애굽 전의 10가지 재앙과 상통할 뿐만 아니라 서로 서로를 상호 보완하면서 설명하고 있는 것을 볼 수 있다. 참고로 각 재앙의 일곱째(ἕβδομος, 7th) 재앙(인, 나팔, 대접)은 마지막 재앙(계 15:1)으로서 앞서 첫째에서 여섯째 재앙과 마찬가지로 전 지구적으로 일어나되 각 지역별로는 강도와 크기, 범위, 세기만 다를 뿐이다. 차이점이 있다면 각 재앙의 일곱째(ἕβδομος, 7th) 재앙(인, 나팔, 대접) 이후에는 예수님의 재림(계 8:5, 11:19, 16:18)이 있게 된다라는 것이다.

---

53 구약(사 13:10, 13; 24:1-6, 17-23; 34:4; 겔 32장, 32:6-8; 호 10:8; 욜 2:10, 30-31, 3:15-16; 합 3:6-11)과 신약(막 13:24-25; 마 24:29)을 배경으로 했음. 이 필찬 교수의 <요한계시록 어떻게 읽을 것인가> p132 재인용

여섯째 인 재앙	출애굽 전(前) 10가지 재앙	일곱 나팔 재앙	일곱 대접 재앙
천체의 대격변 자연계의 대격변	1)피(출 7:14-25) 2)개구리(출 8:1-15) 3)이(출 8:16-19) 4)파리(출 8:20-32) 5)생축의 죽음 　(출 9:1-7) 6)독종(출 9:8-12) 7)우박(출 9:13-35) 8)메뚜기(출10:1-20) 9)암흑(출 10:21-29) 10)장자의 죽음 　(출11:1-10)	1)피 섞인 우박과 불 -땅, 수목, 푸른 풀 (계 8:7) 2)불붙는 큰 산 -바다가 피로, 생물, 배(계 8:8-9) 3)횃불같이 타는 큰 별 -강, 물샘, 물 1/3이 쑥이 됨(계 8:10-11) 4)해, 달, 별1/3 ->어둠(계 8:12) 5)첫째 화-황충, 어둠 6)둘째 화 -유브라데 결박 4천사 -사람 1/3죽이기로 -불, 연기, 유황 (계 9:13-21)	1)땅-독한 종기 (헌 데, 계 16:2) 2)바다가 피로 -모든 생물 폐사 (계 16:3) 3)강과 물 근원-피 (계 16:4-7) -성도, 선지자의 피 값 =하나님의 공의 4)해-사람을 불태움 (계 16:8-9) -하나님이름 비방, 회개x, 영광x 5)짐승의 보좌-어둠 고통-혀 깨뭄 종기로 고통-하나님 훼방, 회개x (계 16:10-11) 6)큰 강 유브라데 -말라붙음 -동방왕들의 길 (계 16:12-16) 개구리 같은 세 더러운 영(용, 짐승, 거짓 선지자)
일곱째(ἕβδομος, 7th) 재앙	*일곱째 인 재앙(계 8:5) "뇌성과 음성과 번개와 지진이 나더라" *일곱째 나팔 재앙(계 11:19) "번개와 음성들과 뇌성과 지진과 큰 우박이 있더라" *일곱째 대접 재앙(계 16:18) "번개와 음성들과 뇌성이 있고 또 큰 지진이 있어 어찌 큰지 사람이 땅에 있어 옴으로 이같이 큰 지진이 없었더라"			
@승리주, 심판주, 만왕의 왕, 만주의 주이신 예수님의 재림(the Second Coming of Christ) 백보좌 심판 (1)생명의 부활-영생(미래형 하나님나라) (2)심판의 부활-영벌(둘째 사망, 영원한 죽음, 유황 불못, 세세토록 밤낮 괴로움을 당하게 됨)			

한편 여섯째 인 재앙으로 인해 천체의 대격변과 자연계의 대격변이 일어나자 "임금들, 왕족들, 장군들, 부자들, 강한 자들, 각 종과 자주자" 등등 일곱(완전수, 만수) 부류의 '땅에 거하는(κατοικέω, v)' 모든 사람들(일곱(seven) 부류)이 "보좌에 앉으신" 하나님과 어린 양 예수님의 진노가 두려워 "굴과 산 바위 틈"에 숨어든다. 그래도 두려움이 가시지 않자 심지어는 "산과 바위"에 차라리 깔려 죽는 것이 낫겠다며 외치는 것을 보게 된다. 이는 이사야 2장 19-21절과 시편 139편 7-8절의 말씀을 배경으로 하고 있다.

17 그들의 진노의 큰 날이 이르렀으니 누가 능히 서리요 하더라

이 구절(계 6:17)에서의 "누가 능히 서리요"에 대한 명료한 답은 계시록 7장 9절 이하이다. 이후 마지막 일곱째 인 재앙은 계시록 8장 1절 이하로 이어진다.

한편 이곳 17절에서는 "진노의 큰 날"이 이르게 될 때에는 어느 누구도 하나님 앞에 당당히 설 수가 없다는 사실을 알려주고 있다. 당연한 사실이다. 과연 '누가' 거룩하신 하나님 앞에 설 수 있겠는가?

'감히'…….

그러나 좋으신 하나님은 당신 앞에 당당히 설 수 있는 '길(방법)'을 알려주셨는데 '그 길'이 바로 진리요 생명이신 예수 그리스도이시다. 히브리서 4장 14-16절과 에베소서 3장 12절에는 "예수를 믿음으로" 의롭다 칭함을 얻어 하나님 앞에 "당당히 나아갈 수 있게 된다"라고 말씀하셨다.

참고로 "진노의 큰 날이 이르렀으니"라는 말씀에서의 '진노의 큰 날'이란 본래는 헬라어로 진노의 '그' 큰 '그' 날이다. 이의 헬라어는 "헤 헤메라 헤 메갈레 테스 오르게스(ἡ(the) ἡμέρα(day) ἡ(the) μεγάλη(great) τῆς(of the) ὀργῆς(wrath))"이다. 이는 여호와께서 맹렬히 심판하시는 마지막 날 곧 하나님께서 정하신 최후 심판의 '그(ἡ, the) 날'을 가리킨다. 구약에서는 '여호와의 날(사 13:6, 겔 13:5, 욜 2:11, 습 1:14)'이라고 말씀하셨다. 결국 최후 심판의 '그 날'이 되기까지 종말 시대 동안에 이런 일곱(ἑπτά, seven) 재앙을 허락하신 아버지 하나님의 마음을 아는 것이 가장 중요한 것이다.

그렇다면 하나님께서 종말 시대 동안에 공히 모든 인간들에게 일곱 재앙을 주신 의도(마음, 뜻)는 무엇일까? 필자는 이렇게 결론짓고 있다. 먼저 교회와 교회 공동체들을 향하여는 당신의 거룩을 본받아 거룩함으로 살아가도록 하기 위한 훈련이요 어렵고 힘들어 쓰러지려 할 때마다 마라나타를 외치게 하기 위함이며, 종말 시대의 한 부분을 살아가며 미래형 하나님나라에의 입성과 영생이라는 소망(엘피스)를 붙들고 인내하며 나아가라는 메시지라는 것이다. 반면에 불신자들에게는 일곱 재앙과는 비교도 안 되는 유황 불못 심판 곧 세세토록 밤낮 괴로움을 당하는 둘째 사망에 대한 경고를 주시려는 것이다.

계시록 6장의 여섯째 인 재앙 후 일곱째 인 재앙이 있기 전에 좋으신 하나님은 삽입장인 7장을 허락하셨다. 동일하게 여섯째 나팔 재앙 후 삽입장인 10-11장을 주셨고 16장의 대접 재앙 전에 삽입장인 15장을 주셨다. 이렇게 삽입장(7장, 10-11장, 15장)을 주신 것은 종말 시대에 반드시 있게 될 무시무시한 일곱 재앙(인, 나팔, 대접)인 진노의 날에도 "인 맞은 자" 곧 '교회(그리스도인, 성도)'는 반드시 승리할 것이기에 하나님의 마음을 분명하게 알고 "예수 믿음과 하나님의 계명"을 붙들고 소망(엘피스)을 바라보며 나아가라는 격려와 위로의 메시지인 것이다.

"나 여호와가 말하노라 너희를 향한 나의 생각은 내가 아나니 재앙이 아니라 곧 평안이요 너희 장래에 소망을 주려 하는 생각이라"_렘 29:11

"내가 사망의 음침한 골짜기로 다닐지라도 해를 두려워하지 않을 것은 주께서 나와 함께하심이라 주의 지팡이와 막대기가 나를 안위하시나이다"_시 23:4

결국 교회(그리스도인, 성도)는 종말 시대 동안에 닥치게 될 일곱 재앙과 더불어 하나님으로부터 제한적, 한시적으로 권세를 받은 사마귀(사단, 마귀, 귀신) 곧 악한 영적 세력들로부터 핍박을 받을 수밖에 없다라는 것이다. 그렇기에 교회는 다음의 3가지를 잊지 말고 늘 기억하며 항상 붙들고 나아가야 할 것이다.

첫째(히 12:2), 믿음의 주요 또 온전케 하시는 이 예수를 바라보자!

둘째(히 13:8), 어제나 오늘이나 영원토록 동일하신 삼위하나님을 바라보자!

마지막으로, 오직 하나님께만 영광 즉 Soli Deo Gloria! 이다.

향연이 성도의 기도와 함께 천사의 손으로부터 하나님 앞으로 올라가는지라 천사가 향로를 가지고 단 위의 불을 담아다가 땅에 쏟으매 뇌성과 음성과 번개와 지진이 나더라 _요한계시록 8: 4-5

레마이야기 8

일곱 재앙(ἑπτά πληγή) -나팔(σάλπιγξ) 1/3 재앙

8-1 일곱째 인을 떼실 때에 하늘이 반시 동안쯤 고요하더니

계시록 8장 1절에서는 밧모섬의 사도 요한이 일곱째 인을 떼는 것을 보고 있다. 이때 요한은 "하늘이 반시 동안쯤 고요했다"라고 묘사하고 있다. 필자에게는 '반(半)시'와 '고요'라는 두 단어가 흥미롭다. 온전한 하나가 아니라 반(半)이며 하나님의 등장과는 어울리지 않은 '고요' 때문이다.

그러나 태풍이 몰아치기 전 일시적으로 고기압 상태가 형성되어 평온한 날씨가 되는 폭풍전야(暴風前夜, the calm(lull) before the storm)를 상상해보면 쉽게 이해가 되기도 한다. 이처럼 큰 사건이 일어나기 전 고요한 상태(폭풍 속의 고요함, dramatic pause)를 가리켜 우리는 흔히 '폭풍전야'라고 한다. 결국 "하늘이 반시 동안쯤 고요했다"라는 것은 일곱째 인 재앙으로 하나님의 최후 심판을 알리며 바야흐로 하나님의 완전한 시간, 곧 '온전한 하나(1/2+1/2=1)'가 시작됨을 알리는 폭풍전야로서의 반(半)을 의미하고 있다는 것을 알 수 있다.

참고로 바빌로니아 탈무드[54]에 의하면, '하늘에서 천사들은 밤 동안에는 하나님을 찬양하지만, 낮 동안에는 하나님께서 그들을 침묵시키신 후 땅에서 무릎 꿇는 이스라엘의 기도를 들으신다'라고 한다. 즉 '반(半)시 동안 고요했다'라는 것은 하루 중 반(半)인 낮 동안에 고요한 침묵 가운데 이 땅 위의 모든 교회들의 기도를 들으신 후 '그 고요한 침묵의 시간' 뒤에 당신의 때에 당신의 방법으로 행하실 아버지 하나님의 반응(응답) 즉 '다음 행동까지의 기간'으로 나는 해석한다. 그러므로 이 구절에서 우리는 성도들의 기도를 귀하게[55] 여기시고 만족스럽게 흠향하시는 아버지 하나님의 교회를 향한 마음을 느낄 수 있다.

결국 일곱째 인 재앙이란 어떤 특정한 재앙이라기보다는 예수 재림의 그날을 알리는 것으로 악한 세력들에 대한 최후 심판과 동시에 하나님나라의 완성으로 향하는 그 무엇임을 알 수 있다. 한편 "일곱째 인을 떼실

---

54 이필찬 교수의 <요한계시록 어떻게 읽을 것인가>의 p150-151 재인용. 유대의 율법학자들이 사회의 모든 사상들, 즉 율법, 전통적 습관, 축제, 민간전승에 대해 구전, 해설한 것을 집대성한 것으로 AD 4C 말경에 편찬한 팔레스타인 탈무드 혹은 예루살렘 탈무드와 AD 6C 경 편찬한 바빌로니아 탈무드의 2가지가 있다(두산백과, 네이버 지식백과).

55 R. H. Charles가 말한 것으로 이필찬 교수의 책 p151에서 재인용

때에 하늘이 고요"한 것은 심판주이신 엄위하신 하나님(합 2:20)의 존전(尊前)에 섰기 때문이기도 하다.

2 내가 보매 하나님 앞에 시위한 일곱 천사가 있어 일곱 나팔을 받았더라

2절에서는 밧모섬의 사도 요한이 "하나님 앞에 선 일곱 천사가 일곱 나팔을 가진 것"을 보게 된다. 이 구절에서의 "내가 보매"의 헬라어는 카이 에이돈(καὶ εἶδον)으로 이는 '또 내가 보매'라고 해석해야 한다. 그렇다면 결국 계시록 8장 1절과 2절은 서로 다른 내용이라는 의미이다. 그러므로 일곱째 인 재앙의 내용이 8장 1절의 말미(폭풍전야의 고요)를 가리킨다면 8장 2절은 예수님의 재림 후의 또 다른 어떤 장면이 아닐까 생각된다.

참고로 유대인들은 '7천사장'의 개념을 가지고 있었다. 일곱 천사란 우리엘(무저갱 지배, 에녹 1서 19:1, 20:2), 라구엘, 미가엘(단 10:21), 라파엘, 사리엘, 가브리엘(단 9:21), 예레미엘(위경 에녹 1서 20:2-8)을 말한다. 그런데 그중 미가엘(단 10:21)과 가브리엘(단 9:21)은 종말의 끝 날에 중요한 역할을 감당하는 천사장임을 감안하면 상기 언급한 일곱 천사 중 다섯은 천사장은 아닌 듯하다.[56]

3 또 다른 천사가 와서 제단 곁에 서서 금 향로를 가지고 많은 향(5:8)을 받았으니 이는 모든 성도의 기도들과 합하여 보좌 앞 금단에 드리고자 함이라 4 향연

---

[56] 그랜드 종합주석 16, 성서교재간행사, 1993의 p793 재인용

이 성도의 기도와 함께 천사의 손으로부터 하나님 앞으로 올라가는지라

3-4절에서는 밧모섬의 사도 요한이 또 다른 천사가 와서 "제단 곁에 서서 금 향로를 가지고" 많은 향으로 상징된 "모든 성도의 기도들(5:8)"을 담아 "보좌 앞 금단(향단)"에 드리는 것을 보게 된다.

"향연(향+연기)이 성도의 기도와 함께 천사의 손으로부터 하나님 앞으로 올라갔다"라는 것은 '연기가 성도의 기도(향, 5:8)와 함께 하나님 앞으로 올라갔다'라는 의미이다. 이는 하나님이 성도의 그 기도를 받으셨다는 신적 수용[57](divine acceptance)을 의미한다.

결국 '기도'는 하늘 아버지의 섭리와 인간의 역사를 연결하는 첩경임을 알 수 있다. 그렇기에 성도들의 기도는 역사를 움직이는 열쇠(key)라고 한다. 향연이란 '향과 연기'라는 것으로 고대 사회에서는 제사를 올릴 때 향과 함께 연기를 피워서 올렸다고 한다.

한편 성소 안의 휘장 앞에 있던 금향단 위에는 금 향로가 놓여있었는데 향로에서는 계속하여 향연이 피어올랐다. 끊임없는 향연이란 성도들의 지속적인 기도를 상징한다. 구약시대에 하나님과 사람 사이에서 중보자 역할을 하던 대제사장은 일 년에 한 번 지성소에 들어갈 때 이 금 향로를 가지고 들어갔다. 하나님 앞에서 혹시라도 고백하지 못한 죄가 드러나면 죽을 수 있기에 그 연기 뒤에 숨어 죽음을 면키 위함이기도 했다.

'연기'란 중보기도를 상징하며 금 향로에서 계속하여 연기가 올라감으로 인해 중보기도가 죽을 목숨을 살린다는 의미가 내재되어 있다. 동시

---

57 이필찬 교수의 <요한계시록 어떻게 읽을 것인가>, 2019(개정 2판 2쇄), p153-154 재인용

에 하나님께 지속적으로 올리는 기도(간구, supplication)의 향연이 너무나 귀하다는 것 또한 함의(含意) 되어 있다.

5 천사가 향로를 가지고 단 위의 불을 담아다가 땅에 쏟으매 뇌성과 음성과 번개와 지진이 나더라

계시록 8장 5절은 3-4절에 묘사된 '성도의 기도들에 대한 하나님의 응답'을 보여주고 있는 장면이다. 즉 천사가 금 향로를 가지고 번제단에서 '숯불(연기)'을 취한 후 그 금 향로 위에 성도의 기도(5:8)인 '향'을 담아 보좌에 계신 하나님께 올렸다.

그 후 천사가 다시 그 향로에 번제단의 불을 담아 '하나님의 진노'를 땅에 쏟아 부어버린다. 그랬더니 "뇌성과 음성과 번개와 지진"이 일어나게 되었다. 이는 '하나님의 임재'와 함께 '하나님의 심판'을 상징하고 있는 것이다.

6 일곱 나팔 가진 일곱 천사가 나팔 불기를 예비하더라

이곳 6절에서는 밧모섬의 사도 요한이 일곱 인 재앙보다는 그 크기나 세기, 강도, 범위가 조금 더 큰 일곱 나팔 재앙이 임하게 될 것을 보고 있다. 일곱 인 재앙 중 첫째에서 다섯째 인 재앙의 내용과 달리 일곱 나팔 재앙의 콘텐츠는 대부분 여섯째 인 재앙(천체와 자연계의 대격변)의 내용과 상통하며 출애굽 전 10가지 재앙이나 일곱 대접 재앙의 내용과 거의 엇비

숫하다. 그러다 보니 일곱 나팔 재앙의 경우 문자적으로 해석해도 될 듯하지만 필자는 적절하게 상징적인 의미까지 섞어서 주석하고자 한다.

참고로 구약(사 27:13, 욜 2:1, 습 1:16, 슥 9:14)에서는 '나팔'이란 '여호와의 날을 선포'하는 데 사용되는 도구였다. 특히 전쟁(군사 모집, 진군 명령이나 대적을 몰살시키려는 명령) 시에나 위험한 일에 대한 경고, 거룩한 절기(레 23:24)를 알릴 때, 안식일, 왕의 등극, 위대한 사람의 죽음, 기쁨을 동반한 예배, 하나님의 임박한 심판의 때에 나팔을 사용하곤 했다.

또한 '그날(마지막 날, 개인적 & 역사적 종말)'은 교회에게는 완전한 회복의 날, 최후 승리의 날이지만 불신자들에게는 임박한 종말론적 진노의 날 혹은 최후 심판의 날을 가리킨다.

7 첫째 천사가 나팔을 부니 피 섞인 우박과 불이 나서 땅에 쏟아지매 땅의 삼분의 일이 타서 사위고 수목의 삼분의 일도 타서 사위고 각종 푸른 풀도 타서 사위더라

7절은 밧모섬의 사도 요한이 첫째 나팔 재앙을 보고 있는 장면으로서 '피 섞인 우박과 불이 나서 땅에 쏟아지매'라고 말씀하고 있다.

이는 출애굽 전 10가지 재앙 중 일곱 번째 재앙(출 9:23-26)을 보는 듯하다. 에스겔 38장 22절에는 계시록의 첫째 나팔 재앙이 출애굽 전의 10가지 재앙보다 훨씬 더 심할 것을 경고하셨다.

"내가 또 온역과 피로 그를 국문하며 쏟아지는 폭우와 큰 우박덩이와 불과 유황으로 그와 그 모든 떼와 그 함께한 많은 백성에게 비를 내리듯

하리라"_겔 38:22

한편 '나팔 재앙'이란 '일곱 재앙'으로서 전 지구적으로 일어나되 각 지역별로 그 강도나 세기, 크기, 범위만 다를 뿐이며 인 재앙 1/4 정도의 심판보다는 좀 더 강하지만 최고조에 달하는 대접 재앙보다는 약한 상태를 말한다. 그러므로 필자는 인 재앙, 나팔 재앙, 대접 재앙을 '일곱 재앙'으로 묶어 생각하며 굳이 구분하려고 애쓰지 않는다.

이 구절에서는 "땅"과 "수목"과 "풀"이 나오는데 여기서 '땅'이란 죄악 세상을, '수목'은 세상에 살고 있는 권세자들을, '풀'은 민초(백성, 모든 사람)들을 상징한다. 그렇기에 이 구절은 첫째 나팔 재앙을 통한 심판으로 인해 죄악 세상을 살아가는 민초들이나 권력자들 모두가 유형 무형으로 1/3 정도의 아픔을 겪게 된다라는 것이다.

8 둘째 천사가 나팔을 부니 불붙는 큰 산과 같은 것이 바다에 던지우매 바다의 삼분의 일이 피가 되고 9 바다 가운데 생명 가진 피조물들의 삼분의 일이 죽고 배들의 삼분의 일이 깨어지더라

8-9절은 밧모섬의 사도 요한이 둘째 나팔 재앙을 보고 있는 장면으로서 "불붙는 큰 산과 같은 것이 바다에 던지우매 바다의 1/3이 피가 되고 바다 가운데 생명 가진 피조물들의 1/3이 죽고 배들의 1/3이 깨어지더라"고 말씀하고 있다. 이는 출애굽 전 10가지 재앙 중 첫 번째 재앙(출 7:14-25)을 보는 듯하다.

이 구절에서는 "바다"와 "생명 가진 피조물"과 "배"가 나오는데 여기서

"바다"란 열방을, "생명 가진 피조물"이란 인간과 생물들을, "배"는 도시 즉 인간 문명이나 인간 사회를 상징한다. 그렇기에 둘째 나팔 재앙을 통한 심판으로 열방의 1/3에게 피 바람이 불게 되고 그리하여 인간과 생물들, 더 나아가 도시 즉 인간 문명이나 인간 사회의 1/3이 죽게 되고 깨어지게 된다라는 의미이다.

10 세째 천사가 나팔을 부니 횃불 같이 타는 큰 별이 하늘에서 떨어져 강들의 삼분의 일과 여러 물 샘에 떨어지니 11 이 별 이름은 쑥이라 물들의 삼분의 일이 쑥이 되매 그 물들이 쓰게 됨을 인하여 많은 사람이 죽더라

10-11절은 밧모섬의 사도 요한이 셋째 나팔 재앙을 보고 있는 장면으로서 "횃불 같이 타는 큰 별이 하늘에서 떨어져 강들의 1/3과 여러 물 샘에 떨어지니"라고 말씀하고 있다.

이 구절에서는 "강들", "물 샘", "물들", "횃불 같이 타는 큰 별"과 그 이름이 "쑥"이라는 단어가 나오는데 여기서 "횃불같이 타는 큰 별"이란 교권주의(clericalism)로 나타난 종교의 권력자, 세상의 권력자, 인본주의 (humanitarianism or anthropocentrism)자, 이단 사상을 전하는 거짓 선지자 혹은 교주, 교조주의(dogmatism)자 등등을 가리킨다. 혹자는 하나님의 심판을 상징하는 '자연계의 도구'라고 보기도 한다. "쑥"은 예레미야 9장 15절, 23장 15절이나 예레미야 애가 3장 19절에 의하면 '비애, 슬픔, 멸망'을 상징한다.

'강들'이나 '여러 물 샘'에 임한 재앙이란 '제반 산업 기반'이 무너지고

'비즈니스'가 위축되는 광범위한 재난을 상징한다. 문자적으로 해석하면 강들과 물 샘이 쑥으로 오염되어 마실 수 없게 되므로 '고통' 속에서 많은 사람 곧 1/3이 죽게 될 것을 가리킨다. 또한 "물"을 하나님의 말씀을 상징하는 것으로 해석하면, '물'을 혼잡케 한다라는 것은 진리의 말씀을 혼잡케 함으로 '영혼'을 죽게 만드는 것으로도 해석할 수도 있다.

12 넷째 천사가 나팔을 부니 해 삼분의 일과 달 삼분의 일과 별들의 삼분의 일이 침을 받아 그 삼분의 일이 어두워지니 낮 삼분의 일은 비침이 없고 밤도 그러하더라

12절은 밧모섬의 사도 요한이 넷째 나팔 재앙을 보고 있는 장면으로서 "해 삼분의 일과 달 삼분의 일과 별들의 삼분의 일이 침을 받아 그 삼분의 일이 어두워지니 낮 삼분의 일은 비침이 없고 밤도 그러하더라"고 말씀하고 있다. 이는 출애굽 전 10가지 재앙 중 아홉 번째 재앙(출 10:21-29)을 보는 듯하다.

이 구절에서는 "해", "달", "별들"이라는 단어가 나오는데 여기서 그것들의 1/3이 침을 받아 '해, 달, 별들'의 빛의 2/3만 남게 됨으로 인해 어두워졌다라고 말씀하고 있다. 이는 천체의 이상 현상으로 '천체의 대 격변(激變)'을 보여준 것이다. 또 다른 한편으로는 '세상의 빛, 생명의 빛"이신 예수 그리스도 곧 복음(길, 진리, 생명)을 이단 세력이 가리우고 방해하는 것으로도 해석할 수 있다. 그러나 출애굽기 10장 21-22절이나 마태복음 24장 29절로 보아 이 구절은 문자적으로 해석하여 '우주적 대 격변

현상'일 가능성이 더 많다. 이는 여섯 번째 인 재앙의 내용이기도 하다.

13 내가 또 보고 들으니 공중에 날아가는 독수리가 큰 소리로 이르되 땅에 거하는 자들에게 화, 화, 화가 있으리로다 이 외에도 세 천사의 불 나팔 소리를 인함이로다 하더라

이곳 13절에서는 밧모섬의 사도 요한이 앞서의 첫째 나팔 재앙에서 넷째 나팔 재앙에 이르기까지의 장면과 약간은 다른 장면을 보고 있다. 그는 "공중에 날아가는 독수리"를 보았고 그 독수리가 큰 소리로 "땅에 거하는 자들에게 화, 화, 화"를 선포하는 장면을 보고 있다. 동시에 "세 천사의 불 나팔 소리"도 듣고 있다.

이는 이 후에 연이어 나타날 다섯째, 여섯째, 일곱째 나팔 재앙이 앞의 첫째 나팔 재앙에서 넷째 나팔 재앙까지보다 그 크기와 세기, 범위와 강도에 있어서 훨씬 더 극심할 것을 말해주는 것이다. 이 구절에서 남은 세 나팔 재앙(다섯째, 여섯째, 일곱째 나팔 재앙)을 가리켜 "불 나팔"이라고 한 것이 바로 재앙의 '임박성'과 함께 재앙의 '강도와 세기, 크기, 범위'를 말한 것이다.

한편 "독수리"라는 단어에는 이중적인 함의(含意)가 있다. 첫째는 하나님의 인도와 보호하심(출 12:13, 19:4, 신 32:11, 창 1:2)을 의미하며 둘째는 하나님의 심판(호 8:1, 신 28:49)을 의미한다. 그러므로 교회는 점점 더 극심해지는 나팔 재앙 속에서도 하나님의 인도와 보호하심을 받게 되지만 땅에 거하는 자 즉 사단나라에 속한 자인 불신자(κατοικέω, v, to inhabit, to settle, 계 11:10, 13:8, 14)들은 하나님의 심판을 면치 못할 것을 함의하고 있다. 그렇기에 불신자에게는 마치 '독수리가 먹이를 덮치듯 심판하겠다'라는 경고의 의미를 담고 있는 것이다.

이와 비슷하게 '복음과 십자가'에도 '구원'과 '심판'이라는 이중적 의미가 함의(含意)되어 있다. 왜냐하면 '복음과 십자가'를 받아들이게 될 땅에 거하는 자들(계 14:6, 카데마이)이나 이미 '복음과 십자가'를 받아들인 교회에게는 구원(미래형 하나님나라에의 입성과 영생)이지만 그를 거부한 불신자(계 11:10, 13:8, 14, 카토이케오)들에게는 심판이기 때문이다.

참고로 히브리어에 라하프(רָחַף, hovers)라는 흥미로운 단어가 있다. 이는 '날개로 너풀거리며 감싸다', 보호하다'라는 의미이다. 창세기 1장 2절과 신명기 32장 11절에도 동일하게 사용되었다. 이는 또한 출애굽기 12장 13절의 '넘어가다(파사흐, פָסַח)'라는 단어 와도 동일한 의미이다. 여기서 '넘어가다' 라는 것은 인방(引枋, lintel)에 어린 양의 피가 발라져 있으면 그 피가 그들을 보호하고 감싸기에 죽음의 천사들은 그 집을 넘어가게(유월절, Passover) 된다. 이를 가리켜 '성령님의 운행하심(창 1:2)'이라고 한다. 결국 상기의 단어들을 연결하면 독수리를 상징하는 성령님의 운행하심은 마치 독수리가 큰 날개로 보호하며 감싸주는 것과 상통하는 의미인 것이다.

결론적으로 상기의 점점 더 심해져 갈 다섯째, 여섯째, 일곱째 나팔 재앙은 교회든 불신자든 간에 종말 시대를 살아가는 모든 이에게 닥칠 것이다. 그러나 교회는 그 재앙들을 두려워할 필요가 없다. 왜냐하면 '일곱 재앙'은 성도들의 거룩함을 위한 훈련(연단, training)의 과정(process, 도구)이기 때문이다. 또한 교회는 그 과정 가운데서 성령님을 상징하는 '독수리'의 날개로 보호(넘어가다, 감싸다)해 주시겠다고 말씀하셨기 때문이다. 그렇기에 종말 시대 동안 일곱 재앙을 겪게 되더라도 그것은 교회를 향한 거룩함에의 훈련이며 마라나타를 외치라는 것이고 소망(엘피스)을 더욱더 단단히 붙들라는 것이기에 세상이 두려워하는 것과는 달라야 할 것을 말씀하신 것이다.

그러므로 교회(성도)인 우리가 할 것은 하나님의 뜻(델레마 데우)인 '복음 전파'를 통해 현재형 하나님나라를 확장해가면서 현재의 고난을 견디어 나가되 "예수 믿음과 하나님의 계명"을 붙잡고 미래형 하나님나라를 소망하며 살아가는 것이다.

이 재앙에 죽지 않고 남은 사람들은 그 손으로 행하는 일을 회개치 아니하고 오히려 여러 귀신과 또는 보거나 듣거나 다니거나 하지 못하는 금, 은, 동과 목석의 우상에게 절하고 또 그 살인과 복술과 음행과 도적질을 회개치 아니하더라 _요한계시록 9: 20-21

레마이야기 9

일곱 재앙(ἑπτά πληγή) -나팔(σάλπιγξ) 1/3 재앙
회개치 아니하고 오히려 우상에게 절하고 회개치 아니하더라

9-1 다섯째 천사가 나팔을 불매 내가 보니 하늘에서 땅에 떨어진 별 하나가 있는데 저가 무저갱의 열쇠를 받았더라

계시록 9장 1절은 밧모섬의 사도 요한이 다섯째 나팔 재앙을 보고 있는 장면으로 "하늘에서 땅에 떨어진 별 하나가 있는데 저가 무저갱의 열쇠를 받았더라"고 말씀하고 있다. 이와 비슷한 구절이 계시록 20장이다.

계시록 9장과 20장에는 거의 비슷해 보이나 약간은 차이가 있는 다른 장면이 묘사되어 있다. 먼저 계시록 9장 1절에는 "무저갱의 열쇠를 받았더라"와 "하늘에서 땅에 떨어진 별 하나가"라고 되어 있는 반면에 20장

1절에는 "무저갱 열쇠와 큰 쇠사슬을 그 손에 가지고"와 "하늘로서 내려와서"라고 묘사되어 있다. 미미하지만 이 둘의 차이는 엄청나다. 즉 9장 1절에서의 "받은, 떨어진"이라고 기록된 그 존재는 사단이나 사단의 사역을 예표하고 상징하는 천사를 의미하고 있다. 반면에 20장 1절의 "가지고, 내려와"라고 기록된 그 존재는 예수 그리스도의 사역을 예표하고 상징하는 천사를 가리킨다.

계시록 9장	계시록 20장
사단 혹은 사단의 사역을 예표하고 상징하는 천사	예수 그리스도의 사역을 예표하고 상징하는 천사
무저갱의 열쇠를 받았더라 (ἐδόθη, was given) 받다 (δίδωμι, to give)	무저갱의 열쇠와 큰 쇠사슬을 그 손에 가지고 가지다 (ἔχω, to have)
하늘에서 땅에 떨어진 별 하나가 떨어진 (πεπτωκότα, having fallen) 떨어지다 (πίπτω, to fall)	하늘로서 내려와서 내려오다 (καταβαίνω, to go down)

2 저가 무저갱을 여니 그 구멍에서 큰 풀무의 연기 같은 연기가 올라오매 해와 공기가 그 구멍의 연기로 인하여 어두워지며

이곳 2절은 "저가 무저갱을 여니"라는 말씀으로 시작하는데 이(저가)의 정체는 1절의 "땅에 떨어진 별 하나"이다. 그가 무저갱을 여니 그 구멍에서 큰 풀무의 "연기 같은 연기"가 올라왔으며 그 결과 "해와 공기"가 그 구멍의 연기로 인하여 어두워졌다라고 묘사하고 있다. 이는 종말의 끝으로 갈수록 '사단의 악한 영향력'이 점점 더 극심해질 것을 가리키는 말이다. 물론 이 또한 전 지구적인 현상이기는 하나 각 지역적으로는 그 크기나 세기, 범위, 강도에서는 차이가 있을 것이다. 이 부분에서 그동안 참아왔던, 필자가 주석하는 동안에 내내 들었던, 의문을 독자들에게 되묻고자 한다.

역사의 주관자 하나님은 '왜' 각 지역별로 강도나 크기, 범위, 세기가 다른 재앙을 허락하시는 것일까?

참고로 '연기(혹은 구름)'란 본래 '하나님의 영광' 혹은 '하나님의 임재'를 상징하는 긍정적 의미를 가지고 있다. 그런데 이곳 2절에는 "연기 같은 연기"라고 묘사되어 있다. '~같은'이라는 단어에 주목하면서 살펴보면 '연기 같은 연기'는 진짜 '연기'가 아니라 '연기'를 비슷하게 흉내내는 '가짜 연기'라는 의미라는 말이다. 그러므로 '연기 같은 연기'는 하나님의 영광을 가리우는 그 무엇으로 '진리'를 희미하게 하는 모든 사상(주의, ~ism)들을 가리킨다. 그러다 보니 계시록 9장 1절에서 언급된 "하늘에서 떨어진 별 하나"의 정체는 더욱더 분명해진다.

한편 "해와 공기"는 '진리' 혹은 '말씀'을 상징하는데 이 구절에서는 "해와 공기"가 그 구멍에서 나오는 "연기 같은 연기"로 인해 더욱더 "어두워지며"라고 했다. 이는 마지막 그날이 다가올수록 진리의 말씀인 '복음'은 사단(적그리스도, 흰말을 탄 자, 계 6:2)의 추종 세력들에 의해 점점 더 희미해지고 왜곡될 수 있게 됨을 경고하고 있는 것이다.

3 또 황충이 연기 가운데로부터 땅 위에 나오매 저희가 땅에 있는 전갈의 권세와 같은 권세를 받았더라

　3절에는 밧모섬의 사도 요한이 "황충이 연기 가운데로부터 땅 위"로 나와서 "땅에 있는 전갈의 권세와 같은 권세"를 받은 것을 보고 있다.

　"황충"은 메뚜기(대하 7:13)를 가리키는데 이 구절에서는 '사단의 하수인들'을 상징하고 있다. 메뚜기는 '떼로 몰려다니며 모든 것을 황폐케 해 버리는 특성'을 가지고 있다. 최근 아프리카와 중앙아시아를 덮친 메뚜기 떼를 상상해보면 이해가 잘 될 것이다. 이는 마치 황충이 떼로 몰려다니며 식물을 갉아먹는 짓을 하는 것이 사단의 하수인인 악한 추종 세력들의 하는 짓과 비슷하다는 것을 빗댄 것이다. 또한 '그날'이 가까울수록 이단 사이비가 더욱더 기승을 부리게 될 것을 예고하는 것이다.

　결국 황충 같은 악한 영의 추종 세력들로 인해 말씀에 취약한 성도들은 더욱더 미혹되어 피폐하게 됨으로 점점 더 영적 기갈에 시달리게 될 것이라는 말이다. 그렇기에 아모스 8장 11절은 "양식이 없어 주림이 아니며 물이 없어 갈함이 아니요 여호와의 말씀을 듣지 못한 기갈이라"고 말씀하셨던 것이다.

　이 구절을 통해 사도 요한에게 '사단의 하수인들'을 상징하는 "황충"이라는 메뚜기를 보여준 것은 그들의 속성이나 사단의 속성이 비슷하다라는 것과 '그날'이 가까울수록 점점 더 기승을 부릴 것을 깨우쳐 주기 위함이다. 이는 마치 들판에 메뚜기들이 나타나 푸른 것들을 싹쓸이하듯 사단이 연약한 영혼들을 싹쓸이하는 것의 유사함을 경고하고 있는 것이다.

참고로 메뚜기의 특성에 대해 좀 더 자세하게 알려면 구약 성경 사사기 6장 5절과 아모스 7장 1-2절을 찬찬히 읽어보면 도움이 될 수가 있다.

4 저희에게 이르시되 땅의 풀이나 푸른 것이나 각종 수목은 해하지 말고 오직 이마에 하나님의 인 맞지 아니한 사람들만 해하라 하시더라

4절에서는 밧모섬의 사도 요한에게 약간 흥미로운 말씀을 들려주고 있다. 왜냐하면 계시록 9장 1절에서 언급했던 저(하늘에서 땅에 떨어진 별 하나)가 저희(황충 곧 사단의 하수인들)에게 "땅의 풀"이나 "푸른 것"이나 "각종 수목"은 해하지 말고 "오직 이마에 하나님의 인 맞지 아니한 사람들만 해하라"고 말하고 있기 때문이다.

여기서 "땅의 풀이나 푸른 것이나 각종 수목은 해하지 말라"는 것은 자연계 곧 곡식과 초목은 해하지 말라는 것이기는 하나 상징적으로는 '땅의 풀', '푸른 것', '각종 수목'이 함의하는 것은 '땅에 거하는 사람들' 중 계시록 7장 3절에 의하면 '땅이나 바다나 나무나 해하지 말라'고 하셨기에 이는 '이마에 인친 택정함을 입은 하나님의 자녀들'을 가리킨다.

그러므로 "오직 이마에 하나님의 인 맞지 아니한 사람들만 해하라"는 것은 불신자들만 해하라는 것이다. 결국 계시록 9장의 나팔 재앙은 자연 재해에 대한 경고라기 보다는 인간들(불신자들)에게 닥칠 재앙 심판을 경고한 것이다. 더 나아가 "오직 이마에 인 맞지 아니한 사람들만 해하라"고 한 것은 그들은 하나님으로부터 유기된, 예수 그리스도의 구원 밖에 있는 사람들이기 때문이다. 동시에 '이마에 인 맞은 그리스도인'은 하나님께서 반드시 끝까지 보호하시기에 결코 건드릴 수 없다는 것을 드러내기 위함이다.

결국 '일곱 재앙'은 모든 사람들에게 공히 일어나는 것으로 그 재앙을 허용하심에는 '하나님의 뜻'이 있음을 다시 상기해야 할 것이다. 또한 종말 시대 동안에 일곱 재앙과 더불어 일시적으로 주어진 사단의 권세는 하나님의 허용 범위 안에서만(고전 10:13, 욥 1:6-12, 2:1-6) 제한적으로 이루어짐을 알아야 한다.

오늘을 살아가는 모든 인간들은 종말 시대의 한 부분을 살아가고 있다. 이때 교회(그리스도인, 성도)가 겪게 되는 악한 영의 세력들과 그 추종 세력들로부터의 핍박과 모든 일곱 재앙은 거룩함에의 훈련과 연단(벧전 4:12)을 위해, 힘들고 어려울 때 마라나타를 외치라고, 동시에 미래형 하나님 나라에의 입성과 영생이라는 소망을 더욱더 견고하게 붙들도록 하나님께서 제한적, 한시적으로 허락하신(계 11:2) 것임을 알아야 한다.

그러므로 모든 교회는 내주하시는 주인 되신 성령님께 온전한 주권을 드리고 그분의 통치, 질서, 지배 하에서 진리의 영이신 그분이 가르쳐 주시고 깨닫게 해주시는 말씀을 통해 아버지 하나님의 마음을 정확히 알아가야 할 것이다. 그리하여 "하나님의 계명과 예수 믿음을 붙잡고 인내함(계 14:12)"으로 종말 시대 동안의 모든 돌발상황들을 거뜬히 극복하고 이겨 나가야 할 것이다.

5 그러나 그들을 죽이지는 못하게 하시고 다섯 달 동안 괴롭게만 하게 하시는데 그 괴롭게 함은 전갈이 사람을 쏠 때에 괴롭게 함과 같더라 6 그날에는 사람들이 죽기를 구하여도 얻지 못하고 죽고 싶으나 죽음이 저희를 피하리로다

이곳 계시록 9장 5-6절에는 '이마에 인 맞지 않은 사람'만 '5개월 동안' 괴롭히되 "죽이지는 못하게 하시고'라는 말씀이 묘사되어 있다. 또한 그들의 고통에 대해 마치 "전갈이 사람을 쏠 때에 괴롭게 함과 같더라"고 디테일하게 묘사하고 있다. 더 나아가 그런 고통 가운데에서 차라리 '죽기를 구하나 얻지 못하고 죽음이 저희를 피하리로다'고 말씀 하고 있다. 이는 마치 계시록 20장 10절의 영원한 죽음(세세토록 밤낮 괴로움을 당하는 것) 곧 둘째 사망(계 20:6, 14)의 해(害) 중의 일부를 보여주는 것일 뿐만 아니라 유황 불못 심판을 암시하고 있는 듯하다.

한편 "5개월"이라는 단어에는 이중적 의미가 있다. 먼저는 문자적인 해석이다. '5개월'이란 유대력으로 볼 때 메뚜기가 창궐하는 4월에서 8월까지를 말한다. 또한 창세기 7장 24절의 노아 홍수 때에 비가 내려 물이 땅에 창일했던 기간인 150일로도 해석 가능하다. 그렇기에 한시적인 어떤 기간을 가리킨다라는 것이다. 둘째는 상징적인 해석이다. '5개월'이란 하나님이 허용한 한시적인 '짧은 기간'을 가리킨다.

결국 역사의 주관자 하나님은 불신자들을 향한 '재앙의 수위와 정도, 기간'으로 '5개월(짧은 기간)'을 설정하시면서 역사를 디테일하게 인도해 가심을 보여주고 있다. 동시에 교회 또한 당신의 섭리 하 경륜 가운데 세미하게 이끌어 가심을 보여주고 있는 것이다. 이런 것들을 통해 교회(그리스도인, 성도)는 신실하시고 좋으신 하나님을 느낄 수 있게 된다.

참고로 '죽음'에 대한 필자의 견해를 나누고자 한다. 먼저 결론부터 말하면 그리스도인은 두 번 죽는다. 반면에 불신자는 3번 죽는다. 역으로 삶은 그리스도인이 3번의 '생(生)'이라면 불신자는 2번의 '생(生)'이다. 이는 오늘을 살아가는 교회들에게 삶과 죽음, 그리고 영생 즉 영원에 대한 깊은 통찰력을 준다.

	그리스도인	불신자
삶	인생 중생(거듭남) 영생(영원한 삶)	인생 영생 곧 영벌
죽음	영적 죽음(첫째 사망) 육적 죽음(히 9:27)	영적 죽음(첫째 사망) 육적 죽음(히 9:27) 영원한 죽음(둘째 사망, 계 20:6, 14)
*육적 죽음: 아날뤼시스(이동 혹은 옮김, 딤후 4:6) 1)그리스도인: 현재형 하나님나라에서 미래형 하나님나라에로의 이동(옮김) 2)불신자: 현재형 지옥에서 미래형 지옥에로의 이동(옮김)		

6절에서의 "죽음이 저희를 피하리로다"라는 것은 죽지도 않고 영원히 죽음과 방불한 상태가 된다라는 의미로 계시록 20장 10절에서의 "세세토록 밤낮 괴로움을 당하리라"는 말 속에 '영원한 죽음'이라는 의미가 내포되어 있다. 이는 불신자들이 백보좌 심판 후 받게 될 '영벌'을 예고하는 말씀이기도 하다.

종말 시대를 살아가는 모든 사람들은 일곱 재앙과 함께 악한 영의 세력들과 그 추종 세력들로부터 환난과 핍박을 면할 수가 없다. 그러나 그들로부터의 핍박은 있다 할지라도 구원에 대하여는 한 치의 영향도 미치지 못한다. 그렇기에 택정함을 입은 사람들 중 아직 복음을 듣지 못해 세상 속에서 살아가는 카데마이들의 구원은 예정대로 이루어질 것이다. 하나님의 때가 되면 신실하신 하나님은 살아생전에 '땅에 거하는 자(카데마이)'에게 복음이 들려지게 하여 '돌아올 기회'를 반드시 주신다.

최악의 경우가 계시록 9장 20-21절이다. 나팔 재앙에서 살아남은 그들(2/3)은 하나님이 주신 기회를 걷어 차 버림은 물론이요 "회개치 아니하고 오히려~우상에게 절하고~회개치 아니하더라"는 말씀에서 보듯 더욱 더 하나님을 무시하며 죄를 향해 달려가는 것을 볼 수 있다. 그러나 끝까지 죄를 향해 달려가는 이들은 택정함을 입은 '카데마이($\kappa\acute{\alpha}\theta\eta\mu\alpha\iota$)'가 아니라 오히려 만세 전에 유기된 자인 '카토이케오($\kappa\alpha\tau o\iota\kappa\acute{\epsilon}\omega$)'이다.

사도 요한에게 보여주셨던 이런 장면은 오늘을 살아가는 교회인 우리들에게 시사하는 바가 아주 크다. 특별히 교회(그리스도인, 성도)는 우상숭배와 함께 죄를 짓고도 회개치 않는, 얼핏 가볍게 보이는 모든 일들에 대해 보다 더 민감하고 또 민감해야 할 것이다.

7 황충들의 모양은 전쟁을 위하여 예비한 말들 같고 그 머리에 금 같은 면류관 비슷한 것을 썼으며 그 얼굴은 사람의 얼굴 같고 8 또 여자의 머리털 같은 머리

털이 있고 그 이는 사자의 이 같으며 9 또 철흉갑 같은 흉갑이 있고 그 날개들의 소리는 병거와 많은 말들이 전장으로 달려 들어가는 소리 같으며 10 또 전갈과 같은 꼬리와 쏘는 살이 있어 그 꼬리에는 다섯 달 동안 사람들을 해하는 권세가 있더라

7-10절에서는 밧모섬의 사도 요한이 보았던 황충들의 모양에 대해 제법 자세히 묘사되어 있다.

황충들의 모양	전쟁을 위하여 예비한 말들 같고
머리	금 같은 면류관 비슷한 것을 썼으며
얼굴	사람의 얼굴 같고
머리털	여자의 머리털 같은 머리털이 있고
이빨	사자의 이 같으며
흉갑	철흉갑 같은
날개들의 소리	병거와 많은 말들이 전장으로 달려 들어가는 소리 같으며
꼬리	전갈과 같은 꼬리와 쏘는 살

상기의 표는 하나님의 심판의 도구로 사용된, 사단의 하수인인 황충은 강한 힘과 더불어 지혜가 아닌 잔꾀와 권모술수(權謀術數), 미혹될 만큼의 매력, 튼튼한 방어력, 치명적인 독으로 종말 시대 동안에 인간을 제법 힘들게 할 것이라는 상징적 의미가 내포되어 있는 것이다.

그리하여 결국 사단의 하수인인 황충은 세상에 거하는 자들 중 불신자들(카토이케오)에게는 고통을 가하면서 자신의 편(사단 나라의 소속, 소유)에 확고하게 줄을 세우려 할 것이다. 동시에 교회들에게도 고통을 가하면서 그

들의 영혼과 육신을 고통 가운데 쉴 새 없이 흔들 것이다. 그러나 교회는 흔들리지 말고 "예수 믿음과 하나님의 계명"을 붙들고 인내함으로 거뜬히 돌파해 나가야 할 것이다.

11 저희에게 임금이 있으니 무저갱의 사자라 히브리 음으로 이름은 아바돈이요 헬라 음으로 이름은 아볼루온이더라

11절에는 밧모섬의 사도 요한이 보았던 "임금"이라고 하는 '무저갱의 사자'인 사단과 그의 하수인인 황충 곧 악한 영의 추종 세력들을 묘사하고 있다.

개중 우두머리인 사단의 이름[58]은 히브리어로는 아바돈(אֲבַדּוֹן, Ἀβαδδών, 히브리 음역)인데 그 이름의 뜻은 '파괴'이며 이는 동사 아바드(אָבַד)에서 파생되었다. 헬라어로는 아폴뤼온(Ἀπολλύων, nm)인데 이는 헬라의 신 아폴로(Apollo)를 가리킨다.

한편 "임금"으로 묘사된 "무저갱의 사자(the angel of the Abyss)"는 하나님의 심판의 도구로 사용된 천사를 가리킨다. 바로 출애굽기 11-12장의 "애굽 가운데 처음 난 것 즉 바로의 장자로부터 맷돌 뒤에 있는 여종의 장자까지와 모든 생축의 처음 난 것을 죽였던(출 11:5)" 그 천사이다.

---

58 사단의 이름은 히브리 음으로 아바돈(אֲבַדּוֹן, Ἀβαδδών, Abaddon, Destroyer (i.e. Destroying Angel) or place of destruction (personified))인데 동사 아바드(אָבַד, to perish)에서 파생되었다. 헬라 음으로는 아볼루온(Ἀπολλύων, nm, 'a destroyer', Apollyon, the angel of the abyss)이다.

참고로 출애굽기 11장 4-7절을 문자 그대로 해석하면 마치 하나님께서 당신을 대적하는 애굽인들을 직접 죽이신 듯(밤 중에 내가 애굽 가운데로 들어가리니, 출 11:4) 보이기도 하나 실상은 하나님의 도구로 사용된 천사 즉 무저갱의 사자를 사용하셨던 것이다.

결국 '하나님의 직접적인 심판'이라고 할 때 직접 심판하시는 때도 있으나 하나님의 허락 하에서 간접적으로 '무저갱의 사자'를 당신의 섭리와 경륜의 도구로 사용하시기도 한다.

12 첫째 화는 지나갔으나 보라 아직도 이 후에 화 둘이 이르리로다

12절에는 다섯째 나팔 재앙을 의미하는 '첫째 화'가 지나가고 이어 여섯째와 일곱째 나팔 재앙인 둘째 화, 셋째 화가 이를 것을 말씀하고 있다. 여기서 '지나갔으나' 라는 것은 밧모섬의 사도 요한에게 보여준 환상에 대한 '장면의 전환'을 말하는 것이지 '시간적 순서'라고 해석해서는 안된다.

결국 종말 시대 동안에 있게 될 '일곱 재앙'은 인 재앙, 나팔 재앙, 그리고 대접 재앙의 순서가 아니라 이 모든 것이 전 지구적으로 일어나되 각 지역별로는 그 강도나 크기, 세기, 범위만 다를 뿐 혼재되어 나타난다라는 것이다. 그러다 보니 동일한 시기의 한 지역에는 인 재앙이, 다른 지역에는 나팔 재앙이, 또 다른 지역에는 대접 재앙이 있을 수 있는 것이다. 이는 계시록 2장의 서머나 교회와 3장의 빌라델비아 교회의 고난을 보면 쉽게 이해할 수 있다. 당시 웬일인지는 모르지만 서머나 교회는 고난을 통과하며 죽도록 충성하라고 하셨으니 대접 재앙 정도의 환난일 터이나 빌라델비아 교회는 비록 어려웠으나 잘 견디어 갔으므로 고난을 면케 해 주셨는데 이는 인 재앙 정도의 환난이었을 것이다.

종말 시대를 살아가는 모든 교회와 교회 공동체가 분명하게 알아야 할 것은 반복되는 재앙이 극심하든 아니든 간에 "근신하라 깨어라 너희 대적 마귀가 우는 사자같이 두루 다니며 삼킬 자를 찾나니"라고 하셨으니 예수 재림의 시기나 징조를 통한 시간적 순서에 관계없이, 곧 언제 오시더라도 상관없이 "하나님의 계명과 예수 믿음"을 붙들고 오늘을 인내하며 살아가면 되는 것이다.

세대주의자들처럼 이 시점의 재앙은 인 재앙이기에 그 다음은 나팔 재앙이 그리고 그 다음은 대접 재앙의 순서이므로 얼마 뒤에 예수님의 재림이 있을 것이다라고 하는 소리에 너무 지나치게 관심을 갖지 말았으면 한다. 긴장을 하며 근신하고 깨어 기도하는 것은 찬성이나 너무 극단적으로 치우치게 되면 시한부 종말론이나 조건부 종말론에 빠져 '오늘, 지금, 현실'에 대해 손을 놓아버리게 될 수도 있다.

'오늘, 지금, 현실'의 중요성, 특히 '지금'의 가치에 대한 이야기가 있다. 모든 인생들이 공히 갖고 싶어하는 '3금'이 있다고 한다. 첫째가 '황금(gold)'이다. 누가 황금을 싫어하랴. 그러나 황금보다 더 좋은 것이 있는데 그 둘째가 바로 '현금(cash)'이라고 한다. 그러나 이 둘과는 비교조차 안되는 모든 인생이 가장 좋아하는 최고의 것이 셋째인 '지금(now and here)'이라는 것이다. 그러므로 황금도 현금도 중요하지만 무엇보다도 '지금'을 소중히 여겨 그 '지금'을 놓치지 말고 그 '지금'을 알차게 사용함으로 풍성한 인생이 되길 바란다.

13 여섯째 천사가 나팔을 불매 내가 들으니 하나님 앞 금단 네 뿔에서 한 음성이 나서

13절에는 밧모섬의 사도 요한이 여섯째 천사가 나팔 부는 것을 보았는데 그 순간 "하나님 앞 금단 네 뿔에서 한 음성이 나는 것"을 들었다고 묘사하고 있다.

여기서 "하나님 앞 금단"이란 계시록 8장 3절에서 말씀하신 "보좌 앞 금단"을 가리키는 것으로 이는 구약 성전의 성소에 있던 3가지 성막 기구 중 하나인 '금 향단'을 말한다. 당시 향단과 향로 위의 향은 끊임없이 하늘로 올라갔다. 여기서 '향'이란 '성도의 기도'를 말하며 그 향은 천사들의 손에 의해 하나님 앞에 바쳐지곤 했다(계 8:4).

"네 뿔"에서 "한 음성이 나서"라는 것에서 "네 뿔"이란 하나님의 능력과 권세, 보호와 구원을 상징하며 "한 음성이 나서"라는 것은 모든 교회들의 기도(6:9-10, 8:3-5)에 대한 하나님의 신실하신 응답하심을 상징하고 있다.

14 나팔 가진 여섯째 천사에게 말하기를 큰 강 유브라데에 결박한 네 천사를 놓아주라 하매 15 네 천사가 놓였으니 그들은 그 년 월 일 시에 이르러 사람 삼분

의 일을 죽이기로 예비한 자들이더라

14-15절에서는 "큰 강 유브라데에 결박한 네 천사를 놓아주라"고 하시는 명령을 사도 요한이 듣게 된다. 여기서 "네 천사"는 앞서 계시록 6장 2-8절의 '네 말 탄 자들'과 7장 1절의 '땅의 사방의 바람'을 가리킨다. 이는 스가랴 6장 1-5절의 '하늘의 네 바람' 곧 '온 세상의 주 앞에 모셨다가 나가는 것'을 상징하기도 한다.

"큰 강 유브라데"라는 것은 하나님의 '심판'을 상징(사 8:7, 렘 2:18, 13:4, 46:10, 51:63)하는 단어로서 구체적으로는 다음의 3가지를 가리키고 있다. 첫째 "큰 강 유브라데"는 '하나님을 대적하는 악한 세력의 총칭(렘 51:60-64, 사 8:6-8)'으로 '하나님의 심판에 사용될 도구'를 상징하고 있다(사 8:7, 렘 2:18, 13:4, 46:10, 51:63). 둘째 "큰 강 유브라데"는 영적 전쟁에 의해 초래될 참담하고 참혹한 '죽음의 재앙지' 혹은 '영적 전쟁의 격전지'를 상징한다. 셋째 "큰 강 유브라데"는 계시록 16장 16절의 아마겟돈 전쟁이나 20장 8절의 곡과 마곡의 전쟁이 상징하는 것처럼 '영적 전쟁'을 가리킨다.

한편 "결박한 네 천사"라는 것은 "그 년 월 일 시에 이르러" 사람 곧 불신자 1/3을 죽이기로 예비된 자들로서(15) 하나님의 심판의 도구를 가리키고 있다. 여기서 '그 년 월 일 시' 라는 것은 '기간'을 의미하기 보다는 '시기'로 해석하는 것(Alford, Lenski, Plummer, Vincent)에 나는 줄을 섰다.

당연히 '때와 시기'에 대한 권한은 아버지 하나님께 있다. 한편 '네 천사'는 하나님의 때(마지막 그날)가 되기까지 결박당해 있을 '악한 천사들'을 가리킨다(Lenski). 여기서 사람을 죽이기로 예비한 네 천사의 '4(four)'라는 숫자는 '동서남북'을 의미하는데 이는 모든 방향에서 밀어닥칠 그들 공격의 '광범위함'과 '맹렬함'을 상징하고 있다.

16 마병대의 수는 이만 만이니 내가 그들의 수를 들었노라

16절에서는 유브라데 강가에 묶인 "네 천사"의 수하에 있는 마병대(중무장한 군대)의 숫자가 "이만 만"이라는 소리를 사도 요한이 들었다. "이만 만(20,000x10,000=2억)"이란 '많다' 라는 의미로 '큰 전쟁'을 암시하고 있다. 동시에 종말 시대 동안에 계속될 '수많은 영적 전쟁'을 의미하기도 한다.

역사적 배경을 통해 해석하면 파르티아 군대의 위협에 대한 로마인들의 병적인 두려움[59](paranoic Roman fear)을 가리키는 것이라고 한다.

17 이같이 이상한 가운데 그 말들과 그 탄 자들을 보니 불빛과 자주빛과 유황빛 흉갑이 있고 또 말들의 머리는 사자 머리 같고 그 입에서는 불과 연기와 유황이 나오더라 18 이 세 재앙 곧 저희 입에서 나오는 불과 연기와 유황을 인하여 사람 삼분의 일이 죽임을 당하니라 19 이 말들의 힘은 그 입과 그 꼬리에 있으니 그 꼬리는 뱀 같고 또 꼬리에 머리가 있어 이것으로 해하더라

17-19절에는 사도 요한이 이상한 가운데(환상 가운데) "말과 그 탄 자들을 보게 되었다"라고 말씀하고 있다.

그들에게는 "불빛과 자줏빛과 유황빛 흉갑"이 있었는데 이는 모두 다

---

[59] 이필찬 교수의 <요한계시록 어떻게 읽을 것인가>, 2019(개정 2판 2쇄), p162 재인용

붉은 계통의 색으로 전쟁으로 인해 발생할 재난을 상징하고 있다. "말들의 머리는 사자 머리 같고"라는 것에서의 말(horse)은 '기동성'을 의미한다. 사자는 '용맹성과 파괴력'을 상징하는데 이는 상대를 신속하게 정복하되 처절하게 파괴해버린다는 의미이다. "그 입에서는 불과 연기와 유황이 나오더라"고 했는데 이 역시 엄청난 파괴와 살상행위를 상징하고 있다. 결국 전쟁으로 초래될 엄청난 재난을 상징하는 것으로 다섯째 나팔 재앙과는 비교가 안 될 정도로 훨씬 더 가공할 위력이라는 것이다.

참고로 계시록 9장 5절의 다섯째 나팔 재앙은 사람을 괴롭게만 했지만 계시록 9장 18절의 여섯째 나팔 재앙은 사람을 죽이기까지 했다.

18절의 "세 재앙"이란 "불과 연기와 유황"을 지칭하는 것으로 다양한 무기와 방법을 통해 엄청난 파괴와 살상행위가 자행될 것을 말씀하고 있다.

19절에는 "이 말들의 힘은 그 입과 그 꼬리에 있으니"라고 말씀하고 있다. 다섯째 나팔 재앙에서의 황충은 그 힘이 꼬리에(계 9:10) 있었는데 반해 여섯째 나팔 재앙에서는 꼬리뿐만 아니라 입에도 있다(계 9:17-18)라고 묘사되어 있다. 결국 입의 무력(武力)과 꼬리의 거짓으로 사람들을 죽일 것을 말씀하고 있다. 이 또한 다섯째 나팔 재앙에 비해 여섯째 나팔 재앙이 훨씬 더 가공할 재앙임을 보여주는 것이다.

"그 꼬리는 뱀 같고"라는 것은 뱀(사단을 상징, 계 12:9, 20:2)의 간교함(마 10:16)으로 인해 많은 사람이 미혹될 것이라는 의미이다. 결국 뒤로는 음흉하고 교활한 술책, 거짓으로 속일 것이라는 말이다. "또 꼬리에 머리가 있어"라는 것은 "그 꼬리는 뱀 같고"라는 말과 같은 뜻으로 반복하여 사용된 것이다. 이는 역시 사단의 간교함을 지적하는 말이다.

참고로 역사적 배경을 살펴보면 당시 고대 이란 왕국이었던 파르티아 마병들은 정말 잘 싸웠고 용감무쌍했다고 한다. 그들은 자기들이 타고 다니는 말들의 꼬리를 뱀처럼 꼬아 상대를 공포와 두려움에 빠지게 했다고 한다.

결국 여섯째 나팔 재앙을 통하여는 강력한 파괴력으로 사람들이 처절한 죽임을 당하게 될 것과 사단 등 악한 영적 세력들과 그 추종 세력들의 미혹하는 교묘한 속임수에 넘어가 영육 간에 많은 사람들이 죽게 될 것을 사도 요한을 통해 보여주고 있는 것이다.

20 이 재앙에 죽지 않고 남은 사람들은 그 손으로 행하는 일을 회개치 아니하고 오히려 여러 귀신과 또는 보거나 듣거나 다니거나 하지 못하는 금, 은, 동과 목석의 우상에게 절하고 21 또 그 살인과 복술과 음행과 도적질을 회개치 아니하더라

20-21절에서는 밧모섬의 사도 요한이 나팔 재앙 후 '살아남은 자들(불신자 중 2/3)'이 끝까지 "그 손으로 행하는 일(우상을 만드는 일, 신 4:28)을 회개치 아니하고 오히려 여러 귀신과 또는 보거나 듣거나 다니거나 하지 못하는 금, 은, 동과 목석의 우상에게 절하고 또 그 살인과 복술과 음행과 도적질을 회개치 않고" 하나님이 철저하게 싫어하는 것들만 골라가며 패역질을 일삼는 것을 보고 있다. 여기서 "그 손으로 행하는 일"이란 신명기(신 4:28)의 말씀에 의하면 '사람의 손으로 만든 우상'을 가리키는 것으로 그 우상은 "보지도 못하며 듣지도 못하며 먹지도 못하며 냄새도 맡지 못한

다"라고 했다. 그럼에도 불구하고 자기 손으로 만든 우상을 자신이 섬기고 있는 것이다.

이 구절은 오늘을 살아가는 교회인 우리들에게도 시사하는 바가 아주 크다. 왜냐하면 하나님의 크신 은혜로 살아남은 우리 또한 나팔 재앙 후 '살아남은 자들(불신자 중 2/3)' 못지 않게 만만치 않은 우상숭배적인 삶을 살아가고 있기 때문이다.

"회개치 아니하고 오히려~우상에게 절하고~회개치 아니하더라"

참고로 계시록 9장 20절이 하나님만 섬겨야 함에도 불구하고 우상을 숭배하는 죄악이라면 21절은 사람에 대한 기본적인 윤리도덕을 위반하는 죄악이다.

이후 계속하여 이어지는 계시록 10-11장에서는 "바다(오른 발)와 땅(왼발)을 밟고 섰는 천사(계 10:1-2, 8)"가 사도 요한에게 복음이 적힌 '작은 책(겔 2:9-3:3, 두루마리 책)'을 주신다. 그리고는 먼저 '그' 책의 맛을 보게 한다. 사도 요한이 받아서 먹은 후 "내 입에는 꿀 같이 다나 먹은 후에 내 배에서는 쓰게 되었다(계 10:10)"라고 고백한다. 그런 사도 요한에게 그 천사는 "많은 백성과 나라와 방언과 임금(계 5:9, 오고 오는 모든 세대의 전 인류)"에게 다시 예언하라(복음과 일곱 재앙)고 하셨다.

한편 "네 배에는 쓰나 네 입에는 꿀 같이 달리라(계 10:9)"는 말씀은 복음과 십자가로 살아가고 복음과 십자가만 자랑하는 일 자체가 입에는 꿀같이 단 것이기는 하나 현실에서는 그리 호락호락하지 않다는 것을 전제하고 있다. 사실 복음을 전하려면 수많은 희생과 극도의 절제가 필요하며 때로는 전혀 예기치 않던 돌발상황마저 자주자주 만나야만 한다.

저희가 성도들과 선지자들의 피를 흘렸으므로 저희로 피를 마시게 하신 것이 합당하니이다 하더라 _ 요한계시록 16:6

레마이야기 16

일곱 재앙(ἑπτά πληγή)
-대접(φιάλη) all 재앙

16-1 또 내가 들으니 성전에서 큰 음성이 나서 일곱 천사에게 말하되 너희는 가서 하나님의 진노의 일곱 대접을 땅에 쏟으라 하더라 2 첫째가 가서 그 대접을 땅에 쏟으매 악하고 독한 헌데가 짐승의 표를 받은 사람들과 그 우상에게 경배하는 자들에게 나더라 3 둘째가 그 대접을 바다에 쏟으매 바다가 곧 죽은 자의 피 같이 되니 바다 가운데 모든 생물이 죽더라 4 셋째가 그 대접을 강과 물 근원에 쏟으매 피가 되더라 5 내가 들으니 물을 차지한 천사가 가로되 전에도 계셨고 시방도 계신 거룩하신 이여 이렇게 심판하시니 의로우시도다

계시록 16장 1-5절에는 하나님의 통치가 시작되는 좌소(座所, seat)인 성전에서 "큰 음성"이 나는 것을 사도 요한이 듣는 것으로 시작된다. 역사의 주관자 하나님은 당신의 섭리 하 경륜을 펼치시려고 일곱 천사에게

"하나님의 진노의 일곱 대접(대접 재앙)을 땅에 쏟으라"고 명하셨다. 1절의 "성전에서 큰 음성이 나서"라는 말씀에서의 '큰 음성'이란 이중적 의미를 지니고 있는데 첫째는 하나님의 '임재와 영광'이요 둘째는 하나님의 '심판'을 가리킨다. 또한 2-3절의 '땅과 바다'는 '사단의 통치영역'을 가리킨다.

2절의 첫째 천사가 그 대접을 "땅"에 쏟으니 "짐승의 표[60]를 받은 사람들과 그 우상에게 경배하는 자들"인 사단 나라에 속한(소속, 소유) 사람들에게 "악하고 독한 헌데(종기 혹은 종양)"가 생겼다고 했다. 이는 출애굽 전의 여섯째 재앙(출 9:8-12, 독종)과 상통하고 있다. 3절의 둘째 천사가 그 대접을 "바다"에 쏟으니 "바다가 곧 죽은 자의 피같이" 되었고 "바다 가운데 모든 생물"이 죽었다고 했다. '모든' 생물이…….

이는 출애굽 전의 첫 재앙(출 7:14-25, 피)과 그리고 둘째 나팔 재앙(계 8:8-9)과도 상통하고 있다. 4절의 셋째 천사가 그 대접을 "강과 물 근원"에 쏟으니 피가 되었다. 여기서 '근원'이란 '원천적인 재앙'을 말함과 동시에 '전체'를 의미한다. 이는 셋째 나팔 재앙(계 8:10-11)과 상통하고 있다.

한편 계시록에는 바람(7:1)과 불(14:18)과 물(16:5)을 차지한 천사가 나온다. 이곳 16장 5절에는 "물"을 차지한 천사가 나오고 있다. 그 천사는 "전에도 계셨고 이제도 계신(계 1:8, 11:17)" 거룩하신 예수님의 심판을 '참되고 의롭다'라고 말하고 있다.

---

60 계시록 13장 16-18절의 황제숭배에 굴복하여 세상의 일락과 타협한 것을 의미하는데 이들에게 악하고 독한 헌데가 나게 된다(16:2).

6 저희가 성도들과 선지자들의 피를 흘렸으므로 저희로 피를 마시게 하신 것이 합당하니이다 하더라 7 또 내가 들으니 제단이 말하기를 그러하다 주 하나님 곧 전능하신 이시여 심판하시는 것이 참되시고 의로우시도다 하더라

6-7절에서는 저들(악한 영적 세력들과 그 추종세력들)이 심판을 받게 되는 이유를 밝히고 있다. 저들은 지금까지 "성도들과 선지자들의 피(계6:10)"를 흘리게 했다. 그 결과 하나님의 공의로운 심판이 주어진 것이다. "저희로 피를 마시게 하셨다"라는 것은 "강과 물의 근원을 피로 만드시고(계 16:4)" 그 물을 마시게 하셨다라는 것으로 저희에게 원천적인 재앙과 더불어 철저한 심판을 하셨다라는 의미이다.

"제단이 말하기를"에서의 '제단(τοῦ θυσιαστηρίου, the altar)'은 '성도들과 선지자들'을 가리키며 상징적으로 의인화하고 있는 것이다. 그렇기에 이 말은 처절한 심판을 하신 하나님을 향해 전능하신 하나님 심판의 당위성과 공의로운 심판을 찬양했다라는 말이다. 더 나아가 그렇게 심판하시는 것이 "참되고 의로우시다"라고 화답하는 장면이다.

8 넷째가 그 대접을 해에 쏟으매 해가 권세를 받아 불로 사람들을 태우니 9 사람들이 크게 태움에 태워진지라 이 재앙들을 행하는 권세를 가지신 하나님의 이름을 훼방하며 또 회개하여 영광을 주께 돌리지 아니하더라

계시록 16장 8-9절에서 밧모섬의 사도 요한은 넷째 천사가 그 대접을 "해"에 쏟는 것을 보고 있다. 그러자 "해가 권세를 받아 불로 사람들을 태우니 사람들이 크게 태움에" 태워지게 된다. 그럼에도 불구하고 그들은 이 재앙들을 행하는 권세를 가지신 하나님의 이름을 "훼방"하였다. 더 나아가 하나님께 회개는 고사하고 "영광"조차 돌리지 않고 있는 것을 목도하고 있다.

여기서 8절의 "해"의 헬라어는 헬리오스(ἥλιος, nm, the sun)인데 이는 하나님의 일반 은총으로서 빛(밝음)과 열(따스함과 뜨거움)을 제공(마 5:45)하는 것이다. 반면에 그 '해'는 하나님의 주권적 의지에 따라 강력한 심판의 도구가 되기도 한다. 한편 9절의 "사람들"이란 계시록 16장 2절의 "짐승의 표를 받은 사람들, 그 우상에게 경배하는 자들"을 가리킨다.

8-9절의 말씀을 가만히 묵상해보면 사도 요한을 통해 일곱 재앙의 환상을 보여주신 이유는 분명해 보인다. 다시 반복하지만 종말 시대 동안에 일곱 재앙을 허락하신 목적은 다음과 같다. 불신자들에게는 향후 있을 최후 심판에 대한 경고요 교회에게는 거룩함의 훈련과정으로 주신 것이며 힘들고 어려울 때 '마라나타'를 외치라는 것이고 동시에 '소망(엘피스, 미래형 하나님나라에의 입성과 영생)'을 갖게 하기 위함이다.

10 또 다섯째가 그 대접을 짐승의 보좌에 쏟으니 그 나라가 곧 어두워지며 사람들이 아파서 자기 혀를 깨물고 11 아픈 것과 종기로 인하여 하늘의 하나님을 훼방하고 저희 행위를 회개치 아니하더라

10-11절에서는 밧모섬의 사도 요한이 다섯째 천사가 "그 대접을 짐승의 보좌"에 쏟는 것을 보고 있다. 여기서 '짐승의 보좌'란 우상숭배와

세상 권력의 중심지를 상징(Hendriksen, Plummer)하는 것으로 이는 사단(계 12:9)이 예수님과 성령님을 모방했던 두 짐승(계 13장)에게 주었던 것이다. 참고로 계시록 2장 13절에는 '짐승의 보좌'라는 말과 유사한 의미를 가진 "사단의 위(位)라는 말이 있다. 둘 다 사단의 권세를 의미한다.

대접을 쏟으니 "그 나라가 곧 어두워지며 사람들이 아파서 자기 혀를 깨물고"라는 것에서 '그 나라'란 사단나라를 가리키며 '어둠'은 고통 곧 심적 고통(아픈 것)과 육체적 고통(종기) 둘 다를 말한다. 그 고통이 어찌나 심했든지 자신의 혀를 깨물고 죽으려는 사람도 있었다고 묘사하고 있다. 한편 "하늘의 하나님(계 11:13)"이란 지고하신 영광의 하나님, 위엄과 권능의 하나님을 가리킨다.

12 또 여섯째가 그 대접을 큰 강 유브라데에 쏟으매 강물이 말라서 동방에서 오는 왕들의 길이 예비되더라

12-14절에서는 밧모섬의 사도 요한이 여섯째 천사가 그 대접을 "큰 강 유브라데"에 쏟으매 강물이 말라서 동방에서 오는 왕들의 "길"이 되는 것을 보고 있다

'동방[61]에서 오는 왕들의 길이 예비되더라'는 것은 '대적으로부터의 심판'을 예고하는 '전쟁'을 상징한다. 즉 강물이 마르고 그 강바닥이 '마른 땅(렘 51:36-37)'이 되자 적들이 쳐들어오는 길이 됨으로 교회들에게는 끔

---

61 (창15:18) 가나안 땅의 동쪽 경계인 유브라데건너의 앗수르, 바벨론을 지칭.

찍한 재앙의 통로가 되어버린 것이다. 다른 한편으로는 "강물이 말라서" 오히려 '피할 길'이 되면 그 길을 통해 대적의 끔찍한 재앙으로부터 벗어날 수가 있기에 안전한 구원의 통로가 되기도 한다. 이는 홍해 도하 사건(출 14:21-25)에서 볼 수 있다. 지난날 '마른 땅'이 된 홍해는 이스라엘 백성에게 '피할 길'이 되어 애굽의 전차부대를 따돌릴 수가 있었다. 요단강(수 3:14-17) 역시 이스라엘 백성에게는 구원의 길이요 여리고 성을 포함한 가나안에는 재앙 곧 심판이었다.

결국 이 구절에서의 '유브라데'는 이중적인 의미를 가진 단어로 하나는 '재앙의 통로'요 다른 하나는 '구원의 통로'이다. 유브라데를 언급하고 있는 여섯째 대접 재앙은 여섯째 나팔 재앙과 상통하고 있다.

		일곱 나팔 재앙	일곱 대접 재앙
1	땅	피 섞인 우박과 불 땅, 수목, 각종 풀: 1/3불에 탐(8:7)	짐승의 표를 받은 자, 우상숭배 자들 -악하고 독한 헌데(16:2)
2	바다	불붙는 큰 산 같은 것-바다에 떨어짐 -바다가 피: 바다 생물, 배 -1/3 죽고 깨어짐(8:8, 9)	바다가 죽은 자의 피같이 됨 -바다 생물이 모두 죽음(16:3)
3	강과 샘	횃불같이 타는 큰 별-강들의 1/3과 여러 물샘에 떨어짐-물의 1/3이 쓰게(쑥) 됨 -많은 사람들이 죽음(8:10, 11)	강, 물의 근원이 피로 변함 -사람들이 피를 마시게 됨(16:4-7)
4	천체	해, 달, 별들의 1/3: 빛을 잃음(8:12)	해가 권세를 받아 불로 사람들을 태움(16:8, 9)
5	불신자들	황충이 불신자들을 5개월 동안 괴롭힘(9:1-11)	불신자들이 아픈 것과 종기로 인해 하늘의 하나님을 훼방함 (16:12-16)
6	큰 강 유브라데	마병대가 사람들 1/3을 죽임 (9:13-21)	개구리 같은 세 더러운 영인 귀신의 영들이 전쟁을 위해 사람들을 모음 (16:12-16)
7	하늘	일곱째 천사가 나팔을 불매 하늘로서 큰 음성이 남-일곱 대접 재앙과 연결(11:15-19)	큰 성 바벨론이 하나님의 맹렬한 진노의 포도주 잔을 받아 무너짐 (16:17-21)

13 또 내가 보매 개구리 같은 세 더러운 영이 용의 입과 짐승의 입과 거짓 선지자의 입에서 나오니 **14** 저희는 귀신의 영이라 이적을 행하여 온 천하 임금들에게 가서 하나님 곧 전능하신 이의 큰 날에 전쟁을 위하여 그들을 모으더라

계시록 16장 13-14절에서 사도 요한은 삼위하나님을 흉내내는 '사단적 삼위일체(Satanic trinity)'를 보고 있다. 이는 12장 9절의 큰 용(옛 뱀, 마귀, 사단, 온 천하를 꾀는 자), 13장 1절의 바다에서 나온 짐승(예수 그리스도를 모방), 13장 11절의 땅에서 올라온 짐승(성령님을 모방)을 말한다.

"개구리(출 8:1-15, 레 11:9-12) 같은 세 더러운 영"이 용(옛 뱀, 마귀, 사단, 온 천하를 꾀는 자, 12:9)의 입과 짐승(첫째 짐승, 바다에서 나오는 짐승, 예수 그리스도를 모방, 13:1)의 입과 거짓 선지자(둘째 짐승, 땅에서 올라오는 짐승, 성령님을 모방, 13:11)의 입에서 나오는 것을 보았다. 이들은 "귀신의 영"으로서 여기서 반복적으로 사용된 '입'이라는 단어는 '거짓 메시지'를 상징하고 있다. 결국 '거짓 메신저'인 악한 영의 세력들은 종말 시대 동안 내내 말씀과 진리를 왜곡하려고 소위 '귀에 듣기 좋은 말들'인 거짓 진리, 유사 복음, 왜곡된 복음 등 온갖 방법을 동원할 것이라는 의미이다.

그때 교회는 '오직 말씀(Sola Scriptura)'을 붙들고 진리만을 사수하며 영적으로 그들에게 당당히 맞서야(벧전 5:9) 한다. 왜냐하면 그들은 종말 시대 동안에 호시탐탐 기회를 노리다가 할 수만 있으면 우리를 무너뜨리려고 싸움을 걸어올 것이기 때문이다. 이를 가리켜 사마귀(사단, 마귀, 귀신) 세력과 교회 된 우리와의 '영적 싸움 혹은 영적 전쟁'이라고 한다. 이때 악한 영의 추종세력들인 거짓 메신저들(마 7:22-23)은 초현실적이고도 가시

적인 이적(miracle)까지 동원함(13:13-15, 16:14)으로 마치 그들이 대단하기라도 하듯 '드러내며 과시하며' 믿음이 연약한 사람들을 속이고 유혹할 것이다.

달콤하게 포장된 거짓 메시지에 더하여 눈에 보이는 신비한 기적까지 행함으로……

종말 시대를 살아가는 교회는 이런 것들에 대해 극한의 절제가 필요하다. 대부분의 성령님의 사역은 눈에 보이는 초현실적인 것으로 드러나지 않는다. 예를 들면 병고침이나 방언, 예언, 통역 등등의 것들을 가리켜 무조건 성령님의 사역이라고 우겨서는 안 된다는 것이다. 오히려 비가시적인 것들에 당신의 뜻과 의지가 더 많이 담겨있다. 기적적이고 초현실적이며 가시적인 현상들이 성령님의 사역 중 '하나'라면 나머지 '구십구'는 믿음을 주셔서 은혜로 구원을 얻게 하시며 하나님의 자녀로 인쳐 주신 후 우리 안에 내주하셔서 우리를 다스리시고 장차 미래형 하나님나라에 들이시고 그곳에서 '함께 더불어' 영원히 살게 하시는 것이다.

그렇기에 성령 충만을 통한 '진정한 복'이란 그분께 온전한 주권을 드리고 그분의 통치와 질서, 지배 하에 살아가는 것이다. 더 나아가 영 죽을 죄에서 건져 주시고 우리를 당신의 자녀 되게 하셔서 미래형 하나님나라에 들어가기까지 함께 하는 것에 감사하는 것이 교회의 진정한 복이며 영원히 '더불어 함께' 사는 것이 진정한 최고의 복인 것이다.

일반적으로 육체를 가진 제한된 모든 인간들은 초현실적인 기적에다가 가시적인 것이 더해지면 그것에 '확' 치우치기가 쉽다. 소위 '쏠림현상(tipping effect)'이다. 이는 탐욕이자 또 하나의 중독이다. '탐욕과 중독'은 우상숭배의 또 다른 이름일 뿐이다.

우상숭배란 하나님보다 가치(Value)와 우선순위(Priority)를 더 두는 가시적, 비가시적인 모든 것을 말한다. '최고의 가치와 최우선 순위를 두다'라는 의미의 세상적인 말에는 '꽂히다(롬 8:5-7, φρονέω, 프로네오)'라는 것이 있다. 교회는 하나님보다 다른 것에 더 꽂혀서는 안 된다. 진실된 교회라면 '오직 말씀, 오직 복음, 오직 예수'만을 붙들고 나아가야 한다.

하나님 곧 전능하신 이의 "큰 날(계 16:14)"이란 '예수 재림의 날' 곧 '최후 심판의 날'을 가리키며 '하나님의 큰 날'에서의 '큰 날'이란 '승리의 날'로서 영적 전쟁에서 반드시 이길 것(겔 38-39, 슥 14장, 욜 2:11, 3:2)이라는 의미가 내포[62]되어 있다.

참고로 "개구리"에 대한 사족(蛇足, 畵蛇添足)을 달고자 한다. 계시록 16장 13절을 문자적으로 해석하여 '모든 개구리가 나쁘다거나 더럽다'라고 하는 것은 곤란하다. 그럼에도 불구하고 레위기 11장 9-12절에는 '비늘 없는 동물을 부정'한 것으로 여기기는 했다. 그렇기에 개구리를 부정한 것으로 상징한 것일 뿐이다. 결국 상징적으로 우상이 된, 부정한 것으로 여겨지게 된 '개구리'를 가리켜 계시록 16장 13절은 '개구리 같은 세 더러운 영'이라고 기록함으로 '영적으로 더럽다'라는 의미를 드러낸 것이다.

반면 출애굽기 8장 1-15절에 의하면 애굽인들은 개구리를 우상으로

---

62 이필찬 교수의 <요한계시록 어떻게 읽을 것인가>, p267-268 재인용

모시기도 했다. 당시 고대 애굽인들은 개구리를 거룩한 동물로 여겨 개구리 모양의 여신을 형상화하여 '헤카(Heka) 혹은 헤크트(Heqt)'라고 하며 신(神)으로까지 숭배하기도 했다고 한다. 역사의 아이러니는 자신들이 우상으로 섬기던 그 '개구리'에게 애굽인들은 출애굽 전 10가지 재앙 시 '개구리 재앙'으로 괴로움을 당하기도 한 것이다.

15 보라 내가 도적같이 오리니 누구든지 깨어 자기 옷을 지켜 벌거벗고 다니지 아니하며 자기의 부끄러움을 보이지 아니하는 자가 복이 있도다

이 구절에서는 '영적 근신(謹愼, discretion, self-control)'과 '영적 각성(覺醒, spiritual awakening)'을 통한 '영적 싸움(영적 전쟁)'에의 독려(督勵, encouragement, stimulation)와 더불어 돌발적 재림 예수(마 24:43, 눅 12:39, 살전 5:2, 벧후 3:10)에 대해 말씀하고 있다. 그렇기에 교회는 마지막 그날까지 영적 무기(엡 6:10-17, 하나님의 전신갑주)를 잘 갖추어 당당하게 영적 싸움에 임해야 할 것이다. 곧 근신하고 깨어 있어 매사 매 순간 '사마귀'를 경계하며 그들의 교묘한 속임수에 넘어가지 말고 악한 영의 모든 세력들을 대적하라는 말씀이다.

참고로 '사마귀'라는 표현은 '사단, 마귀, 귀신'의 줄임말로 '악한 영적 세력들과 그 추종 세력들'을 아우르는 저자의 말장난(word play) 중 하나이다. 이 단어는 저자의 모든 책에서 자주 인용되고 있다. 왜냐하면 우리 주변에는 유형 무형의 다양한 사마귀가 득실거리기 때문이다. 그리스도인은 사마귀에 대해 두려워하거나 무서워할 필요가 없다. 그렇다고 하여 아예 도외시(度外視, ignore, disregard)하라는 말은 아니다. 사마귀는 언제 어디서나 우리의 틈새를 노린다. 자주자주 우리에게서 하나님의 뜻과는 다른 육신적인 그 무엇이 올라올 때마다 이놈(?)의 정체를 기억하라는 의미이다.

교회는 사마귀의 달콤한 속임수에 유혹되거나 미혹되지 말고 '언제 오실지는 모르나 반드시 오실' 돌발적 재림 예수를 기다리되 그날까지 근신하며 깨어 있어야 할 것(벧전 4:7-8, 5:8-10)이다. 그러므로 이 구절에서는 "깨어 자기 옷을 잘 지켜(계 7:14)" 벌거벗고 다니지는 말라고 하셨던 것이다. 또한 "자기의 부끄러움을 보이지 아니하는 자가 복이 있다"라고 하셨다.

지금 각자의 모습을 돌아보라. 혹시라도 나의 모습이 라오디게아 교회의 부류(部類, category, 계 3:17)에 속해 있다면 얼른 다시 돌아와야 할 것이다. 제발 미지근하지 말라. '복음과 십자가'에 대해 '냉철한 이성'을 가지고 머리로는 차갑게, '끊임없는 열정'을 지니고 가슴으로는 뜨겁게 한 번의 유한된 직선 인생을 각자를 향하신 '하나님의 뜻'을 따라 '하나님의 기쁨'으로 살아가자.

16 세 영이 히브리 음으로 아마겟돈이라 하는 곳으로 왕들을 모으더라

이곳 계시록 16장 16절에서는 13-14절의 "귀신의 영"인 "개구리 같은 세 더러운 영"이 히브리 음으로 "아마겟돈"[63]이라는 곳으로 전쟁을 위해 열왕들을 모으고 있는 것을 사도 요한이 보고 있다.

"세 더러운 영"이란 악한 세력의 연합체를 말하며 "전쟁"이란 영적 싸움을 의미한다. 명심할 것은 "영적 전쟁' 혹은 '영적 싸움'은 창조주 하나님과 피조물 사마귀와의 싸움이 아니라는 것이다. 하나님의 형상을 따라 지음 받은 교회인 우리와 유형 무형의 사마귀와의 싸움임을 잊어서는 안 된다. 그렇기에 하나님께서 대신 싸워 주시라는 기도보다는 하나님이 함께 하셔서 능력 주심으로 교회인 우리가 사단을 능히 무찌를 수 있도록 해달라고 기도해야 한다. 그러면 그 전쟁(영적 싸움)의 결과는 자명할 것이다. 시편 2편에 의하면 악한 세력들은 "철장으로 깨뜨려지며 질그릇같이 부수어질 것(시 2:9)"이라고 했기 때문이다.

"아마겟돈(Ἁρμαγεδών)"이라는 말은 '산' 혹은 '언덕'이라는 '하르(הר, nm, mountain, hill, hill country, Ἁρ)'와 '주둔지'라는 의미의 '므깃도(מְגִדּוֹן, 메깃돈, a tower, μαγεδών)'라는 두 단어의 합성어로서 '므깃도 언덕' 혹은 '므깃도 산'이라는 말이다. 즉 아마겟돈은 '므깃도 산'으로서 '갈멜산'을 일컫는다.[64] 원래 므깃도는 '언덕, 평원'임에도 불구하고 '산'이라고 기록한 것은 에스겔 38장 8절, 39장 2, 17절의 말씀 때문이다. 그 구절에는 '하나님의 심

---

[63] 아마겟돈 전쟁은 마지막 날에 일어날 3차 대전 같은 무시무시한 전쟁일 수도 있으나 나는 묵시적 관점에서 최후의 심판을 상징(벧후 3:12)하는 것으로 보기에 백보좌 심판을 의미한다고 생각한다.

[64] 아마겟돈은 므깃도 산으로 갈멜산을 일컫는다. 한편 므깃도 물가 다이낙인 기손강은 다볼산과 길보아산(삼상 31:1)에서 발원한다. 다볼산은 므깃도보다는 북쪽에 있는 산이며 시스라의 군대와 싸우기 위해 군대장관 바락이 납달리 자손과 스불론 자손을 집결시킨 곳이다(삿 4-5장). 라이프성경사전, 위키백과, 네이버 지식백과

판의 때'에 이스라엘의 '산'에서 심판하실 것을 말씀하셨다. 그러다 보니 므깃도 '언덕'을 '산'이라고 묘사한 것이다. 구약의 지명 중에는 다른 단어 같은 의미의 말이 있는데 '므깃도', '다아낙', '기손강', '갈멜산'이다.

한편 아마겟돈 지역은 역사상 200여 회의 전쟁이 있었던 곳으로 유대인들은 '아마겟돈'이라고 하면 곧 '전쟁'이라는 개념을 가지고 있었다. 또한 이 지역은 앞서 언급했듯이 산이 아니라 실제로는 전쟁하기 좋은 평원(14x20 miles)이었다. 그렇기에 '아마겟돈 전쟁'이란, 그 시기는 잘 모르기는 하나, 혹자의 의견들처럼 미래에 일어날 실제적인 3차 대전일 수도 있다. 그러나 필자는 그렇게 생각하지 않는다. 오히려 종말 시대 동안에 매일 매 순간의 삶에서 맞닥뜨리게 되는 '악한 영의 세력들과의 영적 싸움'으로 해석한다. 더 나아가 '아마겟돈 전쟁'은 마지막 그날에 있게 될 심판주, 만왕의 왕이신 재림 예수님의 '백보좌 심판(계 20:11)'으로도 해석한다.

감사하고 또 감사하는 것은 그 모든 싸움에서 교회는 반드시 승리한다라는 것이다. 현재형 하나님나라에서의 모든 '아마겟돈 전쟁'은 내주하시는 주인 되신 성령님의 능력으로 승리하게 되며 미래형 하나님나라에서는 백보좌 심판이라는 최후의 아마겟돈 전쟁을 거친 후 들어가는 곳이기에 이미 승리한 것이다.

참고로 므깃도에서 몇 차례 일어났던 '아마겟돈 전쟁(삿 5:19, 수 12:21, 대하 35:22)'에 대한 교훈을 알아보자. 3차례 일어났던 아마겟돈 전쟁에서 교회는 초반에 '일촉즉발(一觸卽發)의 위기'에 처해진다. 그러나 하나님의 개입하심으로 승리하게 된다. 곧 교회가 아무리 어려운 위험에 맞닥뜨린다(encounter, face) 하더라도 종국적으로는 반드시 승리하게 된다라는 것이다. 역사적 사건은 다음과 같다.

첫째는 사사기 4-5장이다. 그곳에는 하솔에 도읍했던 가나안 왕 야빈이 군대장관 시스라를 보내 이스라엘을 침공하는 장면이 나온다. 당시 이스라엘로서는 일촉즉발의 위기였다. 그 찰나에 여호와께서는 그 싸움에 직접 개입하셨다. 그 결과 이스라엘은 당연히 엄청난 승리를 거두었는데 그 승리의 장소가 바로 '므깃도 물가 다아낙'이었고 '기손강'이었다.

이때 하나님이 쓰신 사람이 특이하다. 용감한 여인 '야엘'이기 때문이다. 그녀는 겐 사람 헤벨의 아내였다. 당시 하솔 왕 야빈은 겐 사람 헤벨과 좋은 관계였다. 그러다 보니 가나안의 군대장관 시스라는 전쟁을 하다가 쫓겨 야엘의 장막으로 숨어들었던 것이다. 그랬었는데 놀랍게도 군대장관이라는 자가, 그것도 한 여인의 손에, 관자놀이에 말뚝이 박혀 개죽음을 당하고 말았던 것이다.

성경(삿 4:23-24)은 "하나님이 가나안 왕 야빈을 이스라엘 자손 앞에서 패하게 하신지라"고 말씀하고 있다. 즉 이스라엘은 가나안의 침략에 처음에는 일촉즉발의 위기를 맞았다. 그러나 하나님은 인간이 전혀 상상치 못할 방법으로 멋진 승리를 안겨주었던 것이다. 이것이 바로 '아마겟돈 전쟁'이 주는 교훈인 것이다.

둘째는 열왕기상 18장에 나오는 갈멜산 상(上)의 이야기이다. 당시 갈멜산에는 단 한 명의 선지자 엘리야와 바알과 아세라 선지자 850인이 대치하고 있었다. 그 상황은 누가 보더라도 '일촉즉발(一觸卽發)의 위기'였다. 그러나 전능하신 하나님은 초자연적인 방법으로 보기 좋게 엘리야의 손을 들어주셨다. 이후 엘리야는 므깃도 기손 시내에서 바알과 아세라 선지자 850인을 몽땅 죽였다. 이는 "악은 모든 모양이라도 버리라(살전 5:22)"고 하신 말씀에 따른 것이다. 바로 그 "기손 시내(왕상 18:40)'를 '므깃도 시내'라고도 일컫는다. 이 사건 역시 절대적으로 불리한 상황에서의 엘리야를 승리로 이끄심을 보여주신 것이다. 즉 영적 싸움에서 인간적으로 아무리 열세에 놓였다 할지라도 하나님은 인간이 전혀 상상치 못할 방법으로 멋진 승리를 안겨주신다는 것이다. 이것이 바로 '아마겟돈 전쟁'이 주는 교훈이다.

셋째는 열왕기하 23장과 스가랴 12장이다. 그곳에는 20명의 유다[65] 왕 중 이스라엘의 성군이었던 16대 유대 왕 요시야가 나온다. 그는 이해하기 어려운 죽음(BC 609)을 당했는데 그 곳이 바로 '므깃도'였다. 당시 애굽의 바로느고는 나날이 그 세력이 커져가고 있던 신흥 바벨론을 치고자 먼저 노쇠해진 앗수르를 정복하려고(BC 605년 갈그미스 전투, 대하 35:20) 북진을 계획했다. 문제는 바로 그 통과지점이 이스라엘의 므깃도였던 것이다. 이스라엘의 영토였던 므깃도이기에 애굽 왕이 므깃도를 지나려면 유대 왕의 허가를 얻어야만 했다. 상식적으로만 보면 당시에 최강대국이었던 애굽이 그냥 통과만 하겠다라는 것은 당연지사(當然之事)인 것이다. 그런데 약소국의 왕 요시야는 이상하게도 애굽왕 바로느고가 그 지역을 통과하

---

65 유다인과 유대인, 유태인의 차이점은 다음과 같다. Judea라는 영단어를 한글로 바꾸면 유대 혹은 유다가 된다. 한자어로 표기할 때에는 유태(猶太)가 된다. 특별히 '유다'라고 하는 것은 야곱의 넷째 아들인 유다로 예수님이 오셨고 그 정통성이 이어진 때문이다.

는 것을 반대한다. 애굽 왕은 불쾌했으나 나중에는 애굽 왕이 통사정(대하 35:21)까지 한다. 그럼에도 불구하고 유대 왕 요시야는 변장(대하 35:22)을 하면서까지 기어이 막아섰다. 그랬다가 상대 군대의 활 쏘는 자의 화살에 맞아 죽어버린다. 얼핏 개죽음처럼 보이나 역대하 34장 28절은 그의 죽음의 이유를 이렇게 설명한다.

"그러므로 내가 너로 너의 열조에게 돌아가서 평안히 묘실로 들어가게 하리니 내가 이곳과 그 거민에게 내리는 모든 재앙을 네가 눈으로 보지 못하리라 하셨느니라"_대하 34:28

즉 교회는 종말 시대를 살아가며 때로 전혀 이해할 수 없는 돌발 상황을 맞게 되기도 한다. 당황스럽고 황당하여 말문을 잊기도 한다. 그러한 때에도 신실하신 하나님은 인간이 전혀 상상치 못할 방법으로 멋진(?) 승리를 안겨주신다라는 것이다. 이것이 바로 '아마겟돈 전쟁'이 주는 교훈이다.

실제로 16대 왕 요시야의 경우는 그랬다. 그는 개죽음처럼 보였던 므깃도의 그 죽음으로 인해 장차 있게 될 아비로서 자식들(17대, 18대, 20대 유다왕)이 처참하게 죽어 나가는 험한 그 '꼴'들을 보지 않아도 되었던 것이다. 그것은 하나님의 크신 배려요 은혜임을 보여주신 것이다.

사연은 이렇다. 유다의 16대 왕 요시야에게는 4명의 아들이 있었는데 첫째는 유약하여 일찍 죽었다. 요시야가 므깃도에서 급사(39세) 하자 17대 왕은 차서(次序)를 따르지 않고 넷째 아들인 여호아하스가 왕이 된다. 그러나 그는 겨우 3개월 치리하다가 애굽의 바로느고에 의해 폐위되고 애굽으로 끌려가 황당한 죽음을 당하고 말았다. 이후 둘째 아들인 엘리야김이 바로느고에 의해 여호야김으로 개명(改名)된 후 18대 왕이 되어 11년을 치리했다. 여호야김은 하박국 선지자도 탄식할 만큼 악하고 포악했다. 애굽의 입김에 놀아났던 여호야김은 종국적으로 세력이 커진 애굽의 반대파 바벨론에 의해 폐위된다. 대신에 요시야의 손자였던 여호야긴이 유다의 19대 왕이 되었다. 그는 겨우 3개월을 치리했다. 이후 유다의 마지막 왕이 된 시드기야(20대)는 11년을 치리했는데 그가 바로 요시야의 셋째 아들이었다. 가만히 보면 유다 왕 17대에서 20대까지 3개월, 11년, 3개월, 11년을 치리했던 반복되면서 대조되고 있는 숫자가 흥미롭다. 이들의 공통점은 모두가 다 하나님 보시기에 악한 왕이었다라는 점이다.

참고로 18대 왕 여호야김 때 바벨론의 1차 포로로 다니엘과 세 친구(사드락, 메삭, 아벳느고)가 바벨론으로 붙들려갔고 바벨론에로의 2차 포로 때인 19대 왕 여호야긴 때는 예루살렘의 쓸 만한 사람들(방백, 용사, 공장과 대장장이들 10,000명)과 에스겔 선지자가 잡혀갔다.

역사를 돌아보면 우리는 좋으신 역사의 주관자 하나님을 금방 느낄 수 있다. 하나님은 요시야를 인간들의 이해불가한 방법으로 일찍 데려가시기는 했으나 그것은 이 모든 험한 '꼴'을 보지 않게(대하 34:28) 하시려는 깊은 배려였던 것이다.

결론적으로 위의 '아마겟돈 전쟁'을 통한 3가지 역사적 사건을 보여주신 하나님의 마음은, 매사 매 순간 영적 전쟁을 통과할 때 힘들고 어려운 것은 사실이나 종국적으로는 반드시 승리하게 될 것을 말씀하신 것이다.

할렐루야!

17 일곱째가 그 대접을 공기 가운데 쏟으매 큰 음성이 성전에서 보좌로부터 나서 가로되 되었다 하니 18 번개와 음성들과 뇌성이 있고 또 지진이 있어 어찌 큰지 사람이 땅에 있어 옴으로 이같이 큰 지진이 없었더라 19 큰 성이 세 갈래로 갈라지고 만국의 성들도 무너지니 큰 성 바벨론이 하나님 앞에 기억하신 바 되어 그의 맹렬한 진노의 포도주 잔을 받으매 20 각 섬도 없어지고 산악도 간데 없더라 21 또 중수가 한 달란트나 되는 큰 우박이 하늘로부터 사람들에게 내리매 사람들이 그 박재로 인하여 하나님을 훼방하니 그 재앙이 심히 큼이러라

 이곳 계시록 16장 17-21절에서는 밧모섬의 사도 요한이 일곱째 천사가 "그 대접을 공기 가운데 쏟으매 큰 음성이 성전에서 보좌로부터 나는 것"을 듣고 보고 있다. 이는 이미 14장 8-11절에서 예고되었던 것이다.

 '공기'란 '악한 세력' 혹은 '마귀'를 상징하며 공중의 권세 잡은 자가 지배하는 영역인 '공중' 혹은 '높음이나 깊음(롬 8:39)'을 의미하기도 한다. 그 '공중'의 '권세 잡은 자 혹은 권세자(롬 8:38)'들은 "불순종의 아들들 가운데 역사하는 영(엡 2:2)"을 말한다.

 "공기 가운데 쏟으매"라는 것은 '심판의 총체성과 완결성'을 상징하며 이는 "되었다(게고넨, Γέγονεν, It is done, 요 19:30)"라는 말과 연결하여 '심판의 완결성'으로 해석함이 마땅하다. 즉 일곱 재앙(인, 나팔, 대접 재앙)의 '일곱째' 재앙 후에는 예수님의 재림으로 인한 '최후 심판', 곧 '백보좌 심판'이 있게 된다라는 것이다.

모든 교회는 종말 시대 동안에 일곱 재앙(인, 나팔, 대접 재앙)을 겪게 된다. 전 지구적으로 일어나나 각 지역별로는 강도나 크기, 세기, 범위에 있어 다르게 나타나는데 이는 하나님의 크신 섭리와 경륜을 따른 것이다. 그러다 보니 어떤 이는 인 재앙(1/4의 심판)으로, 어떤 이는 나팔 재앙(1/3의 심판)으로, 어떤 이는 대접 재앙(극도의 심판)을 겪겠지만 교회 시대(종말 시대)를 살아가며 교회는 끝까지 "예수 믿음과 하나님의 계명"을 붙들고 인내하며 살아가야 할 뿐이다.

예수 재림의 '때(일곱째 재앙 후)'에 대하여는 우리가 정확히 알 수 없다. 그러므로 항상 근신하고 깨어 있어 준비함으로 '반드시 오실' 예수님을 기다리기만 하면 된다. 그 때와 시기에 관한 권한은 아버지 하나님께 있기에 너무 조급해하지 말고 언제 오시더라도 상관없이 마치 내일 오실 듯이 오늘을 하나님의 뜻을 따라 하나님의 기쁨으로 살아가면 되는 것이다. 종말 시대 동안에 일곱 재앙과 더불어 악한 영의 한시적이고 제한적인 권세로 인해 핍박을 넘어 순교에 이르더라도 교회는 소망을 붙들고 꿋꿋하게 걸어가야 할 것이다.

"우리가 살아도 주를 위하여 살고 죽어도 주를 위하여 죽나니 그러므로 사나 죽으나 우리가 주의 것이로다" _롬 14:8

"나는 부활이요 생명이니 나를 믿는 자는 죽어도 살겠고 무릇 살아서 나를 믿는 자는 영원히 죽지 아니하리니" _요 11:25-26

진실로 아멘 그리고 또 아멘이다. 우리는 당장 죽어도 곧장 '변화된 몸' 부활체가 되어 미래형 하나님나라에 들어가게 됨을 잊지 말아야 한다. 그러므로 언제 죽더라도 우리는 그다지 상관이 없는 것이다. 만약 내가 오늘 죽는다 하더라도 곧장 부활체로 변하여 '소망(엘피스, 미래형 하나님나라에의 입성과 영생)'을 누리게 된다.

혹여라도 내가 죽은 뒤 재림의 예수님이 1,000년, 10,000년 뒤에 오신다면 '어디에, 어떤 상태로 있게 될까' 하는 것에 대해 전혀 걱정할 것이 없다. 왜냐하면 우리의 죽음(개인적 종말이자 역사적 종말임) 이후에는 시공(時空)이 초월되기에 나의 죽음과 부활은 동시에 일어나기 때문이다. 그렇기에 진실된 교회는 세상에 살더라도 세상에 '속하지 않으며' 세상과 '타협하지 않고' 세상 속에서 '당당하고 담대하게' 살아갈 수 있는 것이다.

18 번개와 음성들과 뇌성이 있고 또 지진이 있어 어찌 큰지 사람이 땅에 있어 옴으로 이같이 큰 지진이 없었더라

이곳 18절에서는 사도 요한이 하나님의 현현(빛과 소리, 행 9:3-4, 출 19:16, 계 8:5, 11:19)을 상징하는 "번개와 음성과 뇌성"을 보고 있다. 또한 하나님의 심판을 상징하는 '큰 지진(학 2:6, 히 12:26-27)'과 더불어 큰 성 곧 만국의 성, 바벨론이 '진노의 포도주 잔'을 받게 될 것(계 14:9-11)을 보고 있다. 결국 바벨론 성은 최후 심판의 날에 "큰 성이 세 갈래로 갈라지고 만국의 성들도" 무너지게 될 것이라는 말씀 그대로 처절한 심판을 받게 될 것이다. 또한 "각 섬"도 없어지고 "산악"도 온 데 간 데가 없어지게 되며 종국적으로는 미래형 하나님나라인 신천신지(新天新地)가 도래하게 될 것이다.

"바벨론"은 바벨탑에서 나온 단어이다. 바벨(בָּבֶל)이란 발랄(בָּלַל, v, to mingle, mix, confuse, confound)에서 파생된 것으로 '혼란, 불경건, 교만, 하나님 대적' 등을 의미한다. 즉 "바벨론"은 상징적인 단어로서 악한 세력을 총칭하는데 이사야 14장 12절에는 "아침의 아들, 계명성, 금성, 샛별"이라고도 했다.

참고로 '아침의 아들'이란 히브리어로 '벤(בֶּן־) 샤하르(שַׁחַר)'이며 헬라어로는 '휘오스(υἱός) 프로이(πρωΐ)'이고 라틴어로는 '루키페르(Lucifer)' 곧 '루시퍼'이다. 루시퍼라는 단어는 존 밀턴의 〈실낙원〉에서 인용된 것으로 성경에는 나오지 않는다. '루시퍼'는 미카엘이나 가브리엘처럼 고유명사인 이름이 아니라 '밝게 빛나는 자' 혹은 '밤하늘의 밝은 별'이라는 뜻의 보통명사이다. 루시퍼는 히브리어 헬렐(הֵילֵל, nm, a shining one)을 라틴어로 번역한 루키페르가 그 어원이다.

19 큰 성이 세 갈래로 갈라지고 만국의 성들도 무너지니 큰 성 바벨론이 하나님 앞에 기억하신 바 되어 그의 맹렬한 진노의 포도주 잔을 받으매 20 각 섬도 없어지고 산악도 간 데 없더라

19절에서의 "큰 성"은 특정한 나라를 지칭하는 것이 아니라 사단의 통치 하에 있는 '악한 영의 세력들'을 가리킨다. 특별히 이 구절에서는 경제적, 물질적 악한 영의 세력을 의미하는 "큰 성 바벨론(18:2)"과 정치적, 종교적 악한 영의 세력을 의미하는 "큰 음녀(17:1)"를 말한다.

한편 "하나님 앞에 기억하신 바 되어"라는 말씀에서의 "기억하다(계

18:5)"라는 말 속에는 '심판하시고 보수, 보복하시는 하나님'이라는 의미가 내포되어 있다.

20절에는 "각 섬도 없어지고 산악도 간 데 없더라"고 말씀하고 있다. 이는 계시록 21장 1절의 "처음 하늘과 처음 땅이 없어졌고 바다도 다시 있지 않더라"는 말씀과 상통하는 것으로 새 창조(재창조, 에덴의 회복)로 인한 '새 하늘과 새 땅' 곧 '신천 신지'가 도래할 것이라는 말이다. 이를 가리켜 종말에 대한 묵시적 표징[66](apocalyptic sign)이라고 한다.

21 또 중수가 한 달란트나 되는 큰 우박이 하늘로부터 사람들에게 내리매 사람들이 그 우박의 재앙으로 인하여 하나님을 훼방하니 그 재앙이 심히 큼이러라

계시록 16장의 마지막 절인 21절에는 심판의 도구를 상징(겔 38:22, 수 10:11)하는 중수가 한 달란트나 되는 "큰 우박"이 등장한다.

'중수가 한 달란트'라는 것은 구약에서는 34Kg를, 바벨론에서는 60Kg를, 신약(헬라)에서는 20Kg 정도의 무게를 말한다. 이런 우박은 에스겔 38장 22절의 마곡 땅에 있는 곡을 물리치는 도구로도 사용되었고 여호수아 10장에는 아모리 다섯 왕을 칠 때에도 사용되었다.

사람들은 "큰 우박"이라는 엄청난 재앙을 목격하고도 여전히 회개하지 않았다. 이는 출애굽기 9장 13-26절의 바로 왕과 애굽 사람들의 모습과 흡사하며 오늘을 살아가고 있는 교회 된 우리들의 모습과도 별반 다르지

---

66 이필찬 교수의 <요한계시록 어떻게 읽을 것인가>, p274 재인용

않다.

한편 계시록 11장 15-19절에서도 '일곱째' 나팔 재앙을 불자 하나님의 현현(심판주이신 재림 예수)을 통해 세상 나라가 최후의 심판(백보좌 심판)을 받아 멸망하게 됨을 묘사하고 있다. 이는 16장 후반절(17-21)에서의 '일곱째 대접 재앙' 심판과도 유사하다.

저희가 어린 양으로 더불어 싸우려니와 어린 양은 만주의 주시요 만왕의 왕이시므로 저희를 이기실 터이요 또 그와 함께 있는 자들 곧 부르심을 입고 빼내심을 얻고 진실한 자들은 이기리로다 _ 요한계시록 17:14

레마이야기 17

큰 음녀 심판
-정치적, 종교적 악한 영의 세력

17-1 또 일곱 대접을 가진 일곱 천사 중 하나가 와서 내게 말하여 가로되 이리 오라 많은 물 위에 앉은 큰 음녀의 받을 심판을 네게 보이리라

계시록 17장 1절에서는 "일곱 대접을 가진 일곱 천사 중 하나가" 사도 요한에게 "이리 오라 많은 물 위에 앉은 큰 음녀의 받을 심판을 네게 보여주리라"고 말씀하고 있다.

여기서 "많은 물"이란 계시록 17장 15절의 "백성과 무리와 열국과 방언들"로서 '종말 시대와 그 시대를 살아가는 사람들'을 말하며 "앉은"이란 말은 '영향, 통치, 지배'를 상징하고 "물"이라는 단어는 '세상, 저주, 어둠, 심판, 죄악'을 상징한다.

결국 "많은 물 위에 앉은 큰 음녀"란 종말 시대 동안에 악한 영향을 끼

치는 계시록 17장 18절의 "땅의 임금들을 다스리는 큰 성"으로서 17장 5절에는 '큰 바벨론'인 것을 드러내고 있다. '큰 성 바벨론'은 특히 경제적, 물질적인 악한 영(사마귀)의 세력으로 12장 9절에서는 그 정체를 폭로했는데 "사단, 큰 용, 옛 뱀 곧 마귀, 온 천하를 꾀는 자"라고 했다. 17장 5절에는 "땅의 음녀들과 가증한 것들의 어미"라고도 했다.

"큰 음녀의 받을 심판을 네게 보이리라"는 것은 이들 악한 영(사마귀)의 세력이 그날에 예수님의 백보좌 심판에서 유황 불못에 던져지게 될 것(계 20:10)이라며 사도 요한에게 보여주시고 들려주신 것이다.

2 땅의 임금들도 그로 더불어 음행하였고 땅에 거하는 자들도 그 음행의 포도주에 취하였다 하고

"땅의 임금들"이란 '세상나라 통치지들 혹은 세상나라'를 상징하며 "음행하였고"라는 것은 악한 영(사마귀)적 세력의 유혹에 미혹당했다라는 의미이다. 즉 이들의 적 그리스도적 행태를 폭로하고 있는 말이다.

"땅에 거하는 자들도 그 음행의 포도주에 취하였다"라는 것은 종말 시대를 살아가는 모든 사람들도 그들이 조장하고 있는 반(反) 그리스도적이고 반(反) 윤리적인 행위에 빠졌음을 폭로하고 있는 것이다.

"바벨론은 여호와의 수중의 온 세계로 취케 하는 금잔이라 열방이 그 포도주를 마시고 인하여 미쳤도다"_렘 51:7

3 곧 성령으로 나를 데리고 광야로 가니라 내가 보니 여자가 붉은 빛 짐승을 탔는데 그 짐승의 몸에 참람된 이름들이 가득하고 일곱 머리와 열 뿔이 있으며

큰 음녀인 "여자"가 "붉은 빛 짐승을 탔는데"라고 하는 것은 악한 영(사마귀)의 세력이 "땅의 임금들"과 "땅에 거하는 자들"을 음행의 포도주에 취하게 하여 미치게 만들고 있음을 상징하고 있다. 여기서 '포도주'란 '우상숭배'를 가리키는 것으로 세상의 풍조, 가치, 우선순위에 취해 있다는 것을 의미한다. 그리고 '여자가 붉은 빛 짐승을 탔는데'라는 말은 붉은 빛 짐승과 여자는 하나의 운명 공동체임을 드러내는 것이다. 그 결과 그들 악한 영(사마귀)의 세력은 종국적으로는 함께 유황 불못에 던져져 심판을 받게 될 것이다.

사도 요한은 성령의 인도하심으로(성령에 감동되어) 사단의 활동 영역인 "광야"로 가게 된다. 그곳에는 "여자가 붉은빛 짐승"을 타고 있었다. 그 '붉은 빛 짐승'의 정체가 바로 예수 그리스도를 모방했던 바다에서 나오는 첫째 짐승과 땅에서 올라왔던 가짜 복음, 왜곡된 다른 복음으로 교회들을 미혹했던 둘째 짐승이라는 것이다. '붉은 빛 짐승'이란 13장에서 언급했던 '두 짐승'으로서 한시적, 제한적인 권세를 가지고 하늘에 속한 자들인 교회(성도)를 훼방하고 핍박했던 자들이다.

한편 "붉은 빛 짐승"의 몸에는 "참람된 이름들"이 가득하고 "일곱 머리와 열 뿔"이 있었다(계 5:6, 13:1). 여기서 "참람된 이름들[67]"이란 '하나님께

---

67 로마시대에는 교만에 취했던 황제들이 자신을 가리켜 주(Dominus) 혹은 신(神, Deus)으로 스스로를 칭하기도 했다.

모독이 되는 이름(공동번역)'을 말하며 "일곱 머리, 열 뿔"에서의 7과 10은 완전수, 만수로서 적 그리스도를 추종하는 많은 악한 영(사마귀)의 추종 세력들(계 17:10, 일곱 왕, 17:12, 열 왕)을 가리킨다. '머리, 뿔, 면류관'은 통치권과 힘을 상징하는데 이들의 힘과 영향력, 그리고 권세는 하나님의 허용 하에 있는 한시적이고 제한적인 것일 뿐이다.

계시록 5장 6절에는 "일곱 뿔과 일곱 눈을 가진 하나님의 일곱 영"이 나온다. 여기서 '7(일곱)'은 완전수이며 '뿔'은 힘을, '눈'은 통찰력과 지혜'를 상징한다. 결국 '일곱 뿔'이란 예수 그리스도(존재론적 동질성이신 하나님 곧 예수의 영이신 성령님의)의 전능성(Omnipotence, 완전한 힘)을 상징하며 '일곱 눈'이란 예수 그리스도(존재론적 동질성이신 하나님 곧 예수의 영이신 성령님의)의 전지성(Omniscience)을 상징한다.

4 그 여자는 자주빛과 붉은빛 옷을 입고 금과 보석과 진주로 꾸미고 손에 금잔을 가졌는데 가증한 물건과 그의 음행의 더러운 것들이 가득하더라

계시록 17장 3절에 이어 4절에서도 '붉은 색'이 자주 등장한다. '붉은 색'은 '죄'를 상징하기도 하나 당시 이런 색깔의 옷은 고가(高價) 사치품으로 '부와 권세'를 나타내기도 한다.

큰 음녀는 "자줏빛 옷과 붉은빛 옷"을 입었으며 "금과 보석과 진주"로 꾸미고 손에 "금잔"을 가졌다. 이는 지독한 '사치와 향락'을 의미한다. 그 속에는 "가증한 물건(우상숭배, 계 21:27, 단 9:27, 11:31, 12:11 멸망의 가증한 것, 마 24:5, 막 13:14)과 그의 음행의 더러운 것들(우상숭배, 고후 6:17, 엡 5:5 음행)"로 가득했다.

정리해보면, 큰 음녀는 비록 겉으로는 아름답게 치장하고 있으나 내적으로는 가증하고 더러운 것들로 가득했다는 것을 폭로하고 있는 것이다. 한편 '가증함, 더러움, 음행'이라는 단어들은 '우상숭배'와 깊은 관계가 있다. 히브리어로는 토에바(신 18:9-14, nf, תּוֹעֵבָה)라고 하는데 말 그대로 '토(vomiting)할 정도로 가증하고 더러운 것'을 가리킨다. 헬라어로는 부델뤼그마(Βδέλυγμα, nn, 가증함) 혹은 아카달토스(ἀκάθαρτος, adj, 더러움)라고 한다.[68]

참고로 부와 권세로 인한 온갖 사치와 치장으로 포장한 여자와 대조하여 디모데전서 2장 9-15절에는 "염치와 정절이 있는, 아담한 옷을 입은 여자"를 칭찬하는 말씀이 있다. 완전히 상반된 두 모습을 무겁게 대조하다 보면 오늘을 살아가는 교회들이 깨닫게 되는 부분이 있을 것이다.

5 그 이마에 이름이 기록되었으니 비밀이라, 큰 바벨론이라, 땅의 음녀들과 가증한 것들의 어미라 하였더라 6 또 내가 보매 이 여자가 성도들의 피와 예수의 증인들의 피에 취한지라 내가 그 여자를 보고 기이히 여기고 크게 기이히 여기니

4절에 이어 5절에서는 그 이마에 "비밀, 큰 바벨론, 땅의 음녀들과 가증한 것들의 어미"라고 기록되어 있는 큰 음녀가 성도들(택함받은 무리들)의 "피"와 예수의 증인들(복음과 십자가를 전하다 순교한 무리들)의 "피"에 취해 있는 것을 밧모섬의 사도 요한이 보고 있다.

---

68 가증함, 더러움, 음행은 우상숭배를 말하는 것으로 히브리어로는 토에바(신 18:9-14, nf, תּוֹעֵבָה)라고 하며 헬라어로는 부델뤼그마(Βδέλυγμα, nn, a detestable thing, an abominable thing, an accursed thing) 혹은 아카달토스(ἀκάθαρτος, adj, unclean, impure)이다.

"그 이마에 이름이 기록되었으니"라는 것에서의 이름이란 '소속, 소유'를 나타내는데 이미 하나님나라와 사단나라에 소속된 자들의 '표(혹은 인)'를 앞서 보았다. 전자의 이름 곧 표를 가리켜 스프라기스(14:1, 7:3, 9:4)라고 한다면 후자의 표는 카라그마로서 계시록 13장 16절에서 말씀하셨다.

"비밀이라"는 것에서의 '비밀'은 큰 음녀의 '비밀스러운 특성'을 가리킨다(Rist, De Wette, Charles). Lenski는 비밀(μυστήριον, nn, a mystery or secret doctrine)을 해석하면서 '감추었다가 계시되는 비밀'이라고 했다. 공동번역은 '그리고 그 이마에는 온 땅의 탕녀들과 흉측한 물건들의 어미인 대 바벨론이라는 이름이 상징적으로 기록되어 있습니다'라고 했다.

한편 악한 영(사마귀)의 세력인 '음녀'를 '비밀(살후 2:7, 불법의 비밀)'이라고 한 것은 음녀가 종말 시대를 살아가는 세상 사람들로 하여금 죄를 조장시키는 '배후의 존재'로서 '숨어서 활동하는 존재'이기에 붙인 말이다.

"기이히 여기고 크게 기이히 여기니(Καὶ ἐθαύμασα, ἰδὼν αὐτὴν, θαῦμα μέγα, when I saw her, I was greatly astonished)"라는 것은 음녀가 천연덕스럽게 너무나도 끔찍스러운 죄를 아무렇지도 않게 저지르는 것을 보며 도저히 이해할 수 없어서 기이하게 여겼다(매우 놀라서 경악했다)라는 말이다.

음녀의 끔찍스러운 악한 행위는 진실된 교회(성도들과 예수 증인들)를 향해 피를 흘리게 하고 심지어는 그들의 피에 취하기까지 극악한 죄를 저지른 것이다. 또한 교회의 '빛 바랜 복음'을 향하여는 마음껏 '조롱과 모욕'을 퍼부은 것이다. 여기서 '빛 바랜 복음'이란 복음의 능력과 복음에의 감동을 상실한 상태를 가리킨다.

한편 사도 요한은 무기력한 교회가 깊은 한숨만 쉬는 것을 보며 당황스러워 할 뿐만 아니라 음녀의 끔찍스러운 죄에 매우 놀라서 경악할 지경이었다.

7 천사가 가로되 왜 기이히 여기느냐 내가 여자와 그의 탄 바 일곱 머리와 열 뿔 가진 짐승의 비밀을 네게 이르리라 8 네가 본 짐승은 전에 있었다가 시방 없으나 장차 무저갱으로부터 올라와 멸망으로 들어갈 자니 땅에 거하는 자들로서 창세 이후로 생명책에 녹명되지 못한 자들이 이전에 있었다가 시방 없으나 장차 나올 짐승을 보고 기이히 여기리라 9 지혜 있는 뜻이 여기 있으니 그 일곱 머리는 여자가 앉은 일곱 산이요 10 또 일곱 왕이라 다섯은 망하였고 하나는 있고 다른 이는 아직 이르지 아니하였으나 이르면 반드시 잠간 동안 계속하리라

7절에서는 천사가 밧모섬의 사도 요한에게 비밀(μυστήριον, mystery, not secret)을 알려주겠다라고 하시며 특히 여자와 그의 탄 바 "일곱 머리와 열 뿔" 가진 짐승의 비밀(mystery, 뮤스테리온, μυστήριον)에 대해 말씀하고 있다. 앞서 계시록 17장 3절에서 언급했듯이 "일곱 머리, 열 뿔"에서의 7과 10은 완전수, 만수로서 적 그리스도를 추종하는 많은 악한 영(사마귀)의 추종 세력들(계 17:10, 일곱 왕, 17:12, 열 왕)을 가리킨다.

계시록 17장 9-10절에서의 "일곱 머리"란 "일곱 산"을 가리키는데 10절에서는 "일곱 왕"이라고 말씀하고 있다. 곧 '열방의 왕들'이라는 말이다. 또한 "뿔"은 '권세'를 의미하는데 "열 뿔"이란 '큰 권세, 힘 있는 권력을 가진 악한 영의 세력'을 말한다. 결국 "일곱 머리와 열 뿔"이란, 계시록 5장 6절의 "일곱 뿔과 일곱 눈"을 상징하는 예수 그리스도(예수의 영인 성령님)를 흉내 내고 있는, 온 세상의 강력한 힘을 가진 악한 영(사마귀)의 세력이라는 의미이다.

8-10절에서 사도 요한이 본 '그 짐승'은 "전에 있었다가 지금은 없으나 장차 무저갱으로부터 올라와" 최후 심판을 통해 멸망(유황 불못)으로 들어갈 악한 영(사마귀)의 세력의 총칭으로서 계시록(12:9, 13:1, 11, 17:5, 20:2, 10)의 여러 부분에 상징적으로 언급되어 있다.

한편 예수님께서 초림하신 후 십자가 보혈로 다 이루신 후 악한 영(사마귀)의 세력은 그 머리가 상하여 무저갱에 갇힌 바 되었다. 이후 예수님께서 재림하시는 그날에 다시 풀려나 백보좌 심판이라는 최후 심판을 거쳐 영원히 유황 불못(영원한 죽음, 둘째 사망, 20:10)으로 던져지게 된다. 동시에 사단 나라에 속한(소속, 소유) 자들 즉 땅에 거하는 자들(카토이케오)과 창세 이후로 생명책에 녹명되지 못한 자들, 악한 세력, 심지어는 사망과 음부까지도 모두가 다 함께 최후 심판(유황 불못, 계 20:10-15)을 받게 될 것이다.

'사단이 무저갱에 던져져 결박되었다'라는 것은 초림의 예수께서 십자가 보혈로 다 이루신 후 죽음 이기시고 부활하심으로 승리를 이룬 것을 가리켜 사단은 '무저갱'에 결박되었다라고 한다. 이는 십자가 사건 이후 그 꼬리는 살았으나(계 12:4) 이미 사단의 머리는 깨어진, 무저갱에 결박된 상태라는 말이다. 곧 Already~not yet의 상태를 가리킨다.

그렇게 머리가 깨진, 악한 세력을 상징하는 다섯은 망하여 세력이 약해졌다(already). 그러나 성도들의 거룩함의 훈련을 위한 도구로 사용된 꼬리는 살아있기에(계 12:4) "하나는 있고"라는 표현을 쓰고 있다. 중요한 사실은 비록 not yet이기는 하나 already를 통과했기에 꼬리는 살아있다 할지라도 그 힘은 미미할 뿐(계 12:4)이라는 점이다. "아직 하나가 이르지 아니했다" 라는 것은 역시 성도의 거룩함을 위해 미미한(not yet) 세력이기는 하나 한시적으로 종말 시대에 제한적 허용 범위 내에서 교회를 핍박할 힘은 있다(계 12:4)라는 의미이다.

성경에서 "산", "왕"이란 '왕국 혹은 나라'를 가리키는 것으로 시편 30편 7절에는 "산"을 '나라 혹은 왕국'으로, 예레미야 51장 25절에는 바벨론을 "불탄 산"으로 말씀하셨다. 9절에서의 '일곱 산(septimountain)'이 가리키는 것을 문자적으로 본다면 '로마 제국'을 상징한다. 당시 로마 제국은 '일곱 산(언덕) 위에 세워진 도시'였기 때문이다. 로마는 '칠산절(septimontium)'을 지키기도 했다.

11 전에 있었다가 시방 없어진 짐승은 여덟째 왕이니 일곱 중에 속한 자라 저가 멸망으로 들어가리라

11절에서의 "전에 있었다가 시방 없어진 짐승"인 여덟째 왕은 "일곱 중에 속한 자"인데 이의 정체가 특정 나라이냐 혹은 특정 인물이냐라는 것은 정확하게 알 수가 없다. 억지로 해석할 필요는 더더욱 없다. 그러나 분명한 것은 이 역시 종말 시대 동안에 한시적, 제한적으로 모든 나라와 모든 사람들을 핍박할 힘을 가진 악한 영적 세력일 것이다.

또한 이 구절에서 언급된 '8(여덟째)'이라는 숫자는 문자 그대로의 의미가 아님을 알아야 한다. 이는 단지 문학적인 표현일 뿐이다. 결국 "여덟째 왕이니 일곱 중에 속한 자라"는 것은 일곱 중에서 가장 힘이 있는 대표자라는 의미이다.

참고로 계시록 17장 9-10절에서는 "일곱 머리"란 "일곱 산"으로 "일곱 왕"이라고 말씀하셨다. 곧 '열방의 왕들'이라는 말이다. 그 '일곱 머리'는 종국적으로 최후 심판을 통해 유황 불못으로 던져지게 될 악한 영의 세력을 말한다.

7-13절의 구절들을 세세하게 억지로 풀거나 문자적으로 해석하여 역사적 사건이나 특정한 나라, 역사적인 특정 인물로 해석하는 사람들이 정말 많으나 나는 아예 관심이 없다. 오히려 17장 전체를 보며 종말 시대 동안에는 악한 영적 세력들과 그 추종 세력들의 한시적, 제한적인 핍박과 함께 그들의 일시적인 발호가 있을 것이나 종국적으로는 유황 불못의 심판을 면치 못할 것이라고 해석하면 될 듯하다.

12 네가 보던 열 뿔은 열 왕이니 아직 나라를 얻지 못하였으나 다만 짐승으로 더불어 임금처럼 권세를 일시 동안 받으리라 13 저희가 한 뜻을 가지고 자기의 능력과 권세를 짐승에게 주더라

12-13절에는 '열 뿔(단 7:7, 24)'을 가진 '열 왕'이 나오는데 "뿔"은 '권세'를 상징(계 13:1)하며 "왕"은 '권력자'를 가리킨다. 이는 교회를 대적하는 아주 강한 힘 즉 사마귀(사단, 마귀, 귀신의 줄임말)등 악한 영적 세력들과 그 추종 세력들을 가리킨다. 특히 "열 뿔 가진 열 왕"은 짐승의 추종 세력들을 가리키는 것으로 장차 그런 악한 영의 추종 세력들은 점점 더 노골적

으로 표면화되고 드러날 것이다. 그렇기에 '아직은 나라를 얻지 못하였으나"라고 한 것이다.

"다만 짐승으로 더불어 임금처럼 권세를 일시 동안 받으리라"는 것은 모든 악한 영의 세력들이 일시 단결하여 하나님으로부터 허용을 받은 한시적이고 제한적인 권세를 가지고 종말 시대 동안에 교회들을 핍박할 것이라는 말이다. 또한 "저희가 한 뜻을 가지고 자기의 능력과 권세를 짐승에게 주더라"는 것에서의 "한 뜻"에 해당하는 헬라어는 미안 그노멘(μίαν γνώμην, one mind)이다. 이는 그리스도를 대적하는 일에 일치 단결하여 굳은 결속을 다진다라는 의미이다. 단 제한적인 권세를 한시적으로만 행할 수 있다.

결국 종말 시대 동안에는 하나님의 허용하심 가운데 사마귀(사단, 마귀, 귀신)와 더불어 그의 악한 영적 추종 세력들이 교회들을 핍박할 것임을 알려주고 있다. 이는 앞서 다섯째 인이 떼어진 후에 있을 것(계 6:9-11)이라고 했던 일이다.

14 저희가 어린 양으로 더불어 싸우려니와 어린 양은 만주의 주시요 만왕의 왕이시므로 저희를 이기실 터이요 또 그와 함께 있는 자들 곧 부르심을 입고 빼내심을 얻고 진실한 자들은 이기리로다

14절에서는 "저희가 어린 양으로 더불어 싸울" 것이라고 했다. 그렇다고 하여 이것을 사단과 예수님의 영적인 한판 싸움이라고 해서는 안된다. 왜냐하면 어린 양은 창조주, 만주의 주, 만왕의 왕이시며 사마귀와 악한 영의 추종 세력들은 피조물이기에 '싸움'이라는 말 자체가 어불성설(語不成說)이기 때문이다. 그렇기에 사단은 예수님의 싸움 상대가 아니다.

결국 '영적 싸움'이란 유월절 어린 양 되신 예수님으로 인해 구원받은 교회, 즉 하나님의 자녀들과 사단과의 한판 싸움을 상징적으로 말한 것이다. 이런 영적 싸움이 16장 13-16절에는 아마겟돈 전쟁으로 상징되었고 이런 싸움은 종말 시대 동안에 내내 때로는 크게, 때로는 작게 계속될 것이다.

"만주의 주시요 만왕의 왕(19:16)"이신 어린 양 예수님은 야훼 하나님(야훼 엘로힘)으로서 사단의 궤계를 확실하게 물리치신다. 그렇기에 어린 양과 더불어 함께 있는 자들인 교회들 곧 "부르심을 입고 빼내심을 얻은 진실한 자들"은 사단과의 싸움에서 당연히 이기게 되어 있다. '만왕의 왕, 만주의 주'라는 의미의 '야훼 엘로힘'은 신명기 10장 17절, 다니엘 2장 47절, 디모데전서 6장 15절, 계시록 19장 16절에도 동일하게 반복하여 묘사되고 있다.

"너희의 하나님 여호와는 신의 신이시며 주의 주시요 크고 능하시며 두려우신 하나님이시라 사람을 외모로 보지 아니하시며 뇌물을 받지 아니하시고" _신 10:17

"왕이 대답하여 다니엘에게 이르되 너희 하나님은 참으로 모든 신의 신이시요 모든 왕의 주재시로다 네가 능히 이 은밀한 것을 나타내었으니 네 하나님은 또 은밀한 것을 나타내시는 자시로다" _단 2:47

"기약이 이르면 하나님이 그 나타나심을 보이시리니 하나님은 복되시고 홀로 한 분이신 능하신 자이며 만왕의 왕이시요 만주의 주시요" _딤전

"부르심을 입고"라는 것은 성부하나님이 만세 전에 '선택(택정)'하심을, "빼내심을 얻고"라는 것은 죄의 종노릇에서 자유함을 얻게 된 예수 그리스도의 '구속 사역'을(롬 6:18), "진실한 자"라는 것은 성령하나님에 의한 거룩함에로의 '성화(sanctification)'를 의미하고 있다. 이는 서로서로 전혀 충돌되지 않는 완벽한 합력 사역으로써의 '삼위하나님의 공동 사역'을 드러내고 있는 것이다.

15 또 천사가 내게 말하되 네가 본 바 음녀의 앉은 물은 백성과 무리와 열국과 방언들이니라 16 네가 본 바 이 열 뿔과 짐승이 음녀를 미워하여 망하게 하고 벌거벗게 하고 그 살을 먹고 불로 아주 사르리라 17 하나님이 자기 뜻대로 할 마음을 저희에게 주사 한 뜻을 이루게 하시고 저희 나라를 그 짐승에게 주게 하시되 하나님 말씀이 응하기까지 하심이니라 18 또 내가 본 바 여자는 땅의 임금들을 다스리는 큰 성이라 하더라

계시록 17장 15-18절에는 "백성과 무리와 열국과 방언들"이라는 말이 나온다. 이는 "음녀의 앉은 물"로서 '온 세상'을 상징하는 관용구이다.
한편 열 뿔과 짐승이 열방을 다스리는 큰 음녀인 여자를 "미워하여 망하게 하고 벌거벗게 하고 그 살을 먹고 불로" 아주 사르는 등 저희들끼리 자중지란(自中之亂)을 벌인다. 이에 하나님은 그들의 "뜻대로 할 마음을 (마 10:29, 시 105:16-19, 창 45:5, 7-8) 저희에게 주사 한 뜻을 이루게 하시고 저희 나라를 그 짐승에게 주게 하시되 하나님 말씀이 응하기까지" 하셨다고 말씀하고 있다.

그렇다. 이 세상에 일어나는 크고 작은 모든 일들은 하나님의 섭리(providence)하 경륜 가운데 일어나며 모든 것은 그분의 허락 하에서만(마 10:29) 일어난다.

한편 16절의 "열 뿔과 짐승이 음녀를 미워하여 망하게 하고 벌거벗게 하고 그 살을 먹고 불로 아주 사르리라"는 것은 그림 언어로 표현한 것으로 이는 열왕기하 9장 36-37절에서 이세벨의 최후를 보는 듯하다. 또한 계시록 18장 2절의 "각종 더러운 영의 모이는 곳, 각종 더럽고 가증한 새의 모이는 곳, 귀신의 처소"를 설명한 것이기도 하다. 여기서 '처소, 곳'의 헬라어는 퓌라케[69]($\Phi\upsilon\lambda\alpha\kappa\acute{\eta}$, nf)인데 소굴, 감옥(prison)이라는 의미로 '스스로를 가두고 옭아맴으로 안으로 폭망하게 된다'라는 뜻이다.

17절의 "자기 뜻대로 할 마음"이라는 것을 '하나님의 뜻을 이루게 할 마음'으로 해석하면 악한 세력은 '하나님의 도구로 사용되었다'라는 의미가 된다. 반면에 '그들의 뜻대로 할 마음'으로 해석하면 '하나님의 허락 하에서 그들의 나쁜 뜻대로 하나님의 말씀이 응하기까지 이루어질 것'이라는 의미가 된다. 둘 다 가능한 해석이다.

이는 하나님께서 악의 자기파멸적[70](self-destructive) 성격을 통해 악을 심판하는 방법으로 사용하시겠다라는 의미이다. 이에 대해 로마서 1장

---

[69] '곳, 처소'의 헬라어는 퓌라케(**$\Phi\upsilon\lambda\alpha\kappa\acute{\eta}$**, nf, a watching, keeping guard: a guard, prison; imprisonment)는 소굴, 감옥(prison)이라는 의미이다.

[70] 이필찬 교수의 <요한계시록 어떻게 읽을 것인가>의 p295-296 재인용

28-32절에는 "합당치 못한 일을 하게 하셨다"라고 말씀하셨다.

18절의 "여자"는 큰 음녀를 의미하는데 특히 정치적, 종교적 악한 영의 세력을 말한다. 동일한 의미의 "큰 성"은 바벨론으로 경제적, 물질적 악한 영의 세력을 말한다. 그러나 '큰 음녀'와 '큰 성 바벨론'은 같은 말(계 17:5)이다.

또 내가 들으니 하늘로서 다른 음성이 나서 가로되 내 백성아, 거기서 나와 그의 죄에 참예하지 말고 그의 받을 재앙들을 받지 말라 그 죄는 하늘에 사무쳤으며 하나님은 그의 불의한 일을 기억하신지라 _ 요한계시록 18:4,5

레마이야기 18

큰 성 바벨론
-경제적, 물질적 악한 영의 세력

18-1 이 일 후에 다른 천사가 하늘에서 내려오는 것을 보니 큰 권세를 가졌는데 그의 영광으로 땅이 환하여지더라

이곳 계시록 18장 1절에는 계시록에서 계속 반복(계 4:1, 7:1, 9, 15:5, 18:1, 19:1)되어 나타났던 '이 일 후에(μετά ταῦτα, 메타 타우타)'라는 구절이 나온다. 다시 강조하지만 이는 '종말'에 대한 시간 순서가 아니라 '장면의 전환'을 나타내는 것이다. 즉 계시록은 시간적 순서로 기록된 것이 아니라 종말에 있을 여러 가지 장면을 다각도로 복합적으로, 강하게 때로는 덜 강하게, 반복적으로 밧모섬의 사도 요한에게 보여주신 후 성령님의 감동[71]

---

[71] 유기영감, 완전영감, 축자영감등 3대 영감을 말한다. <복음은 삶을 단순하게 한다>, 이선일, 더메이커, 2018

으로 기록하게 한 것이다.

계시록에서 "이 일 후에"와 함께 붙어 다니는 구절이 있는데 "또 내가 보니(계 14:1, 14, 15:2, 19:17, 20:4, 12)"라는 헬라어 카이 에이돈[72](Καὶ εἶδον)이다. 이 둘을 연결하면 확실히 '장면의 전환'이 드러난다. 또한 18장은 큰 권세를 가진 "다른 천사"라는 말로 보아 17장의 장면의 전환이기는 하나 그 내용은 연속적이다.

그가 하늘에서 "큰 권세(큰 성 바벨론의 멸망 선언)"를 가지고 땅으로 내려왔는데 "그의 영광(공동번역, 그의 영광스러운 광채)"이 땅의 권세를 압도했다. 그렇기에 "그의 영광으로 땅이 환하여지더라"고 말씀하신 것이다. '환하여지다' 라는 것은 큰 성 바벨론의 권세를 압도하는 하늘의 권세로서 하나님의 심판(미쉬파트)에 대한 공의(쩨다카, 암 5:24)와 그 심판에 대한 정당성, 웅장함을 상징하고 있다. 이는 구약의 에스겔서(43:1-5)에서도 잘 나타난다. 특히 43장 2절에는 "하나님의 영광이 동편에서부터 오는데 하나님의 음성이 많은 물소리 같고 땅은 그 영광으로 인하여 빛나니(겔 43:2)"라고 말씀하셨다.

"하늘에서 내려오는 것을 보니"에서의 '내려오다'의 헬라어는 계시록 20장 1절과 동일한 카타바이노(Καταβαίνω)이다. 이는 계시록 9장 1절의 하늘에서 내려오지 않고 '떨어진'에 해당하는 헬라어 핍토(Πίπτω)와 비교[73] 해보면 각 천사들의 사역의 차이를 잘 알 수 있다.

---

[72] 에이돈(εἶδον)의 원시동사(a primitive verb)는 호라오(ὁράω, I see, look upon, experience, perceive, discern, beware)이다.

[73] '내려오다'의 헬라어는 카타바이노(Καταβαίνω, I go down, come down, either from the

2 힘센 음성으로 외쳐 가로되 무너졌도다 무너졌도다 큰 성 바벨론이여 귀신의 처소와 각종 더러운 영의 모이는 곳과 각종 더럽고 가증한 새의 모이는 곳이 되었도다

이곳 계시록 18장 2절에서는 "귀신의 처소", "각종 더러운 영의 모이는 곳", "각종 더럽고 가증한 새의 모이는 곳"이 반드시 무너지게 될 것을 경고하고 있다. 즉 악한 영의 세력을 상징하는 "큰 성 바벨론"의 멸망(14:8)을 힘센 음성으로 경고하고 있는 것이다. 이는 마치 지난 역사상 이스라엘을 괴롭혔던 열강(바벨론, 에돔, 니느웨, 사 13:21-22, 34:11-15, 렘 50:39, 51:37)의 처절한 무너짐(폐허, 겔 26:19-21)을 제시하면서 경고하고 있는 듯하다.

참고로 이사야 13장 19-22절에는 바벨론의 멸망을, 34장 8-15절에는 에돔의 멸망을 경고하셨고 스바냐 2장 13-15절에는 앗수르의 멸망을 경고하셨는데 지난 역사에서 말씀 그대로 이루어졌다.

"힘찬 음성"이란 하나님의 거침없는 심판의 과감함을 보여주는 것으로 "우뢰 소리(계 6:1)", "큰 소리(계 7:2)", "큰 음성(계 5:2, 12, 11:15)"과 동일한 의미인데 이는 하나님의 심판을 선포하는 음성을 말한다.

"무너졌도다 무너졌도다 큰 성 바벨론이여"라는 것은 이사야 21장 9절(함락되었도다 함락되었도다 바벨론이여)을 배경으로 한 것이다. 이는 정치적, 종

---

sky or from higher land, descend)이며 '떨어지다'는 핍토($\Pi i\pi\tau\omega$, I fall, fall under (as under condemnation), fall prostrate, '떨어진')이다.

교적, 경제적, 물질적 악한 영의 추종세력들을 반드시 심판하실 것(계 14:8, 16:17-19, 17:16)을 선언하신 말씀이다.

"귀신"의 헬라어는 다이모니온(δαιμόνιον, nn, an evil-spirit, demon; a heathen deity)인데 이는 "더러운 영(계 16:13-14)"이나 '악령'을 상징하는 "가증한 새"라는 말과 동의어이다. 한편 '곳, 처소'는 소굴, 감옥(prison)이라는 의미로 그 헬라어는 퓌라케[74](Φυλακή, nf)인데 이는 '스스로를 가두고 옭아맴으로 안으로 폭망하게 된다'라는 뜻을 내포하고 있다. 계시록 17장 16절에서는 이런 감옥의 의미를 "열 뿔과 짐승이 음녀를 미워하여 망하게 하고 벌거벗게 하고 그 살을 먹고 불로 아주 사르리라"는 표현으로 '감옥'의 적나라한 실상을 그림 언어로 묘사한 것이다.

한편 '큰 성 바벨론'이나 '큰 음녀'의 경우 그들에 대한 최후 심판은 미래에 있을 것임에도 불구하고 '무너졌도다 무너졌도다'라고 과거형으로 기술되어 있음에 주목해야 한다. 이는 '반드시 그렇게 될 미래'를 예견하는 것으로 "힘센 천사"가 반드시 그렇게 심판하겠다는 것을 경고하며 강조하고 있는 말이다.

3 그 음행의 진노의 포도주를 인하여 만국이 무너졌으며 또 땅의 왕들이 그로 더불어 음행하였으며 땅의 상고들도 그 사치(18:7, 9)의 세력을 인하여 치부하였도다 하더라 4 또 내가 들으니 하늘로서 다른 음성이 나서 가로되 내 백성아,

---

74 '곳, 처소'의 헬라어는 퓌라케(Φυλακή, nf, a watching, keeping guard; a guard, prison; imprisonment)인데 이는 소굴, 감옥(prison)이라는 의미이다.

거기서 나와 그의 죄에 참예하지 말고 그의 받을 재앙들을 받지 말라 5 그 죄는 하늘에 사무쳤으며 하나님은 그의 불의한 일을 기억하신지라 6 그가 준 그대로 그에게 주고 그의 행위대로 갑절을 갚아주고 그의 섞은 잔에도 갑절이나 섞어 그에게 주라

이곳 3-6절에서는 정치적, 종교적 악한 영의 세력인 '큰 음녀'이자 경제적, 물질적 악한 영의 세력인 '큰 성 바벨론'이 온 세상에 퍼뜨려 놓아 만연하게 된 '우상숭배와 윤리도덕적 범죄, 지독한 사치'를 가리켜 "음행의 진노의 포도주"를 마신 결과라고 말씀하고 있다. 그들(큰 성 바벨론, 큰 음녀)의 조장에 놀아나 미쳐 날뛰게 된, 그리하여 그들(큰 성 바벨론, 큰 음녀)과 결탁하여 온갖 불의와 죄악으로 이권을 쟁취했던 "만국"과 "땅의 왕들"과 "땅의 상고들"은 처절한 심판을 받게 될 것을 경고하고 있다. 동시에 하나님의 자녀들은 아예 그런 죄에 참여하지 말고 거기서 박차고 나오라(come out of my people)고 촉구하고 있다.

종국적으로 그들(큰 성 바벨론, 큰 음녀)과 결탁하여 온갖 불의와 죄악으로 이권을 쟁취했던 그들("만국"과 "땅의 왕들"과 "땅의 상고들")의 죄(렘 51:7-9)가 하늘에까지 사무치게 되면(닿으면) 불의한 일을 '반드시' 기억하시는 하나님께서 그들의 행위대로 '반드시' 갚을 것이라고 경고하고 있다.

돌이켜 보면 역사 이래로 하나님은 언제나 당신의 백성들을 향해 죄악의 도성에서 나올 것을 촉구하셨다. 아브람에게 갈대아 우르를 떠나라고 하신 것(창 12:1)이나 아브라함을 통해 조카 롯에게 소돔과 고모라를 떠나라고 하신 것(창 19:12-16) 등이다. 이를 무시했던 롯의 아내는 소금 기둥이

(창 19:24-26) 되었다. 계시록 18장 4절에는 "그의 죄에 참예하지 말고 그의 받을 재앙들을 받지 말라"고 말씀하고 있다.

"음행하였으며"에서의 "음행"이란 우상숭배를 말한다. '우상숭배'는 가치와 우선순위를 하나님보다 '더 위에, 더 앞에' 두는 모든 것을 가리킨다. 한편 '사치'라는 것은 '쾌락을 즐기다'라는 의미인데 이는 헬라어로 스트레니아오(στρηνιάω, to run riot)이다. 이는 잘못된 방향을 향해 '절제하지 못하고 끝까지 뻗어 나가는 것(가치와 우선순위를 두는 것)'을 말한다. 결국 '사치'란 또 하나의 '우상숭배'이며 자신을 치장함으로 신적 권위를 드러내는 것이고 더 나아가 절제하지 않고 하나님의 영광을 가로채려는 모든 것을 의미한다. 그러므로 종말 시대 동안에 인간세상에는 '음행과 사치'가 거의 언제나 함께 가게 될 것이다.

5절에서는 "죄가 하늘에 사무쳤다"라고 했다. '사무치다'라는 것은 '쌓다'라는 의미로 헬라어로는 콜라오(κολλάω, v)이다. 로마서 2장 5절에도 동일하게 '콜라오(쌓는도다)'라는 말씀이 있다. 이를 곱씹어 보면 마치 죄를 하늘에까지 쌓았던 창세기 11장의 바벨탑 '쌓는' 것을 보는 듯하다.

'하늘에까지, 하나님을 대적하기라도 하듯.'

한편 "그의 불의한 일을 기억하신지라(계 16:19, 18:5)"에 함의(含意)된 뜻은 '하나님의 심판은 참되고 의롭다'라는 것이다. 그렇기에 백보좌 심판에서 악한 영의 세력들을 반드시 심판(보수, 복수, 계 16:19, 18:5)하실 것이다. 그러나 공의와 사랑의 하나님은 교회들을 향하여는 '다시 기억지 아니하리라(히 10:17, 렘 31:34)'고 말씀하셨다.

6절의 "갑절을 갚아주고~갑절이나"라는 의미는 문자적으로의 2배를 의미하지 않는다. 오히려 하나님의 심판은 '정확하고 완전하다'라는 것 (갈 6:7, 마 7:1-2)을 가리킨다.

7 그가 어떻게 자기를 영화롭게 하였으며 사치하였든지 그만큼 고난과 애통으로 갚아 주라 그가 마음에 말하기를 나는 여왕으로 앉은 자요 과부가 아니라 결단코 애통을 당하지 아니하리라 하니 8 그러므로 하루 동안에 그 재앙들이 이르리니 곧 사망과 애통과 흉년이라 그가 또한 불에 살라지리니 그를 심판하신 주 하나님은 강하신 자이심이니라 9 그와 함께 음행하고 사치하던 땅의 왕들이 그 불붙는 연기를 보고 위하여 울고 가슴을 치며

이곳 7-9절에서는 강한 자이신 심판주 하나님은 큰 음녀인 큰 성 바벨론을 향해 '자기를 영화롭게 하였으며 사치했다'라고 지적하고 있다. 앞서 언급했지만 '사치'의 헬라어 스트레니아오(στρηνιάω, to run riot)는 '쾌락을 즐기다'라는 의미로 잘못된 방향을 향해 '절제하지 못하고 끝까지 뻗어 나가는 것(가치와 우선순위를 두는 것)'을 말한다. 그리하여 자신을 치장함으로 신적인 권위를 드러내면서 하나님의 영광을 가로채는 교만의 극치를 가리킨다. "교만은 패망의 선봉이요 거만한 마음은 넘어짐의 앞잡이(잠 16:18)"일 뿐이다.

참고로 '교만'의 신학적 정의는 하나님의 은혜를 구하지 않고, 하나님의 구원을 바라지 않고, 하나님의 영광을 가로채고(자기를 영화롭게 하며), 하나님의 지혜를 구하지 않겠다는 것으로 하나님 없이 살겠다는 고집스러운 선언이다. 달리 표현하면 하나님과의 관계를 깨고 하나님과 같이 되려 하는(창 3:5, 사치하는) 일종의 독립선언이다.

 이런 지적에 정확히 들어맞았던 경제적, 물질적 악한 영의 세력이었던 큰 성 바벨론과 정치적, 종교적 악한 영의 세력이었던 큰 음녀는 "나는 여왕으로 앉은 자요 과부가 아니라"고 하며 마치 자신이 역사의 주관자라도 되는 듯이 "결단코 애통을 당하지 아니하리라'는 교만까지 부리고 있는 것이다. 그 결과 "하루 동안에 사망, 애통, 흉년"이 덮치게 될 뿐만 아니라 "불에 살라지기까지'에 이를 것이다. 더 나아가 하나님은 그들을 향해 "고난과 애통으로" 갚을 것이라고 말씀하셨다.

 "하루 동안에(μία ἡμέρα, a day, the period from sunrise to sunset)"라는 것은 '일시간에, 삽시간에, 순식간에(μία ὥρα, a time or period, an hour)'라는 것으로 눈 깜짝할 사이에 반드시 재앙들을 쏟아붓되 사망, 애통, 흉년과 함께 그들이 불에 타서 살라지게 될 것까지 경고하신 것이다.

 한편 '바벨론'이라는 단어는 바벨탑(창 11:9)에서 나온 말로 바벨(בָּבֶל)은 발랄(בָּלַל, to mingle, mix, confuse, confound)에서 파생되었다. 이는 하나님의 통치 질서를 '흩어버릴' 뿐만 아니라 진리를 '혼합'시키는 것으로 하나님의 권위를 대적하는 모든 것을 말한다.[75]

9 그와 함께 음행하고 사치하던 땅의 왕들이 그 불붙는 연기를 보고 위하여 울

---

75 미아 헤메라(μία ἡμέρα, a day, the period from sunrise to sunset)는 하루 동안에, 미아 호라(μία ὥρα, a time or period, an hour)는 '일시간에, 삽시간에, 순식간에'를 나타내는 짧은 시간을 말한다.

고 가슴을 치며 10 그 고난을 무서워하여 멀리 서서 가로되 화 있도다 화 있도다 큰 성, 견고한 성 바벨론이여 일시간에 네 심판이 이르렀다 하리로다 11 땅의 상고들이 그를 위하여 울고 애통하는 것은 다시 그 상품을 사는 자가 없음이라

이리하여 계시록 18장 9-11절에서는 정치적, 종교적 악한 영의 세력을 총칭하는 '큰 음녀'와 경제적, 물질적 악한 영의 세력인 '큰 성 바벨론'에 속한 땅의 왕들(18:9), 땅의 상고들(19:11), 배 부리는 모든 자들(18:19)에게 하나님의 심판은 일시간에 미치게 될 것을 말씀하고 있다. 이는 과거, 현재, 미래 등 전 역사를 통틀어 하나님의 심판을 받게 될 것을 의미한다. 이로 인해 그들은 울며 가슴을 치고 무서워 떨며 두려워하게 될 것이라고 하셨다.

"불붙는 연기"란 큰 성 바벨론이 심판을 받아 불살라지는 것(18:8)을 가리킨다. "위하여 울고 가슴을 치며" 라는 것은 본래 '상대의 슬픔에 동참한다'라는 의미이지만 이 구절에서는 자신의 비호세력이 없어지자 위태롭게 될 것에 대해 슬퍼하고 있는 것이다. 또한 "그 고난을 무서워하여 멀리 서서 가로되"라는 말도 바벨론에 내려진 심판의 불똥이 튈까 봐 취하는 이기적인 행동을 의미한다.

"화 있도다 화 있도다"라고 두 번이나 거듭 표현한 것은 재앙의 극심함과 혹독함을 의미한다(Lenski). 또한 11절에서의 땅의 상고들이 울며 애통한 것은 자신들의 이익 창구가 막힌 것에 대한 이기적인 슬픔 때문이다.

12 그 상품은 금과 은과 보석과 진주와 세마포와 자주 옷감과 비단과 붉은 옷감

이요 각종 향목과 각종 상아 기명이요 값진 나무와 진유와 철과 옥석으로 만든 각종 기명이요 13 계피와 향료와 향과 향유와 유향과 포도주와 감람유와 고운 밀가루와 밀과 소와 양과 말과 수레와 종들과 사람의 영혼들이라

 12-13절에는 종말 시대 동안에 세상에서 매매하며 통용되고 있는 7종 28품목들을 소개하고 있다. 보석류, 고급 옷감류들, 향목과 상아 기명으로 만든 테이블 다리, 향품들, 최고급 식자재들, 살진 최고급 고기들, 심지어는 노예 매매 등 사람의 영혼까지도 상품처럼 팔고 사고하는 것을 보게 된다. 여기서 악한 영의 추종 세력들이 매매하고 있는 '7종 28품목'에서의 '7'은 완전수이며 '28'은 '7×4'로서 4는 땅의 수이다. 결국 '7종 28품목'이란 세상에서 '돈이 되는 것은 무엇이든지 매매한다'라는 의미이다.

 그러다 보니 결국 '하나님의 형상인 사람'까지도 매매(노예 매매)했다라는 것이다. 이는 이미 '하나님은 안중에도 없다'라는 의미로 '돈이면 다(Money talks)'라는 물질주의와 황금 만능주의(money woeship), 곧 맘몬이즘(Mammonism, 배금주의)의 전형을 보여준 것이다.

14 바벨론아 네 영혼의 탐하던 과실이 네게서 떠났으며 맛있는 것들과 빛난 것들이 다 없어졌으니 사람들이 결코 이것들을 다시 보지 못하리로다 15 바벨론을 인하여 치부한 이 상품의 상고들이 그 고난을 무서워하여 멀리 서서 울고 애통하여 16 가로되 화 있도다 화 있도다 큰 성이여 세마포와 자주와 붉은 옷을 입고 금과 보석과 진주로 꾸민 것인데 17 그러한 부가 일시간에 망하였도다 각 선장과 각처를 다니는 선객들과 선인들과 바다에서 일하는 자들이 멀리 서서

18 그 불붙는 연기를 보고 외쳐 가로되 이 큰 성과 같은 성이 어디 있느뇨 하며
19 티끌을 자기 머리에 뿌리고 울고 애통하여 외쳐 가로되 화 있도다 화 있도다 이 큰 성이여 바다에서 배 부리는 모든 자들이 너의 보배로운 상품을 인하여 치부하였더니 일시간에 망하였도다

이곳 14-19절에는 악한 영적 세력인 바벨론을 향하여 "일시간에" 망할 것을 경고하며 미아 헤메라(하루, μία ἡμέρα)가 아니라 그보다 훨씬 짧은 시간인 미아 호라(한 시간, μία ὥρα)에 망하게 될 것을 단호하게 경고하고 있다.

14절에서 "네 영혼의 탐하던 과실"이란 경제적, 물질적 악한 영의 세력인 '큰 성 바벨론'이 탐욕스럽게 손에 쥐고 있던 것으로 그들이 최고의 가치라고 생각하던 '세상의 물질과 부(富)'를 가리킨다. 한편 '탐심'은 곧 우상숭배임(골 3:5)을 잊지 말아야 한다.

계시록 18장 15절(멀리 서서 울고 애통하여)의 경우 10-11절의 경우와 마찬가지로 바벨론에 내려진 심판의 불똥이 튈까 봐 취하는 이기적인 행동, 이기적인 슬픔을 의미한다.

계시록 18장 16절에서의 "세마포와 자주와 붉은 옷을 입고 금과 은과 보석과 진주로 꾸민 것"은 계시록 17장 4절의 "그 여자 곧 큰 음녀"가 치장했던 것과 동일한 차림새이다. 그런 모습들은 자신의 영광과 권력, 부를 드러내는 것으로 그 자체는 우상을 숭배하는 또 다른 얼굴일 뿐이다. 한편 "그 여자"의 적나라한 정체는 바로 "비밀, 큰 바벨론, 땅의 음녀들과 가증한 것들의 어미(계 17:5)", "땅의 임금들을 다스리는 큰 성(계 17:18)"이다.

17절에서의 "각 선장과 각처를 다니는 선객들과 선인들과 바다에서 일하는 자"는 해운업에 종사하는 자들로서 상고(商賈, 18:11)들과 연계하여 자기들의 배만 불리던 자들이다. 이들은 경제적, 물질적 악한 영의 세력인 큰 성 바벨론의 그늘 아래서 권세를 잡고 정치적, 종교적 악한 영의 세력인 큰 음녀와 더불어 음행하였고 우상을 숭배하면서 사치하던 악한 영적 추종 세력인 세상의 왕들(18:9)과 함께 종국적으로 울며 애통하게 될 것이다.

18절의 "불붙는 연기"란 큰 성 바벨론이 심판을 받아 불살라지는 것(18:8)을 가리킨다. 또한 "이 큰 성과 같은 성이 어디 있느뇨"라는 것은 도시 국가 두로(Tyre)의 멸망에 대한 애가(겔 27:1-36)를 반영하고 있다. 당시 두로는 무역으로 엄청나게 많은 돈을 벌었다. 그리하여 두로 사람들을 가리켜 "세상에서 존귀한 자(사 23:8)", "자기를 위하여 요새(보장, a stronghold)를 건축하며 은을 티끌같이, 금을 거리의 진흙같이 쌓았도다(슥 9:3)"라고 했을 정도였다. 대부분의 사람들은 종말 시대를 살아가며 그들의 눈에 대단하게 보이기만 하면 그것이 영원하거나 최고일 것이라고 지레 짐작한다. 그러나 이 땅의 모든 것은 일시적이며 한순간의 그림자일 뿐(욥 14:2)이다. 하나님의 심판 앞에서는 한 줌의 재보다 못할 뿐인 것이다.

19절의 "티끌을 자기 머리에" 뿌리는 행위는 히브리인들의 상징적 행위로서 수치나 슬픔이 극에 달했을 때 하는 행동이다. 때로 그들은 옷을 찢기도 했다(창 37:29, 수 7:6, 삼상 4:12, 겔 27:30).

20 하늘과 성도들과 사도들과 선지자들아 그를 인하여 즐거워하라 하나님이 너희를 신원하시는 심판을 그에게 하셨음이라 하더라 21 이에 한 힘센 천사가 큰 맷돌 같은 돌을 들어 바다에 던져 가로되 큰 성 바벨론이 이같이 몹시 떨어져 결코 다시 보이지 아니하리로다 22 또 거문고 타는 자와 풍류하는 자와 퉁소 부는 자와 나팔 부는 자들의 소리가 결코 다시 네 가운데서 들리지 아니하고 물론 어떠한 세공업자든지 결코 다시 네 가운데서 보이지 아니하고 또 맷돌 소리가 다시 네 가운데서 들리지 아니하고 23 등불 빛이 결코 다시 네 가운데서 비취지 아니하고 신랑과 신부의 음성이 결코 다시 네 가운데서 들리지 아니하리로다 너의 상고들은 땅의 왕족들이라 네 복술을 인하여 만국이 미혹되었도다 24 선지자들과 성도들과 및 땅 위에서 죽임을 당한 모든 자의 피가 이 성중에서 보였느니라 하더라

이곳 20절과 24절에서는 부르짖는 교회들(앞서 간 교회들과 종말 시대를 살아가는 교회들), 사도들, 선지자들의 '그' 부르짖음에 하나님께서 신원(vindication)'하시는 심판으로 삽시간(미아 호라, 한 시간, μία ὥρα)에 응답하실 것을 말씀하고 있다. 반면에 계시록 6장 10절의 '땅에 거하는 자들(카토이케오, 불신자)' 곧 계시록 17-18장에서의 악한 영의 추종 세력들인 "각 선장과 각처를 다니는 선객들과 선인들과 바다에서 일하는 자인 해운업에 종사하는 자들과 상고(商賈, 18:11)들"과 경제적, 물질적 악한 영의 세력인 큰 바벨론의 그늘 아래서 권세를 잡고 정치적, 종교적 악한 영의 세력인 큰 음녀와 더불어 음행하고 우상을 숭배하며 사치하던 악한 영의 추종 세력들인 세상의 왕들(18:9)을 향하여는 무시무시한 심판을 하실 것을 말씀하고 있다. 그 심판은 마치 큰 맷돌을 바다에 던져 버림으로 가라앉게 되어 다시는 보이지 않음같이 될 것이라고 했다.

"신원"은 '생명의 부활(요 5:29)'로 교회들에게 주어지는 심판이라면 유황 불못 심판은 '심판의 부활(요 5:29)'로 불신자들에게 주어질 심판을 가리킨다.

한편 상기의 구절들에서는 '성도들, 사도들, 선지자들'과 '해운업자들, 상고들, 왕들'의 두 그룹을 대조함으로 '하늘에 속한 자들(하나님나라 소속, 소유)'과 '땅에 속한 자들(사단나라 소속, 소유)'을 의도적으로 나누고 있다. Already~not yet인 상태로 살아가는 종말 시대 동안에 교회는 한시적이고 제한적인 권세를 가진 악한 영의 세력과 그의 추종 세력들인 '땅에 거하는 자들(땅에 속한 자들, 불신자들, 카토이케오, 13:14)'로부터 핍박과 조롱, 비웃음을 당하지만(11:10) 그 날에는 하나님의 신원으로 인해 '하늘에 속한 자들'인 교회는 하나님께서 행하시는 최종 심판을 보며 즐거워하게 될 것이다.

20절에서의 "하늘과"에서의 '하늘'이란 심판을 받아 멸망을 당한 큰 바벨론과 대조되어 표현된 것으로 '하나님의 보좌가 있는 곳'을 가리킨다. 그곳에는 삼위하나님이 계시며 앞서 간 교회들과 천사들이 있다. '교회들'이란 성도들, 선지자들, 사도들을 말하며 혹자는 '선지자들과 사도들'을 '지상 교회의 지도자'라고 하는데 나는 그런 해석에 동의하지 않으며 이들을 특별하게 구분하고 싶지도 않다. 미래형 하나님나라는 삼위하나님과 예수님 안에서 한 지체된 교회들과 천사들이 함께 더불어 영원히 살아갈 곳이다.

21-23절까지는 예레미야 51장 60-64절을 인용하여 '하나님의 심판

으로 인한 결과'와 함께 하나님께서 바벨론을 '망하게 하신 이유'에 대하여 말씀해 주고 있다.

21절에서는 큰 성 바벨론으로 비유된 "큰 맷돌 같은 돌"을, 한 힘센 천사가 바다에 던져버리는 장면이 있다. 이는 바벨론의 심판에 관한 내용을 기록한 책을 돌에 매어 유브라데 강에 던졌던 예레미야 선지자의 상징적 행동(렘 51:63)을 연상케 한다. 한편 그 강에 던져진 '그' 책은 다시 떠오르지 못했는데 이는 "결코 다시 보이지 아니하리로다"의 선명한 해석으로 볼 수 있다. 즉 '큰 맷돌 같은 돌'인 큰 성 바벨론은 하나님의 심판을 결코 피할 수 없으며 다시는 보이지 않게 될 정도로 완전히 철저하게 망하게 된다라는 의미이다.

참고로 상기의 큰 성 바벨론으로 상징된 '큰 맷돌 같은 돌'과 달리 일반적으로 성경에서 '돌(모퉁이 돌), 반석 즉 부딪히는 돌, 거치는 반석' 등등은 예수 그리스도를 의미하기도(마 21:42, 막 12:10, 눅 20:17, 행 4:11, 벧전 2:7, 고전 10:4)한다. 다니엘 2장 34절에는 "뜨인 돌(단 2:34, 떠낸 돌)"이 나오는데 이는 '뜨인 돌'이신 예수 그리스도께서 신상(큰 바벨론, 세상)을 철저하게 부숴버리는 심판을 보여준 것이다. 그 예수님이 바로 심판주, 만왕의 왕이시다.

22절에서는 "또 거문고 타는 자와 풍류 하는 자와 퉁소 부는 자와 나팔 부는 자들의 소리가 결코 다시 네 가운데서 들리지 아니하고"라고 하셨는데 이는 하나님의 심판은 먼저 문화와 예술 분야를 황폐케 할 것이라고 경고하고 있는 것이다. 그런 후 "어떠한 세공업자든지 결코 다시 네 가운데서 보이지 아니하고"라고 하셨는데 이는 산업 분야에서 일상생활에 이르기까지 모든 것을 철저하게 심판할 것을 경고하고 있다. 결국 생산, 소비, 문화 활동의 전반적인 붕괴를 예고하고 있는 것이다. 더 나아가 "또 맷돌 소리가 다시 네 가운데서 들리지 아니하고"라고 하셨다. 당시 맷돌은 곡식을 가는 필수품으로 아예 일상 생활마저 무너지게 될 것을 경고하고 있는 것이다.

23절에서는 등불 빛이 사라져 어둠 가운데 있게 되어 황폐해질 것과 아울러 신랑과 신부의 음성이 그침으로 가정과 가족 공동체의 붕괴까지도 초래될 것을 경고하고 있다. 그런 하나님의 심판 이유는 분명하다.

첫째는 물질만능주의, 배금주의, 맘몬이즘(마 6:24)때문이라고 했다. 둘째로는 복술(卜術, the art of divination, fortunetelling, soothsaying)이나 사술(邪術, witchcraft, black arts, sorcery, black magic, an evil trick)로 인해 만국이 미혹되었기 때문이라고 하셨다. 셋째는 성도들의 신원(vindication, 눅 18:8) 때문이다. 그러므로 하나님의 심판은 '참되고 의롭다'라고 19장 2절은 말씀하셨던 것이다.

24절은 하나님께서 큰 바벨론을 심판으로 멸망케 하신 이유를 다시 말씀하고 있다.

괴짜의사 Dr. Araw의 쉽고 바르게 읽는 요한계시록 장편(掌篇) 강의, 개정판
예수 그리스도 복음의 계시라

Part 4

삽입장-하나님의 격려와 위로

레마 이야기 7, 진노의 큰 날에 누가 능히 서리요

인 맞은 자 144,000(계 7:4, 영적 이스라엘인 교회의 숫자)
흰 옷 입고 종려 가지를 든 셀 수 없는 큰 무리(계 7:9)
어린 양의 피에 그 옷을 씻어 희게 한 자(계 7:14)

레마 이야기 10, 아! 펴 놓인 작은 책, 복음

먹어버리라-입에서는 꿀같이 다나 먹은 후에 배에서는 쓰게 되더라(계 10:10)

레마 이야기 11, 진실된 교회-두 증인, 두 감람나무, 두 촛대, 두 선지자

레마 이야기 15, 모세의 노래, 어린 양의 노래

Part 4

 계시록전체의 요약장이자 핵심장인 12장, 13장, 14장의 석 장을 제외한다면 6장부터 18장까지는 종말 시대에 있게 되는 일곱 재앙과 교회들이 그에 대한 두려움에서 벗어나도록 용기와 격려, 소망을 주는 삽입장에 대한 말씀[76]이다. 특별히 6장은 인 재앙, 8-9장은 나팔 재앙, 16장은 대접 재앙에 관한 것이다. 그리고 17-18장 역시 대접 재앙에 관한 기록이다. 삽입장은 인 재앙과 나팔 재앙 사이의 7장과 나팔 재앙 후 10-11장, 대접 재앙 전(前) 15장을 말한다.

 삽입장은 교회의 정체성을 다시 일깨워 주심으로 예수님의 재림의 시기와는 상관없이 교회답게 그날까지 주신 소명과 사명을 따라 '충성됨'으로 살아가라고 주신 것이다. 동시에 '일곱 재앙'을 통과하며 예수 믿음과 하나님의 계명을 붙들고 '소망(엘피스)'을 가지고 인내하며 극복해 나감은 물론이요 더 나아가 교회[77]가 '일곱 재앙'과 더불어 사마귀(사단, 마귀, 귀신)와의 영적 싸움에 잘 대처하라고 주신 것이다.

---

76 일곱 재앙이란 인 재앙-6장, 나팔 재앙-8-9장, 대접 재앙-16~18장, 특히 17장 큰 음녀 심판, 18장 큰 성 바벨론 심판을 말하며 삽입장(막간장)이란 7장, 10-11장, 15장을 말한다.

77 계시록에서 '교회(교회론, Ecclesiology)'란 무형교회와 유형교회 둘 다를 가리킨다. 무형교회란 그리스도인(성도)을 말하며 유형교회란 교회공동체를 가리킨다. <예수 그리스도 복음의 계시라>는 책에서 '교회'라는 단어가 나오면 항상 무형, 유형교회를 아우르는 것임을 밝힌다.

유진 보링[78](M. Eugene Boring)은 일곱 재앙 중 인 재앙과 나팔 재앙의 여섯째와 일곱째 사이에 있는 막간장(삽입장)에 대해 많은 설명을 했다. 이를 필자의 개념과 표현으로 바꾸고자 한다.

먼저 '일곱 재앙' 중 여섯째 인 재앙과 일곱째 인 재앙 사이에 들어가 있는 삽입장인 계시록 7장을 주신 이유를 알아보자. 감사하게도 7장에는 고난과 핍박을 통과하여 승리한, 이미 천상에 가 있는, 앞서 간 교회(24장로)들이 '흰 옷'을 입고 어린 양과 더불어 찬양 즉 '새 노래'를 부르는 것을 보여주시고 있다. 이는 계시록 6장 17절 말씀의 "진노의 큰 날에 누가 능히 서리요"에 대한 명확한 답을 보여주신 것이다. 결국 '인 재앙' 곧 '일곱 재앙'의 과정을 반드시 통과해야만 하는 교회는 종말 시대(교회 시대) 동안에 그 재앙을 두려워하지 말고 "예수 믿음과 하나님의 계명(계 14:12)"을 붙들고 인내로 견뎌내며 그런 재앙 속에서도 담대함과 당당함, 소망(엘피스)을 가지라고 삽입장을 주신 것이라는 말이다.

둘째, '일곱 재앙' 중 여섯째 나팔 재앙과 일곱째 나팔 재앙 사이에 들어가 있는 삽입장인 계시록 10-11장을 주신 이유는 다음과 같다. 먼저 계시록 10장에서는 복음의 내용이 기록된 작은 책을 사도 요한에게 주셨다. 그리고는 네가 먼저 그 책을 먹고 복음의 맛을 흠뻑 누리라고 하셨다. 계시록 11장에서는 그 복음을 전파하는 일에 동역자로서 '진실된 교회'로 상징된 "두 증인", "두 감람나무", "두 촛대", "두 선지자"와 더불어

---

78 M. Eugene Boring은 Texas Christian Univ.의 I. Wylie Briscoe의 석좌교수이며 브라이트 신학교 은퇴 교수이다.

함께 복음 전파[79]에 '올인' 할 것을 명하고 있다. 결국 삽입장인 10-11장을 주신 것은 복음으로 종말 시대의 일곱 재앙을 이겨나가되 먼저 네 자신이 복음의 맛을 보고 누리며 복음의 능력을 힘입은 후 그 감동으로 복음을 전하라는 것이다. 그렇게 함으로 고린도후서 5장 18-21절의 그 일 (그리스도의 대사로서 세상을 하나님과 화목케 하는 일)을 잘 감당하길 원하셨던 것이다.

흥미로운 사실은 이곳 계시록 11장을 문자적으로 억지 해석하여 파생된 이단 사이비가 너무나 많다는 것이다. 그 원인 중 하나로는 "두 증인", "두 감람나무", "두 촛대", "두 선지자" 등등 숫자 '둘(2)'이라는 것에 초점을 두어 지나치게 문자적으로(literally) 혹은 풍유적으로(allegorically) 해석하다 보니 그런 유의 이단 사이비가 많이 생겨난 것이다. 어떤 이단 단체는 '둘'을 가리켜 이만희와 김남희라고 하며 어떤 곳은 정명석과 정조은, 문선명과 한학자, 안상홍과 장길자 등등이라고 한다.

참으로 황당하고 가소롭기까지 하다.

필자의 경우 숫자 2(둘)를 게마트리아(Gematria)로 해석한다. 곧 숫자 2(둘, two)는 최소 정족수인 '증인(증거)의 수'로서 '진실되다, 참되다'라는 의미이다. 그렇기에 11장 전반부의 "두 증인", "두 감람나무", "두 촛대", "두 선지자"는 모두 다 '진실된 교회'라는 의미와 동시에 상징적으로 '진실된 교회의 4대 역할'이라는 의미이다.

그렇다면 '진실된 교회의 4대 역할'이란 무엇일까?

---

[79] 복음 전파란 전도와 선교를 말하는 것으로 전도가 동일 문화권에 복음을 전하는 것이라면 선교는 타문화권에 복음을 전하는 것을 말한다.

첫째, 진실된 교회를 상징하는 '두 증인'이란 종말 시대를 살아가는 동안 신실한 '예수 그리스도의 증인'으로서의 삶의 역할을 해야 한다라는 의미이다. '증인으로서의 삶'이란 예수 그리스도의 증인으로 살아가는 것(복음과 십자가로 살아가는 것)과 예수는 그리스도라 가르치기와 전도하기 곧 복음 선포를 쉬지 않는 삶(복음과 십자가만 자랑하는 것)을 가리킨다. 그렇기에 또 하나의 진실된 교회였던 바울은 갈라디아서 6장 14절에서 예수 그리스도 즉 "복음과 십자가 외에는 아무것도 자랑치 않겠노라"고 선포했던 것이다. 고린도전서 2장 2절에는 "예수 그리스도와 그의 십자가에 못 박히신 것 외에는 아무 것도 알지 아니하기로 작정하였음이라"고 했다. 필자 또한 그렇게 살려고 몸부림쳐 왔고 지금도 앞으로도 그렇게 살아가려고 몸부림칠 것이다.

둘째, '진실된 교회'를 상징하는 "두 감람나무"란 유한되고 제한된 일회의 직선 인생 동안 '풍성한 열매를 맺는 삶'의 역할을 해야 한다라는 의미이다. 여기서 '풍성한 열매'란 "우리로 하나님을 위하여 열매를 맺히게 하려 함(롬 7:4)"이라는 말씀에서 보듯 '하나님을 위한 열매'를 말한다.

참고로 '하나님을 위한 열매'라는 것은 먼저 타인을 향하여는 하나님이 기뻐하시는 영혼 구원(복음 전파)에 대한 풍성한 열매를 가리킨다. 그리고 자신을 향하여는 "거룩함에 이르는 열매(롬 6:22)"로서 한 인격 안에 갖추어야 할 '9가지 성령의 열매(갈 5:22-23)'를 말하는데 이는 진실된 그리스도인으로서의 성품을 가리킨다.

셋째, '진실된 교회'를 상징하는 "두 촛대"란 '세상의 빛과 소금'의 역할, '진리의 등대' 역할을 감당하며 살아야 한다는 의미이다. '빛'의 역할이란 어둠을 몰아내고 어두운 곳을 밝혀주는 진리의 등대 역할을 말한다. '빛'의 경우 자신을 통한 '밝음'을 드러내기 위해 스스로는 뜨거운 '열'을 감수해야만 한다. 자신은 뜨거움을 감수하고서라도 밝음의 역할을 감당하라는 것이다. '진리'의 역할이란 길이요 생명이신 예수 그리스도를 증거하고 전하는 역할을 말한다. 오직 '예수(Ἰησοῦς, Savior), 그리스도(מָשִׁיחַ, Ἰησοῦς, 요 4:25, the Anointed), 생명(αἰώνιος ζωή, 영생, Eternal Life)'만을 드러내는 것이다.

넷째, '진실된 교회'를 상징하는 "두 선지자"란 세상을 향해 '하나님의 말씀' 곧 '오직 말씀(Sola Scriptura)'만을 대언하는 역할을 하며 살아가야 한다라는 의미이다. 데살로니가전서(4:3)는 "말씀과 기도로 거룩하여짐"이라고 했다. 그런 기독교는 행위 종교가 아닌 '말씀 종교(은혜 종교, 특별 종교, 계시 종교)임을 잊지 말아야 한다.

"예수께서 대답하여 가라사대 기록되었으되 사람이 떡으로만 살 것이 아니요 하나님의 입으로 나오는 모든 말씀으로 살 것이라 하였느니라 하시니"_마 4:4

"너를 낮추시며 너를 주리게 하시며 또 너도 알지 못하며 네 열조도 알지 못하던 만나를 네게 먹이신 것은 사람이 떡으로만 사는 것이 아니요 여호와의 입에서 나오는 모든 말씀으로 사는 줄을 너로 알게 하심이니라"_신 8:3

두 증인, 두 감람나무, 두 촛대, 두 선지자 = 진실된 교회 복음 전파(전도: 동일 문화권에 복음 전파/선교: 타문화권에 복음 전파)의 동역자 (두~, '둘'이라는 Two, 증인의 수, 참되다라는 의미)	
두 증인	복음 곧 예수 그리스도의 증인으로 살라
두 감람나무	풍성한 열매 맺는 삶을 살라
두 촛대	언제 어디서나 빛과 소금의 역할을 감당하며 살라
두 선지자	오직 말씀만을 대언하며 살라

한편 '일곱 재앙' 중 일곱 대접 재앙이 기록된 16장 그 다음에는 왜 삽입장이 없는 것일까? 유진 보링은 "대접 재앙은 하나님의 최종적인(나는 그렇게 생각하지 않는다) 진노와 재앙이기 때문"이라고 했다. 즉 마지막을 상징하는 처절한 대접 재앙 이후에는 예수님의 재림과 함께 백보좌 심판을 통해 그리스도인들은 새 하늘과 새 땅(미래형 하나님나라)에서 영생을, 불신자들은 유황 불못(미래형 지옥)에서 '영원한 죽음(계 20:10)'인 '둘째 사망'의 해를 받게 될 것(시 73:17-20)이기 때문에 삽입장이 없다라고 했다.

필자의 경우 이 부분에서 유진 보링과 견해가 약간 다르다. 나는 '일곱 재앙(인, 나팔, 대접 재앙)'의 일곱째 재앙 후에는 예수님의 재림이 있을 것이라고 생각하고 있다. 물론 그 재림의 '때와 시기'는 아버지 하나님의 권한에 있다. 유진 보링이 말한 것처럼 강도나 크기, 세기, 범위에 있어 최고조의 재앙인 대접재앙 후에 예수님이 오신다라기보다는 각 교회마다 그들에게 임하는 재앙의 강도, 범위, 크기, 세기는 다르겠지만 분명한 것은 '일곱 재앙'의 '일곱째 재앙' 후에는 예수님의 재림이 있을 것이라는 것이 필자의 생각이다.

예수 재림에 대한 여러 가지 다양한 징조를 통해 신앙을 재무장하겠다는 것에는 O.K이지만 그 재림의 시기를 어렴풋하게라도 정해놓고 기다리기만 하는 것에는 동의하기가 어렵다.

결국 삽입장에 대한 유진 보링의 해석이 필자에게 도움을 준 것은 사실이나 부분적으로는 받아들이기가 힘들어 노파심에서 다시 사족(蛇足)을 붙이고자 한다.

'일곱 재앙'을 의미하는 인 재앙, 나팔 재앙, 대접 재앙은 세월의 흐름에 따라 시간 순서대로 일어나는 것이 아니라는 것이다. '일곱 재앙' 중 대접 재앙 후에 예수님의 재림이 있는 것이 아니라 '일곱 재앙'의 각 '일곱째' 재앙 후에는 예수님의 재림(예수 그리스도 새 언약의 완성, 곧 미래형 하나님나라에의 입성과 영생)이 있을 것이라는 것이 필자의 생각이다.

오늘 지금 이 순간에도 아니 내일도, 장래에도 그리하여 예수님이 오시기 전까지는 그 강도나 범위, 크기, 세기에 있어 1/4의 환난인 인 재앙이나 그 강도나 범위, 크기, 세기에 있어 1/3의 환난인 나팔 재앙, 그리고 그 강도나 범위, 크기, 세기에 있어 최고조에 이르는 대접 재앙이 반복적으로 그리고 복합적으로 뒤섞일 수도 있다라는 것이 필자의 생각이라는 말이다.

대접 재앙(실제로 객관적으로 정하기도 애매하다)이 있다고 하여 곧 예수님의 재림이 있다라고 하든지 '종말의 끝'이라고 하는 주장에 필자는 여전히 부담스럽다. 그 '마지막 날'은 아버지 하나님만 아시기에 하나님께 맡기고 교회인 우리는 부르심과 보내심을 따라 '오늘을 놓지 말고' 그날까지 그리스도의 일꾼으로, 하나님의 비밀을 맡은 자로 충성되게 살아가는 것만이 마땅한 도리라고 생각된다.

결국 삽입장을 통하여는 교회의 정체성을 다시 한번 더 되새김은 물론이요 교회에 주신 소명과 사명을 예수님의 재림이 언제일런지에 상관없이 그날까지 충성되게 감당할 것을 결단하는 것만이 필요할 뿐이다. 동시에 '일곱 재앙'을 통과하며 예수 믿음과 하나님의 계명을 붙들고 '소망'을 가지고 인내하며 극복해감은 물론이요 더 나아가 교회가 어떻게 '일곱 재앙'과 더불어 사마귀(사단, 마귀, 귀신)와의 영적 싸움에 대처할 것인지를 결단하는 것이 중요하다. 왜냐하면 삽입장을 주신 하나님의 마음은 교회들로 하여금 일곱 재앙과 더불어 악한 영적 세력들의 한시적(기간), 제한적(범위)인 권세를 통한 핍박을 이겨내라고 주신 것이기 때문이다.

7장 후반절(13-17)에는 재앙의 시대를 통과하되 반드시 극복할 뿐만 아니라 이겨야(계 7:14) 할 교회를 보다 더 견고케 해주시기 위해 문답 형식을 통해 메시지를 주시고 있다. 삽입장인 계시록 7장, 10-11장과 마찬가지로 삽입장인 15장은 대접 재앙 전에 주신 것으로 비록 최고조의 재앙이 닥친다 할지라도 두려워하지 말 것은 교회는 "모세의 노래, 어린 양의 노래(계 15:3)"를 부르게 될 자들이기 때문이라는 것이다.

삽입장인 7장에서는, 6장에서 계시해 주셨던 무시무시한 첫째 인 재앙에서 여섯째 인 재앙까지의 환난과 고통을 종말 시대 동안에 겪게 되지만 교회들은 "그 이마에 어린 양과 그 아버지 하나님의 인 맞은 자(7:3-4, 14:1)"이기에 진노의 날에 능히 서게 되는 것은 물론이요 "흰 옷을 입고 손에 종려 가지를 들고 보좌 앞과 어린 양 앞에 서서(7:9)" "새 노래(14:3)"

곧 "모세의 노래, 어린 양의 노래(15:3)"를 부르게 될 것을 말씀해주고 있다. 결국 삽입장을 주신 것은 '일곱 재앙'의 환난과 영적 싸움을 잘 통과하고 극복하도록 용기와 위로, 격려, 소망을 주시기 위함이다.

삽입장인 10-11장은 인 재앙보다 그 강도와 세기, 크기, 범위가 조금 더 격렬한 나팔 재앙을 겪은 후에 주신 것이다. 그럼에도 불구하고 나팔 재앙에서 살아남은 자들이 "그 손으로 행하는 일을 회개치 아니하고 오히려 여러 귀신과 또는 보거나 듣거나 다니거나 하지 못하는 금, 은, 동과 목석의 우상에게 절하고 또 그 살인과 복술과 음행과 도적질을 회개치 아니함(계 10:20-21)"을 보여주시고 있다. 하나님은 사도 요한과 동역자 된 진실된 교회가 세상에 거하는 그들을 향해 복음 전파의 사명을 감당하라고 하셨다. 복음을 전하기 전에 먼저 복음의 참된 '맛'을 보고 누린 후에 그 복음과 십자가로 살아가고(그리스도의 증인) 그 복음과 십자가를 자랑함으로 복음을 선포하라고 말씀하고 있다.

11장은 두 부분으로 나누는데 전반부는 1-13절로 마지막 그날까지 교회가 동역자들과 더불어 복음 전파에 올인할 것을 말씀하셨다. 후반부인 14-19절은 일곱째 나팔재앙으로 이후에는 예수님의 재림을 통한 하나님나라가 완성될 것을 보여주고 있다.

먼저 전반부인 11장 1-13절까지에는 진실된 교회를 상징하는, 복음 전파에 있어서 동역자 된 "두 증인", "두 감람나무", "두 촛대", "두 선지자"에 관해 말씀하고 있다. 그런 진실된 교회는 '그리스도의 승귀' 곧 예수님의 탄생(성육신, Incarnation), 십자가 수난과 죽음, 부활, 승천, 재림에 있어 그리스도의 증인으로, 동시에 이를 선포하며 살아가되 먼저는 자신의 옛 자아를 죽이고 자기를 부인한 후 자기 몫에 태인 십자가를 지고 주님을 따르는 삶을 살아내야 할 것을 말씀하고 있다. 그런 교회는 반드시 승리하게 될 것인데 예수의 재림 후 부활체로 영생하게 될 것을 말씀하고 있다.[80]

11장의 후반부인 계시록 11장 14-19절까지는 전반부(1-13절)와 달리 일곱째 나팔 재앙에 관해 말씀하고 있다. 일곱째 나팔 재앙에 대한 선포는 '현재형 하나님나라의 도래와 미래형 하나님나라에의 완성'을 알리는 것이다. 그렇기에 '재앙'이라고 표현하는 것은 약간 어색하다. 왜냐하면 11장의 후반부는 화(禍)에 관한 내용이라기보다는 하나님을 '경배'하고 하나님이 행하실 '심판의 정당성'을 찬양하고 있기 때문이다. 더 나아가 계시록 16장에서 행할 '일곱 대접 재앙의 정당성과 당위성'을 말씀하고 있기 때문이다.[81]

삽입장인 15장은 재앙에 있어서 그 범위와 크기, 세기와 강도가 최고조에 달하는 16장의 대접 재앙 전(前)에 주신 것으로 종말 시대 동안에 전 지구적으로, 그러나 각 지역적으로, 각 개개인에게 다르게 '일곱 재앙'이 복합적, 반복적으로 올 것을 말씀하고 있다. 그러나 교회는 그런 '일곱 재앙'에 눌리거나 두려워하지 말라고 하셨다. 왜냐하면 하나님의 정한 때에 예수님은 반드시 재림하셔서 '심판과 신원'을 하신 후 교회는 "유리바

---

80 How 주석 50, p337

81 그랜드 종합주석 16, p828-835

다 가에 서서 하나님의 거문고를 가지고 하나님의 종 모세의 노래, 어린 양의 노래를 부를 것(15:2 3)"이기 때문이다. 그렇기에 특별히 계시록 15장 2절에는 '심판'을 상징하는 "불이 섞인 유리바다"에 있게 될 자들과 '신원'을 상징하는 "유리바다 가에 서서 하나님의 거문고를 가지고 하나님의 종 모세의 노래, 어린 양의 노래"를 부르게 될 자들을 구분하고 있는 것이다. 신원을 받은 후자의 경우는 미래형 하나님나라에 앞서 간 교회들을 가리킨다. 그들이 '하늘의 증거 장막 성전' 곧 '미래형 하나님나라'에서 삼위하나님께 찬양과 경배를 드리는 것을 15장은 비교적 상세하게 묵시문학적으로 묘사하고 있다.

결국 삽입장을 '어떻게 해석할 것인가'라는 것은 전체 계시록의 흐름을 이해하고 해석하는 데 아주 중요한 열쇠가 된다. 삽입장을 주신 이유에 대해 두란노 How 주석[82]을 참고하여 필자의 글로 다시 표현하면 다음과 같다.

첫째, 하나님의 섭리와 경륜 속에 살아가고 있는 교회들에게 현재형 하나님나라가 도래된 것과 미래형 하나님나라에의 '소망(엘피스, 거룩한 성 새 예루살렘에의 입성과 영생)'을 견고케 하기 위함이다.

둘째, 현재형 하나님나라란 주권, 통치, 질서 지배 개념으로 구속주이신 예수 그리스도의 초림으로 이미(already) 성취된 것과 장차 예수님의 재림으로 반드시 존재하는 장소 개념의 미래형 하나님나라가 분명히 존재함을 알려주기 위함이다.

---

82 요한계시록 어떻게 설교할 것인가, 두란노 How 주석 50, 두란노 아카데미, 2012(11쇄), p323

셋째, 종말 시대(교회 시대)를 지나는 동안 '일곱 재앙'이 전 지구적으로 동시에 각 지역적으로 각 개인적으로 그 크기나 세기, 범위, 강도가 다르게 뒤섞여(mixed) 복합적(complicated)이고도 반복적으로(repeatably) 나타날 터인데 그런 '일곱 재앙'을 겪게 될 교회를 격려하고 위로함은 물론이요 장래에 대한 소망(엘피스)을 주기 위함이다.

넷째, 종말 시대(교회 시대) 동안에 교회는 '일곱 재앙'과 악한 영의 세력들로부터 한시적(기간), 제한적(범위)으로 핍박을 받게 되나 종국적으로는 반드시 승리할 것을 보여주신 것이다.

내가 가로되 내 주여 당신이 알리이다 하니 그가 나더러 이르되 이는 큰 환난에서 나오는 자들인데 어린 양의 피에 그 옷을 씻어 희게 하였느니라 _계 7:14

레마이야기 7

진노의 큰 날에
누가 능히 서리요
-인 맞은 자 144,000

7-1 이 일 후에 내가 네 천사가 땅 네 모퉁이에 선 것을 보니 땅의 사방의 바람을 붙잡아 바람으로 하여금 땅에나 바다에나 각종 나무에 불지 못하게 하더라

    7장 1절은 "이 일 후에 내가 보니"라는 말로 시작하고 있는데 이는 밧모섬에서 사도 요한이 본 환상에 대한 '시간적 순서'가 아니라 종말 시대 동안에 있을 '장면의 전환'을 가리키는, 계시록에 자주 반복되어 등장하는 문구 중 하나이다. 그러므로 '일곱 재앙(인 재앙, 나팔 재앙, 대접 재앙)'은 전 지구적으로 일어나되 각 지역별로는 그 크기나 강도, 세기, 범위에 있어서 차이가 있을 뿐이다라는 것을 가리킨다.

한편 계시록 6장 17절에서 "진노의 큰 날에 설 자가 누구리요"라는 물음에 이곳 7장은 명쾌한 대답을 하고 있다. '진노의 큰 날에 설 자'는 바로 "인 맞은 성도들" 즉 손에 "종려 가지(승리를 상징)"를 들고 보좌 앞과 어린 양 앞에 서서 "새 노래"를 찬양하게 될 자들인데 그들의 숫자는 '아무도 능히 셀 수가 없다'라고 했다. 그 뿐만 아니라 '진노의 큰 날에 설 자'는 '어린 양 곧 예수 그리스도의 보혈에 옷을 빨아 희게 한(계 7:14)' 바로 그 옷을 입은 자들이라고 했다.

한편 하나님의 통치 하에서 허용된 부분까지만 그것도 제한적으로 일하는 "네 천사(7:1-2, 9:14)"가 "땅 네 모퉁이"에 서서 "땅의 사방의 바람"을 붙잡아 바람으로 하여금 땅에나 바다에나 각종 나무에 불지 못하게 하는 것을 사도 요한이 보고 있다. 여기서 "땅의 사방의 바람"이란 계시록 6장 2-8절의 '네 말 탄 자들'과 9장 14절의 '큰 강 유브라데에 결박한 네 천사'를 가리키며 스가랴 6장 1-5절에 의하면 '네 말 탄 자들' 혹은 '하늘의 네 바람'을 말한다. 그들은 "온 세상의 주 앞에 모셨다가 나가는 천사들(슥 6:5)'이다. 또한 '바람'은 '하나님의 진노 혹은 심판'을 상징(시 83:13)하기도 한다.

결국 '하나님의 통치 하에 있는 네 천사(계 7:1)'가 하나님의 진노 혹은 심판을 행할 "땅의 사방의 바람" 곧 '네 천사(계 6:2-8, 9:14, 슥 6:1-5)'를 붙잡아서 '바람(심판 곧 "바람으로 하여금 땅에나 바다에나 각종 나무에 불지 못하게")'을 막는 모습을 보여주고 있는 것이다. 참고로 "땅의 네 모퉁이"라고 표현한 것은 당시 지구가 평평하다고 생각했던 고대인들의 관점에서 표현한 것으로 이는 '지구의 끝'을 의미하고 있다.

2 또 보매 다른 천사가 살아 계신 하나님의 인을 가지고 해 돋는 데로부터 올라와서 땅과 바다를 해롭게 할 권세를 얻은 네 천사를 향하여 큰 소리로 외쳐 3 가로되 우리가 우리 하나님의 종들의 이마에 인치기까지 땅이나 바다나 나무나 해하지 말라 하더라

2-3절에는 예수 그리스도의 사역을 예표하는 천사 혹은 예수 그리스도를 상징하는 또 "다른 천사(계 10:1, 7:1의 네 천사가 아님)"가 "하나님의 인을 가지고" 하나님의 '은혜와 영광을 상징'하는 "해 돋는 데"인 '동쪽(겔 43:1-2, 창 2:8, 슥 1:15)'으로부터 올라와서 땅과 바다를 해롭게 할 권세를 얻은 1절의 '네 천사(계 6:2-8, 9:14, 슥 6:1-5)'를 향해 큰 소리로 외치길 "우리가 우리 하나님의 종들의 이마에 인(7:4, 14:1, 22:4, 겔 9:4-6)치기까지 땅이나 바다나 나무나 해하지 말라"고 하고 있다.

여기서 '인(표)'의 헬라어는 스프라기스[83](σφραγίς, nf)인데 이는 '일반 문서, 소유물, 노예문서 등에 대한 소유권 혹은 보호의 보증'을 나타내는 용어로 마치 본인 소유의 동물 가죽에 찍는 화인(火印)과도 같다. 유의할 것은 하나님의 인(표, 스프라기스, 소속, 소유) 맞은 자(7:4, 14:1, 22:4)와 짐승의 인(표, 카라그마, 소속, 소유) 맞은 자(13:16-18, 14:9, 20:4)는 구분해야 한다라는 것이다. 본래 인(표 혹은 이름)이란 단어는 '소속 혹은 소유'라는 의미이다.

---

83 인의 헬라어는 스프라기스(σφραγίς, nf, a seal, signet ring, the impression of a seal, that which the seal attests, the proof / an etched (engraved) object pressed into soft wax or clay to seal a document (letter)인데 소유권 혹은 보호의 보증을 나타내는 용어이다. 이는 동물의 가죽에 화인(火印)을 찍어 소유를 나타내는 것이다.

참고로 짐승의 표 혹은 인은 헬라어로 카라그마(χάραγμα, 13:16)라고 하는데 이는 '땅에 속한 자들(카토이케오, 13:14, 사단나라에 속한 사람들)'이 받는 것이다. 반면에 하나님의 인(표 혹은 이름)은 헬라어로 스프라기스(σφραγίς)라고 하는데 이는 '하늘에 속한 자들'이 받는 것이다. 여기서 '받는다'라는 것은 '어디에 무엇인가를 새긴다'라든지 '무엇인가를 몸 안으로 주입한다'라는 구체적인 상황이나 상태를 말하는 것이 아니라 '소속, 소유'라는 의미로 '주권, 통치, 질서, 지배'의 개념이다.

인(印)을 치는 생생한 묘사는 에스겔서 9장 4-6절에 잘 나타나 있는데 "예루살렘의 가증한 일 곧 죄로 인해 탄식하며 우는 자의 이마에 표하라"는 말씀이다. 이때 '인 혹은 표'에 해당하는 히브리어는 타브(תָּו, nm, a mark)이다. 그 히브리어 타브(תָּו)의 알파벳 글자모양이 '+(십자가)에 달리신 예수의 형상'처럼 보이는 것은 결코 우연이 아니다. 그것은 바로 갈라디아서 6장 17절의 교회들의 몸에 새겨져 있는 예수의 흔적(στίγμα, nn)과도 같다. 한편 '인치심'이란 에베소서 1장 13절, 4장 30절에서도 말씀하신 것으로 '성령님의 확실한 보호'를 의미하기도 한다.

"인치기까지~해하지 말라"고 말씀하신 것은 맹렬한 심판의 재앙을 '지연'시키기 위한 것으로 그 이유는 마지막 한 사람까지라도 하나님의 은혜로 만세 전에 택정된 백성들을 구원하기 위함(벧후 3:9, 마 24:21-22, 요 6:39)이다.

4 내가 인 맞은 자의 수를 들으니 이스라엘 자손의 각 지파 중에서 인 맞은 자들

이 십 사만 사천이니

　4절에는 "인 맞은 자의 수 144,000"이 나온다. '누가 인을 맞을 것인가'에 대하여는 에스겔서 9장에 의하면 "예루살렘 성 안에서 가증한 일을 행하는 것을 보고 탄식하여 우는 자"라고 했다. 이때 '몇 명이나 맞을 것인가'에 대한 답은 계시록 7장 4절이 명확하게 밝히고 있다. 왜냐하면 인 맞은 자의 수는 "이스라엘 자손의 각 지파 중"에서 144,000명이 될 것이라고 말씀하셨기 때문이다.

　이때 유의할 두 가지는 첫째, '이스라엘 자손'이라 함은 혈통적 유대인이 아니라 '영적 이스라엘' 즉 '교회'를 의미하며 둘째, 144,000명은 문자적인 의미가 아니라 상징적인 의미라는 것이다. 왜냐하면 계시록 7장 9절에는 "아무라도 능히 셀 수 없는 큰 무리"라고 말씀하셨기 때문이다. 결국 144,000이란 영적 이스라엘인 교회의 숫자로 '어린 양 곧 예수 그리스도의 보혈에 옷을 빨아 희게 한(계 7:14)' 바로 그 옷을 입은 큰 무리들로서 '흰 옷 입은 아무라도 셀 수 없는 큰 무리'를 상징하고 있는 것이다. 결국, 144,000이란 문자적인 의미가 아니라 궁극적으로 구원받게 될 모든 하나님의 백성 즉 교회들을 지칭하는 상징적인 숫자라는 말이다.

　참고로 3은 하늘의 수이며 4는 땅의 수이다. 그러므로 7, 12, 144는 완전수, 언약의 수, 약속의 수, 맹세의 수이다. 10은 만수로서 '많다' 라는 의미이고 10×10×10=1,000은 '엄청 많다'라는 의미이다. 결국 3×4=12, 12×12=144, 10×10×10=1,000으로 곧 144,000이라는 숫자는 땅의 수와 하늘의 수가 곱해진 것(12)에 더하여 12지파와 12사도를 상징하는 신약과 구약 즉 유대인과 이방인 모두를 지칭하는 144에

다 1,000은 만수인 10의 최상급(10X10X10=1,000)으로서 하나님의 택정 교리에 따라 주신(허락하신) 믿음(피스티스)으로 구원받기로 작정된, 하나님만이 아시는 '엄청 많은 수'를 의미한다.

결국 계시록 7장의 인 맞은 자의 수는 육적 이스라엘 자손을 의미하는 것이 아니라 영적 이스라엘인 '엄청 많은' 교회(성도, 그리스도인)의 수를 의미하고 있다. 이는 하나님께서 아브라함에게 하신 자손의 약속(창 13:16, 15:5, 22:17, 26:4)을 통해서도 확인할 수 있다. 자손이란 '믿음으로 말미암아 의롭게 된 자들'이라고 갈라디아서(3:7, 9, 29)에서는 명확하게 말씀하고 있다.

5 유다 지파 중에 인 맞은 자가 일만 이천이요 르우벤 지파 중에 일만 이천이요 갓 지파 중에 일만 이천이요 6 아셀 지파 중에 일만 이천이요 납달리 지파 중에 일만 이천이요 므낫세 지파 중에 일만 이천이요 7 시므온 지파 중에 일만 이천이요 레위 지파 중에 일만 이천이요 잇사갈 지파 중에 일만 이천이요 8 스블론 지파 중에 일만 이천이요 요셉 지파 중에 일만 이천이요 베냐민 지파 중에 인 맞은 자가 일만 이천이라

'믿음으로 말미암아 의롭게 된 자들(갈3:9, 7, 29)'만이 진정한 '영적 이스라엘의 자손'임을 보여주시려고 계시록 7장 5-8절은 민수기의 분류(혈통적으로 유대인의 지파를 장자부터 순서대로 구분하여 기록)와는 의도적으로 다르게 기록하고 있다.

민수기(1:1-46)와 계시록(7:5-8)의 차이점을 보면, 민수기는 육적 장자인 르우벤부터 시작하고 계시록은 영적 장자인 유다 지파부터 시작한다. 이때 히브리어와 헬라어의 경우 순서에 중요한 의미가 있음을 놓치지 말아야 한다. 또한 민수기와 달리 계시록에는, 들어가지 말아야 할 레위 지파가 들어가 있고 에브라임 지파 대신 요셉 지파가 들어가 있으며 단 지파는 아예 빠져 있다.

계시록(7:5-8)	민수기(1:1-46)
영적 장자인 유다 지파로 시작	육적 장자인 르우벤 지파로 시작
레위 지파, 요셉 지파 첨가	레위, 요셉지파 대신 에브라임, 므낫세지파
단 지파 아예 누락	단 지파 기록

결국 민수기의 지파에 대한 기록이나 순서와는 다르게 계시록에서는 의도적으로 지파들을 바꾸거나 누락 혹은 첨가함으로써 둘의 의도적인 차이를 드러내고 있는 것이다. 결국 사도 요한은 계시록을 기록하며 기독론적인 관점에서 민수기를 재해석하고 있는 것이다.

9 이 일 후에 내가 보니 각 나라와 족속과 백성과 방언에서 아무라도 능히 셀 수 없는 큰 무리가 나와 흰 옷을 입고 손에 종려 가지를 들고 보좌 앞과 어린 양 앞에 서서 10 큰 소리로 외쳐 이르되 구원하심이 보좌에 앉으신 우리 하나님과 어린 양에게 있도다 하니 11 모든 천사가 보좌와 장로들과 네 생물의 주위에 섰다가 보좌 앞에 엎드려 얼굴을 대고 하나님께 경배하여 12 가로되 아멘 찬송과 영광과 지혜와 감사와 존귀와 능력과 힘이 우리 하나님께 세세토록 있을지로다 아멘 하더라

9-12절에서는 "보좌 앞과 어린 양 앞에 서서" '흰 옷(계 7:14, 22:14)'을 입고 승리를 상징하는 "종려 가지"를 든 아무라도 능히 셀 수 없는 큰 무리가 "구원하심이 보좌에 앉으신 우리 하나님과 어린 양에게 있도다"라고 외치는 장면을 사도 요한이 보고 있다.

모든 천사들과 미래형 하나님나라에 먼저 가 있던 교회들(성도들, 그리스도인들)인 '보좌에 앉은 24장로들'과 천사장인 그룹(Cherub 혹은 스랍(Seraph))을 상징하는 '네 생물들'은 더불어 함께 보좌에 앉으신 하나님께 엎드려 얼굴을 대고 경배하여 가로되 "아멘 찬송과 영광과 지혜와 감사와 존귀와 능력과 힘이 우리 하나님께 세세에 있을지로다 아멘"이라고 외치는 것을 사도 요한은 보게 된다.

여기서 그들은 "찬송, 영광, 지혜, 감사, 존귀, 능력, 힘" 등등의 일곱 가지로 하나님을 찬양하고 있었다. 이는 그들이 하나님께 '최고의 찬양과 경배'를 드렸다는 것을 의미한다. 왜냐하면 '7'은 완전수이기 때문이다.

13 장로 중에 하나가 응답하여 내게 이르되 이 흰 옷 입은 자들이 누구며 또 어디서 왔느뇨 14 내가 가로되 내 주여 당신이 알리이다 하니 그가 나더러 이르되 이는 큰 환난에서 나오는 자들인데 어린 양의 피에 그 옷을 씻어 희게 하였느니라

13-14절에는 장로 중 하나가 밧모섬의 사도 요한에게 "이 흰 옷 입은 자들이 누구며 또 어디서 왔느뇨"라고 묻고 있다.

당시 문답법은 묵시문학에서 즐겨 사용하던 기법 중의 하나였다. 그렇게 물어보던 장로 중의 하나는 사도 요한의 답을 기다리지 않고 얼른 답하기를, 그들은 "큰 환난"을 '이기고 나온' 자들로서 "어린 양의 피에 그 옷을 씻어 희게 한 자들"이라고 말해주고 있다. 곧 '흰 옷 입은 자'로서 앞서 간 교회들이라는 의미이다.

'환난에서 나왔다' 라는 것은 환난을 '이기고 나왔다'라는 것으로 이는 환난을 면케(피하게) 해 준 것이 아니라 환난에 당당히 맞서 그 환난을 '극복하고 나왔다' 라는 것으로 come from이 아니라 come out of(ἐκ) great tribulation으로 써야 한다.

또한 "큰 환난에서"라는 것은 헬라어 원어에는 '그 큰 그 환난으로부터'라고 되어 있다. 곧 '에크 테스 들립세오스 테스 메가레스(ἐκ(out of) τῆς(the) θλίψεως(tribulation) τῆς(the) μεγάλης(great))'이다. 그 원어를 살펴보면 '큰'과 '환난' 앞에 '그(the, τῆς)'라는 관사(the, τῆς)가 붙어 있는 것을 알 수 있다. 그러다 보니 일차적으로는 전(前) 천년설자들이 주장하는 '대환난'을 지칭하는 것으로도 해석할 수 있다. 그러나 나는 교회(종말) 시대 동안에 전 지구적으로 일어나는, 그러나 각 지역적으로는 그 크기나 세기, 강도, 범위가 다른 '크고 작은 모든 환난'으로 해석한다. 여기서 우리는 일곱 재앙을 통한 환난의 경우 의인이든 악인이든 모두가 겪게 된다는 사실을(겔 14:12-20, 슥 14:1-8, 6:1-8) 잊지 말아야 하며 특히 교회인 우리는 '예수 믿음과 하나님의 계명을 붙들고' 그 환난을 이기고 극복할 수 있어야만 한다.

15 그러므로 그들이 하나님의 보좌 앞에 있고 또 그의 성전에서 밤낮 하나님을

섬기매 보좌에 앉으신 이가 그들 위에 장막을 치시리니 16 저희가 다시 주리지도 아니하며 목마르지도 아니하고 해나 아무 뜨거운 기운에 상하지 아니할찌니 17 이는 보좌 가운데 계신 어린 양이 저희의 목자가 되사 생명수 샘으로 인도하시고 하나님께서 저희 눈에서 모든 눈물을 씻어 주실 것임이러라

이곳 계시록 7장 15-17절은 장로 중 하나가 사도 요한에게 이사야 49장 10절, 25장 8절, 에스겔 34장 23절을 배경으로 하여 교회들에게 격려와 위로, 소망 가득한 말씀을 해주고 있다.

"그들이 주리거나 목마르지 아니할 것이며 더위와 볕이 그들을 상하지 아니하리니 이는 그들을 긍휼히 여기는 자가 그들을 이끌되 샘물 근원으로 인도할 것임이니라"_사 49:10

"사망을 영원히 멸하실 것이라 주 여호와께서 모든 얼굴에서 눈물을 씻기시며 그 백성의 수치를 온 천하에서 제하시리라 여호와께서 이같이 말씀하셨느니라"_사 25:8

"내가 한 목자를 그들의 위에 세워 먹이게 하리니 그는 내 종 다윗이라 그가 그들을 먹이고 그들의 목자가 될찌라"_겔 34:23

"그러므로 그들이 하나님의 보좌 앞에 있고"에서의 '그들(교회들, 성도들, 그리스도인들)'이란 '어린 양의 피에 그 옷을 빨아 희게 한 자들'을 말한다. 그들은 "하나님의 보좌 앞"에 있게 되고 또 '하나님의 성전(미래형 하나님나라)'에서 "밤낮 하나님을 섬기게(찬양하게, λατρεύω, v, I serve, especially God, perhaps simply: I worship)" 될 것이라고 말씀하고 있다.

그곳에서 '함께 더불어' 영생을 누리게 될 '보좌에 앉으신 하나님'은 그들(교회들, 성도들, 그리스도인들)을 "장막으로" 덮으셔서 보호(hovering)해 주심으로 그들(교회들, 성도들, 그리스도인들)은 "다시 주리지도 아니하며 목마르지도 아니하고 해나 아무 뜨거운 기운에 상하지도 않게" 된다. 더하여 "보좌 가운데 계신 어린 양이 저희의 목자(시 23편, 겔 34:23)"가 되셔서 그들(교회들, 성도들, 그리스도인들)을 "생명수 샘(22:1)으로 인도"하실 것이다. 또한 하나님은 "저희 눈에서 모든 눈물을 닦아주실" 것이다.

참고로 보좌에 앉으신 분은 성부하나님과 어린 양이신 예수님이다. 당연히 성령님도 함께 계신다. 기능론적 종속성과 존재론적 동질성의 삼위일체 하나님이시기 때문이다. 계시록(1:10. 4:2, 17:3, 21:10) 전체를 통하여는 "성령에 감동하여(ἐν Πνεύματι, 엔 프뉴마티)"라는 문구를 통해 보좌에 앉으신 '다른 하나님, 한 분 하나님'이신 삼위일체 하나님이 항상 전제되어 있다는 사실을 잊지 말아야 한다. 이것은 논리적으로나 상식적으로는 설

명 불가능한 삼위일체 하나님에 대한 신비(mystery)이다. 동방교회인 에티오피아 정교회는 3개의 각각 다른 보좌를 그림으로 그려 삼위하나님을 '세 분 하나님'으로 이해하고 있다. 나는 '다른 하나님이시자 한 분 하나님'으로 믿고 있다. 그렇기에 각각 3개의 보좌에 앉으신 삼위하나님을 옆의 그림(에티오피

아 정교회 사원 입구의 그림)처럼 각각의 그림으로 표현하는 것에는 동의하지 않는다. 다른 하나님, 세 분 하나님으로 오해할 소지가 있기 때문이다.

17절의 '어린 양이 저희의 목자가 되사'라는 말씀에서는 논리의 모순됨에 일순간 당황되기도 한다. 왜냐하면 '어린 양과 목자'는 전혀 어울리지 않는 댓구(대구, 對句)이기 때문이다. 상식적으로 어린 양은 목자의 보호를 받아야 한다. 또한, 일반적으로 목자의 바로 뒤에는 경험 많은 가장 큰 양이 따르고 그 뒤를 이어 순서대로 양들이 무리를 이루고 맨 뒤쪽에 가장 어린 양이 행렬에 따라붙는다. 그렇기에 '어린 양이 저희의 목자가 되사'라는 표현이 약간 어색하다.

그러나 삼위일체 하나님의 '관계'를 생각하면 쉽게 이해할 수가 있다. 하나님과의 관계에 있어서 어린 양이신 예수님은 성부하나님의 유일한 기름 부음 받은 자 곧 그리스도, 메시야로 '유월절 어린 양'으로 이 땅에 오셨지만 인간과의 관계에 있어서는 어린 양이신 예수님은 우리를 미래형 하나님나라로 인도하실 목자이신 것이다. 그러므로 예수님은 어린 양이자 우리의 목자가 되신다. 그런 예수님은 지금도 앞으로도 영원히 교회들의 눈에서 모든 눈물을 씻어 주실 것이다. 할렐루야!

15절에 "밤낮 하나님을 섬기매"라는 말씀에서의 '섬기다'에 해당하는 헬라어는 라트류오($\lambda\alpha\tau\varrho\varepsilon\dot{\upsilon}\omega$, v, I serve, especially God, perhaps simply: I worship)인데 이는 '찬양하다'라는 의미 외에도 '교제 가운데 영광 중에 함께하다'라는 의미도 있다. 즉 우리는 미래형 하나님나라에서 삼위하나님과 교제하며 그분의 영광의 빛을 받아(계 21:11) 우리 또한 하나님의 영광에도 참예하게 될 것이다.

또한 "보좌에 앉으신 이가 그들 위에 장막을 치시리니"에서의 "장막"이란 성막으로서 계시록 21장 3절에서는 "하나님의 장막"이라고 했는데 이는 '하나님의 임재(더불어 함께라는 의미)'를 상징한다. 그렇기에 성도들을 '장막으로 쳐 주신다'라는 것은 우리와 늘 함께하시는 에트의 하나님, 항상 앞서가시며 인도하시는 나하흐의 하나님, 뒤에서 밀어주시며 동행하시는 할라크의 하나님께서 영원토록 교회를 돌보아 주시겠다라는 의미를 담고 있다.

내가 천사에게 나아가 작은 책을 달라 한즉 천사가 가로되 갖다 먹어버리라
네 배에는 쓰나 네 입에는 꿀 같이 달리라 하거늘 _요한계시록 10: 9

레마이야기 10

아, 펴 놓인 작은 책, 복음
-입에는 다나 배에는 쓰다

10-1 내가 또 보니 힘센 다른 천사가 구름을 입고 하늘에서 내려오는데 그 머리 위에 무지개가 있고 그 얼굴은 해 같고 그 발은 불기둥 같으며 2 그 손에 펴 놓인 작은 책을 들고 그 오른발은 바다를 밟고 왼발은 땅을 밟고

계시록 10장 1-2절은 다시 '장면의 전환'을 통해 밧모섬에 있는 사도 요한에게 보여주신 묵시로서 일곱째 나팔 재앙이 있기 전(前)을 묘사한 것이다. 사도 요한은 "구름을 입고 하늘에서 내려오는 힘센 다른 천사"를 보았는데 그 머리 위에는 "무지개(4:3)"가 있고 얼굴은 "해(1:16)" 같고 발은 "불기둥(1:15)" 같았다라고 묘사하고 있다. 여기서 '힘센 천사'란 예수 그리스도를 상징하며 그리스도의 사역을 예표하는 천사(7:2)로 해석할 수 있다. "구름을 입었다"라는 것은 앞서 언급했듯이 '그리스도의 현현(顯

現, Theophany)'이 아니라 예수의 명령을 받든 천사가 신적 영광을 입고 나타난 것을 말한다. "무지개(4:3, 겔 1:28)"는 언약의 징표로서 '하나님의 신실하심과 자비하심'을, 얼굴이 "해" 같고(1:16)라는 것은 '하나님의 영광과 거룩'을, 그 발은 "불기둥" 같으며(1:15)라는 것은 '하나님의 영광과 권능'을 의미한다.

힘센 천사	예수 그리스도 혹은 그리스도의 사역을 예표하는 천사
구름을 입었다	예수의 명령을 받든 천사가 신적 영광을 입고 나타난 것
머리 위에 무지개	하나님의 신실하심, 자비하심
얼굴은 해 같고	하나님의 영광과 거룩
발은 불기둥 같으며	하나님의 영광과 권능
바다, 땅	온 세상

결국 그리스도의 사역을 예표하는 '힘센 다른 천사'가 신적 영광을 입고 나타나 하나님의 신실하심과 자비하심, 하나님의 영광과 거룩, 하나님의 권능을 보여주고 있는 것이다. 그 '힘센 다른 천사'는 오른발은 바다를, 왼발은 땅을 밟고 있었으며 그 손에는 "펴 놓인 작은 책(두루마리 책, 겔 2:9)"을 들고 있었다. "바다와 땅"은 '온 세상'을 지칭한다. 그 책에는 '복음(福音, 계 10:7, 9-11)'이 적혀 있었는데 그 안팎에는 "애가, 애곡, 재앙"의 말이 기록(겔 2:10)되어 있었다. 또한 다니엘서 12장 4-13절에는 '마지막

그날'[84]에 이르면 세상의 악한 영적 세력들과 그 추종 세력들은 유황 불못 심판을 받고 교회는 신원됨으로 영생을 누리게 될 것이라는 '구속'의 내용이 담겨 있다.

한편 '복음(福音)'과 그 복음의 내용이 '구속(단 12장)'이라는 것에는 고개가 끄덕여지나 '애가, 애곡, 재앙'이라는 것은 언뜻 이해하기가 쉽지 않다. 이는 '복음의 이중적 의미'를 알아야만 이해할 수 있는 것이다. 우리가 알아야 할 것은 세상을 향해 던지는 '복음 선포'는 그 복음을 받아들이는 교회에게는 진정한 복된 소식(복음, 福音)이지만 그 복음을 거부하는 불신자들에게는 유황 불못 심판을 예고하는 것이기에 재앙이요 애가요 애곡인 것이다.

그리고 10장에서 언급된 "펴 놓인 작은 책(계 10:2, 8)"이란 5장 1절에서의 인봉되어져 있던 '그' 책(5:1)을 가리키는 바 그 "펴 놓인 작은 책(계 10:2, 8)"에는 '예수 그리스도의 복음'이 계시되어 있었다. 즉 그 책에는 종말 시대 동안에 악한 영의 세력들의 핍박과 더불어 일곱 재앙을 통해 겪게 될 '애가, 애곡, 재앙'이 담겨 있었을 뿐만 아니라 "예수 믿음과 하나님의 계명"을 붙들고 인내하며 이를 극복하고 이기고 나오게 되면 미래형 하나님나라에의 입성과 영생이라는 복음(福音)이 주어지게 됨을 계시하고 있었던 것이다. 결국 그 어마무시한 내용들을 기록한 그 책을 '복음

---

[84] 다니엘서 8장 14절에는 2,300일이라는 숫자가 나온다. 이는 셀류커스 왕조의 안티오쿠스 에피파네스 4세(A-E IV)가 유대를 핍박했던 전 기간을 말한다. 다니엘서 12장 11절의 1,290일(3.5년(1,260일, 42개월, 계 11:2-3)+30일)은 그중 성전을 더럽힌 기간(단 11:31)을, 12장 12절의 1,335일(3.5년(1,260일, 42개월, 계 11:2-3)+30일+45일)은 1,290일을 포함하여 45일을 더 기다려서 심판하실 것을 의미한다.

(Good News)'이 적힌 책이라고 한 것은 교회를 향하신 아버지 하나님의 마음 때문이다.

종국적으로 교회는 종말 시대 동안에는 하나님으로부터 한시적, 제한적인 권세를 허용받았던 악한 영적 세력들의 핍박과 더불어 일곱 재앙을 겪기는 하지만 "예수 믿음과 하나님의 계명"을 붙들면 종말 시대를 능히 극복하며 거뜬히 이길 수 있을 뿐만 아니라 '반드시' 통과하게 될 것이기에 유한되고 제한된 인생을 향해 더 확고한 소망(엘피스)을 주시는 것이어서 복된 소식(福音)인 것이다.

한편 예수 그리스도의 복음(福音)이 전 지구적으로 열리게(드러나게, 전파되게) 된 것은 초림하신 구속주 예수님의 십자가 죽음과 부활을 통해 닫혔던 그 책의 봉인이 열려진 때문이다.

계시록 10장 2절의 "그 손에 펴 놓인 작은 책"에서의 "작은 책"에 해당하는 헬라어는 비블라리디온(βιβλαρίδιον, 10:2, 9, 10) 혹은 비블리다리온(βιβλιδάριον, a little papyrus roll, 10:2)이다. 둘 다 혼용해서 쓰는데 이 둘은 그냥 '책(계 5:1)'이라는 의미로 쓰인 헬라어 비블리온(βιβλίον, nn, a papyrus roll, 5:1)과는 그 크기 면에서 약간 다르다. 그러다 보니 일부 학자들은 5장과 10장의 책은 동일하지 않다라고 주장한다. 그러나 상기 헬라어 단어들은 크기에 관계없이 큰 책이나 작은 책 둘 다에 혼용되어 쓰이기도 하기에 나는 계시록 5장의 책과 10장의 작은 책은 동일[85]한 것이라고 해석

---

85 이필찬 교수가 옮긴 <요한계시록 신학, 리챠드 보쿰>, 2013(초판 7쇄), p123-124 재인용, <요한계시록 어떻게 읽을 것인가> 이필찬, 성서유니온 2019(개정 2판 2쇄), p166

한다.

이와는 달리 요한복음 21장 15절에 나오는 '양(羊)'의 헬라어에는 구분이 있다. 그렇기에 '어린 양'의 경우는 아르니온(ἀρνίον, nn, a little lamb)을, 다 자란 '큰 양'의 경우는 아렌(ἀρήν, nm, a lamb, sheep)을 사용한다. 즉 요한복음은 '어린 양'과 '큰 양'에 대해 각각 다른 헬라어를 사용함으로 명확히 구분하고 있으나 계시록에서는 '책'의 헬라어가 다른 단어이기는 하나 혼용해서 쓰고 있다라는 것이다.

한편 작은 '그' 책 안에 있는 복음의 내용 중에는 현재형 하나님나라가 '이미(already)' 도래 된 것(예수 그리스도 새 언약의 성취)과 '장차(not yet)' 미래형 하나님나라가 도래 될 것(예수 그리스도 새 언약의 완성)에 관한 것이 있다. 더하여 현재형 하나님나라와 미래형 하나님나라 사이의 '종말 시대' 동안에 겪게 될 악한 영적 세력들로부터의 핍박과 일곱 재앙이 바로 '애가, 애곡, 재앙'이기도 한 것이다.

한편 Holtzmann이라는 학자는 그 작은 책의 내용(福音)이 바로 '11장 이하'라고 했는데 나는 이 해석에 공감한다. 특별히 나는 12-14장의 내용을 말하는 것으로 해석하며 그중 복음(福音)의 핵심인 '그리스도의 승귀'라고 생각하고 있다.

모든 그리스도인은 종말 시대 동안에 악한 영적 세력들의 핍박과 아울러 전 지구적인 일곱 재앙을 겪게 된다. 그 일곱 재앙의 크기, 시기, 강도, 범위 면에서는 각 지역적인 편차(偏差)가 있을 것이나 "예수 믿음과 하나님의 계명(14:12)"을 붙들면 능히 그 환난을 극복하고 이기고 나갈 수 있게 된다(계 7:14). 반면에 불신자들은 종말 시대 동안에 인 재앙, 나팔 재앙, 대접 재앙인 일곱 재앙의 심판을 통과하면서 때마다 시마다 '유황 불 못 심판, 둘째 사망, 영원한 죽음'에 대한 최후 심판의 경고음을 듣기에 두려움과 근심 속에 살아갈 수밖에 없다. 그런 그들의 경우 종국적으로 최후 심판의 날에 애곡하고 또 애곡하게(1:7, 겔 2:10) 될 것이다.

3 사자의 부르짖는 것 같이 큰 소리로 외치니 외칠 때에 일곱 우뢰가 그 소리를 발하더라 4 일곱 우뢰가 발할 때에 내가 기록하려고 하다가 곧 들으니 하늘에서 소리 나서 말하기를 일곱 우뢰가 발한 것을 인봉하고 기록하지 말라 하더라

3-4절에서는 밧모섬의 사도 요한이 하늘에서 "사자의 부르짖는 것 같이" 큰 소리로 외치는 것을 들을 때에 "일곱 우뢰가 그 소리를 발하는 것'을 들었다라고 기록하고 있다. 이때 사도 요한이 일곱 우뢰가 발한 것을 기록하려고 하자 하늘(1:19)에서 소리 나서 말하기를 "일곱 우뢰가 발한 것을 인봉하고 기록하지 말라"고 하셨다고 했다.

"사자의 부르짖는 것 같은 큰 소리(호 11:10, 암 3:8)"와 "일곱 우뢰 소리"는 상징적으로 쓰인 반복된 동일한 묘사로서 '하나님의 완전하신 위엄'을 의미한다.

사도 요한의 '묵시 혹은 계시'를 가만히 묵상하다 보면 하나님은 어떤 부분은 '인봉하지 말고 드러내기 위해 기록하라'고 하셨고 어느 부분은 '인봉하고 기록지 말라'고 하셨다. 이 말은 교회인 우리들에게 바른 삶의 태도를 제시하신 것으로 하나님의 말씀을 따라 '가라면 가고 서라면 서고 침묵하며 살라'는 말씀이다. 그러므로 하나님께서 그렇게 말씀하시면 우리는 상황과 환경에 관계없이 순복하며 나아가야 한다. 그렇기에 언제 어디에서나 무슨 일이든지 하나님보다 결코 앞서가서는 안된다. 말씀이 앞서가게 하라, 성령님보다 앞서지 말라.

역사의 주관자 하나님은 다니엘에게(12:4) "마지막 때까지 이 말을 간수하고 이 글을 봉함하라"고 하셨다. 그런 그는 그렇게 살다가 하나님의 부르심을 받고 하늘나라로 갔다. 동일하신 하나님은 다메섹에서 AD 35년에 바울을 부르셔서 이방인의 전도자로 파송하시며 그들에게 복음을 전하라고 보내셨다. 그런 그는 사도로서의 부르심을 따라 보내신 그곳에서 목숨을 걸고 충성되게 사명을 감당하다가 하늘나라로 갔다. 나 또한 성경교사, 의료선교사, 청년사역자로 부르셨다. 그렇게 살아왔고 그렇게 살다가 하늘나라로 가려 한다.

'언제 예수님이 오실까', '그때의 징조들은 어떻게 나타날까', '지금은 어느 시기에 해당하며 지금 일어나고 있는 그 사건은 무엇이고 그 사건 뒤에는 또 어느 사건이 초래될까' 등등…….

이런 것들에 대한 궁금증에는 관심을 꺼 버리자. 재림의 때와 기한도 억지로 알려 하지 말고 그날까지 하나님의 뜻을 따라 살기 위해 말씀을 가르쳐 주시고 생각나게 하시는 성령님의 인도하심 만을 따라 가자.

하나님의 계시, 곧 말씀을 통한 그분의 섭리와 경륜은 제한적인 인간이 모두 다 이해할 수 있는 것이 아니다. 모든 것은 오직 하나님의 주권에 맡겨야 한다. 교회인 우리는 하나님의 선하심을 의지하기만 하면 된다. 몰라도 되는 것은 모르면 된다. 알아야 하는 것이라면 애써서 알아가야 하는 것이 우리에게는 최상이다. 그러므로 우리의 할 일은 계시하신 부분은 바르게 해석하고 계시하지 않은 부분은 억지로 풀려고 하지 말아야(벧후 3:16-17, 1:20) 하는 것이다.

5 내가 본 바 바다와 땅을 밟고 섰는 천사가 하늘을 향하여 오른손을 들고 6 세세토록 살아계신 자 곧 하늘과 그 가운데 있는 물건이며 땅과 그 가운데 있는 물건이며 바다와 그 가운데 있는 물건을 창조하신 이를 가리켜 맹세하여 가로되 지체하지 아니하리니 7 일곱째 천사가 소리 내는 날 그 나팔을 불게 될 때에 하나님의 비밀이 그 종 선지자들에게 전하신 복음과 같이 이루리라

5-7절에는 "바다와 땅"을 밟고 섰는 천사가 하늘을 향해 오른 손을 들고 창조주이시며 영원한 자존자이신 "세세토록 살아있는 자"를 향해 맹세하고 있는 것을 사도 요한은 보고 있다.

삼위 하나님은 '하늘과 그 가운데 있는 물건(첫째 날과 네째 날)', '땅과 그 가운데 있는 물건(셋째 날과 여섯째 날)', '바다와 그 가운데 있는 물건(둘째 날과 다섯째 날)'을 말씀으로 공동 창조하셨다. 그 하나님이 바로 창조주 하나님, 역사의 주관자 하나님, 심판주 하나님이시다. 이 구절에서는 "바다와 땅을 밟고 섰는 천사"가 그 하나님을 향해 오른손을 들고 맹세하고 있다. 여기서 "바다와 땅"은 '온 세상'을 지칭한다.

"일곱째 천사가 소리 내는 날 그 나팔을 불게 될 때에 하나님의 비밀이 그 종 선지자들에게 전하신 복음과 같이 이루리라"는 말씀에서는 예수의 재림과 그로 인한 최후 심판을 알리는 일곱째 나팔이 울려 퍼질 것을 예고하고 있다. 그때 하나님의 비밀[86]이 그 종 선지자들에게 전하신 '언약' 곧 '복음'과 같이 이루어지게 될 것이라고 말씀하고 있다. 이를 가리켜 예수 그리스도 새 언약의 성취(초림)와 완성(재림)이라고 한다. 다시 말하면 예수님의 재림을 통한, 성부하나님의 구원 계획에 대한 완성으로, 미래형 하나님나라가 도래 될 것을 의미한다.

Charles의 해석을 나의 표현으로 바꾼다면 "하나님의 비밀"이란 '하나님의 구원 계획(고전 2:6-7, 엡 3:9, 골 1:26)'을 말하는데 이는 예수님의 재림을 통한 백보좌 심판 후 사마귀(사단, 마귀, 귀신등 악한 영적 세력들)와 그의 악한 영적 추종 세력들에 대한 미래형 지옥 곧 유황 불못 심판과 동시에 교회를 향한 신원을 통하여는 미래형 하나님나라에의 입성 곧 영생 등등 하나님의 모든 경륜을 가리키는 것이다.

고린도전서 2장 6-12절에는 "비밀한 가운데 있는 하나님의 지혜"라고 했는데 이는 "만세 전에 정하신 하나님의 깊은 것", "하나님께서 우리에게 은혜로 주신 것들"을 말한다. 에베소서 3장 6-12절에는 영원부터 만물을 창조하신 하나님 속에 감취었던 "비밀의 경륜"으로서 "영원부터 우리 주 예수 그리스도 안에서 예정하신 뜻"이라고 했다. 골로새서 1장 24-28절에서는 "하나님의 비밀"을 가리켜 "너희 안에 계신 그리스도"

---

86 하나님의 비밀은 하나님의 구원 계획(고전 2:6-7, 엡 3:9, 골 1:26) 또는 그리스도의 재림, 사단과 악한 세력의 몰락과 심판, 교회의 영생 등 하나님의 모든 경륜(Charles)을 말한다. 그랜드 종합주석 16. p820

곧 "영광의 소망"이라고 말씀하셨다.

하나님의 비밀	Charles	하나님의 구원 계획
	Dr. Araw	옛 언약(5대 언약)을 통한 '예수 그리스도 새 언약'의 성취와 완성
	고전 2:6-12	비밀한 가운데 있는 하나님의 지혜 만세 전에 정하신 하나님의 깊은 것 하나님께서 우리에게 은혜로 주신 것들
	엡 3:6-12	영원부터 만물을 창조하신 하나님 속에 감취었던 비밀의 경륜 영원부터 우리 주 예수 그리스도 안에서 예정하신 뜻
	골 1:24-28	너희 안에 계신 예수 그리스도 영광의 소망

한편 "그 종 선지자들"이란 고린도전서 4장 1절, 아모스 3장 7절의 "하나님의 비밀을 맡은 자"를 가리킨다.

"사람이 마땅히 우리를 그리스도의 일군이요 하나님의 비밀을 맡은 자로 여길찌어다"_고전 4:1

"주 여호와께서는 자기의 비밀을 그 종 선지자들에게 보이지 아니하시고는 결코 행하심이 없으시리라"_암 3:7

"이루리라"는 것은 레위기 26장 12절, 예레미야 31장 33절, 에스겔 11장 19-20, 스가랴 3장 8절, 계시록 21장 1-4절을 가리키는 것으로 "그들은 내 백성이 되고 나는 그들의 하나님이 되리라"는 것을 의미한다.

8 하늘에서 나서 내게 들리던 음성이 또 내게 말하여 가로되 네가 가서 바다와 땅을 밟고 섰는 천사의 손에 펴 놓인 책을 가지라 하기로 9 내가 천사에게 나아가 작은 책을 달라 한즉 천사가 가로되 갖다 먹어버리라 네 배에는 쓰나 네 입에는 꿀 같이 달리라 하거늘 10 내가 천사의 손에서 작은 책을 갖다 먹어버리니 내 입에는 꿀 같이 다나 먹은 후에 내 배에서는 쓰게 되더라

이 부분은 밧모섬에 있는 사도 요한에게 환상으로 주신 말씀으로 에스겔서 2장 9절~3장 3절까지의 내용과 상통한다.

하늘의 음성이 사도 요한에게 말씀하시기를, "바다와 땅을 밟고 섰는 천사의 손에 펴 놓인 작은 책(10:2, 5:1절의 인봉한 책, 내용은 겔 2:9-3:3)을 가지라"고 하셨다. 그러자 사도 요한은 그 천사에게 나아가 "작은 책을 달라"고 한다. 그러자 천사는 책을 주면서 "갖다 먹어버리라 네 배에는 쓰나 네 입에는 꿀 같이 달리라"고 하셨다. 그리하여 그 책을 받게 된 사도 요한은 말씀에 의지하여 그 책을 먹었더니 "내 입에는 꿀 같이 다나 먹은 후에 내 배에서는 쓰게 되더라"고 했다.

이 말을 나의 표현으로 바꾸면, 사도 요한이 복음이 기록된 '그 작은 책'을 받아먹었더니 '그 맛(복음의 맛, 복음에의 감동)'으로 인해 기뻤으나 그 내용[87]의 어마무시함(겔 2:10, 애가, 애곡, 재앙)과 동시에 복음과 십자가로 살아가

---

87 복음 즉 복된 소식이란, 그리스도인에게는 어린 양 예수를 믿어 구원을 얻어 미래형 하나님나라에서 영생을 누리게 되는 복된 소식을 말하며 불신자에게는 환난과 두려움이요 종국적으로는 최후 심판을 통한 유황 불못의 영원한 죽음을 말하는 이중적 함의로서 무서운 소식이다.

고 복음과 십자가만 자랑하는 일이 만만치 않게 힘들고 괴로웠다라는 것이다. 결국 복음의 말씀이 달기는 하나 복음대로 살아가는 것이나 복음을 세상에 자랑하는 것에는 핍박이 뒤따른다는 것을 말하고 있다. 이를 가리켜 일단의 학자들은 복음과 십자가로 살아가고 복음과 십자가를 자랑함에는 '달콤함과 쓰라림(sweet-and-sour)', '기쁨과 부담(joy-and-burden)'이 함께 있을 것[88]이라고 표현하기도 했다.

히브리서 주석 〈오직 믿음, 믿음, 그리고 믿음_도서출판 산지〉을 쓸 때 받았던, 당시 전율(戰慄, shudder, tremble, shiver)에 가까운 감동이 기억난다. 날 위해 죽으신 예수님은 십자가 골고다의 그 길을 날 위해 묵묵히 가셨다. 십자가 고난 전(前)의 그 굴욕과 모욕, 쓰라림은 물론이요 수치와 저주의 십자가의 길(Via Dolorosa), 그리고 십자가 상(上)의 고통 등등…….

히브리서 기자(12:2-3, 13:12-13)는 외쳤다. 우리 위해 예수님이 앞장서서 먼저 그 길을 분연(奮然)히 걸어 가셨으니 우리 또한 모든 것을 떨치고 일어나 복음과 십자가를 들고 세상으로 나아감이 마땅하다라고.

"그러므로 예수도 자기 피로써 백성을 거룩케 하려고 성문 밖에서 고난을 받으셨느니라 그런즉 우리는 그 능욕을 지고 영문 밖으로 그에게 나아가자"_히 13:12-13

"믿음의 주요 또 온전케 하시는 이인 예수를 바라보자 저는 그 앞에 있는 즐거움을 위하여 십자가를 참으사 부끄러움을 개의치 아니하시더니

---

88 요한계시록 어떻게 설교할 것인가, 두란노 How 주석 50, 두란노 아카데미, 2012(11쇄), p328

하나님 보좌 우편에 앉으셨느니라 너희가 피곤하여 낙심치 않기 위하여 죄인들의 이같이 자기에게 거역한 일을 참으신 자를 생각하라"_히 12:2-3

11 저가 내게 말하기를 네가 많은 백성과 나라와 방언과 임금에게 다시 예언하여야 하리라 하더라

11절에서는 하나님께서 사도 요한에게 세상(만민) 곧 많은 백성과 나라와 방언과 임금을 향해 복음 전할 것(막 16:15, 마 28:18-20, 골 1:23)을 명령하고 있다.

"또 이르시되 너희는 온 천하에 다니며 만민에게 복음을 전파하라"_막 16:15

"그러므로 너희는 가서 모든 족속으로 제자를 삼아 아버지와 아들과 성령의 이름으로 세례를 주고"_마 28:19

결국 사도 요한에게 주신 사명의 내용은 다음과 같다. 그것은 "많은 백성과 나라와 방언과 임금에게 다시 예언하여야 하리라"는 것이다. 여기서 "예언하여야 하리라"는 것은 '복음(계 22:7)을 전파하라'는 의미이다. 즉 '복음'이 기록된, '펴 놓인 작은 책'을 네가 먼저 '맛'보고 그 복음을 만방에 전하라는 것이다.

내가 나의 두 증인에게 권세를 주리니 저희가 굵은 베옷을 입고 일천 이백 육십 일을 예언하리라 이는 이 땅의 주 앞에 섰는 두 감람나무와 두 촛대니
 _요한계시록 11: 3-4

레마이야기 11

진실된 교회
-두 증인, 두 감람나무,
두 촛대, 두 선지자

11-1 또 내게 지팡이 같은 갈대를 주며 말하기를 일어나서 하나님의 성전과 제단과 그 안에서 경배하는 자들을 척량하되 2 성전 밖 마당은 척량하지 말고 그냥 두라 이것을 이방인에게 주었은즉 저희가 거룩한 성을 마흔 두달 동안 짓밟으리라

11장 1-2절에는 밧모섬의 사도 요한에게 당시 길이를 측정하는 '자'로 쓰였던 "지팡이 같은 갈대"를 주시며 '성전 안 마당'에 있는 "하나님의 성전(성전 안의 성소, 나오스, naos, nm, a temple)'과 "제단(θυσιαστήριον, nn, an altar, 성전의 핵심 장소)"과 "그 안에서 경배하는 자들(교회들, προσκυνέω, v, I go down on my knees to, do obeisance to, worship)'을 '척량하라'고 말씀하고 있다. 여기서 '성전, 제단, 그 안에서 경배하는 자들'이란 모두 다 '교회(성도, 그리스도인)'를 상징하는 말이다.

"척량"이라는 단어는 '보호'와 '파괴'라는 전혀 상반된 이중적 의미를 담고 있다. 먼저 '척량'을 '보호'라고 해석할 경우에는 척량해보니 너무 마음에 들어서 보호를 하시겠다라는 의미이다. 반면에 '파괴'라고 해석할 경우에는 척량해보니 마음에 너무 안 들어서 파괴하고 다시 짓겠다라는 의미이다.

이 구절에서는 '성전, 제단, 그 안에서 경배하는 자들'이 모두 다 '교회(성도, 그리스도인)'를 상징하고 있기에 '보호'로 해석하는 것이 마땅하다. 이는 에스겔의 패턴[89]을 따르는 것이라고 한다. 이 말은 '선지적 사역을 먼저 위임받은(겔 3장) 후 그 다음에 메시지를 구현'하는 패턴으로서 상기의 구절은 상징적 행위를 잘 보여주고 있다. 이를 가리켜 '상징적 선지적 행위'라고 한다.

"지팡이 같은 갈대"라는 것에서의 '갈대'는 헬라어로는 칼라모스 [90](κάλαμος, nm)라고 하며 히브리어로는 카네흐(겔 40:5, קָנֶה, nm)라고 하는데 이는 '척량을 위한 도구'를 가리킨다. 그리고 앞서 언급했듯이 '척량'은 2

---

89 <요한계시록 어떻게 읽을 것인가>, 이필찬, 2019(개정 2판 2쇄), p173-174, 이는 symbolic prophetic action으로 왕상 22:11, 사 8:1-4, 렘 27:2-28:16, 겔 24:3-13을 참조하라.

90 헬라어 칼라모스(κάλαμος, nm, a reed; a reed-pen, reed-staff, measuring rod)와 히브리어 카네흐(겔 40:5, קָנֶה, nm, a stalk, reed)는 척량을 위한 도구를 말한다.

가지 경우에 시행한다. 첫째는 너무 낡아서 '파괴'(삼하 8:2, 왕하 21:13, 사 34:11, 렘애 2:8, 암 7:7-9)후 다시 지으려 할 때와[91] 둘째는 이미 멋지게 지은 것을 '보호'(삼하 8:2, 사 28:16-17)하기 위해서이다. 참고로 '척량'이라는 단어의 상반된 이중적 의미가 교회 개개인에게 어떻게 적용될 것인지는 '역사의 주관자 하나님의 섭리 하 경륜'에 따른 주권 영역일 뿐이다. 한편 "척량(尺量, measurement)'이란 자로 길이를 재는 것이라면 '측량(測量, survey)'은 여러가지 도구를 이용해 길이, 부피, 무게를 재는 것으로 그 범위가 훨씬 넓은 것이다. 즉 '측량'이 '척량'보다 종합적이고 포괄적인 개념이다.

"성전 밖 마당은 척량하지 말라"고 하신 말씀에서의 '성전 밖 마당'이란 첫째, '성전 된(고전 3:16-17) 교회'의 '외적인 삶(세상 속에서의 삶)'을 가리키는데 이는 종말 시대 동안 겪게 될 '악한 영적 세력의 핍박과 일곱 재앙 속에서의 곤혹스러운 삶'을 의미하는 것으로 '하나님의 보호'는 있으나 그 과정은 피할 수 없을 것임을 상징적으로 말씀하신 것이다. 둘째는 already~not yet인 동안(종말 시대 동안)에는 '성전 밖 마당'인 세상에서는 악한 영적 세력들에게 일시적인 권세를 주었기에 그들로부터 핍박(보호가 아닌 파괴)을 받을 것이다라는 의미이기도 하다.

하나님은 종말 시대(42개월, 1,260일, 사흘 반, 삼일 반) 동안에는 교회가 악한

---

[91] 벨사살 왕 때 벽에 나타나서 손가락으로 썼던 글(단 5:24-28)이 "메네 메네 데겔 우바르신"이었다. '척량하고 또 척량해도 부족하다'라는 의미로 이후 벨사살 왕은 '척량'의 두 가지 의미 중 '파괴' 뜻에 맞게 죽음을 맞는다.

영적 세력으로부터 한시적이고 제한적인 핍박, 박해, 고통과 함께(딤후 3:1-13, 살후 1:4-8, 단 8:11-14) 모든 사람이 다 겪게 되는 '일곱 재앙'까지도 허락하셨다. 곧 계시록 11장 2절의 '이방인(악한 영적 세력의 총칭)에게 주었은 즉'이라는 말씀이다. 결국 '성전 밖 마당은 척량하지 말라'고 하신 것은 하나님의 허용 범위 안에서 교회는 제한적, 한시적으로 권세를 받은 이방인(악한 영적 세력의 총칭)에게 '짓밟히게 될 것'임을 함의하고 있다.

참고로 성전의 구조를 안쪽에서부터 순서대로 바깥쪽으로 살펴보면 가장 중심에는 성소, 그 다음에는 제사장의 뜰, 이스라엘(유대인)의 뜰, 여인의 뜰(the Court of women), 그리고 이방인의 뜰의 순서이다. 바로 '여인의 뜰'에 그 유명한 헌금함이 놓여 있다(요 8:20, 막 12장, 눅 21장). Mishna에 의하면 그곳에는 13개의 헌금함이 놓여있었다라고 하며 개중 9개는 율법이 정한 것이고 4개는 임의로 내는 헌금함이라고 한다.

성전의 구조 중 이방인의 뜰을 제외한 모든 부분을 '성전 안 마당'이라고 하는데 이는 '교회(성도)의 믿음과 구원'을 상징하기도 한다. 그러므로 '성전 안 마당을 척량한다'라는 것은 '교회의 믿음과 구원(성전 안 마당)'은 하나님께서 끝날(마지막 그날, 최후 심판의 날)까지 반드시 보호를 하시겠

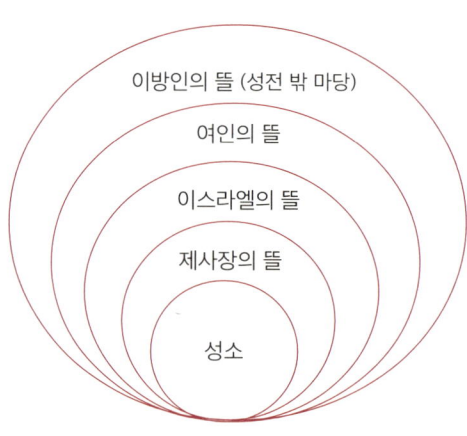

다라는 말이다. 반면에 '성전 밖 마당은 척량하지 말라'는 것은 앞서 언급했듯이 하나님의 허용 범위 안에서 제한적, 한시적으로 권세를 받은 이방인(악한 영적 세력의 총칭)에게 교회가 세상 속에서 믿음 생활을 함에 있어서 '짓밟히게(핍박받게) 될 것'을 말한다. 그러나 구원에는 하등의 영향을 미치지 못하게 될 것이다.

한편 맨 바깥쪽의 이방인의 뜰은 성전 바깥 뜰로서 '성전 밖 마당'이라고 하는데 이 부분은 보호하지 않겠다(척량하지 말고 그냥 두라, 계 11:2)라고 말씀하셨다. '성전 밖 마당'이란 성전 된 교회의 '세상 속에서의 삶'을 상징하는 것으로 앞서 언급한 대로 종말 시대인 42개월[92] 동안에는 하나님께서 악한 영적 세력들에게 한시적, 제한적인 권세를 허락하셨기에 그런 가운데 교회는 세상 속에서 그들로부터 핍박을 받을 것이라는 의미이다.

이 부분의 이해에 나에게 도움을 주었던 리챠드 보캄(Richard Bauckham) 교수의 귀한 해석을 나의 식으로 표현하고자 한다. 그는 '성전 안 마당'의 경우 성령님을 주인으로 모신 현재형 하나님나라 즉 '교회(성도, 그리스도인 혹은 교회의 구원과 믿음)'를 의미한다고 했고 '성전 밖 마당'은 그런 교회인 성도가 종말 시대의 한 부분 동안 육신을 입고 세상 속에서 살아가며 일곱 재앙을 겪게 되는 것을 상징적으로 나타낸다라고 했다. 이를 already~not yet에 적용하면 예수 그리스도의 죽음과 부활로 이미

---

[92] 42개월은 1260일, 삼 년 반, 사흘 반, 한 때 두 때 반 때(단 7:25, 12:7)와 동일하게 종말 시대를 의미한다. 특히 마흔두 달은 이스라엘이 광야에서 42번 진을 친 사건(민 33:5-49)을 연상케 한다. 한편 다니엘서(8:14, 9:24-27, 12:11-12)의 서로 다른 복잡한 숫자의(2300주야=1150일, 주야=하루, 70이레, 69이레, 7이레, 62이레, 한 이레, 그 이레의 절반, 1290일, 1335일) 해석이 서로 제각각인데 이 또한 종말 시대(초림~재림 전)를 상징한다.

(already) 이루어진 '현재형 하나님나라'인 '교회'는 반드시 그리고 끝날까지 주인 되신 성령께서 '보호'하시지만 Not yet이기에 종말 시대 동안만큼은 '교회'의 세상 속에서의 박해(악한 영적 세력들과 그 추종 세력들로부터의)는 피할 수가 없다는 것이다. 그리고 '그 박해'는 종말 시대 동안에 교회가 보다 더 거룩하게 살아가도록 '거룩함에로의 훈련'을 위한 도구로 사용하시는 것이다.

3 내가 나의 두 증인에게 권세를 주리니 저희가 굵은 베옷을 입고 일천 이백 육십 일을 예언하리라 4 이는 이 땅의 주 앞에 섰는 두 감람나무와 두 촛대니 5 만일 누구든지 저희를 해하고자 한즉 저희 입에서 불이 나서 그 원수를 소멸할찌니 누구든지 해하려 하면 반드시 이와 같이 죽임을 당하리라 6 저희가 권세를 가지고 하늘을 닫아 그 예언을 하는 날 동안 비 오지 못하게 하고 또 권세를 가지고 물을 변하여 피 되게 하고 아무 때든지 원하는 대로 여러 가지 재앙으로 땅을 치리로다

3-6절에서는 종말 시대 동안에 악한 세력에게만 권세를 주는 것이 아니라 "두 증인, 두 감람나무, 두 촛대"인 교회에게도 '권세를 주겠다'고 하셨다. 그런데 '그 권세'는 악한 세력에게 준 세상적인 것, 초월적인 기적 등등과 같은 것이 아니라 "굵은 베옷을 입고" 고난과 핍박 가운데서도 굴하지 않고 당당하게 종말 시대 내내 '복음(예언, 10:11, 11:6, 22:7)을 전하며 선지자적 사명을 감당할 권세'라고 하셨다. 그렇기에 '교회'에게 주

신 '권세'는 세상의 권세와는 전혀 차원이 다른 것이다. 한편 "굵은 베옷"은 '슬픔과 회개'를 위한 복장93을 상징하고 있는데 이는 다가올 최후 심판을 앞두고 회개를 촉구함과 동시에 세상 죄에 대한 연대책임을 의미하고 있다.

"권세 혹은 권능"의 헬라어는 엑수시아(ἐξουσία, nf)인데 이는 내면의 본질을 의미하는 우시아(ουσία, εἰμί, v, I exist, I am)와 엑스(ἐξ, from out of)의 합성어이다. 두 단어를 연결하면 교회에 주신 '권세 혹은 권능'이란 내면의 본질에서 나오는 권능으로 바로 '복음의 힘'을 말하는 것이지 물리적인 세상의 힘을 말하는 것이 아니다.

3절의 "두 증인"과 4절의 "이 땅의 주 앞에 섰는 두 감람나무(슥 4:3, 11-14, 스룹바벨, 예수아)와 두 촛대"는 모두 다 '진실된 교회(기름 발리운 자, 온 세상의 주 앞에 모셔 섰는 자, 슥 4:14)'를 지칭한다. 이들은 자신을 해하려는 세력에게 입(말씀의 검 곧 복음)의 불(진노, 심판, 왕하 1:10, 렘 5:14)로 그들을 심판할 수 있는 권세를 받았다. 그 권세의 위력이 대단함과 동시에 권세의 결과가 당연한 것은 복음이란 엄청난 힘이 있어 그 복음을 받아들이면 구원과 영생이요 거절하면 유황 불못 즉 둘째 사망(영원한 죽음)이기 때문이다.

또한 교회는 "하늘을 닫아 그 예언을 하는 날 동안 비 오지 못하게" 했

---

93 <요한계시록 어떻게 읽을 것인가>, 이필찬, 2019(개정 2판 2쇄), p180-181, 창 37:34, 삼하 3:31, 왕하 21:27, 대상 21:16, 느 9:1, 렘 4:8, 마 11:21, 18:16, 눅 10:1, 행 5:32, 13:2, 15:39, 요 5:31-32, 8:17, 고후 13:1, 히 10:28, 딤전 5:19를 참조하라.

던 엘리야의 권능(왕상 17:1, 18:1)과 "물을 변하여 피 되게 하는" 등 모세가 행했던 기적 같은 권세(출 7:14-25)도 받았다. 이는 엘리야도 모세도 권세를 받아 하나님의 하나님 되심을 드러내기는 하였지만 아합 왕으로부터, 애굽 왕으로부터 핍박을 받았다. 그러나 종국적으로는 세상이 두 선지자로부터 심판을 받은 것이다. 그렇기에 "만일 누구든지 저희를 해하고자 한즉 저희 입에서 불이 나서 그 원수를 소멸할찌니 누구든지 해하려 하면 반드시 이와 같이 죽임을 당하리라"는 5절 말씀 그대로 이루어졌던 것이다.

그렇다고 하여 교회가 받은 "권세나 권능"을 단순히 초자연적인 기적이나 초월적인 능력으로만 단순 해석하는 것은 위험하다. 교회가 받은 진정한 권세는 '복음의 힘' 곧 '복음 선포'이다. 그러므로 교회는 때를 얻든지 못 얻든지 그들이 듣든지 아니 듣든지 힘 있는 말씀(말씀 선포권)으로, 복음으로, 세상을 심판하는 권세를 행하여야 한다.

그날까지 복음과 십자가만을 자랑하며 선포하며…….

참고로 '둘(2, two)'이라는 것은 '증인의 수'로서 문자적인 2(two)가 아니라 '증거의 진실성 혹은 진정성'을 의미하는 최소 단위(신 19:15, 17:6, 민 35:30)를 말한다. 그러므로 "두 증인, 두 감람나무, 두 촛대, 두 선지자"라는 말은 '진실된 교회'를 상징하는 것으로 '두 증인'이란 교회가 예수 그리스도의 증인으로 살아야 함을 말한다. '두 감람나무'란 교회가 풍성한 열매를 맺는 삶을 살아야 한다는 것이고 '두 촛대'란 교회가 빛과 소금의 역할을 감당하고 살아야 한다라는 의미이다. 한편 계시록 11장 10절에는 "두 선지자"가 나오는데 이는 교회가 '오직 말씀'만을 붙들고 말씀 중심으로 나아가야 함을 의미하는 것이다. 결국 "두 증인, 두 감람나무, 두 촛대, 두 선지자"란 종말 시대 동안에 감당해야 할 진실된 교회의 '역할'을 상징하고 있다.

7 저희가 그 증거를 마칠 때에 무저갱으로부터 올라오는 짐승이 저희로 더불어 전쟁을 일으켜 저희를 이기고 저희를 죽일 터인즉 8 저희 시체가 큰 성 길에 있으리니 그 성은 영적으로 하면 소돔이라고도 하고 애굽이라고도 하니 곧 저희 주께서 십자가에 못 박히신 곳이니라

계시록 11장에 특히 이곳 7-8절에는 "저희가 그 증거를 마칠 때에", "저희로 더불어", "저희를 이기고", 저희를 죽일 터인즉", "저희 시체가", "저희 주께서"라는 말씀에서 "저희"라는 단어가 계속 반복되어 나타나는데 이는 모두 다 '교회'를 지칭하고 있다.

저희(교회)가 '마지막 그날(최후 심판의 날)'이 다가옴에 따라 복음 증거(복음 선포)를 마칠 즈음에 "무저갱으로부터 올라오는 '그' 짐승(단 7장)"이 전쟁을 일으켜 저희(교회)를 이기고 저희를 죽일 것(단 7:21)이라고 말씀하고 있다. 여기서 '전쟁'이란 어느 특정한 전쟁이 아니라 종말 시대 동안에 있게 될 '수많은 영적 싸움'을 말한다. 그리고 악한 세력이 '교회를 이기고 죽인다'라는 것은 그들의 일방적 승리를 말하는 것이 아니라 Already~Not yet인 가운데 영적 싸움에서 하나님의 허용 범위 하(下)에서만 한시적, 제한적으로 당하게 될 교회의 핍박과 순교를 의미(계 6:9)한다.

종말 시대 동안에 교회는 '일곱 재앙'과 더불어 악한 영적 세력들로부터의 '핍박과 순교'를 피할 수 없다. 그러다 보니 교회들의 시체가 "큰 성" 길인 '소돔과 애굽' 길에 널브러지게 된다. 여기서 '큰 성'이란 종교적, 정치적, 물질적, 경제적으로 타락한 악한 세속 도시인 큰 성 바벨론(큰 음녀)을 상징한다. 또한 "소돔과 애굽" 역시 "예수께서 십자가에 못 박히신 곳"을 상징하는 것으로 '세속 도시 바벨론'을 상징하고 있다. 결국 교회들이 종말 시대 동안에 '복음과 십자가로' 살아가고 '복음과 십자가만' 자랑하다가 세상 속에서 겪게 될 환난과 핍박, 심지어는 예수처럼 죽기까지의 고난을 상징하고 있는 말씀이다.

9 백성들과 족속과 방언과 나라 중에서 사람들이 그 시체를 사흘 반 동안을 목도하며 무덤에 장사하지 못하게 하리로다

9절에는 '세상에 속한 사람들(백성들과 족속과 방언과 나라 중에서 사람들)'이 그들(교회들)의 시체를 "사흘 반 동안을 목도하며 무덤에 장사하지 못하게" 되는 것을 사도 요한이 보았다고 했다.

참고로 유대인들은 그들의 통념상 시체를 곧장 장사 지내지 않으면 그 영혼이 하늘로 가지 못하고 시체 곁에서 사흘까지 머무는 것으로 생각했다. 그렇기에 유대인들은 곧장 장사 지내지 못하는 것을 가장 경멸과 수치, 저주로 여겼다.

결국 세상에 속한 사람들이 종말 시대 동안에 순교 당한 교회들을 장사하지 못하게 막으면서 교회들의 시체를 보며 마음껏 '조롱했다'라는 것을 상징하고 있다.

10 이 두 선지자가 땅에 거하는 자들을 괴롭게 한 고로 땅에 거하는 자들이 저희의 죽음을 즐거워하고 기뻐하여 서로 예물을 보내리라 하더라

10절의 "두 선지자" 역시 "두 증인, 두 감람나무, 두 촛대"와 마찬가지로 '진실된 교회'를 상징하고 있다.

교회인 '두 선지자'는 '오직 복음, 오직 말씀, 오직 예수'만을 선포함으로 땅에 거하는 자들 즉 불신자들을(카토이케오, τοὺς κατοικοῦντας ἐπὶ τῆς γῆς, those dwelling on the earth) 향해 최후 심판에 대한 경고를 날렸다. 그러자 불신자들은 '진실된 교회'가 선포하는 복음을 들으며 괴로워할 수밖에 없었다. 왜냐하면 복음은 받아들이면 구원이지만 거절하게 되면 유황 불못 심판이기 때문이다. 다시 말하면 진실된 교회인 '두 선지자'가 땅에 거하는 자들(불신자, 카토이케오)을 향해 복음을 선포하며 최후 심판에 대한 경고를 하자 그들이 듣고 괴로워했다(교회가 복음을 선포함으로 저들의 죄를 드러내어 버리자 유황 불못 심판을 받게 될 그들은 괴로웠다)라는 의미이다.

그렇게 복음을 전하던 진실된 교회가 죽게 되자 이번에는 땅에 거하는 자(불신자, 카토이케오, τοὺς κατοικοῦντας ἐπὶ τῆς γῆς, those dwelling on the earth)들이 고소해 할 뿐만 아니라 저희(교회)의 죽음을 즐거워하고 기뻐하며 자축까지(서로 예물을 보내리라) 하게 됨을 묘사하고 있다.

11 삼일 반 후에 하나님께로부터 생기가 저희 속에 들어가매 저희 발로 일어서니 구경하는 자들이 크게 두려워하더라

이 구절에서의 삼일 반[94]은 "마흔 두달(계 11:2), 일천 이백 육십 일(계 11:3), 사흘 반(계 11:9)"과 마찬가지로 동일하게 '종말 시대'를 상징하고 있다. "삼일 반 후"라는 것은 '예수님의 재림의 때(마지막 그날)'를 가리킨다. 바로 그날에 하나님께로부터 생기(πνεῦμα, nn, wind, breath, spirit)가 저희(교회) 속에 들어갔다. 영벌(둘째 사망)이 아닌 영생(둘째 부활)이 주어진 것이다. 그리하여 교회는 부활체(고전 15:42-44)로 살아나(겔 37:5,9,10,14 둘째 부활, 일어서다, ἵστημι, to make to stand, to stand) 삼위하나님과 '더불어 함께' 미래형 하나님나라에서 영원히 살아가게 된다. 반면에 "구경하는 자들" 곧 땅에 거하는 자들(불신자, 카토이케오, τοὺς κατοικοῦντας ἐπὶ τῆς γῆς, those dwelling on the earth) 또한 부활(악인의 경우 심판의 부활, 요 5:29)하게 되어 백보좌 심판대 앞에서 모든 사실을 보며 두려움에 떨게 된다. 그들은 종말시대 동안에 세상에서 '교회'를 핍박하며 그들의 죽음을 목도하며 즐거워하던 자들(계 11:9-10)이다.

---

94 <요한계시록 어떻게 읽을 것인가>, 이필찬, 2019(개정 2판 2쇄), p189-190, 삼일을 삼 일 반으로 변형시킨 것을 묵시적 변형(apocalyptic modification)이라고 하며 삼 일 반은 다니엘서의 삼 년 반을 변형한 것이다. 그러므로 삼 일 반이라는 것은 예수님의 죽음에서 부활까지의 삼 일과 두 증인의 증언 기간인 삼 년 반이 조합된 것이다.

원래 "생기"는 하나님이 사람을 창조하실 때 불어넣으신 생명력(창 2:7, 루아흐)을 가리킨다. 아담 이래로 죄를 지어(연합과 대표의 원리) 영적 죽음 상태로 태어난 인간은 "나의 신이 영원히 사람과 함께 있지 아니하리니(창 6:3)"라는 말씀을 따라 생기 즉 루아흐를 상실했다. 그러나 예수를 믿으면 영적 부활(첫째 부활)과 더불어 내주 성령으로 인해 생기(성령, 루아흐)가 회복될 뿐만 아니라 이미 우리 안에 들어와 계신다.

그렇다면 "삼일 반 후에" 즉 최후 심판의 날에 교회에게 다시 들어오는 생기는 어떻게 해석해야 할까? 결국 "삼일 반 후에 하나님께로부터 생기가 저희 속에 들어가매"라는 것은 그리스도의 재림 후에 '둘째 부활'에 참여하는 것을 상징적으로 묘사한 것이다.

"생기가 저희 속에 들어가매 저희 발로 일어서니"라는 것은 에스겔 35장(5, 7, 10, 14)을 배경으로 한 말씀이다. '생기'의 헬라어는 프뉴마 조에스(πνεῦμα ζωῆς, the Spirit of life)인데 이는 '생명의 바람'이라는 의미로 '진리의 영이신 성령님'을 가리킨다.

12 하늘로부터 큰 음성이 있어 이리로 올라오라 함을 저희가 듣고 구름을 타고 하늘로 올라가니 저희 원수들도 구경하더라

12절은 교회가 부활체로(고전 15:42-44) 부활한 후 하늘로부터 "이리로 올라오라"는 음성을 듣고 "구름을 타고 하늘로" 올라가는(ἀναβαίνω, v, to go up, ascend) 것을 '저희 원수들'이 지켜보게 됨을 사도 요한은 증거하고 있다.

"구름"이란 대부분 하나님의 능력, 영광과 승리, 현현(출 16:10, 19:9, 16, 24:15-16, 34:5, 레 16:2, 민 10:12, 11:25, 16:42, Johnson)을 상징한다. 그렇기에 예수님은 구름을 타고 승천(행 1:9)하셨고 구름을 타고 다시 오시마(계 1:7, 재림 약속) 약속하셨던 것이다.

"교회가 듣고 구름을 타고 하늘로 올라가니"라는 것은 '둘째 부활'에 참여한 교회들이 영광과 승리 가운데 미래형 하나님나라에로 들어가게 됨을 상징하고 있는 것이다.

13 그 시에 큰 지진이 나서 성 십분의 일이 무너지고 지진에 죽은 사람이 칠천이라 그 남은 자들이 두려워하여 영광을 하늘의 하나님께 돌리더라

13절에서는 사도 요한이 환상을 통해 "그 시에 큰 지진이 나서 성 1/10(창 28:22, 레 27:30, 32)이 무너져 7,000명이 죽는" 것을 보고 있다.

"그 시에"에서의 '그 시'는 교회들이 부활체로서 하늘로 올라가는 그때를, "큰 지진(계 6:12)"이란 하나님의 엄위하신 진노를 상징하며 "성 십분의 일이 무너지고"에서의 1/10이란 '전부를 대표하는 최고인 하나(십일조의 개념)'라는 의미로 최후 심판을 받게 되어 '모든 성'이 무너지게 된다라는 의미이다.

"지진에 죽은 사람이 칠천이라"에서의 7,000이란 '7 × 10 × 10 × 10'으로 하나님의 '유기' 가운데 "지진"이라는 '하나님의 진노'에 의해 심판을 받고 버림받게 될 많은 수를 가리킨다. 혹자는 당시 예루살렘 인구(7만 명)의 1/10인 '7,000명'을 인용한 것이라고 한다.[95] 이런 해석은 사실 여부는 차치하고 역사적 고증 정도로만 보아도 될 듯하다.

한편 이 구절의 "죽은 사람이 칠천이라"에서의 '칠천'이라는 숫자는 열왕기상 19장 18절에서 언급된 '살아남은 자 칠천(7,000명)'과 좋은 대조를 보여주고 있다. 열왕기상에서는 구원받아 살아남은 곧 '신원을 받은' 자가 칠천이고 계시록은 '심판을 받아 죽은' 자가 칠천이다. 이는 예수님의 재림 후 백보좌 심판을 통해 신원과 심판이 반드시 있게 될 것을 가리킨다. 왜냐하면 '7'은 언약의 수, 약속의 수, 맹세의 수, 완전수를 의미하기 때문이다.

흥미로운 것은 열왕기상의 구원받은 숫자 7,000을 계시록의 심판받은 숫자 '7,000'으로 전환한 것이 다분히 의도적으로 보이기 때문이다. 이는 심판을 받는 대상을 제한하려는 의도를 드러낸 것으로 학자들은 이를 가리켜 "제한된 파괴"[96]라고 한다. 이와 비슷한 경우는 6장에서의 인 재앙의 경우 심판의 대상이 1/4이라는 숫자로 제한된 것, 8장의 나팔 재앙의 경우 심판의 대상이 1/3로 제한된 것 등이다. 이 또한 "제한된 파괴"를 의미하는 것이라고 볼 수 있다.

더하여 나는 예수님의 재림 후 백보좌 심판을 통해 심판과 신원이 될

---

95 <요한계시록 어떻게 읽을 것인가>, 이필찬, p193-194, 재인용
96 limited destruction이라고 하는데 이는 <요한계시록 어떻게 읽을 것인가>, 이필찬, p193, 재인용

최종적인 숫자는 '하나님의 주권 영역 속에 정해진 수'로 해석한다. 왜냐하면 '7,000'이란 하나님께서 만세 전에 택정과 유기를 통해 정하신 '7(seven, 세바, 솨바 즉 언약의 수)'이라는 언약의 수와 '10×10×10=1,000' 즉 '많다'라는 의미의 '만수'이기 때문이다.

한편 "그 남은 자들이 두려워하여"에서의 '남은 자들'이 누구인지에 대해 학자들의 의견이 분분하다. 나는 카토이케오와 카데마이 둘 다로 본다. 전자(카토이케오, 사단나라에 속한 자, τοὺς κατοικοῦντας ἐπὶ τῆς γῆς, those dwelling on the earth)의 경우 끝까지 회개치 않으면서도 하나님의 권능만은 인정하는 자들로서 유황 불못 심판을 두려워하는 자들이다. 후자(카데마이, 14:6, κάθημαι, τοὺς καθημένους ἐπὶ τῆς γῆς, those dwelling on the earth)는 회개하고 하나님께로 돌아와서 하늘의 하나님께만 영광을 돌리게 될 자들이다. 그들은 창세 전에 하나님의 은혜로 택정함을 입은 자들로서 비록 세상에 거하며 살기는 했지만 복음을 듣게 되면 하나님께로 돌아오게 될 자들이다. 그리하여 '하늘에 속한 자'가 될 그들은 영광을 하늘의 하나님께 돌리게 될 것이다라는 것이다.

'참고로 경외(敬畏, phallic awe)'라는 독특한 단어가 있는데 두려움(fear)과 공경(존경, reverence)이라는 상반된 두 단어의 합성어이다. 모든 교회와 교회 공동체는 하나님을 '경외'해야 한다. 두려워할 줄 알아야 하고 동시에 공경할 줄 알아야 한다. 일반적으로 '두려움'이 너무 앞서면 존경은 고사하고 공포의 대상이 되고 만다. 그렇기에 하나님에 대한 과반(過半)의 두려움은 사랑의 하나님이 아니라 채찍을 휘두르는 무서운 하나님으로 느끼게 될 수도 있다. 더 큰 문제는 친밀을 가장한 '무시 혹은 경시'이다. 하나님과의 친밀을 너무 앞세우다 보면 하나님을 너무 쉽게 편하게 여기게 된다. 그러다 보면 매너리즘에 빠져 우리도 모르는 사이에 하나님을 무시하는 우(遇)를 범할 수가 있다. 교회인 우리는 그런 빈틈을 없애고 하나님을 온전함으로 '경외'해야 할 것이다.

14 둘째 화는 지나갔으나 보라 셋째 화가 속히 이르는도다

이 구절에서는 둘째 화(여섯째 나팔 재앙)는 지나갔음을 알리고 있으며 마지막 일곱째 나팔 재앙 즉 셋째 화를 예고하고 있다.

'일곱째 나팔 재앙'인 "셋째 화"는 계시록 11장 15-19절 말씀의 내용으로 '그리스도의 심판 권세의 크심과 그 심판의 정당성'에 관한 것이다. 그 내용은 다소 이색적이다. 왜냐하면 대접 재앙이 있기 전 언급된 '하늘의 복'에 대해 말씀하신 것이기 때문이다. 그러다 보니 '재앙'이라는 단어가 약간 어색한 것이 사실이다. 그러나 대접 재앙이라는 최악에 달하는 심판이 예고되어 있기에 셋째 화라고 하는 것도 틀린 말은 아니다.

오해하지 말아야 할 것은, 나팔 재앙 후에 대접 재앙이 있다는 시간적 순서를 말하려는 것이 아니라 전 지구적이되 각 지역적으로는 그 크기, 세기, 강도, 범위가 다른 장면 전환으로의 '일곱 재앙'의 내용을 말하고 있는 것임을 명심해야 한다. 즉 동일 시기의 어느 지역에는 1/4 정도의 심판인 인 재앙이 있는가 하면 동일 시기의 다른 지역은 1/3 정도의 심판인 나팔 재앙도 있고 최고조의 심판인 대접 재앙도 있을 것인데 종말시대 동안에 반복적으로 때로는 복합적으로 있게 된다라는 의미이다.

뒤이어 계속되는 15-19절은 일곱째 나팔 재앙으로 '그리스도의 심판 권세의 크심과 그 심판의 정당성'에 관해 찬양하고 있다고 앞서 언급했다. '재앙'이라고 한 것은 앞서도 보아왔듯이 일곱째 인 재앙 속에 '일곱 나팔' 재앙이 있었고(계 8:1-6) 일곱째 나팔 재앙 속에 '일곱 대접' 재앙(16장)을 담고 있기에 그냥 '재앙'이라고 해도 무방한 것이다.

15 일곱째 천사가 나팔을 불매 하늘에 큰 음성들이 나서 가로되 세상 나라가 우리 주와 그 그리스도의 나라가 되어 그가 세세토록 왕 노릇하시리로다 하니

15절에서는 "일곱째 천사가 나팔을 불매 하늘에 큰 음성들이 나서 가로되 세상 나라가 우리 주와 그 그리스도의 나라가 되어" 세세토록 왕이신 예수님을 선포하고 있다. 재림의 예수님은 심판주이시며 동시에 승리주, 만왕의 왕, 만주의 주이시다. 여기서 "하늘에 큰 음성들이 나서"라는 말에서 '큰 음성'은 하나님의 음성이라기 보다는 그리스도를 찬양하는 앞서 간 교회들과 천사들의 음성으로 해석해야 맞다.

결국 새 하늘과 새 땅은 '거룩한 성 새 예루살렘'인 '하나님나라'로서 존재론적 동질성과 기능론적 종속성을 만족하는, 삼위하나님이 영원토록 왕 노릇 하실, "우리 주(성부하나님)와 그 그리스도의 나라" 곧 '미래형 하나님나라'를 가리킨다.

또한 "세상 나라가 우리 주와 그 그리스도의 나라가 되어"에서의 '되어'라는 말은 'already~not yet(성취)'이던 것이 예수님의 재림 후에는 '완성된다'라는 의미이다. 결국 현재형 하나님나라가 성취라면 미래형 하나님나라는 완성이라는 의미이다.

16 하나님 앞에 자기 보좌에 앉은 이십사 장로들이 엎드려 얼굴을 대고 하나님께 경배하여 17 가로되 감사하옵나니 옛적에도 계셨고 시방도 계신 주 하나님 곧 전능하신 이여 친히 큰 권능을 잡으시고 왕 노릇하시도다

16-17절에서는 미래형 하나님나라에 먼저 간 교회들(24장로들)이 삼위 하나님께 경배하면서 "옛적에도 계셨고 시방도 계신, 즉 영원 자존하신 주 하나님 곧 전능하신 이여 친히 큰 권능을 잡으시고 왕 노릇하옵소서"라고 화답하고 있다.

이곳 계시록 11장 17절(옛적에도 계셨고 시방도 계신)에는 계시록 1장 4절(이제도 계시고 전에도 계시고 장차 오실), 1장 8절(이제도 있고 전에도 있었고 장차 올), 4장 8절(전에도 계셨고 이제도 계시고 장차 오실)에서의 '장차 오실' 이라는 말이 의도적으로 누락(16:5)되어 있다. 이는 미래의 사건이 지금 성취되어 이미 '완성'된 것이기 때문에 이를 강조하려고 누락한 것이다.

18 이방들이 분노하매 주의 진노가 임하여 죽은 자를 심판하시며 종 선지자들과 성도들과 또 무론대소하고 주의 이름을 경외하는 자들에게 상 주시며 또 땅을 망하게 하는 자들을 멸망시키실 때로소이다 하더라

18절에서는 모든 이방들(불신 세력들 곧 악한 영적 세력들과 그 추종 세력들)이 분노하여 하나님을 대적하자 재림의 예수님은 백보좌 심판을 통해 당신의 진노를 쏟으셨다. 그리하여 죽은 자들, 즉 불신자(카토이케오, τοὺς κατοικοῦντας ἐπὶ τῆς γῆς, those dwelling on the earth)들과 모든 이방들(불신 세력들 곧 악한 영적 세력들과 그 추종 세력들)인 "땅을 망하게 하는 자들"은 처절한 심판을 받게 되었다.

반면에 "종 선지자들과 성도들과 또 무론대소하고 주의 이름을 경외하는 자들"에게는 "상"을 주셨다. 여기서 '상'이란 '상급(상급론, 賞給論)'을 의미하는 것이 아니라 구원을 통한 미래형 하나님나라에로의 입성과 영생을 말한다. 이 구절은 시편 2편을 바르게 해석하는데 도움을 준다.

19 이에 하늘에 있는 하나님의 성전이 열리니 성전 안에 하나님의 언약궤가 보이며 또 번개와 음성들과 뇌성과 지진과 큰 우박이 있더라

19절에는 "하늘에 있는 하나님의 성전(성소, 나오스, ναός, nm. 〉 성전 히에론, ἱερόν, nn)이 열리니 성전(지성소) 안에는 하나님의 언약궤"가 보였다고 했다. 이는 '언약은 반드시 이루어질 것'임을 암시하고 있는 것이다.

참고로 헬라어 나오스(ναός, nm)는 '성소'를 가리키는 것으로 요한복음

2장 19-21절에서는 예수께서 '성전 된 자기 육체'라고 말씀하셨다. 반면에 '건물로서의 성전'은 히에론(ἱερόν, nn, 요 2:14)인데 이는 하드웨어적인 돌덩어리를 가리킨다. 이를 통해 우리는 46년 동안(BC 20-AD 26년)에 거의 완성(종국적으로는 AD 63년에 완성)된 헤롯 성전을 두고 "이 성전을 헐라 내가 사흘 동안에 일으키리라"고 하신 예수님의 말씀(십자가 죽음과 부활)을 정확히 해석할 수 있다.

  사도 요한은 이 구절의 말미를 하늘에 있는 하나님의 성전에 "번개와 음성들과 뇌성과 지진과 큰 우박(4:5, 8:5, 16:21)이 있더라"는 말로 묘사하고 있다. 이 말은 하나님의 '위엄'과 '심판'이라는 이중적 의미로서 여기서는 후자인 '심판'으로 해석함이 마땅하다. 즉 이후로 일곱 대접 재앙 심판의 임박성과 범위, 강도, 크기, 세기를 예고하고 있는 것이다.

하나님의 종 모세의 노래, 어린 양의 노래를 불러 가로되 주 하나님 곧 전능하신 이시여 하시는 일이 크고 기이하시도다 만국의 왕이시여 주의 길이 의롭고 참되시도다 _ 요한계시록 15:3

레마이야기 15

모세의 노래, 어린 양의 노래

15-1 또 하늘에 크고 이상한 다른 이적을 보매 일곱 천사가 일곱 재앙을 가졌으니 곧 마지막 재앙이라 하나님의 진노가 이것으로 마치리로다

15장 1절에서는 밧모섬의 사도 요한이 "하늘에 크고 이상한 다른 이적"을 보고 있다. 그것은 "일곱 천사가 일곱 재앙(ἑπτά πληγή, 7 blow, plague)"을 가지고 있는 것으로 '일곱 재앙' 중 최고조에 달하는 "마지막 재앙"인 대접 재앙이었다. 여기서 '마지막'이란 시간적 순서가 아닌 '최고조에 달하다'라는 의미로서 '일곱 재앙'은 전 지구적으로 일어나되 각 지역별로는 그 세기나 크기, 강도, 범위가 다른 것이라는 말이다.

곧 종말 시대 동안에 각 지역별로 다르게, 때로는 복합적으로 일어나되 대접 재앙의 경우 최고조의 재앙이므로 정신 바짝 차리고 '예수 믿음과 하나님의 계명'을 붙들고 인내하며 극복하고 이기어 나가라는 알람이다. 동시에 상대적으로 가벼운 인 재앙이라고 하여 아직은 예수님의 재림이 더딜 것이라고 생각하여 긴장을 풀어서도 안 된다라는 것이다.

우리가 살아가는 한 번 인생 동안에 반드시 맞닥뜨리게 될 '일곱 재앙'은 누구에게나 온다. 그러나 나의 인생에 다가올 그것이 인 재앙일지, 나팔 재앙일지 대접 재앙일지는 하나님만이 아신다. 갈망하기는 인 재앙 정도의 종말 시대를 살다가 하나님나라에 가기를 기도하고 있다. 이미 우리는 서머나 교회(고난을 감당케 하심)와 빌라델비아 교회(고난을 면하게 하심)가 겪었던 재앙을 통해 각자에게 미칠 재앙의 정도가 다를 수도 있다라는 사실을 잘 알고 있다.

대접 재앙을 가리켜 특별히 '크고 이상한 다른 이적'이라고 표현한 것은 일곱 인, 일곱 나팔 재앙과는 차원이 다른 최고조의 강도, 크기, 세기, 범위 등을 암시하고 있기 때문이다.

계시록 15장 1절의 '크고 이상한 다른 이적'은 3절의 '크고 기이한 이적'과 대조되어 나타나는데 전자가 '일곱 재앙'을 의미한다면 후자는 '교회의 구원'에 관해 말씀하고 있는 것이다.

한편 인 재앙의 '일곱째 인 재앙' 속에는 '일곱 나팔 재앙'이 있었다(8:1-2, 6). 마찬가지로 나팔 재앙의 '일곱째 나팔 재앙' 속에는 '일곱 대접 재앙'이 있다(11:14-15, 15:1,7). 이는 문자적으로만 볼 때 마치 '일곱 재앙'이 시간 순서대로 일어날 것처럼 보이지만 실상은 종말 시대 동안에 일어날 전 지구적이기는 하나 각 지역별로는 다른 재앙의 '장면에 대한 전환'을 의미한다. 분명한 것은 '일곱 재앙'의 끝인 각각의 일곱째 재앙 후에는 예수님의 재림을 통한 최후 심판이 있다라는 것이다.

참고로 각자가 현재 처해있는 시점의 '일곱 재앙'은 전 지구적이기는 하나 각 지역별로는 그 정도가 제 각각이기에 그때그때 각 지역이 처하고 있는 '그' 재앙이 인 재앙인지 나팔 재앙인지 대접 재앙인지를 정하기가 어렵고 그 재앙을 받아들이는 각각의 그리스도인들 또한 상대적이기에 정확히 어느 특정 재앙이라고 단정하기가 어렵다. 더 나아가 그것을 기준으로 시간 순서를 잡는 것 또한 너무 나간 것이다.

결국 각 지역의 세대주의를 따르는 그리스도인들이 굳이 일곱 재앙을 시간 순서로 생각하려고 한다면 각각에게 미치는 예수 재림의 시간은 다를 수밖에 없다. 그렇게 해서라도 신앙적 각성과 경각심을 가지겠다라는 것은 가상한 일이기도 하다. 그렇다고 하더라도 오늘을 놓는 우(遇)를 범하지는 않았으면 한다. 올바른 종말관[97]을 가진 그리스도인들은 그렇게 해석해서도 안 되지만 그럴 필요도 없다.

예를 들자면, 오늘 이 시점의 대한민국을 기준으로 하여 한국 교회에

---

[97] 올바른 '성경적 종말관'은 첫째, '예수님은 반드시 재림하신다. 둘째, 언제 오실 지는 아무도 모른다. 셋째, 언제 오시더라도 상관없이 마치 내일이라도 오실 듯이 오늘을 알차게 살아간다'라는 것이다.

닥친 재앙이 인 재앙 정도의 강도(强度)라면 중국의 경우에는 나팔 재앙 정도라고 할 수 있을 것이고 북한이나 아프칸의 경우에는 대접 재앙이라고 할 수 있다. 즉 일곱 재앙이 전 지구적으로는 일어나나 각 지역별로는 그 크기나 세기, 강도, 범위등이 달라서 이러한 상대적인 '재앙'을 기준으로 시간 순서를 예측하기는 어려운 것이다. 또한 인, 나팔, 대접 재앙이 주어지는 것이 각 지역별로 정도가 다르게 일어나되 반복되며 때로 복합되어 일어나기에 인-〉나팔-〉대접 재앙이 시간 순서대로 있을 것이라는 생각에 필자는 동의하기가 무척 어렵다.

분명한 것이 있다면 일곱 재앙의 '일곱째' 재앙 후에는 그날이 도래될 것이며 그때에는 전 우주적 종말이자 역사적 종말인 예수 그리스도의 최후 심판(19-20장)이 있게 될 것이다.

2 또 내가 보니 불이 섞인 유리 바다 같은 것이 있고 짐승과 그의 우상과 그의 이름의 수를 이기고 벗어난 자들이 유리 바닷가에 서서 하나님의 거문고를 가지고 3 하나님의 종 모세의 노래, 어린 양의 노래를 불러 가로되 주 하나님 곧 전능하신 이시여 하시는 일이 크고 기이하시도다 만국의 왕이시여 주의 길이 의롭고 참되시도다 4 주여 누가 주의 이름을 두려워하지 아니하며 영화롭게 하지 아니하오리이까 오직 주만 거룩하시니이다 주의 의로우신 일이 나타났으매 만국이 와서 주께 경배하리이다 하더라

2절의 전반부에는 "불이 섞인 유리바다"라는 묘사가 있고 후반부에는 짐승과 그의 우상과 그의 이름의 수를 이기고 벗어난 자들이 "유리 바닷가"에 서서 하나님의 거문고(하프)를 가지고 찬양을 하는 장면을 대조하여 묘사하고 있다.

여기서 "유리 바다"는 하나님의 '영광과 위엄'을 상징하며 "불"은 심판의 '공의로움'을 상징한다. 그렇기에 '불이 섞인 유리바다'는 공의(쩨다카)로운 하나님의 심판(미쉬파트)에 의해 마치 하늘바다가 불타듯 일곱 대접 재앙이 극심할 것을 상징하고 있다. 반면에 '유리 바닷가에 선 자들'이란 정치권력을 예표하는 짐승(13:4, 6-7, 10), 종교권력을 예표하는 짐승의 우상(13:15), 경제권력을 예표하는 짐승의 이름의 수(표가 없으면 매매 불가, 13:17)의 압박을 '이기고 벗어난 자들' 곧 계시록 7장 14절의 "큰 환난에서 나오는 자들"을 가리킨다. 이들은 종국적으로 하나님께서 주신 주권적 은혜를 상징하는 "거문고(하프)"를 들고 찬양하게 된다.

참고로 계시록 17-18장에서는 정치적, 종교적, 경제적, 물질적 악한 영의 세력을 각각 큰 음녀, 큰 성 바벨론이라고 했다.

3절에서의 "모세의 노래"란 홍해 도하 후 맞은 편 언덕에서 하나님이 베푸신 이스라엘을 향한 구원을 찬양했던 바로 그 '모세가 불렀던 노래'를 가리킨다. '모세'는 예수 그리스도의 예표이며 '홍해 도하'는 구속을 통한 구원의 모형(고전 10:2)이다. 또한 "어린 양의 노래"라는 것은 '어린 양을 찬양하는 노래'라는 의미로 구원자 예수의 영원한 승리를 찬양하고 있는 것이다. 결국 "모세의 노래와 어린 양의 노래"는 동일한 의미이나 전자는 모형(模型, model)을, 후자는 실재(실체, reality, existence)를 보여주신 것이다.

하나님을 찬양하는 노래인 계시록 15장 3-4절의 내용을 정리하면 다음과 같다.

첫째, 전능하신 하나님의 하시는 일은 크고 신비하고 놀랍다.

둘째, 만국의 왕이신 하나님의 길은 의롭고 참되다.

셋째, 하나님의 이름은 두렵고 영화로우시다.

넷째, 하나님만 거룩하시며 하나님의 행위는 모두 다 항상 옳다.

4절 후반부에는 "그날"에 만국(교회)이 다 와서 하나님을 "경배"하게 될 것을 말씀하고 있다. 결국 거룩하신 하나님은 일곱 재앙을 통해 하나님의 하나님 되심을 드러내신 후 최후 심판을 통해 미래형 하나님나라에서 교회가 삼위하나님과 더불어 영생을 누릴 것과 만국(교회)은 삼위하나님을 영원히 찬양하고 경배하게 될 것을 말씀하고 있다.

5 또 이 일 후에 내가 보니 하늘에 증거 장막의 성전이 열리며 6 일곱 재앙을 가진 일곱 천사가 성전으로부터 나와 맑고 빛난 세마포 옷을 입고 가슴에 금띠를 띠고 7 네 생물 중에 하나가 세세에 계신 하나님의 진노를 가득히 담은 금 대접 일곱을 그 일곱 천사에게 주니

5-7절에서는 밧모섬의 사도 요한이 "이 일 후에" 하늘에 증거 장막'의' 성전이 열리는 것을 보게 된다. 여기서 소유격 '~의'는 동격으로 사용되

었는데 '증거 장막은 곧 성전'이라는 의미로서 미래형 하나님나라(계 21:3, 하나님의 장막)를 가리킨다.

참고로 모세 시대에 성막(tabernacle)은 증거의 장막[98]이라고 불렸다. 그 성막 안에는 법궤가 있었고 법궤 안에는 '증거 두 돌판(십계명 돌판)'이 있었기에(민 17:7-10, 출 25:16, 21) '증거의 장막'으로도 불렸던 것이다. 돌판(십계명)은 하나님께서 은혜로 주신(요 1:16-17) 율법이자 말씀이다. 그리고 십계명 두 돌판이 들어있는 '법궤'는 하나님의 속성과 당신을 드러내시는 증거의 판으로 하나님의 공의(심판, 십계명 돌판)와 사랑(용서, 예수 보혈로 덮듯이 돌판을 담은 후 법궤 덮개로 덮은 것, 그 위의 공간은 시은좌 혹은 속죄소)을 상징하고 있다. 즉 법궤는 인간의 실패, 악, 죄악을 사랑으로 덮어주시고 용서해주신 하나님의 은혜(Atonement cover or Mercy seat)라는 것이다.

'하늘에 증거 장막의 성전이 열리며'라는 말씀에서의 '증거 장막(성막)'은 '성전'이라고 앞서 언급했다. 여기서 성전(성막)과 하나님나라를 연결시켜 그 의미를 확대해보자. 구약시대의 "성막"은 현재형 하나님나라를 상징하며 하늘에 있는 참된 성전(실체)의 '모형(히 8:5)'이다. 계시록 11장 19절, 21장 3절에는 '참 하나님의 장막은 하늘에 있다'라고 했는데 이는 미래형 하나님나라를 말한다. 전자의 현재형 하나님나라가 주권, 통치, 질서, 지배 개념이라면 후자의 미래형 하나님나라는 장소 개념이라는 것이다.

---

98 (출25:16,21, 38:21, 민1:50,53, 9:15, 10:11, 17:7, 행 7:44, tabernacle of testimony)

'하나님의 장막'에 대해 좀 더 부연(敷衍)하고자 한다. 요한복음 1장 14절에는 "말씀이 육신이 되어 우리 가운데 거하시매"라는 구절이 있는데 이때 '거하다, 장막을 치다' 라는 의미의 헬라어는 스케노(σκηνόω, v, to have one's tent, dwell, 암탉이 알을 품다)이다. 풀이하면, '말씀이 육신이 되신 예수를 믿음으로 우리 안에는 성령님이 거하게(내주하게) 된다'라는 의미이다. 이후 우리는 주인 되신 성령님을 모신 성전(고전 3:16-17) 곧 장막이 된다. 그 성전 된 우리가 바로 현재형 하나님나라이다. 그런 우리는 미래형 하나님나라, 즉 참 하나님의 장막의 모형인 것이다.

또한 구약의 이스라엘 백성은 광야에서 생활할 때 모든 것이 '장막 즉 성막' 중심이었다. 성막은 '하나님의 임재(Presence)'를 의미한다. 그 장막으로 인해 이스라엘 백성들은 40년 동안 하나님의 인도하심(나하흐의 하나님), 함께하심(에트의 하나님), 동행하심(할라크의 하나님)을 누렸다.

한편 하늘에 증거 장막 즉 성전이 '열렸다'라는 것은 하나님의 약속(언약의 완성)대로 '심판의 시작과 구원의 완성'을 알리는 것이다. 그리하여 "일곱 재앙을 가진 일곱 천사가 성전으로부터" 나오게 되는 것이다. 그들은 "맑고 빛난 세마포 옷을 입고 가슴에 금띠를 띠고" 있었다. 네 생물 중의 하나가 "하나님의 진노를 가득 담은 금 대접 일곱"을 일곱 천사에게 주자 그 일곱 천사는 그것으로 공의로운 심판을 행하게 된다.

한편 계시록 5장 8절이나 8장 3-4절에서도 금 대접 안에 '성도의 기도'가 가득 담겨있었다. 그 기도의 내용은 6장 10절이다. 이와는 달리

15장 7절에는 '하나님의 진노'가 가득 담겨 있다. 이를 연결하면, 일곱 천사는 하늘 보좌로부터 나와 제사장적 역할을 감당하기 위해 파송되었으며 성도의 기도에 대한 하나님의 응답으로 "진노"를 가득히 담은 금대접 일곱으로 종말론적인 심판의 명을 받들고 있다라는 것이다.

8 하나님의 영광과 능력을 인하여 성전에 연기가 차게 되매 일곱 천사의 일곱 재앙이 마치기까지는 성전에 능히 들어갈 자가 없더라

8절에서 사도 요한은 하나님의 "영광과 능력"을 인하여 성전에 "연기"가 가득 차매 일곱 천사의 일곱 재앙이 마치기까지는 성전에 능히 들어갈 자가 없게 되는 것을 보고 있다.

'일곱 재앙이 마치기까지는 성전에 능히 들어갈 자가 없다'라는 것은 '마지막 그날'에 반드시 '하나님의 진노'가 있을 것과 일곱 대접 재앙 후 예수님께서 재림하시면 백보좌 심판을 통해 거룩한 성 새 예루살렘인 미래형 하나님나라에 교회가 들어가게 될 까지도 함의하고 있다.

한편 "연기"는 이중적 의미를 지니고 있는데 첫째는 '하나님의 임재와 영광(출 16:10, 24:16, 왕상 8:10-11)'을, 둘째는 '하나님의 심판과 재앙(시 18:8, 사 14:31, 겔 10:2-4, 계 14:11)'을 가리킨다.

괴짜의사 Dr. Araw의 쉽고 바르게 읽는 요한계시록 장편(掌篇) 강의, 개정판
예수 그리스도 복음의 계시라

Part 5

핵심 요약장

레마 이야기 12, 그리스도의 승귀(Acension of Christ)

(1)전반부(12:1-6)
예수님의 초림(성육신), 죽음과 부활, 승천, 재림
(2)후반부(12:7-17)
성부하나님 모방-큰 용, 옛 뱀, 마귀, 사단, 온 천하를 꾀는 자

레마 이야기 13, 두 짐승-바다에서 올라오는 짐승, 땅에서 올라오는 짐승
Satnic Trinity(12장 후반부, 13장 전, 후반부), 그리고 편 가르기

(1)전반부(13:1-10)
성자하나님 모방-바다에서 올라오는 짐승
(2)후반부(13:11-18)
성령하나님 모방-땅에서 올라오는 짐승

레마 이야기 14, '하나님과 어린 양'의 인($\sigma\varphi\rho\alpha\gamma\iota\varsigma$), 짐승의 표($\chi\acute{\alpha}\rho\alpha\gamma\mu\alpha$)
그리고 14:12

(1)전반부(14:1-13)
인(스프라기스)-새노래를 부를 자
(2)후반부(14:14-20)
인(카라그마)-하나님의 진노의 큰 포도주 틀에 던져질 자

Part 5

　계시록 전체의 핵심장이자 요약장은 12, 13, 14장인데 석 장, 55구절이라는 비록 적은 분량이기는 하지만 '그리스도의 승귀(Ascension of Christ)'[99]라는 기독교의 핵심과 '창조, 타락, 구속, 완성'이라는 기독교 세계관의 4기둥을 담고 있다. 이는 창세기에서 계시록까지 성경 전체의 요약이기도 하다. 한편 '그리스도의 승귀'라는 어구(words & phrases)에는 정경 66권, 31,173구절을 아우르는 '복음과 생명', '예수 그리스도 생명', '6대 언약'[100], '공의와 사랑, 복음과 십자가, 믿음, 구원, 은혜, 하나님나라' 등등 기독교의 모든 핵심 진리가 담겨 있다.

　성부하나님의 구속계획에 따라 성자 예수님은 인간으로 이 땅에 오셨다. 3년 반 동안의 공생애 후 인간의 수치와 저주를 몽땅 안고 우리를 '대신하여(ὑπέρ, 휘페르)' 골고다 십자가에서 속량하심(ἐξαγοράζω, v, 엑사고라조)으로 모든 것을 다 이루셨다(Τετέλεσται, 테텔레스타이, 요 19:30). 사흘 후 죽

99　'그리스도의 승귀'라는 말에는 첫째, 예수님의 탄생(초림, 성육신), 둘째는 예수님의 십자가 수난과 죽음, 셋째는 예수님의 부활, 넷째는 예수님의 승천을 함의하고 있다. 나는 여기에 더하여 다섯째 예수님의 재림까지도 포함시킨다. 결국 앞의 첫 네 부분이 '예수 그리스도 새 언약'의 성취라면 다섯째 예수님의 재림은 '예수 그리스도 새 언약'의 완성에 해당한다.

100　6대 언약이란 아담 언약, 노아 언약(2중 언약, 방주 전 언약, 방주 후 언약), 아브라함 언약(3중 언약, 정식 언약, 횃불 언약, 할례 언약), 모세 언약(소금 언약), 다윗 언약(등불 언약), 예수 그리스도의 새 언약(초림-성취, 재림-완성)을 말한다.

음을 이기시고 부활하셔서 40여 일간 이 땅에 계시다가 500여 형제가 보는 데서 구름을 타고 승천하시면서 다시 오시마 약속하셨다. 이리하여 교회들에게는 엘피스(ἐλπίς, nf)라는 소망이 주어졌다. 그 '소망(미래형 하나님 나라에의 입성과 영생)' 가운데 교회와 교회공동체가 탄생되었는데 이른바 '초대교회'이다. 그렇게 오늘의 교회와 교회 공동체가 있게 된 것이다.

참고로 예수님의 십자가 보혈 위에 세워진 초대교회는 사도들의 헌신으로 1,000여 년 동안이나 든든히 서 갔다. 11C에 이르게 되자 안타깝게도 삼위일체 논쟁으로 인해 '삼위'를 강조하는 동방교회와 '일체'를 강조하는 서방교회로 나뉘어져 버렸다. 이후 동방교회는 콥틱교회와 정교회로 나뉘어졌고 서방교회는 로마카톨릭과 프로테스탄트로 나뉘어졌다. 그러므로 예수를 믿는 종교인 '기독교'는 상기의 '넷뿐'[101]이다.

계시록 전체의 요약장이자 핵심장인 12, 13, 14장을 쉽게 이해하려면 각 장을 전반부와 후반부로 나누어 해석하는 것이 좋다.

12장을 둘로 나누면 전반부는 1-6절까지로 '그리스도의 승귀'에 대한 것이고 후반부는 7-17절까지인데 성부하나님을 모방하고 있는 "큰 용, 옛 뱀, 사단, 마귀, 온 천하를 꾀는 자"가 종말 시대(교회 시대) 동안에 한시적, 제한적인 권세를 받아 교회와 교회공동체에 대해 지속적으로 핍박을 가하지만 교회가 최종적으로 승리하게 될 것에 대한 내용이다. 교회의

---

101 예수를 믿는 종교인 기독교는 넷뿐인데 동방교회(Eastern Churches, Ecclesiae orientalis)의 콥틱교회(Coptic Church)와 정교회(Orthodox Church), 그리고 서방교회(Western Church, Latin Church)인 로마카톨릭(Roman Catholic Church, RCC)과 프로테스탄트(Protestant)이다.

승리는 "죽기까지" 자기 생명을 아끼지 않으신 "어린 양의 피와 예수의 증거(계 12:11)"가 있기 때문이며 더 나아가 "하나님의 구원과 능력과 나라와 또 그의 그리스도의 권세(계 12:10)"를 허락하셔서 교회로 하여금 종말 시대 동안의 환난과 핍박을 능히 감당할 수 있게, 또는 피할 길(고전 10:13)까지도 주셨기 때문이다.

13장을 둘로 나누면 전반부는 1-10절까지로 성자예수님을 모방한 "바다에서 나온 짐승"에 대한 것이고 후반부는 11-18절까지인데 성령하나님을 모방한 "땅에서 올라온 짐승"에 대한 내용이다. 이 "두 짐승"은 성자예수님과 성령하나님을 흉내하고 있는 악한 영의 세력으로 종말 시대 동안에 한시적, 제한적으로 권세를 허용 받은 적 그리스도의 세력(요일 2:22, 마 24:24)이다. 이들은 종말 시대(교회 시대) 동안에 한시적(기간), 제한적(범위)인 권세를 받아 교회를 핍박하여 교회들을 복속시키고(7) 미혹하고(14) 매매를 못하게 하고(17) 심지어는 죽이기까지(15) 한다. 또한 편가르기를 통해 "사람의 수(18), 짐승의 수(18), 짐승의 이름(17)"으로 상징된 '666'이라는 표(카라그마)를 받은 '택정함을 입지 못한 불신자들'을 아예 사단나라에 속하게 만들어 버린다. 결국 사단나라에 속한 그들의 마지막은 "밤낮 쉼을 얻지 못할(14:11)" 뿐만 아니라 "세세토록 밤낮 괴로움을(20:10)" 당하게 될 것이다.

참고로 계시록 13장 16절의 "그 이마에나 오른 손에 표"를 받는다라는 것을 문자적으로 해석하여 베리칩(verichip or verification chip, RFID)이나 마이크로칩 등의 어떤 인식표를 받는 것으로 이해해서는 안 된다.

'표'라는 것은 상징적인 단어로 두 가지 종류가 있다. 먼저 '카라그마'라는 표는 '하나님 나라에 속하지 않는', 곧 '불신 혹은 불법의 삶을 산다'라는 의미로 사단나라에 속한(소속, 소유) 사람이라는 의미이다. 반면에 하나님나라에 속한(소속, 소유) 교회는 비슷하나 완전히 다른 표(스프라기스) 곧 "그 이마에 어린 양의 이름과 그 아버지의 이름(14:1)"이라는 표(스프라기스)를 받게 된다.

14장을 둘로 나누면 전반부는 1-13절까지로 삼위일체 하나님을 흉내내려는 소위 사단적 삼위일체(Satanic Trinity)[102]가 종말 시대(교회 시대) 동안에 하나님이 허용하신 범위(제한적) 안에서 한시적으로 권세를 받아 "그 이마에 어린 양의 이름과 그 아버지의 이름(14:1)"의 표(스프라기스)를 받은 교회를 집요하게 핍박함으로 교회는 아픔을 겪게 되나 '하나님의 은혜'로 보호해 주심과 더불어 "예수 믿음과 하나님의 계명을 붙듦으로(14:12)" 일곱 재앙에 더하여 사마귀(사단, 마귀, 귀신)로부터 받게 되는 한시적이고 제한적인 모든 고난과 환난을 이겨내게 된다라는 내용이다.

후반부는 14-20절까지로 마지막 그날에 있게 될 예수님의 최후 심판에 대한 내용이다. 먼저 "땅에서 구속함을 얻은 십 사만 사천인(14:3, 7:4)", "흰 옷을 입고 손에 종려 가지를 든 아무라도 능히 셀 수 없는 큰

---

102 사단적 삼위일체란 12장 후반부의 '큰 용'과 13장의 '두 짐승'을 말한다. 이들은 가소롭게도 삼위일체 하나님을 모방하고 있다.

무리(계 7:9)"인 하나님나라에 속한 교회의 결국은 예수 재림의 그날에 백보좌 심판을 통해 신원(vindication)을 받게 된다. 이후 미래형 하나님나라에서 새 노래를 부르게(14:3) 될 뿐만 아니라 진정한 안식의 복(삼위하나님과 더불어 영생)과 함께 저희의 모든 수고를 그치고 영생 가운데 영원한 안식으로 들어가 평안한 쉼을 누리게(14:13) 된다. 반면에 사단나라에 속하게 된 "666"이라는 표(카라그마)를 받았던, 그리하여 세상에서 매매 등등 편리함을 누렸던, 불신자(17-20)는 하나님의 진노의 포도주를 마시게 되고(계 14:10), 진노의 포도주 틀에 던져지게 되며(계 14:19), 불과 유황으로 타는 불못에 던져짐을 당하고(계 20:10, 14-15), 그 불못에서 고난을 받으며(계 14:10), 밤낮 쉼을 얻지 못하게(계 14:11) 될 뿐만 아니라 세세토록 밤낮 괴로움을 당하게(계 20:10) 된다. 곧 미래형 지옥에서 '유황 불못 심판', '둘째 사망의 해', '영원한 죽음', "세세토록 밤낮 괴로움(계 20:10)'을 당할 것이라고 경고하고 있는 것이다.

결국 계시록 14장을 통하여는 12-13장에서의 소위 '사단적 삼위일체'의 집요한 핍박에도 불구하고 "그 이마에 어린 양의 이름과 그 아버지의 이름(스프라기스)"을 쓴 "십 사만 사천인(계 14:1)"은 "새 노래(계 14:2, 모세의 노래, 어린 양의 노래, 계 15:3)"를 부르게 될 것이며 "하나님과 어린 양에게 속한 자들(계 14:4)"인 교회는 하나님의 은혜와 보호하심 속에 반드시 승리하게 될 것을 말씀하고 있다. 그런 교회의 결국은 "복된 자들이라 칭함(계 14:13)"을 받을 뿐만 아니라 "수고를 그치고 쉬게 되는(계 14:13)" 상을 얻게 될 것이다. 요약하면 14장의 전반부(1-13)에서는 교회와 교회공동체의 승리를 보여주었다면 후반부(14-20)에서는 하나님께서 행하실 전 우주적이면서도 철저한 최후심판 소위 '백보좌 심판(계 20:11, 크고 흰 보좌)'을 보여주고 있다.

서두에서 밝혔지만 12, 13, 14장은 계시록 전체의 요약장이자 정경 66권의 요약이다. 왜냐하면 12장 전반부에서는 그리스도의 승귀로 시작하다가 12장 후반부와 13장 전, 후반부에서는 종말 시대(교회 시대) 동안에 한시적(기간), 제한적(범위)인 권세를 받은, 적 그리스도 세력을 상징하는 사단적 삼위일체가 교회를 핍박하는 내용이 있다. 그러면서 이들은 13장 말미에서 편가르기를 통해 카라그마(불신자, 사단나라 소속)를 받은 자와 스프라기스(교회, 하나님나라 소속)를 받은 자로 나누어 버린다. 이후 14장의 전반부에는 스프라기스를 받은 교회의 승리를 보여주고 있고 14장의 후반부에서는 카라그마를 받은 불신자들의 최후 심판을 보여주고 있기 때문이다. 이는 성경적 세계관의 4기둥인 창조, 타락, 구속, 완성의 흐름과도 상통한다. 결국 계시록 12-14장은 하나님 언약의 '성취'인 예수 그리스도의 '초림'과 다시 오실 예수님의 '재림' 즉 예수 그리스도 새 언약의 '완성'을 아우르고 있는 것이다.

사족을 달며 한 번 더 강조하자면 초림에서 재림 전(前)까지의 전(全) 기간을 상징하는 종말 시대(교회 시대) 동안에 교회는 일곱 재앙과 더불어 한시적(기간), 제한적(범위) 권세를 받은 사단적 삼위일체(적 그리스도 세력)로부터 핍박을 받게 된다. 그러나 전혀 주눅들거나 두려워할 필요가 없다. 우리는 이미 하나님의 것(소유)이며 하나님나라 소속이기 때문이다. 혹시라도 그 핍박이 극에 달하여 죽게 되면(순교) 곧장 부활(부활체, 고전 15:42-44)하여 미래형 하나님나라에 들어가 영생을 누리게 된다. 또한 죽지 않고 한 번의 인생을 사는 동안 그들로부터 핍박을 받으며 살아가게 된다 할지라도 교회는 하나님의 오른손에 붙들려 있기에 그분의 능력으로 능히 이길 수 있게 된다. 그러므로 종말 시대 동안에 교회가 끝까지 붙들어야 할 것은 "예수 믿음과 하나님의 계명"이다. 그렇게 함으로 교회는 끝까지 신앙의 정결을 지킬 수 있고 진정한 승리를 누리게 될 뿐만 아니라 '소망(엘피스, 미래형 하나님나라에의 입성과 영생)'을 성취하게 될 것이다.

참고로 계시록 12장 12절의 "땅과 바다"는 17장 15절의 '열방(17:15)' 즉 '백성과 무리와 열국과 방언들'을 의미한다. 한편 계시록 12장에서 유의해야 할 것은 "여자가 아들을 낳으니~그 아이를 하나님 앞과 그 보좌 앞으로 올려가더라(5)"는 말씀이다. 왜냐하면 이 말씀 속에는 놀랍게도 '그리스도의 승귀(Ascension of Christ)'가 함의되어 있기 때문이다. 곧 예수님의 성육신(Incarnation), 십자가 수난과 죽음, 부활, 승천 후 하나님의 보좌 우편에 승리주 하나님으로 앉으심(막 16:19, 행 1:9, Plummer), 그리고 마지막 그날에 있게 될 재림까지도 함의하고 있다.

특히 "낳으니"와 "올려가더라"의 두 단어를 반복적으로 읊조리며 묵상하다 보면 점점 더 아드레날린이 솟구치는 경험을 할 수 있다.

왜냐하면 '낳다'의 헬라어는 겐나오(γεννάω, v, to beget, to bring forth/τίκτω)

인데 이를 시편 2편 7절과 사도행전 13장 33절을 통해 유추해보면 이 단어에는 '출생'과 함께 '죽음', '부활'이라는 의미가 광범위하게 내재되어 있기 때문이다. 또한 '승천(昇天)'과 '재림(再臨)'이라는 의미가 내재된 '올리어 가다'의 헬라어는 하르파조(ἁρπάζω, v, to seize, catch up, snatch away)인데 이는 수동적 의미(ἡρπάσθη, 헤르파스데, was caught up)의 단어이다. 한편 동일한 수동적 의미의 단어가 고린도후서 12장 2절의 "셋째 하늘로 이끌려 간(ἁρπαγέντα, 하르파겐타, having been caught up)"이라는 구절과 데살로니가전서 4장 17절의 "구름 속으로 끌어 올려(ἁρπαγησόμεθα, 하르파게소메다, will be caught away)"라는 말씀에 사용되어 있다.

 상기의 하르파조(ἁρπάζω), 헤르파스데(ἡρπάσθη), 하르파겐타(ἁρπαγέντα)라는 세 단어는 모두 다 수동적 의미로써의 '승천(昇天)'이라는 말이며 동시에 그렇게 올라가신 예수님은 그렇게 다시 재림하실 것임을 함의하고 있다. 그렇기에 이 모든 것의 주체는 기능론적 종속성(functional subordination) 상 성부하나님이시며 그 "때와 기한"은 아버지의 권한에 있다. '승천(昇天)'에 더하여 상기의 단어들에는 '성부하나님의 보호하심'이라는 의미도 내재되어 있다. 그러므로 하나님의 백성 된 교회들은 당연히 하나님의 주권 하에 인도와 보호를 받게 될 것이다.

 예수님의 '부활 승천'에 관하여는 3가지 질문과 그에 대한 선명한 답을 가지고 있어야 한다. 첫째로 예수님은 '왜 승천하셨나'이다. 그 대답은 명약관화(明若觀火)이다. 미래형 하나님나라에 우리의 처소를 마련하시기 위함(요 14:2)이다. 둘째는 '어디로 승천하셨나'이다. 하나님의 보좌 우편으로 가셨다. 이는 역사적, 문화적 배경에 의하면 '예수님은 승리주 하나님'이라는 의미이다. 셋째는 '왜 재림하시나'이다. 이는 우리를 그곳에 데려가기 위함(요 14:3)이다. 할렐루야!

존재론적 동질성(essential equality)의 하나님이신 예수님의 성육신과 더불어 기능론적 종속성(functional subordination)의 하나님이신 예수님의 구속주로서의 속량하심인 십자가 수난과 죽음, 그리고 죽음을 이기시고 3일 만에 부활하신 그 소망으로 인해 초대교회 공동체'가 탄생되었다. 그 교회와 교회공동체는 종말 시대라는 역사 속에서 지금도 살아가고 있다. 여전히 반복되는 일곱 재앙을 겪으며…….

소위 사단적 삼위일체인 '붉은 용'으로 상징되는 사단(성부하나님을 모방)과 '두 짐승'으로 상징된 예수님을 모방한 "바다에서 나온 짐승"과 성령하나님을 모방한 "땅에서 올라온 짐승"으로부터 모든 인간들은 역사의 주관자 하나님의 허용 범위 안에서 한시적(기간), 제한적(범위)으로 핍박을 받게 되는 것이다. 그 핍박을 견디지 못하여 사단나라에 소속되어버린 불신자들은 그들의 소유가 되어버린다. 반면에 끝까지 '예수 믿음과 하나님의 계명을 붙들고(계 14:12)' '소망(엘피스)'을 바라보며 정면돌파했던 교회는 하나님나라의 소속이 된다. 최후 심판인 백보좌 심판 후에는 전자가 미래형 지옥(유황 불못 심판 즉 둘째 사망(영원한 죽음, 계 20:10)의 해)이라면 후자는 미래형 하나님나라이다.

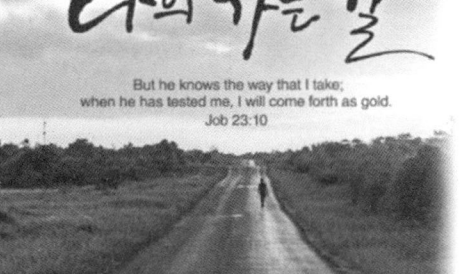

"내가 또 들으니 하늘에 큰 음성이 있어 가로되 이제 우리 하나님의 구원과 능력과 나라와 또 그의 그리스도의 권세가 이루었으니"_계 12:10

레마이야기 12

그리스도의 승귀(Ascension of Christ)
예수님의 초림(성육신),
죽음과 부활, 승천, 재림

12-1 하늘에 큰 이적이 보이니 해를 입은 한 여자가 있는데 그 발 아래는 달이 있고 그 머리에는 열 두 별의 면류관을 썼더라

　12장 1절에는 밧모섬의 사도 요한이 환상을 통해 "하늘에 큰 이적"이 있는 것을 보고 있다. 그것은 다름이 아니라 "해를 입은 한 여자"였는데 "그 발 아래는 달"이 있고 "그 머리에는 열 두 별의 면류관"을 쓰고 있었다라는 것이다.

　여기서 "해"는 예수님을, "여자"는 교회인 성도들을 가리킨다. 곧 "해를 입은 한 여자"에서의 '입다'의 헬라어는 페리발로(περιβαλλω)인데 이는 '예수님을 주인으로 모신(입은) 교회'라는 의미이다. 그런 교회 된 우리는 지금 주인 되신 내주하시는 성령님을 모시고 현재형 하나님나라를 살아가기에 존재론적 동질성이신 예수님으로 인해 이미 하늘의 영광의 권세를 누리며 살아가고 있는 것이다. 동시에 장차 '영생'을 누리게 될 미래형 하나님나라에서도 예수님으로 인해 영광을 누리며 살아가게 될 것이다.

혹자는 '교회'를 상징하고 있는 "여자"를 마리아라고 해석하기도 한다. 문자적으로 보면 그럴 수도 있다. 그러나 '마리아'라는 특정 인물보다는 그 단어에 내재되어 있는 뜻을 묵상해보면 해석이 한결 명확해진다.

"마리아[103] (Μαρία, nf)의 히브리어는 미르얌(מִרְיָם)이며 메라야흐(מְרָיָה)와 같은 말로 아람어 마라(מָרָה, v)에서 파생되었다. 이는 '패역하다, 쓰다, 심히 악하다'라는 의미이다. 한편 성경에는 '세상에서 쓴 맛을 본 사람'이란 의미를 가진 '마리아'가 많이 등장(마 28, 막 16, 눅 24, 요 20)한다. 그런데 특히 이런 마리아들은 유독 예수님의 십자가 주위에서 많이 관찰되고 있다. 이를테면, 막달라 마리아(눅 8:2, 7:37-50), 작은 야고보와 요셉의 어머니 마리아, 세베대의 아들들(야고보와 요한)의 어머니 마리아(예수님의 이모), 예수의 어

---

103 마리아(**Μαρία**, nf, Mary, the name of several Christian women)라는 이름은 성경에 많이 등장한다. 미리암(Miriam)이라고도 한다. 마리아는 (a) the mother of Jesus, (b) of Magdala, (c) sister of Martha and Lazarus, (d) wife of Cleopas, (e) mother of John Mark, (f) a Christian woman in Rome)인데 히브리어 미르얌(מִרְיָם, a sister of Aaron, also a man of Judah)에서 파생되었다. 이는 메라야흐(מְרָיָה, an Israelite priest)와 같은 말로 아람어(히브리어) 마라(מָרָה, v. to be contentious or rebellious, bitter, 패역하다, 쓰다, 심히 악하다, 민 20:10, 출 15:23, 룻 1:20)에서 파생되었다.

머니 마리아, 마르다의 동생 마리아 등등이다. 놀랍게도 예수님은 십자가 죽음을 통해 '그런 마리아들'의 아픔과 고통, 수치와 저주를 다 짊어지고 가셨고 십자가 보혈로 다 이루신 후(다 이루었다, 테텔레스타이) 삼 일 만에 죽음을 이기시고 부활하셨다.

이를 연결하여 해석하면, "해를 입은 한 여자" 곧 예수님을 주인으로 모신 교회(마리아)는 죽음(영적 죽음)에서 부활(영적 부활)로, 마라(마리아, 괴로움)에서 나오미(희락, 나의 기쁨)로, 쓴 물이 변하여 달게 된다(출 15:23) 라는 것을 의미하고 있다. 그렇다면 "해를 입은 여자"란 '예수님을 모신 마리아' 곧 '예수님을 주인으로 모신 교회'라는 의미가 성립된다.

상기 구절을 조금 더 상세히 해석하면 계시록의 전체(1-22장)를 요약한 핵심장(12-14장)의 전체에 대한 이해에 도움이 되기에 사족을 달려고 한다. 먼저 알아야 할 것은 "해, 달, 별"은 모두 '자손(창 15:5)'을 상징하는 묵시문학 형태의 묘사라는 것이다. 시편 8편 3-6절, 89편 35-37절에서도 "하늘, 달, 별, 해"는 '다윗의 후손으로 오신 예수님'을 상징하고 있다. 그렇기에 이 구절에서의 "해를 입은 여자"라는 것은 '예수를 품은 교회, 예수를 주인으로 모신 교회'라는 의미로서 '교회'란 '영적 이스라엘, 시온'과 같은 말이며 예수의 천상적 영광을 소유한 '언약 백성들'을 가리킨다.

"해를 입었다"에서의 '해'는 예수 그리스도의 영광스러운 모습(1:16, 마 17:2)을, "입었다"라는 것은 '품다, 모시다'라는 것을 상징한다. 결국 "해를 입은 여자"는 교회를 상징하는 '여자'가 '예수님을 주인으로 모셨다'라는 것을 의미한다.

"그 발 아래는 달이 있고"에서의 "달"이란 시간, 때, 계절의 '변화'를 상징하며 '달을 밟고 있다'라는 것은 '변치 않음'을 상징한다. 그러므로 '그 여자의 발 아래는 달이 있고"라는 것은 교회로 상징되고 있는 그 여자는 '변치 않는 언약 백성이다'라는 의미이다.

"그 머리에 열 두 별의 면류관을 썼더라"는 것에서의 "그 머리에"라는 말에서의 '그'는 '여자(교회)'를 가리키는데 결국 교회가 '언약에 의거하여 완벽하게(열 두 별)' '승리(면류관을 쓰다)'할 것이다라는 의미이다.

참고로 "별"은 '언약의 자손(창 15:5)'을 상징하고 "열 두 별"에서의 '12(3x4)'는 '구약의 12지파와 신약의 12사도'를 상징하는 것으로 언약의 수, 맹세의 수, 약속의 수, 충만수 혹은 완전수이다. '면류관'은 승리를 상징한다.

결국 만세 전에 하나님의 은혜로 택정하심 속에 약속에 의거한 완전하고도 충만한 언약의 자손, 즉 예수님을 주인으로 모신 택함 받은 언약 백성인 교회는 종말 시대 동안에 일곱 재앙 가운데서도 하나님의 인도하심과 보호를 받게 되며 그날에 반드시 면류관을 쓰게 될 것 곧 반드시 승리하게 될 것이다라는 의미이다.

2 이 여자가 아이를 배어 해산하게 되매 아파서 애써 부르짖더라

2절에서는 밧모섬의 사도 요한이 교회인 여자가 "아이를 배어 해산하게 되매" 심히 아파하며 부르짖는 것을 보고 있다. 이 구절은 해석의 모호함과 어려움을 한층 더하는 부분이다.

"여자가 아이를 배어 해산하다"라는 부분을 해석하기 위해 성경은 종종 '해산하기 위해 진통하는 여인'을 영적 이스라엘인 '교회 혹은 시온'으로 상징하고 있음에 주목해야 한다. 그렇기에 이사야 26장 17절은 교회인 우리가 주 앞에서는 마치 산기가 임박한 "잉태한 여인'이 구로(劬勞, labor) 하며 부르짖는 것과 같다라고 말씀하고 있다. 또한 66장 7-9절에서는 "임신(pregnancy)케 하신 분도 해산(delivery)케 하는 분도' 여호와이심을 말씀하고 있다. 요한복음 16장 21절에는 여자가 해산이 임박하면 고통으로 인해 근심하나 "아이를 낳으면" 그 고통을 다시 기억하지 않는다라고 말씀하고 있다. 결국 여자가(교회가) 아이를 배어 해산하면(복음의 주체이신 초림의 예수님이 오시면) 기뻐할 것을 말씀한 것이다.

한편 "여자가 아이를 배어" 라는 것은 앞선 계시록 12장 1절에서의 "해를 입은 한 여자"라는 말과 동일한 상징적 의미를 지닌 것으로서 '교회가 예수님을 주인으로 모셨다'라는 의미이다.

"해산하게 되매"라는 것은 마치 산모가 아이를 자궁에서 분만함으로 이 세상에 파송 혹은 드러내듯이 주인으로 모셨던 예수를 세상에 드러내며 복음의 주체이신 예수님을 세상에 전하는 것을 가리킨다. "아파서 애써 부르짖더라"는 것은 복음을 전함에 있어서 교회들이 당하게 될 핍박과 어려움을 예고하는 것이다. 예수를 믿는 교회는 '복음과 십자가로 살아가고 복음과 십자가를 자랑할 때' 당연히 세상으로부터 핍박을 당하게 되어 있다. 그렇기에 동역자의 중요성에 대해 계시록 11장에서 언급했던 것이다.

참고로 "아이"는 창세기 3장 15절의 원시 복음에서 약속하신 '여인의 후손'을 가리킨다. 최초의 원시복음은 역사의 시간이 흐르며 요셉의 꿈(창 37:9)으로 이어지고 이는 다시 야곱의 유언(창 49:8, 10)으로 성취되며 그 야곱의 넷째 아들인 유다의 후손인 다윗 언약, 즉 나단의 신탁(삼하 7:12-14, 16)으로 나타나게 된다. 다윗의 아들인 솔로몬은 히브리어로 살롬(שָׁלוֹם)인데 이는 '평강의 왕 예수 그리스도'를 상징한다. 그러므로 정경은 구약에서 신약에로 반복적, 점진적으로 '아이, 아들'에 관해 말씀하셨던 것이다. 한편 미가서 5장 2-6절에는 '예수가 이스라엘(교회)을 살리기 위해 이 땅에 오실 것'을 말씀하셨다.

3 하늘에 또 다른 이적이 보이니 보라 한 큰 붉은 용이 있어 머리가 일곱이요 뿔이 열이라 그 여러 머리에 일곱 면류관이 있는데

3절에서는 밧모섬의 사도 요한에게 환상으로 "하늘에 또 다른 이적"을 보여주셨다. 그것은 '일곱 머리, 열 뿔 가진 한 큰 붉은 용'이었는데 그 일곱 머리에는 "일곱 면류관이 있었다'라고 묘사하고 있다.

여기서 "한 큰 붉은 용"이란 '옛 뱀, 사단, 마귀(12:9, 20:2-3)'를 가리키며 이들은 강하고 잔인하며 불 같은 속성을 지니고 있는 악한 영의 세력을 말한다. 그렇기에 '7과 10'이라는 완전수(혹은 만수)를 사용하여 "일곱 머리, 열 뿔"을 가졌다라고 한 것이다. 이는 다니엘서 7장 7-24절을 인용한 것으로 '일곱 머리'란 통치권을, '열 뿔'이란 힘과 권능을 상징하고 있다. 한편 '일곱 머리, 열 뿔 가진 큰 붉은 용'은 계시록 5장 6절의 '일곱 눈과 일곱 뿔'을 가진 '그리스도(성령님)'를 흉내 내고 있다. 여기서 우리는 모방과 흉내의 명수인 '짝퉁(사단)'의 정체를 적나라하게 볼 수 있다.

참고로 '7과 10'은 모두 완전수(혹은 만수)로서 종말 시대(교회 시대) 동안 일곱 머리, 열 뿔 달린 붉은 용이 한시적(기간)으로 하나님으로부터 권세를 허락받은 후 그들로부터 교회가 제한적(범위)으로 핍박과 환난을 당하게 될 것을 말씀하고 있다.

4 그 꼬리가 하늘 별 삼분의 일을 끌어다가 땅에 던지더라 용이 해산하려는 여자 앞에서 그가 해산하면 그 아이를 삼키고자 하더니

4절에는 "한 큰 붉은 용"의 꼬리가 "하늘 별 1/3을 끌어다가 땅에 던지더라"고 묘사하고 있다. 여기서 "하늘 별"이란 '천사들과 교회'를 가리킨다. 주목할 부분은, 땅에 떨어진 하늘 별은 전부가 아닌 '1/3'이라는 제한된 수라는 점이다. 그 용은 "해산하려는 여자 앞에서 그 여자가 해산하면 그 아이를 삼키고자" 하는 것을 사도 요한은 보았다. 그야말로 일촉즉발(一觸卽發)의 순간이다. 이와 비슷한 위기의 순간은 사단의 사주를 받은 악한 영의 세력이 교회를 '삼키려 했던 사건' 등등 성경의 여러 곳에서 보여주고 있다. 그러나 그때마다 하나님은 여지없이 개입하셔서 일을 해결해 주셨다. 예를 들면 아브라함의 아내 사라를 뺏으려 했던 바로에게서, 그리고 이삭의 아내 리브가를 뺏으려 했던 아비멜렉으로부터 하나님은 급하게 '개입'하셔서 그들의 횡포를 막으시며 사라와 리브가를 '보호'하셨다.

한편 하나님의 '개입과 보호'는 역사를 통해 면면히 볼 수 있다. 첫째는 야곱의 넷째 아들 유다의 경우이다. 유다에게는 세 아들이 있었는데 그중 두 아들이 속절없이 죽어 나가자 피상적으로는 '유다의 후손으로 오시마 약속'했던 하나님의 언약이 어긋나버릴 상황에 이르고 말았다. 이때 인간의 상상을 뛰어넘는 신실하신 하나님의 '개입'을 보게 된다. 그것은 다름이 아니라 놀랍게도 유다의 며느리 다말을 통해 그 약속을 이루어 가신 것이다.

둘째는 엘리멜렉의 아내 나오미의 경우이다. 사사들이 치리하던 당시 유다 베들레헴에 흉년이 들자 잘 살아보려고 모압 땅으로 이민을 갔던 여인 나오미는 그곳에서 남편을 잃게 된다. 설상가상(雪上加霜)으로 이미 그곳에서 결혼하여 가정을 이루고 있던 두 아들마저 속절없이 죽게 되자 일순간 당황해버린다. 그리하여 모든 것을 접고 고향 땅으로 되돌아 가고자 했다. 그때 모압 여인이었던 며느리 오르바와 룻은 그의 시어머니 나오미를 따라 자신의 고향과 민족을 버리고 낯선 땅 예루살렘행을 결심한다. 오르바와 달리 룻은 끝까지 자신의 선택을 철회하지 않았다. 그렇게 하나님의 약속은 모압 여인이었던 나오미의 며느리 룻을 통해 이루어지게 된다. 결국 룻은 전혀 예상 밖의 여리고 성의 기생, 라합의 아들이었던 당대의 유력자 보아스를 통해 다윗을 낳게 되었던 것이다. 하나님의 개입은 다윗의 계보를 통해 예수 그리스도를 이 땅에 보내셨던 것이다.

셋째는 애굽의 통치 하에 노예로 있을 당시 히브리 산파들에게 행하셨던 하나님의 개입이다. 당시 애굽의 바로는 히브리인들의 인구가 불어나는 것에 대한 두려움이 있었다. 그러다 보니 남자아이를 낳으면 '바로 죽이라'는 명령을 내렸다. 하나님의 개입은 그런 '바로'의 명령을 '바로' 지혜롭게 피해 갈 수 있도록 히브리 산파들에게 지혜와 담대함을 허락하셨던 것이다.

넷째는 다윗 왕을 사울왕의 위협으로부터 보호하셨던 하나님의 개입이다. 사울 왕은 다윗을 죽이려고 13년 동안이나 정예부대 3,000명을 풀어 그렇게나 악착같이 쫓아다녔다. 그러나 신실하신 하나님의 개입은 다윗을 털 끝 하나 상하지 못하게 했던 것이다.

다섯째는 하만의 간교한 흉계로 이스라엘 민족이 일촉즉발(一觸卽發) 몰살(沒殺)의 위기에 몰렸던 적이 있었는데 이때 하나님은 개입하셨다. 당시 하마터면 이스라엘 민족이 몽땅 사라질 뻔했다. 그때 하나님은 그들을 살려 내기 위해 '죽으면 죽으리라'는 결단으로 실행에 옮겼던 에스더와 그의 삼촌 모르드개를 사용하셔서 '개입과 보호'를 통해 이스라엘 백성들을 살리셨던 것이다.

이외에도 창세기 3장 15절에는 여자와 그 후손인 '아이의 이야기'가 나온다. 예레미야(51:34, 바벨론 왕 느부갓네살)와 에스겔서(29:3, 애굽 왕 바로)에는 '용 혹은 악어의 이야기'가 있다. 마태복음(2:13-18, 21:33-46)에는 헤롯왕이 '아기로 오신 예수'를 죽이려는 이야기가 있고 포도원 농부들이 주인이신 하나님의 '아들인' 예수 그리스도를 죽이려 하는 이야기가 있다.

이로 보건대 성경은 과거, 현재, 미래를 통틀어 '교회를 핍박하는 사단의 꼬리가 확실히 존재함'을 잘 드러내 주고 있다. 분명한 것은 머리는 이미 깨어졌다라는 것이다. 사단은 하나님의 섭리, 경륜, 작정, 예정에 따라 우리의 주인 되신 예수 그리스도의 발꿈치만 상하게 할 것뿐이다. 이는 '교회를 완전하게 멸망시키지는 못한다'는 것으로 종말 시대 동안에는 하나님께서 허락하신 범위 안에서 한시적, 제한적으로만 '사단의 꼬리'에 의해 교회가 핍박을 받을 것이라는 말씀이다.

"땅에 던져진 하늘 별 1/3"이란 의도적인 한정된 숫자를 드러내는 것으로서 '미혹된, 자기 처소를 떠난(유 1:6), 타락한, 범죄한' 천사들(벧후 2:4)과 교회들을 상징하고 있다. 즉 그 꼬리에 의해 땅에 떨어진 미혹된 천사들과 미혹된 교회의 숫자가 한정된 수인 1/3이라는 것이다. 결국 내쳐지지 않은 2/3는 하나님의 '개입과 보호'하심을 입게 될 것이다. 한편 "사단의 꼬리" 라는 것은 사단의 '속임수와 거짓말'을 상징하고 있다.

5 여자가 아들을 낳으니 이는 장차 철장으로 만국을 다스릴 남자라 그 아이를 하나님 앞과 그 보좌 앞으로 올려가더라

5절에서는 "여자가 아들(υἱός, nm, a son, descendant)을 낳으니"라는 말씀으로 시작하고 있다. 여기서 "아들"은 "장차 철장으로 만국을 다스릴 남자(ἄρσην, adj, male, man, 계 2:26-27, 11:18, 20:4, 시 2:9)"로 예표 된 예수 그리스도를 가리킨다. 그리고 "여자가 아들을 낳으니 이는 장차 철장으로 만국을 다스릴 남자"라고 했는데 "철장(시 2:9), 아들(시 2:7), 남자(사 66:7)"는 그리스도 메시야이신 초림의 예수님이시자 장차 재림하실 승리주, 심판주, 만왕의 왕, 만주의 주이신 예수님을 말한다.

"그 아이를 하나님 앞과 그 보좌 앞으로 올려가더라"는 말씀에는 '그리스도의 승귀(Ascension of Christ)'가 함의(含意)되어 있다. 곧 성육신하신 구속주 예수님의 대속 죽음과 부활, 승천 후 하나님의 보좌 우편에 승리주 하나님으로 앉으심까지의 내용이 포함되어 있는 것이다(막 16:19, 행 1:9, Plummer). 여기에 더하여 나는 부활 후 승천하신 예수님은 '그날'에 반드시 재림하실 것이기에 상기의 '그리스도의 승귀(Ascension of Christ)'에 '재림'을 포함하여 해석해 왔다.

한편 이 구절에서는 "낳으니"와 "올려가더라"는 말에 주목해야 한다. 먼저 '낳다' 라는 헬라어는 겐나오(γεννάω, v, to beget, to bring forth/τίκτω)'인데 이 단어 때문에 약간 혼란스럽기도 하다. 왜냐하면 마치 여자가 아이를 낳자마자 그 아이가 하늘로 올리어 간 듯한 뉘앙스가 느껴지기 때문이다. 그러나 시편 2편 7절(출생), 16편 10절(죽음과 부활)과 사도행전 13장 33-39절(출생, 죽음과 부활, 승천), 이사야 55장 3절(6대 언약)을 통해 유추해보면 '낳다'라는 헬라어 겐나오(γεννάω, v)에는 이미 '출생과 함께 죽음, 부활, 승천'까지도 광범위하게 함의되어 있음을 알 수 있다.

'올리어가다'의 헬라어는 하르파조(ἁρπάζω, v, to seize, catch up, snatch away)인데 이는 수동적 의미로서 '부활, 승천, 재림'까지의 의미가 담겨 있다. 고린도후서 12장 2절의 "셋째 하늘로 이끌려 간(ἁρπαγέντα, V-APP-AMS, having been caught up/ἁρπάζω, v, to seize, catch up, snatch away)"이라는 구절과 데살로니가전서 4장 17절의 "구름 속으로 끌어 올려(ἁρπαγησόμεθα, V-FIP-1P, will be caught away)"에도 동일한 수동적 의미의 헬라어가 사용되고 있음을 알 수 있다.

결국 '그리스도의 승귀'에 있어서의 주체는 기능론적 종속성 상 성부하나님이며 그런 수동적 의미 가운데에는 성부하나님의 '보호하심'도 내포(함의, 솜意, implication)되어 있다. 그렇기에 하나님의 백성 된 교회들(그리스도인들)도 당연히 하나님의 주권 하에 '인도와 보호하심'을 받게 될 것이다.

더하여 이 구절에서만 "아이(τέκνον, nn)", "아들(υἱός, nm)", "남자(ἄρσην, adj)"라는 단어를 반복하여 기술하고 있는데 이는 '강조'적 의미와 함께 마치 '아이가 부모에게 의지하듯' 비록 하나님의 본체이신 예수(빌 2:6)라 할지라도 당신을 드러내거나 애써 증명하려 하지 않고 하나님의 아들로서 아버지 하나님을 의지하며 성부의 뜻을 충성되게 행하시는 것을 드러내기 위함이다. 그렇기에 이 단어들은 성부하나님의 유일한 기름부음 받은 자로서 그리스도, 메시야이신, 독특한(unique) 아들, 독생자 예수와 성부하나님과의 관계 즉 기능론적 종속성(functional subordination)을 함의하고 있다.

6 그 여자가 광야로 도망하매 거기서 일천 이백육십일 동안 저를 양육하기 위하여 하나님의 예비하신 곳이 있더라

6절은 교회로 상징된 "그 여자"가 광야(왕상 17:1-7)로 도망하매 거기서 "1,260일 곧 종말 시대(계 11:3, 11:2, 11:9, 11, 12:14, 한때 두 때 반 때)" 동안에 양육을 받으며 "하나님의 예비하신 곳"에서 지내게 된다.

"하나님의 예비하신 곳"이라는 말씀에서는 출애굽 1세대의 광야 사건(출 16장, 17:1-7)이 떠오르며 엘리야를 살리셨던 요단 앞 그릿 시냇가에서의 까마귀 사건(왕상 17:1-7)도 연상된다.

한편 "광야"와 "예비하신 곳"을 문자적으로 해석하여 '장소적 개념'으로 이해할 수도 있으나 나는 각각 "광야"를 '광야 같은 인생'으로, "예비하신 곳"을 하나님의 '보호하심과 인도하심'이라는 상징적 의미로 해석한다. 즉 교회는 종말 시대를 살아가며 '광야 같은 삶'을 살게 되지만 성령님의 '보호하심과 인도하심'과 함께 "가르치시고 생각나게 하시는 성령님(요 14:26)"의 직접적인 양육을 받게 될 것을 함의하고 있는 말씀이다.

이어지는 계시록 12장 7-12절까지는 그리스도의 승귀(계 12:1-6)와 여자가 용의 핍박을 받게 되는 내용(계 12:13~17) 사이에 들어간 구절들이다. 특히 계시록 12장 7-9절까지는 하늘 전쟁을 보여주며 "미가엘과 그의 사자들"은 "용과 그의 사자들"과 싸워 그들을 하늘로부터 쫓아내어 버린다. 그리하여 용과 그의 사자들(12:7)은 땅으로 내어 쫓김(12:9, 13)을 당한다. 뒤이어 10-12절까지는 하늘에서 미가엘과 그의 사자들이 자신들에게 승리를 허락하신 하나님을 찬양하는 장면을 보여주고 있다.

7 하늘에 전쟁이 있으니 미가엘과 그의 사자들이 용으로 더불어 싸울쌔 용과 그의 사자들도 싸우나 8 이기지 못하여 다시 하늘에서 저희의 있을 곳을 얻지 못한지라 9 큰 용이 내어 쫓기니 옛 뱀 곧 마귀라고도 하고 사단이라고도 하는 온 천하를 꾀는 자라 땅으로 내어 쫓기니 그의 사자들도 저와 함께 내어 쫓기니라

계시록 12장 7-9절에는 "하늘에 전쟁"이 있었는데 그 결과 '미가엘과 그의 사자들'이 '용과 그의 사자들'을 물리친 후 그들을 "땅으로" 쫓아버렸다. 그 용이 바로 그 싸움에 앞장섰던 '큰 용'으로서 "옛 뱀 곧 마귀(디아볼로스, 고소자, 비방자)", 사단(히브리어와 헬라어 사탄의 음역은 동일하다)", "온 천하를 꾀는 자(사단의 속성)"이다. 이외에도 이 '옛 뱀'은 '공중 권세 잡은 자(엡 2:2), 계명성(사 14:12)'으로도 불린다.

참고로 사단이 '언제' 땅(the earth, land, γῆ, nf)으로 '쫓겨났느냐' 혹은 '쫓겨나느냐'라는 것에서 '땅'에 대한 해석과 그 '시기'에 관하여는 의외로 관심이 많고 그 해석은 더 분분(紛紛)하다. 이에 관하여는 많은 학자들이 저마다의 목소리를 내지만 나는 그다지 관심이 없다. 내가 확신을 갖고 있는 것은, 종말 시대 동안에 예수 그리스도로 말미암아 내주하시는 성령님을 통해 성령님의 능력으로 사단을 이기게 되는 것과 종말 시대의 끝날(마지막 그날)에 있게 될 재림주, 승리주, 심판주이신 예수님으로부터 사단과 악한 영의 세력들이 심판을 받아 "유황 불못(계 20:10, 14-15)"으로 던져지게 되며 "둘째 사망의 해(계 20:6, 14)"를 받게 될 것이라는 사실이다.

그럼에도 불구하고 '그 시기'를 말하라면 다니엘서 12장 1절에 의해 첫째는 예수 재림의 그날인 '최후 심판의 날'일 것으로 생각되며 둘째는 예수님의 '재림이 임박한 때'로 볼 수도 있을 듯하다. 만약 사단이 '땅으로 쫓겨날 시기'가 전자의 최후 심판의 날이라면 '땅'은 '유황 불못'을 의미하게 될 것이다. 그러나 후자의 예수님의 재림이 임박한 때라면 '땅'은 '공중 권세 잡은 사단이 거하는, 하늘(heaven, οὐρανός, nm)과 땅 사이의 '공중(계 8:13, mid-heaven, the zenith, μεσουράνημα, nn)'을 의미할 것으로 보인다.

참고로 '용'이라는 동물은 12지지(地支)에서의 열 두 동물의 장점을 뽑아 그려 놓은, 이 세상에서 가장 강력한 동물을 가리킨다. 동서양을 통틀어 사람들은 이런 '용'을 최고의 존재로 여겨 숭배해 왔는데 '용'이란 '사단'을 상징하기도 했다.

12지지의 열 두 동물이란 자(쥐), 축(소), 인(호랑이), 묘(토끼), 진(용), 사(뱀), 오(말), 미(양), 신(원숭이), 유(닭), 술(개), 해(돼지)이다. 한편 토템 신앙에 의해 형성되는 사회 체제 및 종교 형태를 토테미즘(Totemism)이라고 한다. 토템 신앙 하에서는 '용'을 짐승의 왕이자 이 세상의 왕으로 상징해왔다.

'등용문(登龍門)'이라는 말이 있다. '용문(龍門)에 오른다' 라는 뜻이다. 협곡으로 유명한 '용문'은 급류가 흐르는 여울목으로 황허(혹은 황하)강 상류에 있다. 전설에 의하면 잉어가 그 급류가 있는 용문으로 올라가다가 용으로 변하여 하늘로 승천했다고 한다. 결론적으로 '용'이라는 단어는 반기독교적이라는 것을 강조하고 싶다.

10 내가 또 들으니 하늘에 큰 음성이 있어 가로되 이제 우리 하나님의 구원과 능력과 나라와 또 그의 그리스도의 권세가 이루었으니 우리 형제들을 참소하던 자 곧 우리 하나님 앞에서 밤낮 참소하던 자가 쫓겨났고 11 또 여러 형제가 어린 양의 피와 자기의 증거하는 말을 인하여 저를 이기었으니 그들은 죽기까지 자기 생명을 아끼지 아니하였도다

10-11절에서는 밧모섬의 사도 요한이 반가운 하늘의 음성을 듣고 있다. 그 음성의 내용은 "하나님의 구원"과 "능력"과 "나라"와 또 그의 "그리스도의 권세"가 이루었다(테텔레스타이, 다 이루었다, 요 19:30)라는 것이다. 그 결과 하나님 앞에서 우리 형제들을 "밤낮 참소하던 자"가 쫓겨나게 되었다. 또한 예수님 안에서 한 형제된 교회들이 죽기까지 자기 생명을 아끼지 아니하며 "어린 양의 피"와 복음의 진리를 증거함으로 사단을 이기는 것을 보고 있다.

지난날 교회들은 하나같이 "하나님의 은혜의 복음 증거하는 일을 마치려 함에는 나의 생명조차도 조금도 귀한 것으로 여기지 않노라(행 20:24)"고 외쳤던 사도 바울처럼 죽음을 각오하며(마 10:28) 선한 싸움을 싸워왔다. 결국 사단과의 영적 싸움에 맞서려면 "예수 믿음과 하나님의 계명"을 붙들고(14:12) 인내하며 나아가되 죽기까지 순교하겠다는 각오가 있어야 한다라는 것이다.

하나님의 능력은 예수 믿음으로 능히 구원을 가능케 하며 그 구원을 통해 완성된 미래형 하나님나라로 들어가게 한다. 이는 예수 그리스도의 권세로만 가능하다. 그렇기에 하나님께서 우리에게 주신 '소망(엘피스, 미래형 하나님나라에로의 입성과 영생)'은 예수 그리스도를 통해서만 가능한 것이다. 한편 사단은 초림의 구속주 예수님의 십자가 보혈로 다 이루신 이후 하나님 앞에서 더 이상 교회(성도)들을 참소치 못하고 '땅'으로 쫓겨나게 된다. 곧 사단이 영향을 미치지 못하는 하나님나라의 영역 밖으로 쫓겨나게 되는 것이다. 여기서 '땅'은 '유황 불못'으로 해석해도 무방하다.

10절의 "우리 하나님의 '그' 구원(σωτηρία, nf)과 '그' 능력(δύναμις, nf)과 '그' 나라(βασιλεία, nf)와 또 그리스도의 '그' 권세(ἐξουσία, nf)가 이루었으니"에서 주목할 것은 헬라어 호(ὁ, ἡ, τό)라는 정관사 '그(the)'가 각 단어 앞에 붙어있는 것이다. 이는 구약에서 약속한 '그' 나라인 '하나님 나라'가 이루었다(성취와 완성)라는 것이다. 즉 예수 그리스도의 초림으로 인해 현재형 하나님나라가 성취된 것과 장차 예수님의 재림으로 인해 미래형 하나님나라가 완성될 것을 가리킨다.

12 그러므로 하늘과 그 가운데 거하는 자들은 즐거워하라 그러나 땅과 바다는 화 있을찐저 이는 마귀가 자기의 때가 얼마 못된 줄을 알므로 크게 분 내어 너희에게 내려갔음이라 하더라

12절에는 "하늘과 그 가운데 거하는 자" 즉 이미 천국의 시민권을 확보한, 현재형 하나님나라 된 '교회'는 상황과 환경에도 불구하고 기쁨을 누리게 될 것이요 "땅과 바다" 즉 온 세상에 남아 있는, 현재형 지옥된 '불신자들'에게는 화가 있을 것이라고 말씀하고 있다. 왜냐하면 "자기의 때"가 얼마 남지 않은 마귀가 '땅'으로 내려갔기 때문이다. 여기서 '땅'이란 'already~not yet'인 종말 시대 동안에 하나님으로부터 한시적, 제한적인 권세를 허용 받은 사단이 영향을 미치게 될 세상을 말한다. 그러나 그 시대를 살아가는, 내주하시는 성령님을 주인으로 모신, 현재형 하나님나라 된 교회는 사단이 참소치 못할 뿐만 아니라 성령님의 능력으로 사단을 능히 이길 수가 있게 된다. 한편 앞서 10-11절에서도 언급했듯이 '땅'을 장차 백보좌 심판 후에 있게 될 '유황 불못'으로 해석해도 무방하다.

결국 악한 세력을 예표하고 있는 그 마귀는 종말 시대 동안에 한시적, 제한적으로 교회를 힘들게 할 것이지만 그럼에도 불구하고 교회가 즐거워할 수 있는 것은 '소망'이 있기 때문이다. 다시 말하지만 '소망(엘피스)'이란 '미래형 하나님나라에의 입성과 영생'을 가리킨다. 반면에 악한 세력들은 종말 시대 동안에 불신자들이 자신들의 편에서 이탈하지 않도록 겁을 주면서 그들을 더욱 괴롭힐 것이다.

13 용이 자기가 땅으로 내어 쫓긴 것을 보고 남자를 낳은 여자를 핍박하는지라

이곳 13절에는 계시록 12장 7-9절의 하늘 전쟁에서 패한 용이 땅으로 쫓겨나 '남자를 낳은 교회(예수를 주인으로 모신 교회)'인 '여자'를 핍박하는 것을 사도 요한이 보고 있다.

앞서 계시록 12장 1-2절에서 "해를 입은 한 여자, 아이를 배어, 해산하게 되매"에서의 '입은, 배어, 해산'의 의미는 '품다, 낳다, 모시다'라는 의미로 여자(교회)가 "남자(예수님)"를 주인으로 모셨다라는 뜻이다.

결국 땅으로 쫓겨난 용이 종말 시대 동안에 하나님으로부터 제한적, 한시적인 권세를 얻어 예수님을 주인으로 모신 교회를 핍박할 것을 말씀하고 있는 것이다.

14 그 여자가 큰 독수리의 두 날개를 받아 광야 자기 곳으로 날아가 거기서 그 뱀의 낯을 피하여 한 때와 두 때와 반 때를 양육 받으매

14절에는 그 여자(교회)가 "큰 독수리의 두 날개(출 19:4, 신 31:11, 32:10-14, 사 40:31, 시 103:5)"의 도움으로 "광야 자기 곳"으로 날아가 거기서 종말 시대를 의미하는 "한 때, 두 때, 반 때(12:6, 11:3, 2, 9, 11, 사흘 반, 1,260일, 42개월, 삼일 반)를 양육 받게 된다. 여기서 '양육'이란 '하나님의 보호하심과 인도하심'이라는 의미(Lenski)로 바로 "독수리의 두 날개"의 상징적 의미와 동일하다.

한편 "한 때, 두 때, 반 때(단 7:25, 12:7)"라는 것은 '1,260일(11:3, 12:6), 42개월(11:2, 13:5), 삼일 반(11:11)', 사흘 반(11:9)과 동일한 의미인데 이는

하나님이 정하신 '예수님의 초림 이후부터 재림 전'까지의 기간인 '종말 시대' 동안을 가리킨다.

"광야"라는 것은 문자 그대로 '장소적 개념'으로 이해할 수도 있으나 앞서 6절에서 언급했듯이 나는 '광야 같은 인생'을 상징하는 것으로 해석한다. 즉 교회는 종말 시대를 살아가며 광야 같은 삶을 살게 되지만 성령님의 보호하심과 인도하심에 따른 양육(하나님의 보호하심과 인도하심)까지도 받게 되는 것을 함의하고 있다.

15 여자의 뒤에서 뱀이 그 입으로 물을 강 같이 토하여 여자를 물에 떠내려 가게 하려 하되 16 땅이 여자를 도와 그 입을 벌려 용의 입에서 토한 강물을 삼키니

15-16절에는 "여자(교회)"의 뒤에서 사단을 상징하는 "뱀"이 예수님의 입술(말씀)의 검을 흉내내면서 그 입으로 "물(시 69:15, 가짜 복음)"을 강같이 토하여 여자를 "물(시 69:15, 가짜 복음)"에 떠내려(미혹)가게 하려 하되 '땅'이 여자(교회)를 도와 그 입을 벌려 용의 입에서 토한 "강물"을 '삼켜버렸다'라고 말씀하고 있다.

"물을 강같이 토하여"에서의 '물'은 '거짓 진리, 왜곡된 복음, 가짜 복음, 문화, 풍조, 사조' 등등을 가리키며 '강'이란 '재앙 또는 고난'을 상징한다. 결국 "강물"이란 교회가 가짜 복음으로 인해 고난을 받게 될 것을 상징하고 있다. 그러나 당신의 백성을 구원하시기 위한 하나님의 도구로써의 '땅(민 16:30, 출 15:12)'이 그 여자를 도와 그 입을 벌려 용의 입에서 토한 강물(거짓 진리, 왜곡된 복음, 가짜 복음, 문화, 풍조, 사조)을 삼켜버린다.

"땅이 여자를 도와"에서의 '땅'이란 일반적으로는 '악한 자 혹은 악한 자들이 거하는 곳(6:10,15, 7:2, 8:13, 9:3, 11:10, 16:1, 17:2,5,8, 20:11)'을 상징한다. 그러나 이 구절에서는 "천하의 물이 한 곳으로 모이고 뭍이 드러나라(창 1:9-10)"에서 '뭍'으로 드러난 그 '땅'을 가리키는 것으로 당신의 백성을 구원하시기 위한 하나님의 도구로써의 '땅(민 16:30, 출 15:12)'을 의미하고 있다.

17 용이 여자에게 분노하여 돌아가서 그 여자의 남은 자손 곧 하나님의 계명을 지키며 예수의 증거를 가진 자들로 더불어 싸우려고 바다 모래 위에 섰더라

17절에는 "용이" 여자(교회)에게 분노하여 돌아가서 "하나님의 계명을 지키며 예수 증거"를 가진 그 여자(교회)의 '남은 자손들(교회 공동체를 구성하는 각각의 교회들, Swete, Kiddle, Caird)'과 싸우려고 '바다 모래 (종말 시대 동안의 세상)' 위에 섰더라(ἐστάθη, V-AIP-3S, 시내 사본(א), 알렉산드리아 사본(A))고 말씀하고 있다. 그렇기에 "남은 자손" 곧 각각의 교회는 종말 시대 동안 사단과의 일전은 피할 수가 없다. 종국적으로 교회는 사단과의 그 영적 싸움에서 계시록 14장 12절의 말씀대로 "예수 믿음과 하나님의 계명"을 붙들고 인내로 싸워 나가야 할 것이다.

사단인 용은 예수 그리스도(그 아이, 아들, 남자)를 죽이려 하다가 실패(4-5)했고 교회 공동체(여자)를 제거하려다가 실패(15-16)하자 이제는 남은 자손인 교회(개개의 성도)들을 공략하려는 계획을 세우고 있다(Hendriksen). 즉 공격의 방향이 그리스도에서 교회 공동체로, 교회 공동체에서 개개의 성도로 옮겨가고 있음을 볼 수 있다. 그러므로 교회인 우리가 해야 할 일은 자명하다.

"성도들의 인내가 여기 있나니 저희는 하나님의 계명과 예수 믿음을 지키는 자니라"_계 14:12

죽임을 당한 어린 양의 생명책에 창세 이후로 녹명되지 못하고 이 땅에 사는 자들은 다 짐승에게 경배하리라 _ 요한계시록 13:8

레마이야기 13

두 짐승 - 바다에서 나오는,
땅에서 올라오는
그리고 Satnic Trinity

13-1 내가 보니 바다에서 한 짐승이 나오는데 뿔이 열이요 머리가 일곱이라 그 뿔에는 열 면류관이 있고 그 머리들에는 참람한 이름들이 있더라

13장 1절에서는 "바다에서 나온 한 짐승(단 7:4-7)"을 사도 요한이 보았는데 "뿔이 열이요 머리가 일곱(12:3)"이었다. "그 열 뿔에는 열 면류관이 있고 그 일곱 머리들에는 참람한 이름들이" 적혀 있었다. 여기서 "10과 7"은 언약의 수, 완전수, 만수로 적 그리스도를 추종하는 세상의 세력들(17:10, 12)의 '많음'과 그들의 '강한 영향력'을 가리킨다. 당연히 그들의 영향력은 일시적이고 제한적이다.

"뿔, 머리, 면류관"이란 '통치권과 힘'을 상징하는 것으로 '바다에서 나온 그 짐승'은 하나님으로부터 한시적, 제한적으로 권세를 받아 교회들(성도들)을 핍박하게 될 것을 가리킨다.

"참람한 이름들"이라는 것은 하나님을 모독할 뿐만 아니라 심지어는 자신이 하나님의 영광을 가로채고 더 나아가 자신을 신(神)으로 섬기게 하는 것 까지를 포함한다.

2 내가 본 짐승은 표범과 비슷하고 그 발은 곰의 발 같고 그 입은 사자의 입 같은데 용이 자기의 능력과 보좌와 큰 권세를 그에게 주었더라

2절에서 사도 요한은 '바다에서 나온 짐승'을 보았는데 '그 짐승'은 "표범(날쌔다)"과 비슷하고 그 짐승의 발은 '힘과 끈기'를 상징하는 "곰(곰은 원 발이 강하다고 함)"의 발 같고 그 짐승의 입은 '용맹성과 지배력'을 상징하는 "사자(사자는 입이 강함)"의 입 같았다는 것이다. 그런데 악한 영의 우두머리 격인 용은 자기의 능력과 보좌와 큰 권세를 '그 짐승'에게 주었다라고 말씀하고 있다. 이는 다니엘서 7장 3-8절을 인용한 것으로 적 그리스도 세력들의 무섭게 보이는 권력과 거센 듯 보이는 영향력, 폭력성, 광포성을 드러내고 있다.

단 7:3-8	계 13:2
1)첫째 짐승: 사자와 같은데 독수리의 날개 -사람처럼 두 발로 섬, 사람의 마음 2)둘째 짐승: 곰과 같음 3)셋째 짐승: 표범과 같음 (등에 새의 날개 넷+머리 넷+권세) 4)넷째 짐승: 큰 철 이+열 뿔+작은 뿔+눈+입	모양: 표범과 비슷(날쌔다) 발: 곰의 발(힘과 끈기) 입: 사자의 입(용맹성과 지배력)
*모든 적 그리스도 세력들 1)무섭게 보이는 권력(그러나 일시적, 한시적, 제한적임) 2)거센 듯 보이는 영향력, 폭력성, 광포성(종말 시대 동안에만 한정됨)	

3 그의 머리 하나가 상하여 죽게 된 것 같더니 그 죽게 되었던 상처가 나으매 온 땅이 이상히 여겨 짐승을 따르고

　3절에서는 '바다에서 나온 짐승'의 일곱 머리 중 하나가 상하여 죽게 된 것 같더니 그 죽게 되었던 상처가 나으매 온 땅이 신비하게 여기며 그 짐승을 따르는 것을 사도 요한은 환상을 통해 보고 있다.
　예나 지금이나 '가시적이면서 초 현실적인' 기적이 일어나면 인간들은 그것에 관심이 쏠리게 되고 그것을 신비하게 여기며 심지어는 추종하게 되는 경향이 많은 것 또한 사실이다. 그러나 종말 시대를 살아가는 우리(교회들)는 '복음의 신비'에 주목하고 '오직 말씀'만을 붙들고 소망(엘피스)을 바라며 나아가야 할 것이다. '여기에 선지자가 있다 저기에 선지자가 있다'라고 하여 쫓아갈 것이 아니다. 각자가 섬기는 교회 공동체에서 '오직 말씀'만을 붙들고 '오직 예수', '오직 믿음'으로만 당당하게 자신있게 살아갈 것을 간절한 마음으로 권한다.

이곳 3절의 "바다에서 나온 짐승"은 예수님의 십자가 죽음과 부활을 모방하면서 마치 자신이 예수님이기라도 되듯이 술수를 부리며 연약한 사람들을 미혹하는 악한 영의 세력을 말한다. 특히 '머리가 상했다'라고 기록한 것은 창세기 3장 15절의 말씀(악한 영의 세력을 상징하는 뱀의 후손임을)을 노골적으로 암시(allusion)한 것이다.

"내가 너로 여자와 원수가 되게 하고 너의 후손도 여자의 후손과 원수가 되게 하리니 여자의 후손은 네 머리를 상하게 할 것이요 너는 그의 발꿈치를 상하게 할 것이니라 하시고" _창 3:15

4 용이 짐승에게 권세를 주므로 용에게 경배하며 짐승에게 경배하여 가로되 누가 이 짐승과 같으뇨 누가 능히 이로 더불어 싸우리요 하더라

4절에는 악한 영적 세력의 우두머리 격인 용이 "바다에서 나온 짐승"에게 권세를 주었다라고 말씀하고 있다. 그랬더니 사람들이 그런 용과 죽게 되었던 상처가 나은 짐승에게 경배하며 외치기를, "누가 이 짐승과 같으뇨", "누가 능히 이로 더불어 싸우리요"라고 말하는 것을 사도 요한은 보고 듣고 있다. 이 말은 마땅히 하나님께 올려야 할 찬양과 경배, 영광을 용과 짐승이 가로채고 있다라는 의미이다.

이 구절은 출애굽기 15장 10-18절, 시편 89편 6-7절에서 성도들이 하나님의 위엄과 권능, 거룩함, 전쟁에 능하신 분임을 찬양했던 것을 슬쩍 자기의 것으로 인용하고 흉내 내면서 용과 짐승도 사람들로 하여금 자신들에게 찬양할 것을 강요하고 있는 것이다.

5 또 짐승이 큰 말과 참람된 말하는 입을 받고 또 마흔 두달 일할 권세를 받으니라

5절에서는 사도 요한이 '바다에서 나온 짐승'이 "큰 말과 참람된 말" 하는 입을 받고 "42개월(한시적)" 동안 일할(영향력을 발휘할) 권세를 받게 되는 것을 보고 있다. 이는 다니엘 7장 8, 20, 25절, 11장 36절을 인용한 것이다.

"큰 말"이란 '호언장담과 거짓말로 미혹하는 것'을 상징하며 "참람된 말"이란 '하나님의 신성과 권능을 모독하는 말'을 상징하는 것으로 '바다에서 나온 짐승'이 노골적으로 하나님을 모독하고 있는 것을 가리킨다.

"마흔 두달(42개월)"이라는 것은 그 권세가 '한시적(일시적) 기간'이라는 의미와 함께 그 권세가 '제한적' 이라는 의미로 종말 시대 동안에만 허용되었다라는 의미이다.

6 짐승이 입을 벌려 하나님을 향하여 훼방하되 그의 이름과 그의 장막 곧 하늘에 거하는 자들을 훼방하더라

6절에서는 '바다에서 나온 짐승'이 입을 벌려 "하나님을 향하여 훼방"

하고 "하나님의 이름"을 훼방하며 "그의 장막" 곧 "하늘"에 거하는(소속, 소유) 자들(4:4, 7:9, 12:12)을 총칭하는 모든 하나님의 백성들(교회들)을 훼방하는 것을 사도 요한은 보고 있다.

"훼방"의 헬라어는 블라스페미아[104]($Βλασφημία$, nf)인데 이는 계시록 13장 5절의 "큰 말과 참람된 말"로서 '중상, 모략, 헐뜯는 것, 악담, 비방, 참람, 모독(blasphemy)"이라는 의미이다.

7 또 권세를 받아 성도들과 싸워 이기게 되고 각 족속과 백성과 방언과 나라를 다스리는 권세를 받으니

7절에는 '바다에서 나온 짐승'이 하나님으로부터 "권세"를 받아 성도들과 싸워 한시적인 기간과 제한적인 능력으로 그들을 이기게 되고 각 족속과 백성과 방언과 나라를 다스리는 "권세"를 받게 된 것을 말씀하고 있다.

한편 하나님께서 교회에게 그들로부터 한시적, 제한적으로나마 환난을 겪도록 허락한 것과 이와 더불어 일곱 재앙을 겪도록 하신 것은 교회들을 정금같이 연단하여 거룩함으로 살아가도록 하기 위함이다. 또한 힘들고 어려울 때마다 마라나타를 외치게 하기 위함이며 더 나아가 미래형

---

[104] 훼방 혹은 참람은 신성모독을 뜻하는데 헬라어는 블라스페미아($Βλασφημία$, nf)이다. 이는 slander, abusive or scurrilous language, blasphemy를 말한다.

하나님나라에의 입성과 영생, 즉 소망을 갖게 하기 위함이다. 그러므로 하나님의 마음(그 뜻)을 잘 분별함으로 마지막 그날까지 우리는 흔들리지 말고 끝까지 승리하며 나아가야 할 것이다.

8 죽임을 당한 어린 양의 생명책에 창세 이후로 녹명되지 못하고 이 땅에 사는 자들은 다 짐승에게 경배하리라

8절에서는 우리를 위하여(휘페르) 죽임을 당한 "어린 양의 생명책"에 창세 이후로 녹명(錄名, 롬 3:23-26)되지 못하고 '이 땅에 사는 자들(카토이케오, 사단나라 소속, 소유)'은 다 짐승에게 경배하게 될 것을 말씀하고 있다.

"창세 이후로"에 해당하는 헬라어는 '아포 카타볼레스 코스무(ἀπὸ καταβολῆς κόσμου)'인데 이는 '세상의 기초를 놓을 때 부터'라는 의미이다. 이는 세상이 시작되는 시점(역사의 시작점), 곧 창세(רֵאשִׁית, 베레시트, γένεσις)로부터 이미 생명책에 녹명되었다라는 것으로 엄밀히 말하자면 창세 이전(עוֹלָם, 올람, 미 5:2, 아르케, ἀρχή)부터 구원자들을 '택정'하셨다라는 말이다. 선택 교리와 유기 교리를 뒷받침하고 있다.

하나님의 때가 되매 역사 속으로 들어오신 초림주이신 예수님은 성육신(Incarnation)하셔서 메시야닉 비밀(Messianic Secret)을 통해 일체 수동적 입장을 취하시고 메시야닉 사인(Messianic Sign)을 보이시며 공생애(公生涯)를 마치신 후 수치와 저주를 몽땅 안고 십자가 보혈로 구속 사역을 성취하심으로 하나님의 백성인 교회를 사망(영적 죽음)에서 생명(영적 부활)의 자리로 옮겨 놓으셨다.

"땅에 사는 자들(τοὺς κατοικοῦντας ἐπὶ τῆς γῆς, all inhabitants of the earth)"이란 계시록 13장 6절의 "하늘에 거하는 자들 (τοὺς ἐν τῷ οὐρανῷ σκηνοῦντας, those who live in heaven)"과 대조되는 말로 각각 '소속, 소유' 라는 의미가 내재되어 있는데 전자의 경우 '생명책에 녹명되지 못한 자, 땅에 속한 자' 즉 '불신자'를 가리킨다. 반면에 후자의 경우 만세 전에 하나님의 은혜로 택정함을 입어 '생명책에 녹명된 자, 하늘에 속한 자'를 가리킨다.

9 누구든지 귀가 있거든 들을찌어다

9절에서는 누구든지 영적으로 예민한 자들은 성령님의 음성에 귀를 기울여 들으라고 촉구하시고 있다. 믿음은 들음에서(롬 10:17) 나기 때문이다. 그렇기에 '큰 귀(열린 귀를 허락해 주시옵소서, 시 40:6)' 곧 '지혜(잠 1:7, the fear of the Lord, 시 111:10, 좋은 지각, good understanding)'를 갈망하고 소유하라는 말이다.

히브리어에 레브 쇼메아(לֵב, 레브, שֹׁמֵעַ, 쇼메아)라는 단어가 있다. 열왕기상 3장 9절의 '잘 듣는 마음(시 40:6)'을 말하는 것으로 곧 '잘 듣는 마음'이 바로 '지혜로운 마음'이라는 의미이다. 하나님께 지혜를 구하여 하나님의 음성을 잘 듣는 큰 귀, 바르게 분별하며 명확히 깨닫는 머리, 영적인 바른 분별을 하는 영안, 하나님의 말씀을 예민하게 받음과 동시에 곧장 반응하는 마음을 소유하라는 것이다.

참고로 '교만'에 대한 신학적 정의가 4가지 있다. 첫째, 하나님께 지혜를 구하지 않는 것, 둘째는 하나님의 은혜를 구하지 않는 것이며 셋째는 하나님의 구원을 바라지 않는 것, 그리고 마지막 넷째는 하나님의 영광을 가로채는 것이다. 그렇다면 '겸손'의 신학적 정의는 불문가지(不問可知)이다.

10 사로잡는 자는 사로잡힐 것이요 칼에 죽이는 자는 자기도 마땅히 칼에 죽으리니 성도들의 인내와 믿음이 여기 있느니라

이 구절은 예레미야 15장 2-3절, 43장 11절을 인용한 것으로 문맥이 매끄럽지 않은 듯하여 이해가 모호하기는 하나 다음의 두 가지 의미로 해석할 수 있을 듯하다.

"그들이 만일 네게 말하기를 우리가 어디로 나아가리요 하거든 너는 그들에게 이르기를 여호와의 말씀에 사망할 자는 사망으로 나아가고 칼을 받을 자는 칼로 나아가고 기근을 당할 자는 기근으로 나아가고 포로 될 자는 포로 됨으로 나아갈찌니라 하셨다 하라 나 여호와가 말하노라 내가 그들을 네 가지로 벌하리니 곧 죽이는 칼과 찢는 개와 삼켜 멸하는 공중의 새와 땅의 짐승으로 할 것이며" _렘 15:2-3

"그가 와서 애굽 땅을 치고 죽일 자는 죽이고 사로잡을 자는 사로잡고 칼로 칠 자는 칼로 칠 것이라" _렘 43:11

첫째는 교회가 종말 시대 동안에 '사로잡혀서 칼에 죽게 될 것'이라고 해석하면 종말 시대에 당할 '교회들의 핍박'에 대해 말씀하고 있는 것이다. 결국 성도들은 '사로잡혀서 칼에 죽게 될지라도' 그러한 핍박을 통과하며 인내와 믿음으로 이겨내야(14:12) 한다라는 것이다.

둘째는 '사로잡혀 갈 사람은 잡혀갈 것이며 칼에 맞아 죽을 사람은 칼에 맞아 죽을 것이다(공동 번역)'로 해석하면 종말 시대에 당할 '교회들의 핍박 양상'을 예고하는 것으로 '잡히기도 하며 심지어는 맞아 죽기도' 할 터인데 그러할지라도 담대하고 당당하게 환난과 순교를 감수하라는 말이 된다(Charles, Plummer, Moffatt). 학자들은 후자를 지지하나 나는 둘 다 무방하다라고 생각한다.

11 내가 보매 또 다른 짐승이 땅에서 올라오니 새끼 양 같이 두 뿔이 있고 용처럼 말하더라

11-16절에서 사도 요한은 "또 다른 짐승이 땅에서 올라오는" 것을 보고 있다. 13장의 전반부(1-10)에서는 "바다에서 나오는 짐승"을 보았다면 후반부에서는 "땅에서 올라오는 짐승(거짓 선지자, 16:13, 19:20, 20:10, Hendriksen, 막 13:22)"을 보았던 것이다.

땅에서 올라오는 짐승'은 "새끼 양같이 두 뿔이 있고 용처럼 말하더라"고 말씀하고 있다. 이는 성령 하나님을 모방하고 있다(13:15).

두 짐승의 차이를 가만히 보면, "땅에서 올라오는" 두 번째 짐승은 "바다에서 나오는" 첫 번째 짐승과 달리 세상 권력을 가지고 파괴(13:7, 10)하고 있는 것이 아니라 거짓 교훈으로 사람들을 속이고 미혹하고 위장하여 사람들을 타락시키고 부패케 하는 일을 하고 있다. 즉 "땅에서 올라오는" 두 번째 짐승은 특징적으로 거짓의 아비(요 8:44)라는 것을 드러내고 있는 것이다. 물론 종국적으로는 위해(危害)를 가하는 것을 넘어서서 죽이기까지도 한다. 더하여 그는 편가르기를 시도하며 불편과 불이익으로 몰아가면서 "표"를 통해 하나님나라와 사단나라의 백성 중 어느 편에 설 것인지 소속을 결정하라고 몰아붙이기도 한다.

12 저가 먼저 나온 짐승의 모든 권세를 그 앞에서 행하고 땅과 땅에 거하는 자들로 처음 짐승에게 경배하게 하니 곧 죽게 되었던 상처가 나은 자니라

이 구절에서는 "땅에서 올라온" 두 번째 짐승이 "바다에서 나왔던" 첫 번째 짐승의 "모든 권세를" 받아 그 앞에서 행하고 땅과 땅에 거하는 자들로 "처음 바다에서 나왔던 짐승"에게 경배하게 했다.

바다에서 나온 처음 짐승은 자신이 "죽게 되었던 상처가 나은 자"라며 은근히 "예수님"을 지칭하면서 사람들을 속였다. 거기에 장단을 맞추어 '땅에서 올라온 두 번째 짐승'이 '바다에서 나온 그 첫 짐승'을 '예수의 부활'처럼 몰아가고 있다. 마치 '바다에서 나온 첫 번째 짐승'이 부활하신 예수님이기라도 되는 듯이……. 그렇게 함으로 '땅에서 올라온 두 번째 짐승'은 '바다에서 나온 그 첫 번째 짐승'에게 경배하도록 강요하고 있는 것이다.

13 큰 이적을 행하되 심지어 사람들 앞에서 불이 하늘로부터 땅에 내려오게 하고 14 짐승 앞에서 받은 바 이적을 행함으로 땅에 거하는 자들을 미혹하며 땅에 거하는 자들에게 이르기를 칼에 상하였다가 살아난 짐승을 위하여 우상을 만들라 하더라 15 저가 권세를 받아 그 짐승의 우상에게 생기를 주어 그 짐승의 우상으로 말하게 하고 또 짐승의 우상에게 경배하지 아니하는 자는 몇이든지 다 죽이게 하더라

13-15절에서는 "땅에서 올라온 두 번째 짐승"이 큰 이적(마 24:24, 막 13:22)행하는 것을 사도 요한은 보고 있다. 명심할 것은 오늘을 살아가는 교회들은 이런 초현실적인 기적들에 관심을 가질 필요도 없고 그것에 쏠려서도 안 된다. 왜냐하면 데살로니가후서 2장 9-12절의 말씀에 의하면, 눈에 보이는 가시적인 기적들이란 "사단의 역사를 따라 악한 자에게 임하는 것으로 이것들을 믿고 따르게 되면 멸망에 이르게 될 것"이라고 경고하고 있기 때문이다.

한편 하나님은 이런 유의 기적들을 허용하시며 그런 '유혹과 미혹'을 따르도록 허용하기도 했는데 그 이유는 진리(오직 말씀, 오직 은혜, 오직 믿음)보다 이런 초자연적인 것들을 "좋아하는 모든 자로 심판을 받게 하려 하심(살후 2:12)"이라고 말씀하고 있다.

13-14절에서 특히 그 짐승은 큰 기적과 더불어 사람들 앞에서 가시적으로 불이 하늘로부터 땅에 내려오게(왕상 18:38, 엘리야의 기적)하는 등의 놀라

운 초자연 현상을 보여주기도 했다. 그러나 이는 그런 기적을 행함으로 "땅에 거하는 자들을 미혹(살후 2:9-10)"하고 있는 것일 뿐이다. 여기서 우리는 가시적인 현상이나 기적을 좇아갈 것이 아니라 '진리(오직 말씀, 오직 복음, 오직 예수)'만을 좇아가야 할 것을 다시 결단해야 할 것이다.

요한삼서 2절에는 사도 요한이 사랑하는 가이오에게 편지하며 "사랑하는 자여 네 영혼이 잘 됨같이 네가 범사에 잘되고 강건하기를 내가 간구하노라"고 당부했던 말씀이 있다.

여기서 "범사에(περὶ πάντων, concerning all things)"라는 헬라어 단어의 의미가 새롭다. '범사'라는 것은 '모든 것에서 진리를 찾고 그 진리를 알아가는 것'이라는 의미이다. "잘 됨같이 잘되고"의 헬라어는 유오도오[105](εὐοδόω, v)인데 이는 유(εὖ, adv, well, well done, good)와 호도스(ὁδός, nf, a way, road, journey, path)의 합성어로서 '바른 길이요 진리요 생명이신 예수를 좇아가는 것'을 말한다. 곧 '잘 됨같이' 라는 것은 '진리이신 예수를 좇아가는 것'이라는 의미이다. "영혼"의 헬라어는 퓌쉬케[106](ψυχή, nf)인데 이는

---

105 유오도오(εὐοδόω, v)는 (from 2095 /eú, "well, good" and 3598 /hodós, "a journey on a particular road") - properly, to go on a prosperous journey; (figuratively) to be on the right (profitable) path, i.e. leading to real success (good fortune) where someone truly "prospers, is prospered" (A-S)이다.

106 퓌쉬케(ψυχή, nf)는 (a) the vital breath, breath of life, (b) the human soul, (c) the soul as the seat of affections and will, (d) the self, (e) a human person, an individual/(from psyxō, "to breathe, blow" which is the root of the English words "psyche," "psychology") - soul (psyche); a per-son's distinct identity (unique personhood), i.e. individual personality이다.

'죽을 육신'을 가리키며 "강건하다"의 헬라어는 휘기아이노[107]($ὑγιαίνω$, v)이다.

 결국 이 구절(요삼 2절)은 사도 요한이 사랑하는 가이오에게 '모든 것에서 길이요 진리요 생명이신 예수'를 좇아갈 것을 권하면서 너의 '죽을 육신' 곧 '길어야 70이요 강건해도 80(시 90:10)'인 인생에 있어서 진리이신 예수 그리스도를 좇아가는 것이야 말로 진정한 영육 간의 '강건(强健)'임을 가르쳐주고 있는 것이다. 그렇기에 요한 삼서 2절은 따로 떼어서 인용하면 하나님의 마음과 동떨어지기 십상이다. 반드시 3-4절과 연결하여 해석[108]해야 한다. 오늘의 교회 된 우리 또한 기적이나 가시적인 것을 좇아가기 보다는 '오직 말씀' 곧 '길이요 진리요 생명이신 예수님' 만을 좇아가야 할 것이다.

 14절에서는 두 번째 땅에서 올라온 짐승이 "칼에 상하였다가 살아난 바다에서 나왔던 첫 번째 짐승을 위하여 우상을 만들라"고까지 했다. 그런 후 15절에서 두 번째 짐승은 "땅에 거하는 자들"이 만든, 그 첫 번째 짐승을 기념하기 위해 만든, "그 우상"에게 생기를 주어 그 짐승의 우상으로 말하게 하고 또 짐승의 우상에게 경배하지 않으면 몇이든지 다 죽이게 했다. 이는 사단의 무자비함을 적나라하게 보여주고 있는 것이다.

---

107 휘기아이노($ὑγιαίνω$, v)는 to be sound, healthy/(the root of the English term, "hy-giene") - properly, in good working order - hence, "healthy," in sound condition (in-balance)이다.

108 결국 요한 삼서 2-4절은 '영혼이 잘 되고 범사가 잘 되는 것'이란 영육 간에 강건함으로 진리를 증거하는 것과 진리 안에서 행하는 것이라는 의미이다. 다시 말하면 진리(오직 예수, 오직 복음, 오직 말씀, 오직 은혜, 오직 믿음)를 증거하는 것과 진리 안에서 행하는 그것이 영혼이 잘 되는 것이며 범사가 잘 되는 것이고 강건한 것이라는 말이다.

한편 우상에게 생기를 준 그 두 번째 땅에서 올라온 짐승은 '성령 하나님을 모방'한 것일 뿐이며 그 '생기' 또한 진정한 프뉴마(πνεῦμα, nn)가 아니었다. 단지 그렇게 흉내내면서 사람들을 속임으로 사신(死神) 우상을 절대적 존재로 만들어 섬기게 하려는 의도였을 뿐이다.

가만히 보면 재미있는 기독론적 패러디[109](parody)가 있는데 첫째는 '죽음과 부활'에 관한 것이고 둘째는 '통치'에 관한 것이다.

먼저 '짐승의 죽음과 부활'은 계시록 13장의 3, 12, 14절에 3회 언급되어 있는데 이는 5장 6절의 '예수의 죽음과 부활'을 빗대고 있는 것이다. 팩트를 살펴보면 짐승은 완전히 죽었다가 살아난 것이 아니라 죽음에 이를 정도의 상처(13:3, 죽게 된 것 같더니)를 입었다가 살아난 것이다. 정확히 말하자면 부활이 아니라 '회복'된 것이다. 반면에 예수님은 완전한 죽음(계 5:6)후 다시 살아나신 '부활'이다. 즉 '짐승의 부활'은 참된 부활이 아니라 부활을 흉내 낸 '거짓된 모방(deceitful imitation)'이라는 것이다.

둘째 '통치'에 관한 것은 '사단나라에 속한 자들', 즉 '땅에 거하는 자들'만이 짐승에게 경배(13:4, 8)를 한다. 이는 어린 양 예수 그리스도에 대한 교회들의 전 우주적인 경배(2:28, 3:21, 5:8-14)를 패러디한 것이다. 결국 짐승의 통치는 '제한된 시공간' 안에 머물지만 예수님의 통치는 시공을 뛰어넘어 온 우주와 모든 사람에게 미치는 '전(全) 우주적이며 영속적'인

---

[109] 이필찬 교수의 <요한계시록 어떻게 읽을 것인가>, p227-229, 재인용

것으로 둘 사이에는 근본적인 차이가 있다라는 것이다.

 참고로 몇 번 언급했지만 "땅에 거하는 자들"이라는 말이 계시록에서 여러 번 반복되어 나오는데 그 의미는 둘로 나누어 구분하여 해석해야 한다. 이는 '거하다'라는 의미의 헬라어를 유의하여 살펴봄으로 쉽게 구분할 수 있다.

 계시록 13장 14절에서는 '거하다'의 헬라어를 '카토이케오(κατοικέω, v, I dwell in, settle in, am established in (permanently), inhabit)'를 사용함으로 '땅에 속한 자 곧 사단나라에 속한 자' 즉 '불신자(τοὺς κατοικοῦντας ἐπὶ τῆς γῆς)'라는 의미로 사용되었다. 반면에 14장 6절의 '거하다'라는 의미의 헬라어는 '카데마이(Κάθημαι, v, to be seated)'를 사용하고 있는데 이는 '지금은 땅에 거하고 있으나 창세 전에 성부하나님으로부터 택정된 자'이기에 '복음이 들려지면' 하나님께로 돌아올 자, 즉 택자(ἐπὶ τοὺς καθημένους ἐπὶ τῆς γῆς)라는 의미로 사용되었다.

 그리하여 나는 불신자의 경우 '카토이케오'라고 간단하게 고유명사(固有名詞)화(化) 하여 명명해왔고 교회의 경우 '카데마이'라고 명명해왔던 것이다.

16 저가 모든 자 곧 작은 자나 큰 자나 부자나 빈궁한 자나 자유한 자나 종들로 그 오른손에나 이마에 표를 받게 하고 17 누구든지 이 표를 가진 자 외에는 매매를 못하게 하니 이 표는 곧 짐승의 이름이나 그 이름의 수라

16-17절에서는 '땅에서 올라온 두 번째 짐승'이 "모든 자" 곧 "작은 자, 큰 자, 부자, 빈궁한 자, 자유한 자, 종들"에게 "그 오른손(힘과 능력)에나 이마(전 인격적)에 표(카라그마, 짐승의 통제 아래서 활동, 죄의 종노릇, 롬 8:6, 12, 16)"를 받게 했다. 그리고는 누구든지 이 "표를 가진 자(땅에 속한 자, 사단나라에 속한 자)" 외에는 매매를 못하게 함(불이익을 줌)으로 한시적이고 제한적인 사회적, 경제적 제재와 핍박을 가했다. 이 표(카라그마)는 "짐승의 이름이나 그 이름의 수"인데 이름이란 '소속, 소유'를 의미한다. 곧 이 구절은 '사단나라에 속할 것인가 하나님나라에 속할 것인가' 라는 악한 세력들의 편가르기를 보여주고 있는 것이다.

앞에서도 언급했듯이 "표", "짐승의 이름", "이름의 수", "짐승의 수", "사람의 수", "666" 등등은 역사적인 특정 인물을 가리키거나 베리칩(verichip or verification chip, RFID) 혹은 마이크로칩 등등의 어떤 인식표를 받는 것이 아니라 '악한 영의 세력 혹은 추종 세력을 총칭'하는 말이다. 즉 '표(카라그마, 창 4:15)를 가졌다 라는 것은 '사단나라에 속한 자, 불신자 혹은 땅에 거하는(κατοικέω) 자' 라는 것을 가리킨다.

참고로 '짐승의 표(인)'는 헬라어로 카라그마(χάραγμα, nn)라고 일컫는 반면에 '하나님의 인(표)'은 헬라어로 스프라기스(계 7:2-3, 14:1, σφραγίς, nf)라고 한다. 두 헬라어가 모두 다 '표(인)'라는 의미이지만 이렇게 헬라어로 달리 표기함으로 '그' 차이[110]를 일부러 드러내고 있는 것이다.

---

110 짐승의 표는 헬리어로 카라그마(χάραγμα, nn, "the identification-marker" (like with an owner's unique "brand-mark")이다. 반면에 하나님의 인은 헬리어로 스프라기스(7:2-3, σφραγίς,

AD 10C 경 아라비아 숫자가 발명되기 전까지 로마인들은 문자를 가지고 수를 표시했다. 알파를 1로, 베타를 2로 사용하여 문자를 단어나 숫자로 병용(Johnson)했으며 아라비아 문자가 발명된 후에도 헬라인이나 로마인들은 문자를 숫자로 표시한 후에 이를 해석하는 숫자놀이(이솝세피아, Aesopsepia)를 즐겼다. 때로는 두려움의 대상이나 그 인격의 신비성을 높이기 위해 인격체의 이름을 숫자로 바꾸어 부르기도 했다. 이는 마치 히브리어의 알파벳이 나타내는 숫자를 가지고 그 단어가 지닌 뜻을 풀어 성경을 해석하는 수비학[111](Numerology, Gematria)과 비슷하다.

히브리어 알파벳은 22개[112]이다. 처음 알파벳 열 개의 음가(音價)는 1(א, 알레프)-10(י, 요오드)을 나타내며 그 다음의 여덟(8) 자(כ, 카프-짜데, צ)의 음가(音價)는 20-90까지 10단위를 나타낸다. 나머지 넉(4) 자(ק, 고프, 레쉬, ר, 쉰, שׁ, 타우 혹은 타브, ת)의 음가(音價)는 100-400으로 백 단위를 나타낸다.

예를 들면, 창세기 15장 2절에 나오는 아브라함의 종 엘리에셀(אֱלִיעֶזֶר, God is help)의 경우 그 히브리어 알파벳 음가를 합치면 (200+7+70+10+30+1)

---

nf, an etched (engraved) object pressed into soft wax or clay to seal a document (letter): a "seal.")로 달리 표기되었다.

111 네이버 지식백과, 두산백과

112 히브리어 알파벳 22개는 다음과 같다. א 알레프(Aleph/אלף), ב 베트(Beth/בית), ג 기멜(Gimel/גמל), ד 달레트(Daleth/דלת), ה 헤(he/אה), ו 와우|바브(Waw|Vav/וו) *현대 히브리어가 '바브'이다.., ז 자인(Zain/זין), ח 헤트(Heth|Chet/חית), ט 테트(Tet/טית), י 요드(Yod/יוד) 까지가 음가 1단위이고 כ/ך 카프(Kaph/כף), ל 라메드(Lamed/למד), מ/ם 멤(Mem/םמ), נ/ן 눈(Nun/נון), ס 싸메크(Samekh/סמך), ע 아인(Ain/עין), פ/ף 페(Pe/אף), צ/ץ 짜데/차데(Tzsdhe/צדי) 까지가 음가 10단위이며 ק 코프(Koph/קוף), ר 레쉬(Resch/שיר), שׁ 신 | 쉰(Shin/שין), ת 타우|타브(Taw|Tav/ות) 까지가 100단위이다. 한편 '타우'의 현대 히브리어가 '타브'이다. * ך ם ן ף ץ 는 단어의 뒤에 올 때 쓰여진다. ex) ארא, דלה, םימ

엘리에셀(אֱלִיעֶזֶר)로서 318이 된다. 그러므로 창세기 14장 14절의 "집에서 길리고 연습한 자 318명"이란 '종'이라는 의미로서 '엘리에셀은 종이다'라는 말이다.

그렇다면 18절의 짐승의 숫자인 "666"을 풀이해보자. 일부에서는 이 짐승의 정체를 네로 황제를 대표적 모델로 하는 '로마제국'으로 해석하기도 한다. 왜냐하면 네로 황제의 헬라어 이름 Neron Kaisar의 히브리어 음역이 네론 카사르(NRWN QSR)인데 그 철자의 숫자[113]를 합하면 666이 되는 것을 두고 한 말이다. 나는 이런 해석에 대한 관심이 그다지 없을 뿐만 아니라 전혀 중요하다고 생각지도 않는다. 이는 복음의 본질도 기독교의 본질도 아니기 때문이다. 그냥 흥밋거리로만 여기라.

18 지혜가 여기 있으니 총명 있는 자는 그 짐승의 수를 세어 보라 그 수는 사람의 수니 육백 육십 육이니라

18절에서는 총명하고 지혜로운 자 즉 성령을 통해 주시는 '하나님의 지혜(레브 쇼메아)'를 받은 자는 '그 짐승의 수(상징적인 수, Lenski)'가 바로 '사람의 수'이며 '666'임을 본능적으로 알 수 있다라고 말씀하고 있다. 다시 말하지만 '666'은 바코드나 마이크로칩 등등 특정한 그 무엇이나 역사적

---

[113] 네론(NRWN)은 그리이스어표기의 히브리어로 N(nun)=50, R(resh)=200, W(waw)=6, N(nun)=50 카사르(QSR) Q(qof)=100, S(samekh)=60, R(resh)=200 즉 네론(NRWN) 카사르(QSR)는 666이된다(Smith, Charles).

인물이 아니라 모두 다 '악한 영적 세력이나 그 추종세력을 총칭'하는 것으로 사단 나라에 소속된 자라는 의미이다.

결국 계시록 13장 16-18절의 표(카라그마)를 받은 자들은 '땅에 속한 자, 사단나라에 속한 자, 불신자들'을 말하며 14장 1절의 표(인(印), 스프라기스)인 "어린 양과 아버지의 이름을 받은 자들"은 '하늘에 속한 자 즉 교회들'을 가리킨다. 소위 '인(印)침'을 받은 자들을 말한다.

하나님으로부터 종말 시대 동안에 한시적, 제한적인 권세를 허락받은 악한 영의 세력들과 그 추종 세력들은 하늘에 속한 자 즉 교회에게는 매매를 못하게 하는(불이익을 주는) 등 여러가지 다양한 형태로 핍박을 가한다. 설상가상(雪上加霜)으로 일곱 재앙까지 덮친다. 그럼에도 불구하고 종국적으로 교회는 반드시 승리하게 된다.

그리하여 교회는 예수 그리스도의 구원을 통해 장차 미래형 하나님나라에서 새 노래 즉 "모세의 노래(모세가 불렀던 노래), 어린 양의 노래(어린 양을 찬양하는 노래)"를 부르게 될 것이다.

성도들의 인내가 여기 있나니 저희는 하나님의 계명과 예수 믿음을 지키는 자니라 _ 요한계시록 14:12

레마이야기 14

하나님과 어린 양의 인(σφραγίς)과 짐승의 표(χάραγμα) 그리고 14:12

14-1 또 내가 보니 어린 양이 시온 산에 섰고 그와 함께 십 사만 사천이 섰는데 그 이마에 어린 양의 이름과 그 아버지의 이름을 쓴 것이 있도다

14장 1절에서는 "어린 양(5:6)"과 함께 "시온산에 선 144,000명(계 7:4)"이 있고 그들의 "이마에는 어린 양의 이름과 아버지의 이름(인, 스프라기스)이 쓰여" 있는 것을 사도 요한은 보고 있다.

계시록 13장에서는 불신자들이 짐승의 표(카라그마, χάραγμα, 13:16) 즉 짐승의 이름(소속, 소유)을 받았다면 이곳 14장에서는 교회들이 "어린 양의 이름과 그 아버지의 이름" 즉 '표 혹은 인(스프라기스, σφραγίς)'을 받은 것을 대조하여 보여주고 있다.

앞서 계속하여 언급했지만 '이름'이란 '소속 혹은 소유'를 의미한다. 그렇기에 "어린 양의 이름과 그 아버지의 이름"을 받았다라는 것은 교회는 '하늘에 속한 자' 즉 '하나님께 속한 자'임을 의미하는 것으로 소위 '인침'을 받았다는 것을 가리킨다.

한편 "시온 산"이란 시내 산과 대조되는 것으로 '거룩한 하나님의 산(시 2:6, 50:2, 사 24:23, 40:9-11, 59:20-21, 미 4:7,10,11)'을 의미하는 '축복의 산, 은혜의 산'을 가리킨다. 히브리서 12장 22절에는 이런 시온산을 미래형 하나님나라인 "거룩한 성 새 예루살렘"으로 언급하고 있다. 참고로 시내산은 옛 언약인 율법(히 12:18-21)을 예표하기도 한다. 이에 대해 시온산은 새 언약인 복음(롬 11:26-27)을 예표한다.

'시온산'은 '모리아산'을 가리키는데 창세기 22장 2절에 나온다. 모리아(מוֹרִיָּה)는 모르(מוֹר)와 야훼(יָהּ)의 합성어로 '여호와는 나의 스승이시다'라는 의미이다. 동시에 아마르(אָמַר, v, to utter, say)와 야훼(יָהּ)의 합성어로 '야훼께서 친히 지시하셨다'라는 의미이기도 하다. 이 둘을 연결하면 '큰 스승되신 야훼께서 친히 지시하신 거룩한 처소'가 바로 모리아산이라는 의미이다. 바로 그곳에 역사의 주관자이신 하나님은 아브라함을 위해 이삭을 대신할 희생 제물로 숫양(אַיִל, nm, a ram 창 22:8, 13)을 준비하셨던 것이다. 바로 그 '숫양'이 우리를 '대신하여(휘페르)' 희생 제물 되신 대속주(구속주) 예수님의 예표이다.

'숫양(a ram, 창 22:13)'의 히브리어는 '아일(אַיִל)'인데 석자의 알파벳을 주목해보면 흥미로운 점이 관찰된다. 창세기 22장 8절에는 "하나님이 (אֱלֹהִים) 자기를 위하여(לוֹ) 친히 준비(יִרְאֶה-) 하시리라(God will provide to himself. 창 22:8)"는 말씀이 나온다. 이 구절은 히브리어 세 단어로 구성되어 있다. 그 각 히브리어 단어의 첫 알파벳을 빼내어 연결해보면 놀라운 단어 하나(אַיִל, 아일)가 나온다. 이를 알고 나면 놀라움과 은혜가 동시에 생길 것이다. 즉 '하나님(א)이 자기를 위하여(ל) 미리 준비(י)해 두신 제물'이라는 문장에서 히브리어 첫 알파벳을 빼내어 한 단어를 만들면 '아일' 즉 숫양(אַיִל)이라는 히브리어 단어가 된다. 이삭을 위해 대신 죽었던 그 '숫양'은 바로 우리를 위하여(휘페르) 희생 제물 되신 '예수 그리스도'의 예표이다.

성부하나님은 우리의 죄를 대신 담당하기 위해 희생 제물 되신 예수 그리스도를 준비하셨는데 이를 가리켜 "하나님이 자기를 위하여 친히 준비하시리라(창 22:8)"는 말씀의 성취라고 한다. 그 숫양(אַיִל)이 바로 예수 그리스도인 것이다. 역사의 주관자 하나님의 세미하심을 성경 곳곳에서 볼 수 있다.

아브라함의 모리아산 사건 후 1,000년이 지났다. 그곳 '모리아산'에는 "야훼께서 친히 지정하신 그곳"이라는 이름의 의미 그대로 시온산(모리아산)에 솔로몬 성전 곧 예루살렘 성전이 세워졌다. '성전'이란 하나님의 임재를 상징하기도 하지만 동시에 성전의 실체이신 '예수'를 가리키기도 한다(요 2:21).

참고로 창세기 22장의 행간을 살펴볼 때마다 살며시 드는 약간 부담스러운 의혹이 있다. 혹여라도 아브라함은 당시에 만연했던 풍습에 젖어 '몰렉에게 인신공양을 드리듯' 이삭을 바치려 했던 것은 아닌가라는 생각 때문이다. 즉 이삭을 기꺼이 바치려고 결심했을 때 아브라함의 믿음은 순전하고 온전한 믿음이 아니라 알게 모르게 당시의 풍습에 따른 것이 아니었을까라는 생각이 든다. 그렇다 할지라도 좋으신 하나님은 그런 수준의 아브라함에게 조차도 '숫양'을 미리 준비해 주심으로 당신의 선하심을 드러내셨다. 그 '숫양'은 장차 우리를 위해 희생 제물 되실 예수 그리스도를 주시겠다는 언약의 증표였다.

당신의 언약을 따라 그곳 모리아산에 솔로몬 성전(재위 11년에 준공, 왕상 6:37-38)을 주신 때로부터 다시 1,000년이 지나자 '때가 되매' 성전의 실체이신 예수께서 오셔서 우리를 위해 십자가에서 죽으심으로 예수 그리스도의 새 언약을 성취하셨다. 성부하나님의 정하신 '때와 기한'이 되면 다시 오실 예수님으로 말미암아 예수 그리스도 새 언약이 완성될 것이다. 그때에는 '하나님 곧 전능하신 이'와 '어린 양(계 21:22)'과 교회는 '더불어, 함께' 거룩한 성 새 예루살렘인 미래형 하나님나라에서 영생을 누리게 될 것이다.

참고로 "인 맞은 자 144,000명(계 7:4, 14:3)"은 문자적인 의미의 숫자가 아니라 하나님의 택정함을 입은, 하나님께 속한 모든 교회를 가리키는 것으로 "아무라도 능히 셀 수 없는 큰 무리(7:9)"인 영적 이스라엘의 수를 말한다. 그러므로 하나님의 은혜로 만세 전에 택정함을 입은 숫자는 하나님만 아신다.

2 내가 하늘에서 나는 소리를 들으니 많은 물소리도 같고 큰 뇌성도 같은데 내게 들리는 소리는 거문고 타는 자들의 그 거문고 타는 것 같더라

　2절에서 밧모섬의 사도 요한은 "많은 물소리"도 같고 "큰 뇌성"과도 같은 "하늘에서 나는 소리"를 듣고 있다. 많은 물소리"라는 것은 '예수님의 음성(1:15)'을, "큰 뇌성"이란 '하나님의 심판을 엄정하게 집행하는 천사들의 음성(6:1)'을 가리킨다. 사도 요한은 이를 묘사하면서 자신에게 들리던 그 소리는 "거문고(하프) 타는 자들"의 "거문고 타는 소리"같았다고 말하고 있다. "거문고(하프) 타는 자들"이란 구원받아 승리한 교회(그리스도인, 성도)들을 가리키며 "거문고 타는 소리"는 교회들의 찬양소리를 가리킨다. 결국 이 구절은 마지막 그날에 하나님의 엄정한 심판을 통해 교회들이 승리하게 될 것이라는 예수님의 음성을 사도 요한이 들었다라는 것이다.

3 저희가 보좌와 네 생물과 장로들 앞에서 새 노래를 부르니 땅에서 구속함을 얻은 십 사만 사천인 밖에는 능히 이 노래를 배울 자가 없더라 4 이 사람들은 여자로 더불어 더럽히지 아니하고 정절이 있는 자라 어린 양이 어디로 인도하든지 따라가는 자며 사람 가운데서 구속을 받아 처음 익은 열매로 하나님과 어린 양에게 속한 자들이니 5 그 입에 거짓말이 없고 흠이 없는 자들이더라

계시록 14장 3-5절에는 "보좌(4:2)"와 "네 생물(4:6)"과 "장로들(4:4)" 앞에서 땅에서 구속함을 얻은, 인 맞은 자 144,000명 만이 "새 노래"를 배우게 되는 것을 보았다라고 사도 요한은 기록하고 있다.

"새 노래"란 구원과 관계된 것(시 96:1~3, 98:1~3)으로 "하나님의 영광과 기이한 행적"을 찬양하는 것을 말한다. 그렇기에 이런 '새 노래'는 하나님의 은혜와 예수 그리스도의 구속 사역으로 인해 구원을 받게 된 자만이 부르게 되는 노래로 '새로운 심령으로 부르는 하늘 찬양' 곧 재창조(예수 그리스도 새 언약의 완성, 에덴의 회복)에 대한 찬양을 말한다. 이를 계시록 15장 3절에는 "모세가 불렀던 노래, 어린 양을 찬양하는 노래"라고 말씀하고 있다. 결국 그들만이 삼위하나님의 크신 은혜를 찬양할 수 있다라는 의미에서 "새 노래"라고 한 것이다.

여기서 '새롭다'에 해당하는 헬라어는 카이노스[114](καινός, adj)인데 이는 '시간적으로 새롭다'는 것이 아니라 '질적인 새로움'을 가리킨다. 계시록 21장 2절의 미래형 하나님나라를 의미하는 "거룩한 성 새 예루살렘"에서의 '새로움' 또한 '질적인 새로움'을 나타내는 것으로 현재형 하나님나라(주권, 통치, 질서, 지배 개념)와는 완전히 다른 하나님나라(분명한 장소 개념의 미래형 하나님나라)를 가리킨다.

한편 '인 맞은 자 144,000명'의 특징을 보면 다음과 같다. 첫째, 이들은 여자(큰 음녀)로 더불어 더럽히지 아니하고 정절 곧 영적 순결을 지켰던 음

---

114 카이노스(καινός, adj)는 new, fresh/properly, new in quality (innovation), fresh in development or opportunity - because "not found exactly like this before."이다.

행이 없는 자들이었다. 즉 우상숭배를 하지 않은, 우상을 배격했던 하나님나라의 백성이었다. 둘째, 어린 양이 인도하는 대로 따라가는, 절대 순종했던 하나님의 자녀들(시 23:1-6, 히 11:8)로서 처음 익은 열매들인데 하나님과 어린 양에게 속한 자들이다. 한편 구약에서 '첫 열매(רֵאשִׁית, 레쉬트, 레 23:10)'는 하나님의 소유였다(출 13:2, Hendriksen). 결국 '첫 열매'란 처음부터 선택된 자라는 의미이다. 셋째, 그들의 입에는 거짓말이 없고(시 15:1-2) 흠이 없었다(롬 8:8-9).

계시록 14장 1-5절까지에서는 교회의 승리와 찬양을 보여주었다면 14장 6-20절까지는 악한 세력에 대한 심판을 보여주고 있다. 특히 14장 6-13절에는 '세 천사(6, 8, 9)'를 통해 '임박한 심판의 경고'를 해 주셨다면 14장 14-20절에는 '사람의 아들과 같은 이'를 통해 세 천사가 행하는 '최후 심판의 극렬함'을 보여주고 있다.

6 또 보니 다른 천사가 공중에 날아가는데 땅에 거하는 자들 곧 여러 나라와 족속과 방언과 백성에게 전할 영원한 복음을 가졌더라 7 그가 큰 음성으로 가로되 하나님을 두려워하며 그에게 영광을 돌리라 이는 그의 심판하실 시간이 이르렀음이니 하늘과 땅과 바다와 물들의 근원을 만드신 이를 경배하라 하더라 8 또 다른 천사 곧 둘째가 그 뒤를 따라 말하되 무너졌도다 무너졌도다 큰 성 바벨론이여 모든 나라를 그 음행으로 인하여 진노의 포도주로 먹이던 자로다 하더라

계시록 14장 6-9절에서 사도 요한은 "세 천사"를 보았다. 그중 6절에서는 공중에 날아가는 첫째 다른 천사가 "땅에 거하는 자들(ἐπὶ τοὺς καθημένους ἐπὶ τῆς γῆς)" 곧 "여러 나라와 족속과 방언과 백성"에게 전할 '영원한 복음'을 가지고 있음을 보고 있다. 여기서 '땅에 거하는 자들'이란 복음을 듣지 못하여 아직은 땅에 거하고 있으나 복음을 통해 돌아오게 될 '만세 전에 택정된 자들' 곧 '카데마이'를 말한다. "영원한 복음"이란 그리스도로 말미암는 구원의 기쁜 소식을 가리킨다.

계속 반복하지만 "땅에 '거하는 자"라는 말씀에서의 '거하다'에 해당하는 헬라어는 카데마이(계 4:2-3, 4, 9; 5:13, 14:6, Κάθημαι, v, to be seated)이다. 이는 주로 '보좌 위에 앉다'라는 문구(계 4:2-3, 4, 9; 5:13)에 사용되지만 동시에 14장 6절에서처럼 '땅에 거주하다'에 사용되기도 한다. 그렇기에 '땅에 거하는 자'라는 것은 아직은 복음을 듣지 못하여 땅에 있으나 장차 복음이 들려지면 하나님께로 오게 될 자들(ἐπὶ τοὺς καθημένους ἐπὶ τῆς γῆς)을 말한다.

이와는 달리 '불신자'를 의미하는 '땅에 사는 자' 혹은 '땅에 속한 자'에 해당하는 헬라어는 카토이케오(3:10; 6:10; 8:13; 11:10; 13:8, 12, 14; 17:2, 8, Κατοικέω, v, to inhabit, to settle)인데 이는 '땅에 속한 자'로서 τοὺς κατοικοῦντας ἐπὶ τῆς γῆς(투스 카토이쿤타스 에피 테스 게스)이다. 이들은 창세 이후로 생명책에 그 이름이 기록되지 못한 자들로서 '하늘에 속한 자'의 반대편에 있는 '사단 나라에 속한 자'들을 가리킨다. 그들의 특징은 다음과 같다. 첫째, 그들은 언제나 짐승을 따르며 짐승을 경배하며 짐승의 사역을 경이롭게 생각한다(계 13:8, 12, 17:8). 둘째, 그들은 하나님의 백성을 괴롭힌다(6:10). 셋째, 진실된 교회를 상징하는 두 증인의 죽음을 기뻐한다(11:10). 넷째, 짐승에 미혹 당하여 짐승의 우상을 만든다(13:14). 다섯째, 그들은 사단에 속한 자들로서 바벨론의 음행의 잔에 취해 있다(17:2).

결국 '땅에 거하기는 하나 장차 하나님께로 들어올 자(14:6)'를 가리킬 때에는 카데마이(Κάθημαι)를, 불신자를 의미하는 '땅에 속한 자(13:14)'의 경우에는 카토이케오(Κατοικέω)를 나는 의도적으로 사용하면서 주석을 써 왔음을 다시 밝히는 바이다.

교회 된 우리는 육신의 장막을 벗는 그날까지 그들이 듣든지 아니 듣든지, 때를 얻든지 못 얻든지 '카데마이'가 '하나님나라'로 돌아올 수 있도록 부지런히, 더 나아가 목숨 걸고 복음과 십자가로 살아가고 복음과 십자가를 자랑해야 할 것이다. 특별히 조심할 것은 교회 된 우리는 세상에 거하는 자 모두를 가리켜 '카토이케오'라고 치부하는 우(遇)를 범해서는 안 된다라는 것이다. 왜냐하면 구원의 주권은 전적으로 하나님께 있기 때문이다.

계시록 14장 4-5절에서는 하늘에 속한 자를 가리켜 "하나님과 어린 양에게 속한 자들"이라고 하였는데 그들은 "여자로 더불어 더럽히지 아니하고 정절이 있으며 어린 양이 어디로 인도하든지 따라가는 자며 사람 가운데서 구속을 받아 처음 익은 열매로서 그 입에 거짓말이 없고 흠이 없는 자들"이라고 했다.

이어 7절에는 첫째 다른 천사가 '하늘의 권세와 위엄'을 나타내는 큰 소리를 상징하는 "큰 음성"으로 심판의 때가 이르렀으니 인생의 본분인

하나님만 '경외'하고 하늘과 땅과 바다와 물들의 근원을 만드신 창조주를 '경배'하라고 말씀하는 것을 사도 요한이 보고 있다. 이런 경고를 주신 이유는 최후 심판의 때가 가까웠기 때문이다.

한편 "속히(계 1:1, 22:7, 12, 20)오리니" 라는 말을 두고 종종 '임박한 종말론' 이라고 주장하는 학자들이 있다. 그러나 이는 '기간'을 가리키는 것이라기보다는 "반드시(ταχύ) 오리니" 라는 의미로 해석하는 것이 좋다.

8절에서 사도 요한은 또 다른 둘째 천사가 "무너졌도다 무너졌도다 큰 성 바벨론이여"라고 말하는 것을 보고 있다. "큰 성 바벨론"이란 경제적, 물질적으로 세력을 잡은(18장) 자를 가리키는데 이들 세력들은 모든 나라를 '사치와 음행'으로 더럽혀 하나님의 진노의 포도주 잔 즉 하나님의 진노의 심판(14:10)을 받게 될 자들이다. 동시에 세상에 거하는 자들로 하여금 하나님의 진노의 잔을 받게 하는 자들이다.

한편 "큰 성 바벨론"에 대하여는 많은 학자들이 지나간 역사에 있어 '소돔과 고모라, 애굽, 바벨론, 두로, 니느웨, 로마'라고 해석하기도 한다. 그러나 지난 역사의 특정 나라일 수도 있으나 나는 하나님의 도구로 사용된 모든 악한 영적 세력들을 총칭(Lohmeyer)하는 것으로 생각한다.

9 또 다른 천사 곧 셋째가 그 뒤를 따라 큰 음성으로 가로되 만일 누구든지 짐승과 그의 우상에게 경배하고 이마에나 손에 표를 받으면 10 그도 하나님의 진노의 포도주를 마시리니 그 진노의 잔에 섞인 것이 없이 부은 포도주라 거룩한 천사들 앞과 어린 양 앞에서 불과 유황으로 고난을 받으리니 11 그 고난의 연기가

세세토록 올라가리로다 짐승과 그의 우상에게 경배하고 그 이름의 표를 받는 자는 누구든지 밤낮 쉼을 얻지 못하리라 하더라

9절에는 또 다른 셋째 천사가 짐승과 그의 우상에게 '경배'하고 이마에 나 손에 '표(카라그마, χάραγμα, 13:16-18, 사단 나라 소속, 소유)'를 받으면 그도 하나님의 '진노의 포도주'를 받게 된다고 말하는 것을 사도 요한은 듣고 보고 있다.

10절에는 그런 자들은 거룩한 천사들 앞과 어린 양 앞에서 '백보좌 심판'을 통해 "불과 유황"으로 타고 있는 '유황 불못'에서 '영원한 죽음' 즉 '둘째 사망'의 해를 받게 될 것이라고 경고하고 있다. 이를 가리켜 "진노의 포도주" 혹은 "섞인 것이 없이 부은 포도주"를 마시게 될 것, "고난의 연기"가 세세토록 올라가게 될 것, "밤낮 쉼을 얻지 못하는 상태"가 될 것이라고 묘사하고 있다. 진노의 포도주 잔에 '섞인 것이 없이 부은 포도주'를 마시게 될 것에서의 "섞인 것이 없이 부은 포도주"란 '독한 포도주 원액'을 가리키는 것으로 당시 독한 술은 물을 타서 연하게 하여 마셨다 (Alford)고 한다. 한편 포도주 원액의 독함 그대로 마실 것이라는 말은 '극심한' 하나님의 진노가 있을 것을 상징적으로 가리키고 있는 것이다.

11절에서는 영원한 하나님의 형벌(20:10)을 상징하는 그 '고난의 연기'가 '세세토록' 올라갈 것이라고 말씀하고 있다. 그렇기에 그들은 '밤낮 쉼을 얻지 못하고 괴로움을 받게 될' 것이다.

12 성도들의 인내가 여기 있나니 저희는 하나님의 계명과 예수 믿음을 지키는 자니라

이 구절은 요한계시록에서 가장 중요한 핵심 구절 중의 하나이다. 우리가 살아가는 종말 시대 동안에 일시적, 제한적으로 권세를 허락받은 악한 영적 세력들의 핍박과 함께 반드시 거쳐야만 하는 일곱 재앙을 극복하고 잘 통과하기 위해서는 지극한 '인내'가 필요하다. 그 인내의 원동력은 "예수 믿음(시 73:22-28, τὴν πίστιν Ἰησοῦ, the faith of Jesus)"과 "하나님의 계명(눅 2:23, τὰς ἐντολὰς τοῦ τοῦ, the commandments of God)"이다.

"인내"의 헬라어는 휘포모네[115](ὑπομονή, nf)인데 이는 흔들리지 않고 견고함으로 끝까지 견디어 내는 것을 말한다. 교회는 하나님의 선하심과 신실하심을 확신하며 '오직 말씀(Sola Scriptura)'과 '오직 믿음(피스티스)'을 붙잡고 인내하며 나아가야 한다.

'인내하고 환난을 극복하며 나아가야 한다'라는 것에 있어서 힘이 되는 말씀이 계시록 7장 14절이다. 이 구절에는 "큰 환난에서 나오는 자"라는 말씀이 나온다. 그 헬라어는 에르코메노이 에크 테스 들립세오스 테스 메갈레스(ἐρχόμενοι ἐκ τῆς θλίψεως τῆς μεγάλης, out of the great tribulation)이다.

이의 해석에서 주목할 것은 'come from' great tribulation이 아니

---

[115] 휘포모네(ὑπομονή, nf)는 endurance, steadfastness, patient waiting for/(from 5259 / **hypó**, "under" and 3306 /**méno**, "remain, endure") - properly, remaining under, endurance; steadfastness, es-pecially as God enables the believer to "remain (endure) under" the challenges He allots in life이다.

라 'come out of' great tribulation이라는 점이다. 이는 환난을 통과하지 않으며 그 환난을 면하게 해준다라는 의미가 아니다. 비록 악한 영적 세력들의 핍박과 일곱 재앙을 통한 환난을 피할 수는 없지만 그 '환난'을 극복하고 돌파함으로 이기고 나와야 함을 가리킨다. 결국 우리는 종말 시대 동안에 있게 될 그들로부터의 핍박과 일곱 재앙을 결코 피할 수는 없다라는 것이다. 그렇기에 재앙을 맞닥뜨리더라도 이상한 일 당하는 것처럼 이상히 여기지 말아야 한다. 더 나아가 결코 위축될 필요도 없다. 그저 "예수 믿음"을 붙잡고 '하나님의 계명'을 가지고 당당하게 뚜벅뚜벅 돌파하며 나아가기만 하면 된다.

다시 말하지만 교회는 '오직 믿음', '오직 말씀'뿐이다. "예수 믿음"과 "하나님의 계명"을 굳건히 붙들고(τηρέω, (from tēros, "a guard") – properly, maintain (pre-serve); (figuratively) spiritually guard (watch), keep intact) 위에서 부르신 부름의 상을 위해 촛대를 향하여 전진해야만 할 것이다.

13 또 내가 들으니 하늘에서 음성이 나서 가로되 기록하라 지금 이후로 주 안에서 죽는 자들은 복이 있도다 하시매 성령이 가라사대 그러하다 저희 수고를 그치고 쉬리니 이는 저희의 행한 일이 따름이라 하시더라

13절에서는 사도 요한이 지금 이후로 '주 안에서 죽는 자들은 복이 있도다'라는 말씀을 "기록하라"는 하늘의 음성을 듣게 된다.

하나님께서 사도 요한에게 기록하여 남기라고 하신 이유는 자명하다.

그것은 하나님의 신실하고도 영원 불변한 '언약(약속, 디아데케, διαθήκη, 베리트, בְּרִית)'이기 때문이다. 예수 믿음과 하나님의 계명을 붙들고 인내한 결과 그 언약에 따라 '주 안에서 죽는 자들'은 주 안에서 다시 살아나기에 복된 자들이며 그런 저희의 행한 일에 따라 미래형 하나님나라에서 영원히 "수고를 그치고 쉬게"될 것이다. 이를 '영원한 안식(히 4:1, 8-11, 남은 안식)'에 들어간다라고 한다.

14 또 내가 보니 흰 구름이 있고 구름 위에 사람의 아들과 같은 이가 앉았는데 그 머리에는 금 면류관이 있고 그 손에는 이한 낫을 가졌더라

14절에서는 사도 요한이 "흰 구름"이 있고 구름 위에 "사람의 아들과 같은 이"가 앉았는데 그 머리에는 "금 면류관"이 있고 그 손에는 "이한 낫"을 가지고 있는 자를 보고 있다.

"흰 구름(마 24:30, 눅 21:27, 계 1:7)"이란 '그리스도의 거룩과 신적 영광'을, "구름 위에 사람의 아들과 같은 이"라는 것은 '예수 그리스도'를 가리킨다. 동일한 말씀이 다니엘서 7장 13절에 "인자 같은 이가 하늘 구름을 타고 와서"라고 되어 있고 마태복음과 누가복음에 "인자가 구름을 타고 능력과 큰 영광으로 오는 것을 보리라"고 되어 있다.

한편 이 구절에서는 "그 머리에는 금 면류관[116]이, 손에는 이한 낫(검,

---

116 승리의 관은 스테파노스(Στέφανος)이나 왕권을 상징하는 관은 디아데마(διάδημα)이다. 여기서는 전자로 쓰였다. 즉 예수는 승리 주 하나님이라는 의미이다.

욜 3:13, 하나님의 최후 심판)을 가졌더라"고 말씀하고 있다. 스가랴 5장 1절에는 낫(혹은 검) 대신 "날아가는 두루마리"라고 기록되어 있다. 이는 '하나님의 말씀'을 의미한다. 결국 예수 그리스도는 마지막 그날에 신적 영광을 가지고 승리주, 심판주, 만왕의 왕, 만주의 주로 오셔서 권위(말씀의 검, 계 19:15)를 가지고 최후심판을 할 것을 말씀하고 있다.

계 14:1	단 7:13	마 24:30, 눅 21:27
흰 구름 위에 사람의 아들과 같은 이	인자 같은 이가 하늘 구름을 타고 와서	인자가 구름을 타고 능력과 큰 영광으로 오는 것을 보리라
머리: 금 면류관 손: 이한 낫	*슥 5:1 '낫' 대신에 '날아가는 두루마리' *두루마리=낫=검=말씀	

참고로 스가랴 5장 1-2절의 '두루마리'는 헬라어 구약성경인 70인 역(LXX)에는 '낫'으로 번역하였으며 계시록 19장 15절에는 '검 혹은 말씀'으로 번역되어 있다. 그러므로 '두루마리, 낫, 검, 말씀' 등등은 모두가 다 동일한 의미이다.

15 또 다른 천사가 성전으로부터 나와 구름 위에 앉은 이를 향하여 큰 음성으로 외쳐 가로되 네 낫을 휘둘러 거두라 거둘 때가 이르러 땅에 곡식이 다 익었음이로다 하니 16 구름 위에 앉으신 이가 낫을 땅에 휘두르매 곡식이 거두어지니라

15-16절에서 사도 요한은 "또 다른 천사가" 전능하신 하나님을 상징하는 "성전(21:22, 나오스, ναός, nm)"으로부터 나와 하나님의 명(命)을 받아 "구름 위에 앉은 이" 곧 '예수님'을 향해 곡식이 다 익어[117] 거둘 때(마 24:36, 막 13:32-33, 행 1:7)가 이르렀으니 "네 낫을 휘둘러 거두라"고 말씀하는 장면을 보고 있다.

여기서 나는 '또 다른 천사가 누구인가'라는 것에 방점을 두기보다는 그 다른 천사는 '하나님의 명령을 그리스도께 전달하는' 천사 정도로만 해석하고 넘어가는 것이 좋다라고 생각한다.

"구름 위에 앉으신 이(재림의 예수님)"가 "낫(말씀의 검, 계 14:14)"을 '땅(생명의 부활을 한 선인과 심판의 부활을 한 악인 둘 다, 요 5:29)'에 휘두르매 '곡식(알곡 곧 생명의 부활을 한 선인)'이 거두어졌다(백보좌 심판, 마 9:37-38, 요 4:35-36). 그 결과 누가복음 3장 17절의 말씀이 주어지게 된다. 곧 알곡(곡식 곧 생명의 부활을 한 선인)은 모아 곳간에(신원, vindication) 거두어 들이고 쭉정이(심판의 부활을 한 악인)는 꺼지지 않는 불인 유황 불못(둘째 사망, 영원한 죽음, 세세토록 밤낮 괴로움을 당하는 것)에 던져 태워 버리시는 것이다.

뒤이어 연결되는 17-20절에서는 특별히 '악한 자(심판의 부활을 한 악인)'에 대한 '심판의 추수(하나님의 진노의 포도주 틀에 던지매, 계 14:19)'에 대해 보다 디테일하게 묘사하고 있다. 그렇다고 하여 악한 자(심판의 부활을 한 악인)만 심판

---

117 '익다'라는 것은 이중적 함의로 '구원자의 수효가 찼다'라고도 해석할 수 있고 상반된 해석으로 '죄악이 관영했다, 죄악의 최 절정'이라는 의미이기도 하다.

하시는 것은 아니라고 생각되며 선한 자(알곡, 곡식 곧 생명의 부활을 한 선인)도 심판(신원)하신다. 결국 악한 자(쭉정이, 눅 3:17, 죄의 최 절정에 다다른 농익은 포도송이, 욜 3:13)가 유황 불못 심판이라면 선한 자(하나님의 마음에 합한 포도송이, 알곡)는 신원(미래형 하나님나라에로의 입성과 영생)이 될 것이다.

그리하여 17절에는 '이한 낫(말씀의 검, 계 14:14)을 가진 또 다른 천사'가 '성전(전능하신 하나님 상징)'으로부터 나왔는데 '제단(성전 곧 전능하신 하나님 상징)'으로부터 나온 '불(심판)을 다스리는 또 다른 천사'가 '이한 낫(말씀의 검, 계 14:14)'을 가진 천사를 향해 '익은 포도송이(쭉정이, 눅 3:17, 죄의 최 절정에 다다른 농익은 포도송이, 욜 3:13)를 거두라'고 명령하고 있다. 이어 '그 포도송이'의 경우에는 '성 밖(미래형 지옥, 둘째 사망, 유황 불못)' 하나님의 진노의 포도주 틀에 던지니 피가 튀는 등 처절한 심판이 주어지게 되는 것을 사도 요한은 보았던 것이다.

참고로 일부 학자들은 계시록 14장 15-16절의 경우 '성도'를 불러 모으시는 '구원(신원)의 추수'[118]이자 '하나님의 백성'을 불러 모으시는 '종말론적 사건'을 보여준 것이라고 해석하고 있다. 그 해석에 필자 또한 동의는 한다. 그러나 나는 마지막 그날에 있을 심판주 예수님의 백보좌 심판은 '심판의 부활(악인 곧 불신자, 쭉정이)'과 '생명의 부활(선인 곧 그리스도인, 알곡)' 둘 다를 포함할 것이라고 생각하고 있다.

---

118 Hendriksen, Ladd, Lenski, Charles, J. Roloff, R. H. Mounce, G. R. Osborne, 이필찬 교수의 <요한계시록 어떻게 읽을 것인가>, p252

한편 계시록 14장 14-20절까지에서 밧모섬의 사도 요한에게 곡식과 포도를 들어 '심판(선인의 생명의 부활에 대한 신원과 악인의 심판의 부활에 대한 심판)'에 대해 말씀하신 것에는 그 배경(background)이 있다. 유대인은 일 년에 2번 추수를 하는데 '봄에는 곡식'을 거두고 나서 알곡을 통해 감사하였고 '가을에는 포도'를 거두고 난 후 튼실한 포도송이를 통해 감사의 절기를 지냈다. 이런 사실을 잘 알고 있던 사도 요한에게 하나님은 '곡식과 포도'의 추수를 들어 묵시적으로 최후 심판을 보여주셨던 것이다.

'거둘 때가 이르렀으니 낫을 휘둘라'는 표현은 묵시문학의 형태를 보여준 것으로 이중적 함의가 들어있다. 즉 이는 '저주와 심판의 명령(욜 3:13, 슥 5:1~4)'이지만 동시에 '구속(신원)의 명령'이기도 한 것으로 '저주'는 불신자를 향한 것이고 '심판(신원)'의 경우는 교회를 향한 것이다.

결론적으로 예수의 사역을 예표하는 천사는 성부하나님의 명령의 말씀을 전하는 "또 다른 천사"의 말을 듣고 그 명령을 이행하고 있는 것이다. 이는 마치 '최후 심판의 때와 시기'를 알고 있었던 예수님 조차도 그 '때와 시기'에 대한 권한과 결정을 아버지 하나님께 두는 것처럼(마 24:36, 막 13:32-33, 행 1:7) '심판' 또한 결코 자의로 앞서 가며 행하지 않으시고 아버지의 명령을 붙들고 있음을 보여주고 있다. 즉 성부하나님의 명령에 순종하며 따르는 것을 보여준 것이다.

17 또 다른 천사가 하늘에 있는 성전에서 나오는데 또한 이한 낫을 가졌더라

이곳 14장 17절에서 사도 요한은 "또 다른 천사"가 하늘에 있는 "성전 (제단 곧 전능하신 하나님 상징)"에서 나오는 데 "이한 낫(말씀의 검)을 가졌더라"라고 기록하고 있다.

일단의 학자들은 이 구절의 후반부가 14절의 "그 손에는 이한 낫을 가졌더라"는 말씀과 문자적으로는 비슷하나 14장 14-16절의 경우 '알곡'을 거두어 들이는 '구원의 심판(신원)'이라면 이곳 14장 17절은 '악한 자들'을 '심판(유황 불못 심판)'하기 위함이라고 했다. 그렇기에 보냄을 받은 '또 다른 천사'가 '이한 낫을 가졌더라'라고 하시며 요엘서(3:13)의 말씀을 따라 '낫을 쓰라, 낫을 휘둘러라'고 하셨다. 이는 종말의 끝으로 갈수록 악한 영의 추종 세력들의 죄가 관영(貫盈, be full of)해지기에 더 이상은 묵과할 수가 없기 때문이라는 것이다. 그렇기에 계시록 14장 15절과 18절을 연결하여 살펴보면 전반부인 14-16절은 예수님의 재림의 그날에 있을 추수 즉 '하늘에 속한 자'에 대한 '구원(신원)'에 관한 것이고 후반부인 17-20절은 심판 즉 '땅에 속한 자'에 대한 '심판(유황 불못 심판)'에 관한 것이라고 했다.

나는 이 해석에 동의는 하나 덧붙이자면 예수님의 백보좌 심판에서의 '심판'이라는 단어에는 이중적 함의가 있음을 기억해야 한다는 생각이다. 그것은 다름 아니라 '마지막 그날'에 교회(알곡, 생명의 부활을 하게 되는 선인)에게는 긍정적 심판이라는 '신원'이 주어진다면 불신자(쭉정이, 심판의 부활을 하게 되는 악인)에게는 부정적 심판이라는 '유황 불못 심판'이 주어진다라는 것이다. 그렇다면 계시록 14장 14-16절과 18-20절을 나누어 곡식의 수확은 구원의 심판, 포도송이의 수확은 악한 자들의 심판으로 해석하기 보다는 그 배경(유대인은 일 년에 2번 추수를 하는데 '봄에는 곡식'을, '가을에는 포도'를 거둠, 그들의 주식(主食, 계 6:6)임)을 고려하여 곡식도 포도송이도 '수확을 하실(심판을 하실)' 예수님에 의해 알곡과 쭉정이가 나뉘어지며 그것에 따라 신원과 유황 불못 심판이 주어지게 된다는 해석을 해야한다고 나는 주장한다.

결국 계시록 14장의 전체를 이해하려면 크게 두 부분으로 나누면 도움이 된다. 첫째, 14장의 전반부(1-13절)에는 교회의 최후 승리를 보여주고 있는 것이라면 둘째, 14장의 후반부(14-20절)에는 재림 예수께서 행하실 전 우주적이면서도 철저한 최후 심판(백보좌 심판 곧 유황 불못 심판과 신원)을 곡식과 포도송이의 수확을 예로 들며 알곡이냐 쭉정이냐에 따라 심판하실 것을 보여주고 있는 것이라 생각된다.

18 또 불을 다스리는 다른 천사가 제단으로부터 나와 이한 낫 가진 자를 향하여 큰 음성으로 불러 가로되 네 이한 낫을 휘둘러 땅의 포도송이를 거두라 그 포도가 익었느니라 하더라

18절에서는 사도 요한이 "불(심판)을 다스리는 다른 천사가 제단(8:3-5, 향단)으로부터 나와 이한 낫을 가진 자를 향하여" 큰 음성으로 "네 이한 낫을 휘둘러" 땅의 익은 포도의 포도송이를 거두라고 외치는 것을 보고 있다. 한편 바람(7:1)과 물(16:5)을 다스리는 천사와 달리 본문에는 "불을 다스리는 다른 천사(14:18)"가 나온다. 이를 두고 Plummer는 '하나님의 진노의 심판'을 의미한다라고 했다. 그렇기에 18절의 "불을 다스리는 다른 천사'는 17절의 '악한 자들'을 심판하는 것이라고 했다. 동의한다. 그렇다고 하여 '모든 포도의 포도송이'에 대해 진노의 심판이라는 해석에는 여전히 동의하기가 어렵다.

"땅의 포도송이를 거두라 그 포도가 익었느니라"는 구절은 확실히 "와서 밟을찌어다 포도주 틀이 가득히 차고 포도주 독이 넘치니 그들의 악이 큼이로다"라고 말씀하신 요엘서 3장 13절을 연상시키는 것이 사실이다. 그렇다고 하여 '익은 포도송이'를 '죄의 최절정(관영 곧 가득함)' 혹은 '하나님을 대적하던 악한 세력 곧 교회를 핍박하던 자들'이라는 상징적인 의미로만 해석하여 '그 포도가 익었느니라'는 것을 '그들의 죄악이 극에 달하여 심판의 때가 이르렀다'라는 의미로만 해석하기 보다는 '탐스러운 포도송이(알곡)'와 아무 짝에도 쓸모없는 '빈약한 포도송이(쭉정이)'를 나누어 해석(신상필벌(信賞必罰), dispensation of justice both to services & crimes, never fail to reward a merit or let a fault go unpunished)하자는 것이 나의 생각이다. 그렇다고 하여 선상필벌(善賞必罰)이나 상급론(賞給論)을 주장하는 것은 결코 아니다.

결론적으로 나의 해석은 이렇다. '곡식'이든 '포도의 포도송이'든 간에 하나님의 주권적 섭리(작정과 예정이 성취되기 위한 하나님의 간섭과 열심)와 경륜(목적이 있는 특별한 섭리 곧 방향과 의도를 가진 섭리 하 경륜) 아래 작정(기독교 세계관의 4기둥 곧 창조, 타락, 구속, 완성이라는 전체의 청사진)과 예정(하나님의 작정 속에 택정함을 입은 교회의 구원이 성취되는 것)을 따라 재림주이신 예수님께서 백보좌 심판(낫을 땅에 휘둘러, 계 14:15-16, 14:18-19)을 하신다라는 것이다. 여기서 '심판'이라는 단어 속에는 '신원'이 있는가 하면 '유황 불못 심판'이 있다는 것이 나의 생각이다.

참고로 성도들과 순교자들의 부르짖음(6:9-11)이 하늘에 상달됨과 더불어 만세 전에 택정함을 입은 자가 다 돌아오면(벧후 3:9, 요 6:39, 마 24:21-22) '재림의 예수님'은 아버지 하나님의 그 "때와 기한"에 맞추어 심판주, 승리주, 만왕의 왕, 만주의 주로 반드시 오실 것이다. 이 '때'가 바로 곡식이 익어 거둘 때(계 14:15-16) 이자 포도가 익어 포도송이를 거둘 때(계 14;18-19) 즉 예수님의 백보좌 심판(이중적 의미)의 때라는 것이다.

예수께서 세상을 심판하실 그날에 우리(교회, 성도) 또한 심판하는 권세를 가지게(20:4) 된다. 태초에 하나님은 인간의 도움없이 세상을 창조하셨으나 마지막 그날에는 교회와 더불어 함께 세상을 심판하실 것을 말씀하신 것이다. 할렐루야!

19 천사가 낫을 땅에 휘둘러 땅의 포도를 거두어 하나님의 진노의 큰 포도주 틀에 던지매 20 성 밖에서 그 틀이 밟히니 틀에서 피가 나서 말굴레까지 닿았고 일천 육백 스다디온에 퍼졌더라

앞서 계시록 14장 18절의 행간에서는 예수님의 '땅의 포도송이'에 대한 신원이 있었다면 이곳 19-20절에서는 특별히 사도 요한이 예수님의 진노의 심판에 대한 것을 환상을 통해 보고 있다.

"천사가 낫을 땅에 휘둘러 땅의 포도(빈약한 포도송이(쭉정이))를 거두어 하나님의 진노의 큰 포도주 틀에 던지매 성 밖에서 그 틀이 밟히니 틀에서 피가 나서 말 굴레 즉 말 재갈의 높이"에까지 닿았고 "1,600스다디온"에 퍼졌다. '천사'는 재림주 예수님의 사역을 예표하며 '낫'은 말씀의 검을, '던지매'라는 것은 처절한 심판을, '성 밖'이란 미래형 지옥을, '틀에서 피가 나' 말굴레 높이와 1,600스다디온에까지 '퍼졌다'라는 것과 진노의 '큰 포도주 틀'은 심판의 극렬함을 상징하고 있다.

"1,600스다디온"이란 4×4×10×10=1600으로 '전 우주적이고 철저한 심판'의 범위(Kliefoth)를 나타내며 4×4는 세상 전체(동서남북, 사방)를 상징(5:6의 네 생물; 7:1의 네 모퉁이)하는 것이며 10×10은 '많다'라는 것을 가리킨다. 결국 '심판의 완전성(completeness)'을 의미한다.

"포도주 틀"이란 포도를 넣은 후 발로 밟거나 압착기로 눌러 즙을 짜내는 도구로 "하나님의 진노의 큰 포도주 틀"이란 '심판의 극렬함'을 가리킨다. 결국 '큰 포도주 틀'이라고 표현한 것은 심판의 '크기, 강도, 범위, 세기'와 아울러 심판 받을 악한 세력들과 그 추종 세력들이 '많다'는 것을 가리킨다.

20절의 "성"은 미래형 하나님나라인 '거룩한 성 새 예루살렘(21:2)'을 의미한다. 그렇기에 '성 밖(22:15)에 있게 된 그들'이란 아예 '그 성'에 못 들어가고 유황 불못 심판을 통해 미래형 지옥에서 영원한 벌을 받게 되는 '땅에 속한 자들(카토이케오)' 즉 '심판 받을 악한 세력들'을 가리킨다.

'포도주 틀에 던져져서 밟히어 심판을 받게 되다'와 '피가 말굴레까지 닿게 되다'라는 어마무시한 묵시적 표현은 이사야 63장 1-6절을 배경으로 한 것으로 그들의 최종적인 심판의 결과는 '완전한 피바다가 될 것'이라는 의미이다. 즉 이런 묵시적 표현은 하나님의 '엄청난 진노의 심판'을 형상화(形象化, representation, figuration, embodiment)한 것이다.

참고로 1스다디온은 185m이기에 1,600스다디온이란 약 300km를 말한다. 그러므로 문자적으로 해석하면 피가 반경 300km에 퍼지게 되고 그 깊이는 말 굴레 즉 말 재갈의 높이인 1.5m정도의 피바다가 될 정도로 하나님의 완전한 형벌(Charles, Victorinus)이 있을 것을 말씀하고 있다.

괴짜의사 Dr. Araw의 쉽고 바르게 읽는 요한계시록 장편(掌篇) 강의, 개정판
예수 그리스도 복음의 계시라

Part 6

예수님의 재림과 백보좌 심판

레마 이야기 19, 삼위하나님 찬양, 그리고 재림 예수님의 속성(4 이름)

"그의 입에서 이한 검이 나오니 그것으로 만국을 치겠고 친히 저희를 철장으로 다스리며 또 친히 하나님 곧 전능하신 이의 맹렬한 진노의 포도주 틀을 밟겠rh"_계 19:15

레마 이야기 20, 백보좌 심판(θρόνον μέγαν λευκὸν)

"또 저희를 미혹하는 마귀가 불과 유황 못에 던지우니 거기는 그 짐승과 거짓 선지자도 있어 세세토록 밤낮 괴로움을 받으리라 또 내가 크고 흰 보좌와 그 위에 앉으신 자를 보니 땅과 하늘이 그 앞에서 피하여 간데 없더라"_계 20:10-11

Part 6

　'일곱 재앙(the seven plagues)'이란 일곱 인(seven seals, 1/4 damage) 재앙, 일곱 나팔(seven trumpets, 1/3 damage) 재앙, 일곱 대접(seven bowls, the maximal damage) 재앙을 모두 포괄하는 단어로 이는 전 지구적으로 일어나되 각 지역별로 그 크기나 강도, 세기, 범위만 다를 뿐 모두가 다 동일한 것이라고 지금까지 반복하여 언급해왔다. 또한 일곱 재앙은 반드시 시간적 순서로 일어나는 것도 아니라고 했다. 그렇기에 '일곱 재앙'의 내용에 있어서는 복잡하게 인, 나팔, 대접 재앙을 일일이 다 구분하거나 세세하게 해석할 필요는 없다. 다만 종말 시대 동안에 일어나는 '일곱 재앙'에 대한 궁금함, 그리고 마음의 준비를 위하여는 '일곱 재앙' 중 '인 재앙'의 첫째에서 여섯째 재앙의 내용만 잘 숙지하면 된다. 왜냐하면 나팔 재앙과 대접 재앙은 여섯째 인 재앙의 '천체의 대격변' 그리고 '자연계의 대격변'과 상통하기 때문이다. 또한 출애굽 전(前)의 10가지 재앙과도 비슷하기 때문이다.

　계시록 6장에서는 인 재앙에 대해, 8-9장에는 나팔 재앙, 16-18장에는 대접 재앙에 관해 말씀해 주셨다. 인 재앙, 나팔 재앙, 대접 재앙 사이사이에는 삽입장(7장, 10-11장, 15장)을 두셔서 교회들에게 소망(엘피스, 미래형 하나님나라에의 입성과 영생)뿐만 아니라 위로와 격려까지 해 주셨다.

그리하여 첫 삽입장인 계시록 7장에서는 '아무라도 능히 셀 수 없는 큰 무리'의 '인 맞은 자'를 언급하시며 교회를 상징하는 그들은 '흰 옷을 입고 손에 종려 가지를 들고 보좌 앞과 어린 양 앞에 서서 찬양과 경배' 할 것을 말씀하셨다.

두 번째 삽입장인 계시록 10-11장에서는 복음이 적힌 작은 책을 주시며 복음 그대로 이루어질 것(예수 그리스도 새 언약의 성취와 완성)이기에 '오직 복음'을 당부하셨다. 먼저는 복음을 맛보고 누리라고 하셨다. 이후 그 복음을 많은 백성과 나라와 방언과 임금에게 전하라고 하셨다. 복음은 '입에는 달지만 먹은 후 배에는 쓰다'라고 하시며 한 번 사는 동안 '힘써', '애써', '땀과 눈물로' 복음과 십자가로 살아가며 복음과 십자가만 자랑하라고 하셨다.

그 일에 예수 그리스도 안에서 한 지체된 '진실된 교회'인 동역자의 소중함을 11장에서 말씀하셨다. 이른바 두 증인, 두 감람나무, 두 촛대, 두 선지자이다. 여기에 더하여 특별히 11장은 '진실된 교회의 참된 역할'에 대해 말씀하고 있다.

먼저 '두 증인'이란 교회는 '예수 그리스도의 증인으로의 삶'을 살라는 것이며 '두 감람나무'란 교회는 '풍성한 열매를 맺는 삶'을 살아야 한다라는 것이다. 두 촛대란 교회는 '빛과 소금의 역할'을 감당하며 살라는 말씀이고 두 선지자란 교회는 '오직 말씀, 오직 복음'만 전하라는 의미이다.

세 번째 삽입장인 계시록 15장에서는 짐승과 그의 우상과 그의 이름의 수를 이기고 벗어난 자들이 '유리바다 가'에 서서 '하나님의 거문고'를 가지고 하나님의 종 '모세가 불렀던 노래', '어린 양을 찬양하는 노래'를 부르게 될 것을 말씀하셨다.

또한 17장에서는 다시 대접 재앙을 보여주시며 특별히 '큰 음녀'에 대한 심판을, 18장에서는 '큰 성 바벨론'에 대한 심판을 재차 경고하셨다. '큰 음녀'란 정치적, 종교적 악한 영적 세력들을, '큰 성 바벨론'이란 경제적, 물질적 악한 영적 세력들을 가리킨다. 이들에 대한 심판을 묘사하면서 18장에서는 "결코, 다시, 결단코, 일시간에, 하루 동안에"라는 격한 단어를 무려 20여 번이나 사용하면서 경고하고 있다. 이를 가만히 되새겨 보면 만왕의 왕, 만주의 주이신 재림 예수님이 행하실 백보좌 심판의 어마 무시함을 상상케 한다. 그리고 보면 18장은 참으로 슬픈 노래 곧 '애가(哀歌)'라는 생각이 들기도 한다.

계시록 19장은 크게 3부분으로 나누면 쉽게 이해할 수 있는데 전반부가 1-10절까지라면 중반부는 11-16절까지이며 후반부는 17-21절까지이다.

전반부(19:1-10)에서는 참되고 의로우신 하나님의 '그' 심판에 대하여 '그 하나님'은 심판주 하나님(19:1-3), 역사의 주관자 하나님(19:4-6), 구속주 하나님(19:7-9)이라며 "할렐루야"를 네 번(1, 3, 4, 6)이나 외치면서 찬양하고 있는 것을 밧모섬의 사도 요한은 듣고 보고 있다.

특히 19장 2절에서는 "음행으로 땅을 더럽게 한 큰 음녀를 심판하사 자기 종들의 피를 그의 손에 갚으시는" '심판주 하나님'을 찬양하는 것을 보고 있다. 계시록 19장 3절의 "그 연기가 세세토록 올라가더라"는 말씀은 바벨론이 불타 멸망할 때 나는 연기(17:16, 18:9, 18)로서 이사야 34장 9-10절의 말씀을 연상케 하는데 '완전한 멸망'을 상징한다. 결국 계시록 19장 1-3절까지에서는 재림의 예수님은 승리주 하나님, 만왕(萬王)의 왕이요 만주(萬主)의 주이신 심판주 하나님이심을 '할렐루야'로 찬양하고 있는 것이다.

"에돔의 시내들은 변하여 역청이 되고 그 티끌은 유황이 되고 그 땅은 불붙는 역청이 되며 낮에나 밤에나 꺼지지 않고 그 연기가 끊임없이 떠오를 것이며 세세에 황무하여 그리로 지날 자가 영영히 없겠고" _사 34:8-9

계속하여 "우리 주 하나님 곧 전능하신 이가 통치하시도다(19:6)", "구원과 영광과 능력이 우리 하나님께 있도다(19:1)"라는 말씀은 인간의 모든 역사를 당신의 작정과 예정, 섭리와 경륜으로 이끌어 가시는 예수님은 '창조주 하나님', '역사의 주관자 하나님'이심을 '할렐루야'로 찬양하고 있는 것(19:4-6)이다.

또한 "어린 양의 혼인 기약이 이르렀고 그 아내가 예비하였으니 그에게 허락하사 빛나고 깨끗한 세마포를 입게 하셨은즉(19:7-8)"이라는 말씀은 우리로 하여금 어린 양의 혼인 잔치에 참여케 해 주신 예수님만이 진정한 '구속주 하나님'이심을 드러내며 '할렐루야'로 찬양하고 있는 것

(19:7-9)이다.

중반부(19:11-16)에서는 장차 백마(6장 2절에서의 흰 말을 탄 자는 적 그리스도를 상징했다)를 타고 오실, 그리하여 '공의'로 심판하실 재림 예수님에 대한 4가지 이름[119]이 상징적으로 묘사되어 있는데 이는 심판주 예수님의 '속성'을 알려주신 것이다.

첫째, "충신과 진실"이란 예수님은 '신실'하시며 '길이요 진리요 생명이시다'라는 의미이다. 여기서 '충신'이란 '신실(피스토스)'이라는 의미로 '미쁘심, 믿음직스러움(Faithfulness, trustworthiness)'을 말한다. 곧 당신의 언약은 반드시 실행하시겠다라는 것을 가리킨다. 한편 '진실(알레데이아)'이란 '진리' 그 자체를 가리킨다. 결국 '충신과 진실의 예수님'이란 믿음직스럽고 신실하신 하나님이신 예수님은 진리 그 자체이시고 길이요 생명이시다라는 말이다.

둘째, "자기 밖에 모르는 이름"이란 하나님의 섭리와 경륜은 무궁무진하셔서 당신만 아신다라는 의미이다. 그러므로 성숙한 그리스도인이라면 작정(decree)과 예정(predestination)에 따른 하나님의 섭리(providence)와 경륜(administration)을 따라 살아가야 한다. 참고로 '섭리'란 작정과 예정이 성취되기 위한 하나님의 간섭과 열심(왕하 19:31, 사 9:7, 37:32)을 말하며 '경륜'이란 섭리보다 작은 개념으로 목적이 있는 특별한 섭리 즉 섭리를 이

---

119   예수님의 4가지 이름이란 "충신과 진실(11), 자기 밖에 모르는 이름(12), 하나님의 말씀(13), 만왕의 왕이요 만주의 주(16)"이다.

루기 위해 방향과 의도를 가지고 이끌어 가는 하나님의 열심을 가리킨다. '작정'이란 기독교 세계관의 4기둥인 창조, 타락, 구속, 완성의 전체 청사진을 가리키며 '예정'이란 하나님의 작정 속에 택정된 하나님의 백성들의 구원이 성취되는 것을 가리킨다.

셋째, "하나님의 말씀"이란 '하나님은 곧 말씀(로고스)이시다'라는 의미로 요한복음 1장 1절의 "이 말씀(로고스)은 곧 하나님이시니라"는 것을 가리킨다. 결국 하나님은 장차 입술의 검, 말씀의 검으로 심판하실 것이라는 의미이다. 그렇기에 히브리서 4장 12절은 "하나님의 말씀"은 살았고 운동력이 있어 좌우에 날 선 어떤 검보다 예리하다라고 말씀하신 것이다.

넷째, "만왕의 왕이요 만주의 주"라는 것은 계시록 1장 5절에서 이미 말씀하신 대로 예수님은 "땅의 임금들의 머리"라는 의미이다. 초림의 예수님이 구속주라면 재림의 예수님은 만왕의 왕, 만주의 주로서 그날에 승리주, 심판주로 오실 것임을 가리키고 있다.

재림 예수님의 4가지 이름=예수님의 4가지 속성	
1)충신과 진실	예수님은 '신실'하시며 '길이요 진리요 생명이시다' 당신의 언약은 반드시 실행하시겠다
2)자기 밖에 모르는 이름	하나님의 섭리와 경륜은 무궁무진하셔서 당신만 아신다
3)하나님의 말씀	입술의 검, 말씀의 검으로 심판하실 것
4)만왕의 왕이요 만주의 주	땅의 임금들의 머리 만왕의 왕, 만주의 주로서 승리주, 심판주이시다.

후반부(19:17-21)에서는 '마지막 그날'에 있게 될 백보좌 심판의 '맛보기'를 다시 보여주고 있다. 특히 17절에서는 '마지막 그날'에 있게 될 모든 악한 영적 세력들에 대한 심판주 예수님의 처절한 최후 심판을 "하나님의 큰 잔치"라는 전쟁을 통해 상징적으로 말씀하고 있다. 한편 19절에는 "두 짐승과 땅의 임금들과 그 군대들이 모여 그 말 탄 자와 그의 군대로 더불어 전쟁을 일으키다가"라는 말이 있다. 여기서 "그 말 탄 자와 그의 군대(19:19)"란 '예수 그리스도와 하늘 군대(먼저 간 성도들과 천군 천사)'를 가리킨다. 그 결과 전쟁에서 패배한 모든 악한 영적 세력들은 유황 불붙는 못에 던져지게 됨을 사도 요한은 보았다.

사족(蛇足, 화사첨족(畵添蛇足), add unnecessary comments)을 달자면 기능론적 종속성과 존재론적 동질성을 만족하는 삼위일체 하나님이신 승리주, 심판주, 만왕의 왕, 만주의 주이신 예수님과 악한 세력들과의 대결양상을 '전쟁'이라고 표현한 것은 사실상 어불성설(語不成說, absurdity and inconsistency)에 불과하다. 왜냐하면 예수님은 창조주 하나님, 역사의 주관자 하나님이신 반면에 악한 세력들은 피조물이기 때문에 서로 간의 싸움 자체가 성립되지 않기 때문이다. 그러므로 '전쟁'으로 표현한 것은 '처절한 백보좌 심판'을 하실 것에 대한 상징적 표현인 것임을 알아야 한다.

20장에서는 재림의 예수님과 함께 앞서 간 교회들이 보좌에 앉아 심판하는 권세를 받은 것(20:4, 3:21)을 사도 요한이 보게 된다. 이는 교회인 우리 또한 장차 재림 예수님의 '그날'에 백보좌 심판에 참여하게 될 것이라는 의미이다. 그야말로 교회 된 우리에게는 진실로 영광이다. 그런 소망을 갖게 해 주심에 '할렐루야' 찬양할 뿐이며 그저 감사할 뿐이다.

그렇게 구원받은 성도인 교회가 장차 "하나님과 그리스도의 제사장이 되어" 영원토록(상징적 의미의 '천년 동안', 20:2, 3, 4, 5, 6, 7) 왕 노릇하며 보좌에 앉게 될 것을 사도요한은 보았던 것이다(20:1-6). 참고로 '천년왕국'에서의 '천년(1,000년, '많다' 라는 상징적 의미)'에 대하여는 다음의 두 가지를 전제하고 이해해야 혼란을 피할 수 있다.

첫째, '천년왕국'이란 예수님의 초림 이후부터 재림 전까지의 '종말시대(1,000년, '많다' 라는 의미, 성부하나님만 아시는 기간)' 동안에 초림의 구속주이신 예수 그리스도를 믿음으로 구원된(영적 죽음에서 영적 부활된, 이를 첫째 부활이라고 한다. 계 20:5-6) '교회'가 내주하시는 주인 되신 성령님을 모시고 그분의 통치와 질서, 지배 하에서 살아가는 '현재형 하나님나라(주권, 통치, 질서, 지배 개념)'를 말한다. 이때 교회와 교회공동체는 예수님의 재림 전까지 하나님과 그리스도의 제사장이 되어 복음을 전함으로 세상을 심판하며 세상에서 왕 노릇을 하는 것이다. 한편 '복음으로 심판한다'라는 말은 '복음을 받아들이면 구원'이요 '받아들이지 않으면 심판'이라는 말이다.

참고로 '영적 죽음(첫째 죽음 혹은 첫째 사망)'에서 부활된 교회는 두 번째 죽음인 '육신적 죽음(히 9:27, 수 23:14)'은 있을지언정 '세 번째 죽음'인 '둘째 사망(영원한 죽음, 3번째 죽음, 요 8:51-52)'은 그들을 다스리지 못하게 된다.

필자의 경우 '사망'이라는 단어를 사용하여 설명할 때에는 첫째 사망(영적 죽음상태로 출생), 둘째 사망(계 20:6, 14, 영원한 죽음, 세세토록 밤낮 괴로움을 당하는, 계 20:10)으로 구분하고 있으며 '죽음'이라는 단어를 사용하여 설명할 때에는 영적 죽음(첫째 사망, 첫째 죽음), 육신적 죽음(히 9:27, 수 23:14, 두번째 죽음), 영원한 죽음(둘째 사망, 3번째 죽음, 요 8:51-52)으로 구분한다. 성경에는 동일한 의미의 다른 단어인 '사망'과 '죽음'이라는 말을 자주 혼용하여 사용했기에 독자들이 혼란을 피하도록 필자의 설명으로 사족을 단 것이다.

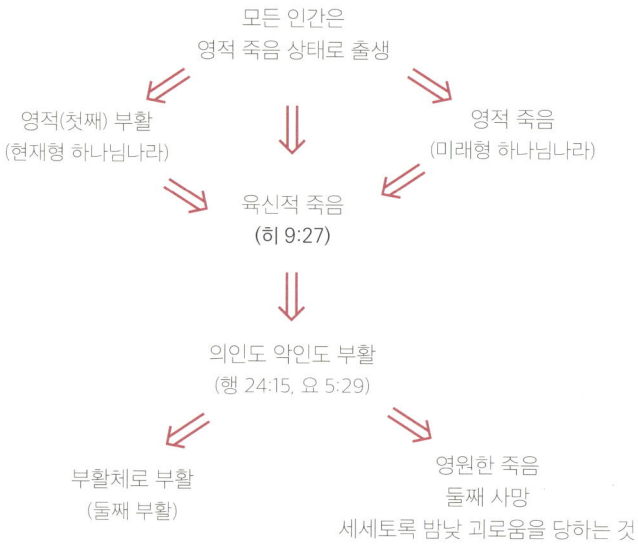

둘째, '천년왕국'이란 예수님의 재림 후 영원천국인 '미래형 하나님나라(계 21-22장, 분명한 장소 개념)'를 말한다. 이곳은 구원받은 교회와 교회공동체가 부활체(고전 15:42-44)로서 영원히 삼위하나님과 더불어 살아가는 곳, 곧 분명한 장소 개념의 하늘나라를 말한다. 교회는 그곳에서 비록 삼위

하나님처럼 신의 본체(本體)는 아니지만 신과 방불한 자(신령한 몸을 입고, 고전 15:44)로 살아가되 삼위하나님의 영광을 받아 영광스러운 몸(계 21:11, 23, 22:5)으로 살아가게 될 것이다. 이곳에는 사망이 없으며 모든 눈물도 없기에 애통, 슬픔, 고통, 곡하는 것이 다시 있지 않게 된다(계 21:4).

한편 교회(성도)가 '보좌'에 앉았다(20:4)라는 말씀에서의 '보좌'와 예수 그리스도께서 앉으신 '보좌'는 "크고 흰 보좌(20:11, a great white throne)"를 가리키는 것으로 '백보좌'를 말한다. 바로 그 백보좌 심판대에서 교회는 예수님과 더불어 심판하는 권세를 통해 '사마귀(사단, 마귀, 귀신)'와 모든 악한 영의 세력들, 심지어는 사망과 음부조차도 불못으로 던져버릴 것이다(7-15).

바로 그날에!

예수님의 재림 후 있게 될 '백보좌 심판'에 대하여는 계시록 20장 1절에서 "무저갱 열쇠와 큰 쇠사슬을 그 손에 가지고 하늘로서 내려오는" 예수님의 사역을 예표[120]하는 천사를 통해 상징적으로 잘 보여주고 있으며 계시록 20장 11-15절에서는 보다 더 상세하게 말씀해주고 있다.

---

120 계시록 20장 1절에서는 예수님의 사역을 예표하는 천사가 "가지고~내려오는"이라고 묘사되어 있다. 이에 반하여 계시록 9장 1절에는 사단의 사역을 예표하는 천사가 "받았더라~떨어진"이라고 묘사되어 있는데 이 둘의 차이점을 찬찬히 비교해보라.

할렐루야 구원과 영광과 능력이 우리 하나님께 있도다 _계 19:1
할렐루야 주 우리 하나님 곧 전능하신 이가 통치하시도다 _계 19:6

레마이야기 19

삼위하나님 찬양, 그리고 재림 예수의 4가지 이름과 속성

19-1 이 일 후에 내가 들으니 하늘에 허다한 무리의 큰 음성 같은 것이 있어 가로되 할렐루야 구원과 영광과 능력이 우리 하나님께 있도다

19장 1절에서는 "이 일 후에"라는 말을 통해 또 다른 장면에로의 전환을 사도 요한에게 보여주고 있다. 즉 16장의 대접 재앙의 일곱째 대접 재앙 후 "맹렬한 진노의 포도주 잔(16:19)"으로 상징되었던 극렬한 심판을 보여주신 후 연이어 17-18장에서도 동일하게 "큰 음녀와 큰 성 바벨론"을 심판하시는 장면을 보여주셨다.

요한계시록에는 '이 일 후에'에 해당하는 헬라어 메타 타우타(Μετὰ ταῦτα)가 여러 번 반복되어 나온다. 곧 계시록은 시간이나 역사적 사건의 순서가 아니라 종말에 있을 여러 가지 복합적인 일들을 '장면의 전환'을 통해 반복적으로 설명하고 있다는 것이다.

한편 미래형 하나님나라에서는 "허다한 무리들(교회들)"인 앞서 간 '구원받은 성도들(교회들)'과 '천사들'이 큰 음성으로 "구원과 영광과 능력"의 하나님을 찬양하고 있음을 보여주고 있다.

참고로 '찬양'을 의미하는 "할렐루야"는 그 헬라어와 히브리어의 음역이 동일하다(Ἀλληλούϊα, hallelujah, alleluia, an adoring exclama-tion/הַלְלוּיָהּ). 할렐루야는 할랄(הָלַל, v, to shine)과 야훼(יְהוָֹה, יָהּ)의 합성어로 '너의 하나님을 찬양하라(Praise the Lord, 시 111:1), 하나님께만 영광을 돌리라(Glory to God)'는 의미이다. 그렇기에 '할렐루야'는 '구속의 은혜에 감사, 하나님의 공의의 심판에 대한 감사, 하나님의 신실하심에 감사, 정확한 하나님의 섭리 하의 경륜으로 인도하심에 대한 감사'를 모두 아우르는 단어이다. 이런 "할렐루야"가 19장 초반부에는 '네 번(1, 3, 4, 6)'이나 반복되고 있다. 성경에서 '두 번'은 강조이며 '세 번'은 '더 이상은 없다'라는 최상급(best)의 의미이다.

2 그의 심판은 참되고 의로운지라 음행으로 땅을 더럽게 한 큰 음녀를 심판하사 자기 종들의 피를 그의 손에 갚으셨도다 하고 3 두번째 가로되 할렐루야 하더니 그 연기가 세세토록 올라가더라

19장 2-3절에서는 하나님께서 행하신 모든 심판은 "참되고 의롭다"라고 하면서 거짓과 불의가 없으신 그분의 심판에 대해 찬양하는 것을 사도 요한은 듣고 있다. 모든 세속 도시의 어미인 큰 성 바벨론(17:1, 5) 곧 큰 음녀는 "음행"으로 땅을 더럽게 하였고 더 나아가 예수 믿는 자들의 피를 "금잔"에 부어 마시기도 했다(17:6). 이 구절에서는 그런 큰 성 바벨론과 큰 음녀에 대한 하나님의 심판을 '정당하다(왕하 9:7)'라며 찬양하고 있는 것이다.

한편 그 심판을 가리켜 "세세토록 올라가는 연기"에 비유했는데 이는 '끊임없는 저주'를 상징하고 있는 것으로 이사야 34장 8-15절의 말씀과 상통한다.

4 또 이십사 장로와 네 생물이 엎드려 보좌에 앉으신 하나님께 경배하여 가로되 아멘 할렐루야 하니 5 보좌에서 음성이 나서 가로되 하나님의 종들 곧 그를 경외하는 너희들아 무론대소하고 다 우리 하나님께 찬송하라 6 또 내가 들으니 허다한 무리의 음성도 같고 많은 물소리도 같고 큰 뇌성도 같아서 가로되 할렐루야 주 우리 하나님 곧 전능하신 이가 통치하시도다

4절의 "보좌에 앉으신 하나님께 경배하여 가로되"에서의 '보좌'가 의미하는 것은 '하나님이 앉아 계신 곳(4:2)'을 말하는 것으로 '영광, 통치, 심판, 권위, 위엄'을 가리킨다. 결국 4-6절은 역사의 주관자(야훼 엘로힘)이시며 전능하신(omni-potent) 하나님(엘로힘)의 통치에 관한 찬양이다. 이 구절에서는 하나님의 "종들", 곧 하나님을 경외하는 "무리들(교회들)"을 상징하고 있는 "이십사 장로"의 찬양과 "천사(특히 천사장)"를 상징하고 있는 '네 생물'의 찬양을 보여주고 있다. 그렇다. 진실로 하나님만이 찬양을 받기에 합당하시다.

6절의 "또 내가 들으니"라는 말은 이 구절을 기점으로 전후(前後)를 의도적으로 나누려는 것이다. 그렇기에 앞 부분이 하나님의 공의로운 심판과 그 승리에 관한 것을 드러내고 있다면 뒷 부분은 그 승리의 결과로 있게 될 어린 양의 혼인잔치를 드러내고 있는 것이다.

"전능하신 이가 통치하시도다"라는 말씀은 마지막 날에 그리스도의 재림과 더불어 백보좌 심판 후에 있게 될 미래형 하나님나라의 완성을 보며 찬양하고 있는 것이다.

7 우리가 즐거워하고 크게 기뻐하여 그에게 영광을 돌리세 어린 양의 혼인 기약이 이르렀고 그 아내가 예비하였으니

7-9절까지는 장차 있게 될 '어린 양의 혼인 잔치'에 관한 환상을 보여주신 것으로 우리로 하여금 어린 양의 그 혼인 잔치에 참여케 하신 '구속주 예수님'을 찬양할 것을 말씀하고 있다.

7절에서는 어린 양이신 예수께서 그 신부인 교회에게 약속했던 '혼인 기약의 날이 다가왔다'라고 말씀하신다. 이는 신랑 되신 예수께서 이 땅의 신부인 우리를 데리러 오시는 '재림의 그 날이 임박했다'라는 의미이다. 그러므로 신부인 우리는 의의 병기로서 믿음의 정절(성결과 거룩함)을 지키며 의로운 행실 곧 거룩함에 이르는 열매(롬 6:22)라는 풍성한 열매를 준비하면서 '반드시' 다시 오실 신랑을 기다려야 할 것이다. 물론 그 신랑이 오실 '때와 시기'가 언제일런지에 관해서가 아니라 '반드시 다시 오실' 신랑을 사모함으로 기다려야 하는 것이다.

분명한 것은 교회인 신부가 어린 양의 혼인 잔치에 참석하여 찬양할 수 있게 된 것이 우리의 의로운 행실이나 착한 행위 때문이 아니라는 점이다. 즉 율법이나 자기의 의가 아니라 '하나님의 전적인 은혜'인 것이다. 즉 그분께서 '당신의 보혈로' 우리에게 빛나고 깨끗한 세마포 옷을 입게(19:8) 하셨기 때문이다.

참고로 마태복음 22장 1-14절까지에서는 '예복을 입지 않은 사람'의 최후를 잘 보여주고 있다. 여기서 '예복'이란 '예수 그리스도의 십자가 보혈'을 가리킨다. 그렇기에 예복을 입지 않은 결과는 수족이 결박을 당한 채 바깥 어두움에 내어 던져짐을 당하게 되고 만다.

한편 "그 아내가 예비하였으니"라는 말씀을 21장 2절에 의거하여 해석하면 신부인 교회가 신랑 되신 어린 양을 위해 잘 '준비했다, 단장했다' 라는 의미이다. 이는 유대인의 결혼 풍습을 떠올리면 더욱 쉽게 이해할 수 있다. 유대인은 결혼 전에 먼저 정혼(pledge to be married)을 한다. 정혼(定婚)한 후에 결혼을 약속한 신부는 장차 가게 될 신랑집의 가풍을 배우고 잘 훈련된 신부로 철저한 준비를 하면서 정혼했던 신랑을 이제나저제나 학수고대(鶴首苦待)함으로 기다린다. 이는 마치 신부인 교회가 신랑 되신 예수님의 재림의 때를 이제나저제나 기다리며 준비하는 것과 같다.

8 그에게 허락하사 빛나고 깨끗한 세마포를 입게 하셨은즉 이 세마포는 성도들의 옳은 행실이로다 하더라

8절에서는 하나님나라의 혼인 잔치에 참여하기 위하여는 "빛나고 깨끗한 세마포" 즉 '그리스도의 의의 옷'을 입어야 한다고 말씀하고 있다. '흰 옷', '빛의 갑옷', '빛나고 깨끗한 세마포'는 어린 양의 혼인 잔치에 참석하려면 반드시 갖추어야 할 예복으로써 '예복'이란 예수 그리스도의 십자가 보혈을 상징한다. 그렇기에 빛나고 깨끗한 세마포를 입지 않으면 '그' 어린 양의 혼인잔치에 결코 참예할 수가 없다(마 22:1-14). 가만히 보면 이는 계시록 17장 4절의 큰 음녀가 입었던 '음행과 사치로 가득한 옷'과는 극명하게 대조를 이루고 있다.

한편 8절의 후반부에 나오는 "성도들의 옳은 행실"이 의미하는 것은 '행위 구원'을 가리키는 것이 아니다. 그것은 믿음과 행함의 '균형과 조화'를 말하며(약 2:22) 동시에 하나님의 자녀로서 하나님께 인정받는 '그리스도인의 삶'을 의미한다. 결국 "성도들의 옳은 행실"이란 '성령님께서 인도하시는 대로(주권을 드리고 그분의 통치, 질서, 지배 하에 들어가) 살아가는 삶 혹은 그리스도 안(in Christ)에서 그리스도와 연합(Union with Christ)하여 하나 되어 살아가는 삶'을 가리킨다. 곧 '성령 충만의 삶'이다.

"네가 보거니와 믿음이 그의 행함과 함께 일하고 행함으로 믿음이 온

전케 되었느니라"_약 2:22

필자는 신앙생활에 대해 '신앙생활'이란 하나님의 은혜로 허락된 선물 즉 명사인 주신 '믿음(피스티스)의 동사(피스튜오, 페이도, Peitho)화 과정'으로 정의하고 있다. 믿음(명사, 피스티스)의 결과 나타난 믿음, 즉 행실(동사, 피스튜오)이란, 삶의 원리나 습관이 성경적일 뿐 아니라 기독교적 세계관, 기독교적 가치관에 입각한 삶의 모습까지도 포괄하는 것을 의미한다.

9 천사가 내게 말하기를 기록하라 어린 양의 혼인 잔치에 청함을 입은 자들이 복이 있도다 하고 또 내게 말하되 이것은 하나님의 참되신 말씀이라 하기로

9절에서는 천사가 사도 요한에게 "어린 양의 혼인 잔치에 청함을 입은 자들이 복이 있도다"라는 말씀을 기록하라고 하셨다. 왜냐하면 이는 "하나님의 참되신 말씀"이기 때문이라고 하셨다. 계시록의 핵심 구절 중 하나이다.

한편 요한계시록 전체에는 '일곱 번'이나 '복(福)'에 대한 언급이 있다.

첫째는 "이 예언의 말씀을 읽는 자와 듣는 자들과 그 가운데 기록한 것을 지키는 자들이 복(1:3)"이 있다.

둘째는 "지금 이후로 주 안에서 죽는 자들은 복(14:13)"이 있다.

셋째는 "누구든지 깨어 자기 옷을 지켜 벌거벗고 다니지 아니하며 자기의 부끄러움을 보이지 아니하는 자가 복(16:15)"이 있다.

넷째는 "어린 양의 혼인 잔치에 청함을 입은 자들이 복(19:9)"이 있다.

다섯째는 "첫째 부활에 참여하는 자가 복(20:6)"이 있다.

여섯째는 "이 책의 예언의 말씀을 지키는 자가 복(22:7)"이 있다.

일곱째는 "두루마기를 빠는 자들은 복(22:14)"이 있다. 할렐루야!

복의 결과는 자명하다. 첫째는 "저희 수고를 그치고 쉬리니(14:13)"이다. 둘째는 "둘째 사망이 그들을 다스리는 권세가 없고 도리어 그들이 하나님과 그리스도의 제사장이 되어 천년 동안 그리스도로 더불어 왕 노릇 하리라(20:6)"는 것이다. 세째는 "생명나무에 나아가며 문들을 통하여 성에 들어갈 권세(22:14)"를 얻게 되는 것이다.

10 내가 그 발 앞에 엎드려 경배하려 하니 그가 나더러 말하기를 나는 너와 및 예수의 증거를 받은 네 형제들과 같이 된 종이니 삼가 그리하지 말고 오직 하나님께 경배하라 예수의 증거는 대언의 영이라 하더라

10절에서 사도 요한은 어린 양의 혼인 잔치에 청함을 입은 자가 하나님께 진정 '복을 받은 사람'이라고 알려주고 있는 천사에게 경배하려 했다. 소위 그 일을 행하신 하나님을 찬양하는 것이 아니라 그 일의 도구로 사용된 대상을 찬양하려는 우스꽝스러운 짓을 자신도 모르는 사이에 하려고 한 것이다. 오늘날 한국교회 주변에서 심심찮게 보이는 장면이기도 하다. 우리는 '기적 그 자체'에 집중할 것이 아니라 그 기적을 베푸시는 '예수'를 바라보아야 한다.

"믿음의 주요 또 온전케 하시는 이인 예수를 바라보자"_히 12:2

한편 천사는 자신을 경배하려는 사도 요한을 급히 말리면서 정색을 하며 손사래를 친다. 그리고는 "나는 너와 및 예수의 증거를 받은 네 형제들과 같이 된 종"이라며 자신을 분명히 밝힌다. 그리고는 "오직 하나님께만 경배하라"고 선명하게 말하고 있다. 이는 계시록 22장 9절과 사도행전 10장, 14장에서도 동일하게 목격했던 일이다.

"모든 천사들은 부리는 영으로서 구원 얻을 후사들을 위하여 섬기라고 보내심이 아니뇨"_히 1:14

앞서 언급했지만 일반적으로 인간 군상들은 초월적인 기적이나 기이한 일을 보면 그 일을 행하신 하나님을 찬양하기보다는 실제 일어난 현상에 집중하는 경향이 있다. 즉 그 일을 행하신 하나님보다는 그 일을 전하러 온 천사를 경배하는 모습에서 우리 또한 보다 더 '긴장'하고 '각성'하고 '근신'해야 할 것이다.

10절 말미에는 천사가 "예수의 증거는 대언의 영"이라는 모호한 표현을 쓰고 있다. 이를 풀이하면 '예수를 그리스도, 메시야로 증거하실 분은 대언의 영이신 성령님뿐이시다'라는 의미이다. 그렇기에 재림 예수님의 소식을 전했던(증거했던) 천사는 "나 또한 하나님의 종"이니 내게 경배하지 말고 "오직 하나님께 경배하라"고 말씀한 것이다. 결국 구원자이신 예수님만이 성부하나님의 유일한 기름부음 받은 자 곧 그리스도, 메시야라고 증거하시고 가르쳐 주신 것이다. 우리에게 믿음(피스티스)을 선물로 주시는 분은 성령님이시며 그런 우리를 하나님의 자녀로 인치시는 분이 "대언의 영"이신 성령님이라는 말이다. 그렇기에 "성령으로 아니하고는 누구든지 예수를 주시라 할 수 없느니라"고 고린도전서 12장 3절은 말씀하셨던 것이다.

참고로 우리가 구원을 얻은 것은 '물과 성령'으로 '거듭남' 때문이다. '물'은 '말씀'을 상징하며 '말씀'은 육신이 되신 예수 그리스도(요 1:14)를 의미한다. 즉 교회는 '예수와 성령'으로 구원받아 거듭난 것이다. 또 다른 보혜사(요 14:16)이신 진리의 영, 예수의 영이신 성령님은 그 예수님만이 그리스도, 메시야임을 가르쳐주시고 만세 전에 하나님의 은혜로 택정된 우리에게 믿음(피스티스, 명사)을 선물로 주셨다. 그리하여 우리가 그 믿음(명사 피스티스, 선물)으로 믿게 되어(동사, 피스튜오) 성령님에 의해 하나님의 자녀로(요 1:12-13) 인침을 받게 되었다. 그렇기에 요한복음 3장 5절의 "물과 성령으로 나지 아니하면 하나님 나라에 들어갈 수 없느니라"는 말씀에 대해 너무나 많은 해석이 분분하나 나는 '물과 성령'을 '예수 그리스도와 성령님'으로 해석하고 있다. 물론 다른 학자들의 해석들도 가능하다고 생각한다.

11 또 내가 하늘이 열린 것을 보니 보라 백마와 탄 자가 있으니 그 이름은 충신

과 진실이라 그가 공의로 심판하며 싸우더라

지금부터의 11-16절까지가 19장의 두번째 부분이다. 계시록 19장은 크게 3부분으로 나누면 쉽게 이해할 수 있는데 전반부가 1-10절까지, 중반부는 11-16절까지, 후반부는 17-21절까지이다.

전반부인 19장 1-10절까지는 참되고 의로우신 하나님의 '그' 심판에 대하여, 중반부인 19장 11-16절까지에는 예수님의 4가지 이름이 상징하는 예수님의 '속성'에 대해, 후반부인 19장 17-21절까지에서는 마지막 그날에 있게 될 백보좌 심판의 '맛보기'를 다시 보여주고 있다.

이곳 계시록 19장 11절은 사도 요한이 "하늘이 열린 것"을 보는 장면으로 시작된다. 즉 예수 그리스도의 재림의 그날, 최후 심판의 날이 다가옴을 함의(含意)하는 말씀이다. 그렇다고 하여 조만간에 오신다는 것이 아니다. 재림의 그날에 대한 긴박감을 가지라는 의미이다.

4장 1절에서도 사도 요한은 "하늘 문이 열린 것"을 보았고 11장 19절과 15장 5절에서도 "하늘 성전이 열린 것"을 보았다. 그때 사도 요한은 '그날'에 오실 승리주이신 '예수'께서 '백마'를 타고 계신 것도 보았다.

이 구절에 나오는 "백마 혹은 흰 말"은 원래 승리자, 정복자가 타던 말이다. 한편 백마를 탄 자 곧 예수님의 이름은 "충신과 진실"이었는데 이는 예수님만이 신실(충신, 믿음직, 피스토스, πιστός, adj, rustworthy, faithful, relia-ble/ 신실한 자, 충성된 자)하시고 예수님만이 길이요 생명이요 진리(진실, 알레데이아/ ἀληθινός, adj, true (lit: made of truth), real, genuine, 참된 자, 진정한 자)이심을 드러내고 있는 것이다. 결국 신실하고 참되신 분, 진리이신 승리주, 심판주, 만왕의 왕, 만주의 주이신 예수님께서 마지막 그날에 "공의로 심판"하실 것을 묘사한 것이다.

한편 우스꽝스러운 장면들이 수년래(數年來, in the years)에 많이 펼쳐졌는데 작금의 많은 이단 교주들이 백마를 타고 있는 퍼포먼스(performance)를 자주 하곤 했던 것이다. 그들은 마치 자신들이 예수님이기라도 하듯 종종 흰 말을 타고 등장하곤 했다. 통일교의 문선명, JMS의 정명석, 신천지의 이만희가 그랬고 가까운 북쪽에는 김정은과 김여정도 백마를 타고 가는 모습을 보여주었다.

12 그 눈이 불꽃 같고 그 머리에 많은 면류관이 있고 또 이름 쓴 것이 하나가 있으니 자기 밖에 아는 자가 없고

12절에서는 재림의 예수님의 모습을 "그 눈이 불꽃 같고"라고 말씀하고 있다. 이는 '통찰력(Sight 관(觀): Hindsight; 온고이지신, Insight; 통찰력, Foresight; 선견지명)과 전지성(全知性, Omniscience, Infinite knowledge)'을 가진 예수님이라는 의미이다. 또 "그 머리에 많은 면류관이 있고"라는 것은 재림의 그 예수님은 '왕중 왕'으로서 만왕의 왕이시며 만주의 주이시요 '완전한 승리주 하나님'이심을 가리킨다.

면류관에는 "이름 쓴 것이 하나가 있으니 자기 밖에 아는 자가 없고"라고 말씀하고 있다. 여기서 "이름 쓴 것이 하나가 있으니"라고 한 것에서 '이름'이란 성경이 말씀하지 않았으니 정확하게 알 수가 없다. 또한

"자기 밖에 아는 자가 없고"라는 것은 승리주 하나님이신 예수님만 아는 것이라는 의미이다. 굳이 문자적으로 접근하여 그 이름을 추정하자면 아마 '예수 그리스도의 새 이름'으로 생각되며 '새 하늘과 새 땅의 절대적 주권자'로서의 이름일 것이라 생각된다. 그러나 그 이름과 그 이름 안에 담겨있는 내용(섭리)은 예수님의 재림 후, '그날'에 확실히 알게 될 것이다.

한편 '자기 밖에 아는 자가 없는 이름'이라고 한 것에는 고개가 갸우뚱해진다. 왜냐하면, 성경에서는 여러 번(창 4:26, 출 6:3, 렘 33:2) 당신의 이름을 가르쳐 주셨기에 얼핏 보면 서로 대치되는 듯 보이기 때문이다. 그러므로 '자기 밖에 알 수 없는 이름'의 경우에는 문자적으로 해석할 것이 아니라 '하나님의 섭리와 경륜은 다 알 수 없다'라는 상징적 의미로 해석함이 마땅하다. 동시에 재림하신 '그 예수님을 전적으로 신뢰하고 하나님이신 예수님 앞에서는 순종과 충성으로 일관되라'는 말씀이기도 하다.

사족을 붙이자면 하나님은 원래 이름이 필요 없는 분(출 3:14)이시다. 그렇기에 성경에 나오는 모든 이름들은 '하나님의 속성'을 의미한다.

13 또 그가 피 뿌린 옷을 입었는데 그 이름은 하나님의 말씀이라 칭하더라

13절에서 사도 요한이 본 재림 예수의 모습은 "피 뿌린 옷"을 입고 있었으며 "그 이름은 하나님의 말씀이라 칭하더라"고 증언하고 있다. 이는 예수님이 입은 옷에 '피'가 묻어 있었다라는 의미로서 이사야 66장 3절의 "그들의 선혈이 내 옷에 튀어 내 의복을 다 더럽혔으니"라는 부분을 함께 묵상하면 고개를 끄덕일 수 있다. 결국 예수님이 입은 옷에 피가 묻어 있었던 것은 십자가에서 흘리신 예수 그리스도의 보혈의 피가 아니라 재림하신 예수님의 처절한 심판에 의한 '원수들의 피'임을 드러낸 것이다. 즉 그 이름이 '하나님의 말씀(성령의 검, 엡 6:17)'이신 예수께서 그 입술의 '검'으로 철저하게 심판하신 것을 드러내려고 마치 치열한 전투에서 옷에 묻은 원수의 피를 묘사하듯 '피 뿌린 옷을 입고 있었다'라고 하신 것이라 생각된다.

한편 재림 예수의 이름이 '하나님의 말씀(로고스, 요 1:1)'이라는 것은 "말씀이 육신이 되신" 그분이 바로 예수님(요 1:14)이라는 의미이다.

14 하늘에 있는 군대들이 희고 깨끗한 세마포를 입고 백마를 타고 그를 따르더라

14절에서는 사도 요한이 예수를 따르는 무리들을 보고 있다. 그들 곧 "하늘에 있는 군대들이 희고 깨끗한 세마포를 입고 백마를 타고 예수를 따르더라"고 말씀하고 있는데 이들은 계시록 18장 20절의 앞서 간 교회들(성도들)과 사도들과 선지자들을 가리킨다.

한편 "희고 깨끗한 세마포"라는 것이 계시록 7장 9절에는 "흰 옷"으로 되어있다. 이를 계시록 7장 14절에서는 "어린 양의 피에 그 옷을 씻어 희게 된 것"이라고 조금 더 디테일하게 말씀하고 있다. 그 어린 양의 피가 바로 예수 그리스도의 '십자가 보혈'이다. 여기서 '흰 옷, 희고 깨끗한 세마포'를 다른 정경에서는 "빛의 갑옷(롬 13:12)", "예수 그리스도의 의의 옷(롬 13:14, 갈 3:27)"이라고 했다.

그리고 "희고 깨끗한 세마포를 입고 백마를 타고" 예수를 따르는 하늘에 있는 군대들인 앞서 간 교회들의 특성은 계시록 14장 4-5절, 21장 27절, 22장 14절에 잘 묘사되어 있다.

"이 사람들은 여자로 더불어 더럽히지 아니하고 정절이 있는 자라 어린 양이 어디로 인도하든지 따라가는 자며 사람 가운데서 구속을 받아 처음 익은 열매로 하나님과 어린 양에게 속한 자들이니 그 입에 거짓말이 없고 흠이 없는 자들이더라"_계 14:4-5

"무엇이든지 속된 것이나 가증한 일 또는 거짓말하는 자는 결코 그리로 들어오지 못하되 오직 어린 양의 생명책에 기록된 자들뿐이라"_계 21:27

"그 두루마기를 빠는 자들은 복이 있으니 이는 저희가 생명 나무에 나아가며 문들을 통하여 성에 들어갈 권세를 얻으려 함이로다"_계 22:14

15 그의 입에서 이한 검이 나오니 그것으로 만국을 치겠고 친히 저희를 철장으로 다스리며 또 친히 하나님 곧 전능하신 이의 맹렬한 진노의 포도주 틀을 밟겠고

15절에서의 "이한 검"이란 예수님의 입에서 나오는 예리한 말씀의 검(요 12:48)을 말한다. 심판주이신 재림의 예수님은 '말씀의 검'으로 "만국"을 치겠다(심판하겠다, 사 11:3, 요 12:48)라고 하셨다. 또한 친히 저희를 "철장"으로 다스리며(시 2:9) 또 친히 하나님 곧 전능하신 이의 "맹렬한 진노의 포도주 틀(계 14:19)"을 밟겠다(사 63:1-6)라고 말씀하고 있다. 이는 심판주이신 예수 그리스도를 통한 최후 심판의 '극렬함, 철저함, 완전함'을 가리킨다.

"만민 중에 나와 함께 한 자가 없이 내가 홀로 포도주 틀을 밟았는데 내가 노함을 인하여 무리를 밟았고 분함을 인하여 짓밟았으므로 그들의 선혈이 내 옷에 뛰어 내 의복을 다 더럽혔음이니" _사 63:3

"천사가 낫을 땅에 휘둘러 땅의 포도를 거두어 하나님의 진노의 큰 포도주 틀에 던지매" _계 14:19

한편 "그의 입에서 이한 검이 나오니"에서 '이한 검'이란 앞서 언급한 예수님의 입에서 나오는 예리한 말씀의 검(요 12:48)을 말하며 이사야 11장 4절에서는 "입술의 기운"이라고 말씀하셨고 데살로니가 후서 2장 8절에는 "그 입의 기운"이라고 하셨다. 결국 하나님은 말씀 곧 입술의 기운으로 세상을 창조하시고 말씀(입술의 기운)으로 세상을 주관하시며 말씀(입술의 기운)으로 세상을 심판하실 것이다.

16 그 옷과 그 다리에 이름 쓴 것이 있으니 만왕의 왕이요 만주의 주라 하였더라

16절에서는 사도 요한이 "그 옷과 다리에 이름 쓴 것"이 있음을 보고 있다. 이는 승마복이 외투와 다리를 덮는 덮개로 되어있는 것을 상징적으로 묘사한 것으로 그곳에 이름이 새겨져 있었다라는 것이다. 곧 "만왕의 왕이요 만주의 주"라고 쓰여 있었던 것이다. 이는 말씀으로 철저하게 심판하실 재림의 예수님은 승리주, 심판주이시다라는 의미이다.

요한복음 12장 48절에서도 승리주이자 심판주이신 예수 그리스도는 동일하게 '말씀 곧 나의 한 그 말'로써 세상을 철저하게 심판하실 것을 밝히셨다. 이런 예수님은 '하늘에서 내려온 자(요 3:13), 만유의 주(행 10:36), 교회의 머리(엡 4:15)'이시다.

17 또 내가 보니 한 천사가 해에 서서 공중에 나는 모든 새를 향하여 큰 음성으로 외쳐 가로되 와서 하나님의 큰 잔치에 모여 18 왕들의 고기와 장군들의 고기와 장사들의 고기와 말들과 그 탄 자들의 고기와 자유한 자들이나 종들이나 무론대소하고 모든 자의 고기를 먹으라 하더라 19 또 내가 보매 그 짐승과 땅의 임금들과 그 군대들이 모여 그 말 탄 자와 그의 군대로 더불어 전쟁을 일으키다가 20 짐승이 잡히고 그 앞에서 이적을 행하던 거짓 선지자도 함께 잡혔으니 이는 짐승의 표를 받고 그의 우상에게 경배하던 자들을 이적으로 미혹하던 자라 이 둘이 산 채로 유황불 붙는 못에 던지우고 21 그 나머지는 말 탄 자의 입으로 나오는 검에 죽으매 모든 새가 그 고기로 배불리우더라

이곳 17-21절까지가 계시록 19장의 세번째 부분이다. 이 구절들에서 사도 요한은 한 천사가 공중에서 '전쟁'을 선포하는 것을 보게 된다. 참고로 전쟁(19:19)의 헬라어는 톤 폴레몬(τὸν πόλεμον, the war)인데 이는 계시록 16장의 아마겟돈 전쟁(τὸν πόλεμον)이나 17-18장, 20장 8절의 곡과 마곡의 전쟁(τὸν πόλεμον)에서 사용된 '그 전쟁'이라는 헬라어와 동일하다. 결국 '전쟁'이란 종말 시대(교회 시대)동안에 일어나게 될 '크고 작은 모든 종류의 영적 싸움'을 가리키는 것이다.

　마귀(계 12:9)와 악한 세력의 총칭인 두 짐승(13장)과 그의 추종 세력인 땅의 임금과 군대들이 '그 말 탄 자와 그의 군대들' 즉 그리스도와 하늘의 군대로 더불어 전쟁(16:16)을 벌여 완패를 당한 후 붙잡히게 된다. 이후 사마귀(사단, 마귀, 귀신의 줄임말)와 악한 세력인 두 짐승과 그 추종 세력들은 유황불 붙는 불못에 던져지고(계 20:10) 말씀(입술)의 검으로 처절한 심판을 받아 "세세토록 밤낮 괴로움을 당하는" '영원한 죽음(둘째 사망, 계 20:14, 10)'에 이르게 된다. '영원한 죽음(둘째 사망)'이란 "죽기를 구하여도 얻지 못하고 죽고 싶으나 죽음이 저희를 피하게 되는(계 9:7)"상태로서 계시록 19장 20절에서는 "산 채로 유황불 붙는 못에 던져짐"이라고 했다. 계시록 20장 10절에서는 "세세토록 밤낮 괴로움을 당하는 것"이라고 했다.

　한편 19장 17절의 "하나님의 큰 잔치"라는 것은 19절의 "그 전쟁"을 가리킨다. 그런데 '전쟁'을 가리켜 그렇게 "잔치"라고 한 이유가 있다. '전쟁'의 경우 한쪽은 패배와 더불어 최후 심판이지만 다른 쪽은 승리를 통한 신원이기에 '교회'의 관점에서는 '하나님의 큰 잔치'인 것이 맞다. 결국, '그날' 즉 최후 심판의 날, 예수 재림의 날이 되면 교회에게는 '신원의 날'이 되고 불신자에게는 '심판의 날'이 되고 말 것이다. 그러므로 '그날'에는 '심판과 신원'이 함께 있게 될 것이다. 이는 마치 한 손(one hand)의 각각 다른 면인 손바닥(palm)과 손등(dorsum of hand)의 관계를 생각하면 이해가 쉽다.

성경은 '지옥'을 영원히 꺼지지 않는 불타는 곳으로 묘사(마 5:22, 18:9, 막 9:43)하고 있으며 특별히 하나님의 심판의 도구로 사용되는 지옥을 가리켜 '극렬히 타는 유황불 혹은 유황불 붙는 못(14:10, 20:10, 14-15)'이라고 말씀하고 있다. 한편 '지옥'은 '하나님나라'와 마찬가지로 현재형 지옥과 미래형 지옥이 있다. 지옥이나 하나님나라는 둘 다 동일하게 현재형이란 장소 개념이 아닌 '주권, 통치, 질서, 지배' 개념이며 미래형이란 지금은 볼 수 없지만 반드시 존재하는 '장소' 개념이다.

그러므로 '현재형 지옥'이란 성령님께 주권을 드리지 않고 성령님의 통치, 질서, 지배를 거부하는 '곳과 그런 사람'은 그 어디에 있든지 현재형 지옥을 살아가는 것이라는 말이다. 다시 말하면 '하나님과의 관계 단절' 그 자체가 바로 '지옥'이라는 것이다. 그러므로 불신자들은 이 땅에서도 이미 지옥을 살아가고 있는 것이다. 다만 그들이 모르고 있을 뿐이다.

모든 사람은 누구나 다 예외없이 단 한 번은 결코 피할 수 없는(히 9:27) '육신적 죽음'을 맞게 된다. 이 후에 교회는 '장소' 개념의 미래형 하나님 나라로 들어가게 되지만 불신자들은 반드시 존재하는 '장소' 개념인 미래형 지옥으로 떨어지게 된다.

'교회의 부활체'에 대하여는 고린도전서 15장 42-44절에 말씀하셨으나 '악인의 부활체'에 대하여는 성경이 말하지 않았기에 불신자들이 어떠한 모습으로 '미래형 지옥'에서 살아갈 것인가에 대하여는 나도 딱히 언급할 것이 없다. 분명한 것은 장소 개념인 미래형 지옥에서 "세세토록 밤낮 괴로움(계 20:10, 9:6)"을 당한다는 것이다. 물론 장소 개념의 지옥을 지금 육신을 가지고 한 번의 유한된 삶을 살아가고 있는 '현재의 장소'처럼 생각하는 것은 무리이다. 확실한 것은 '미래형 지옥' 또한 미래형 하나님나라처럼 장소 개념으로서 반드시 존재한다라는 것이다.

한편 계시록 19장 17-18절과 19-21절은 사도 요한에게 각각 두 가지 사건을 보여주신 것이지만 서로 다른 것이 아니라 동일한 것임을 알아야 한다.

전자는 일곱 부류로서 "왕들, 장군들, 장사들, 말들과 탄 자들, 자유자들, 종들, 무론대소하고 모든 자들"을 지칭하는 '7'이라는 숫자 '일곱'을 가리키는 '악한 세력(불신자들) 전부(전체)'를 말하는 것으로 그들 모두를 '전부 심판하시겠다'라는 의미이다. 후자는 그들을 미혹했던 "두 짐승, 즉 바다에서 나온 큰 세력을 가진 짐승과 땅에서 올라온 거짓 선지자를 예표한 짐승"을 심판하겠다라는 것이다. "그 나머지"란 두 짐승을 제외한 짐승의 '추종 세력', 곧 19절의 '악의 세력을 추종했던 땅의 임금들과 백성들'을 가리킨다.

또 내가 크고 흰 보좌와 그 위에 앉으신 자를 보니 땅과 하늘이 그 앞에서 피하여 간데없더라 _ 요한계시록 20:11

레마이야기 20

백보좌 심판
(θρόνον μέγαν λευκὸν)

20-1 또 내가 보매 천사가 무저갱의 열쇠와 큰 쇠사슬을 그 손에 가지고 하늘로서 내려와서

이 구절과 달리 계시록 9장 1절에는 하늘에서 땅에 "떨어진('내려온'이 아니라)" 별 하나(눅 10:18)가 무저갱의 열쇠를 "받았다('가졌다'가 아니라)"라는 말씀이 나온다. 이는 예수님의 초림에서 재림 전까지의 일천년(문자적인 1,000년이 아니라 '많다'라는 의미) 동안, 곧 종말 시대 동안에는 사단이 제한적인 범위 안에서 한시적, 일시적으로 활동할 수 있게 하나님으로부터 일정부분의 권세를 허용(already~not yet)받았다라는 의미이다.

반면에 이곳 계시록 20장 1절은 "무저갱의 열쇠와 큰 쇠사슬을 '가지고'('받았다'가 아니라)" 하늘로서 "내려와('떨어진'이 아니라)"라고 약간 다르게 기록되어 있다. 이 구절의 천사는 앞선 9장 1절의 천사와는 다르다. 곧 9장의 천사는 사단의 사역을 예표하고 상징하는 천사라면 이곳 20장은 성육신하신 초림의 예수 그리스도의 사역을 예표하고 상징하는 천사이다. 결국 이 구절은 죄인 된 인간들의 굴레를 풀기 위해 구속주로 오시는 예수님을 드러내고 있는 부분이다.

그러므로 계시록 9장 1절과 20장 1절은 그 문장이 엇비슷해 보이나 결정적으로 두 가지[121]의 차이가 있다.

계시록 9장 1절	계시록 20장 1절
사단의 사역을 예표하고 상징하는 천사	예수 그리스도의 사역(초림의 구속주)을 예표하고 상징하는 천사
저가 무저갱의 열쇠를 '받았더라' 디도미(δίδωμι, v)	무저갱의 열쇠와 큰 쇠사슬을 그 손에 '가지고' 에코(ἔχω, v)
하늘에서 땅에 '떨어진' 별 하나가 핍토(Πίπτω, v)	하늘로서 '내려와서' 카타바이노(καταβαίνω, v)

하나는 무저갱의 열쇠를 '받았다'와 '가졌다'이고 다른 하나는 하늘로서 '떨어지다'와 '내려오다'이다. 여기서 '떨어지다'의 헬라어는 핍토

---

[121] '떨어지다'라는 헬라어는 핍토(Πίπτω, v, fall under (as under condemnation), fall prostrate)인데 이는 '타락하다'라는 뜻으로 부정적 의미가 내포되어 있다. '내려오다'는 헬라어 카타바이노(καταβαίνω, v, I go down, come down, either from the sky or from higher land, descend)이다.

(Πίπτω, v)인데 반하여 '내려오다'의 헬라어는 카타바이노(καταβαίνω, v)이다. 또한 '받았다'의 헬라어는 디도미(δίδωμι, v)인데 반하여 '가졌다'의 헬라어는 에코(ἔχω, v)이다. 결국 '떨어지다, 받았다'라는 것이 종말 시대 동안에만 있게 될 사단의 제한적이고 일시적인 권세를 가리키는 것이라면 '내려오다, 가졌다'라는 것은 주인 되신 예수 그리스도의 영 단번의 완전한 사역 곧 구속주이신 초림의 예수님께서 다 이루신 것을 상징한다.

2 용을 잡으니 곧 옛 뱀이요 마귀요 사단이라 잡아 일천년 동안 결박하여

2절에는 초림의 구속주로 오신 예수 그리스도의 사역을 상징하고 예표하는 그 천사가 내려와(성육신) "용, 옛 뱀, 마귀"로 불리는 "사단(계 12:9)"을 잡아 결박(머리를 상하게 함, 창 3:15, already, 다 이루었다, 새 언약의 성취, 요 19:30)하는 것을 밧모섬의 사도 요한이(AD 1세기 후반) 보고 있다. 이는 지난날의 갈보리 십자가 죽음과 부활(AD 30년 중반)을 통해 이루신 일을 재해석해 주고 있는 것이다.

이 구절에서의 '일천년 동안 결박하여'라는 것은 사단의 모든 권세를 빼앗기는 하나 종말 시대 동안만큼은 일시적, 제한적으로 '심판권', '통치권', '참소권'을 허용한다는 묵시문학적인 표현이다. 그러므로 '일천년 동안 결박'이 의미하는 것은 사단의 권세에 대한 불완전한 박탈로서 오히려 한시적, 제한적인 권세에의 허용을 가리킨다.

하나님은 사단으로 상징되던 뱀에게 창세기(창 3:15, 최초의 원시 복음) 때로부터 예수님의 재림 전까지 제한된 범위 안에서 권세를 부릴 수 있게 허용하셨다. 그러나 초림의 예수님으로 인해 사단의 머리는 상하여졌다라고 했는데 이를 가리켜 계시록 20장 2-3절은 "잡아 일천년 동안 결박하여 무저갱에 던져 잠그고 그 위에 인봉하여 천년이 차도록 다시는 만국을 미혹하지 못하게 한 것"이라고 했다. 이미(already) 결판이 난 것이다. 그러나(not yet) 꼬리는 살아있는데 그것을 가리켜 한시적, 제한적인 권세에의 허용이라고 한다.

베드로전서 1장 20절에는 '창세 전'부터 구속을 '알리셨으며' 그리하여 지금으로부터 약 2,000년 전 초림의 구속주 예수님이 십자가로 '나타내신 바 되었다'라고 말씀하셨다. 또한 이사야 46장 10절에서는 "종말(종말 시대, 교회 시대)을 처음(창세, 태초)부터 고하며 아직 이루지 아니한 일(초림주로 오실 예수 그리스도의 십자가 대속 죽음)을 옛적(구약, 창세)부터 보이고 이르기를 나의 모략(작정과 예정, 섭리와 경륜)이 설 것이니 내(성부하나님)가 나의 모든 기뻐하는 것(인간의 구속 계획)을 이루리라 하였느니라"고 하셨다. '다 이루었다(테텔레스타이, 요 19:30)'라는 것은 성육신하신 초림의 예수 그리스도의 십자가 보혈과 죽음을 이기시고 부활하신 그 승리로 인한 인간의 구속 성취를 가리킨다.

이사야서의 '처음부터, 옛적부터'라는 것은 태초 혹은 시초(창세)를 의미하며 '종말, 아직 이루지 아니한 일, 나의 모든 기뻐하는 일'이 가리키는 것은 '예수님의 구속 사역'을 말한다. 결국 하나님은 창세 전부터 예수님의 구속을 '알리셨으며' 바로 그 구속주이신 초림의 예수님이 성육신으로 나타나셔서 십자가 보혈로 '나타내신' 바 되었다라는 것이다.

십자가 보혈이라는 구속 즉 예수 그리스도의 피 흘림으로 인한 대가 지불을 '알리신' 것은 창세기 3장 21절에 동물(어린 양)을 죽여 피를 흘려 "가죽옷을 지어 입히시니라"는 말씀에서 이미 암시하셨던 일이다. 그때 에덴동산에서 하나님은 아담과 하와의 죄와 수치를 감추기 위해 짐승을 죽여 피를 흘리게 하셨다. 그 피로 인해 그들 부부의 죄사함을 허락(히 9:22)하셨고 그 가죽으로 인하여 그들의 수치를 덮어주셨던 것이다.

창세기 22장에도 숫양을 대신 죽여 피를 흘리게 함으로 이삭을 살리시는 장면이 나온다. 결국 하나님은 이삭 대신 숫양이 죽어 피 흘리는 것을 보여주시면서 인간의 대속을 향한 예수 그리스도의 십자가 보혈을 예표해주신 것이다.

출애굽기 12장 5절에도 출애굽 시 어린 양을 죽여 그 피를 문 인방(히 枋, lintel)과 좌우 설주(a side post, a pillar)에 발라 출애굽 전날의 장자의 죽음을 피하게 하셨다.

상기의 모든 실례들은 '유월절 어린 양'이신 예수의 '죽음'을 예표하는, 즉 예수 그리스도의 보혈을 통한 죄인들의 구속을 알리신 구약의 사건들이다.

참고로 요한복음 8장 56절에서는 예수님 오시기 2,000년 전 즉 지금으로부터 4,000년 전의 아브라함이 "예수님 볼 것을 즐거워하다가 예수님을 보고 기뻐하였다"라고 말씀하셨다. 이를 가리켜 히브리서 11장에서는 믿음의 선진들이 '예수를 보고 믿음으로' 구원을 얻은 것이라고 했다. 결국 그 초림의 예수님은 태초부터 계셨기 때문에 '믿음의 선진들도 그리고 아브라함도 모두가 다 예수를 보았고 그 구원자 예수를 믿어 구원을 받았다'라는 것을 가리킨다. 그야말로 기독교의 '신비(mystery, 뮤스테리온)'이다.

상기의 글들을 논리적으로나마 어느 정도 선명하게 이해하려면 먼저 예수님의 재림 후에는 시공(時空)의 의미가 없음을 염두에 두어야 한다. 동시에 각 개개인의 육신적 죽음(개인적 종말) 이후에도 역시 시공(時空)의 의미가 없음을 알아야 한다. 그렇기에 BC 2,000년에 살았던 아브라함이 그때 죽었다 하더라도 그는 죽자마자 부활하였고 시공을 초월하여 부활 승천하셨던 초림의 예수께서 아브라함에게 나타나셨다. 그러므로 아브라함은 분명하게 부활하신 초림의 예수님을 본 것이다.

우리의 죽음과 예수님의 재림, 그리고 그 간격에 대해 조금 더 설명하려고 한다. 만약 우리의 죽음이 오늘이고 예수님의 재림이 100년 뒤라고 한다면 그 간격 동안에 우리는 어떤 상태로 어디에 있게 될까? 이런 간극을 메우기 위해 꾀를 낸 인간들은 너무나 많은 얄팍하고 달콤한, 진리를 혼잡케 하는 교리들을 많이 만들어버렸다. 마치 무한(無限, 초월)을 유한(有限, 현실)에 담기라도 하려는 듯이…….

필자는 확신을 가지고 분명하게 답할 수 있는 것이 있다. 만약 내가 오늘 죽게 된다면 나는 곧 바로 부활체(고전 15:42-44)로 변화하여 미래형 하나님나라에 들어가 영생을 누리게 된다라는 것이다. 비록 예수님이 100년 뒤에 재림하시더라도······. 왜냐하면 그 간격은 육신적 죽음(개인적 종말) 이후에는 이미 아무런 의미가 없기 때문이다. 1,000년(만수)이 하루(하나) 같기 때문(벧후 3:8)이다.

그러므로 제한된 인간에 있어서 '육신적 삶'과 '육신적 죽음'은 실상은 하나이다. 그리스도인들에게 있어 죽음(다나토스)이란 영생으로 향하는, 영원을 향하는 첫 관문이요 첫 발자국일 뿐이다. 사도 바울은 육신적 죽음을 현재형 하나님나라에서 미래형 하나님나라에로의 '이동(τῆς ἀναλύσεως, the departure, 딤후 4:6, 아나뤼오, ἀναλύω, v, 혹은 옮김, 아날뤼시스)'이라고 했다. 상기의 사실들을 깊이 묵상해보면 앞서 간 신앙 선배들 중 순교했던 분들의 삶과 죽음에 대한 태도들을 좀 더 쉽게 이해할 수 있다. 더 나아가 이런 확신을 가지게 되면 '순교'라는 한 번 인생의 외통수를 만나게 되더라도 죽음이 좀 더 가까워지고 더 나아가 기꺼이 순교를 감수하기가 한결 쉬워질 것이다.

다시 말하지만 앞서 간 선진들의 죽음, 곧 모든 인간들의 죽음과 예수님의 재림 사이의 시간적 간격은 아무런 의미가 없음을 알아야 한다. 그 기간이 얼마이든 간에.

그러므로 예수님의 재림 전, 하나님의 택정하심과 하나님의 섭리 하에 그분의 경륜을 따라 살다가 예수를 믿고 육적으로 죽은(심지어는 순교까지 감당한) 모든 교회들은 예수 재림과의 그 간격이 수백 년이든 수천 년이든 간에 그들이 죽었던 바로 그 순간 즉시 부활체로 살아나 미래형 하나님나라에 들어가게 됨을 잊어서는 안 된다. 즉 예수를 믿고 죽게 되면 그때가 언제이든 상관없이 그 즉시 부활체로 살아나 미래형 하나님나라에서 삼위하나님과 더불어 영생을 누리게 된다라는 것이다.

우리가 흔히 오해하듯 지금 나의 죽음과 예수님의 재림 사이의 간격인 그 기간 동안에 어느 특정한 곳에서 대기를 한다라든지 그곳에서 잠자고 있다가 예수님의 재림 때에야 비로소 부활체로 변하여 그때부터 천국에서 영생을 누리게 된다라고 생각하는 것은 지독한 난센스(nonsense)이다.

다시 말하지만 우리는 예수님의 재림 후 곧장 부활체로 부활하여 미래형 하나님나라에서 영생을 누리며 살아가게 된다. 그렇게 살아가는 미래형 하나님나라에는 '시공의 의미'가 없다. 그러므로 2,000년이라든지 4,000년이라든지 하는, 지금 육신으로 있을 때 느끼는 시공(時空)은 우리의 죽음(개인적 종말) 이후에는 순식간에 거슬러 올라가 '한 정점의 時空'이 되어 버림을 알아야 한다. 곧 바로 하나(나는 '한 정점의 時空'으로 명명한다)로 붙어버린다는 것이다. 그러므로 유한된 시공(時空) 속에서 단 한 번의 직선 인생을 살아가는 제한된 인간이 자신의 단편적인 논리나 유한한 지식 속에 무한하신 하나님의 섭리와 경륜을 묶어 두려는 우(愚)를 범해서는 안 된다.

3 무저갱에 던져 잠그고 그 위에 인봉하여 천년이 차도록 다시는 만국을 미혹하지 못하게 하였다가 그 후에는 반드시 잠간 놓이리라

한편 3절에서는 무저갱에 던져진(초림하신 예수 그리스도의 십자가 보혈로 머리가 상한) 사단이 "천년(예수님의 초림 후 재림까지를 현재형 하나님나라 곧 천년왕국이라고 한다)"이 차도록 "다시는 만국을 미혹하지 못하게 된다"라고 말씀하고 있다. 이 말은 예수님의 초림으로 인한 십자가 보혈 이후에는 사단이 '교회(택정함을 입은 자)의 구원'을 흔드는 일에 '하등의 영향을 미칠 수 없다(그 위에 인봉하다)'라는 의미이다. 왜냐하면 이미 사단은 예수님께 머리가 깨어짐으로 구원에의 참소권이 박탈된 상태이기 때문이다. 다만 '그' 꼬리는 살려두셨음에 already~not yet일 뿐인 것이다. 그렇게 하신 이유는 종말 시대 동안에 교회의 거룩을 위한 훈련의 도구로 쓰임을 받기 위함이다. 주지할 것은 천지만물이나 이 세상의 모든 사물과 사람들은 역사의 주관자 하나님의 일에 긍정적이든 아니면 부정적이든 양단 간에 쓰임을 받는다는 사실을 알고 그 선택에 대해 지극한 갈망이 있어야 할 것이다.

"무저갱에 던져 잠그고"에서 '던지다'의 헬라어는 발로(βάλλω, v, to throw, cast)인데 이는 요한복음 12장 31절의 '쫓겨나다'의 헬라어인 에크발로(ἐκβάλλω, v, I throw (cast, put) out; I banish; I bring forth, produce)와 동일한 의미이다. 그러므로 "무저갱에 던져졌다"라는 것은 '무저갱으로 쫓겨났다'라는 것으로 초림의 예수님으로부터 이미 심판을 받았다라는 것을 가리킨다. 이는 창세기 3장 15절 말씀인 사단의 '머리가 상하다, 깨어지다'라는 의미이다.

"천년이 차도록 다시는 만국을 미혹하지 못하게 하였다가"라는 것은 무천년설에 의거하여 천년왕국인 '종말 시대' 동안에 구속주 예수님의 대속 죽음(다 이루었다, 요 19:30)으로 인해 사단은 더 이상 교회의 구원에 대한 참소를 못할 뿐만 아니라 교회의 구원을 흔드는 일에도 전혀 영향을 미치지 못 한다라는 의미이다.

"그 후에는 반드시 잠간 놓이리라"는 것은 예수님의 재림 후에는 반드시 백보좌 심판을 받아야 하므로 그때(마지막 그날)에는 '놓이게 될 것(백보좌 심판대 아래 놓이게 될 것)'이라는 의미이다. 곧 그날에는 머리와 더불어 꼬리까지 완전한 심판에 이를 것이다. 계시록 20장 10-15절에서는 사마귀(사단, 마귀, 귀신)와 더불어 모든 악한 영적 세력들이 그때에는 백보좌 심판 후 아예 유황 불못(둘째 사망, 영원한 죽음, 계 20:10)으로 떨어지게 될 것이라고 말씀하고 있다.

4 또 내가 보좌들을 보니 거기 앉은 자들이 있어 심판하는 권세를 받았더라 또 내가 보니 예수의 증거와 하나님의 말씀을 인하여 목 베임을 받은 자의 영혼들과 또 짐승과 그의 우상에게 경배하지도 아니하고 이마와 손에 그의 표를 받지도 아니한 자들이 살아서 그리스도로 더불어 천년 동안 왕 노릇하니 5 (그 나머지 죽은 자들은 그 천년이 차기까지 살지 못하더라) 이는 첫째 부활이라

4-5절에서는 이중적 함의를 잘 구분하여 이해해야 문맥을 놓치지 않게 된다. 이중적 함의 중 하나는 사도 요한이 하늘의 보좌들을 보았더니 그 보좌에는 구원받은 백성, 즉 앞서 간 교회들(A)이 앉아있었는데 그들도 보좌에 앉아서 심판에 참여하는 권세를 받았음을 목도했다라는 것이

다. 그들(A)은 이전에 "예수의 증거와 하나님의 말씀을 인하여 목 베임을 받은 자의 영혼들"이었다. 즉 "짐승과 그의 우상에 경배하지도 않고 이마와 손에 짐승의 표(카라그마)를 거절함으로 순교 당했던 무리들(A)"이다. 사도 요한은 이들이 미래형 하나님나라에서 부활(살아서) 후 부활체로 그리스도로 더불어 천 년(여기서는 문자적인 1,000년이 아니라 10x10x10이라는 '영원'을 의미) 동안 왕 노릇하는 것을 보았던 것이다.

이중적 함의 중 또 다른 하나는 "짐승과 그의 우상에 경배하지도 않고 이마와 손에 그의 표를 받지도 아니한 자들" 중에 지금도 육신적으로 살아있어 지상 곧 현재형 하나님나라에 살고 있는 무리들(B)을 사도 요한은 환상을 통해 보게 되었다.

이들(B)을 가리켜 '하늘(하나님나라)에 속한 자들(14:1)', '하나님의 장막(13:6, 하나님나라)에 거하는 자들, 하늘에서 내려오는 거룩한 성 예루살렘(3:12), 하늘과 그 가운데 거하는 자들(12:12), 짐승과 우상에게 경배하지 않고 이마와 손에 표를 받지 않은 자들(20:4)'이라고 말씀하셨다.[122] 즉 '하늘에 속한 자들로서 아직은 이 땅에 육신을 가지고 살아가는 순교 당하지 않은 자들'을 말한다. 영적 죽음 상태로 태어났던 이들은 예수를 믿어 '첫째(영적) 부활'에 참여하였기에 다시 살아나게 된, 곧 영적 죽음에서 살아나게 된 자들이다. 이들은 예수님을 왕으로 모시고 종말 시대(교회 시

---

122 이필찬 교수의 <요한계시록 어떻게 읽을 것인가>, p317-319 재인용

대)를 상징하는 무천년설의 천년왕국(현재형 하나님나라) 동안에 그리스도로 더불어 왕 노릇하는 거룩한 나라요 왕 같은 제사장(벧전 2:9)들이다. 그들은 세상에 복음을 전함으로 세상을 심판하는 자들이다. 세상을 십자가에 못 박아버리는 자들이다. 왜냐하면 복음을 받아들이면 구원이요 받아들이지 않으면 영벌이기 때문이다. 이런 그들을 가리켜 '심판하는 권세를 가졌다'라고 한다.

무천년설에서 천년왕국의 '천년'이란 단순히 문자적인 1,000년이 아니라 예수님의 초림에서 재림 전까지의 전(全) 기간인 '종말 시대'를 가리킨다. 종말 시대(교회 시대)를 상징하는 '천년' 동안 예수를 믿은 후 영적 죽음(영적 사망, 첫째 사망)에서 '살아서(살아나서)' 영적 부활(첫째 부활)에 참예한 자들은 주인 되신 성령님을 모시고(내주 성령) '그리스도와 더불어 천 년(종말 시대, 현재형 하나님나라) 동안 왕 노릇(20:4)'하는 것이다. 즉 왕이신 예수님을 모시고 그분의 통치 하에서 왕 같은 제사장으로 현재형 하나님나라를 살아가고 또한 육신적 죽음 후에는 미래형 하나님나라에서 영원히 왕 노릇하게 된다라는 것이다.

결론적으로 예수를 믿어 영적 죽음으로부터 살아난, 그러나 아직까지는 순교 당하지 않은 자들(B)은 성령님을 주인으로 모시고 현재형 하나님나라에서 그리스도와 더불어 천 년(종말 시대) 동안 왕 노릇을 하게 된다. 동시에 예수 믿음과 하나님의 계명을 끝까지 붙들다가 순교 당하여 먼저 하늘의 보좌에 앉은 자들(A)은 그리스도와 더불어 미래형 하나님나라에서 영원히(천년 동안) 왕 노릇하는 것이다.

그러므로 영적 죽음에서 살아나 영적 부활(첫째 부활)이 된 그들(A+B) 모두는 육체적으로 살아있을 때인 현재형 하나님나라에서도 그리스도와 더불어 천 년(종말 시대) 동안 왕 노릇하고 육신적 죽음 이후인 미래형 하나님나라에서도 그리스도와 더불어 천 년(영원) 동안 왕 노릇하게 된다라는 말이다.

결국 예수를 믿어 영적 부활된 교회는 그리스도와 더불어 지금부터 앞으로도 영원히 왕 노릇하며 영생을 누리게 되는 것이라는 의미이다. 예수로 인해 구원받은 교회가 '육체적으로 살아있을 때인 현재형 하나님나라'에서 왕 노릇하는 것은 첫째(영적) 부활에 참여한 자가 누리는 복이다.

"그 나머지 죽은 자들은 천년이 차기까지 살지 못하더라(20:5)"에서 '그 나머지 죽은 자들'이란 '불신자들'을 가리키며 "천년이 차기까지 살지 못하더라"고 한 것은 무천년설에 기반한 천년왕국인 '종말 시대'의 끝날까지는 '영적 죽음 상태에 있다'라는 것을 말씀한 것이다.

모든 사람은 영적 죽음 상태로 태어난다. 특히 불신자들은 한 번 인생에서 예수 그리스도를 영접하지 않았기에 '계속' 영적 죽음 상태로 있다가 누구나 한 번은 죽게 되는 육신적 죽음을 맞이하게 된다. 이후에 다시 살아나(악인의 부활) 백보좌 심판 후에는 '영원한 죽음' 곧 '둘째 사망'의 해를 받게 된다. 즉 불신자들도 예수님의 재림 후에 부활(요 5:29, 행 24:15)하여 백보좌 심판을 거쳐 둘째 사망(영원한 죽음)의 해를 받게 된다는 것이다.

행여 죽음 상태나 다른 특정한 상태로 1,000년 동안 '어느 곳'에 있다가 예수님 재림 시에 백보좌 심판을 통해 그때서야 유황 불못에 들어가게 된다라는 엉뚱한 해석은 곤란하다.

한편 예수로 인해 영적 죽음에서 살아난 것을 영절 부활(첫째 부활)이라고 한다. 당연히 예수를 믿지 않은 불신자들은 예수님의 재림 전까지를 의미하는 천년왕국 동안은 죽음(영적 죽음) 상태로 있는 것이다.

6 이 첫째 부활에 참여하는 자들은 복이 있고 거룩하도다 둘째 사망이 그들을 다스리는 권세가 없고 도리어 그들이 하나님과 그리스도의 제사장이 되어 천년 동안 그리스도로 더불어 왕 노릇하리라

6절에서는 "이 첫째(영적) 부활에 참여하는 자들은 복이 있고"라고 말씀하고 있다. 그런 그들을 가리켜 예수를 믿어 영적 죽음에서 살아난 '거룩한 성도 즉 교회'라고 한다. 그들은 당연히 '둘째 사망의 해'를 받지 않게 된다(계 20:6). 그들은 '하나님과 그리스도의 왕 같은(벧전 2:9) 제사장(계 20:6)'으로, '영적으로 살아서(살아나서, 영적 부활 상태)' 천 년 동안(천년왕국, 현재형 하나님나라) 그리스도로 더불어 "왕 노릇"한다. '왕 노릇'이란 예수님을 왕으로 모시고 그분께 온전한 주권을 드리고 그분의 통치, 질서, 지배 하에 살아가는 것을 말하며 '그리스도로 더불어 왕 노릇'이란 '예수, 그리스도 생명'이라는 '복음'을 통해 그 복음을 세상에 전함으로 세상을 심판하는 자리에 서는 것을 의미한다. 이때의 "천년"이란 문자적인 천 년(1,000년)이 아니라 하나님께서 정하신 기간을 말한다. 좁은 의미에서는 예수님의

'초림 이후~재림 전'까지의 '종말 시대'를 가리킨다.

계시록 20장 4절의 '살아서(ζάω, v, 살아나서, 살아있어서)'라는 말에는 이중적인 의미가 들어있다. 첫째는 '살아나다'라는 의미로 이 땅에 영적 죽음 상태로 태어났다가 예수를 믿음으로 영적 부활되어 살아난 것을 말한다. 둘째는 영적으로 부활되어 살아나 이 땅(현재형 하나님나라)에서 영생을 누린다 할지라도 반드시 육신적 죽음은 맞게 된다. 그리스도인은 그 죽음을 통과한 후에야 미래형 하나님나라에서 영생을 누리게 된다. 둘째는 '살아있다'라는 의미로 이 말에는 연속성이 전제되어야 한다. 감사하게도 그리스도인에게 있어서 '육신적 죽음'이란 끝이 아니라 천국으로 들어가는 첫 관문(발자국)이므로 '죽음(다나토스, 그리스도인의 육신적 죽음)'이란 현재형 하나님나라에서 미래형 하나님나라에로의 '이동 혹은 옮김'에 불과하다. 그렇기에 이 땅(현재형 하나님나라)에서 영적 부활 후 '영생을 누리다가(살아있다가)' 육신적 죽음이라는 관문을 통과하여 미래형 하나님나라에서 영원을 살게 되기에 지금도 앞으로도 영원히 '살아있다'라고 하는 것이다.

참고로 '천년'이라는 말에도 이중적 의미가 있다. 첫째는 종말 시대(교회 시대, 예수님의 초림~재림 전까지) 동안을 의미하는 천년왕국이다. 필자는 이때의 '천년왕국'을 가리켜 '현재형 하나님나라'라고 명명했다. 그렇기에 문자적인 천(1,000)년이 아니다. "때와 시기"에 대한 권한은 아버지께 있으니 하나님만이 아시는 기간을 말한다. 둘째는 영원을 의미하는 천년왕국 곧 영원 천국이다. 이를 가리켜 '미래형 하나님나라'라고 명명한다. 그러므로 계시록 20장 2, 3, 4, 5, 6, 7절에서의 '천년'은 전자(현재형 하나님나라)의 의미가 더 가깝다.

한편 이 구절에서 "그들이 하나님과 그리스도의 제사장이 되어 천년 동안 그리스도로 더불어 왕 노릇 하리라"는 말씀을 하셨는데 이때의 '천년'은 '영원'이라는 의미로 현재형 하나님나라와 미래형 하나님나라에서 공히 영원토록 심판하는 자리(보좌, 심판하는 권세를 가짐)에 앉아 왕 노릇하게 된다는 말이다. 물론 이 말씀 또한 맥락을 보면 협의적 의미로는 '현재형 하나님나라'라는 해석이 조금 더 가깝다.

하나님나라(현재형 하나님나라와 미래형 하나님나라)에서 '왕 노릇'을 한다라고 하는 것은 영생을 누리되 삼위하나님 안(in Christ)에 거하며, 삼위하나님과 함께(union with Christ)하며, 그분과의 바른 관계(relationship)와 친밀한 교제(fellowship)를 가지며, 그분께만 찬양과 경배(soli Deo Gloria)를 올리며 '더불어 함께' 살아가는 것을 말한다(요 17:3). 더 나아가 '복음'이라는 기준과 잣대로 세상을 심판(영벌이냐 영생이냐)하는 권세를 가지고 있다라는 말이다. 사족을 달자면, '권세'라고 하여 세상적인 권세(파워, Power, 힘과 권력)를 과시하며 군림한다는 것이 아니다. 오히려 고린도후서의 말씀(고후 5:17-21)에 의하면 '세상을 하나님과 화목하게 하는 직책'에의 권세(ἐξουσία, nf)를 의미한다.

7 천년이 차매 사단이 그 옥에서 놓여 8 나와서 땅의 사방 백성 곧 곡과 마곡을

미혹하고 모아 싸움을 붙이리니 그 수가 바다 모래 같으리라 9 저희가 지면에 널리 펴져 성도들의 진과 사랑하시는 성을 두르매 하늘에서 불이 내려와 저희를 소멸하고

7-9절에는 "천년이 차매 사단이 그 옥에서 놓여 나와서 땅의 사방 백성 곧 '곡과 마곡'[123]을 미혹하고 모아" 교회들에게 싸움을 건다. 여기서 '천년이 차매'라는 것은 '천년왕국 곧 현재형 하나님나라의 마지막 날 곧 종말의 끝 날에'라는 의미이다. 다시 말하면 미래형 하나님나라가 도래되어 예수 그리스도 새 언약이 '완성'되는 예수 재림(the Second Advent or Coming)의 그날이라는 말이다.

'사단이 옥에서 놓여, 땅의 사방 백성 곧 곡과 마곡을 모아'라는 것은 예수님의 재림의 그날에 있을 백보좌 심판을 위해 그들이 보좌 앞으로 나온 것을 묵시문학적으로 표현한 것이다. 특히 종말 시대 동안 머리는 깨어진 채 꼬리만 꿈틀거렸던 상태 즉 '무저갱에 갇혀 있던' 사단이 예수님의 백보좌 심판대에서 영원한 불못에 던져지기 위해 백보좌 심판을 받으러 나오게 됨을 의미한다. 또한 "옥(獄)"이라고 표현한 것은 특정한 장소적인 개념이라기보다는 종말 시대 동안에 교회의 거룩함을 위해 교회를 핍박하는 그 일에 하나님께로부터 '한시적, 제한적 권세'로 허락을 받은 '기간'을 상징하는 단어로 나는 해석한다.

---

123 마곡 왕국의 통치자인 곡(겔 38:2)은 땅의 사방 백성을 지칭하며 마곡은 노아의 손자로서 야벳의 둘째 아들(창 10:2)이다. 곡과 마곡은 땅의 사방 백성을 지칭한다.

"싸움을 붙이리니"에서의 '싸움'이란 그들과의 한 판 싸움이 아니라 '심판에 넘겨지리니'라는 상징적 의미이다. "그 수가 모래 같으리라"는 것은 심판받을 '유기된' 백성의 수가 많다라는 의미이다.

"저희가 지면에 널리 퍼져 성도들의 진과 사랑하시는 성을 두르매"라는 것은 지난 천년왕국(현재형 하나님나라, 종말 시대) 동안에 사단나라에 소속되었던, 그리하여 일시적, 제한적 권세를 허락받았던 악한 영적 세력들이 교회들을 핍박했음을 드러내는 말이다. 그러므로 이 구절에서의 '싸움'을 그들과의 '영적 싸움'으로 해석할 수도 있다. 더 나아가 문자 그대로 종말의 끝에 실제로 있게 될 어떤 특정한 전쟁으로 해석할 수도 있다. 한편 '성도들의 진, 사랑하시는 성'이란 같은 의미(진, 성=거룩한 성 예루살렘)로서 다수의 교회들을 의미하는 상징적인 단어들이다.

"하늘에서 '불'이 내려와 저희를 '소멸'하고"라는 말씀을 문자적으로만 본다면 마치 영화 '정오의 결투(high noon, 1952, 미국)'를 보는 듯하다. 그러나 나는 '언제 어디서나 하나님의 눈은 우리를 향하고 있으며 하나님의 심판은 정당하고 분명하다'라는 의미로 해석한다.

앞서 언급했던 '전쟁(싸움)'에 대해 필자의 사족을 조금 더 붙이고자 한다. '전쟁(싸움)'이란 구체적으로 '종말의 끝에 있게 될 어떤 특정한 전쟁'으로 해석할 수도 있다. 당연히 모든 일은 역사의 주관자 하나님의 섭리하 경륜 아래 있으니 나는 전쟁(싸움)에 대해 정확하게 알 수도 없고 단언하기도 싫다. 그러나 필자의 경우 굳이 '전쟁(싸움)'으로 해석을 한다라고 하면 우리 인생에서 일어나는 '크고 작은 모든 영적 싸움'이 아닐까 싶다. 그렇기에 필자는 '전쟁(싸움)'을 아마겟돈 전쟁(계 16:16)이나 계시록 19장 19절의 전쟁, 이곳 20장 8절의 곡과 마곡의 전쟁 등등에 해당하는 특정한 어떤 전쟁이라기보다는 모두 다 동일한 상징적 의미로서의 종말 시대 동안에 일어난, 일어나는, 일어나게 될 크고 작은 다양한 영적 전쟁(싸움)으로 해석한다.

10 또 저희를 미혹하는 마귀가 불과 유황 못에 던지우니 거기는 그 짐승과 거짓 선지자들도 있어 세세토록 밤낮 괴로움을 받으리라

10절에는 마귀(계 12장)와 두 짐승(계 13장)과 거짓 선지자들(13:11) 곧 악한 영적 세력들이 "산 채로 유황불 붙는 못(19:20)"에 던져져 '영원한 죽음'인 '둘째 사망'의 해 즉 "세세토록 밤낮 괴로움"을 당하게 되는 것을 보여주고 있다.

여기서 "세세토록 밤낮 괴로움을 받으리라"는 것이 바로 '둘째 사망'이요 '영원한 죽음'인 것이다. 이는 죽지도 않고 죽지도 못하면서(막 9:48) 영원히 '죽음 같은, 죽음보다 더한 괴로움'을 받는 것을 가리킨다.

11 또 내가 크고 흰 보좌와 그 위에 앉으신 자를 보니 땅과 하늘이 그 앞에서 피하여 간데없더라

11절에서 사도 요한은 교회와 악한 영적 세력인 사마귀(사단, 마귀, 귀신),

두 짐승과 그 추종 세력들인 거짓 선지자들, 불신자들을 포함한 곡과 마곡의 무리들 등 곧 악한 영의 세력들을 최종 심판하기 위해 "크고 흰 보좌(백보좌 심판대)"에 앉은 심판주이신 예수님을 보고 있다. "크고 흰 보좌"라는 말에서 '크다'라는 것은 '하나님의 권위의 장엄함'을 의미하며 '희다'라는 것은 '하나님 판단의 절대적 공정성'을 의미[124]한다.

"땅과 하늘이 그 앞에서 피하여 간데없더라"고 했는데 이때에는 예수님의 재림 이후이고 당연히 역사적 종말 상태이기에 이전 하늘과 땅은 온데간데 없어질 것이다. 결국 옛 세상과 옛 창조 질서는 폐하여지며 완전한 새 창조 곧 에덴의 완전한 회복이 주어질 것이다. 베드로후서 3장 10절과 고린도전서 7장 31절은 이러한 사실을 강력하게 뒷받침하고 있다.

"그러나 주의 날이 도적같이 오리니 그날에는 하늘이 큰 소리로 떠나가고 체질이 뜨거운 불에 풀어지고 땅과 그 중에 있는 모든 일이 드러나리로다" _벧후 3:10

"세상 물건을 쓰는 자들은 다 쓰지 못하는 자같이 하라 이 세상의 형적은 지나감이니라" _고전 7:31

참고로 태초에 삼위하나님은 공동으로 천지를 창조하셨는데 그 창세기의 하늘과 땅이 죄인 된 인간으로 인해 오염되었다가 요한계시록에서

124　이필찬 교수의 <요한계시록 어떻게 읽을 것인가>, p326 재인용

는 새 하늘과 새 땅으로 회복됨과 새 창조의 완성에로 변하게 되는데 이 둘의 모습을 대조해보면 다음과 같다.

	창세기	요한계시록
1	태초에 하나님이 천지를 창조하시니라 (창 1:1)	처음 하늘과 처음 땅이 없어졌고 바다도 다시 있지 않더라(계 21:1)
2	빛을 창조(창 1:3-5) 광명체 창조(창 1:14-19)	해와 달의 비췸이 쓸데없다->하나님의 영광이 비치고 어린 양이 그 등이 되심 (21:23) 다시 밤이 없겠고 등불과 햇빛이 쓸데없다 ->주 하나님이 저희에게 비취심이라 (22:5)
3	사단의 유혹 (창 3:1-6)	또 저희를 미혹하는 마귀가 불과 유황 못에 던지우니(계 20:10)
4	땅이 네게 가시덤불과 엉겅퀴를 낼 것이라(창 3:18) 하나님이 그 사람을 쫓아내시고(창 3:23) 에덴동산 동편에 그룹들과 두루 도는 화염검을 두어 생명나무의 길을 지키게 하시니라(창 3:23)	생명수 강 좌우에 생명나무, 열 두가지 실과, 무성한 나무 잎사귀(계 22:2) 그리로 들어오리라(21:24, 26, 27) 성에 들어갈 권세(계 22:14)
5	동산 가운데는 생명나무와 선악을 알게 하는 나무 (창 2:9) 하나님과 같이 되어(창 3:5) 너는 흙이니 흙으로 돌아갈 것이니라 (창 3:19) 아담과 그 아내가 여호와 하나님의 낯을 피하여(창 3:8)	생명나무만 있음(계 22:2) 하나님 안에서 하나님과 하나됨 (계 22:3-5) 산과 방불한 자로 영생을 누림 (계 21:11, 22:5) 하나님의 종들이 하나님과 어린 양을 섬김 & 스프라기스(계 22:3-4)
6	인간의 만물 통치 실패(창 3:17-19) 죽음(창 3:19)	세세토록 왕노릇하리로다(계 22:5) 심판하는 권세(계 20:4)

12 또 내가 보니 죽은 자들이 무론 대소하고 그 보좌 앞에 섰는데 책들이 펴 있고 또 다른 책이 펴졌으니 곧 생명책이라 죽은 자들이 자기 행위를 따라 책들에 기록된 대로 심판을 받으니 13 바다가 그 가운데서 죽은 자들을 내어주고 또 사망과 음부도 그 가운데서 죽은 자들을 내어주매 각 사람이 자기의 행위대로 심판을 받고

12-13절에서는 밧모섬의 사도 요한에게 예수님은 당신이 행하실 백보좌 심판 모습을 보여주고 있다. 특히 이 구절은 예수님의 백보좌 심판대 앞에서 교회(그리스도인)와 불신자들 등 모든 사람들이 죽은 후 부활(생명의 부활과 심판의 부활, 요 5:29)하여 그 보좌 앞에 서서 심판을 기다리고 있는 흥미로운 묘사이다.

12-13절에서 4번이나 반복되어 나오는 "죽은 자들"이 가리키는 것은 육신적 죽음을 통과한 모든 사람들로서 무론(無論) 대소(大小) 하고 '교회'와 '불신자' 모두를 의미한다. 또한 "자기 행위를 따라, 자기 행위대로"라고 한 것은 문자적으로 율법적 행위나 윤리도덕적 행위를 말하는 것이 아니다. 요한복음 5장 29절의 "선한 일을 행한 자는 생명의 부활로, 악한 일을 행한 자는 심판의 부활로 나오리라"는 말씀에서의 '예수를 믿은 것'과 '믿지 않은 것'을 '자기 행위'라고 한 것이다. 그렇기에 각 사람은 "자기 행위를 따라, 자기 행위대로" 심판을 받게 되는 것이다.

한편 교회는 생명책에 "자기 행위를 따라, 자기 행위대로" 자신의 이름이 기록되어 있기에 영생(신원, vindication)을 누리며 영원 천국에서 삼위하나님과 '더불어 함께' 살아가게 된다. 반면에 불신자는 생명책에 "자기 행위를 따라, 자기 행위대로" 자신의 이름이 없기에 유황 불못(심판)으로 떨어져 '둘째 사망(영원한 죽음)'의 해를 받게 된다.

로마서 14장 10절에는 육신적 죽음 이후 무론 대소하고 '모두가 예수님의 심판대에 서리라'고 말씀하고 있다. 요한복음 5장 24, 29절에도 교회는 생명의 부활을 통해 영생으로, 불신자는 심판의 부활로 둘째 사망(영원한 죽음)에 이를 것을 말씀하고 있다.

12절에는 보좌 앞에 "책들"이 펴져 있고 또 "다른 책"이 펴져 있었다라고 말씀하고 있다. 이때 후자인 '다른 책'은 '생명책'을 말한다. 그렇다면 전자의 '책들'이란 무엇일까? 정확하게 알 수 없으나 이는 아마 믿지 않는 자들(영적으로 죽은 자들, 땅에 속한 자들, 사단나라 소속)의 행위 즉 '불신'과 '불순종'을 적어 놓은 책들일 것으로 추정된다.

참고로 일단의 학자들은 교회(그리스도인)들의 행위(deed)도 적혀 있어 "자기 행위를 따라, 자기 행위대로" 상급을 받는다라고 주장하기도 한다. 나는 미래형 하나님나라에서의 최고의 상급은 '삼위하나님과 영원히 '더불어 함께'하며 교제하며 그 하나님을 찬양하고 경배하는 것'이라고 생각하기에 이 땅에서의 개념으로 '상급' 운운하는 것에는 그다지 관심이 없다.

그리고 "바다가 그 가운데서 죽은 자들을 내어주고(20:13)"라는 말씀만을 두고 보면 계시록 20장 11절(땅과 하늘이 그 앞에서 피하여 간데없더라), 21장 1절(처음 하늘과 처음 땅이 없어졌고 바다도 다시 있지 않더라)의 말씀과 대조해 볼 때 문자적으로만 본다면 뭔가 약간 당황스럽다. 없어졌다고 한 바다가 '내어준다' 라니…….

'없어졌는데……, 그 가운데서 죽은 자를 내어준다?'

어떻게?

결국 "바다"라는 것은 문자적인 해석에로의 접근이 아닌 죽은 자들을 삼키고 있던 '사망이나 음부'를 상징하는 것으로 생각된다. 그렇기에 "바다"가 그 가운데서 죽은 자들을 내어주고 또 "사망과 음부"도 그 가운데서 죽은 자들을 내어주매라고 말씀하신 것이다. 즉 '바다'와 '사망과 음부'는 다른 단어 같은 의미인 것이다. 분명한 것은 무엇이든 간에 각 사람이 "자기 행위를 따라, 자기 행위대로" 심판을(20:13-14)" 받게 된다라는 것이다. 거듭 말하지만 '자기 행위'란 윤리도덕적인 행위가 아니라 예수를 믿지 않은 '불신(롬 1:18, 히 3:18-19)', 복음을 배척하고 하나님의 뜻을 따르지 않은 '불순종(롬 1:18, 히 3:18-19)'을 말한다.

14 사망과 음부도 불못에 던지우니 이것은 둘째 사망 곧 불못이라 15 누구든지 생명책에 기록되지 못한 자는 불못에 던지우리라

14-15절은 "둘째 사망(영원한 죽음)" 곧 "유황 불못"에 사망도, 음부도, 불신자도, 사마귀(사단, 마귀, 귀신)도, 두 짐승(계 13장)과 거짓 선지자 등 모든 악한 영의 추종세력들도 모두 다 던져지게 됨을 말씀하고 있다.

결국 "누구든지" 생명책에 기록되지 않으면 모두 다 유황 불못(둘째 사망 곧 영원한 죽음, 계 20:10)임을 명심해야 한다. 즉 "자기 행위를 따라, 자기 행위대로" 심판을 받게 되는 것이다. 심지어는 죽음을 의인화한 "사망과 음부"도 불못에 던져지게 됨으로 육신적 죽음(히 9:27) 이후에 곧장 부활한 이후에는 교회든 불신자든 간에 더 이상 죽음은 없어지게(21:4)됨을 말씀하고 있다. 결국 미래형 하나님나라에도 미래형 지옥에도 '죽음은 없게 된다'라는 것으로 하나님나라는 '영생'이라면 지옥은 '영벌'인 것이다.

괴짜의사 Dr. Araw의 쉽고 바르게 읽는 요한계시록 장편(掌篇) 강의, 개정판
예수 그리스도 복음의 계시라

Part 7

미래형 하나님 나라

레마 이야기 21, 거룩한 성 새 예루살렘(τὴν πόλιν τὴν ἁγίαν, Ἰερουσαλὴμ καινὴν)과 교회(미래형 하나님나라, 장소, 천국, 하늘나라)
거룩한 성 예루살렘(τὴν πόλιν τὴν ἁγίαν Ἰερουσαλὴμ)과 교회(신부, 성도, 그리스도인)

"또 내가 보매 거룩한 성 새 예루살렘이 하나님께로부터 하늘에서 내려오니 그 예비한 것이 신부가 남편을 위하여 단장한 것 같더라 내가 들으니 보좌에서 큰 음성이 나서 가로되 보라 하나님의 장막이 사람들과 함께 있으매 하나님이 저희와 함께 거하시리 저희는 하나님의 백성이 되고 하나님은 친히 저희와 함께 계셔서"_계 21:2-3

"일곱 대접을 가지고 마지막 일곱 재앙을 담은 일곱 천사 중 하나가 나아와서 내게 말하여 가로되 이리 오라 내가 신부 곧 어린 양의 아내를 네게 보이리라 하고 성령으로 나를 데리고 크고 높은 산으로 올라가 하나님께로부터 하늘에서 내려오는 거룩한 성 예루살렘을 보이니"_계 21:9-10

레마 이야기 22, 마라나타(μαρὰν ἀθά) 아멘 주 예수여 오시옵소서

"이것들을 증거하신 이가 가라사대 내가 진실로 오리라 하시거늘 아멘 주 예수여 오시옵소서 주 예수의 은혜가 모든 자들에게 있을찌어다 아멘"_계 22:20-21

Part 7

　장차 '거룩한 성 예루살렘'으로서 교회인 우리가 영원히 살아갈 그 곳 '거룩한 성 새 예루살렘(미래형 하나님나라)'에 대하여는 계시록 21장 1절에서 22장 5절까지에 제법 상상할 수 있을 정도로 상세하게 묘사되어 있다. 그래서 필자는 편의에 따라 성경의 챕터(장(章), 21장 그리고 22장)를 그대로 사용하지만 내용상으로는 22장의 1-5절을 21장의 말미(27절)에 연결하는 것(21장 32절로 취급하는 것)이 맞다고 생각하고 있다. 그래서 옥상옥(屋上屋, 옥상가옥(屋上架屋))인 줄 알지만 21장 후반부와 22장 초반부의 내용을 반복하여 강조할 것이다.

　최후 심판의 그날에 예수님의 백보좌 심판대(20:11)를 통과한 교회 즉 '거룩한 성 예루살렘(21:10)'은 미래형 하나님나라인 새 하늘과 새 땅 곧 '거룩한 성 새 예루살렘(21:2)'에서 삼위하나님의 "영광의 빛"을 받아 "지극히 귀한 보석 같고 벽옥과 수정 같이 맑게(21:11)" 되어 삼위하나님과 더불어 함께 교제하고 삼위하나님을 찬양하며 경배하며 영생을 누리게 될 것이다.

　'거룩한 성 새 예루살렘(21:2)'인 '미래형 하나님나라'에서 교회들(거룩한 성 예루살렘, 21:10)은 비록 신의 본체는 아니나 신과 방불한 부활체(신령한 몸, 고전 15:44)로 살아가게 되는데 바로 그곳에서 살아가는 '교회들'의 모습을

21장(11-21)은 '맛보기'로 살짝 보여주셨다.

사도 요한이 보았던 '거룩한 성 예루살렘'인 '교회'는 "맑은 유리 같은 정금(21:18)'으로 되어있었고 '성곽은 벽옥(21:18)'으로 쌓였으며 그 성의 성곽의 '기초석은 각색 보석(21:19)'으로 꾸며졌는데 이들은 다양하고도 다채로운 "12[125]가지 보석(21:19-20)"으로 되어 있었다. 여기서 '12가지 보석'이란 문자적으로 12가지 보석의 아름다움이기도 하나 다양한 모습과 각종 달란트를 가진 다채로운 교회들이 삼위하나님을 중심으로 최고로 아름답게, 지극한 절제와 균형, 조화를 이루며 살아가게 될 것을 보여주신 것이다. 결국 '천국'에서 '영원'을 살아갈 우리 교회들의 모습은 획일적이거나 모두가 다 비슷비슷하거나 똑같은 것이 아니라 삼위하나님 안에서 다양함과 더불어 최고의 균형과 조화를 이루며 살아가게 될 것이라고 필자는 생각하고 있다.

한편 '거룩한 성 새 예루살렘'인 '미래형 하나님나라'에서 사도 요한은 "성전(ναός, nm,)"[126]은 보지 못했다"라고 말했다. 왜냐하면 "주 하나님 곧 전능하신 이와 어린 양이 그 성전(21:22)"이시기 때문이다. 또한 그 '거룩한 성 새 예루살렘'에는 "해나 달의 비침"이 쓸데없다라고 했다. 이는

---

125 '12'라는 숫자(21:19-20)는 3x4=12로서 3은 하늘의 수이며 4는 땅의 수이다. 그렇기에 12라는 숫자는 완전수, 만수, 약속의 수, 언약의 수, 맹세의 수를 말한다. 참고로 3+4=7과 동일한 의미이다.

126 성전의 헬라어는 나오스(ναός, nm)인데 이는 divine dwelling-place); a temple (sacred abode)이다.

"하나님의 영광이 비취고 어린 양이 그 등(21:23)"이 되시기 때문이다. 바로 그곳에 살게 될 '거룩한 성 예루살렘'인 교회는 "영광과 존귀"를 가지고 들어가게 되며 "그 빛 가운데(21:24, 26)"서 살아가게 된다. '거룩한 성 새 예루살렘'의 성문들은 "낮에 도무지 닫지 아니하리니 거기는 밤이 없기(21:25)" 때문이라고 했다. 이는 하나님의 영광과 더불어 교회들을 향한 아버지하나님의 완벽한 보호하심을 의미한다.

21-22장에서는 '거룩한 성 예루살렘(10)'과 '거룩한 성 새 예루살렘(2)'으로 표기한 부분의 미묘한 차이를 분별하는 것이 아주 중요하다.

21장 2-3절에는 새 하늘과 새 땅(신천(新天) 신지(新地))인 '거룩한 성 '새' 예루살렘'에 대한 말씀이 나온다. 이는 지금은 비록 비가시적이기는 하나 분명히 존재하는 '장소' 개념인 '미래형 하나님나라'를 가리키는 것으로 '하나님의 장막(21:3)'이라고도 부른다. 그 나라는 마치 "신부가 남편을 위하여 단장한 것 같더라"는 표현에서 보듯 최고로 단장한, 눈부시게 아름답다는 것을 사도 요한은 힘주어 강조하고 있다.

참고로 아더 핑크는 그의 저서 〈요한복음 강해, p.773-774〉에서 미래형 하나님나라는 '교회가 사랑(환영)받는 곳, 삼위하나님과 연합되어 영생을 누리게 될 곳, 지체인 교회들과의 교제가 있게 될 곳'이라고 했다. 그는 '나라'란 광대함을, '왕국(Kingdom)'이란 하나님나라의 질서정연함을, '성'이란 거주자가 많음을, '낙원'이란 하나님나라의 기쁨 충만을, '아버지 집'이란 하나님나라의 영원함을 의미한다라고 했다.

21장 2-3절과는 달리 21장 9-10절에는 어린 양의 아내 곧 신랑 되신 예수님의 신부인 '교회'를 상징하는 '거룩한 성 예루살렘'을 사도 요한에게 보여주고 있다. 물론 이들은 미래형 하나님나라에 먼저 간 구원받은 성도(교회)들이다. 그들의 모습은 계시록 21장 11-21절까지에는 상징적으로 묘사되어 있다. 특히 12절에서 17절까지의 특징적인 숫자[127]에 나타나듯 교회(성도)인 거룩한 성 예루살렘은 '완벽함' 그 자체임을 드러내고 있다.

더 나아가 '미래형 하나님나라' 즉 '거룩한 성 '새' 예루살렘'에서 살고 있는 앞서 간 성도(교회, 거룩한 성 예루살렘)와 장차 살아갈 성도(교회, 거룩한 성 예루살렘)로 상징된 성(교회, 거룩한 성 예루살렘)은 맑은 유리 같은 정금이요 성곽은 벽옥으로 쌓였고 열두 문은 진주요 그 성의 성곽의 기초석은 12가지 각색 보석으로 되어있고 성의 길 또한 맑은 유리 같은 정금이었다. 이는 교회인 우리가 장차 그 나라에서 살아갈 때 완전하고도 다양한 모습으로 살아가되 12가지(3x4, 하늘의 수x땅의 수=완전수, 만수, 약속, 언약, 맹세의 수) 보석처럼 살아갈 것을 묵시문학적으로 표현하고 있는 것이다.

뒤이어 21장 22-27절에는 다시 미래형 하나님나라인 '거룩한 성 '새' 예루살렘'의 모습을 보여주고 있다.

결국 21장 1-4절, 22-27절, 22장 1-5절까지는 일곱 재앙 심판 후 도

---

[127] 계시록 21장 12절에서 17절까지에는 특징적인 숫자 곧 12,000스다디온, 144규빗, 12지파, 12사도, 12문 등등이 언급되어 있다. 여기서 3은 하늘의 수, 4는 땅의 수, 3+4=7, 3x4=12, 12x12=144, 10은 완전수, 만수이다.

래하게 될 미래형 하나님나라(거룩한 성 '새' 예루살렘)의 모습과 특성을 살짝 보여주고 있는 것이다. 반면에 21장 9-21절까지에는 미래형 하나님나라에서 살아갈 교회(성도, 거룩한 성 예루살렘)의 지극한 아름다운 모습을 보여주고 있다. 한편 21장 5-8절에는 하나님은 누구신지, 둘째 사망에 참예하지 않은 우리는 누구인지에 대한 정체성과 미래형 하나님나라에서의 서로의 관계와 교제에 대해 말씀하고 있다.

결국 21장 1절에서 하나님의 작정과 예정, 섭리와 경륜을 이어 나가신, 예수 그리스도 새 언약의 성취와 완성인, 에덴의 완전한 회복을 사도 요한을 통해 우리들에게 살짝 맛 볼 수 있도록 해 주신 것이다. 동시에 변함없는 하나님의 재창조에 대한 의지 또한 보여주신 것이다.

처음 시작부터 "예수 그리스도의 계시(계 1:1)"를 일관되게 보여주시고 말씀해 주신 성령님께서 요한계시록의 마지막 장(章)인 22장까지에 이르게 하셨다. 사도 요한과 교회인 우리는 지금까지 예수님의 백보좌 심판대(20:11)를 통과한 앞서 간 '교회(성도)' 곧 '거룩한 성 예루살렘(21:10)'들이 부활체(고전 15:42-44)로서 새 하늘과 새 땅 곧 '거룩한 성 새 예루살렘(21:2)'인 미래형 하나님나라에서 영생을 누리고 있는 것을 보게 하셨다.

향후에는 장차 가게 될 교회(거룩한 성 예루살렘)들 또한 그곳(거룩한 성 새 예루살렘)에서 영생을 누리게 될 것이다. 그렇기에 모든 교회는 그곳(거룩한 성 새 예루살렘)에서 비록 신의 본체는 아니지만 신과 방불(고전 15:44, 신령한 몸)한 부활체로 삼위하나님을 찬양하며 경배하며 영원히 '함께, 더불어' 살게 될 것이다.

계시록 21-22장에서의 해석의 포인트는 '비슷한 듯 다른' 두 단어의 차이를 분별하는 것이다. 곧 '거룩한 성 예루살렘(21:10)'과 '거룩한 성 '새' 예루살렘(21:2)'이다. 천국 곧 미래형 하나님나라에서 영생을 누리며 살아갈 교회를 가리켜 '거룩한 성 예루살렘(21:10)'이라고 한다면 그 나라 곧 천국을 가리켜 '거룩한 성 '새' 예루살렘(21:2)'이라고 한다. 그러므로 21장 1절-22장 5절까지에서는 '거룩한 성 예루살렘(21:10)'과 '거룩한 성 '새' 예루살렘(21:2)'이라는 미묘한 두 단어의 차이와 함께 이 둘을 묘사하고 있는 부분 부분들을 구분하여 하나 하나 주의 깊게 살피는 것이 필요하다.

거룩한 성 예루살렘	거룩한 성 '새' 예루살렘
교회(그리스도인, 성도)	신천신지, 미래형 하나님나라(장소개념)
계 21:9-21	계 21:1-4, 22-27, 22:1-5
하나님의 영광을 받아 보석 같고 벽옥과 수정 같이 맑음 거룩한 성 예루살렘(21:22-27, 정금, 네모 반듯, 장광고가 같음)-크고 높은 성곽 (벽옥)-12문(12지파 이름, 진주)-기초석 (12사도 이름, 12가지 보석)-성의 길(정금)	신부가 남편을 위하여 단장한 것 같음 계절의 여왕 '5월의 신부'

상기 두 단어의 차이점과 그 개념이 정립된 후에 다시 한번 더 21장 1절-22장 5절 까지를 찬찬히 읽어보라. 그러면 천국에서의 우리들의 모습을 상상할 수 있어 설레임과 뛰는 가슴으로 벅차게 되리라 확신한다.

요한계시록을 통해 미래형 하나님나라가 왜 좋은지, 그 하나님나라가 어떠한지를 확실히 알게 되면 모든 그리스도인들은 종말시대의 일곱 재앙을 지나는 동안에 소망(엘피스, 미래형 하나님나라에의 입성과 영생, 롬 15:13)을 붙들고 인내하며 살아갈 수 있게 될 것이다.

결국 계시록 21장 1-4절, 22-27절, 22장 1-5절까지는 거룩한 성 새 예루살렘(미래형 하나님나라)에 대해, 계시록 21장 9-21절까지는 거룩한 성 예루살렘(성도, 교회, 어린 양의 신부)에 대해, 21장 5-8절까지는 하나님과 우리와의 관계와 교제에 대해 묵시문학적으로 말씀해 주신 것이다.

여기에 하나 더 첨언한다면 22장 6-21절까지에는 지금까지 예수 그리스도의 계시를 다 보여주었으니 이제 후로는 이 책의 말씀을 가감(加減)하지 말고 "예수 그리스도의 계시(계 1:1)" 곧 '복음'을 잘 전하라고 하면서 마지막으로 '반드시' 오실 '마라나타[128](Μαραναθα)'를 사모하라고 말씀하셨다. 그리고는 동역자 된 사도 요한이 동역자 된 모든 교회들과 교회공동체에게 주 예수의 은혜를 전하며 계시록을 맺고 있다.

계시록 21장 2-3절의 새 하늘과 새 땅인 "거룩한 성 새 예루살렘(2)"은 지금은 비가시적이기는 하나 분명한 장소 개념인 '미래형 하나님나라'로서 "하나님의 장막(3)"을 가리킨다. 그 "거룩한 성 새 예루살렘"은 마치

---

[128] '마라나타(Μαραναθα, 2개의 아람어)'는 2개의 아람어 '마란(מרן)과 아타(אתא)'의 합성어로 '아멘 주 예수여 오시옵소서'라는 의미이다. "내가 진실로 속히 오리라(22:20)"에서 '진실로 속히'란 시기를 말하는 것이 아니라 반드시(ταχύ, 타퀴)라는 의미이다.

신부가 신랑을 위해 최고로 단장한 듯 눈부시고 아름다운 곳이라고 사도 요한은 말하고 있다. 물론 '장소'라고 하여 지금의 육신을 가진 우리가 느끼거나 생각하는 그런 곳인지는 알 수 없다. 장차 가 보면 정확하게 알게 될 것이다.

반면에 21장 9-10절에서는 "신부 곧 어린 양의 아내를 네게 보이리라(21:9)"고 말씀하셨다. '어린 양의 아내'란 '신랑' 되신 예수님의 신부인 '교회'를 상징하는 말로서 동시에 "거룩한 성 예루살렘(21:10)"의 상징적인 말이기도 하다. 결국 '교회', '어린 양의 신부', '거룩한 성 예루살렘'은 모두가 다 동일한 의미로서 '그리스도인(성도, 교회)'을 가리키는 단어이다.

구원받은 성도인 '교회(거룩한 성 예루살렘)'에 관하여는 21장 9-21절까지 비교적 상세하게 묘사되어 있으며 특히 12-17절까지에는 특별한 숫자 곧 '열둘(12,000스다디온, 144규빗, 12지파, 12사도, 12문 등등)'이라는 숫자를 반복하여 기술하고 있다. 12는 3x4인데 3은 하늘의 수이고 4는 땅의 수이다. 3+4=7과 3x4=12는 약속의 수, 완전수, 언약의 수, 맹세의 수이다. 12,000스다디온에서의 $12,000 = 12 \times 10 \times 10 \times 10$으로서 10은 만수, 완전수이다. 결국 하나님의 작정과 예정 속에 있는 많은 언약백성(거룩한 성 예루살렘 곧 교회)의 수를 가리킨다. 그렇기에 '거룩한 성 예루살렘'은 '어린 양의 신부'인 '교회'임을 거듭거듭 말씀해 주고 있는 것이다. 그리고 18-21절에서는 벽옥으로 쌓인 성곽, 맑은 유리 같은 정금으로 된 성, 12가지 각색 보석으로 꾸민 성곽의 기초석, 열두 진주 문, 맑은 유리 같은 정금으로 된 길을 보여주시며 장차 미래형 하나님나라에서의 교회(어린 양의 신부, 거룩한 성 예루살렘)의 '완전한 상태, 완벽한 모습, 다양한 모습'을 묵시문학적으로 표현하고 있다.

요한 계시록의 대단원의 막을 내리며 19장에서 22장까지를 한 눈에 볼 수 있도록 요약하자면 다음과 같다.

19장에서는 심판주 하나님, 역사의 주관자 하나님, 구속주 하나님, 만왕의 왕, 만주의 주이신 재림의 예수님은 '할렐루야' 찬양받기에 합당하시고 진리 그 자체이시며 신실하시고 말씀의 검으로 심판하시되 그분의 작정과 예정, 섭리와 경륜은 결코 변함이 없으심을 보여주고 있다.

20장에서는 예수께서 재림하셔서 백보좌 심판을 통해 신원(생명의 부활, 요 5:29)된 자는 영원천국인 천년왕국(거룩한 성 새 예루살렘 곧 미래형 하나님나라)에서 부활체로 삼위하나님과 더불어 영생을 누리게 되고 심판(심판의 부활, 요 5:29)을 받은 자는 유황 불못에서 세세토록 밤낮 괴로움을 당하게 됨(둘째 사망의 해를 당하게 됨, 영원한 죽음)을 보여주고 있다.

21장과 22장에서는 미래형 하나님나라인 거룩한 성 새 예루살렘에서 먼저 간 완벽하고도 완전한 거룩한 성 예루살렘(교회와 교회공동체)이 살아가는 것을 보여주셨다. 이는 결국 에덴의 완전한 회복, 곧 새 창조를 보여주신 것이다.

레마이야기 21

거룩한 성 새 예루살렘:
미래형하나님나라(장소)
(τὴν πόλιν τὴν ἁγίαν, Ἰερουσαλὴμ καινὴν)

거룩한 성 예루살렘: 신부인 교회
(τὴν πόλιν τὴν ἁγίαν Ἰερουσαλὴμ)

21-1 또 내가 새 하늘과 새 땅을 보니 처음 하늘과 처음 땅이 없어졌고 바다도 다시 있지 않더라

이곳 계시록 21장 1절에서는 사도 요한이 "새 하늘과 새 땅"을 보았다라고 하면서 신천 신지인 미래형 하나님나라는 "처음 하늘과 처음 땅"이 아니라고 말하고 있다. 그렇기에 앞서 20장(20:11)에서는 "땅과 하늘이 그 앞에서 피하여 간데없더라"고 했고 이 구절에서는 "처음 하늘과 처음 땅이 없어졌고 바다도 다시 있지 않더라"고 한 것이다.

나는 계시록을 연구하며 묵상할 때마다 환상을 통해서라도 이런 것들을 보았던 사도 요한이 부러울 때가 많다. 그러나 다른 한편으로는 그가 '많이 아쉬웠겠다'라는 엉뚱한 생각이 들기도 한다. 나 같으면 이왕 미래형 하나님나라를 보았다면 그냥 그 나라에 머물게 해달라고 생떼를 쓰고 또 요구했을 것 같은데……

"바다도 다시 있지 않더라"에서의 "없어진 바다"는 '세상'을 의미한다. 그렇기에 '바다도 다시 있지 않다'라는 것은 이전의 죄인 된 인간으로 인해 오염되어버린 이 세상은 하나님께서 완전히 없애버렸다는 상징적 의미인 것이다. 참고로 계시록 15장 2절에는 "불이 섞인 유리바다"와 '유리 바다"가 대조되어 있는데 전자가 미래형 지옥을 상징한 것이라면 후자는 미래형 하나님나라를 상징한 것으로 이 둘은 분명한 장소 개념이다. 사족을 달자면 '현재형 지옥'이란 '주권, 통치, 질서, 지배' 개념으로 하나님의 주권을 인정치 않고 하나님의 통치, 질서, 지배를 받지 않는 곳은 그 어디나 현재형 지옥인 것이다. 동일하게 '현재형 하나님나라'란 '주권, 통치, 질서, 지배' 개념으로 하나님의 주권을 인정하고 하나님의 통치, 질서, 지배를 받는 곳은 그 어디나 현재형 하나님나라인 것이다.

한편 '새 하늘과 새 땅'에 관한 두 가지 설(theory)이 있는데 전 지구적 소멸설(재창조설)과 갱신설(회복설)이다. 루터교 계통의 학자들이 전자를 지지한다면 개혁주의 학자들은 후자를 지지한다.

나는 둘 다에 일정 부분 고개를 끄덕이기는 하나 둘 다에 별로 관심이 없다. 오직 나의 관심은 새 하늘과 새 땅인 미래형 하나님나라에서 삼위하나님과 영원히 '더불어 함께'하며 교제하며 삼위하나님께 찬양과 경배 드리는 것을 소망할 뿐이다. 사실 여부는 그때 가서 보면 될 일이다. 그렇기에 부활체로 살아가는 그 장소가 '갱신'이 되든 '재창조'가 되든' 삼위하나님과 함께 하기만 하면 '오케이(O.K)'인 것이다 그리고 그때 가보면 '회복'인지 '재창조'인지를' 명확히 알게 될 것이기에 그날을 기대하고 있다. 사실 하나님께서 주체가 되셔서 행하시는 일이기에 양단 간에 어느 것이든 최고의 상태가 되리라 확신하기에 그런 논쟁에는 끼어들고 싶지가 않다.

그날에는 여러 가지로 여러 면에서 '아하, 그것이었구나, Wonderfully and Fearfully made(신묘막측)'이라고 연발하게 될 지도 모르겠다. 그렇기에 나는 이 땅에서 꼭 알아야 할 것은 힘을 다해 알아가고 반드시 지켜야 할 본질적인 것은 목숨 걸고 지키려 한다.

본질적인 것이 아니라면 구태여…….

그래서 나는 본질에 더 집중한다. 본질이 아닌 것에는 절제한다.

'본질에는 목숨을'

'비 본질에는 포용과 여유를'

오늘 내게 가장 중요한 것은, 만세 전에 성부하나님의 은혜로 택정함을 입어 구원받은 자로서 미래형 하나님나라에 가기까지 지금 현재형 하나님나라를 알차게 살아가며 그 나라를 확장해가고 나를 향한 '하나님의 뜻(델레마 데우)'을 잘 분별하며 그 뜻을 따라 그분의 기쁨으로 살아가는 것이다.

사족을 달자면 "새 하늘과 새 땅"은 '장소' 개념으로서 '미래형 하나님나라'와 '미래형 지옥' 모두를 아우르는 삼위하나님이 다스리는 새로운 세계를 말한다. 차이가 있다면 후자에는 결코 가고 싶지 않은 곳일 뿐이다.

그리고 노파심에서 다시 말하지만 '장소' 개념인 미래형 하나님나라의 '장소'라는 것은 우리가 그곳에서 살아갈 때에는 지금의 육신과 달리 부활체(고전 15:42-44)로 살아가기에 현재 우리가 육신을 갖고 살아가는 지금의 장소처럼 생각하여서는 안 된다는 점이다. 그리고 '미래형 하나님나라'란 '새 하늘과 새 땅'인 바 여기서 '새'라는 단어의 의미가 New & Best이라면 '미래형 지옥'의 경우도 마찬가지로 '새 하늘과 새 땅'인데 여기서 '새'라는 단어는 New & Worst를 의미하는 것이다. 그렇기에 '미래형 지옥'의 경우 '새 하늘과 새 땅'이라는 말이 얼핏 어울리지 않지만 그래도 불신자들이 들어가 '세세토록 밤낮 괴로움(계 20:10)"을 당하게 될 새로운 장소인 것은 틀림이 없다라고 생각한다.

2 또 내가 보매 거룩한 성 새 예루살렘이 하나님께로부터 하늘에서 내려오니 그 예비한 것이 신부가 남편을 위하여 단장한 것 같더라

21장 2절에서 사도 요한은 "거룩한 성 새 예루살렘(τὴν πόλιν τὴν ἁγίαν Ἰερουσαλὴμ καινὴν)"이 하나님께로부터 "하늘에서" 내려오는 것을 보게 된다. 다시 강조하지만 "거룩한 성 새(καινὴν) 예루살렘"이란 우리가 영원히 살게 될 처소(요 14:2-4, 엡 2:20-22, 겔 43:7)인 '장소' 개념의 미래형 하나님나라를 말한다.

더 나아가 여기서 '새롭다'의 헬라어로 쓰인 카이노스(καινός, adj, new, fresh/properly, new in quality (innovation), fresh in development or opportunity □ because "not found exactly like this before.")는 '시간적으로 새롭다'라는 것이 아니라 완전히 차원이 다른 '질적인 새로움'을 의미한다. 그러므로 장소 개념의 미래형 하나님나라인 "거룩한 성 새 예루살렘"은 질적으로 완전히 다른, 에덴의 회복으로서의, 재창조의 완성인 하나님나라를 가리킨다.

필자가 21장에서 의도적으로 굳이 2절의 "거룩한 성 새 예루살렘"과 10절의 "거룩한 성 예루살렘"을 구분하려는 것은 전자의 경우 분명한 '장소' 개념인 '미래형 하나님나라'인 처소(하나님의 장막)라는 것을 강조하기 위함이며 후자의 경우는 어린 양의 신부 곧 '교회'된 '성도(그리스도인)'임을 강조하고 픈 마음 때문이다.

"그 예비한 것이 신부가 남편을 위하여 단장한 것 같더라"고 하신 말씀은 분명한 '장소'를 의미하는 미래형 하나님나라인 거룩한 성 새 예루살렘의 '극한 아름다움'을 묵시문학의 형태로 묘사한 것이다. 이는 신랑 되신 예수께서, 거룩함으로 잘 준비된 눈부시게 아름다운 신부(교회, 거룩한 성 예루살렘)를 맞이하기위해, 그런 신부의 격에 맞게, 신부만큼이나 아름다운 새 처소(미래형 하나님나라, 거룩한 성 새 예루살렘)를 준비했음을 상징적으로 드러내고 있는 것이다. 결국 2절은 거룩한 성 새 예루살렘(미래형 하나님나라)이 마치 신부가 꿈속에서도 그리던 신랑을 위해 최고로 '단장'했을 때의 극한 아름다움 같은 장소인 것을 묘사한 것이다.

한편 "하나님께로부터 하늘로서 내려왔다" 라는 것은 문자적으로만 본다면 '미래형 하나님나라가 도래(到來, advent) 되었다'라는 의미이다. 더 나아가 그 하나님나라는 장소 개념과 더불어 주권, 통치, 질서, 지배 개념이므로 '하나님나라가 완성되었다'라는 의미이기도 하다. 그러나 상징적으로 본다면 신적인 기원(origin)을 말하는 것이다.

3 내가 들으니 보좌에서 큰 음성이 나서 가로되 보라 하나님의 장막이 사람들과 함께 있으매 하나님이 저희와 함께 거하시리니 저희는 하나님의 백성이 되고 하나님은 친히 저희와 함께 계셔서

이곳 21장 3절에서는 "보좌(통치, 심판, 영광)"에서 "큰 음성"이 났다라고 했는 바 이는 '권위 있는 하나님의 말씀'이 들렸다라는 것으로 '하나님의 말씀은 신실하고 참되시다(21:5)'라는 의미이다.

이 구절은 계시록 21장 7절(나는 저의 하나님이 되고 그는 내 아들이 되리라)과 마찬가지로 '성부하나님의 교회를 향한 마음'을 노골적으로 드러내고 있는 것이다. 우리를 향한 아버지 하나님의 진솔한 마음은 정말 선명하게 다가온다. '나는 너의 하나님이다. 너희는 나의 백성이며 나의 아들이다.

그런 너희와 나는 영원히, 더불어 함께할 것이다.' 그렇기에 2절에는 "함께 있으매, 함께 거하시리니, 함께 계셔서"라는 말씀이 세 번씩이나 반복되어 있는 것이다.

　장차 하나님과 우리가 함께 거하게 될 3절의 '하나님의 장막'은 2절의 "거룩한 성 새 예루살렘"으로서 미래형 하나님나라를 가리키는데 이는 하나님의 임재(Divine presence, Inner God, presence of God)가 있는 새 처소를 말한다. 그곳에는 당연히 하나님의 보호하심이 있다. 한편 '교회'란 하나님의 백성 즉 하나님의 자녀(레 26:11-12)들을 가리키며 그 장막에 거하고 있는 사람들이 바로 앞서 간 교회이다. 바로 그 곳에 거하게 될 사람들이 우리들 곧 '교회(그리스도인)'인 것이다. 결국 21장 2-7절은 교회를 향한 아버지 하나님의 언약 내용(창 17:7-8, 출 19:5-6, 렘 24:7)으로서 미래형 하나님나라에서 영원히 삼위하나님과의 바른 관계와 친밀한 교제를 누리게 될 것을 말씀해주고 있다. 하나님의 언약은 그렇게 완전하게 성취(예수님의 초림으로)되었고 종국적으로 반드시 완성(예수님의 재림으로)될 것이다.

4 모든 눈물을 그 눈에서 씻기시매 다시 사망이 없고 애통하는 것이나 곡하는 것이나 아픈 것이 다시 있지 아니하리니 처음 것들이 다 지나갔음이러라

　4절에서의 "모든 눈물을 그 눈에서 씻기시매"라는 것은 '고통, 죽음, 불행, 슬픔으로부터의 눈물을 말끔히 제거해 주실 것을 가리킨다. 결국 '눈물이 없어진다'라는 것은 눈물의 원인이 되는 사망(사 25:8), 애통(사

35:10, 51:11), 곡(사 65:19)하는 것, 아픈 것(사 21:2)도 사라질 것이라는 말이다. 즉 죄의 결과로 나타나는 모든 것들은 미래형 하나님나라에서는 죄가 없어지기에 모두 다 사라지게 될 것이라는 의미이다.

"처음 것들이 다 지나갔음이러라"는 것은 죄로 얼룩진 불완전한 옛 피조 세계가 없어지고 죄가 없는 완전한 새로운 세계(신천(新天) 신지(新地), 새 하늘과 새 땅)에로의 재창조(에덴의 회복) 즉 완성된 미래형 하나님나라가 도래 될 것을 함의하고 있다.

5 보좌에 앉으신 이가 가라사대 보라 내가 만물을 새롭게 하노라 하시고 또 가라사대 이 말은 신실하고 참되니 기록하라 하시고

5절은 "만물을 새롭게(καινός, 질적인 새로움)" 재창조하시는 "보좌에 앉으신 이"의 "신실하고 참되신" 말씀을 사도 요한은 보고 듣고 있다. 민수기 23장 19절은 하나님의 말씀이 반드시 성취됨을 힘있게 확인해 주고 있다. 그렇기에 당신의 말씀은 '신실(피스토스, πιστός, faithful)하고 참(알레데이아, ἀλήθεια/알레디노스, ἀληθινός, true)되다(19:11)'라고 하시며 당신의 말씀을 기록하라고 명령하신 것이다.

"하나님은 인생이 아니시니 식언치 않으시고 인자가 아니시니 후회가 없으시도다 어찌 그 말씀하신 바를 행치 않으시며 하신 말씀을 실행치 않으시랴" _민 23:19

6 또 내게 말씀하시되 이루었도다 나는 알파와 오메가요 처음과 나중이라 내가 생명수 샘물로 목 마른 자에게 값없이 주리니

6절에서의 "이루었도다(테텔레스타이, Τετέλεσται, It has been finished.)"라는 말은 예수님의 십자가 가상칠언(架上七言) 중 6번째 말과 동일(요 19:30)한 것으로 예수 그리스도 새 언약의 성취와 완성을 아우르는 말이다. 왜냐하면 초림의 예수님은 구속주로 오셔서 십자가 대속죽음을 통해 '다 이루심'으로 택정된 인간의 모든 죄를 사하셨고 재림의 예수님은 승리주, 심판주, 만왕의 왕, 만주의 주로 오셔서 하나님나라를 완성하심으로 '다 이루실' 것이기 때문이다.

참고로 '초림'이란 예수 그리스도 새 언약의 '성취'를 말하며 '재림'이란 예수 그리스도 새 언약의 '완성'을 말한다. 성부하나님의 인간을 향한 구속 계획은 초림의 예수 그리스도의 십자가 보혈로 성취되었다. 이후 예수님의 재림을 통해 새 언약이 완성되면 우리는 새 하늘과 새 땅 즉 미래형 하나님나라에서 영생을 누리게 될 것이다. 이 구절은 그런 당신의 섭리와 경륜을 처음부터 끝까지 완전하게 '신실함과 참됨'으로 이끌어 갈 것을 말씀하고 있다.

"알파와 오메가요 처음과 나중이라"는 것은 역사의 주관자 하나님께서 시작과 과정을 인도하시고 끝 곧 결과를 반드시 이루실 것이라는 의미이다. 그 하나님은 영존하시는 자존자시요 창조주이시며 역사의 주관자 하나님이시다.

종국적으로 재림의 예수는 승리주로 오셔서 최후 심판자가 되시는 하나님으로 만유의 대주재가 되신다. 그는 우리에게 아무 대가 없이, 아무 공로 없이 은혜로 '값없이' 생명수 샘물(요 7:37-38)을 주셔서 구원을 허락하셨다. 그리하여 우리는 영생을 누리게 되었다.

'값없이'

'아무런 공로 없이'

'은혜로 믿음으로'

이는 마치 목마른 사슴이 시냇물을 찾아 헤매다가 갈증을 해갈함으로 다시 살아나는 것과 같다. 거기에 더하여 좋으신 하나님은 달마다 맺히는 생명 실과와 함께 생명수 샘물로 영생을 누리게 하실 것도 말씀하셨다.

천지창조는 하나님(엘로힘)이 태초(창 1:1, 베레쉬트)에 부활의 첫 열매(레쉬트, 레 23:10, 고전 15:20, 골 1:16-18)이신 예수로 말미암아(베이트, 비분리 전치사, ~안에(in), ~로 말미암아, ~에 의하여(by), ~와 함께(with)) 시작(요 1:3, 창 1:1)되었다. 기독교 세계관의 4기둥인 창조, 타락, 구속, 완성은 예수로 말미암아 성취(초림)되고 예수로 말미암아 완성(재림)될 것이다(20:11). 바로 그 예수를 믿어 구원받게 된 우리는 미래형 하나님나라인 "거룩한 성 새 예루살렘에서(21:5)" 삼위하나님과 '더불어 함께' 영생을 누리게 될 것이다.

7 이기는 자는 이것들을 유업으로 얻으리니 나는 저희 하나님이 되고 그는 내

아들이 되리라

이곳 7절에서는 "이기는 자는 이것들을 유업으로 얻으리니"라고 말씀하시며 하나님 당신은 아버지가 되고 이기는 자들(택정함을 입은 교회들)은 그의 자녀가 될 것이라고 말씀하고 있다. 이것이 우리를 향한 아버지 하나님의 진정한 속마음인 것이다.

앞서 계시록 4-5장에서 보았듯이 천상의 교회 즉 미래형 하나님나라에서의 예배 모습을 보여줄 때 삼위하나님의 보좌 주위로 포진되어 있는 무리들이 있었다. 그들은 동심원 상으로 서 있었는데 가장 지근거리에 24장로(교회, 성도들)가, 그 다음에는 4생물인 천사장이, 그리고 천군천사가 도열하여 있었다. 그렇기에 천사들조차 교회인 우리를 흠모하는 것이다. 여기서 '가장 지근거리'라는 표현에 대해 왈가왈부(曰可曰否, an argument pro and corn) 하지 말라. 이는 공간상 거리상 가깝다는 말이 아니다. 왜냐하면 미래형 하나님나라에서는 시공(時空)이란 아무런 의미가 없기 때문이다. 이는 상징적인 의미로 하나님과 그의 자녀된 교회가 '함께, 더불어' 바른 관계와 친밀한 교제 가운데 살아간다라는 말이다.

8 그러나 두려워하는 자들과 믿지 아니하는 자들과 흉악한 자들과 살인자들과 행음자들과 술객들과 우상숭배자들과 모든 거짓말하는 자들은 불과 유황으로 타는 못에 참예하리니 이것이 둘째 사망이라

이 구절에서 "두려워하는 자들"이란 종말 시대 동안에 맞닥뜨린 환난과 핍박을 견디지 못해 신앙을 저버린 자들을 가리키며 "믿지 아니하는 자들"이란 불신자들을 가리킨다. 한편 "흉악한 자들"이란 가증한 자라는 의미로 우상숭배자(출 20:4-5)나 사단을 적극적으로 추종한 자를, "살인자들과 행음자들"이란 인간에게 금하신 윤리 덕목 중 가장 큰 덕목을 위반한 자들로 생명을 강탈하고(창 9:6) 몸으로 죄를 짓는(고전 6:18) 자들을 가리킨다. "술객들과 우상숭배자들(출 20:4-5)"은 마술, 점술, 복술, 사술로 혹세무민(惑世誣民, delude the world and deceive the people)하고 미혹(9:21, 13:13-14, 18:23, 신 18:10)하는 사람들을 가리킨다. 마지막으로 "모든 거짓말하는 자들"이란 진리를 거스려 이단 사상을 유포하는 거짓 선지자들을 가리킨다. 이들 모두는 하나도 빠짐없이 "불과 유황으로 타는 못" 곧 "둘째 사망"에 참예하게 될 것이라고 경고하고 있다.

계시록 21장 27절에도 이 구절(21:8)과 비슷한 말씀이 있다. 그 구절에서는 '두려워하는 것'과 '믿지 아니하는 것'을 가리켜 "속된 것"이라고 말씀하셨고 흉악자, 살인자, 행음자, 술객, 우상숭배자들을 가리켜 "가증한 일을 행하는 자"라고 하셨다. 그리고 "거짓말하는 자"를 언급할 때에는 계시록 21장 8절의 경우처럼 특별히 콕 집어 따로 언급하셨다. 여기서 우리는 '거짓'을 싫어하시는 하나님의 속성을 볼 수 있다. 상기의 모두는 반드시 '둘째 사망' 곧 "불과 유황으로 타는 못에 참예하게 될 것"이라고 경고하고 있다.

계시록 22장 15절에도 앞서 21장 8절, 27절의 경우처럼 비슷한 말씀을 반복하고 있다. 그 구절에서는 "개들"을 속된 것으로, "술객들과 행음자들과 살인자들과 우상숭배자들"을 가증한 것으로, "거짓말을 좋아하며 지어내는 자들"을 거짓 선지자라고 지적하며 이들 또한 불과 유황으로 타는 못 즉 둘째 사망의 해를 받게 된다라고 하셨다.

그 결과 상기에서 언급한 모두는 성 안(22:14)이 아닌 '성 밖(22:15)'에 있게 될 것이라고 말씀하고 있다. 여기서 "성"이란 장소 개념인 미래형 하나님나라 즉 '거룩한 성 새 예루살렘'을 말한다.

9 일곱 대접을 가지고 마지막 일곱 재앙을 담은 일곱 천사 중 하나가 나아와서 내게 말하여 가로되 이리 오라 내가 신부 곧 어린 양의 아내를 네게 보이리라 하고

9절에서는 일곱 천사 중 하나가 "마지막 일곱 재앙"을 담은 일곱 대접을 가지고 사도 요한에게 이리로 오라고 하시며 "신부 곧 어린 양의 아내를 보이리라"고 하셨다.

이 구절에서의 '마지막 일곱 재앙을 담은 일곱 천사 중 하나'는 계시록 17장 1절에서의 "일곱 대접을 가진 일곱 천사 중 하나"와 동일한 천사를 가리키고 있다. 한편 17-18장에서는 "큰 성 바벨론" 즉 "큰 음녀"를 등장시켜 그들이 받게 될 처절한 '심판'을 보여주었는데 반해 21-22장에는 교회들의 '신원(vindication)'을 잘 보여주고 있다. 여기서 '신원'이란 교회들이 "거룩한 성 새 예루살렘(계 21:2)"에서 하나님의 영광의 빛을 받아 귀한 보석 같고 벽옥과 수정 같이 맑게 살아가는 것(계 21:11)을 말한다. 이를 묵시문학적으로 더 디테일하게 묘사한 곳이 계시록 21장 12-21절까지인데 교회(거룩한 성 예루살렘, 21:10)는 미래형 하나님나라에서 완벽한 균형(delicate balance)과 조화(harmony)를 통한 최고로 아름다운 12가지 보석으로 살아가되 획일적이 아닌 제각각의 다양성을 가지고 살아가게 될 것을 보여주셨다.

결국 21장 1절에서 22장 5절까지에는 분명한 장소 개념인 미래형 하나님나라 곧 "하나님께로부터 하늘에서 내려오는" 거룩한 성 새 예루살렘(21:2)에서 교회(신부 곧 어린 양의 아내)가 살게 될 것을 말씀하고 있다. 그 곳은 마치 신부가 남편을 위하여 "단장"한 것 같은 최고로 아름다운 곳이라는 것이다. 또한 이곳에서 살아가게 될 교회(신부 곧 어린 양의 아내, 계 21:9)는 삼위하나님의 영광을 받아 "지극히 귀한 보석 같고 벽옥과 수정 같이 맑게(21:11)" 살아갈 뿐만 아니라 12가지(3x4, 하늘의 수x땅의 수=완전수, 만수, 약속, 언약, 맹세의 수) 보석처럼 완벽한 균형과 조화를 이루어 다양함으로 살아가게 될 것이라고 하셨다.

10 성령으로 나를 데리고 크고 높은 산으로 올라가 하나님께로부터 하늘에서 내려오는 거룩한 성 예루살렘을 보이니

10절에서는 성령에 감동된 사도 요한이 "크고 높은 산"으로 올라가 "하나님께로부터 하늘에서 내려오는 거룩한 성 예루살렘"을 보게 된다.

한편 계시록 17장 3절에는 사도 요한을 '크고 높은 산'이 아니라 사단의 활동 공간을 상징하는 "광야"로 데려갔었다. '광야'가 죄악, 향락, 사치를 상징한다면 이곳 21장의 '산'은 하나님의 기지가 있는 성산(聖山, 시 87:1)을 가리킨다. 결국 그런 성산에서 사도 요한은 '하나님께로부터 하늘에서 내려오는 거룩한 성 예루살렘(τὴν πόλιν τὴν ἁγίαν Ἰερουσαλὴμ)' 즉 어린 양의 신부(아내)인 앞서 간 성도(교회)를 보고 있는 것이다.

계시록 21장 2절의 "거룩한 성 새 예루살렘(ἁγίαν Ἰερουσαλὴμ καινὴν)"과 10절의 "거룩한 성 예루살렘(ἁγίαν Ἰερουσαλὴμ)"을 나는 의도적으로 구분하여 해석하고 있다. 이는 계시록 21-22장을 명료하게 이해할 수 있는 팁이기도 하다. 전자가 분명한 장소 개념인 미래형 하나님나라(처소, 하나님의 장막)'를 상징한다면 후자는 어린 양의 신부(교회, 성도, 그리스도인)를 상징한다.

그러므로 21-22장을 묵상할 때에는 '거룩한 성 새 예루살렘(처소, 하나님의 장막, 미래형 하나님나라)'과 '거룩한 성 예루살렘(교회, 성도, 그리스도인, 어린 양의 신부)'을 구분하여 묵상하면서 그 미묘한 차이를 맛볼 수 있어야 제대로 이해한 것이다. 다시 요약하면 우리가 그리던 하늘나라(천국)는 '거룩한 성 새 예루살렘(계 21:1-4, 22-27, 22:1-5)'으로서 마치 신부가 신랑을 위해 단장한 것 같은 최고의 처소라는 것이다. 그리고 그런 천국에서 살아갈 우리의 모습은 '거룩한 성 예루살렘(계 21:9-21)'으로서 12가지 보석같이 찬란하고 아름다우며 완벽한 조화와 균형을 이루되 다양함으로 살아가게 된다라는 것이다. 참고로 계시록 21장 5-8절에는 하나님은 누구신지, 둘째 사망에 참예하지 않은 우리는 누구인지에 대한 정체성과 미래형 하나님나라에서의 서로의 관계와 교제에 대해 말씀하고 있다.

11 하나님의 영광이 있으매 그 성의 빛이 지극히 귀한 보석 같고 벽옥과 수정 같이 맑더라

11절은 "하나님의 영광이 있으매"라는 말씀으로 시작하는데 이는 하나님의 '임재'를 상징하는 것으로 구약시대의 지성소에 임했던 하나님의 영광인 쉐키나[129]를 말한다.

'쉐키나(שכינה)'는 '거주' 라는 의미로 '속죄소(atonement cover, 시은좌, mercy seat)'에 나타난 '하나님의 영광에 찬 모습'을 가리킨다. 결국 이 구절은 영광의 하나님께서 자기 백성(거룩한 성 예루살렘)에게 당신의 영광을 비추실 것과 그 영광의 빛을 받은 교회는 미래형 하나님나라에서 "지극히 귀한 보석 같고 벽옥과 수정 같이 맑게" 살아가게 될 것을 말씀하고 있는 것이다.

"그 성의 빛이 지극히 귀한 보석 같고 벽옥과 수정 같이 맑더라"에서 "그 성"이란 '거룩한 성 예루살렘(교회)'을 가리킨다. 여기서 "빛"[130]이란 빛

---

129   동사는 샤칸(shakan)이며 이에서 파생된 셰켄(sheken)은 '거주지'라는 의미이다. 참고로 샤켄(shaken)은 '이웃' 즉 '같이 사는 사람'이라는 말이며 미슈칸(mishkan)은 '성막'이라는 의미이다. 하나님의 임재를 의미하는 이 단어와 반의어가 바로 '이가봇(삼상 4:21, אִי־כָבוֹד)'이다.

130   빛은 빛 그 자체를 의미하는 포스($\varphi\tilde{\omega}\varsigma$, nn, a source of light/properly, light (especially in terms of its results, what it manifests); in the NT, the manifestation of God's self-existent life; divine illumination to reveal and impart life, through Christ)가 아니라 빛을 받아 반짝이는 물체의 빛(포스테르, $\Phi\omega\sigma\tau\acute{\eta}\rho$, nm, a light, an illuminator, perhaps the sun: a star; brilliancy)을 말한다.

자체를 의미하는 포스(φῶς, nn)가 아니라 하나님의 영광의 빛을 받아 반짝이는 빛(포스테르, Φωστήρ, nm)을 가리킨다. 그러므로 어린 양의 신부인 교회 즉 '거룩한 성 예루살렘'의 빛은 삼위하나님의 영광(계 21:11, 23)을 투영한 빛(포스테르, Φωστήρ, nm)이라는 의미이다.

그러므로 교회인 우리는 하나님께서 당신의 영광으로 우리를 영화롭게 해 주셨음을 잊지 말아야 한다. 그런 우리는 "나의 나 된 것은(고전 15:10)" 오직 하나님의 은혜임을 알고 지금도 앞으로도 영원히 삼위하나님께만 영광(Soli Deo G;orai)을 돌리며 감사와 찬양, 경배를 올려드려야 할 것이다.

계시록 21장 9-21절은 미래형 하나님나라에서 교회(거룩한 성 예루살렘)인 우리가 완전하고도 완벽한, 동시에 다양한 12가지(3x4, 하늘의 수x땅의 수=완전 수, 만수, 약속, 언약, 맹세의 수) 보석으로 살아갈 것에 대한 그 아름답고 찬란함을 묵시문학적으로 묘사한 것이다.

12 크고 높은 성곽이 있고 열 두 문이 있는데 문에 열 두 천사가 있고 그 문들 위에 이름을 썼으니 이스라엘 자손 열 두 지파의 이름들이라 13 동편에 세 문, 북편에 세 문, 남편에 세 문, 서편에 세 문이니 14 그 성에 성곽은 열 두 기초석이 있고 그 위에 어린 양의 십이 사도의 열 두 이름이 있더라

거룩한 성 예루살렘(교회, 그리스도인)		
*12: '열둘(12=3x4, 3x4, 하늘의 수x땅의 수=완전수, 만수, 약속, 언약, 맹세의 수)'은 하나님의 택정하심을 따라 구원받은 교회 즉 어린 양의 신부(거룩한 성 예루살렘) *7: '일곱(7=3+4)'은 하나님의 언약, 맹세, 약속의 수 *크고 높은 성곽: 교회(성도, 거룩한 성 예루살렘)들에 대한 하나님의 완벽한 보호와 인도하심을 상징		
1)동서남북 열두 문	'동서남북으로 3개씩 문'(겔 48:30-35): '열 둘(3x4=12, 약속의 수, 언약의 수, 맹세의 수, 완전수)'-양의 문(요10:7, 9)이신 예수 그리스도로만 온 세상 만민(요 3:16)이 구원을 얻게 됨을 상징
2)열두 성문	천국의 입구 상징
3)열두 이름 4)열두 지파	이름=소속, 소유: 이스라엘 12지파=영적 이스라엘 이들 만이 미래형 하나님나라에 들어갈 수 있음
5)열두 천사	하나님의 사자로서 천국 문을 지킴 하나님의 사자로서 천국을 안전하게 보호
6)열 두 기초석 7)십이 사도의 열두 이름	기초가 되는 돌-교회공동체가 12사도에 의해(엡 2:20) 성벽 기초석-12사도 이름/열두 성문-12지파의 이름: 구약과 신약의 교회 공동체가 하나님의 교회공동체로 통일

12-14절까지에는 '열둘(12)'이라는 숫자가 일곱 번(13절의 동서남북을 합하면 12인데 이것을 포함하여)이나 반복되어 나온다. 곧 "열두 문, 열두 천사, 열두 지파, 동서남북 열두 문, 열두 기초석, 십이 사도, 열두 이름" 등이다. 한편 '열둘(12=3x4, 3x4, 하늘의 수x땅의 수=완전수, 만수, 약속, 언약, 맹세의 수)'은 하나님의 택정하심을 따라 구원받은 교회 즉 어린 양의 신부(거룩한 성 예루살렘)를 가리킨다. 그리고 '일곱(7=3+4)'은 하나님의 언약, 맹세, 약속의 수이다. 결국 하나님의 택정하심을 따라 구원받게 될, 주권자이신 하나님만이 아시는

어린 양의 신부(교회)들을 상징하는 수로서 계시록 7장 9절의 "아무라도 능히 셀 수 없는 큰 무리"를 가리킨다.

한편 12-14절에는 "이름들(τὰ ὀνόματα, the names)"이 기록되어 있는데 이는 계시록 14장 1절의 "어린 양의 이름과 아버지의 이름"을 상징하는 것으로 스프라기스(하나님의 소유, 소속이라는 의미, σφραγίς)라고 한다. 반면에 13장 1절과 17장 3절에는 이와 대조된 '참람된 이름'이 있다. 이는 사단나라에 소속, 소유되었다라는 것을 상징하는 이름 곧 '표'로서 카라그마(계 13:16-18, χάραγμα)라고 한다.

이 구절에서는 '12기초석 위에 12사도'의 이름이, '12문들 위에 12지파'의 이름이 있었다라고 했다. 이는 만세 전에 하나님의 택정함을 입은 구약과 신약의 구원받게 될 모든 성도를 상징하는 것으로 앞에서도 언급했듯이 '이름'이란 그 나라에 '속한(소속, 소유)' 사람이라는 의미로 반드시 미래형 하나님나라(거룩한 성 새 예루살렘, 하나님의 장막)에 들어가게 될 하나님의 자녀(교회, 성도, 어린 양의 신부)를 의미한다.

'동서남북으로 3개씩 문'(겔 48:30-35)이 '열둘'로 나있는데 역시 3 × 4=12라는 약속의 수, 언약의 수, 맹세의 수, 완전수로 이는 양의 문(요 10:7, 9)이신 예수 그리스도로만 온 세상 만민(요 3:16)이 구원을 얻게 됨을 상징하고 있다.

12절에서의 "크고 높은 성곽"이라고 묘사한 것은 교회(성도, 거룩한 성 예루살렘)들에 대한 하나님의 완벽한 보호와 인도하심을 상징하는 것이다. 결국 21장 12-14절은 '거룩한 성 예루살렘(교회, 어린 양의 신부, 성도)'을 묘사하고 있는 것이지 미래형 하나님나라(거룩한 성 새 예루살렘)를 묘사하는 것이 아님을 알아야 한다.

15 내게 말하는 자가 그 성과 그 문들과 성곽을 척량하려고 금 갈대를 가졌더라

15절에는 "그 성과 그 문들과 성곽을 척량"하려는 '금 갈대'를 가진 천사가 등장한다. 여기서 단순한 자로 척량하는 것이 아니라 '금 갈대를 가지고 척량한다'라고 했는데 여기에는 이중적 의미가 들어있다.

첫째는 그 성(거룩한 성 예루살렘 즉 교회)에 대한 하나님의 의도와 계획의 '만족스러움과 완벽함'이다. 결국 천사가 금 갈대로 척량하게 될 "그 성과 그 문들과 성곽"은 어린 양의 신부(교회 즉 거룩한 성 예루살렘)를 가리키는 것으로 하나님의 마음에 합한, 진실된 교회에 대한 '만족함과 흡족함'을 보여 주고 있는 것이다.

둘째는 하나님의 마음에 합한, 진실된 교회(거룩한 성 예루살렘)를 향한 아버지 하나님의 '완벽한 안전과 보호'를 의미한다.

참고로 "척량"에는 '파괴와 보호'라는 상반되는 이중적인 의미가 내포되어 있다. 이 구절에서는 파괴가 아닌 '보존과 보호, 완성'을 가리키고 있다. 곧 교회의 아름다운 완성과 완벽함, 확실한 보호를 뜻하고 있는 것이다. 그러므로 예수 그리스도 새 언약의 완성, 즉 예수님의 재림을 통해 미래형 하나님나라(거룩한 성 새 예루살렘)에서 살게 될 교회(거룩한 성 예루살렘 즉 교회)의 '영광과 복'을 알게 해 주시려고 '금 갈대'로 척량하고 있는 것이다.

16 그 성은 네모가 반듯하여 장광이 같은지라 그 갈대로 그 성을 척량하니 일만 이천 스다디온이요 장과 광과 고가 같더라

16절의 초입부에는 "그 성(거룩한 성 예루살렘 즉 교회, 어린 양의 신부)"이 "네모가 반듯"할 뿐만 아니라 "장(μῆκος, length)광(πλάτος, width)이 같았다"라고 묘사하고 있다. 그리고 후반부에는 연이어 15절의 "그 갈대(금 갈대)"로 그 성을 척량하니 "일만 이천 스다디온이요 장(μῆκος, length)과 광(πλάτος, breadth)과 고(ὕψος, height)가 같더라"고 반복하여 조금 더 자세하게 묘사하고 있다.

여기에서 "12,000"이란 12×10×10×10으로 하나님의 택정하심에 따라 구원받게 될 허다한 무리의 수, 하나님만이 아시는 셀 수 없는 많은 교회(계 7:9, 아무라도 능히 셀 수 없는 큰 무리)를 가리킨다. 왜냐하면 3×4=12는 약속의 수, 언약의 수, 맹세의 수, 완전수이며 10×10×10=1,000으로 만 수이기 때문이다. 또한 "장과 광과 고가 같더라"는 말씀은 장과 광과 고가 같은 정육면체인 구약의 지성소를 상징하는 것으로 삼위하나님의 임재와 현현을 상징적으로 드러내고 있는 것이다.

결국 '하나님의 임재와 현현'을 상징했던 구약의 지성소는 초림의 예수 그리스도로 말미암아 우리 각자 안에 성취(성령님이 내주하시는 우리가 지성소가 됨)되었고 장차 우리가 살아갈 '거룩한 성 새 예루살렘'으로 완성될 것이다. 이 구절은 미래형 하나님나라에서 교회(거룩한 성 예루살렘 즉 교회, 어린 양의 신부)는 삼위하나님과 '더불어 함께' 살아가기에 구약의 지성소가 하나님의 임재를 의미하였듯이 하나님과 '함께, 더불어' 영생을 누리게 될 것을 말씀하고 있다.

한편 계시록 21장 16-17절의 장(μῆκος, length)과 광(πλάτος, breadth)과 고(ὕψος, height)가 같은 정육면체인 '거룩한 성 예루살렘(교회, 어린 양의 신부)'은 12,000(12(3x4)×10×10×10)스다디온이요 성곽(성의 두께)은 144(12(3x4)×12(3x4))규빗이었다. 이는 정확하게 '지성소'를 가리키는 것으로 '하나님의 임재와 현현'을 상징하고 있다. 결국 거룩한 성 새 예루살렘에서 삼위하나님과 '더불어, 함께(임재와 현현 속에)' 살아 갈 '거룩한 성 예루살렘(교회, 어린 양의 신부)'의 완전하고도 완벽한, 흠이 없는, 그러면서도 다양한 12가지 보석과 같은 모습을 가리키고 있는 것이다.

17 그 성곽을 척량하매 일백 사십 사 규빗이니 사람의 척량 곧 천사의 척량이라

앞서 언급했듯이 3×4(하늘의 수, 땅의 수)×10×10×10(완전수, 만수)=12,000은 하나님께 구원받은 허다한 무리인 '교회의 수'이며 144는 12(3x4)×12(3x4)를 말하는 것으로 '열둘(3x4, 하늘의 수, 땅의 수)'이란 하나님의 택정하심을 따라 구원받게 될 교회의 완전수, 언약의 수이다. 결국 구원받은 교회인 우리는 그 나라에서 전혀 흠과 티가 없으며 최고의 균형과 안정 속에서 12가지 보석 같은 극한 아름다움과 균형과 조화, 다양한 모습으로 삼위하나님과 '더불어, 함께' 영생을 누리게 될 것을 말하고 있다.

한편 이 구절에서의 "사람의 척량 곧 천사의 척량이라"는 말이 약간 모호하다. 학자들의 주석 또한 이해하기가 어렵다. 필자 또한 약간 당황스럽다. 어떤 곳에서는 '사람의 척량과 천사의 척량이 동일하다'라고 하며 이는 에스겔 40-42장의 모습을 반영한 것이라고 했다. 몇 번이고 묵상을 해도 모호함은 여전했다.

Plummer는 '천사가 사용한 척량이 사람들이 사용하고 있는 척량을 따른 것'이라고 했다. 역시 모호하기는 마찬가지이다. 결국 필자는 계시록 21장 15절의 '금 갈대로 척량'이라는 말씀과 연관을 지어 우리를 향하신 아버지 하나님의 '만족함, 흡족함'과 동시에 아버지 하나님의 '절대 안전과 보호'로 해석했다. 곧 미래형 하나님나라에서 살아갈 '거룩한 성 예루살렘(교회, 성도)'을 천사가 금 갈대로 척량해보니 하나님의 보시기에도 완벽(21:11-21)했으며 동시에 그런 '거룩한 성 예루살렘(교회, 성도)'을 하나님께서 절대적으로 안전하게 지켜 주실 것(21:25)을 인간의 상식으로도 이해할 수 있게 해주신다라는 것이다.

참고로 '척량'에 있어 앞서 11장에서는 "지팡이 같은 갈대"로, 이곳 21장 15절에서는 "금 갈대"로 척량을 했다. 그 "척량"이라는 단어에는 '파괴와 보호'라는 이중적인 의미가 있고 '금 갈대를 가지고 척량한다'는 것에도 이중적 의미가 들어있다라고 했다. 그렇기에 계시록 21장 15절과 17절을 연결하여 해석하면 다음과 같다.

첫째, '척량'에는 기존의 것을 측정해 본 후 새로 더 멋있게 짓기 위해 기존의 것을 허물어버린다(파괴)는 암묵적인 내용이 함의되어 있다. 둘째,

'척량'에는 기존의 것에 대한 완전함과 완벽함, 그로 인한 흡족함, 만족함으로 그것에 대해 절대적인 안전과 보호를 하겠다는 의지가 반영되어 있다.

결국 교회(거룩한 성 예루살렘)를 향해 '천사가 금 갈대를 가지고 척량한다'라는 것은 그 성(거룩한 성 예루살렘 즉 교회)에 완벽함에 대한 아버지 하나님의 '만족함과 흡족함'과 동시에 아버지 하나님의 마음에 합한, 진실된 교회(거룩한 성 예루살렘)를 향한 아버지 하나님의 '절대 안전과 보호'라는 의미가 내재되어 있다라는 것이다. 그러므로 "사람의 척량 곧 천사의 척량이라"는 것은 이런 아버지 하나님의 마음을 인간의 상식으로도 알 수 있게 하시겠다라는 의미이다.

그렇기에 교회(거룩한 성 예루살렘)에 대한 '천사의 척량'이란 '인간인 사도 요한의 척량'이며 사도 요한을 넘어서서 모든 사람들의 척량이다. 결국 거룩한 성 예루살렘(교회)은 최고로 아름다운 동시에 12가지 보석들처럼 다양한 모습으로 완벽하게 균형과 조화를 갖추고 있고 이들을 하나님께서 완벽하게 보호하실 것이라는 의미이다. 그런 교회에 대한 천사의 척량 곧 하나님의 마음(흡족함, 만족함)은 사람의 상식으로도 이해할 수 있으며 동시에 하나님은 거룩한 성 새 예루살렘(미래형 하나님나라)에서 살아갈 거룩한 성 예루살렘(교회)에 대한 '안전과 보호' 그리고 '만족함과 흡족함'을 드러내고 있는 것이다.

뒤이어 묘사되고 있는 계시록 21장 18-21절에는 거룩한 성 예루살렘(교회)의 성곽과 성, 기초석, 문들, 성의 길에 관해 보다 자세하게 묵시문학적으로 표현되어 있다. 이는 출애굽기 28장 17-20절을 인용한 것으로 구약의 제사장들이 입던 에봇의 판결 흉패에 있던 12가지 보석과 동일하다. 결국 이 둘을 연결하면 구원을 얻어 미래형 하나님나라에서 살아갈 교회(거룩한 성 예루살렘)인 우리가 바로 '왕 같은 제사장(벧전 2:9)'임을 상징하고 있다.

18 그 성곽은 벽옥으로 쌓였고 그 성은 정금인데 맑은 유리 같더라 19 그 성의 성곽의 기초석은 각색 보석으로 꾸몄는데 첫째 기초석은 벽옥이요 둘째는 남보석이요 셋째는 옥수요 넷째는 녹보석이요 20 다섯째는 홍마노요 여섯째는 홍보석이요 일곱째는 황옥이요 여덟째는 녹옥이요 아홉째는 담황옥이요 열째는 비취옥이요 열한째는 청옥이요 열두째는 자수정이라 21 그 열 두 문은 열 두 진주니 문마다 한 진주요 성의 길은 맑은 유리 같은 정금이더라

미래형 하나님나라에서 살아갈 '거룩한 성 예루살렘(교회)'의 "그 성곽"은 벽옥으로 쌓였고 "그 성"은 정금이라고 했는데 이는 교회의 아름다움, 순수함, 불변성, 고귀함을 상징하고 있다. 그 성에 있는 성곽의 "기초석"은 "각색 보석"으로 꾸며졌는데 기초석은 12가지 보석들로 이루어져 있었고 "그 기초석 위"에는 '어린 양'의 십이 사도의 "이름(21:14, 소속, 소유)"이 새겨져 있었다. 결국 미래형 하나님나라에서 살아가는 모든 '거룩한 성 예루살렘(교회)'은 삼위하나님 안에서 하나(Unity)라는 통일성과 더불어 다양성으로 살아가게 될 것(Variety in Unity)을 함의하고 있다.

거룩한 성 예루살렘(교회, 그리스도인)		
성곽	벽옥	
성	맑은 유리 같은 정금	교회의 아름다움, 순수함, 불변성, 고귀함을 상징
그 성의 성곽의 기초석 -어린 양의 12사도의 이름	각색 보석 (12가지 보석)	첫째는 벽옥(Jasper, translucent stone, 재스퍼). 둘째는 남보석(Sapphire, 사파이어)-이는 여섯째 홍보석(Sardius, Carnelian, Ruby, 홍옥)과 동일한 강옥(Corundum, 연마제로 쓰이는 대단히 단단한 물질). 셋째는 옥수(Chalcedony, a smallstone of various colors). 넷째는 녹보석(Emeraldgreen, 녹색의 보석, 에메랄드 그린). 다섯째는 홍마노(Sardonyx, white streaked with red). 일곱째는 황옥(Chrysolite, Topaz, a gem with a bright yellow color, 토파즈). 아홉째는 담황옥(Topaz). 여덟째는 녹옥(Beryl, the best known being sea-green). 열째는 비취옥(Chrysoprase, a gem of a golden-greenish color). 열한째는 청옥(Jacinth, Hy-acinth). 열두째는 자정(Amethyst, 자수정)이다.
열두 문	진주	교회의 고귀함, 아름다움을 상징 '동서남북으로 3개씩 문'(겔 48:30-35): '열 둘(3x4=12, 약속의 수, 언약의 수, 맹세의 수, 완전수)'-양의 문(요10:7, 9) 이신 예수 그리스도로만 온 세상 만민(요 3:16)이 구원을 얻게 됨을 상징. 천국의 입구 상징

참고로 '통일성(Unity)'이란 '예수님 안에서의 하나 됨'을 가리키는 것으로 '12가지 보석'이란 구약의 제사장 판결 흉패에 있던 12가지 보석이라고 앞서 언급했다. 이는 큰 대제사장이신(히 3:1, 4:14) 예수 그리스도 안에서 12(3x4, 하늘의 수, 땅의 수)가지 보석 같이 아름답고 다양한, 예수님 안에서 한 지체된 교회들이 머리이신 '예수님 안에서의 하나 된 통일성(Variety in

Unity)'으로 살아갈 것을 보여주신 것이다.

또한 미래형 하나님나라에서 살아갈 '거룩한 성 예루살렘(교회)'의 '문'은 '진주'요 성의 '길'은 맑은 유리 같은 '정금'이라고 했는데 이 역시 '아름다운 보석 같은 '거룩한 성 예루살렘(교회)'의 모습'을 묵시문학적으로 묘사한 것이다. 한편 계시록에 언급되어 있는 12가지 보석이 무척이나 흥미롭다. 보석 그 자체보다 '거룩한 성 예루살렘(교회)'인 우리가 그 하나 하나의 보석과 같다라는 사실에 감사하면서 묵상해 보길 권한다.

첫째는 벽옥(Jasper, translucent stone)이다. 이는 '점 혹은 반점으로 된 돌'로서 재스퍼라고 하며 신비하게도 투명한 돌이라고 한다. 둘째의 남보석(Sapphire)은 사파이어라고 하는데 이는 여섯째 홍보석(Sardius, Carnelian, Ruby, 홍옥)과 동일한 강옥(Corundum, 연마제로 쓰이는 대단히 단단한 물질)으로서 색깔이 빨간 것은 루비이고 그 외의 색은 사파이어라고 한다. 이는 보석의 왕이라고 불리며 색과 강도에 있어서 다이아몬드 다음으로 두 번째로 좋은 보석이다. 셋째는 옥수(Chalcedony, a smallstone of various colors)이다. 이는 여러가지 색깔을 지닌 작은 돌로서 '동물 뼛속의 단면과 같은 무늬를 가진 옥'이라고 한다. 넷째는 녹보석(Emeraldgreen, 녹색의 보석)으로 에메랄드 그린이라고 하며 다섯째는 홍마노(Sardonyx, white streaked with red)인데 여섯째 보석인 '홍보석에 흰 줄무늬가 들어가 있는 것'이다. 일곱째는 황옥(Chrysolite, Topaz, a gem with a bright yellow color)으로 토파즈라고 하며 그중 암청색(London blue Topaz)을 띄는 것이 아름답고 가장 비싸다고 한다. 아홉째는 담황옥(Topaz)으로 황옥의 암청색에 반해 엷은 노란색을 띠는 보석이다. 여덟째는 녹옥(Beryl, the best known being sea-green)이요 열째는 비취옥(Chrysoprase, a gem of a golden-greenish color)이요 열한째는 청옥(Jacinth, Hyacinth)이요 열두째는 자정(Amethyst, 자수정)이다.

이 모든 것은 미래형 하나님나라(거룩한 성 새 예루살렘)에서 살아 갈 교회(거룩한 성 예루살렘)를 상징적으로 묘사하고 있는 것으로 우리 모두는 그 나라에서 지극히 아름답고 최고의 균형과 조화를 갖춘, 그러면서도 획일적이 아닌 다양한 보석으로 살아가게 될 것을 말씀하고 있는 것이다.

22 성 안에 성전을 내가 보지 못하였으니 이는 주 하나님 곧 전능하신 이와 및 어린 양이 그 성전이심이라

22절에서 "성 안에 성전을 내가 보지 못하였으니"에서의 '성'은 미래형 하나님나라인 "거룩한 성 새 예루살렘"을 가리키는 것으로 그 나라에는 '성전이 없다'라는 의미이다. 그렇다면 미래형 하나님나라에는 '왜' 성전이 없을까?

그 이유는 미래형 하나님나라인 천국은 죄가 없는 곳이기에 죄를 대속하는 역할을 했던 '구약적 성전'은 더 이상 필요가 없기 때문이다. 더 나아가 천국에는 주 하나님 곧 전능하신 이와 및 어린 양이 "그 성전"이시기에 친히 '성전되신 삼위하나님'과 함께 살아가는데 무슨 또 다른 성전이 필요하겠는가? 그러므로 '하나님 임재'의 상징이었던 성전은 미래형 하나님나라에서는 더 이상 필요가 없는 것이다.

23 그 성은 해나 달의 비췸이 쓸데없으니 이는 하나님의 영광이 비취고 어린 양이 그 등이 되심이라

이곳 23절에서는 미래형 하나님나라인 거룩한 성 새 예루살렘에는 "해나 달의 비췸이 쓸데없다"라고 말씀하고 있다. 왜냐하면, "하나님의 영광이 비취고 어린 양이 그 등"이 되심이라고 하셨기 때문이다. 즉 빛 자체이신 하나님(요 1:5)께서 자기 영광으로 "그 성"을 비추시며 빛이신(요 1:4) 예수께서 "그 성"을 비추시기에 해와 달의 비췸은 아예 필요가 없는 것이다.

그렇기에 이사야 60장 19절에는 "다시는 낮에 해가 네 빛이 되지 아니하며 달도 네게 빛을 비취지 않을 것이요 오직 여호와가 네게 영영한 빛이 되며 네 하나님이 네 영광이 되리니"라고 말씀하셨던 것이다. 또한 계시록 22장 5절에도 "다시 밤이 없겠고 등불과 햇빛이 쓸데없으니 이는 주 하나님이 저에게 비취심이라"고 말씀하셨던 것이다.

24 만국이 그 빛 가운데로 다니고 땅의 왕들이 자기 영광을 가지고 그리로 들어오리라

이곳 24절에서의 "만국"과 "땅의 왕들"은 모두 다 '교회'를 상징한다. 그 교회는 빛이신 하나님의 영광 가운데 영생을 누리게 될 것이다. 또한

이 구절에서 언급하고 있는 "땅의 왕들"이란 앞서 언급했듯이 왕 같은 제사장인 '교회'를 가리킨다. 결국 "만국"이나 "땅의 왕들"은 상징적인 묘사로서 다른 단어 같은 의미이다.

교회들은 예수를 믿고 열심히 달려갈 길을 마침으로 인해 받았던 의의 면류관(딤후 4:8)인 "자기 영광을 가지고" 천국 즉 '거룩한 성 새 예루살렘'인 미래형 하나님나라에 들어가게 될 것을 말씀하고 있다. 물론 계시록 4장 10-11절의 말씀대로 '그' 면류관조차도 나의 힘이 아닌 전적인 하나님의 힘으로 된 것이기에 다시 하나님께 돌려드릴 것이지만 그리하여 그 나라에서는 삼위하나님과 '더불어, 함께' 영생을 누리면서 삼위하나님께만 "영광과 존귀와 능력"을 세세토록 올려드리며 살아갈 것이다.

25 성문들은 낮에 도무지 닫지 아니하리니 거기는 밤이 없음이라

25절에서는 "성문들은 낮에 도무지 닫지 아니하리니"라고 말씀하고 있다. 이는 삼위하나님께서 당신의 날개 그늘 아래 곧 당신의 장막으로 보호하시고 늘 함께하심으로 눈동자처럼 지켜 주실 것이기 때문이다. 그리하여 교회는 거룩한 성 새 예루살렘(미래형 하나님나라)에서는 절대 안전과 보호 하에 자유롭게 다니게 될 것이다. 그러므로 그 나라의 성문들은 굳이 '닫을 필요'가 도무지 없다 라고 한 것이다.

"거기는 밤이 없음이라(22:5)"는 말씀이 상징하는 것은 거룩한 성 새 예루살렘(미래형 하나님나라)에서는 '밤'으로 인식되는 부정적인 것들 곧 '눈물과 애통, 곡하는 것, 사망, 고통과 저주가 없다(21:4)'라는 것이다.

26 사람들이 만국의 영광과 존귀를 가지고 그리로 들어오겠고

　계시록 21장 26절은 21장 24절의 반복으로 "만국"이란 교회들(성도들)을 가리킨다. 동시에 '미래형 하나님나라'를 가리키기도 한다. 그렇기에 "사람들이" "만국의 영광과 존귀를 가지고 그리로 들어오겠고" 라는 것은 택정함을 입은 사람들이 미래형 하나님나라인 거룩한 성 새 예루살렘에서 하나님의 영광의 빛을 받아 영광스러운 모습으로 살아가게 될 것(계 21:11)과 신의 본체로 세세토록 왕 노릇하며 영생을 누리며 존귀하게 살아가게 될 것(고전 15:44, 계 22:5)을 말씀하고 있다.

27 무엇이든지 속된 것이나 가증한 일 또는 거짓말하는 자는 결코 그리로 들어오지 못하되 오직 어린 양의 생명책에 기록된 자들뿐이라

　이곳 21장 27절은 8절에서 이미 경고했던 것의 반복된 말씀으로 특히 예수님의 피 공로를 입지 않은 사람(불신자)과 우상숭배자, 거짓 선지자들은 영원한 유황 불못 행(行)임을 경고하고 있는 말씀이다. 계시록 20장 12, 15절, 그리고 이 구절에서 언급하였듯이 오직 생명책에 기록된 자만이 미래형 하나님나라에 들어가 영생을 누리게 될 것이다.

이것들을 증거하신 이가 가라사대 내가 진실로 속히 오리라 하시거늘 아멘
주 예수여 오시옵소서 _ 요한계시록 22:10

레마이야기 22

마라나타(μαρὰν ἀθά)
아멘 주 예수여 오시옵소서

22-1 또 저가 수정같이 맑은 생명수의 강을 내게 보이니 하나님과 및 어린 양의 보좌로부터 나서

　계시록의 마지막 장인 이곳 22장 1절에서는 하나님과 어린 양의 "보좌"로부터 나오는 수정 같이 맑은 "생명수의 강"을 사도 요한에게 보여주고 있다. 이는 창세기 2장 10-15절과 에스겔 47장 1-12절, 요한복음 7장 37-39절의 말씀을 연상시킨다.

　창세기 2장 10절은 "강이 에덴에서 발원하여 동산을 적시고 거기서부터 갈라져 네 근원 즉 비손, 기혼, 힛데겔(티그리스), 유브라데"가 되었다라고 했다.

에스겔서 47장에서는 "어린 양과 하나님의 보좌"로 상징된 "성전 문 지방" 밑에서 물이 나와(1) 흘러 흘러서 "발목"까지 차게 되었고 더 나아가 "무릎과 허리"까지(3-4), 종국적으로는 "창일하여 헤엄할 물이요 사람이 능히 건너지 못할 강(5)"이 되었다라고 했다. 그 물로 인해 "강 좌우편에는 나무가(7)" 심히 많아지게 되었다. 그 물은 "아라바(Arabah)[131]로 내려가 바다에 이르게 되었는데(8)" 그 물로 인해 죽었던 바다가 다시 "소성함"을 얻게 되었다라고 말씀하고 있다. 또한 그 물이 이르는 곳마다 "고기를 포함한 모든 생물이" 되살아날 뿐만 아니라 심지어는 번성하기까지 했다. 결국 물이 흘러 강이 된 곳의 "강 좌우 가에는 각종 먹을 실과가 자라서 그 잎이 시들지 아니하며 실과가 끊어지지 아니하고 달마다 새 실과(12)"를 맺게 되었다. "그 실과는 먹을 만하고 그 잎사귀는 약 재료(12)"가 되었는데 그 물이 바로 "성소로 말미암아(12)" 나왔다라는 것이다.

요한복음 7장에는 예수를 믿는 자는 그 배에서 "생수의 강"이 흘러 나리라(요 7:38)고 말씀하셨다. 결국, 미래형 하나님나라인 "거룩한 성 새 예루살렘"에서는 요한복음 7장 38절에 언급되어 있는 "생수의 강(생명수의 강)"에서 나오는 '생수'를 통해 영생을 누리게 된다라는 것이다.

---

131 긴네롯 남편 아라바(עֲרָבָה, nf, a steppe or desert plain, also a desert valley running S. from the Sea of Galilee)는 갈릴리 호수 남쪽에서 요단 골짜기를 지나 사해를 넘어 아가바 만까지 이르는 깊은 지대(수 11:2)를 말한다. 또한 사해 남쪽으로부터 에시온 게벨(Ezion Geber, a city on the shore of the Gulf of Aqaba, 민 33:35-36, 왕상 9:26)까지의 메마른 사막지대(신 8:9)를 가리키기도 했다.

2 길 가운데로 흐르더라 강 좌우에 생명나무가 있어 열 두가지 실과를 맺히되 달마다 그 실과를 맺히고 그 나무 잎사귀들은 만국을 소성하기 위하여 있더라

이곳 2절에서는 밧모섬의 사도 요한이 거룩한 성 새 예루살렘에 있는 생명수의 강이 "길 가운데"로 흐르는 것을 보았다라고 기록하고 있다. 그 강 좌우에 위치한 길에는 "생명나무"가 서 있는데 그 나무에서는 달마다 열 두가지 실과가 맺히며 그 나무 가지에서는 만국을 소성하기 위한 무성한 나무 잎사귀들(겔 47:7, 12)이 달린 것을 보았다라고 했다.

"12가지 실과"와 "달마다"라는 단어에는 둘 다 '12'라는 수가 함의되어 있다. 이는 언약의 수, 약속의 수, 맹세의 수, 완전수로서 미래형 하나님나라에는 생명나무 실과가 끊이지 않을 뿐만 아니라 풍성하다라는 의미를 담고 있다. 또한 "만국"을 소성케 하는 즉 '교회들'을 치료하는 "나무 잎사귀들"이 있음도 말씀하고 있다. 결국 미래형 하나님나라에는 계시록 21장 4절의 말씀처럼 '눈물, 사망, 애통, 곡하는 것, 아픈 것'이 없음을 상징적으로 보여주고 있는 것이다.

돌이켜보면 아담과 하와는 에덴동산에서 "하나님과 같이 되려다가(창 3:5)" 그 범죄로 인해 에덴동산에서 쫓겨나 에덴을 상실해버렸다. 더 나아가 '생명나무에의 접근마저 차단(창 3:22-24)'되었다. 그러나 '예수 그리스도 새 언약의 완성' 곧 예수님의 재림으로 인해 신원(vindication)을 통과한 교회는 미래형 하나님나라인 '에덴' 곧 '거룩한 성 새 예루살렘'에 입성함으로써 에덴의 회복은 물론이요 지금까지 차단되었던 '달마다 맺히는 풍성한 생명나무의 실과'를 마음껏 누리게 될 것을 보여주고 있다. 그 생명나무의 잎사귀들은 "만국(교회)을 소성"시킴은 물론이요 교회와 교회 공동체의 상한 심령과 육체를 완전케 해줄 치료제임을 명명백백(明明白白)하게 드러내고 있다. 참고로 '소성(蘇醒)'의 헬라어는 데라페이아(Θεραπεια, nf, therapy)인데 여기에서 의학용어 therapy(치료)가 나왔다.

생명수의 강에서 흘러나온 물(생수)이 생명나무의 실과를 맺히고 무성한 잎사귀까지 내었다라는 것은 '생수'가 '생명의 근원'이라는 것을 알려준 것이다. 앞서 22장 1절에서 언급했듯이 이 구절에 대하여 에스겔 47장 9-12절은 훨씬 더 자세하게 묘사하고 있다. 결국 계시록 22장 2절을 통하여는 미래형 하나님나라에서 교회가 누리게 될 영원한 삶, 즉 영생과 함께 영원토록 누리며 얻게 될 '교회의 3가지 특권'을 추론해 낼 수 있다.

첫째, 그날에 교회는 미래형 하나님나라 곧 거룩한 성 새 예루살렘에서 '영생'과 함께 그 근원이 되는 '생수', 풍성한 생명나무의 '실과'와 더불어 무성한 생명나무의 '잎사귀'를 통한 소성을 누리며 영원히 살아가게 될 것이다. 결국 교회는 천국에서 영생과 함께 생수, 생명나무 과실 및 만국을 소성케 할 잎사귀들을 영원히 누리는 특권을 얻게 될 것이다.

둘째, 그날에 교회는 미래형 하나님나라 곧 거룩한 성 새 예루살렘에서 '영생'과 함께 영육 간의 완전한 회복(에덴의 회복 곧 새 창조)을 통해 풍성한 기쁨을 누리게 될 것이다. 더 나아가 삼위하나님을 찬양하며 신과 방불한 자(신령한 몸, 고전 15:44)로 삼위하나님과 더불어 영생을 누리는 특권을 얻게 될 것이다.

셋째, 그날에 교회는 미래형 하나님나라 곧 거룩한 성 새 예루살렘에서 '영생'과 함께 존귀한 지위를 누리게 될 것이다. 다시 말하면 예수님과 더불어 백보좌 심판의 '보좌'에 앉아 심판하는 권세를 누리게 될 것이다. '권세'란 예수님과 더불어 영원히 왕 노릇할 특권을 말한다.

3 다시 저주가 없으며 하나님과 그 어린 양의 보좌가 그 가운데 있으리니 그의 종들이 그를 섬기며

3절에서는 다시는 하나님의 진노인 "저주"가 없게 될 것이다라고 말씀하고 있다. 그도 그럴 것은 당연히 미래형 하나님나라에는 삼위하나님의 진노의 대상인 죄가 없기 때문이다.

한편 22장 3절에는 "하나님과 그 어린 양의 보좌가 그 가운데 있으리니"라고 하셨고 21장 3절에는 "하나님의 장막(미래형 하나님나라)이 사람들과 함께 있으매"라고 하셨다. 이는 천상에서 영원히 살아갈 완전한 교회(성도)와 새 처소(미래형 하나님나라)가 영원토록 함께할 뿐만 아니라 삼위하나님과 '더불어, 함께' 영생을 누리게 될 것이라는 의미이다.

"그의 종들이 그를 섬기며"에서 '섬기다'의 헬라어는 라트류슈신(λατρεύσουσιν)으로 그 동사는 라트류오(λατρεύω, I serve, especially God, perhaps simply: I worship)이다. 이는 '예배하다, 경배하다(행 26:7, 롬 9:4, 빌 3:3, 히 9:1)'라는 의미로 결국 교회(성도)들은 미래형 하나님나라에서 삼위하나님을 영원히 찬양하고 경배하며 삼위하나님과 더불어 함께 영생을 누릴 것이라는 말이다.

4 그의 얼굴을 볼 터이요 그의 이름도 저희 이마에 있으리라

4절에 의하면 미래형 하나님나라에서는 교회들(성도들)이 직접 "하나님의 얼굴"을 보게 될 것이라고 말씀하고 있다. 반면에 출애굽기 33장 20절에는 "네가 내 얼굴을 보지 못하리니 나를 보고 살 자가 없음이니라"고 하셨다. 즉 출애굽기에서는 죄인 된 인간이 영광의 하나님을 보게 되면 반드시 죽게 될 것을 경고하고 있는 것이다. 결국 교회가 영원을 살아가게 될 미래형 하나님나라에서는 죄가 없기에 삼위하나님과 마음껏 교제하며 그분의 얼굴을 대면하면서 '함께 더불어' 영생을 누리게 된다라는 것이다. 오매불망(寤寐不忘, unforgettable)의 소원이 이루어지는 순간이다.

"그의 이름도 저희 이마에 있으리라"는 것에서 "그의 이름"은 '하나님의 이름'인데 계시록 14장의 인 즉 스프라기스(σφραγίς)를 가리킨다. "저희 이마"라는 것은 '교회의 이마'를 가리킨다. 여기서 '이름'이란 '~의 소유, 소속'이라는 의미에 더하여 '하나님과의 전인격적 연합(Union with Christ)과 교제', '하나 됨(unity in Jesus Christ)', '하나님 안에서(in Christ)', '하나님 면전에서(Coram Deo)'라는 것을 말한다.

참고로 계시록 13장 말미와 14장 초입에서는 "짐승의 이름(13:17)"과 "어린 양과 그 아버지의 이름(14:1)"을 대조하고 있다. 여기서 '이름'이란

'소속, 소유'를 가리키며 모든 사람은 오른 손(13:16)이나 이마(13:16, 14:1)에 표를 받게 되는데 전자의 경우 카라그마(χάραγμα)라고 하며 사단나라에 속한 불신자들을 가리킨다. 그들은 장차 유황 불못 심판(20:10, 14-15) 곧 하나님의 진노의 포도주 틀(14:19)에 던져지게 될 자들이다. 반면에 후자의 경우는 하나님나라에 속한 교회와 교회 공동체로서 스프라기스(σφραγίς)라고 하는데 이들은 거룩한 성 새 예루살렘(20:2) 곧 하나님의 장막(20:3), 미래형 하나님나라에서 영생을 누리게 될 자들이다.

5 다시 밤이 없겠고 등불과 햇빛이 쓸데없으니 이는 주 하나님이 저희에게 비취심이라 저희가 세세토록 왕 노릇하리로다

22장 5절은 21장 23, 25절을 반복적으로 묘사한 것이다. 한편 이 구절에서 "다시 밤이 없겠고 등불과 햇빛이 쓸데없으니"라고 한 것은 계시록 21장 23절에서 "하나님의 영광이 비취고 어린 양이 그 등(계 21:23)이 되심이라"고 하셨기 때문이다. 계시록 21장 11절에도 미래형 하나님나라에는 "하나님의 영광이 있으매"라고 말씀하고 있다. 그렇기에 21장 25절에는 "거기 곧 미래형 하나님나라에는 밤이 없음(21:25)이라"고 했던 것이다.

참고로 여기서 '밤이 없다' 라는 것은 3중적 의미를 지니고 있는데 '밝다'라는 의미 외에도 '안전하다, 완벽한 보호를 받다', '눈물, 사망, 애통,

곡함, 아픔이 없다(21:4)'라는 의미를 함의하고 있다.

상상할수록, 생각할수록 감사한 것은 미래형 하나님나라에는 하나님의 영광(21:11, 23)으로 인해 해나 달의 비췸이 쓸데없으며(21:23) 만국이 그 빛 가운데로 다니게 되고(21:24) 하나님의 영광을 받아 교회들은 지극히 귀한 보석 같고 벽옥과 수정 같이 맑게 되며(21:11) 그곳에는 밤이 없게 된다(21:25)라는 사실이다.

이제 후로 언급할 요한계시록의 끝부분인 22장 6-21절까지는 계시 혹은 묵시의 결론이자 신구약 정경 66권 전체의 결론이기도 하다.

1장에서 요한계시록은 "예수 그리스도의 계시"라는 말씀으로 시작하면서 '복음' 곧 '구원자이신 예수님만이 성부하나님의 유일한 기름부음 받은 자'임을 천명함으로 시작할 만큼 복음에 관한 책이다. 결국 필자가 하고픈 말은 '요한계시록'이란 향후 일어날 무시무시한 일들을 시간대별로 미리 알려주는 예언의 책이 아니라는 것이다. 더 나아가 계시록은 기능론적 종속성(Functional subordination)과 존재론적 동질성(Essential Equality)에 기반한 '다른 하나님, 한 분 하나님'이신 삼위일체 하나님의 개념에 대하여도 말씀하고 있다. 물론 삼위일체 하나님에 대하여 인간의 논리와 상식, 지식으로 어떻게 다 설명할 수 있으랴마는…….

2-3장에는 종말 시대를 살아가는 이 세상의 모든 불완전한 교회와 교회 공동체를 상징하는 소아시아 "일곱 교회"들의 적나라한 모습을 보여주시며 각 교회들을 향한 아버지 하나님의 칭찬과 권면, 책망의 말씀이

있다. 결국 교회들을 향한 아버지 하나님의 칭찬은 계속 그렇게 가라는 격려이자 그들을 바라보는 아버지로서의 흐뭇함이다. 반면에 각 교회들을 향한 책망은 그런 진흙탕에서 빨리 다시 돌아오기를 바라는 그들을 향한 아버지 하나님의 마음으로서 권면이자 약간의 큰 소리이다.

4-5장에서는 미래형 하나님나라 곧 천상의 교회를 부분적으로 보여주시며 어설프고도 불완전하게 살아가는 교회와 교회 공동체들에게 완벽하고도 완전한 하늘나라의 교회에 대한 소망을 갖게 하셨다. 결국 미래형 하나님나라에서의 '완전하고도 완성된 천상교회'야말로 오늘을 살아가는 교회인 우리들의 궁극적 종착역이요 지극한 소망인 것이다.

6-16장에는 사도 요한에게 보여주신 '일곱 재앙' 환상을 통해 교회 시대(종말 시대) 동안에 겪게 될 6장의 일곱 인 재앙, 8-9장의 일곱 나팔 재앙, 16장의 일곱 대접 재앙에 관해 말씀하고 있다. 동시에 하나님께서 허용해주신 악한 영적 세력들의 한시적이고 제한적인 핍박이 있을 것도 말씀하고 있다. 그 내우외환(內憂外患, internal & external troubles)인 환난과 핍박을 통과해야만 하는 교회들은 "예수 믿음과 하나님의 계명"을 붙들고 인내로 이겨 나가야 할 것(계 14:12, 7:14)을 말씀해 주셨다. 명심할 것은 "일곱 재앙"의 내용이 각각 '무엇인지, 그 재앙들이 언제 어디에서 어떻게 일어날 것인지'에 집중할 것이 아니라 종말 시대 동안에 "일곱 재앙"을 허락하신 '아버지의 마음과 뜻'에 집중해야 함을 가르쳐 주셨다.

17-18장에서는 다시 불신자들과 교회들에게 '대접 재앙' 심판을 보여주시며 종말 시대 동안에 공히 일곱 재앙을 겪게 될 것을 말씀하셨다. 대

접 재앙과 더불어 특히 정치적, 종교적, 경제적, 물질적인 악한 권세들이 교회와 교회 공동체들을 집중적으로 미혹하거나 힘들게 할 것이라고 말씀하고 있다. 그러나 이내 곧 악한 영적 세력들을 처절하게 심판하실 것도 보여주셨다. 결국 17장에서는 정치적, 종교적인 세력을 상징하는 큰 음녀의 악행을 보여주신 반면에 18장에서는 경제적, 물질적인 세력을 상징하는 큰 성 바벨론의 악행을 보여주셨다.

계시록 7장, 10-11장, 15장은 각각의 일곱 재앙 사이사이에 위치해 있다. 이런 '삽입(막간)장'을 허락해주신 것은 종말 시대 동안에 '일곱 재앙'을 겪는 교회와 교회 공동체들에게 위로와 격려, 그리고 용기를 북돋워 주시기 위함이다. 더 나아가 '거룩한 성 새 예루살렘에의 입성'과 '영생'이라는 '소망(엘피스)'을 확신시켜 주심으로 "예수 믿음"을 더욱더 견고케 해주시고 그 믿음을 끝까지 유지함으로 "하나님의 계명"을 더욱더 단단히 붙들게 하시기 위함이다.

12-14장은 계시록의 핵심장이자 요약장으로 12장의 전반부에는 '그리스도의 승귀(Ascension of Christ)'에 대해 말씀하고 있으며 이는 구속주이신 예수 그리스도의 성육신, 십자가 대속죽음과 부활, 승천, 그리고 재림까지의 내용을 함의하고 있다. 그중 12장 후반부와 13장에서는 종말 시대 동안에 사단적 삼위일체인 "붉은 용", "바다에서 나온 짐승", "땅에서 올라온 짐승"의 핍박이 있을 것을 말씀하셨고 이에 대하여 "예수 믿음"과 "하나님의 계명"을 붙들고 '소망'을 확신하며 인내로 '이겨 나가라'고

하셨다. 13장의 말미에는 악한 영적 세력을 상징하는 사단적 삼위일체가 갈라치기를 통해 '표'를 주면서 사단나라 백성과 하나님나라 백성을 나누어 버리는 것을 보여주셨다. 사단나라에 소속된 자들에게는 "666"이라는 표(카라그마, χάραγμα)를 주면서 세상 속에서 매매를 할 수 있게 하는 등의 이익을 준다. 이는 "짐승의 이름, 짐승의 수, 사람의 수(계 13:17-18)"이다. 이들은 장차 하나님의 진노의 큰 포도주 틀에 던져지게 될 자들(계 14:19)이다. 반면에 하나님나라에 소속된 자들에게도 역시 표(스프라기스, σφραγίς)가 주어지는데 이는 계시록 14장 1절의 "어린 양의 이름과 그 아버지의 이름"이다. 이들은 땅에서 구속함을 얻었던 교회들(계 14:3)로서 새 노래를 부르게 될 자들(계 14:3)인데 하나님과 어린 양에게 속한 자들(계 14:4)이다.

결국 14장에서 사단 나라에 속한 그들은 장차 최후 심판을 통해 처절한 심판 곧 하나님의 진노의 큰 포도주 틀에 던져지게 될 것(계 14:19)이며 유황 불못 심판(영원한 죽음, 둘째 사망의 해, 계 20:10, 14)을 면치 못하게 될 것이라고 경고하고 있다. 반면에 하나님나라에 속한 자들을 가리켜 "새 노래를 부르게 될 자", "땅에서 구속함을 얻은 십 사만 사천인", "사람 가운데서 구속을 받아 하나님과 어린 양에게 속한 자"라고 하시며 이들은 "시온산" 즉 '거룩한 성 새 예루살렘'에서 삼위하나님과 더불어 영생을 누리게 될 것이라고 말씀하셨다.

19장은 세 부분으로 나누면 이해가 쉽다. 전반부(1-10)에서는 재림의 예수님을 하늘의 허다한 무리들(19:1) 곧 앞서 간 교회들이 큰 소리로 "할렐루야"를 외치며 거듭 찬양하는 모습을 보여주고 있다. 중반부(11-16)에서는 재림 예수의 네 가지 이름을 통해 심판주이신 예수님의 4가지 속성을 드러내고 있다. 곧 "충신과 진실", "하나님 당신만 아는 이름", "하나님의 말씀", "만왕의 왕, 만주의 주"이다. 그런 예수님은 마지막 그날에 재림하셔서 백보좌 심판으로 모든 것을 처절하게 심판하실 것이다. 후반부(17-21)에서는 "하나님의 큰 잔치(계 19:17)"라는 상징적인 언어로 다시 악한 영적 세력들을 처절하게 응징하실 것을 말씀하셨다.

20장에서는 교회도 사마귀(사단, 마귀, 귀신)등 악한 영적 세력들도 모두가 다 재림의 예수님의 백보좌 심판대 앞에 설 것을 말씀하셨다. 이들 악한 영적 세력들은 최후 심판을 통해 유황 불못, 즉 둘째 사망(계 20:14, 영원한 죽음, 20:10)의 해를 받게 될 것이다. 반면에 교회들은 최후 심판(신원, Vindication)을 통해 "새 하늘과 새 땅", 즉 "거룩한 성 새 예루살렘"에서 삼위하나님과 '함께 더불어' "천년 동안(천년왕국에서 영원히)" 영생을 누리게 될 것을 말씀하셨다.

21장 1절에서 22장 5절까지는 마지막 그날의 최후 심판 이후 '교회(거룩한 성 예루살렘)'가 들어가서 영생을 누리게 될 '거룩한 성 새 예루살렘(미래형 하나님나라)'에 대해 비교적 상세하게 묵시문학적으로 말씀하고 있다. 계시록의 마지막 결론 부분인 22장 6절부터 21절까지에서는 '재림의 예수님이 반드시 오실 것'을 말씀하셨다. 그리하여 이 모든 것을 환상으로 다 보았던 사도 요한은 거침없이 "아멘 주 예수여 오시옵소서"라며 '마라나타'를 외치게 된다.

6 또 그가 내게 말하기를 이 말은 신실하고 참된지라 주 곧 선지자들의 영의 하나님이 그의 종들에게 결코 속히 될 일을 보이시려고 그의 천사를 보내셨도다 7 보라 내가 속히 오리니 이 책의 예언의 말씀을 지키는 자가 복이 있으리라 하더라

6-7절에는 "신실하고 참되신" 하나님께서 "속히" 곧 '반드시', '돌발적으로' 재림(돌발적 재림, 전우주적(가견적) 재림, 승리적 재림, 신체적 재림, 완성적 재림, 인격적 재림)하실 것을 말씀하시며 "이 책의 예언의 말씀" 곧 진리의 말씀을 "지키는" 자가 복이 있다라고 말씀하셨다. 여기서 '신실하고 참되다'라는 말은 계시록 19장 11절의 "그 이름은 충신과 진실이라"에서의 '충신과 진실'을 가리킨다.

"속히"의 헬라어는 타코스(Τάχος, nn, quickness, speed; hastily, immediately)인데 이는 긴박한 '시간'을 의미하기보다는 당신의 말씀이 '반드시' 동시에 '돌발적'으로 이루어질 것이라는 말이다. 그러므로 "내가 속히 오리니"라는 말은 내가 '반드시 재림할 것'이라는 의미이다.

8 이것들을 보고 들은 자는 나 요한이니 내가 듣고 볼 때에 이 일을 내게 보이던 천사의 발 앞에 경배하려고 엎드렸더니 9 저가 내게 말하기를 나는 너와 네 형제 선지자들과 또 이 책의 말을 지키는 자들과 함께 된 종이니 그리하지 말고

오직 하나님께 경배하라 하더라

8-9절에서는 피조물인 천사에게 경배하려는 요한에게 '그' 천사는 창조주이신 "오직 하나님께"만 경배하라고 가르치고 있다. 이런 모습은 오늘을 살아가는 교회인 우리가 흔히 저지르는 실수 중 하나이다. 우리는 현실에서 일어난 '초 현실적인 기적(supernatural miracle or powers)'을 접하며 그 일을 행하신 하나님께 집중하여 하나님을 찬양하기 보다는 당장 눈앞에 있는, 하나님을 대신하여 '그 기적을 대행한 사람'에게 집중하는 경향이 있다.

정작 그 기적을 허락하신 '하나님'은 외면한 채…….

기적을 쫓아다니지 말라.
혹시라도 그러한 기적을 주변에서 보게 되더라도 그 기적을 행하신 하나님을 바라보라.
'굳센' 믿음으로 기적을 이루라.
그러나 기적을 성취하려고 하기보다는 기적에 관계없이 '진실된' 믿음을 가지라.
기적을 보여주시든 아니든 간에 하나님만 바라보며 믿음만을 굳게 잡고 "그리 아니하실 지라도", "그럼에도 불구하고" 하나님을 신뢰하며 주저함없이 당당하게 나아가는 것이 '바른' 믿음이자 진정한 '굳센' 믿음이다.

10 또 내게 말하되 이 책의 예언의 말씀을 인봉하지 말라 때가 가까우니라

이곳 계시록 22장 10절에서는 "이 책의 예언의 말씀을 인봉하지 말라"고 하시며 그 책의 말씀을 "지키는" 자가 복(계 22:7)이 있다라고 하셨다. 동일하게 1장 3절에도 그 책의 말씀을 "읽는 자, 듣는 자, 지키는 자"가 복이 있다라고 하셨다. 한편 다니엘 12장 4, 9절에서는 "이 말을 간수하고 이 글을 봉함하라, 이 말은 마지막 때까지 간수하고 봉함할 것임이니라"고 했다.

상기의 두 부분을 보면 그 내용이 얼핏 충돌되는 듯 보인다. 그러나 다니엘서와 요한계시록 사이에 무슨 일이 일어났는지를 묵상해보면 금방 이해가 될 수 있다. 바로 그 사이에는 '예수 그리스도 새 언약의 성취'인 '예수님의 초림' 즉 '십자가 사건'이 있었음을 잊지 말아야 한다.

다니엘서	예수 그리스도 새 언약의 성취 초림의 예수님 십자가 보혈(대속죽음)	요한계시록
인봉하라 '오실' 메시야 예수 그리스도를 '갈망'하라	테텔레스타이(다 이루었다) Once for all	인봉하지 말라 '오신' 메시야 예수 그리스도를 '전파'하라

결국 예수님의 십자가 사건 이후에는 언약의 말씀이 성취되었기에 굳이 말씀을 인봉할 이유가 없는 것이다. 그러므로 '인봉하지 않은' 그래서

교회들에게 '주어진(주신) 특별계시인 '성경 말씀'을 읽고 듣고 지킴으로 복을 받으라는 것이다. 동시에 복 있는 사람은 '오직 말씀(Sola Scriptura)'이어야 함을 재차 강조한 것이다. 장차 그 말씀을 따라 '말씀의 완성' 즉 '예수 그리스도 새 언약의 완성'인 '새 창조' 혹은 '재 창조'가 있게 될 것이다. 다시 말하면 '예수 그리스도 새 언약의 완성'으로 오실 예수님의 재림이 반드시 있을 것이라는 말이다. 그러므로 하루하루를 예수님 오시기 바로 전날처럼 살라고 하시며 '때가 가까우니라'고 우리의 주의를 상기시켜 주고 있으신 것이다.

11 불의를 하는 자는 그대로 불의를 하고 더러운 자는 그대로 더럽고 의로운 자는 그대로 의를 행하고 거룩한 자는 그대로 거룩되게 하라

11-15절까지에는 종말의 끝(마지막 날, 그날, 예수 재림의 날, 최후 심판의 날)이 다가왔음을 경고(22:10, 12)하며 "두루마기를 빠는 자들은 복이 있다(22:14)"라고 말씀하고 있다. 이는 계시록 7장 14절의 "어린 양의 피에 그 옷을 씻어 희게하였느니라"는 말씀과 상통한다. 또한 로마서의 "어두움의 일을 벗고 빛의 갑옷을 입자(롬 13:12)", "오직 주 예수 그리스도로 옷 입고 정욕을 위하여 육신의 일을 도모하지 말라(롬 13:14)"는 말씀과 갈라디아서 3장 27절의 "누구든지 그리스도와 합하여 세례를 받은 자는 그리스도로 옷 입었느니라"는 말씀과도 같다.

특히 이곳 11절은 묵시문학적 표현으로 되어 있다. 그렇기에 이 말씀은 죄인들에게 회개를 촉구하는 역설적인 묘사임을 알고 잘 이해해야 한다. "불의를 하는 자는 그대로 불의를 하고 더러운 자는 그대로 더럽고"라는 구절의 의미는 문자 그대로 악한 무리들이 하는 짓거리들을 그대로 두고 보면서 그들에게는 복음을 전하지 말라는 메세지가 아니다. 오히려 예수 재림의 때가 가까웠으므로(계 22:6, 10, 12) 회개의 기회가 촉박하니 빨리 회개하여 하나님께로 돌아오라(벧후 3:8-9)는 것으로 역설적인 '촉구'의 메시지인 것이다. 또한 "의로운 자는 그대로 의를 행하고 거룩한 자는 그대로 거룩되게 하라"는 것은 베드로전서(5:7-10)의 말씀대로 종말 시대 동안에 근신하고 깨어서 믿음을 굳게 하여 그날까지 사마귀(사탄, 마귀, 귀신)를 대적하라는 '격려'의 메세지이다.

12 보라 내가 속히 오리니 내가 줄 상이 내게 있어 각 사람에게 그의 일한대로 갚아주리라

특별히 이곳 12절은 그리스도인들에게 오해가 많은 구절로서 각 사람에게 그의 "일한대로" 갚아주리라고 하신 말씀 때문에 '값없이, 대가없이, 무조건적인' 은혜로 믿음으로 구원받은 것을 장차 그날에 마치 '행위'를 따라 심판을 받을 것처럼 착각하기가 쉽다.

'예수, 그리스도, 생명'을 믿는 기독교에서는 '행위 구원(자기 의, 율법적 행위)'이란 있을 수도 없고 있어서도 안 된다. 믿음과 행함은 함께 가는 것이지만 그렇다고 하여 행함 혹은 행위(行爲) 등등을 운운(云云, comment, say such and such)하다 보면 예수 그리스도의 십자가 보혈의 은혜가 빛이 바래질 수 있음에 긴장해야 한다.

그럼에도 불구하고 굳이 살아 생전에 "그의 일한대로 갚아주리라"는 말씀을 문자적으로 해석하여 '행위를 따라 심판(상벌)을 받는다'라고 했을 때 '그 행위'라는 것은 '상급'이라기 보다는 '불법과 불순종, 불의(혹은 불신, 롬 1:18, 벧후 3:17, 유 1:5, 히 3:18-19)' 곧 '예수를 믿지 않은 행위'에 대한 심판(영벌인 유황 불못 심판, 둘째 사망, 영원한 죽음)을 가리킨다.

참고로 마태복음 7장 24-27절(눅 6:48-49)에는 "모래 위에 지은 집과 반석 위에 지은 집"에 관한 예화가 나온다. 이 예화는 누가복음 6장 48절 하반절에 나오는 "잘 지은 연고로 능히 요동케 못하였거니와"라는 구절과의 연계 때문에 오해가 조금 더 생기게 되었다.

소위 '잘 지어야 한다'라는 것에 방점을 두는 해석 때문이다.

이런 유의 해석에 줄을 서는 사람은 그렇게 행함으로 신앙생활을 풍성하게 충성되게 해야만 복이 있다고 주장한다. 즉 유한되고 제한된 일회의 직선 인생을 살아가는 동안 사역과 행위에 있어서 '잘' 짓고 '크게' 짓고 '많이' 짓는 것이 중요하다고 강조한다. 물론 나는 이런 견해를 통째로 부정하고 싶지는 않다. 그러나 이 말씀(눅 6:48)의 비유는 "잘 지은 연고로"에 방점이 있지 않다. 이는 자칫하면 창세기 6장의 네피림(영웅사상, 초인사상, 6:4)사상으로 연결될 우려가 있다. '네피림'이란 '크기와 세기, 힘과 권력, 숫자, 명성'을 상징하는 '용사', 혹은 '유명한 사람' 등등을 말한다. 오늘날 불신자들이 하나님 대신에 추구하려는 그것과 똑같다.

상기의 예화는 그 '기초'가 무엇(누구)인가에 방점이 있음을 알아야 한다.

'반석이신 예수님'이 기초냐 아니냐에 방점이 있다는 것이다. 그러므로 한 번 인생 동안에 진정 '하나님의 뜻'을 따라 '하나님의 기쁨'으로 행한 모든 사역들은 '반석이신 예수님'이라는 기초 위에 세운 집이라는 것이다. 곧 그 사역의 크기나 유명세에 관계없이 '그날'에 하나님의 칭찬을 받게 된다 라는 것이다.

사실 그 기초가 '반석'이라면 그 위에 세워지는 집은 오로지 하나님의 몫인 것이다. 그러므로 그 결과가 어떠하든 간에 모든 그리스도인들은 하나님께 영광만을 돌려야 한다. 혹여라도 큰 사역을 통해 대형교회를 이루었다고 자랑하지 말라. 그것은 하나님의 영광을 가로채는 일이다. 자그마한 사역을 통한 소형 개척교회를 이루었다고 의기소침해 하지말라. 그것은 하나님의 주권을 무시하는 일이다.

그저 감사하고 그저 순복하라.

마태복음 7장 21절에는 사역을 많이 했다고 하면서 멋지게 지은 집을 가진 거들먹거리는 자를 향해 예수님은 '다만 하늘에 계신 내 아버지의 뜻대로 행하지 않은 것들'에 대하여는 아예 관심이 없다라는 당황스럽고 놀라운 말씀을 하고 계신다. 또한 뒤이어 7장 22-23절에서 예수님은 그런 그들을 향해 "내가 너희를 도무지 알지 못하니 불법을 행하는 자들아 내게서 떠나가라"고 하시며 맑은 하늘에 날벼락이 치듯 청천벽력(靑天霹靂)의 말씀을 하셨던 것을 명심해야 한다.

13 나는 알파와 오메가요 처음과 나중이요 시작과 끝이라

이곳 13절은 계시록 1장 8절과 21장 6절에도 반복하여 말씀하셨던 구절로 '하나님의 속성'을 드러낸 것이다. 즉 알파와 오메가이신 하나님, 처음과 나중이신 하나님, 시작과 끝을 주관하시는 하나님은 '반드시 이루실 것' 이라는 의미이다. 이 구절에서의 "나"는 '예수 그리스도'를 지칭한다.

결국 삼위일체 하나님은 '다른 하나님(Functional subordination), 한 분 하나님(Essential equality)'으로서 예수 그리스도는 창조주 하나님이요 역사의 주관자 하나님이시자 심판주 하나님이라는 의미이다.

14 그 두루마기를 빠는 자들은 복이 있으니 이는 저희가 생명나무에 나아가며 문들을 통하여 성에 들어갈 권세를 얻으려 함이로다

이 구절에는 "그 두루마기를 빠는 자들은 복이 있으니"라고 말씀하고 있다. 여기서 "그 두루마기를 빠는 자들"이란 계시록 7장 14절의 '예수 그리스도 어린 양의 십자가 보혈의 피에 그 옷을 씻어 희게 한 옷'을 입은 자들로서 로마서(롬 13:12, 14)는 "주 예수 그리스도로 옷 입은" 자들, "빛의 갑옷"을 입은 자들이라고 했고 갈라디아서(갈 3:27)는 "그리스도로 옷" 입은 자들이라고 했다.

그들은 예수 그리스도의 피로 속죄함을 입은 자들로서 진정으로 복을 받은 자들이며 복이 있는 자들이다. 그들은 진정한 '문'이신 예수 그리스도를 통해 "생명나무에 나아가며 거룩한 성 새 예루살렘에 들어갈 권세"를 얻게 된다.

태초에 인간은 에덴동산에서 죄를 지어(창 3:5, 하나님과 같이 되려 하여) 그곳에서 쫓겨났을 뿐만 아니라 생명나무에의 접근마저 차단(창 3:22-24)되어 버렸다. 그러나 예수 그리스도 새 언약의 완성인 예수님의 재림 후에는 생명나무로 마음껏 나아가게 됨을 이 구절을 통해 보여주시고 있다. 결국 거룩한 성 새 예루살렘에 들어갈 권세를 얻은 교회들은 생명나무의 과실(계 2:7, 22:2)을 먹으며 생명수를 마시며 영생을 누릴 수 있게 된다.

15 개들과 술객들과 행음자들과 살인자들과 우상숭배자들과 및 거짓말을 좋아하며 지어내는 자마다 성밖에 있으리라

15절의 "개들과 술객들과 행음자들과 살인자들과 우상숭배자들과 및 거짓말을 좋아하며 지어내는 자"라는 것은 21장 8절의 "두려워하는 자들과 믿지 아니하는 자들과 흉악한 자들과 살인자들과 행음자들과 술객들과 우상숭배자들과 모든 거짓말하는 자들"을 가리키며 동시에 21장 27절의 속된 것이나 가증한 일 또는 거짓말하는 자를 가리킨다.

이들 모두는 예수님의 피 공로를 입지 않은 자들로서 예수님의 피로 "그 두루마기"를 빨지 못한 자들이다. 특히 "개들과"에서의 '개'는 부정의 상징으로 잠언 26장 11절에서는 "토한 것을 도로 먹는 동물"로, 베드로후서 2장 22절에서는 "그 토하였던 곳에 도로 돌아가는 동물"로, 마태복음 7장 6절에서는 "거룩한 것을 주어도 발로 밟고 돌이켜 너희를 찢어 상하게 하는 동물"이라고 말씀하고 있다. 이는 모두 다 부정적 의미이다.

상기에 언급된 모든 자들은 '거룩한 성 새 예루살렘' 즉 그 성의 '밖'에 있게 된다. 이는 '유황 불못 즉 지옥(미래형 지옥, 둘째 사망, 영원한 죽음)으로 떨어지게 된다'라는 의미이다.

16 나 예수는 교회들을 위하여 내 사자를 보내어 이것들을 너희에게 증거하게 하였노라 나는 다윗의 뿌리요 자손이니 곧 광명한 새벽별이라 하시더라

16절은 요한계시록이 "예수 그리스도의 계시" 곧 '복음의 계시(계 1:1, 요 20:31, 예수, 그리스도, 생명 혹은 영생)'이며 6대 속성(무오류성, 완전성, 충분성, 명료성, 권위성, 최종성), 3대 영감(완전영감, 유기영감, 축자영감, 벧후 1:20, 딤후 3:16)을 온전히 만족하는 '하나님의 말씀'이라는 사실을 그 전달 경로(밧모섬의 사도 요한에게)를 통해 분명히 보여주고 있다.

성부하나님은 계시록 1장 1절을 시작하면서 예수 그리스도에게 당신의 뜻을 계시하셨고 이후 그리스도는 천사라는 당신의 도구인 사자에게, 그리고 밧모섬의 사도 요한에게, 종국적으로는 지상의 교회(성도)들에게 말씀해 주셨다.

"다윗의 뿌리"라는 것은 예수님이 '다윗과 그 조상을 태동한 뿌리'임을 가리키는 것이다. 즉 예수님은 '근원이신 하나님이다'라는 것을 의미한다. 반면에 '다윗의 자손'이라는 것은 육적으로는(롬 9:5) 다윗의 혈통으로 오셨음을 의미하기도 한다.

"광명한 새벽별"이라는 것은 '샛별, 메시야, 그리스도'이신 예수님을 지칭(계 2:28, 벧후 1:19, 민 24:17)하는 것으로 그분은 온 우주를 통치하시는 역사의 주관자 하나님이라는 의미이다.

17 성령과 신부가 말씀하시기를 오라 하시는도다 듣는 자도 오라 할 것이요 목마른 자도 올 것이요 또 원하는 자는 값없이 생명수를 받으라 하시더라

이곳 17절에는 "성령과 신부가 말씀하시기를"이라는 말씀이 나온다. 언뜻 이해가 안 가는 부분이다. 여기에서 '성령과 신부'라는 것은 '보혜사 성령님'과 어린 양의 신부인 '교회'를 가리킨다.

"오라 하시는도다"라는 말씀에서의 "오라"고 하는 것은 '오시기를 간절히 열망합니다' 즉 "아멘 주 예수여 오시옵소서(22:20)"라는 것을 외치는 것으로 '교회'와 예수의 영이신 '보혜사 성령님'의 간절한 열망을 드러내고 있다. 이는 승리주시요 심판주 되신 '예수 그리스도'의 신속한 재림에 대한 갈망을 드러낸 것이다.

그렇기에 이 구절에서는 예수의 재림을 갈망하는 모든 자 곧 "듣는 자도 오라 할 것이요 목마른 자도 올 것이요 또 원하는 자는 값없이 생명수를 받으라"고 하신 것이다. 결국 초림의 예수님이 새 언약을 성취하셨기에 그 새 언약을 완성하실 재림의 예수님을 너 나 없이 모두(듣는 자, 목마른 자, 원하는 자)가 다 열망하는 것은 지극히 당연한 것이다.

18 내가 이 책의 예언의 말씀을 듣는 각인에게 증거하노니 만일 누구든지 이것들 외에 더하면 하나님이 이 책에 기록된 재앙들을 그에게 더하실 터이요 19 만일 누구든지 이 책의 예언의 말씀에서 제하여 버리면 하나님이 이 책에 기록된 생명나무와 및 거룩한 성에 참예함을 제하여 버리시리라

18-19절에서는 절대적인 하나님의 계시의 말씀은 엄중하기에 더하거나 빼거나 왜곡하거나 사사로이 풀어서는(벧후 1:20, 3:16) 안 된다라고 말씀하고 있다. 그러나 "무식한 자들과 굳세지 못한 자들이 억지로 풀다가 스스로 멸망"에 이르기도 한다. 특별히 하나님의 말씀은 일점 일획도 함부로 첨삭(添削, correction, editing)하면 안 된다(잠 30:6, 마 5:18, 눅 16:17). 왜냐하면 정경 66권은 영감¹³²(성령님의 감동, 3대 영감, 딤후 3:16)으로 기록되었기 때문이다.

그렇기에 이사야서는 "여기서도 조금, 저기서도 조금 하다가 뒤로 넘어져 부러지며 걸리며 잡히게(28:10, 13)"된다라고 말씀하셨다. 잠언에서도 "그 말씀에 더하면 하나님의 책망과 아울러 거짓말하는 자가 된다(30:6)"라고 말씀하셨다. 마태복음(5:18)에서는 "율법의 일점 일획"도 반드

---

132 3대 영감이란 완전영감(plenary inspiration, 딤후 3:16-17, 요 10:35, 고전 2:13) 축자영감(verbal inspiration, 눅 16:17, 마 5:18, resh, ר, dalet, ד는 획의 첨삭에 따라, yod, י, iota, ι는 비슷한 점 모양이나 다른 알파벳이기에 이들의 조합에 따라 의미가 달라짐). 유기영감(organic inspiration)을 말한다.

시 이루어지기에 첨삭(添削, correction, editing)은 금하신다고 말씀하셨다. 누가복음(16:17)은 "율법의 한 획이 떨어짐보다 천지의 없어짐이 쉬우리라"고 하셨다. 여기서 "일점"이란 히브리어 요오드(yod, ˙)와 헬라어 이오타(iota, ι)를 가리키며 "일획"이란 히브리어 달렛(dalet, ㄱ)과 레쉬(resh, ㄱ)를 가리킨다.

결국 이 구절은 일점 일획이라도 더하여 하나님의 말씀을 왜곡하면 일곱 재앙을 더할 것이요 일점 일획을 뺌으로 하나님의 말씀을 왜곡하면 생명책에서 그 이름을 제하여 버릴 것 곧 "생명나무와 및 거룩한 성에 참여함을 제하여 버릴 것"이라고 하셨다. 왜냐하면 일점이나 일획을 더하거나 뺌으로 인해 하나님의 말씀을 왜곡하는 것은 하나님의 권위에 도전하는 것으로 용서받지 못할 지극한 교만이요 불경이기 때문이다.

20 이것들을 증거하신 이가 가라사대 내가 진실로 속히 오리라 하시거늘 아멘 주 예수여 오시옵소서

이 구절의 "내가 진실로 속히 오리라"는 말씀은 계시록 22장에서 이미 세 번(22:7, 12, 20)이나 반복하여 말씀하셨던 구절로 반드시(돌발적으로, 돌발적 재림) 오실 것이라는 의미의 예수 그리스도의 재림에 관한 확증이기도 하다.

참고로 2(two)가 강조(emphasis)라면 3(three)은 최상급(the best)을 의미한다. 그렇기에 당신의 재림을 22장에서만 3번이나 말씀하셨던 것이다. "속히 오리라"의 헬라어는 에르코마이 타퀴(ἔρχομαι ταχύ, I am coming quickly)이다. "아멘 주 예수여 오시옵소서" 라는 말씀은 이곳과 더불어 고린도전서 16장 22절에 한 번 더 나오는데 2개의 아람어 '마란(מרן) 아타(אתא)'가 합쳐진 단어[133]로 '주께서 임하시느니라'는 의미이다. 우리는 종말 시대 동안에 예수님의 재림을 갈망하면서 슬기로운 다섯 처녀와 같이 (마 25:1-13) 미리미리 '등과 기름'을 잘 준비해야 함은 물론이요 항상 근신하고 깨어 있어야 할 것이다. 우리는 재림의 주님이 언제 오시더도 상관없지만 언제 어디에서나 '마라나타' 신앙을 붙들고 오늘을 알차게 살아가야 할 것이다.

21 주 예수의 은혜가 모든 자들(성도들)에게 있을찌어다

신약 정경인 요한계시록의 마지막 22장 마지막 절인 21절은 '축도'라는 공식적인 메시지로서 묵시문학에서는 다소 파격적이다. 이 구절의 헬라어 문장은 10개의 단어로 구성되어 있으며 그리스도인이라면 한번쯤은 암송할 만한 말씀이기도 하다. 왜냐하면 이 말씀은 모든 교회(성도, 교회공동체)는 우리의 주인 되신 예수 그리스도의 십자가 보혈이라는 크신 은혜로 구원을 얻었음에 감사해야 함은 물론이요 동시에 초림으로 오신 구속주 예수님의 은혜로만 살아가야 함을 말씀하고 있기 때문이다.

133　마라나타(Maranatha, an Aramaic term derived from two roots which literally mean, "Our Lord has come", μαρὰν ἀθά)는 '주께서 임하시느니라(Our Lord has come)'는 의미이다.

참고로 신약정경 27권 중에서 원어로 암송할 만한 구절이 요한계시록 22장 21절이라면 구약 정경 39권 중에서 꼭 암송을 해야 할 부분은 창세기 1장 1절이다. 특히 창세기의 이 구절은 한글 성경에는 다섯 단어(태초에/하나님이/천/지를/창조하시니라)이나 히브리 정경(TNK)에는 일곱 단어로 구성되어 있다. 상기의 두 구절(계 22:21, 창 1:1)은 기독교 세계관의 4기둥인 창조, 타락, 구속, 완성을 함의하고 있는 중요한 말씀이다.

우리가 알지도 상상치도 못할 '태초(아르케, 올람)'부터 계셨던 삼위하나님은 역사의 시작점 태초(창세, 게네시스, 베레시트)에 천지만물과 더불어 당신의 형상을 닮은 사람을 공동으로 창조(창 1-2장)하셨다. 동방의 에덴에 동산을 창설(창 2:8)하시고는 하나님과의 바른 관계와 친밀한 교제 가운데 살게 하셨다. 그러나 인간은 '하나님과 같이 되려 하다가(창 3:5) 에덴을 상실해 버렸다. 이후 죄 가운데 뒹굴며 살다가 영원히 멸망을 당할 뻔했던 죄인 된 인간을 위해 창조주 하나님, 역사의 주관자이신 하나님은 초림의 예수 그리스도를 이 땅에 보내셨다. 구원자이신 예수님은 우리를 대신하여(휘페르) 십자가 보혈을 흘리심으로 만세 전에 택정된 자들의 죄값을 대신 갚아주심(구속, 속량하심)으로 우리는 구원을 얻게 되었다. 이후 우리 안에 거하시는 주인 되신 성령님은 우리를 하나님의 자녀로 인쳐주셨고 종말 시대 동안에 예수 믿음과 하나님의 계명을 붙들고(계 14:12) 인내하며 극복하게 하셨다. 이후 인간이라면 누구나 다 맞게 되는 육신적 죽음(다나토스, 네크로스)을 통과(이동 혹은 옮김, 아날뤼시스)한 후 곧장 부활(그리스도인의 부활체, 고전 15:42-44)하여 미래형 하나님나라에로의 입성을 하게 하셨다. 그곳에서 교회는 삼위하나님과 '더불어, 함께' 영생을 누리게 될 것이다. 반대로 불신자들은 예수님의 백보좌 심판을 거쳐 유황 불못 심판 곧 둘째 사망, 영원한 죽음을 맞게 될 것이다.

이런 사실을 믿는 교회들(판톤 하기온, πάντων ἁγίων, 모든 성도들)에게 주 예수의 은혜가 세세토록 있기를 축복한 것이다. 나는 두 구절(계 22:21, 창 1:1)의 두 문장(헬라어 10단어, 히브리어 7단어) 만큼은 각각 히브리어와 헬라어로 암기할 것을 적극 권한다.

Ἡ χάρις τοῦ Κυρίου Ἰησοῦ (Χριστοῦ) μετὰ πάντων {ἁγίων Ἀμήν}
헤 카리스 투 퀴리우 이에수 크리스투 메타 판톤 하기온 아멘
The grace of the Lord Jesus Christ {be} with all the saints Amen.

베레시트(בְּרֵאשִׁית) 바라(בָּרָא) 엘로힘(אֱלֹהִים) 에트(אֵת) 하쇠마임(הַשָּׁמַיִם) 브에트(וְאֵת) 하아레츠(הָאָרֶץ:)
In the beginning God created the heavens and the earth.

에·필·로·그

드디어 지난 5년 동안의 악몽과도 같았던 좌파 정권(19대)이 끝이 났다. 물론 정권이 바뀌었다고 하여 내용적으로나 실제적으로 좌파의 잔재가 속속들이 모두 다 끝난 것은 아니다. 게다가 지난 2년 간의 COVID-19의 정치방역은 지독했고 악랄하기까지 했다. 그 속에서 속절없이 무너져 가던 한국 교회와 지도자들, 그리스도인들의 모습 한가운데 필자 또한 있었다. 그것이 필자를 더욱더 절망의 나락으로 떨어뜨렸다.

속상해하고 아파하며 나 스스로에게 실망하던 중 내주하시는 주인 되신 성령님께서 강력하게 나를 터치하셨다.

"그러지 말라."

"그러고 있지도 말라."

"동서남북 사방이 막힌 것을 바라보지 말고 위를 바라보라."

"믿음의 주요 또 온전케 하시는 이인 예수를 바라보라."

그렇게 필자는 성령님의 강권적인 인도하심에 붙들려 요한계시록 개정판 〈예수 그리스도 복음의 계시라〉를 다시 쓰게 되었다. 최근에 몸이 많이 아프고 지쳐서 엄두가 나지 않아 얼른 공저자인 이성진 전도사(대전

침례신학대학원 졸업반)에게 알렸다.

그는 아주 바쁘게 살아가는 나의 큰 아들이다. BAM(Business As Mission)의 CEO(카페 팔레트 대표, HRC 빌딩 대표)로서 성경교사이자 청년사역자이다. 그는 나보다 포용력이 크고 공감능력이 깊으며 학문적 통찰력이 아주 넓은 미래의 지도자이다. 그는 다중 언어(multilingual)에 능통할 뿐만 아니라 상대의 이야기를 끝까지 잘 들어주며 대화로 모든 것을 곧잘 풀어간다. 언제나 나를 지지해주는 든든한 우군이기도 하다.

그렇게 가속도가 붙게 되었다. 좋으시고 신실하신 하나님은 여전하셨으며 늘 변함이 없으셨다. 필요할 때마다 매번 그 자리에 계셨다. 필자를 향한 순간순간의 자상한 '그' 눈길은 결코 잊을 수가 없다.

한편 이성진 전도사는 공저자로써 첨삭(添削)을 주도했고 문맥과 오타를 철저하게 잡아내었다. 그리하여 이번 개정판에는 오타라는 게릴라들이 거의 다 소탕된 듯하다. 그저 감사할 뿐이다. 공저자에게 깊은 존중과 감사를 전한다.

이 책은 전반적으로 이전의 책들과 흐름은 동일하다. 달라진 것은 성경의 순서를 바꾸어 Seven Part로 전체의 흐름을 명쾌하게 이해하도록 나누었으며 구절구절을 보다 더 쉽게 그리고 다양하게 강해했고 선명하게 표현했다. 그러다 보니 전체 흐름과 디테일에서 훨씬 더 자연스러운 흐름이 생겨났다. 마치 계시록 22장에서 보았던 미래형 하나님나라의 모습, 곧 길 가운데로 흐르던 생명수 강가의 좌우에 멋진 자태를 드러내며 풍성한 잎사귀들과 더불어 달마다 실과 곧 열 두가지 실과를 맺었던 생명 나무들을 보는 느낌이다.

항상 앞서가시며 인도하시는 나하흐(ἐξάγω, נָחָה)의 성부하나님을 찬양한다. 실력은 부족하고 몸은 지치고 힘들어 투정을 부리며 포기하려 할 때마다 함께하셨던 에트(אֵת)의 성자 하나님을 찬양한다. 간혹 나의 고집대로 가며 억지를 부릴 때마다 웃으시며 바라보시던 그리고는 보드랍게 뒤에서 밀어주시며 당신의 의도대로 가게 하셨던 할라크(הָלַךְ)의 성령 하나님을 찬양한다.

그저 감사이다.

감사할 뿐이다.

할렐루야!

할렐루야! 오직 하나님께만 영광!

"여호와의 율법은 완전하여 영혼을 소성케 하고
여호와의 증거는 확실하여 우둔한 자로 지혜롭게 하며
여호와의 교훈은 정직하여 마음을 기쁘게 하고
여호와의 계명은 순결하여 눈을 밝게 하도다
여호와를 경외하는 도는 정결하여 영원까지 이르고
여호와의 규례는 확실하여 다 의로우니
금 곧 많은 정금보다 더 사모할 것이며 꿀과 송이 꿀보다 더 달도다"

시 19:7-10

참고 도서와 문헌

1. <그랜드 종합주석>, 성서교재간행사(1-16권/16권), 1993. P653-840
2. 목회와 신학 편집부 <두란노 HOW주석 50>, 두란노 아카데미, 2012(11쇄). p11-346
3. 리처드보쿰 <요한계시록 신학>, 이필찬 옮김, 한들 출판사, 2013(7쇄). P15-133
4. 이필찬 <요한계시록 어떻게 읽을 것인가>, 성서유니온, 2019(개정 2판 2쇄). P7-198
5. 이필찬 <요한계시록 40일 묵상 여행>, 이레서원, 2018(4쇄)
6. 이필찬 <신천지 요한계시록 해석 무엇이 문제인가? >, 새물결플러스, 2020(5쇄)
7. 이필찬 <내가 속히 오리라>, 이레서원, 2006
8. 양형주 <평신도를 위한 쉬운 요한계시록 1>, 브니엘, 2020. P12-382
9. <게제니우스 히브리어 아람어 사전>, 이정의 옮김, 생명의 말씀사, 2007
10. <스트롱코드 헬라어 사전>, 로고스 편찬위원회, 로고스, 2009
11. <로고스 스트롱코드 히브리어 헬라어 사전>(개혁개정 4판), 로고스 편찬위원회, 2011
12. 김진섭, 황선우 <핵심 성경 히브리어>, 크리스챤출판사, 2012
13. 김진섭, 황선우 <핵심 성경 히브리어>, 크리스챤출판사, 2013
14. 박철현 <직독직해를 위한 히브리어 400 단어장>, 솔로몬, 2016
15. 박철현 <직독직해를 위한 히브리어 400 단어장>, 솔로몬, 2017
16. PAGE H. KELLEY <성경 히브리어>, 류근상, 허민순 옮김, 크리스챤출판사, 1998
17. S. M. BAUGH <신약성경 헬라어 문법>, 김경진 옮김, 크리스챤출판사, 2003
18. 유진 보링 <요한계시록 Interpretation>, 한국장로교출판사, 2011
19. 이달 <요한계시록>, 한국장로교출판사, 2008
20. <Oxford Learner's THESAURUS, A dictionary of synonyms>, OXFORD, 2008
21. <아가페 성경사전>, 아가페성경사전편찬위원회, 아가페 출판사, 1991
22. 네이버 지식백과(라이프 성경사전)
23. 구글(위키백과)
24. Bible Hub app

25. 존 파이퍼 <복음과 하나님의 의(로마서 강해1)>, 주지현 옮김, 좋은 씨앗, 2013
26. 존 파이퍼 <복음과 하나님의 은혜(로마서 강해2)>, 주지현 옮김, 좋은 씨앗, 2013
27. 존 파이퍼 <복음과 하나님의 구원(로마서 강해3)>, 주지현 옮김, 좋은 씨앗, 2013
28. 존 파이퍼 <복음과 하나님의 사랑(로마서 강해4)>, 주지현 옮김, 좋은 씨앗, 2013
29. 존 파이퍼 <복음과 하나님의 주권(로마서 강해5)>, 주지현 옮김, 좋은 씨앗, 2013
30. 존 파이퍼 <복음과 하나님의 백성(로마서 강해6)>, 주지현 옮김, 좋은 씨앗, 2013
31. 존 파이퍼 <복음과 하나님의 나라(로마서 강해7)>, 주지현 옮김, 좋은 씨앗, 2013
32. 그레엄 골즈워디 <복음과 하나님의 나라>, 김영철 옮김, 성서유니온, 1988
33. 그레엄 골즈워디 <복음과 하나님의 계획>, 김영철 옮김, 성서유니온, 1994
34. 김성수 <바이블 키(구약의 키)>, 생명의 양식, 2015
35. 송영목 <바이블 키(신약의 키)>, 생명의 양식, 2015
36. 트렘퍼 롱맨,레이몬드 딜러드 <최신 구약 개론(제2판)>, 박철현 옮김, 크리스챤다이제스트, 2009
37. 찰스 H. 다이어 & 유진 H. 메릴 <구약 탐험>, 마영례 옮김, 디모데, 2001
38. 크레이그 키너 <성경 배경주석(신약)>, 정옥배 외 옮김, IVP, 1998
39. 존 월튼, 빅터 매튜스 <성경배경주석(창세기-신명기)>, 정옥배 옮김, IVP, 2000
40. 앨리스터 맥그래스 <한 권으로 읽는 기독교>, 황을호, 전의우 옮김, 생명의 말씀사, 2017
41. 스코트 듀발-J.다니엘 헤이즈 <성경해석>, 류호영 옮김, 성서유니온, 2009
42. 고든 D 피-더글라스 스튜어트 <성경을 어떻게 읽을 것인가?>, 오광만, 박대영 옮김, 성서유니온, 2014
43. 고든 D 피-더글라스 스튜어트 <책별로 성경을 어떻게 읽을 것인가?>, 길성남 옮김, 성서유니온, 2016
44. 테리 홀 <성경 파노라마>, 배응준 옮김, 규장, 2008
45. 토마스A. 넬슨 <넬슨 성경 개관>, 김창환 옮김, 죠이선교회, 2012

예수 그리스도 복음의 계시라

2022년 10월 20일 1판 1쇄 발행

지은이 이선일 이성진
펴낸이 조금현
펴낸곳 도서출판 산지
전화 02-6954-1272
팩스 0504-134-1294
이메일 sanjibook@hanmail.net
등록번호 제309-251002018000148호

@ 이선일 2022
ISBN 979-11-91714-25-8 03230

이 책은 저작권법에 따라 보호받는 저작물이므로 무단전재와 무단복제를 금지합니다.
이 책의 전부 또는 일부 내용을 재사용하려면 저작권자와 도서출판 산지의 동의를 받아야 합니다.
잘못된 책은 구입한 곳에서 바꿔드립니다.